N. B Assassins.
Section 2de.

L'assassinat étant après l'empoisonnement le crime le
plus lâche et le plus punissable, il n'est pas étonnant
qu'il ait trouvé de nos jours un approbateur dans un
homme dont la raison singulière n'a pas toujours été
d'accord avec la raison des autres hommes.

Il feint dans un roman intitulé Emile, d'élever un
jeune gentilhomme, auquel il se donne bien de garde
de donner une éducation telle qu'on la reçoit dans l'école
militaire, comme d'apprendre les langues, la géométrie, la
tactique, les fortifications, l'histoire de son païs. il est
bien éloigné de lui inspirer l'amour de son roi et de sa
patrie ; il se borne à en faire un garçon menuisier.
il veut que ce gentilhomme menuisier quand il a reçu un
démenti ou un soufflet, au lieu de les rendre et de se battre
assassine prudemment son homme. Il est vrai que Molière
en plaisantant dans l'amour peintre, dit, qu'assassiner est le
plus sûr ; mais l'auteur du roman prétend que c'est le plus
raisonnable et le plus honnête. il le dit très sérieusement ; et
dans l'immensité de ses paradoxes, c'est une des deux ou
trois choses qu'il ait dites le premier.

Emile tome 3.
page 297.

LES

ŒUVRES

COMPLETES

DE

VOLTAIRE

39

VOLTAIRE FOUNDATION

OXFORD

2008

ISBN 978 0 7294 0905 6

Voltaire Foundation Ltd
99 Banbury Road
Oxford OX2 6JX

www.voltaire.ox.ac.uk

A catalogue record for this book
is available from the British Library

OCV: le sigle des Œuvres complètes de Voltaire

PRINTED IN ENGLAND
AT THE ALDEN PRESS
OXFORD

Direction de l'édition

1968 · THEODORE BESTERMAN · 1974
1974 · W. H. BARBER · 1993
1989 · ULLA KÖLVING · 1998
1998 · HAYDN T. MASON · 2001
2000 · NICHOLAS CRONK ·

Sous le haut patronage de

L'ACADÉMIE FRANÇAISE

L'ACADÉMIE ROYALE DE LANGUE ET DE
LITTÉRATURE FRANÇAISES DE BELGIQUE

THE AMERICAN COUNCIL OF LEARNED SOCIETIES

LA BIBLIOTHÈQUE NATIONALE DE RUSSIE

THE BRITISH ACADEMY

L'INSTITUT ET MUSÉE VOLTAIRE

L'UNION ACADÉMIQUE INTERNATIONALE

Ouvrage publié avec le concours du

CENTRE NATIONAL DU LIVRE

Ce volume a été réalisé avec le soutien

de la Columbia Foundation

et de l'Ambassade de France au Royaume-Uni

Questions sur l'Encyclopédie, par des amateurs

III

ARISTOTE - CERTAIN

sous la direction de

Nicholas Cronk et Christiane Mervaud

TABLE DES MATIÈRES

QUESTIONS SUR L'ENCYCLOPÉDIE, PAR DES AMATEURS[1]

[1] Nous maintenons l'ordre des articles dans le texte de base, ordre qui n'est pas strictement alphabétique.

ILLUSTRATIONS

ABRÉVIATIONS ET TITRES ABRÉGÉS

Antiquités judaïques	Flavius Josèphe, *Histoire des Juifs écrite par Flavius Joseph sous le titre de Antiquitez judaïques*, trad. R. Arnaud d'Andilly, nouv. éd., 5 vol. (Paris, 1735-1736)
Arsenal	Bibliothèque de l'Arsenal, Paris
Bengesco	Georges Bengesco, *Voltaire: bibliographie de ses œuvres*, 4 vol. (Paris, 1882-1890)
BnC	*Catalogue général des livres imprimés de la Bibliothèque nationale: auteurs, tome 214, Voltaire*, éd. H. Frémont et autres, 2 vol. (Paris, 1978)
BnF	Bibliothèque nationale de France, Paris
BV	M. P. Alekseev et T. N. Kopreeva, *Bibliothèque de Voltaire: catalogue des livres* (Moscou, 1961)
CN	*Corpus des notes marginales de Voltaire* (Berlin et Oxford, 1979-)
Commentaire littéral	Augustin Calmet, *Commentaire littéral sur tous les livres de l'Ancien et du Nouveau Testament*
Correspondance littéraire	F. M. Grimm, *Correspondance littéraire, philosophique et critique, par Grimm, Diderot, Raynal, Meister, etc.*, éd. Maurice Tourneux, 16 vol. (Paris, 1877-1882)

D	Voltaire, *Correspondence and related documents*, éd. Th. Besterman, *Œuvres complètes de Voltaire*, t.85-135 (Oxford, 1968-1977)
Dictionnaire de la Bible	Augustin Calmet, *Dictionnaire historique, critique, chronologique, géographique et littéral de la Bible*, 4 vol. (Paris, 1730)
Dictionnaire de l'Académie	*Dictionnaire de l'Académie française*
Dictionnaire de Trévoux	*Dictionnaire universel français et latin, vulgairement appelé Dictionnaire de Trévoux*
Dictionnaire historique et critique	Pierre Bayle, *Dictionnaire historique et critique, par Monsieur Pierre Bayle*
DP	Voltaire, *Dictionnaire philosophique*
Encyclopédie	*Encyclopédie, ou dictionnaire raisonné des sciences, des arts et des métiers, par une société de gens de lettres*, éd. J. Le Rond D'Alembert et D. Diderot, 35 vol. (Paris, 1751-1780)
Essai sur les mœurs	Voltaire, *Essai sur les mœurs et l'esprit des nations et sur les principaux faits de l'histoire depuis Charlemagne jusqu'à Louis XIII*, éd. R. Pomeau, 2 vol. (Paris, 1990)
Ferney catalogue	George R. Havens et N. L. Torrey, *Voltaire's catalogue of his library at Ferney*, *SVEC* 9 (1959)
Glossarium	Charles Du Fresne, sieur Du Cange, *Glossarium ad scriptores mediae et infimae latinitatis*, 6 vol. (Paris, 1733-1736)

Le Grand Dictionnaire historique	Louis Moréri, *Le Grand Dictionnaire historique, ou le mélange curieux de l'histoire sacrée et profane*, 7 vol. (Amsterdam, 1740)
ImV	Institut et musée Voltaire, Genève
Kehl	*Œuvres complètes de Voltaire*, éd. J. A. N. de Caritat, marquis de Condorcet, J. J. M. Decroix et Nicolas Ruault, 70 vol. (Kehl, 1784-1789)
Lettres philosophiques	Voltaire, *Lettres philosophiques*, éd. G. Lanson, rév. André M. Rousseau, 2 vol. (Paris, 1964)
M	*Œuvres complètes de Voltaire*, éd. Louis Moland, 52 vol. (Paris, 1877-1885)
ms.fr.	manuscrits français (BnF)
n.a.fr.	nouvelles acquisitions françaises (BnF)
OCV	*Œuvres complètes de Voltaire* (Oxford, 1968-) [la présente édition]
OH	Voltaire, *Œuvres historiques*, éd. R. Pomeau (Paris, 1957)
QE	Voltaire, *Questions sur l'Encyclopédie*
SVEC	*Studies on Voltaire and the eighteenth century*
Taylor	Taylor Institution, Oxford
Trapnell	William H. Trapnell, 'Survey and analysis of Voltaire's collective editions', *SVEC* 77 (1970), p.103-99
VF	Voltaire Foundation, Oxford
VST	René Pomeau, René Vaillot, Christiane Mervaud et autres, *Voltaire en son temps*, 2e éd., 2 vol. (Oxford, 1995)

L'APPARAT CRITIQUE

L'apparat critique placé au bas des pages fournit les diverses leçons ou variantes offertes par les états manuscrits ou imprimés du texte. Chaque note critique est composée de tout ou partie des indications suivantes:

– Le ou les numéro(s) de la ou des ligne(s) auxquelle(s) elle se rapporte; comme les titres ou sous-titres, les noms de personnages dans un dialogue ou une pièce de théâtre, et les indications scéniques échappent à cette numérotation, l'indication donne dans ces cas le numéro de la ligne précédente suivi des lettres a, b, c, etc. qui correspondent aux lignes de ces textes intercalaires.

– Les sigles désignant les états du texte, ou les sources, repris dans la variante. Des chiffres arabes, isolés ou accompagnés de lettres, désignent en général des éditions séparées de l'œuvre dont il est question; les lettres suivies de chiffres sont réservées aux recueils, w pour les éditions complètes, et t pour les œuvres dramatiques; après le sigle, l'astérisque signale un exemplaire particulier, qui d'ordinaire contient des corrections manuscrites.

– Des explications ou des commentaires de l'éditeur.

– Les deux points (:) marquant le début de la variante proprement dite, dont le texte, s'il en est besoin, est encadré par un ou plusieurs mots du texte de base. A l'intérieur de la variante, toute remarque de l'éditeur est placée entre crochets.

Les signes typographiques conventionnels suivants sont employés:

– La lettre grecque bêta (β) désigne le texte de base.

– Le signe de paragraphe (¶) marque l'alinéa.

– Deux traits obliques (//) indiquent la fin d'un chapitre ou d'une partie du texte.

– Les mots supprimés sont placés entre crochets obliques (< >).

— Les mots ajoutés à la main par Voltaire ou Wagnière sont précédés, dans l'interligne supérieur, de la lettre ^{v} ou ^{w}, suivie d'une flèche verticale dirigée vers le haut ($\uparrow$) ou vers le bas ($\downarrow$), pour indiquer que l'addition est inscrite au-dessus ou au-dessous de la ligne. Le signe $^+$ marque la fin de l'addition, s'il y a lieu.

LES DESCRIPTIONS BIBLIOGRAPHIQUES

Dans les descriptions bibliographiques les signes conventionnels suivants sont employés:

— Pi (π) désigne des cahiers non signés supplémentaires à l'enchaînement régulier des pages préliminaires.

— Chi (χ) désigne des cahiers non signés supplémentaires à l'enchaînement régulier du texte.

— Le signe du dollar ($) signifie 'un cahier typique'.

— Le signe plus ou moins ($\pm$) indique l'existence d'un carton.

REMERCIEMENTS

La préparation des *Œuvres complètes de Voltaire* dépend de la compétence et de la patience du personnel de nombreuses bibliothèques de recherche partout dans le monde. Nous les remercions vivement de leur aide généreuse et dévouée.

Parmi eux, certains ont assumé une tâche plus lourde que d'autres, dont en particulier le personnel de la Bibliothèque nationale de France et de la Bibliothèque de l'Arsenal à Paris; de l'Institut et musée Voltaire à Genève; de la Taylor Institution Library à Oxford; et de la Bibliothèque nationale de Russie à Saint-Pétersbourg.

Parmi les institutions qui ont bien voulu nous fournir des renseignements ou des matériaux pour le présent volume, nous citons: la British Library à Londres; la Bodleian Library à Oxford; la Bibliothèque publique et universitaire à Neuchâtel; et la Bibliothèque historique de la ville de Paris.

Nous remercions pour leur aide A. Julia, G. Laudin, L. Macé, A. D. H. Mayes, L. Morin, F. Moureau.

Que Michel Mervaud trouve ici l'expression de notre gratitude pour sa relecture de l'ensemble du volume.

AVANT-PROPOS

Cette édition des *Questions sur l'Encyclopédie* paraît en 7 volumes (*OCV*, tomes 37-43). Le tome 37 contient l'introduction, la description complète des éditions et l'index général; les tomes 38 à 43 contiennent le texte des *Questions sur l'Encyclopédie*, les variantes et les notes sur le texte. Le présent tome ne contient donc qu'une liste abrégée des éditions à partir desquelles nous présentons les variantes.

Les 'œuvres alphabétiques' paraissent dans les *Œuvres complètes de Voltaire* comme suit:

Tome 33: *Œuvres alphabétiques*, I
Articles pour l'*Encyclopédie* et pour le *Dictionnaire de l'Académie* (sous la direction de J. Vercruysse, paru en 1987)

Tome 34: *Œuvres alphabétiques*, II
Articles du fonds de Kehl

Tomes 35-36: *Dictionnaire philosophique*
(sous la direction de C. Mervaud, parus en 1994)

Tomes 37-43: *Questions sur l'Encyclopédie*
37: Introduction, description des éditions, index général
38-43: Articles 'A' - 'Zoroastre'

Ont travaillé sur le projet initial des *Questions sur l'Encyclopédie*: Marcus Allen, Jacqueline Fennetaux, Basil Guy, Hervé Hasquin, G. Norman Laidlaw, Jacques Marx, Paul H. Meyer, Hélène Monod-Cassidy, Jeanne R. Monty, Jean A. Perkins, Bertram E. Schwarzbach et Jeroom Vercruysse.

La responsabilité de l'annotation des articles du présent tome a été répartie comme suit:

François Bessire: Armes, armées; Arrêts notables; Atomes; Bannissement; Bataillon.

Christophe Cave: Badaud; Baiser; Beau; Boulevard, ou boulevart; Bourreau.

Marie-Hélène Cotoni: Athéisme; Autels.

Nicholas Cronk: Art poétique; Assemblée; Auteurs; Bibliothèque; Bornes de l'esprit humain.

Olivier Ferret: Assassin; Assassinat; Augure; Baptême; Brahmanes, brames; Bulle; Carême.

Graham Gargett: Bdellium; Bethsamès, ou Bethshemesh; Blasphème.

Paul Gibbard: Boire à la santé; Calebasse.

Russell Goulbourne: Avarice; Souverain bien; Biens d'Eglise; Bouffon; Cérémonies, titres, prééminence.

Christiane Mervaud: Arot et Marot; Arts, beaux-arts; Asmodée; Asphalte; Avignon; Austérités; Banqueroute; Bayle; Béker; Bled, ou blé; Certain, certitude.

Michel Mervaud: Babel; Bacchus; Barac et Débora; Bœuf Apis; Bouc; Bulgares, ou Boulgares; Celtes.

Guillaume Métayer: De Bacon; Bayle; Certain, certitude.

François Moureau: Art dramatique.

Christophe Paillard: Aristote; Cartésianisme.

Stéphane Pujol: Arts, beaux-arts; Barbe; Cartésianisme.

John Renwick: Astronomie; Auguste Octave; Axe; De Caton, du suicide; Causes finales.

Bertram E. Schwarzbach: Aristote; Autorité; Tout est bien; Caractère.

Maria Susana Seguin: Augustin; Banqueroute.

Arnoux STRAUDO: Avignon; Bala, bâtards; Bâtard; Bled, ou blé; Bourges.

Dominique Lussier, Paul Gibbard, Gillian Pink et Alice Breathe ont établi le texte du présent volume et son apparat critique.

Principes de cette édition

L'édition choisie comme texte de base est w75G* – l'édition encadrée, corrigée par Voltaire. Les variantes figurant dans l'apparat critique du présent tome proviennent des sources suivantes: 70, 71N, 71A, w68 (1774), w75G, K84 et K12.

Nous maintenons l'ordre des articles dans le texte de base, ordre qui n'est pas strictement alphabétique.

Il existe des rapports entre certains articles figurant dans les *Questions sur l'Encyclopédie* et les articles publiés pour la première fois dans l'édition de Kehl, d'après des manuscrits dits du 'fonds de Kehl'. Ceux-ci seront étudiés dans le tome 34 de la présente édition. [1]

Manuscrits

MS I

Manuscrit de l'article 'Assassinat' de la main de Wagnière, portant la mention '71.β' d'une main étrangère en haut à gauche.

Oxford, Taylor: VF.

[1] Voir aussi à ce sujet Jeanne R. Monty, 'Voltaire's debt to the *Encyclopédie* in the *Opinion en alphabet*', *Literature and history in the age of ideas: essays on the French Enlightenment presented to George R. Havens*, éd. Charles G. S. Williams (Columbus, OH, 1975), p.152-67, et Bertram E. Schwarzbach, 'The problem of the Kehl additions to the *Dictionnaire philosophique*: sources, dating and authenticity', *SVEC* 201 (1982), p.7-66.

MS2

Copie contemporaine de l'article 'Assassinat'.

Oxford, Taylor: VF.

Editions

70

Questions sur l'Encyclopédie, par des amateurs. [Genève, Cramer] 1770-1772. 9 vol. 8°.

Edition originale.

Bengesco 1408, BnC 3597, BV3737.

Edimbourg, National Library of Scotland: BCL.B7183-7189. Londres, British Library: 1158 K10-14. Neuchâtel, Bibliothèque publique et universitaire: NUM 150.7.1. Oxford, Taylor: V8 D6 1770, V1 1770 G/ 1 (38-43); VF. Paris, Arsenal: 8° B 34128; BnF: Z 24726-24734. Saint-Pétersbourg, Bibliothèque nationale de Russie: 10-19, 11-95, 11-96, 9-31, 11-36.

71N

Questions sur l'Encyclopédie, par des amateurs. Nouvelle édition, soigneusement revue, corrigée et augmentée. [Neuchâtel, Société typographique] 1771-1772. 9 vol. 8°.

Bengesco 1409, BnC 3603, BV3738.

Londres, University of London Library: G.L. 1771. Neuchâtel, Bibliothèque publique et universitaire: QPZ 127. Paris, BnF: Rés. Z Bengesco 225. Saint-Pétersbourg, Bibliothèque nationale de Russie: 10-10.

71A

Questions sur l'Encyclopédie, distribuées en forme de dictionnaire. Par des amateurs. Londres [Amsterdam, Rey], 1771-1772. 9 vol. 8°.

Bengesco 1410, BnC 3604.

Genève, ImV: D Questions 5/1771/3. Oxford, Taylor: V1 1770 G/1 (35-37); VF. Paris, BnF: Rés. Z Beuchot 731.

w68 (1774)

Collection complette des œuvres de Mr. de ***. Genève [Cramer; Paris, Panckoucke], 1768-1777. 30 vol. 4°.

Tomes 21-24: *Questions sur l'Encyclopédie, par des amateurs* (tomes 1-4). Genève, 1774.

Bengesco 2137, Trapnell 68, BnC 141-44.

Genève, ImV: A 1768/1. Oxford, Taylor: VF. Paris, BnF: Z4961; Rés. M Z587.

w75g

La Henriade, divers autres poèmes et toutes les pièces relatives à l'épopée. Genève [Cramer et Bardin], 1775. 37 [ou 40] vol. 8°.

Tomes 25-30: *Questions sur l'Encyclopédie, par des amateurs* (tomes 1-6).

L'édition *encadrée*.

Bengesco 2141, Trapnell 75g, BnC 158-61.

Genève, ImV: A 1775/2. Oxford, Taylor: V1 1775; VF. Paris, BnF: Z24822-24868, Z Beuchot 32.

w75g* (1777-1778)

Ce sigle désigne les exemplaires de w75g, corrigés par Voltaire, qui se trouvent dans la bibliothèque de Voltaire à Saint-Pétersbourg. Sur ces exemplaires, voir Samuel Taylor, 'The definitive text of Voltaire's works: the Leningrad *encadrée*', *SVEC* 124 (1974), p.7-132.

Dans l'exemplaire 'C' (ou 'Ferney'), les tomes 2, 3 et 5 des *Questions sur l'Encyclopédie* (les tomes 26, 27 et 29 de l'édition) portent des corrections de la main de Voltaire.

Cette édition corrigée constitue le texte de base de notre édition.

BV3472 'C' ('Ferney').

Saint-Pétersbourg, Bibliothèque nationale de Russie: bibliothèque de Voltaire, 11-8.

K84

Œuvres complètes de Voltaire. [Kehl] Société littéraire-typographique, 1784-1789. 70 vol. 8°.

Tomes 37-43: *Dictionnaire philosophique* (tomes 1-7).

Bengesco 2142, Trapnell K, BnC 164-69.

Genève, ImV: A 1784/1. Oxford, Taylor: VF. Paris, BnF: Rés. P Z 2209.

K12

Œuvres complètes de Voltaire. [Kehl] Société littéraire-typographique, 1785-1789. 92 vol. 12°.

Tomes 47-55: *Dictionnaire philosophique* (tomes 1-9).

Bengesco 2142, Trapnell K, BnC 189.

Genève, ImV: A 1785/4. Oxford, VF. Paris, BnF: Z 24990-25116.

QUESTIONS SUR L'ENCYCLOPÉDIE,

PAR DES AMATEURS

III

ARISTOTE - CERTAIN

ARISTOTE

Il ne faut pas croire que le précepteur d'Alexandre, choisi par Philippe, fût un pédant et un esprit faux. [1] Philippe était assurément un bon juge, étant lui-même très instruit, et rival de Démosthène en éloquence. [2]

De sa logique

La *logique* d'Aristote, son art de raisonner, est d'autant plus estimable qu'il avait affaire aux Grecs, qui s'exerçaient continuellement à des arguments captieux; et son maître Platon était moins exempt qu'un autre de ce défaut.

5

* Aucun renvoi n'indique la date de rédaction de cet article. Deux traités d'Aristote figurent dans la bibliothèque de Voltaire, *La Rhétorique d'Aristote*, trad. F. Cassandre (Lyon, 1691, BV102) et *La Poétique d'Aristote*, trad. attribuée à A. Dacier (Paris, 1692, BV103), qu'il a lus et annotés (*CN*, t.1, p.114-46). Il a également lu l'article 'Aristotélisme' de l'*Encyclopédie* signé par l'abbé Yvon (voir *CN*, t.3, p.371-73). Yvon esquisse une biographie du Stagirite, soulignant son rôle de précepteur du futur Alexandre le Grand (p.653) et prêtant une oreille complaisante aux calomnies dont il fut la cible. Il juge qu'Aristote réussit mieux dans la logique que dans la morale, et fait de grands éloges de la *Rhétorique* et de la *Poétique*. L'article consacre de longs développements aux auteurs scolastiques. Voltaire entend au contraire réhabiliter Aristote, ce qui n'allait pas de soi au dix-huitième siècle et ce qui supposait de ne pas traiter de la théologie scolastique. C'est qu'Aristote a su s'affranchir, au moins en partie, de l'''épouvantable galimatias' que représente pour Voltaire toute la philosophie de Platon, trop proche par son spiritualisme de la théologie chrétienne pour ne pas être suspecte. Cet article paraît en novembre/décembre 1770 (70, t.2).

[1] Aux dires de Diogène Laërce (*Vies des philosophes*, livre 5, repère 4) et de Plutarque (Vie d'Alexandre', section 10), Philippe II de Macédoine (359-336 av. J.-C.) engagea Aristote comme maître de son fils, le futur Alexandre le Grand. Voltaire possédait Plutarque, *Les Vies des plus illustres philosophes* (Amsterdam, 1761, BV1042), *Les Vies des hommes illustres* (Genève, 1535, BV2773) et les *Vies des plus illustres philosophes de l'Antiquité*, trad. J. G. Chauffepié ou J. H. Schneider (Amsterdam, 1761, BV1042).

[2] Démosthène (384-322 av. J.-C.) avertit les Athéniens de la menace de Philippe II de Macédoine.

Voici, par exemple, l'argument par lequel Platon prouve dans le *Phédon* l'immortalité de l'âme.

'Ne dites-vous pas que la mort est le contraire de la vie? – Oui. – Et qu'elles naissent l'une de l'autre? – Oui. – Qu'est-ce donc qui naît du vivant? – Le mort – Et qui naît du mort? – Le vivant. – C'est donc des morts que naissent toutes les choses vivantes. Par conséquent les âmes existent dans les enfers après la mort.'[3]

Il fallait des règles sûres pour démêler cet épouvantable galimatias, par lequel la réputation de Platon fascinait les esprits.

Il était nécessaire de démontrer que Platon donnait un sens louche à toutes ses paroles.

Le mort ne naît point du vivant; mais l'homme vivant a cessé d'être en vie.

Le vivant ne naît point du mort, mais il est né d'un homme en vie qui est mort depuis.

Par conséquent votre conclusion que toutes les choses vivantes naissent des mortes est ridicule. De cette conclusion vous en tirez une autre qui n'est nullement renfermée dans les prémisses. *Donc les âmes sont dans les enfers après la mort.*

Il faudrait avoir prouvé auparavant que les corps morts sont dans les enfers, et que l'âme accompagne les corps morts.

Il n'y a pas un mot dans votre argument qui ait la moindre justesse. Il fallait dire, ce qui pense est sans parties, ce qui est sans parties est indestructible; donc ce qui pense en nous étant sans parties est indestructible.

Ou bien, le corps meurt parce qu'il est divisible, l'âme n'est point divisible; donc elle ne meurt pas. Alors du moins on vous aurait entendu.

Il en est de même de tous les raisonnements captieux des Grecs. Un maître enseigne la rhétorique à son disciple, à condition que le disciple le payera à la première cause qu'il aura gagnée.

---

[3] Passage recopié des *Œuvres de Platon* traduites par Dacier (2 vol., Amsterdam, 1700, t.2, p.188, BV2750), avec la note marginale suivante: 'quel impertinent galimatias' (*CN*, t.6, p.406). Voltaire a déjà cité ce texte dans *Dieu et les hommes* (*OCV*, t.69, p.459-60) et il le citera dans l'article 'Sophiste' des *QE* (*M*, t.20, p.435).

Le disciple prétend ne le payer jamais. Il intente un procès à son maître; il lui dit, Je ne vous dois jamais rien, car si je perds ma cause je ne devais vous payer qu'après l'avoir gagnée; et si je gagne, ma demande est de ne vous point payer.

Le maître rétorquait l'argument, et disait, Si vous perdez, payez, et si vous gagnez, payez, puisque notre marché est que vous me payerez après la première cause que vous aurez gagnée. [4]

Il est évident que tout cela roule sur une équivoque. Aristote enseigne à la lever en mettant dans l'argument les termes nécessaires.

> On ne doit payer qu'à l'échéance;
> L'échéance est ici une cause gagnée.
> Il n'y a point eu encore de cause gagnée;
> Donc il n'y a point eu encore d'échéance,
> Donc le disciple ne doit rien encore. [5]

Mais *encore* ne signifie pas *jamais*. Le disciple faisait donc un procès ridicule.

Le maître de son côté n'était pas en droit de rien exiger, puisqu'il n'y avait pas encore d'échéance.

Il fallait qu'il attendît que le disciple eût plaidé quelque autre cause.

Qu'un peuple vainqueur stipule qu'il ne rendra au peuple vaincu que la moitié de ses vaisseaux; qu'il les fasse scier en deux, et qu'ayant ainsi rendu la moitié juste il prétende avoir satisfait au traité, il est évident que voilà une équivoque très criminelle. [6]

41   K84, K12: vous devrai jamais

[4] Aristote est l'auteur d'un traité, *Sur les réfutations sophistiques*, mais cette anecdote et l'analyse qui suit sont tirées d'une histoire sur Protagoras. Voir Aulu-Gelle, *Nuits attiques*, livre 5, paragraphe 10; la source de Voltaire est sans doute Diogène Laërce, *Vies des philosophes*, livre 9, repère 56, qui en donne une version simplifiée (*CN*, t.3, p.345).
[5] Ni cette analyse, ni l'exemple auquel elle s'applique, ne figurent dans *Sur les réfutations sophistiques*.
[6] Cet exemple ne figure pas non plus dans *Sur les réfutations sophistiques*.

3

Aristote, par les règles de sa *logique*, rendit donc un grand 65
service à l'esprit humain en prévenant toutes les équivoques; car ce
sont elles qui font tous les malentendus en philosophie, en
théologie, et en affaires. [7]

La malheureuse guerre de 1756 a eu pour prétexte une
équivoque sur l'Acadie. [8]   70

Il est vrai que le bon sens naturel, et l'habitude de raisonner, se
passent des règles d'Aristote. Un homme qui a l'oreille et la voix
juste, peut bien chanter sans les règles de la musique; mais il vaut
mieux la savoir.

De sa physique

On ne la comprend guère, mais il est plus que probable qu'Aristote 75
s'entendait, et qu'on l'entendait de son temps. Le grec est étranger
pour nous. On n'attache plus aujourd'hui aux mêmes mots les
mêmes idées.

Par exemple, quand il dit dans son chapitre sept, que les
principes des corps sont, *la matière, la privation, la forme*; [9] il 80
semble qu'il dise une bêtise énorme; ce n'en est pourtant point une.
La matière, selon lui, est le premier principe de tout, le sujet de tout,
indifférent à tout. La forme lui est essentielle pour devenir une
certaine chose. La privation est ce qui distingue un être de toutes les

---

74-74a   71N: savoir. La nature peut être perfectionnée par l'art. / *De*

---

[7] Voltaire parle de l'équivoque à la fin de l'article 'Amour socratique'. Il existe un
pamphlet anonyme, *L'Équivoque* (1771), incorporé dans les *Œuvres* de Voltaire à
partir de l'édition de Beuchot (*M*, t.28, p.421-24), qui n'a cependant pas de rapport
évident avec l'équivoque dont il s'agit ici.

[8] Les clauses du traité d'Utrecht de 1713 comportaient des 'termes équivoques'
relatifs aux délimitations des colonies françaises et anglaises en Amérique du nord,
qui ont contribué au déclenchement de la guerre de Sept Ans (1756-1763). Voir
Frédéric II, *Œuvres posthumes* (Potsdam, 1805), t.3, p.54.

[9] *Physique*, livre 1, ch.7.191a7-14 et livre 1, ch.9.191b35-192b4.

choses qui ne sont point en lui. La matière est indifférente à devenir 85
rose ou poirier. Mais quand elle est poirier ou rose, elle est privée
de tout ce qui la ferait argent ou plomb. Cette vérité ne valait peut-
être pas la peine d'être énoncée; mais enfin il n'y a rien là que de très
intelligible, et rien qui soit impertinent.

L'*acte de ce qui est en puissance*[10] paraît ridicule, et ne l'est pas 90
davantage. La matière peut devenir tout ce qu'on voudra, feu,
terre, eau, vapeur, métal, minéral, animal, arbre, fleur. C'est tout ce
que cette expression d'*acte en puissance* signifie. Ainsi il n'y avait
point de ridicule, chez les Grecs, à dire que le mouvement était un
acte de puissance, puisque la matière peut être mue. Et il est fort 95
vraisemblable qu'Aristote entendait par là que le mouvement n'est
pas essentiel à la matière.

Aristote dut faire nécessairement une très mauvaise physique de
détail; et c'est ce qui lui a été commun avec tous les philosophes,
jusqu'au temps où les Galilée,[11] les Toricelli,[12] les Gueric,[13] les 100
Drebellius,[14] les Boile,[15] l'Académie del Cimento,[16] commencèrent à faire des expériences. La physique est une mine, dans
laquelle on ne peut descendre qu'avec des machines, que les

[10] *Physique*, livre 3, ch.1.201a.9-11.
[11] Voltaire a rendu hommage à Galilée dans l'*Essai sur les mœurs* comme
l'inventeur de la vraie physique (t.2, p.172 et 840).
[12] Evangelista Torricelli (1608-1647), mathématicien et physicien, inventeur du
baromètre. Voir *Discours aux Welches* (*M*, t.25, p.234).
[13] Otto von Guericke (1602-1686), physicien allemand, inventeur de la première
machine électrostatique et d'une machine pneumatique, réalisateur des 'hémisphères
de Magdebourg'. Voir *Discours aux Welches* (*M*, t.25, p.235).
[14] Cornelius Drebbel (1572-1634) contribua au développement du microscope et
du thermomètre. Voir *Discours aux Welches* (*M*, t.25, p.234).
[15] Robert Boyle (1627-1691), physicien et chimiste, découvrit la loi de compres-
sibilité des gaz, dite loi de Boyle-Mariotte, et la réciprocité des attractions électriques.
Voir *Eléments de la philosophie de Newton* (*OCV*, t.15, p.397).
[16] L'Accademia del Cimento fut fondée à Florence en 1657 par le prince Léopold
de Toscane et le grand-duc Ferdinand II après la dissolution de l'Accademia dei
Lincei en 1630. Cette académie fonctionna jusqu'en 1667 et publia les *Saggi di
naturali esperienze fatte nell'Accademia del Cimento*.

anciens n'ont jamais connues. Ils sont restés sur le bord de l'abîme; et ont raisonné sur ce qu'il contenait, sans le voir. 105

Traité d'Aristote sur les animaux

Ses *Recherches sur les animaux*, au contraire, ont été le meilleur livre de l'antiquité, parce qu'Aristote se servit de ses yeux. Alexandre lui fournit tous les animaux rares de l'Europe, de l'Afrique et de l'Asie. Ce fut un fruit de ses conquêtes. [17] Ce héros y dépensa des sommes qui effrayeraient tous les gardes du trésor royal d'aujourd'hui, et 110 c'est ce qui doit immortaliser la gloire d'Alexandre dont nous avons déjà parlé. [18]

De nos jours un héros, quand il a le malheur de faire la guerre, peut à peine donner quelque encouragement aux sciences; il faut qu'il emprunte de l'argent d'un Juif, et qu'il consulte continuelle- 115 ment des âmes juives pour faire couler la substance de ses sujets dans son coffre des Danaïdes, dont elle sort le moment d'après par cent ouvertures. [19] Alexandre faisait venir chez Aristote, éléphants, rhinocéros, tigres, lions, crocodiles, gazelles, aigles, autruches. Et nous autres, quand par hasard on nous amène un animal rare dans 120 nos foires, nous allons l'admirer pour vingt sous; et il meurt avant que nous ayons pu le connaître.

105-105a   71N: voir. La science des observations et des expériences est le flambeau de la physique et de l'histoire naturelle, et cette science perfectionnée manquait aux anciens, qui devaient s'égarer dans le labyrinthe des hypothèses sans ce secours. / *Traité*

---

[17] Voir Pline l'ancien, *Histoire naturelle*, livre 8, section 17, paragraphe 44. Voltaire ne possédait de l'*Histoire naturelle* que la *Traduction du 34, 35 et 36ᵉ livres de Pline l'Ancien*, avec des notes, par E. Falconet (Amsterdam, 1772, BV2760; 2ᵉ éd., 2 vol., La Haye, 1773, BV2761).

[18] Voir l'article 'Alexandre' des *QE*.

[19] Le tonneau des Danaïdes est proverbial. Voir Diodore de Sicile, livre 1, section 97, repère 2.

Du monde éternel

Aristote soutient expressément dans son livre du *Ciel* (chap. XI)[20] que le monde est éternel; c'était l'opinion de toute l'antiquité, excepté des épicuriens. Il admettait un Dieu, un premier moteur, et il le définit, (*a*) *Un, éternel, immobile, indivisible, sans qualités.*

Il fallait donc qu'il regardât le monde émané de Dieu, comme la lumière émanée du soleil, et aussi ancienne que cet astre.

A l'égard des sphères célestes, il est aussi ignorant que tous les autres philosophes. Copernic n'était pas venu.[21]

125

130

De sa métaphysique

(*b*) Dieu étant le premier moteur, il fait mouvoir l'âme; mais qu'est-ce que Dieu selon lui, et qu'est-ce que l'âme? L'âme est une entéléchie. Mais que veut dire entéléchie? C'est, dit-il, un principe

(*a*) Livre 7, ch.12.[22]
(*b*) Livre 2, ch.2.[23]

n.*b* w68: Livre 2, ch.11.

[20] C'est en fait dans *Des cieux*, livre 1, ch.12, qu'Aristote entreprend de démontrer l'éternité du monde. Ceci devait avoir de quoi scandaliser les lecteurs chrétiens de l'époque, car le Nouveau Testament prophétise à plusieurs reprises l'imminence de la fin du monde. Voir Augustin Calmet, 'Dissertation sur la fin du monde, et sur l'état du monde après le dernier Jugement', en tête de son *Commentaire littéral* [*Les Epîtres de saint Paul*] (Paris, 1716, BV613), t.2, p.lviii-lxxx, dont Mme Du Châtelet fit un résumé à sa façon, 'De la fin du monde', *Examens de la Bible* (p.532-34 du manuscrit édité par B. Schwarzbach, à paraître).

[21] Nicolas Copernic (1473-1543), dont le *Des révolutions des sphères célestes* affirme hypothétiquement l'héliocentrisme avant que Galilée ne l'établisse positivement. Ses thèses furent condamnées par la Congrégation de l'Index sous Paul V en 1615.

[22] Il n'y a pas de livre 7 dans *Des cieux*. Voltaire cite plutôt soit le livre 2, section 6, 288b, soit la *Physique*, livre 7, ch.1.241b.

[23] *Physique*, livre 7, ch.1 et livre 8; *Métaphysique* Λ6.

7

et un acte, une puissance nutritive, sentante et raisonnable. Cela ne veut dire autre chose, sinon que nous avons la faculté de nous 135 nourrir, de sentir et de raisonner. Le comment et le pourquoi sont un peu difficiles à saisir. Les Grecs ne savaient pas plus ce que c'est qu'une entéléchie, que les topinambours[24] et nos docteurs ne savent ce que c'est qu'une âme.

De sa morale

La morale d'Aristote est comme toutes les autres, fort bonne, car il 140 n'y a pas deux morales. Celles de Confutzée, de Zoroastre, de Pythagore, d'Aristote, d'Epictète, de Marc-Antonin, sont absolument les mêmes. Dieu a mis dans tous les cœurs la connaissance du bien avec quelque inclination pour le mal.[25]

Aristote dit, qu'il faut trois choses pour être vertueux, la nature, 145 la raison et l'habitude;[26] rien n'est plus vrai. Sans un bon naturel la vertu est trop difficile; la raison le fortifie, et l'habitude rend les actions honnêtes aussi familières qu'un exercice journalier auquel on s'est accoutumé.

Il fait le dénombrement de toutes les vertus, entre lesquelles il ne 150 manque pas de placer l'amitié.[27] Il distingue l'amitié entre les égaux, les parents, les hôtes et les amants. On ne connaît plus parmi nous l'amitié qui naît des droits de l'hospitalité. Ce qui était le sacré lien de la société chez les anciens, n'est parmi nous qu'un compte de

---

[24] Topinambous ou Tupinamba(s), peuple brésilien décrit par le cordelier André Thevet et par Jean de Léry après leur voyage au Brésil (1555-1557). Ils étaient réputés être grossiers et ignorants. Le mot fut employé comme substantif par Scarron et, comme substantif puis comme adjectif, par Boileau dans une épigramme sur l'Académie en 1687: 'J'ai traité de Topinamboux / Tous ces beaux censeurs, [...] / Et l'Académie entre nous / Souffrant chez soi de si grands fous / Me semble un peu topinambouë' (*Œuvres complètes*, Paris, 1966, p.260).

[25] Quoiqu'il ait toujours combattu l'innéisme intellectuel de Platon et de Descartes, Voltaire affirme ici l'innéité et l'universalité de la morale.

[26] *Ethique à Nicomaque*, livre 2, section 1, repères 4-6.

[27] *Ethique à Nicomaque*, livre 8, sections 1-9.

cabaretier. Et à l'égard des amants, il est rare aujourd'hui qu'on 155
mette de la vertu dans l'amour. On croit ne devoir rien à une
femme à qui on a mille fois tout promis.

Il est triste que nos premiers docteurs n'aient presque jamais mis
l'amitié au rang des vertus; n'aient presque jamais recommandé
l'amitié; au contraire, ils semblèrent inspirer souvent l'inimitié. Ils 160
ressemblaient aux tyrans qui craignent les associations.

C'est encore avec très grande raison qu'Aristote met toutes les
vertus entre les extrêmes opposés. Il est peut-être le premier qui
leur ait assigné cette place.

Il dit expressément que la piété est le milieu entre l'athéisme et la 165
superstition. [28]

De sa rhétorique

C'est probablement sa *Rhétorique* et sa *Poétique* que Cicéron et
Quintilien ont en vue. Cicéron, dans son livre de l'*Orateur*, dit,
*personne n'eut plus de science, plus de sagacité, d'invention et de
jugement*: [29] Quintilien va jusqu'à louer non seulement l'étendue de 170
ses connaissances, mais encore la suavité de son élocution,
eloquendi suavitatem. [30]

Aristote veut qu'un orateur soit instruit des lois, des finances,
des traités, des places de guerre, des garnisons, des vivres, des

---

157-58 71N: promis: cependant sans vertu il ne peut y avoir de véritable
amour. ¶Il

[28] Aristote définit certaines vertus morales comme un juste milieu entre deux vices
opposés dans l'*Ethique à Nicomaque*, livre 2, section 7, et Yvon, dans l'*Encyclopédie*,
pour illustrer cette idée cite, entre autres, le courage, qui tient le milieu entre la
crainte et l'audace, la libéralité entre l'avarice et la prodigalité, la douceur entre la
colère et l'insensibilité, mais ni lui ni Aristote ne citent la piété comme milieu entre la
superstition et l'athéisme, ce que Voltaire attribue ici à Aristote. En fait il s'agit dans
cet exemple de thèses philosophiques tandis que dans l'*Ethique à Nicomaque* Aristote
discute des qualités de la personnalité plutôt que de thèses comme l'athéisme.

[29] *L'Orateur*, section 51, repère 172.

[30] *L'Institution oratoire*, livre 10, ch.1, repère 83.

marchandises.[31] Les orateurs des parlements d'Angleterre, des   175
diètes de Pologne, des états de Suède, des pregadi[32] de Venise, etc.
ne trouveront pas ces leçons d'Aristote inutiles; elles le sont peut-
être à d'autres nations.

Il veut que l'orateur connaisse les passions des hommes, et les
mœurs, les humeurs de chaque condition.[33]   180

Je ne crois pas qu'il y ait une seule finesse de l'art qui lui échappe.
Il recommande surtout qu'on apporte des exemples quand on parle
d'affaires publiques; rien ne fait un plus grand effet sur l'esprit des
hommes.[34]

On voit, par ce qu'il dit sur cette matière, qu'il écrivait sa   185
Rhétorique longtemps avant qu'Alexandre fût nommé capitaine
général de la Grèce[35] contre le grand roi.[36]

Si quelqu'un, dit-il, avait à prouver aux Grecs qu'il est de leur
intérêt de s'opposer aux intérêts du roi de Perse, et d'empêcher
qu'il ne se rende maître de l'Egypte, il devrait d'abord faire   190
souvenir que Darius Ochus[37] ne voulut attaquer la Grèce qu'après
que l'Egypte fut en sa puissance; il remarquerait que Xerxès tint la
même conduite.[38] Il ne faut point douter, ajouterait-il, que Darius
Codoman n'en use ainsi. Gardez-vous de souffrir qu'il s'empare de
l'Egypte.   195

179-180   71N: hommes, les mœurs
189   K84, K12: aux entreprises du

[31] *Rhétorique*, livre 1, section 4, repère 8.
[32] Membres du Grand Conseil de Venise.
[33] *Rhétorique*, livre 2, section 3, repère 12-section 18, repère 2.
[34] *Rhétorique*, livre 2, ch.20.
[35] Alexandre prit la tête de la cavalerie en 338 avant J.-C. pour gagner la bataille de
Chéronée contre Thèbes et Athènes, puis fut élu chef de la confédération hellénique
en 336, après l'assassinat de son père.
[36] Darius III Codoman (v.380-330 av. J.-C.), vaincu par Alexandre en 334 sur la
rivière Granique.
[37] Roi de Perse (v.423 à v.404 av. J.-C.).
[38] *Rhétorique*, livre 2, ch.20. Xerxès, roi de Perse (485-465 av. J.-C.), dut faire face
à une révolte en Egypte l'année de sa prise de pouvoir. Ses forces furent vaincues par
les Grecs à Salamine et à Platée en 480 et 479 avant J.-C.

Il va jusqu'à permettre, dans les discours devant les grandes assemblées, les paraboles et les fables. Elles saisissent toujours la multitude; il en rapporte de très ingénieuses, et qui sont de la plus haute antiquité, comme celle du cheval qui implora le secours de l'homme pour se venger du cerf, et qui devint esclave pour avoir cherché un protecteur.[39]

On peut remarquer que dans le livre second, où il traite des arguments du plus au moins,[40] il rapporte un exemple qui fait bien voir quelle était l'opinion de la Grèce, et probablement de l'Asie, sur l'étendue de la puissance des dieux.

S'il est vrai, dit-il, *que les dieux mêmes ne peuvent pas tout savoir, quelque éclairés qu'ils soient, à plus forte raison les hommes.*[41] Ce passage montre évidemment qu'on n'attribuait pas alors l'omniscience à la divinité. On ne concevait pas que les dieux pussent savoir ce qui n'est pas: or l'avenir n'étant pas, il leur paraissait impossible de le connaître. C'est l'opinion des sociniens d'aujourd'hui; mais revenons à la rhétorique d'Aristote.

Ce que je remarquerai le plus dans son chapitre de l'*élocution* et de la *diction*, c'est le bon sens avec lequel il condamne ceux qui veulent être poètes en prose. Il veut du pathétique, mais il bannit l'enflure; il proscrit les épithètes inutiles. En effet, Démosthène et Cicéron qui ont suivi ses préceptes, n'ont jamais affecté le style poétique dans leurs discours. Il faut, dit Aristote, que le style soit toujours conforme au sujet.

Rien n'est plus déplacé que de parler de physique poétiquement, et de prodiguer les figures, les ornements quand il ne faut que méthode, clarté et vérité.[42] C'est le charlatanisme d'un homme qui

200

205

210

215

220

201-202 71N: protecteur. Que de peuples imprudents ont éprouvé le même sort! ¶On
211 71N: C'est à peu près l'opinion

[39] *Rhétorique*, livre 2, section 20, repère 5.
[40] Des raisonnements *a fortiori*, *Rhétorique*, livre 2, section 23, repères 4-5.
[41] Voir la *Rhétorique*, livre 2, section 23, repère 4.
[42] Voltaire pense-t-il aux vulgarisateurs des sciences? Il possédait de Fontenelle

veut faire passer de faux systèmes à la faveur d'un vain bruit de paroles. Les petits esprits sont trompés par cet appas, et les bons esprits le dédaignent. 225

Parmi nous, l'oraison funèbre s'est emparée du style poétique en prose. Mais ce genre consistant presque tout entier dans l'exagération, il semble qu'il lui soit permis d'emprunter ses ornements de la poésie.

Les auteurs des romans se sont permis quelquefois cette licence. 230 La Calprenède fut le premier, je pense, qui transposa ainsi les limites des arts, et qui abusa de cette facilité.[43] On fit grâce à l'auteur du *Télémaque* en faveur d'Homère qu'il imitait sans pouvoir faire de vers, et plus encore en faveur de sa morale, dans laquelle il surpasse infiniment Homère qui n'en a aucune.[44] 235 Mais ce qui lui donna le plus de vogue, ce fut la critique de la fierté de Louis XIV, et de la dureté de Louvois qu'on crut apercevoir dans le *Télémaque*.[45]

234   70, 71N, 71A: faire des vers

---

les *Entretiens sur la pluralité des mondes* dans ses *Œuvres diverses* (3 vol., Paris, M. Brunet, 1724, t.1, BV1363), et de Francesco Algarotti *Il Newtonianismo per le dame, overro Dialoghe sopra la luce, i colori, e l'attragione* (Naples [Milan], 1737, BV42).

[43] Gautier de Costes de La Calprenède (v.1610-1663), auteur de tragédies et de romans héroïco-galants, dont Voltaire n'avait ou n'avait plus aucun livre. Voir la notice du 'Catalogue des écrivains' du *Siècle de Louis XIV* (*OH*, p.1145).

[44] Voltaire, qui a consacré au *Télémaque* une longue analyse dans *Le Siècle de Louis XIV* (*OH*, p.1006-1008), considère qu'il s'agit d'un 'livre fait pour enseigner la vertu'. C'est un 'roman moral' (*Essai sur la poésie épique*, *OCV*, t.3B, p.493).

[45] Le *Télémaque* de Fénelon (1699) ne figure plus dans la bibliothèque de Voltaire, mais il est mentionné dans le 'Catalogue de Wagnière' (*BV*, p.1084). Quand la première édition, non autorisée, parut, on y vit un roman à clefs visant Louis XIV (voir *Le Siècle de Louis XIV*, *OH*, p.1007-1008). Selon François Ledieu, Bossuet aurait dit que *Télémaque* était 'une censure ouverte du gouvernement présent, du roi même et des ministres'; il ajoute, 'il paraissait une clef et une critique de *Télémaque* que l'on cachait avec un soin extrême, parce que le gouvernement et les maîtres, comme les sujets, y étaient déchirés impitoyablement. Ce sera, dit-on, l'ouvrage de quelque Français mécontent retiré en Hollande' (*Journal, Les Dernières années de Bossuet*, éd. Ch. Urbain et E. Lévesque, 2 vol., Bruges et Paris, 1928, t.1, p.151).

Quoi qu'il en soit, rien ne prouve mieux le grand sens et le bon goût d'Aristote, que d'avoir assigné sa place à chaque chose. 240

Poétique

Où trouver dans nos nations modernes un physicien, un géomètre, un métaphysicien, un moraliste même qui ait bien parlé de la poésie? Ils sont accablés des noms d'Homère, de Virgile, de Sophocle, de l'Arioste, [46] du Tasse, [47] et de tous ceux qui ont enchanté la terre par les productions harmonieuses de leur génie. 245
Ils n'en sentent pas les beautés, ou s'ils les sentent, ils voudraient les anéantir.

Quel ridicule dans Pascal de dire, 'comme on dit *beauté poétique*, on devrait dire aussi *beauté géométrique*, et *beauté médécinale*. Cependant on ne le dit point; et la raison en est qu'on sait bien 250
quel est l'objet de la géométrie et quel est l'objet de la médecine; mais on ne sait pas en quoi consiste l'agrément qui est l'objet de la poésie. On ne sait ce que c'est que ce modèle naturel qu'il faut imiter; et faute de cette connaissance on a inventé de certains termes bizarres, *siècle d'or*, *merveilles de nos jours*, *fatal laurier*, *bel* 255
astre, etc. Et on appelle ce jargon *beauté poétique*.' [48]

On sent assez combien ce morceau de Pascal est pitoyable. On sait qu'il n'y a rien de beau ni dans une médecine, ni dans les

[46] Ludovico Ariosto (1444-1533), dont Voltaire admirait l'épopée burlesque, *Orlando furioso*, (voir D8533). Dans la bibliothèque de Voltaire ne figure que *Delle satire e rime del divino Ludovico Ariosto* (Hambourg, 1732, BV101), mais d'après le *Ferney catalogue*, il possédait plusieurs éditions de l'*Orlando furioso* (n⁰ˢ 98-101). Voltaire rend hommage à l'Arioste dans l'article 'Epopée' des *QE*.

[47] Torquato Tasso (1544-1595), dont Voltaire possédait *Aminta* (Paris, 1727, BV3249), et le chant 16 de *La Jérusalem délivrée*, trad. J. M. B. Clément (Dijon, 1761, BV3250). Dans son *Essay on epic poetry*, il consacre une analyse au Tasse (*OCV*, t.3B, p.347-62).

[48] *Pensées et opuscules*, éd. Léon Brunschvicg (Paris, 1897), n° 33, p.332-33. Voltaire abrège le passage et change quelques mots. Il possédait les *Pensées* (Amsterdam, 1684, BV2653; Paris, 1748, BV2654).

propriétés d'un triangle, et que nous n'appelons *beau* que ce qui cause à notre âme et à nos sens du plaisir et de l'admiration. 260 C'est ainsi que raisonne Aristote: et Pascal raisonne ici fort mal. *Fatal laurier*, *bel astre*, n'ont jamais été des beautés poétiques. S'il avait voulu savoir ce que c'est, il n'avait qu'à lire dans Malherbe:

> Le pauvre en sa cabane, où le chaume le couvre, 265
> Est soumis à ses lois;
> Et la garde qui veille, aux barrières du Louvre
> N'en défend pas nos rois. [49]

Il n'avait qu'à lire dans Racan,

> Que te sert de chercher les tempêtes de Mars, 270
> Pour mourir tout en vie au milieu des hasards
> Où la gloire te mène?
> Cette mort qui promet un si digne loyer,
> N'est toujours que la mort, qu'avec bien moins de peine
> L'on trouve en son foyer. 275
> Que sert à ces héros ce pompeux appareil,
> Dont ils vont dans la lice éblouir le soleil
> Des trésors du Pactole?
> La gloire qui les suit après tant de travaux,
> Se passe en moins de temps que la poudre qui vole 280
> Du pied de leurs chevaux. [50]

Il n'avait surtout qu'à lire les grands traits d'Homère, de Virgile, d'Horace, d'Ovide, etc.

---

[49] François Malherbe, 'Consolation à M. du Périer', vers 77-80, dans le *Recueil des plus beaux vers de Messieurs de Malherbe, Racan, Maynard* (Paris, 1638, BV2906), p.145. Voltaire remplace 'sujet' par 'soumis' au deuxième vers.

[50] Honorat de Bueil Racan, 'A Monsieur le comte de Bussy de Bourgogne', vers 13-24, dans le *Recueil des plus beaux vers de Messieurs de Malherbe, Racan, Maynard*, p.181-82. Voltaire change 'galants' en 'héros' et 'moindre temps' en 'moins de temps'.

14

Nicole écrivit contre le théâtre dont il n'avait pas la moindre teinture,[51] et il fut secondé par un nommé Dubois,[52] qui était aussi ignorant que lui en belles-lettres.

285

Il n'y a pas jusqu'à Montesquieu, qui dans son livre amusant des Lettres persanes, a la petite vanité de croire qu'Homère et Virgile ne sont rien en comparaison d'un homme qui imite avec esprit et avec succès le *Siamois* de Dufréni,[53] et qui remplit son livre de choses hardies, sans lesquelles il n'aurait pas été lu. '*Qu'est-ce que les poèmes épiques? dit-il, je n'en sais rien; je méprise les lyriques autant que j'estime les tragiques.*'[54] Il devait pourtant ne pas tant mépriser Pindare et Horace. Aristote ne méprisait point Pindare.

290

295

[51] Pierre Nicole, *Les Visionnaires, seconde partie des Lettres sur l'hérésie imaginaire*, 2 vol. (Liège, 1667). Dans la première 'visionnaire', Nicole affirme: 'Un faiseur de romans et un poète de théâtre est un empoisonneur public, non des corps, mais des âmes des fidèles'. Racine lui adressa une lettre pleine d'esprit, sa *Lettre à l'auteur des Hérésies imaginaires* (s.l.n.d.). Nicole ne répliqua point, mais inséra les longues réponses composées par Du Bois et Barbier d'Aucour, en y joignant un *Traité de la comédie* qu'il reproduisit dans ses *Essais de morale*, t.3.

[52] Philippe Dubois-Goibaud (1629-1694), élève de Port-Royal, traducteur de saint Augustin (*Les Confessions de S. Augustin*, Paris, 1737, BV217; *Les Lettres de saint Augustin*, 6 vol., Paris, 1684, BV219; *Les Sermons de saint Augustin sur le Nouveau Testament*, 4 vol., Paris, 1700, BV220). Il publia en 1666 une 'Réponse à la lettre de M. Racine contre M. Nicole', qui ne figure pas dans la bibliothèque de Voltaire. Voltaire le mentionne, dans la notice de *Sophronime et Adélos* (*M*, t.25, p.460), comme traducteur d'Augustin.

[53] Charles Dufresny, seigneur de La Rivière, dans ses *Amusements sérieux et comiques* (Paris, Barbin, 1699) met en scène un Siamois. Voltaire possédait ses *Œuvres* (4 vol., Paris, 1747, BV1128). Dans le 'Catalogue des écrivains' du *Siècle de Louis XIV*, Voltaire cite Dufresny comme une source de Montesquieu (*OH*, p.1187).

[54] Citation libre des *Lettres persanes* de Montesquieu (*Œuvres complètes de Montesquieu*, Oxford, 2002- , lettre 131 [137], t.1, p.495).

Descartes fit à la vérité pour la reine Christine un petit divertissement en vers,[55] mais digne de sa matière cannelée.[56]

Mallebranche ne distinguait pas le *Qu'il mourût* de Corneille,[57] d'un vers de Jodele[58] ou de Garnier.[59]

Quel homme qu'Aristote qui trace les règles de la tragédie de la même main dont il a donné celles de la dialectique, de la morale, de la politique, et dont il a levé, autant qu'il a pu, le grand voile de la nature!

C'est dans le chapitre quatrième de sa *Poétique* que Boileau a puisé ces beaux vers:

> Il n'est point de serpent ni de monstre odieux,
> Qui par l'art imité ne puisse plaire aux yeux;
> D'un pinceau délicat, l'artifice agréable,
> Du plus affreux objet fait un objet aimable:

300

305

[55] Le ballet *La Naissance de la paix*, dans René Descartes, *Œuvres philosophiques*, éd. F. Alquié, 3 vol. (Paris, 1973), t.3, p.1115-18, à moins qu'il ne s'agisse de sa comédie inachevée, composée peu avant sa mort et aujourd'hui perdue. Cet ouvrage de Descartes manquait dans la bibliothèque de Voltaire telle qu'elle était constituée à Ferney, mais Voltaire le connaissait, au moins de réputation, depuis les années 30 à en juger par les *Lettres philosophiques*, lettre 14, 'Sur Descartes et Newton', où il avait déjà mentionné ce 'divertissement en vers' (t.2, p.3 et voir p.10, n.8).

[56] Voir l'article 'Cartésianisme' des *QE*. D'après la théorie cartésienne des trois éléments, le premier élément, constitutif de la matière du soleil et des étoiles fixes, est de forme cannelée: 'les trois canaux qui sont en la superficie de chacune, doivent être tournés à vis, ou comme une coquille'. Descartes, *Les Principes de la philosophie* (Paris, 1723, BV999), troisième partie, articles 90-93, p.222-26.

[57] *Horace*, acte 3, scène 6. Voir les *Commentaires sur Corneille* (*OCV*, t.54, p.272).

[58] Etienne Jodelle (1532-1573), auteur de la première tragédie classique française, *Cléopâtre captive* (1553), membre de la Pléiade. Ses ouvrages ne figurent pas dans la bibliothèque de Voltaire, qui possède toutefois des anthologies théâtrales, la *Bibliothèque des théâtres* (Paris, 1733, BV2370) de Maupoint, l'*Histoire du théâtre français* (Paris, 1745-1748, BV2645) de Claude et François Parfaict.

[59] Robert Garnier (1544-1590), poète, auteur de tragédies *Hippolyte*, *Les Juives*, et d'une tragi-comédie *Bradamante*. Voltaire compare des vers de Garnier à ceux de Corneille dans ses *Commentaires sur Corneille* (*OCV*, t.54, p.444). Aucun des ouvrages de Garnier ne figure dans la bibliothèque de Voltaire, mais voir n.58.

Ainsi, pour nous charmer, la tragédie en pleurs,   310
D'Œdipe tout sanglant fit parler les douleurs. [60]

Voici ce que dit Aristote. 'L'imitation et l'harmonie ont produit la poésie... nous voyons avec plaisir dans un tableau des animaux affreux, des hommes morts ou mourants que nous ne regarderions qu'avec chagrin et avec frayeur dans la nature. Plus ils sont bien   315 imités, plus ils nous causent de satisfaction.' [61]

Ce quatrième chapitre de la Poétique d'Aristote se retrouve presque tout entier dans Horace et dans Boileau. Les lois qu'il donne dans les chapitres suivants, sont encore aujourd'hui celles de nos bons auteurs, si vous en exceptez ce qui regarde les chœurs et la   320 musique. Son idée que la tragédie est instituée pour purger les passions, a été fort combattue; mais s'il entend, comme je le crois, qu'on peut dompter un amour incestueux en voyant le malheur de Phèdre, qu'on peut réprimer sa colère en voyant le triste exemple d'Ajax, il n'y a plus aucune difficulté. [62]   325

Ce que ce philosophe recommande expressément, c'est qu'il y ait toujours de l'héroïsme dans la tragédie, et du ridicule dans la comédie. C'est une règle dont on commence peut-être trop aujourd'hui à s'écarter. [63]

---

316   k84, k12: ils vous causent

[60] Boileau, *Art poétique*, chant 3, vers 1-6. Voltaire possédait les *Œuvres*, 2 vol. (Genève, 1716, BV440).

[61] Voltaire cite librement Aristote (*Poétique*, section 4, repère 1448b4-12), dans la version de Dacier, p.30-31.

[62] *Poétique*, section 6, repère 1449b24-28; voir aussi *Politique*, section 8, repère 1341b. Il s'agit de la fameuse théorie de la catharsis. L'interprétation moralisante de cette théorie est inspirée du classicisme français; selon Aristote, la tragédie, comme d'ailleurs la musique, ne vise qu'à purifier le psychisme de la pitié et de la crainte. Voltaire a lu les remarques de Dacier sur cette section 6, p.76-81, soulignant les passages relatifs à la catharsis (*CN*, t.i, p.117-18).

[63] Voltaire ne termine pas cet article sans lancer un trait contre la tragédie bourgeoise et la tragédie larmoyante de son époque.

ARMES, ARMÉES, *etc.*

C'est une chose très digne de considération, qu'il y ait eu et qu'il y ait encore sur la terre des sociétés sans armées. [1] Les brahmanes, qui gouvernèrent longtemps presque toute la grande Kersonèse[2] de l'Inde; les primitifs nommés *quakers*, qui gouvernent la Pensilvanie; quelques peuplades de l'Amérique, quelques-unes même du centre de l'Afrique; les Samoyèdes, les Lapons, les Kanshkadiens[3] n'ont jamais marché en front de bandière[4] pour détruire leurs voisins. 5

Les brahmanes furent les plus considérables de tous ces peuples pacifiques; leur caste qui est si ancienne, qui subsiste encore, et devant qui toutes les autres institutions sont nouvelles, est un prodige qu'on ne sait pas admirer. Leur police et leur religion se réunirent toujours à ne verser jamais de sang, pas même celui des moindres animaux. Avec un tel régime on est aisément subjugué; ils l'ont été et n'ont point changé. 10

15

* L'article 'Armes' de l'*Encyclopédie*, descriptif et historique, ne consacre que quelques lignes au contemporain et ne comporte aucune réflexion générale (t.1, p.686); son article 'Armée' se limite à la composition des armées modernes et à des définitions (t.1, p.691). La démarche de Voltaire est ici tout autre: en historien et en témoin attentif des guerres de son temps, il s'intéresse à la tactique et à la stratégie militaires. Le présent article paraît en novembre/décembre 1770 (70, t.2).

[1] Voltaire a déjà présenté en des termes très voisins les arguments qui suivent dans le troisième entretien de *L'A.B.C.* (1768; *M*, t.27, p.331-32).

[2] Kersonèse 'signifie généralement *presqu'île*' (*Encyclopédie*, t.3, p.298).

[3] Il s'agit pour Voltaire des peuples les plus primitifs de la terre: 'Les Samoyèdes, les Lapons, les habitants du nord de la Sibérie, ceux du Kamtchatka, sont encore moins avancés que les peuples de l'Amérique' (*La Philosophie de l'histoire*, ch.3, *OCV*, t.59, p.96).

[4] 'Terme dont on se sert quelquefois pour bannière. [...] on dit, qu'*une armée est campée en front de bandière*, pour dire, qu'elle est campée en ligne avec les étendards et les drapeaux à la tête des corps' (*Dictionnaire de l'Académie*, 2 vol., Paris, 1762, t.1, p.149).

18

Les Pensilvains n'ont jamais eu d'armée, et ils ont constamment la guerre en horreur.

Plusieurs peuplades de l'Amérique ne savaient ce que c'est qu'une armée avant que les Espagnols vinssent les exterminer tous. Les habitants des bords de la mer Glaciale ignorèrent et armes et 20 dieux des armées, et bataillons et escadrons.

Outre ces peuples, les prêtres, les religieux ne portent les armes en aucun pays, du moins quand ils sont fidèles à leur institution.

Ce n'est que chez les chrétiens qu'on a vu des sociétés religieuses établies pour combattre, comme templiers, chevaliers de Saint- 25 Jean, chevaliers teutons, chevaliers porte-glaives.[5] Ces ordres religieux furent institués à l'imitation des lévites qui combattirent comme les autres tribus juives.[6]

Ni les armées, ni les armes ne furent les mêmes dans l'antiquité. Les Egyptiens n'eurent presque jamais de cavalerie; elle eût été 30 assez inutile dans un pays entrecoupé de canaux, inondé pendant cinq mois, et fangeux pendant cinq autres. Les habitants d'une grande partie de l'Asie employèrent les quadriges de guerre. Il en est parlé dans les annales de la Chine. Confutzée dit, (a) qu'encore de son temps chaque gouverneur de province fournissait à 35 l'empereur mille chars de guerre à quatre chevaux.[7] Les Troyens et les Grecs combattaient sur des chars à deux chevaux.

La cavalerie et les chars furent inconnus à la nation juive dans un

---

(a) Confucius livre 3, partie 1.

18-19   K84, K12: que c'était qu'une
20   K84, K12: Glaciale ignorent et

---

[5] Ordre germanique fondé au douzième siècle.

[6] Le lévite est un 'prêtre ou sacrificateur hébreu, ainsi nommé parce qu'il était de la tribu de Lévi' (*Encyclopédie*, article 'Lévite', t.9, p.448). C'est aux lévites que Moïse ordonne des exterminations que Voltaire n'a cessé de dénoncer (voir *La Philosophie de l'histoire*, ch.40-41, *OCV*, t.59, p.224 et 229-30).

[7] Même affirmation dans le chapitre 1 de l'*Essai sur les mœurs*. Voir 'Barac et Débora', p.316, n.12.

terrain montagneux, où leur premier roi n'avait que des ânesses quand il fut élu. [8] Trente fils de Jaïr, princes de trente villes, à ce que dit le texte, (*b*) étaient montés chacun sur un âne. Saül, depuis roi de Juda, n'avait que des ânesses; et les fils de David s'enfuirent tous sur des mules lorsque Absalon eut tué son frère Ammon. [9] Absalon n'était monté que sur une mule, dans la bataille qu'il livra contre les troupes de son père; [10] ce qui prouve, selon les histoires juives, que l'on commençait alors à se servir de juments en Palestine, ou bien qu'on y était déjà assez riche pour acheter des mules des pays voisins.

Les Grecs se servirent peu de cavalerie; ce fut principalement avec la phalange macédonienne qu'Alexandre gagna les batailles qui lui assujettirent la Perse.

C'est l'infanterie romaine qui subjugua la plus grande partie du monde. César, à la bataille de Pharsale, n'avait que mille hommes de cavalerie.

On ne sait point en quel temps les Indiens et les Africains commencèrent à faire marcher les éléphants à la tête de leurs armées. Ce n'est pas sans surprise qu'on voit les éléphants d'Annibal passer les Alpes, qui étaient beaucoup plus difficiles à franchir qu'aujourd'hui.

On a disputé longtemps sur les dispositions des armées romaines et grecques, sur leurs armes, sur leurs évolutions.

Chacun a donné son plan des batailles de Zama et de Pharsale. [11]

(*b*) Juges ch.10, verset 4.

[8] La recherche d'ânesses précède et accompagne la désignation de Saül comme premier roi d'Israël (1 Samuel 10:2, 14 et 16).

[9] 2 Samuel 13:29.

[10] 2 Samuel 18:9.

[11] C'est en effet par des parallèles avec l'antiquité et l'analyse des récits des historiens antiques que se formalise la théorie militaire. Les réflexions du chevalier de Folard par exemple, que Voltaire a lues, annotées et citées, sont publiées sous la forme de commentaires d'historiens antiques: dans l'*Histoire de Polybe, nouvellement traduite du grec* [...]. *Avec un commentaire ou un corps de science militaire enrichi de notes*

Le commentateur Calmet bénédictin, a fait imprimer trois gros volumes du Dictionnaire de la Bible, dans lesquels, pour mieux expliquer les commandements de Dieu, il a inséré cent gravures où se voient des plans de bataille et des sièges en taille-douce. Le Dieu des Juifs était le Dieu des armées; mais Calmet n'était pas son secrétaire: il n'a pu savoir que par révélation comment les armées des Amalécites, des Moabites, des Syriens, des Philistins furent arrangées pour les jours de meurtre général. Ces estampes de carnage, dessinées au hasard, enchérirent son livre de cinq ou six louis d'or, et ne le rendirent pas meilleur. [12]

C'est une grande question si les Francs, que le jésuite Daniel appelle *Français* par anticipation, se servaient de flèches dans leurs armées, s'ils avaient des casques et des cuirasses. [13]

Supposé qu'ils allassent au combat presque nus et armés seulement, comme on le dit, d'une petite hache de charpentier, d'une épée et d'un couteau, il en résultera que les Romains, maîtres des Gaules si aisément vaincus par Clovis, avaient perdu toute leur ancienne valeur, et que les Gaulois aimèrent autant devenir les sujets d'un petit nombre de Francs, que d'un petit nombre de Romains. [14]

L'habillement de guerre changea ensuite, ainsi que tout change.

65

70

75

80

critiques et historiques, par M. de Folard (6 vol., Paris, 1727-1730, BV2787) ou dans l'*Histoire de Scipion l'Africain, pour servir de suite aux hommes illustres de Plutarque* [par l'abbé Séran de La Tour]. *Avec les observations de M. le chevalier de Folard sur la bataille de Zama* (Paris, 1738, BV3146).

[12] Calmet, *Dictionnaire de la Bible*, 4 vol. (Paris, 1730, BV615). Dans l'exemplaire de Voltaire, la planche de la page 18 ('Abimélech combat les Sichémites, et les contraint de rentrer dans leur ville') est marquée d'un signet (*CN*, t.2, p.323). Elle est attribuée à Folard dans la *Bible enfin expliquée* (*M*, t.30, p.83, n.1).

[13] Question traitée dans le chapitre 'Les armes des Français, lorsque Clovis fit la conquête des Gaules' de l'*Histoire de la milice française et des changements qui s'y sont faits depuis l'établissement de la monarchie dans les Gaules jusqu'à la fin du règne de Louis le Grand* par le R. P. Daniel, 2 vol. (Paris, 1728, BV939), ch.1, t.1.

[14] Voir aussi l'*Essai sur les mœurs* (ch.11, t.1, p.306).

Dans le temps des chevaliers, écuyers et varlets,[15] on ne connut plus que la gendarmerie à cheval en Allemagne, en France, en Italie, en Angleterre, en Espagne. Cette gendarmerie était couverte de fer ainsi que les chevaux.[16] Les fantassins étaient des serfs qui faisaient plutôt les fonctions de pionniers que de soldats. Mais les Anglais eurent toujours dans leurs gens de pied de bons archers, et c'est en grande partie ce qui leur fit gagner presque toutes les batailles.[17]

Qui croirait qu'aujourd'hui les armées ne font guère que des expériences de physique! un soldat serait bien étonné si quelque savant lui disait: 'Mon ami, tu es un meilleur machiniste qu'Archimède. Cinq parties de salpêtre, une partie de soufre, une partie de carbo ligneus, ont été préparées chacune à part. Ton salpêtre dissous avec du nitre bien filtré, bien évaporé, bien cristallisé, bien remué, bien séché, s'est incorporé avec le soufre purifié et d'un beau jaune. Ces deux ingrédients mêlés avec le charbon pilé, ont formé de grosses boules par le moyen d'une essence de vinaigre, ou de sel ammoniac, ou d'urine. Ces boules ont été réduites *in pulverem pirium* dans un moulin. L'effet de ce mélange est une dilatation qui est à peu près comme quatre mille est à l'unité, et le

85

90

95

100

---

84   K84, K12: Dans les temps
95-96   70, 71A: de carbonis ligneus
          71N: de carbonis lignei, ont
97   K84, K12: dissous, bien filtré
100-101   K84, K12: moyen d'un peu de vinaigre, ou de dissolution de sel

---

[15] 'Terme d'Histoire. Nom synonyme de celui de page, dans les temps de notre ancienne chevalerie' (*Dictionnaire de l'Académie*, t.2, p.908).

[16] Le gendarme 'était autrefois un cavalier armé de toutes pièces, c'est-à-dire qui avait pour armes défensives le casque, la cuirasse, et toutes les autres armures nécessaires pour couvrir toutes les parties du corps. Le cheval du *gendarme* avait la tête et les flancs aussi couverts d'armes défensives' (*Encyclopédie*, article 'Gendarme', t.7, p.547).

[17] Notamment celle d'Azincourt: 'les Anglais la gagnèrent aussitôt qu'elle commença. Leurs grands arcs de la hauteur d'un homme, dont ils se servaient avec force et avec adresse, leur donnèrent d'abord la victoire' (*Essai sur les mœurs*, ch.79, t.1, p.744).

plomb qui est dans ton tuyau fait un autre effet qui est le produit de
sa masse multiplié par sa vitesse.   105

'Le premier qui devina une grande partie de ce secret de
mathématique, fut un bénédictin nommé Roger Bacon. Celui qui
l'inventa tout entier fut un autre bénédictin allemand nommé
Shwartz, au quatorzième siècle. Ainsi, c'est à deux moines que tu
dois l'art d'être un excellent meurtrier, si tu tires juste et si ta   110
poudre est bonne.

'C'est en vain que Du Cange a prétendu qu'en 1338 les registres
de la chambre des comptes de Paris font mention d'un mémoire
payé pour de la poudre à canon: n'en crois rien, il s'agit là de
l'artillerie, nom affecté aux anciennes machines de guerre et aux   115
nouvelles.

'La poudre à canon fit oublier entièrement le feu grégeois dont
les Maures faisaient encore quelque usage. Te voilà enfin déposi-
taire d'un art qui non seulement imite le tonnerre, mais qui est
beaucoup plus terrible.' [18]   120

Ce discours qu'on tiendrait à un soldat, serait de la plus grande
vérité. Deux moines ont en effet changé la face de la terre.

Avant que les canons fussent connus, les nations hyperborées [19]
avaient subjugué presque tout l'hémisphère, et pourraient revenir
encore, comme des loups affamés, dévorer les terres qui l'avaient   125
été autrefois par leurs ancêtres.

Dans toutes les armées c'était la force du corps, l'agilité, une
espèce de fureur sanguinaire, un acharnement d'homme à homme
qui décidaient de la victoire, et par conséquent du destin des Etats.
Des hommes intrépides prenaient des villes avec des échelles. Il n'y   130

[18] Toutes les informations contenues dans les propos du savant se trouvent dans
l'article 'Poudre à canon' de l'*Encyclopédie* (t.13, p.190), y compris le 'beau jaune',
l''urine' et le chiffre de 4000. Le savant est plus critique que l'auteur de l'article,
Le Blond, envers Du Cange et les Maures. Voltaire a déjà rédigé un développement
sur l'invention de la poudre et sur son effet sur les techniques militaires dans l'*Essai
sur les mœurs* (ch.75, t.1, p.718; voir aussi la huitième remarque au 'Supplément', t.2,
p.913-15).

[19] 'On dit aussi dans le même sens, *hyperboréen*' (*Dictionnaire de l'Académie*, t.1,
p.896).

avait guère plus de discipline dans les armées du Nord, au temps de la décadence de l'empire romain, que dans les bêtes carnassières qui fondent sur leur proie.

Aujourd'hui une seule place frontière munie de canon, arrêterait les armées des Attila et des Gengis.   135

On a vu, il n'y a pas longtemps, une armée de Russes victorieux, se consumer inutilement devant Custrin, qui n'est qu'une petite forteresse dans un marais.[20]

Dans les batailles, les hommes les plus faibles de corps, peuvent l'emporter sur les plus robustes, avec une artillerie bien dirigée.   140 Quelques canons suffirent à la bataille de Fontenoi pour faire retourner en arrière toute la colonne anglaise déjà maîtresse du champ de bataille.[21]

Les combattants ne s'approchent plus: le soldat n'a plus cette ardeur, cet emportement qui redouble dans la chaleur de l'action   145 lorsque l'on combat corps à corps. La force, l'adresse, la trempe des armes même, sont inutiles. A peine une seule fois dans une guerre se sert-on de la baïonnette au bout du fusil, quoiqu'elle soit la plus terrible des armes.

Dans une plaine souvent entourée de redoutes munies de gros   150 canons, deux armées s'avancent en silence; chaque bataillon mène avec soi des canons de campagne; les premières lignes tirent l'une contre l'autre, et l'une après l'autre. Ce sont des victimes qu'on présente tour à tour aux coups de feu. On voit souvent, sur les ailes, des escadrons exposés continuellement aux coups de canon en   155 attendant l'ordre du général. Les premiers qui se lassent de cette

138-39   71N: marais. Ils ne savaient pas encore assiéger les places, et ils l'ont appris. ¶Dans

[20] Ville forte et ancien chef-lieu de la Nouvelle Marche de Brandebourg, Custrin (ou Kostrzyn) fait actuellement partie de la Pologne. La bataille de Custrin, qui a lieu en août 1758, est un épisode de la guerre de Sept Ans où l'armée russe, qui bombarde et assiège la forteresse, est vivement attaquée à revers par les Prussiens qui la défont. Voir par exemple *Œuvres historiques de Frédéric le Grand*, 4 vol. (Leipzig et Paris, 1830), t.3, p.238-40, et aussi D7864, D7876.

[21] Voir notamment le *Précis du siècle de Louis XV*, ch.15 (*OH*, p.1384-87).

manœuvre, laquelle ne laisse aucun lieu à l'impétuosité du courage, se débandent et quittent le champ de bataille. On va les rallier, si l'on peut, à quelques milles au-delà. Les ennemis victorieux assiègent une ville qui leur coûte quelquefois plus de temps, plus d'hommes, plus d'argent, que plusieurs batailles ne leur auraient coûté. Les progrès sont très rarement rapides. Et au bout de cinq ou six ans, les deux parties également épuisées, sont obligées de faire la paix. [22]

Ainsi, à tout prendre, l'invention de l'artillerie et la méthode nouvelle, ont établi entre les puissances une égalité qui met le genre humain à l'abri des anciennes dévastations, et qui par là rend les guerres moins funestes, quoiqu'elles le soient encore prodigieusement.

Les Grecs dans tous les temps, les Romains jusqu'au temps de Sylla, les autres peuples de l'Occident et du Septentrion, n'eurent jamais d'armée sur pied continuellement soudoyée; tout bourgeois était soldat, et s'enrôlait en temps de guerre. C'était précisément comme aujourd'hui en Suisse. Parcourez-la tout entière, vous n'y trouverez pas un bataillon, excepté dans le temps des revues; si elle a la guerre, vous y voyez tout d'un coup quatre-vingt mille soldats en armes.

Ceux qui usurpèrent la puissance suprême depuis Sylla, eurent toujours des troupes permanentes soudoyées de l'argent des citoyens pour tenir les citoyens assujettis, encore plus que pour subjuguer les autres nations. Il n'y a pas jusqu'à l'évêque de Rome

159   K84, K12: milles de là. Les

[22] Voltaire est un excellent connaisseur de tactique et de stratégie militaires: il a fréquenté de nombreux officiers, parmi lesquels Frédéric II, à la fois théoricien et praticien; dans son travail d'historien il a dû réunir des faits de guerre de toutes les époques et les présenter de façon à la fois synthétique et rationnelle; il a lu les ouvrages théoriques sur la question, et en particulier ceux du chevalier de Folard, dont le roi de Prusse lui-même a rédigé un résumé (*L'Esprit du chevalier de Folard* [...] *pour l'usage d'un officier, de main de maître*, Leipzig, 1761). Ce développement sur l'évolution de la guerre moderne, qui est repris de façon plus détaillée dans l'article 'Bataillon', doit beaucoup à Folard.

qui ne soudoie une petite armée. Qui l'eût dit du temps des apôtres, que le serviteur des serviteurs de Dieu aurait des régiments, et dans Rome!

Ce qu'on craint le plus en Angleterre, c'est *a great standing army*, une grande armée sur pied. 185

Les janissaires ont fait la grandeur des sultans, mais aussi ils les ont étranglés. Les sultans auraient évité le cordon si, au lieu de ces grands corps, ils en avaient établi de petits.

La loi de Pologne est qu'il y ait une armée; mais elle appartient à la république qui la paye, quand elle peut en avoir une. [23] 190

---

[23] Dans l'*Histoire de Charles XII*, Voltaire écrit: 'il y avait à la vérité en Pologne une armée; mais au lieu d'être de trente-six mille hommes, nombre prescrit par les lois, elle n'était que de dix-huit mille. Non seulement elle était mal payée et mal armée, mais ses généraux ne savaient encore quel parti prendre'. Il note encore que 'la noblesse, qui fait les lois de la république, en fait aussi la force. Elle monte à cheval dans les grandes occasions, et peut composer un corps de plus de cent mille hommes' (*OCV*, t.4, p.236 et 231).

AROT ET MAROT,

et courte revue de l'Alcoran

Cet article peut servir à faire voir combien les plus savants hommes[1] peuvent se tromper, et à développer quelques vérités utiles. Voici ce qui est rapporté d'Arot et de Marot dans le Dictionnaire encyclopédique.

'Ce sont les noms de deux anges, que l'imposteur Mahomet   5

---

b   70, 71N, 71A: [*sous-titre absent*]

---

* Cet article illustre avec brio le projet de l''Introduction' aux *QE*: Voltaire le présente comme un essai complétant un article 'Arot et Marot' de l'*Encyclopédie* qu'il cite *in extenso*. Il se propose de débusquer les erreurs des 'plus savants hommes', ici l'abbé Mallet, et de développer des 'vérités utiles'. Dès le titre, ce programme est amorcé. Voltaire fait suivre le nom des deux anges, Arot et Marot, de l'annonce d'un développement: 'courte revue de l'Alcoran'. Cet article fait écho à l'article 'Alcoran' des *QE*, mais répond aussi à celui de l'*Encyclopédie*. Il s'inscrit dans la longue enquête de Voltaire sur la religion musulmane. Depuis son petit essai de 1748, 'De l'Alcoran et de Mahomet' (*OCV*, t.20B, p.327-42), Voltaire a beaucoup écrit sur l'Islam. Il a consacré les chapitres 6 et 7 de l'*Essai sur les mœurs* à Mahomet et au Coran (t.1, p.255-76), il a répondu à des critiques dans sa *Lettre civile et honnête à l'auteur malhonnête de la critique de l'histoire universelle de M. de Voltaire qui n'a jamais fait d'histoire universelle, le tout au sujet de Mahomet* (*M*, t.24, p.141-49); il ne cesse de dire son mot sur la question (voir Djavâd Hadidi, *Voltaire et l'Islam*, Paris, 1974, et Magdy Gabriel Badir, *Voltaire et l'Islam*, *SVEC* 125, 1974). Dans cet article, prenant prétexte de critiques injustes des chrétiens, Voltaire s'autorise une longue digression sur le paradis dans les deux religions. Le dernier paragraphe, qui évoque les victoires russes contre les Turcs, permet de dater la rédaction de cet article de l'hiver 1770. L'article paraît en novembre/décembre 1770 (70, t.2).

[1] L'abbé Edme-François Mallet (1713-1755), auteur d'environ 550 contributions, fut l'un des principaux collaborateurs de l'*Encyclopédie*. C'était un érudit dont les articles sur l'histoire ecclésiastique et la théologie sont de qualité. Voltaire, qui avait critiqué son article 'Enfer' (voir D7267, D7320), a sans doute lu son éloge par D'Alembert dans l''Avertissement' au tome 6 de l'*Encyclopédie* (p.iii). Voir F. A. Kafker et S. L. Kafker, *The Encyclopedists as individuals: a biographical dictionary of the authors of the Encyclopédie*, *SVEC* 257 (1988), p.238-43.

disait avoir été envoyés de Dieu pour enseigner les hommes et pour leur ordonner de s'abstenir du meurtre, des faux jugements et de toutes sortes d'excès. Ce faux prophète ajoute, qu'une très belle femme ayant invité ces deux anges à manger chez elle, elle leur fit boire du vin, dont étant échauffés, ils la sollicitèrent à l'amour; qu'elle feignit de consentir à leur passion, à condition qu'ils lui apprendraient auparavant les paroles par le moyen desquelles ils disaient que l'on pouvait aisément monter au ciel; qu'après avoir su d'eux ce qu'elle leur avait demandé, elle ne voulut plus tenir sa promesse, et qu'alors elle fut enlevée au ciel, où ayant fait à Dieu le récit de ce qui s'était passé, elle fut changée en l'étoile du matin, qu'on appelle Lucifer ou Aurore, et que les deux anges furent sévèrement punis. C'est de là, selon Mahomet, que Dieu prit occasion de défendre l'usage du vin aux hommes. Voyez 'Alcoran'.'[2]

On aurait beau lire tout l'Alcoran, on n'y trouvera pas un seul mot de ce conte absurde et de cette prétendue raison de Mahomet, de défendre le vin à ses sectateurs. Mahomet ne proscrit l'usage du vin qu'au second et au cinquième sura, ou chapitre: *Ils t'interrogeront sur le vin et sur les liqueurs fortes: et tu répondras que c'est un grand péché.*[3]

On ne doit point imputer aux justes qui croient et qui font de bonnes œuvres, d'avoir bu du vin et d'avoir joué aux jeux de hasard, avant que les jeux de hasard fussent défendus.[4]

Il est avéré chez tous les mahométans, que leur prophète ne défendit le vin et les liqueurs que pour conserver leur santé, et pour

---

19   K84, K12: hommes.' [*avec note*: Voyez 'Alcoran'.] ¶On
25   K84, K12: *fortes: tu*

[2] *Encyclopédie*, t.1, p.701.
[3] Sourate 2, verset 216.
[4] Texte plus fidèle à l'esprit qu'à la lettre de la sourate 5, verset 94: 'les croyants qui auront pour eux le mérite des bonnes œuvres ne seront point coupables pour avoir mangé des aliments défendus, pourvu qu'ils conservent constamment la foi, la crainte du Seigneur et l'amour du bien, parce que le Seigneur aime ceux qui exercent la bienfaisance'.

prévenir les querelles dans le climat brûlant de l'Arabie. L'usage de toute liqueur fermentée porte facilement à la tête, et peut détruire la santé et la raison.[5]

La fable d'Arot et de Marot qui descendirent du ciel et qui voulurent coucher avec une femme arabe, après avoir bu du vin avec elle, n'est dans aucun auteur mahométan. Elle ne se trouve que parmi les impostures que plusieurs auteurs chrétiens, plus indiscrets qu'éclairés, ont imprimées contre la religion musulmane, par un zèle qui n'est pas selon la science.[6] Les noms d'Arot et de Marot ne sont dans aucun endroit de l'Alcoran. C'est un nommé Silburgius,[7] qui dit dans un vieux livre que personne ne lit, qu'il anathématise les anges Arot et Marot, Safa et Merwa.

Remarquez, cher lecteur, que Safa et Merwa sont deux petits monticules auprès de la Mecque, et qu'ainsi notre docte Silburgius a pris deux collines pour deux anges.[8] C'est ainsi qu'en ont usé

[5] Lorsque Voltaire n'ironise pas sur les interdits alimentaires, il propose des explications hygiénistes de ce qui relève souvent de l'impur (voir C. Mervaud, *Voltaire à table*, Paris, 1998, p.173-74).

[6] Dans le livre 6, 'Réfutation du mahométisme', du *Traité de la vérité de la religion chrétienne*, que possède Voltaire, Grotius rapporte cette histoire avec quelques variantes: les anges ivres ont enseigné à cette femme 'une chanson par le moyen de laquelle on monte au ciel et l'on en descend'. Comme elle s'est élevée très haut, Dieu 'l'arrêta tout court et en fit l'étoile de Vénus' (trad. P. Le Jeune, Amsterdam, 1728, p.365, BV1555; *CN*, t.4, p.197-201).

[7] Frédéric Sylburg (1536-1596), helléniste de grand renom, auteur de *Saracenica, sive collectio Scriptorum de rebus ac religione Turcarum* (Heidelberg, 1595). Ce recueil contient une 'Réfutation de l'islamisme' par Euthymius Zigabenus et une 'Biographie de Mahomet' d'un auteur grec anonyme. Voltaire n'a pas lu ce livre 'que personne ne lit'. Il a trouvé cette référence dans A. Reeland. Dans sa bibliothèque figure *De religione mohammedica libri duo* (Utrecht, 1717, BV2909), ouvrage qu'il a annoté. Dans *La Religion des mahométans* (La Haye, 1721), cette histoire est relatée, p.112-13. Reeland signale qu'un moine grec, Thomas de Jésus, a pris les deux collines de La Mecque pour des divinités et signale en note que Sylbergius a commis la même erreur. Ce n'est pas lui qui anathématise les anges Arot et Marot, mais Nicetas Choniate. La formule de l'anathème se trouve dans Reeland.

[8] 'Safa et Merva sont des monuments de Dieu', sourate 11, verset 153. Lors du pélerinage à La Mecque, Mahomet monte sur la colline de Safa et professe l'unité de Dieu. Puis, sur la colline de Merva, il adresse un discours au peuple.

presque sans exception tous ceux qui ont écrit parmi nous sur le mahométisme, jusqu'au temps où le sage Réland nous a donné des idées nettes de la croyance musulmane,[9] et où le savant Sale, après avoir demeuré vingt-quatre ans vers l'Arabie, nous a enfin éclairés par une traduction fidèle de l'Alcoran, et par la préface la plus instructive.[10] 50

Gagnier lui-même, tout professeur qu'il était en langue orientale à Oxford,[11] s'est plu à nous débiter quelques faussetés sur Mahomet, comme si on avait besoin du mensonge pour soutenir la vérité de notre religion contre ce faux prophète. Il nous donne tout au long le voyage de Mahomet dans les sept cieux sur la jument Alborac:[12] il ose même citer le sura ou chapitre 53; mais ni dans ce sura 53, ni dans aucun autre, il n'est question de ce prétendu voyage au ciel.[13] 55

C'est Aboulfeda, qui plus de sept cents ans après Mahomet rapporte cette étrange histoire. Elle est tirée, à ce qu'il dit, d'anciens 60

[9] L'ouvrage de Reeland, après avoir exposé les principes de la religion musulmane d'après ses propres docteurs, comprend des 'Eclaircissements sur les opinions qu'on leur a faussement attribuées'.

[10] Voltaire a annoté *The Koran, commonly called the Alcoran of Mohammed, translated into English immediately from the original Arabic; with explanatory notes, taken from the most approved commentators. To which is prefixed a preliminary discourse* (Londres, 1734, BV1786; *CN*, t.4, p.654-64) par George Sale. Voltaire professait la plus grande admiration pour le 'Discours préliminaire' (voir D1588; *Lettre civile*, *M*, t.24, p.142; *Essai sur les mœurs*, 'Supplément', t.2, p.915-18).

[11] Gagnier, après avoir embrassé la religion réformée, s'est réfugié en Angleterre. Sa *Vie de Mahomet, traduite et compilée de l'Alcoran, des traditions authentiques de la Sonna et des meilleurs auteurs arabes* (2 vol., Amsterdam, 1732, BV1411) indique qu'il était professeur de langues orientales à Oxford.

[12] Le livre second de la *Vie de Mahomet* relate en onze chapitres les différentes étapes de ce voyage nocturne (t.1, p.195-249). Voltaire a mis un signet entre les pages 194-95 (*CN*, t.4, p.23). La jument fabuleuse, Alborac, est décrite p.198. Gagnier fait suivre cette relation de réflexions sur ce voyage; le chapitre 14 est intitulé 'Si ce voyage a été fait corporellement ou spirituellement'. Sale évoque une dispute entre les devins mahométans sur cette même question (*The Koran*, p.227).

[13] La sourate 53 est composée de 62 versets. Gagnier renvoie, p.237, aux versets 9 et suivants: il prétend que le prophète s'est approché du trône du Seigneur, alors que, selon le Coran, c'est l'ange Gabriel qui a pris son vol vers Mahomet et qui le favorise d'une révélation.

manuscrits, qui eurent cours du temps de Mahomet même. [14] Mais il est visible qu'ils ne sont point de Mahomet, puisqu'après sa mort Abubeker recueillit tous les feuillets de l'Alcoran en présence de tous les chefs des tribus, et qu'on n'inséra dans la collection que ce qui parut authentique. [15]

De plus, non seulement le chapitre concernant le voyage au ciel n'est point dans l'Alcoran; mais il est d'un style bien différent, et cinq fois plus long au moins qu'aucun des chapitres reconnus. Que l'on compare tous les chapitres de l'Alcoran avec celui-là, on y trouvera une prodigieuse différence. Voici comme il commence.

'Une certaine nuit je m'étais endormi entre les deux collines de Safa et de Merwa. Cette nuit était très obscure et très noire; mais si tranquille qu'on n'entendait ni les chiens aboyer ni les coqs chanter. Tout d'un coup l'ange Gabriel se présenta devant moi dans la forme en laquelle le Dieu très haut l'a créé. Son teint était blanc comme la neige, ses cheveux blonds tressés d'une façon admirable, lui tombaient en boucles sur les épaules; il avait un front majestueux, clair et serein, les dents belles et luisantes et les jambes teintes d'un jaune de saphir; ses vêtements étaient tout tissus de perles et de fil d'or très pur. Il portait sur son front une lame sur laquelle étaient écrites deux lignes toutes brillantes et éclatantes de lumière; sur la première il y avait ces mots: *il n'y a point de Dieu que Dieu*; et sur la seconde, ceux-ci: *Mahomet est l'apôtre de Dieu*. A cette vue je demeurai le plus surpris et le plus confus de tous les hommes. J'aperçus autour de lui soixante et dix mille cassolettes ou petites bourses pleines de musc et de safran. Il avait cinq cents

---

[14] Gagnier invoque le témoignage d'Abou-Becre, 'le témoin fidèle' (*Vie de Mahomet*, t.1, p.251), citant la sourate 17, verset 61: 'Nous avons mis la vision nocturne que nous t'avons fait voir, pour être un sujet de dispute aux hommes' (t.1, p.261). Dans sa préface, il admet que ce voyage paraît romanesque, mais invoque les 'monuments authentiques de l'Alcoran et de ses commentateurs' (t.1, p.xxxviii).

[15] Dans la section 3 des *Observations historiques et critiques sur le mahométisme*, traduction du 'Discours préliminaire' de George Sale (Amsterdam, 1770, BV3076), annotée par Voltaire, il est rappelé que pour les mahométans le Coran est d'origine divine, éternel et non créé, que Gabriel l'a communiqué à Mahomet par morceaux (p.130-31).

paires d'ailes, et d'une aile à l'autre il y avait la distance de cinq cents années de chemin.

'C'est dans cet état que Gabriel se fit voir à mes yeux. Il me poussa et me dit: *lève-toi, ô homme endormi.* Je fus saisi de frayeur et de tremblement, et je lui dis en m'éveillant en sursaut: *qui es-tu? Dieu veuille te faire miséricorde. Je suis ton frère Gabriel,* me répondit-il; *ô mon cher bien-aimé Gabriel,* lui-dis-je, *je te demande pardon. Est-ce une révélation de quelque chose de nouveau, ou bien une menace affligeante que tu viens m'annoncer? C'est quelque chose de nouveau,* reprit-il; *lève-toi, mon cher et bien-aimé. Attache ton manteau sur tes épaules, tu en auras besoin: car il faut que tu rendes visite à ton seigneur cette nuit.* En même temps Gabriel me prit par la main; il me fit lever, et m'ayant fait monter sur la jument Alborac, il la conduisit lui-même par la bride, etc.' [16]

Enfin il est avéré chez les musulmans que ce chapitre, qui n'est d'aucune authenticité, fut imaginé par Abu-Horaïra, qui était, dit-on, contemporain du prophète. [17] Que dirait-on d'un Turc qui viendrait aujourd'hui insulter notre religion, et nous dire que nous comptons parmi nos livres consacrés les *lettres de saint Paul à Sénèque,* et les *lettres de Sénèque à Paul,* les *actes de Pilate,* la *vie de la femme de Pilate,* les *lettres du prétendu roi Abgare à Jésus-Christ,* et *la réponse de Jésus-Christ à ce roitelet,* l'*Histoire du défi de saint Pierre à Simon le magicien,* les *prédictions des sibylles,* le *Testament des douze patriarches,* et tant d'autres livres de cette espèce? [18]

Nous répondrions à ce Turc qu'il est fort mal instruit, et qu'aucun de ces ouvrages n'est regardé par nous comme authentique. Le Turc nous fera la même réponse, quand pour le confondre nous lui reprocherons le voyage de Mahomet dans les sept cieux. Il nous dira que ce n'est qu'une fraude pieuse des

[16] Citation presque mot à mot de Gagnier (*Vie de Mahomet,* t.1, p.196-98).

[17] Gagnier invoque l'autorité d'Abu-Horaira, connu comme le compagnon et le narrateur des traditions du prophète (*Vie de Mahomet,* p.196 et 261).

[18] Sur cette longue liste d'apocryphes, voir les annotations de l'article 'Apocryphe' (*OCV,* t.38, p.449-88). Sur les *Lettres de saint Paul à Sénèque et de Sénèque à Paul,* voir *OCV,* t.62, p.254 et 258.

derniers temps, et que ce voyage n'est point dans l'Alcoran. Je ne compare point sans doute ici la vérité avec l'erreur, le christianisme avec le mahométisme, l'Evangile avec l'Alcoran; mais je compare fausse tradition à fausse tradition, abus à abus, ridicule à ridicule.   120

Ce ridicule a été poussé si loin, que Grotius impute à Mahomet d'avoir dit que les mains de Dieu sont froides; qu'il le sait parce qu'il les a touchées, que Dieu se fait porter en chaise;[19] que dans l'arche de Noé, le rat naquit de la fiente de l'éléphant, et le chat de l'haleine du lion.[20]   125

Grotius reproche à Mahomet d'avoir imaginé que Jésus avait été enlevé au ciel, au lieu de souffrir le supplice.[21] Il ne songe pas que ce sont des communions entières des premiers chrétiens *hérétiques*, qui répandirent cette opinion conservée dans la Syrie et dans l'Arabie jusqu'à Mahomet.   130

Combien de fois a-t-on répété que Mahomet avait accoutumé un pigeon à venir manger du grain dans son oreille, et qu'il faisait accroire à ses sectateurs que ce pigeon venait lui parler de la part de Dieu?[22]

N'est-ce pas assez que nous soyons persuadés de la fausseté de sa   135 secte, et que la foi nous ait invinciblement convaincus de la vérité de la nôtre, sans que nous perdions notre temps à calomnier les mahométans qui sont établis du mont Caucase au mont Atlas, et des confins de l'Epire aux extrémités de l'Inde. Nous écrivons sans

[19] Pour répondre aux mahométans scandalisés parce que les chrétiens disent que Dieu a eu un fils, Grotius fait valoir que Mahomet attribue à leur Dieu des 'choses basses et indignes', citant les mêmes exemples que Voltaire (*Traité de la vérité de la religion chrétienne*, p.364). Passage avec papillon et note de la main de Wagnière (*CN*, t.4, p.201).

[20] Autre version de la fable rapportée par Montesquieu dans les *Lettres persanes*, lettre 18. La source de Voltaire est Grotius (*Traité de la vérité de la religion chrétienne*, p.365).

[21] Reproche exact, voir Grotius, *Traité de la vérité de la religion chrétienne*, p.353. Ce fut seulement un fantôme qui fut mis en croix.

[22] Anecdote rapportée par Grotius (*Traité de la vérité de la religion chrétienne*, p.357), et remarquée par Voltaire (*CN*, t.4, p.201). Voltaire a pu trouver une réfutation de cette anecdote dans A. Reeland, *La Religion des mahométans*, p.264.

cesse de mauvais livres contre eux, et ils n'en savent rien.[23] Nous crions que leur religion n'a été embrassée par tant de peuples, que parce qu'elle flatte les sens. Où est donc la sensualité qui ordonne l'abstinence du vin et des liqueurs dont nous faisons tant d'excès, qui prononce l'ordre indispensable de donner tous les ans aux pauvres deux et demi pour cent de son revenu, de jeûner avec la plus grande rigueur, de souffrir dans les premiers temps de la puberté une opération douloureuse, de faire au milieu des sables arides un pèlerinage qui est quelquefois de cinq cents lieues, et de prier Dieu cinq fois par jour, même en faisant la guerre?[24]

Mais, dit-on, il leur est permis d'avoir quatre épouses dans ce monde, et ils auront dans l'autre des femmes célestes.[25] Grotius dit en propres mots: *Il faut avoir reçu une grande mesure de l'esprit d'étourdissement pour admettre des rêveries aussi grossières et aussi sales.*[26]

Nous convenons avec Grotius que les mahométans ont prodigué des rêveries. Un homme qui recevait continuellement les chapitres de son Koran des mains de l'ange Gabriel, était pis qu'un rêveur; c'était un imposteur qui soutenait ses séductions par son courage. Mais certainement il n'y avait rien ni d'étourdi, ni de sale à réduire au nombre de quatre le nombre indéterminé de femmes que les princes, les satrapes, les nababs, les omras de l'Orient nourrissaient dans leurs sérails. Il est dit que Salomon avait trois cents femmes et sept cents concubines.[27] Les Arabes, les Juifs

---

[23] Voir *Essai sur les mœurs*, chapitre 6, sur les conquêtes des musulmans.

[24] Ce résumé des préceptes de l'*Alcoran* est à comparer avec le chapitre 7 de l'*Essai sur les mœurs*. Les *Observations historiques et critiques* de George Sale développent tous ces points: sur l'abstinence de vin, p.249; sur les aumônes, p.221; sur le jeûne, p.226; sur la circoncision, p.214; sur le pèlerinage de La Mecque, p.231.

[25] Voir sourate 4, verset 3, sur le nombre de femmes; voir sourate 56, versets 34-36, sur les houris.

[26] Citation exacte de Grotius (*Traité de la vérité de la religion chrétienne*, p.366), qui se montrait très choqué qu'à chaque homme soit assignées 'des troupes de femmes'.

[27] 1 Rois 11:1-3. Critique répétée par Voltaire qui intervertit les chiffres: selon le verset 3, Salomon avait sept cents femmes et trois cents concubines. Mais le compte est bien de mille.

pouvaient épouser les deux sœurs; Mahomet fut le premier qui défendit ces mariages dans le sura ou chapitre quatre.[28] Où est 165 donc la saleté?

A l'égard des femmes célestes, où est la saleté? Certes il n'y a rien de sale dans le mariage que nous reconnaissons ordonné sur la terre et béni par Dieu même. Le mystère incompréhensible de la génération est le sceau de l'Etre éternel. C'est la marque la plus 170 chère de sa puissance d'avoir créé le plaisir, et d'avoir par ce plaisir même perpétué tous les êtres sensibles.[29]

Si on ne consulte que la simple raison, elle nous dira qu'il est vraisemblable que l'Etre éternel, qui ne fait rien en vain, ne nous fera pas renaître en vain avec nos organes. Il ne sera pas indigne de 175 la Majesté suprême, de nourrir nos estomacs avec des fruits délicieux, s'il nous fait renaître avec des estomacs. Nos saintes Ecritures nous apprennent que Dieu mit d'abord le premier homme et la première femme dans un paradis de délices. Il était alors dans un état d'innocence et de gloire, incapable d'éprouver les maladies 180 et la mort. C'est à peu près l'état où seront les justes, lorsque après leur résurrection, ils seront pendant l'éternité ce qu'ont été nos premiers parents pendant quelques jours. Il faut donc pardonner à ceux qui ont cru qu'ayant un corps, ce corps sera continuellement satisfait. Nos Pères de l'Eglise n'ont point eu d'autre idée de la 185 Jérusalem céleste. Saint Irénée dit, (a) que chaque cep de vigne y portera dix mille branches, chaque branche dix mille grappes, et chaque grappe dix mille raisins, etc.[30]

(a) Livre 5, ch.33.

[28] Sourate 4, verset 27. L'interdiction concerne d'autres degrés de parenté, mais 'si le crime est commis, le Seigneur est indulgent et miséricordieux'.

[29] Voltaire l'affirmait déjà dans le cinquième discours, 'Sur la nature du plaisir', *Discours en vers sur l'homme* (*OCV*, t.17, p.503-12).

[30] Voltaire a déjà cité saint Irénée au sujet de la Jérusalem céleste dans *La Philosophie de l'histoire* (*OCV*, t.59, p.199). Sa source serait Middleton, *A Free Inquiry into the miraculous powers which are supposed to have subsisted in the Christian church* (Londres, 1749), p.34 (voir *OCV*, t.59, p.305). Voltaire possède *The Miscellaneous*

Plusieurs Pères de l'Eglise en effet ont pensé que les bienheureux dans le ciel jouiraient de tous leurs sens. Saint Thomas dit, (b) que le sens de la vue sera infiniment perfectionné, que tous les éléments le seront aussi, que la superficie de la terre sera diaphane comme le verre, l'eau comme le cristal, l'air comme le ciel, le feu comme les astres. [31]

Saint Augustin dans sa *Doctrine chrétienne* dit, (c) que le sens de l'ouïe goûtera le plaisir des sens, du chant et du discours. [32]

Un de nos grands théologiens italiens nommé Plazza, dans sa *Dissertation sur le paradis*, (d) nous apprend que les élus ne cesseront jamais de jouer de la guitare et de chanter: ils auront, dit-il, trois *nobilités*, trois *avantages*; des plaisirs sans chatouillement, des caresses sans mollesse, des voluptés sans excès: *tres nobilitates, illecebra sine titillatione, blanditia sine mollitudine et voluptas sine exuberantia.* [33]

Saint Thomas assure que l'odorat des corps glorieux sera parfait, et que l'humide ne l'affaiblira pas: *in corporibus gloriosis erit odor in sua ultima perfectione, nullo modo per humidum*

190

195

200

205

(b) *Commentaire sur la Genèse*, t.2, livre 4.
(c) Ch.2 et 3, n.149.
(d) P.506.

Works of the late reverend and learned Conyers Middleton (5 vol., Londres, 1755, BV2447) dans lesquels il relève des 'bêtises de saint Irénée' (*CN*, t.5, p.619). G. Sale, comparant le paradis chrétien au paradis musulman, cite également saint Irénée (*Observations critiques*, p.205). La comparaison n'est donc pas nouvelle.

[31] Voltaire traduit la citation latine de saint Thomas, et reprend dans sa note (b) la référence qui figure p.496 dans l'ouvrage de Benedetto Plazza qu'il citera plus loin, *Dissertatio anagogica, theologica, paroenetica de paradiso, Opus posthumum tripartitum P. Benedicti Plazza, theologi Societatis Jesu, Syracusani* (Palerme, 1762, BV2758).

[32] Voltaire emprunte à Plazza la référence à saint Augustin ainsi que sa note (c) de référence (*Dissertatio*, p.499).

[33] Voltaire cite ici une phrase de la *Dissertatio* de Plazza. Il donne la référence exacte dans la note (d).

repressus. (*e*)[34] Un grand nombre d'autres docteurs traitent à fond cette question.

Suarez, dans sa *sagesse*, s'exprime ainsi sur le goût: Il n'est pas difficile de faire que quelque humeur sapide agisse dans l'organe du 210 goût, et l'affecte intentionnellement: *non est Deo difficile facere ut sapidus humor sit intra organum gustus qui sensum illum possit intentionaliter afficere.* (*f*)[35]

Enfin, saint Prosper, en résumant tout, prononce que les bienheureux seront rassasiés sans dégoût, et qu'ils jouiront de la 215 santé sans maladie: *saturitas sine fastidio et tota sanitas sine morbo.* (*g*)[36]

Il ne faut donc pas tant s'étonner que les mahométans aient admis l'usage des cinq sens dans leur paradis. Ils disent, que la première béatitude sera l'union avec Dieu;[37] elle n'exclut pas le reste. 220

Le paradis de Mahomet est une fable; mais encore une fois, il n'y a ni contradiction ni saleté.

La philosophie demande des idées nettes et précises; Grotius ne les avait pas. Il citait beaucoup, et il étalait des raisonnements apparents, dont la fausseté ne peut soutenir un examen réfléchi. 225

(*e*) Supplément, partie 3, q. 84.
(*f*) Livre 16, ch.20.
(*g*) N.232.

210   K84, K12: difficile à Dieu de

[34] Ce jugement de saint Thomas et la référence en note sont empruntés à Plazza (*Dissertatio*, p.509).

[35] Voltaire emprunte à Plazza ce jugement de Francisco Suarez, dont l'œuvre ne figure pas dans la bibliothèque de Voltaire, et le renvoi en note (*Dissertatio*, p.512-13).

[36] Saint Prosper ne figure pas dans la bibliothèque de Voltaire. De nouveau, Voltaire emprunte cette citation et le renvoi en note à Plazza (*Dissertatio*, p.512). Ce déploiement d'érudition doit tout à l'ouvrage de Plazza. Il est donc de seconde main, même si Voltaire a pu lire quelques-uns des auteurs cités.

[37] Reeland énumère une liste d'autorités, dont Barthélemy D'Herbelot, affirmant que le plus grand plaisir des mahométans est la contemplation de Dieu même (*La Religion des mahométans*, p.160).

37

On pourrait faire un très gros livre de toutes les imputations
injustes dont on a chargé les mahométans.[38] Ils ont subjugué une
des plus belles et des plus grandes parties de la terre. Il eût été plus
beau de les chasser, que de leur dire des injures.

L'impératrice de Russie donne aujourd'hui un grand exemple,   230
elle leur enlève Azoph et Taganrok, la Moldavie, la Valachie, la
Géorgie;[39] elle pousse ses conquêtes jusqu'aux remparts d'Er-
zerum;[40] elle envoie contre eux, par une entreprise inouïe, des
flottes qui partent du fond de la mer Baltique, et d'autres qui
couvrent le Pont-Euxin;[41] mais elle ne dit point, dans ses   235
manifestes, qu'un pigeon soit venu parler à l'oreille de Mahomet.

234   K84, K12: Baltique, d'autres

[38] Ce livre a été fait par Reeland auquel Voltaire emprunte bien des arguments.
[39] Catherine II avait entretenu Voltaire de la prise d'Azov et de Taganrog (14/25
juillet 1769, D15775, et 22 septembre/3 octobre 1769, D15938). Le 17/28 octobre
1769 (D15974), elle lui a annoncé que les Turcs ont perdu la Moldavie et le 13/24
décembre (D16057) que les troupes russes occupent Bucarest et que le prince de
Valachie est fait prisonnier. Pour la Géorgie, Voltaire extrapole, Catherine ayant
seulement indiqué que les Géorgiens refusent de payer leur tribut annuel pour le
sérail et que les troupes russes ont passé le Caucase et se sont jointes aux Géorgiens
(19/30 janvier 1770, D16122).
[40] C'est Voltaire qui, le 2 janvier 1770, rêve d'une pareille expédition: 'Suis-je
assez heureux pour que les troupes de Votre Majesté aient pénétré d'un côté jusqu'au
Danube et de l'autre jusqu'à Erzeroum' (D16071).
[41] Le 2 février 1770 (D16127), Voltaire s'émerveille: 'Je ne prévoyais pas qu'une
flotte partirait de la Neva pour aller sur la mer de Marmara' et il chante victoire:
'Voilà Votre Majesté victorieuse sur les mers comme sur la terre, et sur des mers que
vos flottes n'avaient jamais vues'. Voir *OCV*, t.46, p.384, n.4.

ARRÊTS NOTABLES,

sur la liberté naturelle

On a fait en plusieurs pays, et surtout en France, des recueils de ces meurtres juridiques que la tyrannie, le fanatisme, ou même l'erreur et la faiblesse ont commis avec le glaive de la justice.

Il y a des arrêts de mort que des années entières de vengeance pourraient à peine expier, et qui feront frémir tous les siècles à venir. Tels sont les arrêts rendus contre le légitime roi de Naples et de Sicile, par le tribunal de Charles d'Anjou;[1] contre Jean Hus et Jérôme de Prague par des prêtres et des moines,[2] contre le roi d'Angleterre Charles Ier par des bourgeois fanatiques.[3]

5

* Si le titre de l'article renvoie à la jurisprudence, publiée en 'recueils d'arrêts notables', c'est de 'causes célèbres', autres recueils, mais ne se limitant pas aux aspects juridiques, qu'il s'inspire. La 'liberté naturelle', définie par Jaucourt dans l'*Encyclopédie* comme un 'droit que la nature donne à tous les hommes de disposer de leurs personnes et de leurs biens' (t.9, p.471), n'est invoquée ici que dans son rapport avec le pouvoir religieux. On ne trouve dans l'*Encyclopédie* aucun article comparable à celui-ci, qui témoigne des connaissances accumulées par Voltaire en matière de droit et de jurisprudence, et qui est caractéristique de ses prises de position répétées, notamment depuis l'affaire Calas (*OCV*, t.56B), envers les victimes de la justice. Voir le *Traité sur la tolérance* (*OCV*, t.56C), la *Lettre de Monsieur de Voltaire à Monsieur Elie de Beaumont* (*OCV*, t.63B), et l'article 'Béker' des *QE*. Le présent article, mentionné le 25 avril (D16311), paraît en novembre/décembre 1770 (70, t.2)

[1] Voir l'*Essai sur les mœurs*, ch.61. On retrouve 'les supplices de Conradin, légitime roi de Naples, et de son cousin, ordonnés par un tyran vassal, autorisés par un prêtre souverain', par exemple dans *Des conspirations contre les peuples ou des proscriptions* (1766; *M*, t.26, p.6) ou dans *De la paix perpétuelle, par le docteur Goodheart, traduction de M. Chambon* (1769; *M*, t.28, p.104).

[2] Voltaire consacre aux deux réformateurs le chapitre 73 de l'*Essai sur les mœurs* et les cite souvent comme exemples de victimes du fanatisme.

[3] Voir l'*Essai sur les mœurs*, ch.180. L'ouvrage de François Gayot de Pitaval, *Causes célèbres et intéressantes, avec les jugements qui les ont décidés* (20 vol., Paris, 1739-1754, BV1442), pour lequel Voltaire montre peu d'estime, mais qu'il a soigneusement lu et annoté (*CN*, t.4, p.79-80), comprend un chapitre intitulé 'Charles I condamné à mort par ses sujets' (t.16, p.468).

Après ces attentats énormes, commis en cérémonie, viennent les 10
meurtres juridiques commis par la lâcheté, la bêtise, la superstition;
et ceux-là sont innombrables. Nous en rapporterons quelques-uns
dans d'autres chapitres.

Dans cette classe, il faut ranger principalement les procès de
sortilège; et ne jamais oublier qu'encore de nos jours en 1750, la 15
justice sacerdotale de l'évêque de Vurtzbourg a condamné comme
sorcière une religieuse fille de qualité, au supplice du feu. C'est afin
qu'on ne l'oublie pas, que je répète ici cette aventure dont j'ai parlé
ailleurs. On oublie trop et trop vite. [4]

Je voudrais que chaque jour de l'année, un crieur public au lieu 20
de brailler, comme en Allemagne et en Hollande, quelle heure il
est, (ce qu'on sait très bien sans lui) criât, C'est aujourd'hui que
dans les guerres de religion Magdebourg et tous ses habitants
furent réduits en cendre. [5] C'est ce 14 mai, à quatre heures et demie
du soir, que Henri IV fut assassiné pour cette seule raison qu'il 25
n'était pas assez soumis au pape; c'est à tel jour qu'on a commis
dans votre ville telle abominable cruauté sous le nom de *justice*.

Ces avertissements continuels seraient fort utiles.

Mais il faudrait crier à plus haute voix les jugements rendus en
faveur de l'innocence contre les persécuteurs. Par exemple, je 30
propose que chaque année les deux plus forts gosiers qu'on puisse
trouver à Paris et à Toulouse, prononcent dans tous les carrefours
ces paroles: 'C'est à pareil jour que cinquante maîtres des requêtes
rétablirent la mémoire de Jean Calas d'une voix unanime, et
obtinrent pour la famille des libéralités du roi même, au nom 35
duquel Jean Calas avait été injustement condamné au plus horrible
supplice.' [6]

33-34   K84, K12:   cinquante magistrats du conseil rétablirent

[4] Il en est en effet déjà question dans le *Commentaire sur le livre Des délits et des peines par un avocat de province* (1766): 'en 1749, on brûla une femme dans l'évêché de Vurtzbourg, convaincue d'être sorcière' (*M*, t.25, p.553). Sur l'identification de cette sorcière, voir l'article 'Béker' ci-dessous.

[5] Voir *Essai sur les mœurs*, ch.178.

[6] 'Le jour arriva [9 mars 1765] où l'innocence triompha pleinement' (*Traité sur la tolérance*, OCV, t.56C, p.265).

Il ne serait pas mal qu'à la porte de tous les ministres il y eût un autre crieur, qui dît à tous ceux qui viennent demander des lettres de cachet pour s'emparer des biens de leurs parents et alliés, ou dépendants: 40

'Messieurs, craignez de séduire le ministre par de faux exposés, et d'abuser du nom du roi. Il est dangereux de le prendre en vain. Il y a dans le monde un maître Gerbier qui défend la cause de la veuve et de l'orphelin opprimés sous le poids d'un nom sacré. C'est celui-là même qui a obtenu au barreau du parlement de Paris l'abolissement de la société de Jésus. [7] Ecoutez attentivement la leçon qu'il a donnée à la société de saint Bernard, conjointement avec maître Loiseau autre protecteur des veuves.' [8] 45

Il faut d'abord que vous sachiez que les révérends pères bernardins de Clervaux possèdent dix-sept mille arpents de bois, sept grosses forges, quatorze grosses métairies, quantité de fiefs, de bénéfices, et même des droits dans les pays étrangers. Le revenu du couvent va jusqu'à deux cent mille livres de rentes. Le trésor est immense; le palais abbatial est celui d'un prince; rien n'est plus juste; c'est un faible prix des grands services que les bernardins rendent continuellement à l'Etat. 50 55

Il arriva qu'un jeune homme de dix-sept ans, nommé Castille, dont le nom de baptême était Bernard, crut par cette raison qu'il devait se faire bernardin; c'est ainsi qu'on raisonne à dix-sept ans, et quelquefois à trente: il alla faire son noviciat en Lorraine dans l'abbaye d'Orval. Quand il fallut prononcer ses vœux, la grâce lui manqua; il ne les signa point, s'en alla et redevint homme. Il s'établit à Paris, et au bout de trente ans, ayant fait une petite fortune, il se maria et eut des enfants. [9] 60 65

[7] Le célèbre avocat Pierre-Jean-Baptiste Gerbier (1725-1788), avec lequel Voltaire entra en contact à l'occasion de l'affaire Morangiès, fut le défenseur des deux négociants marseillais dans l'affaire de banqueroute qui fut à l'origine de l'expulsion des jésuites. L'épisode est raconté dans le détail au chapitre 68 de l'*Histoire du Parlement de Paris* (*OCV*, t.68, p.547-54).

[8] Alexandre Jérôme Loiseau de Mauléon (1728-1771) fut un des avocats de la famille Calas.

[9] Voltaire a pu trouver l'exposé de ces causes et les mémoires des avocats dans les

41

Le révérend père procureur de Clervaux nommé Mayeur, digne procureur, frère de l'abbé, ayant appris à Paris d'une fille de joie que ce Castille avait été autrefois bernardin, complote de le revendiquer en qualité de déserteur, quoiqu'il ne fût point réellement engagé; de faire passer sa femme pour une concubine, et de placer ses enfants à l'hôpital en qualité de bâtards. Il s'associe avec un autre fripon pour partager les dépouilles. Tous deux vont au bureau des lettres de cachet, exposent leur griefs au nom de saint Bernard, obtiennent la lettre, viennent saisir Bernard Castille, sa femme et leurs enfants, s'emparent de tout le bien, et vont le manger où vous savez. 70 75

Bernard Castille est enfermé à Orval dans un cachot, où il meurt au bout de six mois, de peur qu'il ne demande justice. Sa femme est conduite dans un autre cachot à Sainte-Pélagie, maison de force des filles débordées. [10] De trois enfants l'un meurt à l'hôpital. 80

Les choses restent dans cet état pendant trois ans. Au bout de ce temps la dame Castille obtient son élargissement. Dieu est juste. Il donne un second mari à cette veuve. Ce mari nommé Launai, se trouve un homme de tête qui développe toutes les fraudes, toutes les horreurs, toutes les scélératesses employées contre sa femme. Ils intentent tous deux un procès aux moines. (a) Il est vrai que frère Mayeur qu'on appelle dom Mayeur, n'a pas été pendu; mais le couvent de Clervaux en a été pour quarante mille écus. Et il n'y a 85

(a) L'arrêt est de 1764.

---

tomes 3 et 4 de la *Continuation des causes célèbres et intéressantes, avec les jugements qui les ont décidées, par M. J.-C. de La Ville, avocat au parlement de Paris* (4 vol., Paris et Amsterdam, 1769-1770), dont il possède le tome 4 (1770, BV1955). Le récit de la première est stylisé, voire légèrement romancé, notamment au début: le personnage réel n'est pas le Candide au couvent qu'en fait Voltaire. Il se nomme Balthazar Castille et prononce régulièrement ses vœux en 1714; s'il s'enfuit du couvent en 1725, c'est avec quinze autres moines qui refusent de signer la bulle *Unigenitus*; de même, pas de 'fille de joie', mais un sordide complot des proches qui veulent s'approprier l'argent du 'déserteur'.

[10] 'Déborder, se dit figurément en morale des passions vicieuses et excessives' (*Dictionnaire de Trévoux*, 7 vol., Paris, 1752, t.2, col.1808).

point de couvent, qui n'aime mieux voir pendre son procureur, que
de perdre son argent. [11]   90

Que cette histoire vous apprenne, messieurs, à user de beaucoup
de sobriété en fait de lettres de cachet. Sachez que maître Elie de
Beaumont, (*b*) ce célèbre défenseur de la mémoire de Calas, et
maître Target cet autre protecteur de l'innocence opprimée, [12] ont
fait payer vingt mille francs d'amende à celui qui avait arraché par   95
ses intrigues une lettre de cachet pour faire enlever la comtesse de
Lancize mourante, la traîner hors du sein de sa famille, et lui
dérober tous ses titres. [13]

Quand les tribunaux rendent de tels arrêts, on entend des
battements de mains du fond de la grand'chambre aux portes de   100
Paris. Prenez garde à vous, messieurs, ne demandez pas légèrement
des lettres de cachet.

Un Anglais, en lisant cet article, a demandé, qu'est-ce qu'une
lettre de cachet? on n'a jamais pu le lui faire comprendre.

(*b*) L'arrêt est de 1770. Il y a d'autres arrêts pareils prononcés par les
parlements des provinces.

[11] Voltaire a entendu parler de cette affaire par Elie de Beaumont (voir D16311).
[12] L'avocat Guy-Jean-Baptiste Target fut, comme Elie de Beaumont, un
correspondant de Voltaire et intervint dans l'affaire Sirven. Voir D13964.
[13] Le comte de La Tour du Roch a été condamné à 20 000 livres de dommages et
intérêts pour avoir injustement sollicité une lettre de cachet contre la comtesse de
Lancize (il voulait par cette mesure l'empêcher de protéger son fils, le marquis de
Lupé, gendre du comte). C'est Elie de Beaumont qui a défendu la comtesse et son fils.
Voltaire suit l'affaire par son intermédiaire: il le félicite de son premier factum
(D16244, 19 mars 1770), puis du second (D16311, 25 avril 1770).

ART DRAMATIQUE,

ouvrages dramatiques,
tragédie, comédie, opéra

Panem et circenses[1] est la devise de tous les peuples. Au lieu de tuer tous les Caraïbes, il fallait peut-être les séduire par des spectacles, par des funambules, des tours de gibecière, et de la musique. On les eût aisément subjugués. Il y a des spectacles pour toutes les conditions humaines; la populace veut qu'on parle à ses yeux; et beaucoup d'hommes d'un rang supérieur sont peuple. Les âmes cultivées et sensibles veulent des tragédies, et des comédies.

Cet art commença en tout pays par les charrettes des Thespis, ensuite on eut ses Eschyle, et l'on se flatta bientôt d'avoir ses Sophocle et ses Euripide; après quoi tout dégénéra: c'est la marche de l'esprit humain.

Je ne parlerai point ici du théâtre des Grecs. On a fait dans

---

* Il n'y a pas d'article 'Art dramatique' dans l'*Encyclopédie*; en revanche, le très court article 'Dramatique' de l'abbé Mallet renvoie à 'Théâtre', 'Drame', 'Poème', et, 'pour les lois et le style du poème *dramatique*', à 'Unité', 'Action', 'Caractère', 'Fable', 'Style', 'Comédie', et 'Tragédie' (t.5, p.105). Voltaire évoque à plusieurs reprises l'impression difficile de cet article dans ses lettres à Gabriel Cramer (sans date, mais vers juillet 1770): ' "Art" devait être avant "Art dramatique", "Art poétique", et voilà ce qui m'a trompé' (D16516). 'J'attendais les feuilles de l' "Art dramatique". Je soupçonne que vous êtes un peu empêché à la page où il faut imprimer de la musique' (D16517). 'Nous venons de découvrir à l'article "Chant" que je renvoyai hier ou avant-hier, que ce n'est point à M. Watelet qu'il faut s'adresser, que c'est M. de Cahusat [Cahusac] qui est l'auteur des sottises que nous combattons [l'article 'Expression' de l'*Encyclopédie*]; que par conséquent il faut changer une page entière à cette feuille, qu'il faut arrêter sur-le-champ le tirage si on la tire' (D16518). 'Ce n'est point à l'article "Chant" du troisième volume, c'est à l'article "Art dramatique" du second tome à la feuille Q que se trouve l'endroit en question où l'on craignait de se tromper' (D16519). L'article paraît en novembre/décembre 1770 (70, t.2) et Voltaire apporte une correction dans w75G* (lignes 1148-49). Un extrait de cet article figure en 1780 dans un recueil *La Mort de Voltaire* (voir BnC 493).

[1] Juvénal, *Satires*, satire 10, vers 81.

l'Europe moderne plus de commentaires sur ce théâtre, qu'Euripide, Sophocle, Eschyle, Ménandre et Aristophane n'ont fait d'œuvres dramatiques;[2] je viens d'abord à la tragédie moderne.   15

C'est aux Italiens qu'on la doit, comme on leur doit la renaissance de tous les autres arts. Il est vrai qu'ils commencèrent dès le treizième siècle, et peut-être auparavant, par des farces malheureusement tirées de l'Ancien et du Nouveau Testament; indigne abus qui passa bientôt en Espagne, et en France; c'était une imitation   20 vicieuse des essais, que saint Grégoire de Nazianze avait faits en ce genre, pour opposer un théâtre chrétien au théâtre païen de Sophocle et d'Euripide.[3] Saint Grégoire de Nazianze mit quelque éloquence, et quelque dignité dans ces pièces; les Italiens et leurs imitateurs n'y mirent que des platitudes, et des bouffonneries.   25

Enfin, vers l'an 1514, le prélat Trissino, auteur du poème épique intitulé l'*Italia liberata da' Gothi*, donna sa tragédie de *Sophonisbe*, la première qu'on eût vue en Italie, et cependant régulière.[4] Il y observa les trois unités, de lieu, de temps, et d'action. Il y introduisit les chœurs des anciens. Rien n'y manquait que le   30 génie. C'était une longue déclamation. Mais pour le temps où elle fut faite, on peut la regarder comme un prodige. Cette pièce fut représentée à Vicence, et la ville construisit exprès un théâtre

---

[2] Allusion au *Théâtre des Grecs* du père Pierre Brumoy, dont Voltaire possédait trois éditions (Paris, 1730, BV556; Amsterdam, 1732, BV557; Paris, 1749, BV558) et qu'il attaque plus loin.

[3] Le *Christus patiens* est un centon d'Euripide. Voir la traduction moderne d'André Tuilier, *La Passion du Christ, tragédie* (Paris, 1969).

[4] Le comte Gian Giorgio Trissino dal Vello d'Oro (1478-1550) dédia à Charles Quint son *Italia liberata*, composée en 1527 (Rome et Venise, 1547-1548), poème épique en 27 livres qui narre la guerre de Byzance contre les Ostrogoths (535-539): Voltaire en avait une réédition (Paris, 1729, BV3363). *Sofonisba*, composée en 1514-1515, fut publiée en 1524. Voir *Trissino's Sophonisba and Aretino's Horatia: two Italian Renaissance tragedies* par Michael Lettieri et Michael Ukas (Lewiston, NY, 1997). A la date de la rédaction de cet article, Voltaire republiait la *Sophonisbe* (1634) de Jean Mairet 'réparée à neuf' par 'Lantin' (Paris, 1770), pièce qui fut jouée à la Comédie-Française en janvier 1774 et, dans sa dédicace 'A Monseigneur le duc de La Vallière', il consacre quelques lignes à la tragédie de Trissino (*Sophonisbe*, *OCV*, t.71B, p.46-47).

magnifique.[5] Tous les littérateurs de ce beau siècle accoururent aux représentations, et prodiguèrent les applaudissements que méritait 35 cette entreprise estimable.

En 1516, le pape Léon X honora de sa présence la *Rozemonde* du Rucellaï:[6] toutes les tragédies qu'on fit alors à l'envi, furent régulières, écrites avec pureté, et naturellement; mais, ce qui est étrange, presque toutes furent un peu froides: tant le dialogue en 40 vers est difficile, tant l'art de se rendre maître du cœur est donné à peu de génies; le *Torismond* même du Tasse[7] fut encore plus insipide que les autres.

On ne connut que dans le *Pastor fido* du Guarini[8] ces scènes attendrissantes, qui font verser des larmes, qu'on retient par cœur 45 malgré soi; et voilà pourquoi nous disons, *retenir par cœur*; car ce qui touche le cœur, se grave dans la mémoire.

Le cardinal Bibiena avait longtemps auparavant rétabli la vraie comédie; comme Trissino rendit la vraie tragédie aux Italiens.

Dès l'an 1480, (*a*) quand toutes les autres nations de l'Europe 50

(*a*) N.B. Non en 1520, comme dit le fils du grand Racine dans son *Traité de la poésie*.[9]

[5] Par le célèbre architecte Palladio (Andrea di Pietro dalla Gondola, 1508-1580), qui reçut son surnom de son mécène Trissino. Le Théâtre olympique de Vicence fut terminé après sa mort par Vincenzo Scamozzi (1548-1616).

[6] *Rosamonda* fut représentée avec faste à Florence. D'une illustre famille florentine, Giovanni Rucellai (1475-1525) était le neveu de Laurent le Magnifique.

[7] *Torismondo*. La pièce fut traduite en 1636 sous le nom de *Torismond* par Charles de Vion d'Alibray. Voir Maupoint, *Bibliothèque des théâtres* (Paris, 1733, BV2370), p.303.

[8] Enorme succès de librairie maintes fois réédité et traduit depuis 1590. Voltaire en possédait deux éditions italiennes modernes (Paris, 1729, BV1561; Amsterdam, 1736, BV1562; *CN*, t.4, p.202-38).

[9] Voltaire renvoie au 'Traité sur la poésie dramatique ancienne et moderne', complément que Louis Racine mit à ses *Remarques sur les tragédies de Jean Racine*, 3 vol. (Amsterdam et Paris, 1752), t.3. Voltaire a trop vite lu: Racine affirme que la pièce jouée en 1520 était la *Sofonisba* de Trissino, 'première tragédie' italienne (p.184) et il date du 'commencement du seizième siècle' la représentation de la *Calandra* (p.182).

croupissaient dans l'ignorance absolue de tous les arts aimables, quand tout était barbare, ce prélat avait fait jouer sa *Calendra*;[10] pièce d'intrigue, et d'un vrai comique, à laquelle on ne reproche que des mœurs un peu trop licencieuses, ainsi qu'à la *Mandragore* de Machiavel.[11]   55

Les Italiens seuls furent donc en possession du théâtre pendant près d'un siècle, comme ils le furent de l'éloquence, de l'histoire, des mathématiques, de tous les genres de poésie et de tous les arts où le génie dirige la main.

Les Français n'eurent que de misérables farces, comme on sait,   60
pendant tout le quinzième, et seizième siècles.

Les Espagnols, tout ingénieux qu'ils sont, quelque grandeur qu'ils aient dans l'esprit, ont conservé jusqu'à nos jours cette détestable coutume d'introduire les plus basses bouffonneries dans les sujets les plus sérieux: un seul mauvais exemple une fois donné   65
est capable de corrompre toute une nation, et l'habitude devient une tyrannie.

Du théâtre espagnol

Les *autos sacramentales* ont déshonoré l'Espagne beaucoup plus longtemps que les *mystères de la passion*, les *actes des saints*, nos *moralités*, la *mère sotte* n'ont flétri la France. Ces *autos sacramentales*   70
se représentaient encore à Madrid, il y a très peu d'années. Calderón en avait fait pour sa part plus de deux cents.

Une de ses plus fameuses pièces, imprimée à Valladolid sans

---

[10] De fait, la *Calandra*, comédie du cardinal Bernardo Dovizi da Bibbiena (1470-1520) fut représentée à Urbino en 1513, au Vatican en 1518, puis imprimée à Sienne en 1521 et très souvent rééditée (édition moderne par Giorgio Padoan, Padoue, 1985). Elle est dérivée des *Ménechmes* de Plaute.

[11] *La Mandragola*, représentée à Florence pour le Carnaval de 1518. Nombreuses éditions séparées à partir de 1520. Jean-Baptiste Rousseau donna une traduction de la pièce publiée dans ses *Œuvres diverses* (Amsterdam, 1726). Voltaire possédait les *Opere* de Machiavel, 4 vol. (La Haye, 1726, BV2242; voir *CN*, t.5, p.472).

date, et que j'ai sous mes yeux, est la *dévotion de la missa*.[12] Les
acteurs sont un roi de Cordoue mahométan, un ange chrétien, une
fille de joie, deux soldats bouffons et le diable. L'un de ces deux
bouffons, est un nommé Pascal Vivas, amoureux d'Aminte. Il a
pour rival Lélio soldat mahométan.

Le diable et Lélio veulent tuer Vivas; et croient en avoir bon
marché, parce qu'il est en péché mortel: mais Pascal prend le parti
de faire dire une messe sur le théâtre, et de la servir. Le diable perd
alors toute sa puissance sur lui.

Pendant la messe, la bataille se donne; et le diable est tout étonné
de voir Pascal au milieu du combat dans le même temps qu'il sert la
messe. *Oh, oh*, dit-il, *je sais bien qu'un corps ne peut se trouver en deux
endroits à la fois, excepté dans le sacrement, auquel ce drôle a tant de
dévotion*. Mais le diable ne savait pas que l'ange chrétien avait pris la
figure du bon Pascal Vivas, et qu'il avait combattu pour lui pendant
l'office divin.

Le roi de Cordoue est battu, comme on peut bien le croire;
Pascal épouse sa vivandière, et la pièce finit par l'éloge de la messe.

Partout ailleurs, un tel spectacle aurait été une profanation que
l'Inquisition aurait cruellement punie; mais en Espagne c'était une
édification.

Dans un autre acte sacramental Jésus-Christ en perruque carrée,
et le diable en bonnet à deux cornes, disputent sur la controverse, se
battent à coups de poing, et finissent par danser ensemble une
sarabande.

Plusieurs pièces de ce genre finissent par ces mots, *ite comedia est*.

D'autres pièces, en très grand nombre, ne sont point sacramentales, ce sont des tragi-comédies, et même des tragédies; l'une est *la
Création du monde*, l'autre *les Cheveux d'Absalon*. On a joué *le Soleil
soumis à l'homme*, *Dieu bon payeur*, *le Maître d'hôtel de Dieu*, *la
Dévotion aux trépassés*. Et toutes ces pièces sont intitulées *la famosa
comedia*.[13]

[12] *La Devoción de la misa* de Pedro Calderón de la Barca (1600-1681) (*Autos
sacramentales alegoricos, y historiales*, Madrid, 1677).
[13] Autres pièces de Calderón que l'on peut retrouver dans l'étude d'Angel

Qui croirait que dans cet abîme de grossièretés insipides, il y ait de temps en temps des traits de génie, et je ne sais quel fracas de théâtre qui peut amuser et même intéresser?

Peut-être quelques-unes de ces pièces barbares ne s'éloignent-elles pas beaucoup de celles d'Eschyle, dans lesquelles la religion des Grecs était jouée, comme la religion chrétienne le fut en France et en Espagne.

Qu'est-ce en effet que Vulcain enchaînant Prométhée sur un rocher, par ordre de Jupiter? qu'est-ce que la force et la vaillance qui servent de garçons bourreaux à Vulcain, sinon un *auto sacramentale* grec? Si Calderón a introduit tant de diables sur le théâtre de Madrid, Eschyle n'a-t-il pas mis des furies sur le théâtre d'Athènes? Si Pascal Vivas sert la messe, ne voit-on pas une vieille pythonisse qui fait toutes ces cérémonies sacrées dans la tragédie des *Euménides*? La ressemblance me paraît assez grande.

Les sujets tragiques n'ont pas été traités autrement chez les Espagnols que leurs actes sacramentaux; c'est la même irrégularité, la même indécence, la même extravagance. Il y a toujours eu un ou deux bouffons dans les pièces dont le sujet est le plus tragique. On en voit jusque dans le *Cid*. Il n'est pas étonnant que Corneille les ait retranchés.

On connaît l'*Héraclius* de Calderón, intitulé *Toute la vie est un mensonge, et tout est une vérité*, antérieur de près de vingt années à l'*Héraclius* de Corneille.[14] L'énorme démence de cette pièce

110

115

120

125

122-23   71A: c'est la même extravagance.
127-28   K84, K12: intitulé: *Tout est mensonge, et tout est vérité*

Valbuena Prat, 'Los autos sacramentales de Calderón: clasificación y análisis', *Revue hispanique*, 61, 1924, p.1-302) et dans son édition de ces textes (*Autos sacramentales*, 2 vol., Madrid, 1926-1927). Le 'Traité sur la poésie dramatique ancienne et moderne' de Louis Racine parle de 'drames pieux et burlesques' et note qu'à cette époque 'toute pièce de théâtre était imprimée en Espagne avec ce titre, *Comedia famosa, e grande*' (*Remarques sur les tragédies de Jean Racine*, t.3, p.189, 205).

[14] Voltaire traduisit *En esta vida todo es verdad y todo mentira* sous le titre: *L'Héraclius espagnol, ou la comédie fameuse: dans cette vie tout est vérité, et tout*

n'empêche pas qu'elle ne soit semée de plusieurs morceaux   130
éloquents, et de quelques traits de la plus grande beauté. Tels
sont, par exemple, ces quatre vers admirables que Corneille a si
heureusement traduits:

> Mon trône est-il pour toi plus honteux qu'un supplice?
> O malheureux Phocas! ô trop heureux Maurice!   135
> Tu retrouves[15] deux fils pour mourir après toi,
> Et je n'en puis trouver pour régner après moi![16]

Non seulement Lopez de Vega avait précédé Calderón dans
toutes les extravagances d'un théâtre grossier et absurde, mais il les
avait trouvées établies. Lopez de Vega était indigné de cette   140
barbarie, et cependant il s'y soumettait. Son but était de plaire à
un peuple ignorant, amateur du faux merveilleux, qui voulait qu'on
parlât à ses yeux plus qu'à son âme. Voici comme Vega s'en
explique lui-même dans son *Nouvel art de faire des comédies*[17] de
son temps.   145

> Les Vandales, les Goths, dans leurs écrits bizarres,
> Dédaignèrent le goût des Grecs et des Romains:
> Nos aïeux ont marché dans ces nouveaux chemins,
>   Nos aïeux étaient des barbares. (*b*)
> L'abus règne, l'art tombe, et la raison s'enfuit;   150
>   Qui veut écrire avec décence,

(*b*) *Mas come le servieron muchos barbaros*
      Che enseñaron el bulgo a sus rudeças?

---

mensonge, suivi d'une *Dissertation de l'éditeur sur l'Héraclius de Calderón* et plaça sa
traduction en annexe du *Théâtre de Pierre Corneille* (*OCV*, t.55, p.575-627 et 628-32).
La critique moderne a prouvé que, contrairement à ce que Voltaire affirme, la pièce
espagnole imprimée en 1659 est inspirée de celle de Corneille publiée dans les
premiers jours de 1647. H. C. Lancaster cite les quatre vers espagnols plagiés de ceux
d'*Héraclius* rapportés ci-dessous par Voltaire (*A History of French dramatic literature
in the seventeenth century*, 9 vol., Baltimore, MD, 1932, t.1, p.521-22).

[15] 'Tu recouvres' dans la tragédie de Corneille.

[16] *Héraclius*, acte 4, scène 3, vers 1383-86.

[17] *Arte nuevo de hacer comedias en este tiempo* publié en 1609 avec ses *Rimas*:
discours en vers prononcé par Lope de Vega à l'Académie de Madrid.

Avec art, avec goût, n'en recueille aucun fruit.
Il vit dans le mépris et meurt dans l'indigence. (c)
Je me vois obligé de servir l'ignorance,
    D'enfermer sous quatre verrous (d)   155
    Sophocle, Euripide, et Térence.
J'écris en insensé, mais j'écris pour des fous.
. . . .
Le public est mon maître, il faut bien le servir;
Il faut, pour son argent, lui donner ce qu'il aime.   160
    J'écris pour lui, non pour moi-même,
Et cherche des succès dont je n'ai qu'à rougir. [18]

La dépravation du goût espagnol ne pénétra point à la vérité en
France; mais il y avait un vice radical beaucoup plus grand, c'était
l'ennui; et cet ennui était l'effet des longues déclamations sans   165
suite, sans liaison, sans intrigue, sans intérêt, dans une langue non
encore formée. Hardi et Garnier n'écrivirent que des platitudes
d'un style insupportable; [19] et ces platitudes furent jouées sur des
tréteaux au lieu de théâtre.

(c) *Muere sin fama è galardon.*
(d) *Encierro los preceptos con seis llaves. etc.*

[18] Adaptation très libre des vers de Lope de Vega que Voltaire avait déjà publiée
dans sa dissertation sur *Héraclius*: 'Mas porque en fin, hallé que las comedias /
estaban en España en aquel tiempo, / no como sus primeros inventores / pensaron
que en el mundo se escribieran, / mas como las trataron muchos bárbaros / que
enseñaron el vulgo a sus rudezas. / Y así introdujeron de tal modo / que quien con
arte agora las escribe / muere sin fama y galardón, que puede / entre los que carecen
de su lumbre / mas que razón y fuerza la costumbre. / [...] y cuando he de escribir
una comedia, / encierro los preceptos con seis llaves, / saco a Terencio y Plauto de
mi estudio / [...] y escribo por el arte que inventaron / los que el vulgar aplauso
pretendieron / porque como las paga el vulgo, es justo / hablarle en necio para darle
gusto', *Arte nuevo de hacer comedias* (Madrid, 1967), vers 22-32, 40-42, 45-48.
[19] Même jugement sur A. Hardy dans l'*Essai sur les mœurs* (t.2, p.850). Voltaire
mentionne R. Garnier pour le déprécier dans ses 'Remarques sur Pompée' (*OCV*,
t.54, p.444).

Du théâtre anglais

Le théâtre anglais au contraire, fut très animé, mais le fut dans le 170
goût espagnol; la bouffonnerie fut jointe à l'horreur. Toute la vie
d'un homme fut le sujet d'une tragédie: les acteurs passaient de
Rome, de Venise, en Chypre; la plus vile canaille paraissait sur le
théâtre avec des princes; et ces princes parlaient souvent comme la
canaille. 175

J'ai jeté les yeux sur une édition de Shakespear, donnée par le
sieur Samuel Jonhson. J'y ai vu qu'on y traite de *petits esprits* les
étrangers qui sont étonnés, que dans les pièces de ce grand
Shakespear, *un sénateur romain fasse le bouffon, et qu'un roi paraisse
sur le théâtre en ivrogne.*[20] 180

Je ne veux point soupçonner le sieur Jonhson d'être un mauvais
plaisant, et d'aimer trop le vin; mais je trouve un peu extraordinaire
qu'il compte la bouffonnerie et l'ivrognerie parmi les beautés du
théâtre tragique; la raison qu'il en donne n'est pas moins singulière.
Le poète, dit-il, *dédaigne ces distinctions accidentelles de conditions et* 185
*de pays, comme un peintre qui, content d'avoir peint la figure, néglige
la draperie.*[21] La comparaison serait plus juste s'il parlait d'un

---

180   70, 71N, 71A: *théâtre comme un ivrogne*

---

[20] *The Plays of William Shakespeare*, 8 vol. (Londres, 1765). Voltaire réplique à la
'Preface' de Samuel Johnson: 'Voltaire censures his kings as not completely royal.
Dennis is offended, that Menenius, a senator of Rome, should play the buffoon; and
Voltaire perhaps thinks decency violated when the Danish usurper is represented as a
drunkard' (t.1, p.[ix]). Johnson fait allusion à la lettre 18: 'Sur la tragédie' des *Lettres
philosophiques* (t.2, p.80-81) et à l'Avertissement de *La Mort de César* (*OCV*, t.8,
p.246): 'On voit des sénateurs bouffonner avec la lie du peuple'. John Dennis avait
publié *An Essay on the genius and the writings of Shakespeare with some letters of
criticism to the spectator* (Londres, 1712).
[21] 'A poet overlooks the casual distinction of country and condition, as a painter,
satisfied with the figure, neglects the drapery' (Johnson dans sa préface, *The Plays of
William Shakespeare*, t.1, p.[ix]).

peintre qui, dans un sujet noble, introduirait des grotesques ridicules, peindrait dans la bataille d'Arbelles Alexandre le Grand monté sur un âne; et la femme de Darius buvant avec des goujats dans un cabaret. 190

Il n'y a point de tels peintres aujourd'hui en Europe; et s'il y en avait chez les Anglais, c'est alors qu'on pourrait leur appliquer ce vers de Virgile.

Et penitus toto divisos orbe Britannos.[22] 195

On peut consulter la traduction exacte des trois premiers actes du *Jules César* de Shakespear, dans le deuxième tome des œuvres de Corneille.[23]

C'est là que Cassius dit que *César demandait à boire quand il avait la fièvre,*[24] c'est là qu'un savetier dit à un tribun, *qu'il veut le* 200 *ressemeler;*[25] c'est là qu'on entend César s'écrier, *qu'il ne fait jamais de tort que justement;*[26] c'est là qu'il dit que le danger et lui sont nés de la même ventrée, qu'il est l'aîné, que le danger sait bien que César est plus dangereux que lui; et que tout ce qui le menace ne marche jamais que derrière son dos.[27] 205

Lisez la belle tragédie du *Maure de Venise.* Vous trouverez à la première scène que la fille d'un sénateur *fait la bête à deux dos avec le Maure, et qu'il naîtra de cet accouplement des chevaux de Barbarie.*[28] C'est ainsi qu'on parlait alors sur le théâtre tragique de Londres. Le

---

198-99 K12: Corneille, et dans le neuvième volume du Théâtre de cette édition.
¶C'est

[22] *Eglogues*, églogue 1, vers 66 ('et jusque chez les Bretons, séparés du reste du monde').
[23] A la suite de *Cinna* dans le *Théâtre de Pierre Corneille avec des commentaires* (*OCV*, t.54, p.175-228).
[24] Acte 1, scène 2.
[25] Acte 1, scène 1.
[26] Acte 3, scène 1.
[27] Acte 2, scène 2.
[28] Voltaire transpose les vers 112 et 117 de la *Tragedy of Othello, the moor of Venice*, acte 1, scène 1 pour former cette pseudo-citation.

génie de Shakespear ne pouvait être que le disciple des mœurs et de   210
l'esprit du temps.

Scène traduite de la Cléopâtre de Shakespear[29]

Cléopâtre ayant résolu de se donner la mort, fait venir un paysan
qui apporte un panier sous son bras, dans lequel est l'aspic dont elle
veut se faire piquer.

CLÉOPÂTRE

As-tu le petit ver du Nil qui tue et qui ne fait point du mal?   215

LE PAYSAN

En vérité, je l'ai, mais je ne voudrais pas que vous y touchassiez, car
sa blessure est immortelle; ceux qui en meurent n'en reviennent
jamais.

CLÉOPÂTRE

Te souviens-tu que quelqu'un en soit mort?

LE PAYSAN

Oh plusieurs, hommes et femmes. J'ai entendu parler d'une, pas   220
plus tard qu'hier; c'était une bien honnête femme, si ce n'est qu'elle
était un peu sujette à mentir, ce que les femmes ne devraient faire
que par une voie d'honnêteté. Oh! comme elle mourut vite de la
morsure de la bête! quels tourments elle ressentit! elle a dit de très
bonnes nouvelles de ce ver; mais qui croit tout ce que les gens   225
disent ne sera jamais sauvé par la moitié de ce qu'ils font; cela est
sujet à caution. Ce ver est un étrange ver.

---

217   7IN, K12: est mortelle; ceux

---

[29] Ce qui suit est une traduction très libre d'un extrait de la *Tragedy of Antony and
Cleopatra*, acte 5, scène 2.

CLÉOPÂTRE

Va-t'en, adieu.

LE PAYSAN

Je souhaite que ce ver-là vous donne beaucoup de plaisir.

CLÉOPÂTRE

Adieu.   230

LE PAYSAN

Voyez-vous, madame? vous devez penser que ce ver vous traitera
de son mieux.

CLÉOPÂTRE

Bon, bon, va-t'en.

LE PAYSAN

Voyez-vous? il ne faut se fier à mon ver que quand il est entre les
mains des gens sages; car, en vérité, ce ver-là est dangereux.   235

CLÉOPÂTRE

Ne t'en mets pas en peine, j'y prendrai garde.

LE PAYSAN

C'est fort bien fait: ne lui donnez rien à manger, je vous en prie; il
ne vaut ma foi pas la peine qu'on le nourrisse.

CLÉOPÂTRE

Ne mangerait-il rien?

LE PAYSAN

Ne croyez pas que je sois si simple; je sais que le diable même ne   240
voudrait pas manger une femme; je sais bien qu'une femme est un
plat à présenter aux dieux, pourvu que le diable n'en fasse pas la

sauce: mais, par ma foi, les diables sont des fils de putain qui font bien du mal au ciel quand il s'agit des femmes; si le ciel en fait dix, le diable en corrompt cinq. 245

CLÉOPÂTRE

Fort bien; va-t'en, adieu.

LE PAYSAN

Je m'en vais, vous dis-je; bonsoir, je vous souhaite bien du plaisir avec votre ver.

Scène traduite de la tragédie de Henri V [30]

HENRI

Belle Catherine, très belle, (e)
Vous plairait-il d'enseigner à un soldat les paroles 250
Qui peuvent entrer dans le cœur d'une damoiselle,
Et plaider son procès d'amour devant son gentil cœur?

LA PRINCESSE CATHERINE

(f) Votre Majesté se moque de moi, je ne peux parler votre anglais.

HENRI

(g) Oh belle Catherine! ma foi vous aimerez fort et ferme avec votre cœur français. Je serai fort aise de vous l'entendre avouer 255

(e) En vers anglais.
(f) En prose anglaise.
(g) En prose.

243 K84, K12: de p... qui
254 70, 71N, 71A, W68: vous m'aimerez fort

[30] Traduction libre d'un extrait de la *Chronicle History of King Henry the Fifth*, acte 5, scène 2.

dans votre baragouin, avec votre langue française, *Me goûtes-tu, Catau?*

CATHERINE

Pardonnez-moi, (*h*) je n'entends pas ce que veut dire vous goûter. (*i*)

HENRI

Goûter, c'est ressembler; un ange vous ressemble, Catau; vous ressemblez à un ange.   260

CATHERINE
(*à une espèce de dame d'honneur qui est auprès d'elle.*)
(*j*) Que dit-il? que je suis semblable à des anges?

LA DAME D'HONNEUR

(*k*) Oui vraiment, sauf votre honneur; ainsi dit-il.

HENRI

(*l*) C'est ce que j'ai dit, chère Catherine, et je ne dois pas rougir de le confirmer.   265

CATHERINE

Ah bon Dieu! les langues des hommes sont pleines de tromperies?

HENRI

(*m*) Que dit-elle, ma belle; que les langues des hommes sont pleines de fraudes?

(*h*) En prose anglaise.
(*i*) *Goûter, like,* signifie aussi en anglais *ressembler.*
(*j*) En français.
(*k*) En français.
(*l*) En anglais.
(*m*) En anglais.

LA DAME D'HONNEUR

(*n*) Oui, que les langues des hommes est plein de fraudes, c'est-à-dire, des princes. 270

HENRI

(*o*) Eh, bien, la princesse en est-elle meilleure Anglaise? Ma foi, Catau, mes soupirs sont pour votre entendement, je suis bien aise que tu ne puisses pas parler mieux anglais; car si tu le pouvais, tu me trouverais si franc roi, que tu penserais que j'ai vendu ma ferme pour acheter une couronne. Je n'ai pas la façon de hacher menu en 275 amour. Je te dis tout franchement, je t'aime. Si tu en demandes davantage, adieu mon procès d'amour. Veux-tu? réponds. Réponds, tapons d'une main, et voilà le marché fait. Qu'en dis-tu, lady?

CATHERINE

(*p*) Sauf votre honneur, moi entendre bien. 280

HENRI

Crois-moi, si tu voulais me faire rimer, ou me faire danser pour te plaire, Catau, tu m'embarrasserais beaucoup; car pour les vers, vois-tu, je n'ai ni paroles, ni mesure; et pour ce qui est de danser, ma force n'est pas dans la mesure; mais j'ai une bonne mesure en force; je pourrais gagner une femme au jeu du cheval fondu, ou à 285 saute-grenouille.

On croirait que c'est là une des plus étranges scènes des tragédies de Shakespear; mais dans la même pièce, il y a une conversation entre la princesse de France Catherine, et une de ses

(*n*) En mauvais anglais.
(*o*) En anglais.
(*p*) Me understand well.

274-75 K12: ma femme pour

58

filles d'honneur anglaises, qui l'emporte de beaucoup sur tout ce   290
qu'on vient d'exposer.

Catherine apprend l'anglais; elle demande, comment on dit le
pied et la robe? la fille d'honneur lui répond, que le pied c'est *foot*, et
la robe c'est *coun*: car alors on prononçait *coun*: et non pas *gown*.
Catherine entend ces mots d'une manière un peu singulière; elle les   295
répète à la française; elle en rougit. *Ah* ! dit-elle en français, *ce sont*
des mots impudiques, et non pour les dames d'honneur d'user. Je ne
voudrais répéter ces mots devant les seigneurs de France pour tout le
monde.[31] Et elle les répète encore avec la prononciation la plus
énergique.   300

Tout cela a été joué très longtemps sur le théâtre de Londres, en
présence de la cour.

Du mérite de Shakespear

Il y a une chose plus extraordinaire que tout ce qu'on vient de lire,
c'est que Shakespear est un génie. Les Italiens, les Français, les
gens de lettres de tous les autres pays, qui n'ont pas demeuré   305
quelque temps en Angleterre, ne le prennent que pour un Gille de
la foire,[32] pour un farceur très au-dessous d'Arlequin, pour le plus
méprisable bouffon qui ait jamais amusé la populace. C'est

[31] Acte 3, scène 4, entre Katharine et Alice. La réplique exacte est: 'O Seigneur
Dieu! ce sont mots de son mauvais, corruptible, gros, et impudique, et non pour les
dames d'honneur d'user: je ne voudrais prononcer ces mots devant les seigneurs de
France pour tout le monde'.

[32] Gilles était un type comique des théâtres forains de Paris depuis la fin du dix-
septième siècle: acrobate et 'sauteur', il devint vers 1750 le personnage emblématique
des parades foraines scatologiques. Le fameux 'Gilles' de Watteau (conservé au
Louvre), heureusement rebaptisé 'Pierrot', représente, de fait, un type italo-forain
différent. Voir F. Moureau, 'Watteau dans son temps', *Watteau 1684-1721*, éd.
Margaret Morgan Grasselli et Pierre Rosenberg (Paris, 1984), p.489-90. Voltaire
avait déjà utilisé le parallèle: 'quelques Français pourront dire que Gilles, dans une
foire de province, s'exprimerait avec plus de décence et de noblesse que le prince
Hamlet', *Gazette littéraire de l'Europe*, le 4 avril 1764 (*M*, t.25, p.161).

pourtant dans ce même homme qu'on trouve des morceaux qui élèvent l'imagination et qui pénètrent le cœur. C'est la vérité, c'est la nature elle-même qui parle son propre langage sans aucun mélange de l'art. C'est du sublime, et l'auteur ne l'a point cherché.

Quand, dans la tragédie de la *Mort de César*, Brutus reproche à Cassius les rapines qu'il a laissé exercer par les siens en Asie, il lui dit: *Souviens-toi des ides de Mars, Souviens-toi du sang de César. Nous l'avons versé parce qu'il était injuste. Quoi! celui qui porta les premiers coups, celui qui le premier punit César d'avoir favorisé les brigands de la république, souillerait ses mains lui-même par la corruption?*[33]

César, en prenant enfin la résolution d'aller au sénat où il doit être assassiné, parle ainsi: *Les hommes timides meurent mille fois avant leur mort; l'homme courageux n'éprouve la mort qu'une fois. De tout ce qui m'a jamais surpris, rien ne m'étonne plus que la crainte. Puisque la mort est inévitable, qu'elle vienne.*[34]

Brutus, dans la même pièce, après avoir formé la conspiration, dit, *Depuis que j'en parlai à Cassius pour la première fois, le sommeil m'a fui, entre un dessein terrible et le moment de l'exécution; l'intervalle est un songe épouvantable. La mort et le génie tiennent conseil dans l'âme. Elle est bouleversée, son intérieur est le champ d'une guerre civile.*[35]

Il ne faut pas omettre ici ce beau monologue de Hamlet, qui est dans la bouche de tout le monde, et qu'on a imité en français avec les ménagements qu'exige la langue d'une nation scrupuleuse à l'excès sur les bienséances.[36]

---

[33] *The Tragedy of Julius Caesar*, acte 4, scène 3.
[34] Acte 2, scène 2.
[35] Acte 2, scène 1.
[36] *The Tragical History of Hamlet prince of Denmark*, acte 3, scène 1. Le célèbre monologue d'Hamlet ('To be, or not to be: that is the question') avait déjà été traduit par Voltaire dans la dix-huitième des *Lettres philosophiques* (t.2, p.82), avec quelques variantes dans les trois premiers vers (*Lettres philosophiques*, t.2, p.83) – et Voltaire ajoute l'allusion aux 'prêtres menteurs', expression dont l'abbé Prévost lui fit reproche (*Le Pour et contre*, 20 vol., Paris, 1733-1740, t.1, p.280).

Demeure, il faut choisir de l'être et du néant. 335
Ou souffrir, ou périr; c'est là ce qui m'attend.
Ciel qui voyez mon trouble, éclairez mon courage.
Faut-il vieillir courbé sous la main qui m'outrage,
Supporter, ou finir mon malheur et mon sort?
Qui suis-je? qui m'arrête? et qu'est-ce que la mort? 340
C'est la fin de nos maux, c'est mon unique asile;
Après des longs transports c'est un sommeil tranquille.
On s'endort, et tout meurt: mais un affreux réveil
Doit succéder peut-être aux douceurs du sommeil.
On nous menace, on dit que cette courte vie, 345
De tourments éternels est aussitôt suivie.
O mort! moment fatal! affreuse éternité,
Tout cœur à ton seul nom se glace épouvanté.
Eh! qui pourrait sans toi supporter cette vie,
De nos prêtres menteurs bénir l'hypocrisie, 350
D'une indigne maîtresse encenser les erreurs,
Ramper sous un ministre, adorer ses hauteurs,
Et montrer les langueurs de son âme abattue
A des amis ingrats qui détournent la vue?
La mort serait trop douce en ces extrémités, 355
Mais le scrupule parle et nous crie; Arrêtez.
Il défend à nos mains cet heureux homicide,
Et d'un héros guerrier fait un chrétien timide.

Que peut-on conclure de ce contraste de grandeur et de
bassesse, de raison sublime et de folies grossières, enfin de tous 360
les contrastes que nous venons de voir dans Shakespear? Qu'il
aurait été un poète parfait, s'il avait vécu du temps d'Adisson.

D'Adisson

Cet homme célèbre qui fleurissait sous la reine Anne, est peut-être
celui de tous les écrivains anglais qui sut le mieux conduire le génie
par le goût. Il avait de la correction dans le style, une imagination 365

342   K84, K12: Après de longs

sage dans l'expression, de l'élégance, de la force et du naturel dans ses vers et dans sa prose. Ami des bienséances et des règles, il voulait que la tragédie fût écrite avec dignité, et c'est ainsi que son *Caton* est composé.[37]

Ce sont, dès le premier acte, des vers dignes de Virgile, et des sentiments dignes de Caton. Il n'y a point de théâtre en Europe où la scène de Juba et de Syphax[38] ne fût applaudie, comme un chef-d'œuvre d'adresse, de caractères bien développés, de beaux contrastes, et d'une diction pure et noble. L'Europe littéraire qui connaît les traductions de cette pièce,[39] applaudit aux traits philosophiques dont le rôle de Caton est rempli.

Les vers que ce héros de la philosophie et de Rome prononce au cinquième acte, lorsqu'il paraît ayant sur sa table une épée nue et lisant le *Traité de Platon sur l'immortalité de l'âme*, ont été traduits dès longtemps en français; nous devons les placer ici.

> Oui, Platon, tu dis vrai; notre âme est immortelle;
> C'est un Dieu qui lui parle, un Dieu qui vit en elle.
> Eh! d'où viendrait sans lui ce grand pressentiment,
> Ce dégoût des faux biens, cette horreur du néant?
> Vers des siècles sans fin, je sens que tu m'entraînes;
> Du monde et de mes sens je vais briser les chaînes;
> Et m'ouvrir loin d'un corps, dans la fange arrêté,
> Les portes de la vie et de l'éternité.
> L'éternité! quel mot consolant et terrible!
> O lumière! ô nuage! ô profondeur horrible,

370

375

380

385

390

---

383   K12: Et d'où

[37] Le *Cato* de Joseph Addison est loué par Voltaire dans la dix-huitième des *Lettres philosophiques* (t.2, p.84-87), 'malgré une intrigue froide d'amour, qui répand sur la pièce une langueur qui la tue' (p.85).

[38] *Cato*, acte 1, scène 4.

[39] La tragédie de *Caton d'Utique* connut de nombreuses traductions françaises par A. Boyer (Amsterdam, 1713), 'M. de ...' (Utrecht, 1738), Guillemard (*Théâtre anglais*, Londres [Paris], 1749, t.8), P. A. de La Place (Brest, 1767), Chevilly (Genève, 1780) et Louis-Claude Chéron de La Bruyère (Paris, 1789), et italiennes par A. M. Salvini (Florence, 1715) et Pier Jacopo Martello (Rome, 1715).

Que suis-je? où suis-je? où vais-je? et d'où suis-je tiré?
Dans quels climats nouveaux, dans quel monde ignoré,
Le moment du trépas va-t-il plonger mon être?
Où sera cet esprit qui ne peut se connaître?
Que me préparez-vous, abîmes ténébreux?   395
Allons; s'il est un Dieu, Caton doit être heureux.
Il en est un sans doute, et je suis son ouvrage.
Lui-même au cœur du juste il empreint son image.
Il doit venger sa cause et punir les pervers.
Mais comment? dans quel temps? et dans quel univers?   400
Ici la vertu pleure, et l'audace l'opprime;
L'innocence à genoux y tend la gorge au crime;
La fortune y domine, et tout y suit son char.
Ce globe infortuné fut formé pour César.
Hâtons-nous de sortir d'une prison funeste.   405
Je te verrai sans ombre, ô vérité céleste!
Tu te caches de nous dans nos jours de sommeil:
Cette vie est un songe, et la mort un réveil. [40]

La pièce eut le grand succès que méritaient ses beautés de détail, et que lui assuraient les discordes de l'Angleterre, auxquelles cette   410 tragédie était en plus d'un endroit une allusion très frappante. Mais la conjoncture de ces allusions étant passée, les vers n'étant que beaux, les maximes n'étant que nobles et justes, et la pièce étant froide, on n'en sentit plus guère que la froideur. Rien n'est plus beau que le second chant de Virgile; récitez-le sur le théâtre, il   415 ennuiera: il faut des passions, un dialogue vif, de l'action. On revint bientôt aux irrégularités grossières, mais attachantes de Shakespear.

De la bonne tragédie française

Je laisse là tout ce qui est médiocre, la foule de nos faibles tragédies effraie; il y en a près de cent volumes: c'est un magasin énorme d'ennui.   420

[40] *Cato*, acte 5, scène 1. Cette traduction faite 'dès longtemps' est reprise d'un ajout de 1751 aux *Lettres philosophiques* (t.2, p.86-87).

Nos bonnes pièces, ou du moins, celles qui sans être bonnes, ont des scènes excellentes, se réduisent à une vingtaine tout au plus; mais aussi, j'ose dire, que ce petit nombre d'ouvrages admirables est au-dessus de tout ce qu'on a jamais fait en ce genre, sans en excepter Sophocle et Euripide.

C'est une entreprise si difficile d'assembler dans un même lieu des héros de l'antiquité; de les faire parler en vers français, de ne leur faire jamais dire que ce qu'ils ont dû dire; de ne les faire entrer et sortir qu'à propos; de faire verser des larmes pour eux, de leur prêter un langage enchanteur qui ne soit ni ampoulé ni familier; d'être toujours décent et toujours intéressant; qu'un tel ouvrage est un prodige, et qu'il faut s'étonner qu'il y ait en France vingt prodiges de cette espèce.

Parmi ces chefs-d'œuvre ne faut-il pas donner, sans difficulté, la préférence à ceux qui parlent au cœur sur ceux qui ne parlent qu'à l'esprit? quiconque ne veut qu'exciter l'admiration, peut faire dire, Voilà qui est beau; mais il ne fera point verser des larmes. Quatre ou cinq scènes bien raisonnées, fortement pensées, majestueusement écrites, s'attirent une espèce de vénération; mais c'est un sentiment qui passe vite, et qui laisse l'âme tranquille. Ces morceaux sont de la plus grande beauté, et d'un genre même que les anciens ne connurent jamais: ce n'est pas assez, il faut plus que de la beauté. Il faut se rendre maître du cœur par degrés, l'émouvoir, le déchirer, et joindre à cette magie les règles de la poésie, et toutes celles du théâtre, qui sont presque sans nombre.

Voyons quelle pièce nous pourrions proposer à l'Europe, qui réunît tous ces avantages.

Les critiques ne nous permettront pas de donner *Phèdre* comme le modèle le plus parfait, quoique le rôle de Phèdre soit d'un bout à l'autre ce qui a jamais été écrit de plus touchant, et de mieux travaillé. Ils me répéteront que le rôle de Thésée est trop faible, qu'Hippolite est trop Français, qu'Aricie est trop peu tragique, que Téramène est trop condamnable de débiter des maximes d'amour à son pupille; tous ces défauts sont, à la vérité, ornés d'une diction si pure et si touchante, que je ne les trouve plus des défauts quand je

64

lis la pièce; mais tâchons d'en trouver une à laquelle on ne puisse
faire aucun juste reproche.

Ne sera-ce point l'*Iphigénie* en Aulide? dès le premier vers je me
sens intéressé et attendri; ma curiosité est excitée par les seuls vers
que prononce un simple officier d'Agamemnon, vers harmonieux,   460
vers charmants, vers tels qu'aucun poète n'en faisait alors.

> A peine un faible jour vous éclaire et vous guide.
> Vos yeux seuls; et les miens sont ouverts en Aulide.
> Auriez-vous dans les airs entendu quelque bruit?

458   K84, K12: Aulide? [*avec note*: On pourrait peut-être reprocher à cette
admirable pièce ces vers d'Agamemnon, qui paraissent trop peu dignes du chef de la
Grèce, et trop éloignés des mœurs des temps héroïques:
> Ajoute, tu le peux, que des froideurs d'Achille
> On accuse en secret cette jeune Eriphile,   5
> Que lui-même amena captive de Lesbos,
> Et qu'auprès de ma fille on garde dans Argos.

La jalousie d'Iphigénie, causée par le faux rapport d'Arcas, et qui occupe la moitié du
second acte, paraît trop étrangère au sujet et trop peu tragique.

On pourrait observer aussi que dans une tragédie où un père veut immoler sa fille   10
pour faire changer le vent, à peine aucun des personnages ose s'élever contre cette
atroce absurdité. Clytemnestre seule prononce ces deux vers:
> Le ciel, le juste ciel, par le meurtre honoré,
> Du sang de l'innocence est-il donc altéré?

Mais ces vers sont encore affaiblis par ce qui les précède et ce qui les suit: 15
> Un oracle cruel ordonne qu'elle expire:
> Un oracle dit-il tout ce qu'il semble dire?
> Le ciel, le juste ciel, par le meurtre honoré,
> Du sang de l'innocence est-il donc altéré?
> Si du crime d'Hélène on poursuit sa famille,   20
> Faites chercher dans Sparte Hermione sa fille.

Hermione n'est-elle pas aussi innocente qu'Iphigénie? Clytemnestre ne pouvait-elle
défendre sa fille qu'en proposant d'assassiner sa nièce? Mais Racine, en condamnant
les sacrifices humains, eût craint de manquer de respect à Abraham et à Jephté. Il
imita Euripide, dira-t-on. Mais Euripide craignait de s'exposer au sort de Socrate, s'il   25
attaquait les oracles et les sacrifices ordonnés au nom des dieux; ce n'est point pour se
conformer aux mœurs du siècle de la guerre de Troye, c'est pour ménager les
préjugés du sien, que l'ami et le disciple de Socrate n'osa mettre dans la bouche
d'aucun de ses personnages la juste indignation qu'il portait au fond du cœur contre
la fourberie des oracles et le fanatisme sanguinaire des prêtres païens.] dès   30

> Les vents vous auraient-ils exaucé cette nuit? 465
> Mais tout dort, et l'armée, et les vents, et Neptune.

Agamemnon plongé dans la douleur, ne répond point à Arcas, ne l'entend point; il se dit à lui-même en soupirant,

> Heureux qui satisfait de son humble fortune,
> Libre du joug superbe où je suis attaché, 470
> Vit dans l'état obscur où les dieux l'ont caché![41]

Quels sentiments! quels vers heureux! quelle voix de la nature!

Je ne puis m'empêcher de m'interrompre un moment, pour apprendre aux nations qu'un juge d'Ecosse[42] qui a bien voulu donner des règles de poésie et de goût à son pays, déclare dans son 475
chapitre vingt-un, *Des narrations et des descriptions*,[43] qu'il n'aime point ce vers,

> Mais tout dort, et l'armée, et les vents, et Neptune.

S'il avait su que ce vers était imité d'Euripide,[44] il lui aurait peut-

---

[41] *Iphigénie*, acte 1, scène 1, vers 5-9 et 10-12. La mémoire a un peu trahi Voltaire.

[42] Henry Homes, Lord Kames (1696-1782), juge à la Cour suprême d'Ecosse, auteur des *Elements of criticism* (3 vol., Edimbourg, 1762), dont Voltaire fit un compte rendu peu amène dans la *Gazette littéraire de l'Europe*, le 4 avril 1764 (*M*, t.25, p.159-63).

[43] Dans ce chapitre, il attaque surtout *La Henriade*: 'The *Henriade* of Voltaire errs greatly against the foregoing rule: every incident is touched in a summary way, without ever descending to circumstances. This manner is good in a general history, the purpose of which is to record important transactions: but in a fable it is cold and uninteresting; because it is impracticable to form distinct images of persons or things represented in a manner so superficial' (Homes, *Elements*, éd. Peter Jones, 2 vol., Indianapolis, IN, 2005, t.2, p.333). Une note concerne le vers d'*Iphigénie* mis en parallèle avec une réplique de la sentinelle dans *Hamlet*: 'Not a mouse stirring': 'One can scarce avoid smiling at the blindness of a certain critic, who, with an air of self-sufficiency, condemns this expression as low and vulgar. A French poet, says he, would express the same thought in a more sublime manner: "Mais tout dort, et l'armée, et les vents, et Neptune". The English poet may please at London, but the French everywhere else' (p.350). Dans son compte rendu de la *Gazette littéraire* (*M*, t.25, p.161) Voltaire développait déjà la même critique.

[44] *Iphigénie à Aulis*, vers 9-11 (réplique d'Agamemnon): 'C'est pourquoi il n'y a ni chant d'oiseaux ni bruit de la mer, et le silence des vents plane sur l'Euripos' (*Euripide*, trad. Leconte de Lisle, 3 vol., Paris, Alphonse Lemerre, s.d., t.2, p.118).

être fait grâce: mais il aime mieux la réponse du soldat dans la 480
première scène de *Hamlet*,

> Je n'ai pas entendu une souris trotter.

Voilà qui est naturel, dit-il; *c'est ainsi qu'un soldat doit répondre*. [45]
Oui, monsieur le juge, dans un corps de garde, mais non pas dans
une tragédie; sachez que les Français, contre lesquels vous vous 485
déchaînez, admettent le simple, et non le bas et le grossier. Il faut
être bien sûr de la bonté de son goût avant de le donner pour loi; je
plains les plaideurs, si vous les jugez comme vous jugez les vers.
Quittons vite son audience pour revenir à *Iphigénie*.

Est-il un homme de bon sens et d'un cœur sensible, qui n'écoute 490
le récit d'Agamemnon avec un transport mêlé de pitié et de crainte,
et qui ne sente les vers de Racine pénétrer jusqu'au fond de son
âme? l'intérêt, l'inquiétude, l'embarras augmentent dès la troisième scène, quand Agamemnon se trouve entre Achille et Ulysse.

La crainte, cette âme de la tragédie, redouble encore à la scène 495
qui suit. C'est Ulysse qui veut persuader Agamemnon, et immoler
Iphigénie à l'intérêt de la Grèce. Ce personnage d'Ulysse est
odieux; mais, par un art admirable, Racine sait le rendre intéressant.

> Je suis père, seigneur, et faible comme un autre; 500
> Mon cœur se met sans peine à la place du vôtre;
> Et frémissant du coup qui vous fait soupirer,
> Loin de blâmer vos pleurs, je suis prêt de pleurer. [46]

Dès ce premier acte, Iphigénie est condamnée à la mort. Iphigénie
qui se flatte avec tant de raison d'épouser Achille: elle va être 505
sacrifiée sur le même autel où elle doit donner la main à son amant.

491-92 K84, K12: crainte, qui
504 W68: à mort

---

[45] 'With great propriety for a man in his station' (Homes, *Elements*, t.2, p.350).
[46] *Iphigénie*, acte 1, scène 5, vers 369-72.

Nubendi tempore in ipso,
Tantum religio potuit suadere malorum. [47]

Second acte d'Iphigénie

C'est avec une adresse bien digne de lui que Racine, au second acte, fait paraître Eriphile, avant qu'on ait vu Iphigénie. Si l'amante aimée d'Achille s'était montrée la première, on ne pourrait souffrir Eriphile sa rivale. Ce personnage est absolument nécessaire à la pièce, puisqu'il en fait le dénouement; il en fait même le nœud; c'est elle qui, sans le savoir, inspire des soupçons cruels à Clitemnestre, et une juste jalousie à Iphigénie; et par un art encore plus admirable, l'auteur sait intéresser pour cette Eriphile elle-même. Elle a toujours été malheureuse, elle ignore ses parents, elle a été prise dans sa patrie mise en cendre: un oracle funeste la trouble; et pour comble de maux, elle a une passion involontaire pour ce même Achille dont elle est captive.

> Dans les cruelles mains, par qui je fus ravie,
> Je demeurai longtemps sans lumière et sans vie.
> Enfin mes faibles yeux cherchèrent la clarté;
> Et me voyant presser d'un bras ensanglanté;
> Je frémissais, Doris, et d'un vainqueur sauvage
> Craignais (*q*) de rencontrer l'effroyable visage.
> J'entrai dans son vaisseau, détestant sa fureur,
> Et toujours détournant ma vue avec horreur.
> Je le vis: son aspect n'avait rien de farouche:
> Je sentis le reproche expirer dans ma bouche.

(*q*) Des puristes ont prétendu qu'il fallait *je craignais*; ils ignorent les heureuses libertés de la poésie; ce qui est une négligence en prose, est très souvent une beauté en vers. Racine s'exprime avec une élégance exacte, qu'il ne sacrifie jamais à la chaleur du style.

[47] Lucrèce, *De la nature des choses*, vers 98 et 101: 'à la saison même du mariage [...] tant la religion a pu conseiller de maux'.

> Je sentis contre moi mon cœur se déclarer
> J'oubliai ma colère, et ne sus que pleurer. [48]

Il le faut avouer, on ne faisait point de tels vers avant Racine; non seulement personne ne savait la route du cœur, mais presque personne ne savait les finesses de la versification, cet art de rompre la mesure.

Je le vis: son aspect n'avait rien de farouche: personne ne connaissait cet heureux mélange de syllabes longues et brèves, et de consonnes suivies de voyelles qui font couler un vers avec tant de mollesse, et qui le font entrer dans une oreille sensible et juste avec tant de plaisir.

Quel tendre et prodigieux effet cause ensuite l'arrivée d'Iphigénie! Elle vole après son père aux yeux d'Eriphile même, de son père qui a pris enfin la résolution de la sacrifier; chaque mot de cette scène tourne le poignard dans le cœur. Iphigénie ne dit pas des choses outrées, comme dans Euripide, *Je voudrais être folle* (ou faire la *folle*) *pour vous égayer, pour vous plaire.* [49] Tout est noble dans la pièce française, mais d'une simplicité attendrissante; et la scène finit par ces mots terribles: *Vous y serez, ma fille.* [50] Sentence de mort après laquelle il ne faut plus rien dire.

On prétend que ce mot déchirant est dans Euripide, on le répète sans cesse. Non, il n'y est pas. Il faut se défaire enfin, dans un siècle tel que le nôtre, de cette maligne opiniâtreté à faire valoir toujours le théâtre ancien des Grecs aux dépens du théâtre français. Voici ce qui est dans Euripide.

IPHIGÉNIE

Mon père, me ferez-vous habiter dans un autre séjour (ce qui veut dire, me marierez-vous ailleurs?)

---

[48] *Iphigénie*, acte 2, scène 1, vers 489-500.
[49] *Iphigénie à Aulis*, vers 654: 'Je dirai donc des choses insensées, si, de cette façon, je puis t'égayer' (*Euripide*, trad. Leconte de Lisle, t.2, p.143).
[50] *Iphigénie*, acte 2, scène 2, vers 578.

AGAMEMNON

Laissez cela; il ne convient pas à une fille de savoir ces choses.

IPHIGÉNIE

Mon père, revenez au plus tôt après avoir achevé votre entreprise.

AGAMEMNON

Il faut auparavant que je fasse un sacrifice.   560

IPHIGÉNIE

Mais c'est un soin dont les prêtres doivent se charger.

AGAMEMNON

Vous le saurez, puisque vous serez tout auprès, au lavoir.

IPHIGÉNIE

Ferons-nous, mon père, un chœur autour de l'autel?

AGAMEMNON

Je te crois plus heureuse que moi; mais à présent cela ne t'importe
pas; donne-moi un baiser triste et ta main, puisque tu dois être si   565
longtemps absente de ton père. O quelle gorge! quelles joues! quels
blonds cheveux! que de douleur la ville des Phrygiens, et Hélène
me causent! je ne veux plus parler, car je pleure trop en
t'embrassant. Et vous, fille de Léda, excusez-moi si l'amour
paternel m'attendrit trop, quand je dois donner ma fille à Achille.[51]   570

Ensuite Agamemnon instruit Clitemnestre de la généalogie
d'Achille, et Clitemnestre lui demande si les noces de Pélée et de
Thétis se firent au fond de la mer?

Brumoy a déguisé autant qu'il l'a pu ce dialogue,[52] comme il a
falsifié presque toutes les pièces qu'il a traduites; mais rendons   575

[51] *Iphigénie à Aulis*, vers 670-87.
[52] Traduction d'*Iphigénie en Aulide* de Pierre Brumoy dans *Le Théâtre des Grecs*,
3 vol. (Paris, 1730), t.1, p.xxxviii (nouvelle pagination).

justice à la vérité, et jugeons si ce morceau d'Euripide approche de celui de Racine.

Verra-t-on à l'autel votre heureuse famille?

AGAMEMNON

Hélas!

IPHIGÉNIE

Vous vous taisez.

AGAMEMNON

Vous *y serez, ma fille.* [53]

Comment se peut-il faire qu'après cet arrêt de mort qu'Iphigénie   580
ne comprend point, mais que le spectateur entend avec tant
d'émotion, il y ait encore des scènes touchantes dans le même
acte, et même des coups de théâtre frappants? C'est là, selon moi,
qu'est le comble de la perfection.

Acte troisième

Après des incidents naturels bien préparés, et qui tous concourent à   585
redoubler le nœud de la pièce, Clitemnestre, Iphigénie, Achille,
attendent dans la joie le moment du mariage; Eriphile est présente,
et le contraste de sa douleur, avec l'allégresse de la mère et des deux
amants, ajoute à la beauté de la situation. Arcas paraît de la part
d'Agamemnon, il vient dire que tout est prêt pour célébrer ce   590
mariage fortuné. Mais, mais, quel coup! quel moment épouvantable!

Il l'attend à l'autel... pour la sacrifier... [54]

Achille, Clitemnestre, Iphigénie, Eriphile, expriment alors en un

---

[53] *Iphigénie*, acte 2, scène 2, vers 577-78.
[54] *Iphigénie*, acte 3, scène 5, vers 912.

seul vers tous leurs sentiments différents, et Clitemnestre tombe   595
aux genoux d'Achille.

>   Oubliez une gloire importune,
>   Ce triste abaissement convient à ma fortune.
>   . . . .
>   C'est vous que nous cherchions sur ce funeste bord;   600
>   Et votre nom, seigneur, la conduit à la mort.
>   Ira-t-elle des dieux, implorant la justice,
>   Embrasser les autels parés pour son supplice?
>   Elle n'a que vous seul, vous êtes en ces lieux
>   Son père, son époux, son asile, ses dieux. [55]   605

O véritable tragédie! beauté de tous les temps et de toutes les
nations! malheur aux barbares qui ne sentiraient pas jusqu'au fond
du cœur ce prodigieux mérite!

Je sais que l'idée de cette situation est dans Euripide, [56] mais elle
y est comme le marbre dans la carrière, et c'est Racine qui a   610
construit le palais.

Une chose assez extraordinaire, mais bien digne des commentateurs toujours un peu ennemis de leur patrie, c'est que le jésuite
Brumoy, dans son *Discours sur le théâtre des Grecs*, fait cette
critique; (r) 'Supposons qu'Euripide vînt de l'autre monde et   615
qu'il assistât à la représentation de l'*Iphigénie* de M. Racine... ne
serait-il point révolté de voir Clitemnestre aux pieds d'Achille qui
la relève, et de mille autres choses, soit par rapport à nos usages qui
nous paraissent plus polis que ceux de l'antiquité, soit par rapport
aux bienséances? etc.' [57]   620

Remarquez, lecteurs, avec attention, que Clitemnestre se jette

(r) Page 11 de l'édition in-4°.

601   K84, K12:   seigneur, l'a conduite à

[55] *Iphigénie*, acte 3, scène 5, vers 929-30, 935-40.
[56] *Iphigénie à Aulis*, vers 1276-1344.
[57] Brumoy, *Le Théâtre des Grecs*, 'Discours sur le théâtre des Grecs', t.1, p.xi.

72

aux genoux d'Achille dans Euripide, et que même il n'est point dit qu'Achille la relève.

A l'égard de *mille autres choses par rapport à nos usages*, Euripide se serait conformé aux usages de la France, et Racine à ceux de la Grèce. 625

Après cela, fiez-vous à l'intelligence et à la justice des commentateurs.

Acte quatrième

Comme dans cette tragédie l'intérêt s'échauffe toujours de scène en scène, que tout y marche de perfections en perfections, la grande 630 scène entre Agamemnon, Achille, Clitemnestre, et Iphigénie, est encore supérieure à tout ce que nous avons vu. Rien ne fait jamais au théâtre un plus grand effet que des personnages qui renferment d'abord leur douleur dans le fond de leur âme, et qui laissent ensuite éclater tous les sentiments qui les déchirent: on est partagé 635 entre la pitié et l'horreur: c'est d'un côté Agamemnon accablé lui-même de tristesse, qui vient demander sa fille pour la mener à l'autel, sous prétexte de la remettre au héros à qui elle est promise. C'est Clitemnestre qui lui répond d'une voix entrecoupée,

S'il faut partir, ma fille est toute prête; 640
Mais vous, n'avez-vous rien, seigneur, qui vous arrête?

AGAMEMNON

Moi, madame?

CLITEMNESTRE

Vos soins ont-ils tout préparé?

AGAMEMNON

Calchas est prêt, madame, et l'autel est paré;
J'ai fait ce que m'ordonne un devoir légitime.

CLITEMNESTRE

Vous ne me parlez point, seigneur, de la victime.[58]   645

Ces mots, *vous ne me parlez point de la victime*, ne sont pas assurément dans Euripide. On sait de quel sublime est le reste de la scène, non pas de ce sublime de déclamation; non pas de ce sublime de pensées recherchées, ou d'expressions gigantesques, mais de ce qu'une mère au désespoir a de plus pénétrant et de plus terrible, de   650 ce qu'une jeune princesse qui sent tout son malheur, a de plus touchant et de plus noble: après quoi, Achille déploie la fierté, l'indignation, les menaces d'un héros irrité, sans qu'Agamemnon perde rien de sa dignité; et c'était là le plus difficile.

Jamais Achille n'a été plus Achille que dans cette tragédie. Les   655 étrangers ne pourront pas dire de lui ce qu'ils disent d'Hippolite, de Xipharès, d'Antiochus roi de Comagène, de Bajazet même; ils les appellent, *monsieur Bajazet, monsieur Antiochus, monsieur Xipharès, monsieur Hippolite*; et, je l'avoue, ils n'ont pas tort. Cette faiblesse de Racine est un tribut qu'il a payé aux mœurs de son temps, à la   660 galanterie de la cour de Louis XIV, au goût des romans qui avaient infecté la nation; aux exemples même de Corneille qui ne composa jamais aucune tragédie sans y mettre de l'amour, et qui fit de cette passion le principal ressort de la tragédie de Polyeucte confesseur et martyr, et de celle d'Attila roi des Huns, et de sainte Théodore   665 qu'on prostitue.

Ce n'est que depuis peu d'années qu'on a osé en France produire des tragédies profanes sans galanterie. La nation était si accoutumée à cette fadeur, qu'au commencement du siècle où nous sommes, on reçut avec applaudissement une *Electre*[59] amoureuse   670 et une partie carrée de deux amants et de deux maîtresses dans le

652   K84, K12: Achille dans une autre scène déploie
661   71A: goût de romans
663   K84, K12: jamais une tragédie

[58] *Iphigénie*, acte 4, scène 3, vers 1161-66.
[59] *Electre* de Prosper Jolyot de Crébillon, créée avec succès à la Comédie-Française le 14 décembre 1708 et souvent reprise.

74

sujet le plus terrible de l'antiquité, tandis qu'on sifflait l'*Electre* de Longepierre, [60] non seulement parce qu'il y avait des déclamations à l'antique, mais parce qu'on n'y parlait point d'amour.

Du temps de Racine, et jusqu'à nos derniers temps, les personnages essentiels au théâtre étaient l'*amoureux* et l'*amoureuse*, comme à la foire Arlequin et Colombine. [61] Un acteur était reçu pour jouer tous les amoureux.

Achille aime Iphigénie, et il le doit; il la regarde comme sa femme, mais il est beaucoup plus fier, plus violent qu'il n'est tendre; il aime comme Achille doit aimer, et il parle comme Homère l'aurait fait parler s'il avait été Français.

Acte cinquième

M. Luneau de Boisjermain, qui a fait une édition de Racine avec des commentaires, voudrait que la catastrophe d'Iphigénie fût en action sur le théâtre. 'Nous n'avons, dit-il, qu'un regret à former, c'est que Racine n'ait point composé sa pièce dans un temps où le théâtre fût comme aujourd'hui, dégagé de la foule des spectateurs, qui inondaient autrefois le lieu de la scène; ce poète n'aurait pas manqué de mettre en action la catastrophe, qu'il n'a mise qu'en récit. On eût vu d'un côté un père consterné, une mère éperdue, vingt rois en suspens, l'autel, le bûcher, le prêtre, le couteau, la victime: eh! quelle victime! de l'autre, Achille menaçant, l'armée *en émeute*, le sang de toutes parts prêt à couler;

[60] *Electre*, tragédie de Hilaire-Bernard de Requeleyne, baron de Longepierre, créée le 22 janvier 1702 à l'Hôtel de Conti de Versailles où elle fut bien reçue (Pierre Mélèse, *Répertoire analytique des documents contemporains d'information et de critique concernant le théâtre à Paris sous Louis XIV 1659-1715*, Paris, 1934, p.213), puis reprise à la Comédie-Française le 22 février 1719. L'*Oreste* de Voltaire (1750) traite le même sujet.

[61] En fait, ce couple de 'zanis' était l'emblème de la Comédie-Italienne à Paris jusqu'à sa fermeture en 1697. Pierrot se substitua à Arlequin sur les théâtres forains qui succédèrent aux Italiens et Colombine disparut. Sur ces personnages, voir F. Moureau, *De Gherardi à Watteau: présence d'Arlequin sous Louis XIV* (Paris, 1992).

675

680

685

690

75

Eriphile alors serait survenue; Calchas l'aurait désignée pour
l'unique objet de la colère céleste; et cette princesse s'emparant   695
du couteau sacré, aurait expiré bientôt sous les coups qu'elle se
serait *portés*'. [62]

Cette idée paraît plausible au premier coup d'œil. C'est en effet
le sujet d'un très beau tableau, parce que dans un tableau on ne
peint qu'un instant; mais il serait bien difficile que sur le théâtre,   700
cette action qui doit durer quelques moments, ne devînt froide et
ridicule. Il m'a toujours paru évident que le violent Achille l'épée
nue, et ne se battant point, vingt héros dans la même attitude
comme des personnages de tapisserie, Agamemnon roi des rois
n'imposant à personne, immobile dans le tumulte, formeraient un   705
spectacle assez semblable au cercle de la reine en cire colorée par
Benoît. [63]

Il est des objets que l'art judicieux
Doit offrir à l'oreille et reculer des yeux. [64]

Il y a bien plus; la mort d'Eriphile glacerait les spectateurs au lieu   710
de les émouvoir. S'il est permis de répandre du sang sur le théâtre,
(ce que j'ai quelque peine à croire) il ne faut tuer que les

---

[62] Pierre-Joseph-François Luneau de Boisjermain, *Commentaire sur les œuvres de
Jean Racine*, 3 vol. (Paris, 1768), t.2, p.357-58 (texte corrompu par Voltaire).
Allusion y est faite à l'initiative prise en 1759 par Voltaire, Lekain et le comte de
Lauraguais de débarrasser la scène de la Comédie-Française de ses spectateurs
(Martine de Rougemont, *La Vie théâtrale en France au dix-huitième siècle*, Paris et
Genève, 1988, p.160-61). Voir aussi Nicholas Cronk, 'L'*Iphigénie* de Saint-Foix et
l'esthétique du tableau: réécrire Racine en 1768', *SVEC* 2005:08, p.133-44.

[63] Antoine Benoist du Cercle (1632-1717), sculpteur en cire, auteur d'un 'Cercle
de la Cour' qu'il présentait à la Foire Saint-Germain. La Bruyère l'évoque: 'B**
s'enrichit à montrer dans un cercle des marionnettes' (*Les Caractères*, ch.12, 'Des
jugements', section 21, éd. Emmanuel Bury, Paris, 1995, p.461) et, dans un recueil
poétique, 'Antoine Benoît, peintre ordinaire du roi et son premier sculpteur en cire'
voisine avec Poussin, Rigaud et quelques autres de moindre importance dans un
éloge des grands artistes du temps (Baraton, *Poésies diverses contenant des contes
choisis, bons mots, traits d'histoire et de morale, madrigaux, épigrammes et sonnets*,
Paris, 1705, p.281). Voir F. Moureau, *De Gherardi à Watteau*, p.105.

[64] Nicolas Boileau, *Art Poétique*, chant 3, vers 53-54.

personnages auxquels on s'intéresse. C'est alors que le cœur du spectateur est véritablement ému, il vole au-devant du coup qu'on va porter, il saigne de la blessure, on se plaît avec douleur à voir tomber Zaïre sous le poignard d'Orosmane dont elle est idolâ-trée. [65] Tuez si vous voulez ce que vous aimez, mais ne tuez jamais une personne indifférente; le public sera très indifférent à cette mort; on n'aime point du tout Eriphile. Racine l'a rendue supportable jusqu'au quatrième acte; mais dès qu'Iphigénie est en péril de mort, Eriphile est oubliée et bientôt haïe: elle ne ferait pas plus d'effet que la biche de Diane.

On m'a mandé depuis peu, qu'on avait essayé à Paris le spectacle que M. Luneau de Boisjermain avait proposé, et qu'il n'a point réussi. Il faut savoir qu'un récit écrit par Racine est supérieur à toutes les actions théâtrales.

D'Athalie

Je commencerai par dire d'*Athalie* que c'est là que la catastrophe est admirablement en action. C'est là que se fait la reconnaissance la plus intéressante; chaque acteur y joue un grand rôle. On ne tue point Athalie sur le théâtre; le fils des rois est sauvé, et est reconnu roi: tout ce spectacle transporte les spectateurs.

Je ferais ici l'éloge de cette pièce, le chef-d'œuvre de l'esprit humain, si tous les gens de goût de l'Europe ne s'accordaient pas à lui donner la préférence sur presque toutes les autres pièces. [66] On peut condamner le caractère et l'action du grand-prêtre Joad; sa conspiration, son fanatisme peuvent être d'un très mauvais exemple; aucun souverain, depuis le Japon jusqu'à Naples, ne voudrait d'un tel pontife; il est factieux, insolent, enthousiaste, inflexible, sanguinaire; il trompe indignement sa reine, il fait

[65] *Zaïre*, acte 5, scène 9.
[66] Dans le 'Discours historique et critique' mis en tête de la troisième édition des *Guèbres, ou la tolérance* (1769), Voltaire venait de produire un éloge d'*Athalie* (*OCV*, t.66, p.505).

égorger par des prêtres, cette femme âgée de quatre-vingts ans, qui 740
n'en voulait certainement pas à la vie du jeune Joad, *qu'elle voulait
élever comme son propre fils*.[67]

J'avoue qu'en réfléchissant sur cet événement, on peut détester
la personne du pontife; mais on admire l'auteur, on s'assujettit sans
peine à toutes les idées qu'il présente, on ne pense, on ne sent que 745
d'après lui. Son sujet d'ailleurs respectable ne permet pas les
critiques qu'on pourrait faire, si c'était un sujet d'invention. Le
spectateur suppose avec Racine, que Joad est en droit de faire tout
ce qu'il fait; et ce principe une fois posé, on convient que la pièce est
ce que nous avons de plus parfaitement conduit, de plus simple et 750
de plus sublime. Ce qui ajoute encore au mérite de cet ouvrage,
c'est que de tous les sujets, c'était le plus difficile à traiter.

On a imprimé avec quelque fondement que Racine avait imité
dans cette pièce plusieurs endroits de la tragédie de la *Ligue*, faite
par le conseiller d'Etat Mathieu, historiographe de France sous 755
Henri IV,[68] écrivain qui ne faisait pas mal des vers pour son temps.
Constance dit dans la tragédie de Mathieu,

Je redoute mon Dieu, c'est lui seul que je crains.
. . . .
On n'est point délaissé quand on a Dieu pour père. 760
Il ouvre à tous la main, il nourrit les corbeaux;
Il donne la pâture aux jeunes passereaux,
Aux bêtes des forêts, des prés et des montagnes:
Tout vit de sa bonté.[69]

[67] *Athalie*, acte 2, scène 7, vers 698: 'Je prétends vous traiter comme mon propre
fils'.

[68] *Le Triomphe de la Ligue, tragédie nouvelle* (Leyde, 1607) n'est pas de Pierre
Matthieu, mais de Richard Jean de Nérée, qui signe la dédicace ('De N. N.'). L'erreur
de Voltaire vient de Pierre-François Godard de Beauchamps (*Recherches sur les
théâtres de France*, 3 vol., Paris, 1735, BV296, t.2, p.11), pourtant sceptique sur
l'attribution. Charles de Mouhy (*Tablettes dramatiques*, Paris, 1752, p.230) a rétabli la
vérité. D'autres historiens du théâtre comme Maupoint et les frères Parfaict ignorent
la pièce. Voir le *Théâtre complet* de Matthieu, éd. Louis Lobbes (Paris, 2007).

[69] *Le Triomphe de la Ligue*, acte second, p.21 et 26: 'Je ne crains que mon Dieu, lui
seul je redoute [...] Celui n'est délaissé qui a Dieu pour son père / Il ouvre à tous la

Racine dit,   765

> Je crains Dieu, cher Abner, et n'ai point d'autre crainte.
> . . . .
> Dieu laissa-t-il jamais ses enfants au besoin?
> Aux petits des oiseaux il donne leur pâture,
> Et sa bonté s'étend sur toute la nature. [70]   770

Le plagiat paraît sensible, et cependant ce n'en est point un; rien n'est plus naturel que d'avoir les mêmes idées sur le même sujet. D'ailleurs, Racine et Mathieu ne sont pas les premiers qui aient exprimé des pensées dont on trouve le fond dans plusieurs endroits de l'Ecriture.   775

Des chefs-d'œuvre tragiques français

Qu'oserait-on placer parmi ces chefs-d'œuvre, reconnus pour tels en France et dans tous les autres pays, après *Iphigénie* et *Athalie*? nous mettrions une grande partie de *Cinna*, les scènes supérieures des *Horaces*, du *Cid*, de *Pompée*, de *Polyeucte*; la fin de *Rodogune*; le rôle parfait et inimitable de Phèdre qui l'emporte sur tous les rôles,   780 celui d'Acomat aussi beau en son genre, les quatre premiers actes de *Britannicus*, *Andromaque* tout entière, à une scène près de pure coquetterie. Les rôles tout entiers de Roxane et de Monime, admirables l'un et l'autre dans des genres tout opposés, des morceaux vraiment tragiques dans quelques autres pièces; mais   785 après vingt bonnes tragédies, sur plus de quatre mille, qu'avons-

769   70: donne sa pâture
       71A: donne la pâture

---

main: il nourrit les corbeaux / Il donne la viande aux petits passereaux, / Aux bêtes des forêts, des prés et des montagnes / Tout vit de sa bonté'. Le duc de La Vallière possédait un exemplaire de cette très rare édition (aujourd'hui à la bibliothèque de l'Arsenal, 8° BL 13975).

[70] *Athalie*, acte 1, scène 1, vers 64; acte 2, scène 7, vers 646-48.

nous? Rien. Tant mieux. Nous avons dit ailleurs, Il faut que le beau soit rare, sans quoi il cesserait d'être beau. [71]

Comédie

En parlant de la tragédie, je n'ai point osé donner de règles; il y a plus de bonnes dissertations que de bonnes pièces; et si un jeune homme qui a du génie veut connaître les règles importantes de cet art, il lui suffira de lire ce que Boileau en dit dans son *Art poétique*, [72] et d'en être bien pénétré: j'en dis autant de la comédie.

J'écarte la théorie, et je n'irai guère au-delà de l'historique. Je demanderai seulement pourquoi les Grecs et les Romains firent toutes leurs comédies en vers, et pourquoi les modernes ne les font souvent qu'en prose? N'est-ce point que l'un est beaucoup plus aisé que l'autre, et que les hommes en tout genre veulent réussir sans beaucoup de travail? Fénelon fit son *Télémaque* en prose, parce qu'il ne pouvait le faire en vers.

L'abbé d'Aubignac, qui comme prédicateur du roi se croyait l'homme le plus éloquent du royaume, et qui pour avoir lu la Poétique d'Aristote, pensait être le maître de Corneille, fit une tragédie en prose, dont la représentation ne put être achevée, et que jamais personne n'a lue. [73]

La Motte s'étant laissé persuader que son esprit était infiniment au-dessus de son talent pour la poésie, demanda pardon au public de s'être abaissé jusqu'à faire des vers. Il donna une ode en prose, [74]

790

795

800

805

---

[71] *La Philosophie de l'histoire*: 'sitôt que le beau, le sublime est commun, il ne paraît plus ni beau ni sublime' (*OCV*, t.59, p.188).

[72] Chant 3, vers 335-428.

[73] *Zénobie, tragédie, où la vérité de l'histoire est conservée dans l'observation des plus rigoureuses règles du poème dramatique* (Paris, 1647). Mouhy affirme qu'elle fut représentée en 1645 et 'n'eut aucun succès' (*Tablettes dramatiques*, p.241).

[74] 'La libre éloquence, ode en prose. A S. E. Monseigneur le cardinal de Fleury': Antoine Houdar de La Motte, *Œuvres*, 11 vol. (Paris, 1754), t.1, 2ᵉ partie, p.531-40. Ouvrage lu à l'Académie française.

et une tragédie en prose; [75] et on se moqua de lui. Il n'en a pas été de même de la comédie, Molière avait écrit son *Avare* en prose, pour le mettre ensuite en vers; mais il parut si bon que les comédiens voulurent le jouer tel qu'il était, et que personne n'osa depuis y toucher. 810

Au contraire, le *Convive de pierre*, qu'on a si mal à propos appelé le *Festin de pierre*, fut versifié après la mort de Molière par Thomas Corneille, et est toujours joué de cette façon. [76] 815

Je pense que personne ne s'avisera de versifier le *George Dandin*. La diction en est si naïve, si plaisante, tant de traits de cette pièce, sont devenus proverbes, qu'il semble qu'on les gâterait si on voulait les mettre en vers. 820

Ce n'est pas peut-être une idée fausse de penser qu'il y a des plaisanteries de prose et des plaisanteries de vers. Tel bon conte, dans la conversation, deviendrait insipide s'il était rimé; et tel autre ne réussira bien qu'en rimes. Je pense que monsieur et madame de Sottenville, et madame la comtesse d'Escarbagnas, ne seraient point si plaisants s'ils rimaient. Mais dans les grandes pièces remplies de portraits, de maximes, de récits, et dont les personnages ont des caractères fortement dessinés, telles que le *Misanthrope*, le *Tartuffe*, l'*Ecole des femmes*, celle *des maris*, les *Femmes savantes*, le *Joueur*, les vers me paraissent absolument nécessaires; et j'ai toujours été de l'avis de Michel Montagne, qui dit, *que la* 825 830

---

[75] *Œdipe*, version en prose non représentée (Beauchamps, *Recherches sur les théâtres de France*, t.2, p.467) publiée dans les *Œuvres*, 10 t. en 11 vol. (Paris, 1754, t.2, p.3-68). La Motte eut avec Voltaire, auteur d'un autre *Œdipe*, une querelle sur le vers tragique dont se font écho les *QE* (La Motte, *Œuvres*, t.4, p.377-458: 'Quatrième discours à l'occasion de la tragédie d'*Œdipe*' et 'Suite des réflexions sur la tragédie où l'on répond à M. de Voltaire'). Voir Paul Dupont, *Un poète-philosophe au commencement du dix-huitième siècle, Houdar de La Motte (1672-1731)* (Paris, 1898), p.291-301, et F. Moureau, 'De La Motte à Landois: le vers tragique en jugement au dix-huitième siècle', *Revue d'histoire du théâtre* 45, n° 2-3 (1993), p.35-48.

[76] *Le Festin de pierre* de Thomas Corneille fut créé, le 12 février 1677, par la Troupe de la Veuve Molière et resta jusqu'en 1847 au répertoire de la Comédie-Française en lieu et place du *Dom Juan* original.

sentence, pressée aux pieds nombreux de la poésie, enlève son âme d'une plus rapide secousse.[77]

Ne répétons point ici ce qu'on a tant dit de Molière; on sait assez que dans ses bonnes pièces, il est au-dessus des comiques de toutes les nations anciennes et modernes. Despréaux a dit,   835

> Aussitôt que d'un trait de ses fatales mains,
> La Parque l'eut rayé du nombre des humains,
> On reconnut le prix de sa muse éclipsée.
> L'aimable comédie, avec lui terrassée,   840
> En vain d'un coup si rude espéra revenir,
> Et sur ses brodequins ne put plus se tenir.[78]

Put plus, est un peu rude à l'oreille, mais Boileau avait raison.

Depuis 1673, année dans laquelle la France perdit Molière, on ne vit pas une seule pièce supportable jusqu'au *Joueur* du trésorier de France Regnard, qui fut joué en 1697; et il faut avouer qu'il n'y a eu   845 que lui seul, après Molière, qui ait fait de bonnes comédies en vers. La seule pièce de caractère qu'on ait eue depuis lui, a été le *Glorieux*[79] de Destouches, dans laquelle tous les personnages ont été généralement applaudis, excepté malheureusement celui du   850 *glorieux*, qui est le sujet de la pièce.

Rien n'étant si difficile que de faire rire les honnêtes gens,[80] on se réduisit enfin à donner des comédies romanesques, qui étaient

---

837   K84, K12: Mais sitôt que

[77] *Essais*, livre 1, ch.26, 'De l'institution des enfants': 'ainsi me semble il que la sentence, pressée aux pieds nombreux de la poésie, s'élance bien plus brusquement et me fiert d'une plus vive secousse' (*Œuvres complètes*, Paris, 1962, p.144-45).

[78] *Epîtres*, épître 7, vers 33-38.

[79] Comédie de Philippe Néricault Destouches représentée à la Comédie-Française le 18 janvier 1732. Voltaire lui consacra une épigramme dans une lettre à Jean-Baptiste-Nicolas Formont: 'Néricault dans sa comédie / Croit qu'il a peint le glorieux; / Pour moi, je crois, quoi qu'il nous die / Que sa préface le peint mieux' (D480, 18 avril 1732).

[80] Célèbre centon tiré de Molière: 'et c'est une étrange entreprise que celle de faire rire les honnêtes gens' (*Critique de l'Ecole des femmes*, scène 6).

moins la peinture fidèle des ridicules que des essais de tragédie
bourgeoise; ce fut une espèce bâtarde qui n'étant ni comique ni   855
tragique, manifestait l'impuissance de faire des tragédies et des
comédies. Cette espèce cependant avait un mérite, celui d'intéresser; et dès qu'on intéresse on est sûr du succès. Quelques auteurs
joignirent aux talents que ce genre exige, celui de semer leurs
pièces de vers heureux.[81] Voici comme ce genre s'introduisit.   860

Quelques personnes s'amusaient à jouer dans un château de
petites comédies,[82] qui tenaient de ces farces qu'on appelle *parades*:
on en fit une en l'année 1732,[83] dont le principal personnage était le
fils d'un négociant de Bordeaux, très bon homme et marin fort
grossier, lequel croyant avoir perdu sa femme et son fils, venait se   865
remarier à Paris, après un long voyage dans l'Inde.

Sa femme était une impertinente qui était venue faire la grande
dame dans la capitale, manger une grande partie du bien acquis par
son mari, et marier son fils à une demoiselle de condition. Le fils,

---

[81] Voltaire fait allusion à la 'comédie larmoyante' en vers à la manière de Nivelle
de La Chaussée, dont il sera question plus bas. Dans *Le Pauvre Diable* (1760), il
jugeait sévèrement cette innovation dramatique: 'Il est bien vrai que je fais peu de
cas / De ce faux genre, et j'aime assez qu'on rie; / Souvent je baille au tragique
bourgeois, / Aux vains efforts d'un auteur amphibie, / Qui défigure, et qui brave à la
fois, / Dans son jargon, Melpomène et Thalie' (*M*, t.10, p.108).

[82] Le *Mercure de France* d'avril 1732 (p.775) note: 'à Paris et dans quelques belles
maisons de campagne des environs, on compte plus de cinquante théâtres, fort bien
ajustés et ornés proprement [...] et les gens de la première qualité s'en mêlent'. Une
note du *Temple du goût* (1733) va dans le même sens: 'il y a plus de vingt maisons dans
Paris, dans lesquelles on représente des tragédies et des comédies. On a même fait
beaucoup de pièces nouvelles pour ces sociétés particulières' (*OCV*, t.9, p.181-82).

[83] Publiée en 1820 par E. A. Lequien, la comédie *Les Originaux, ou Monsieur Du
Cap-Vert*, comédie en trois actes et en prose (*OCV*, t.18A, p.85-216), a longtemps
passé pour être cette 'parade' que Voltaire fit représenter sur une scène privée,
vraisemblablement dans l'hôtel particulier de Mme de Fontaine-Martel à Paris ('La
répétition [...] se fait jeudi prochain chez la comtesse de Fontaine Martel': D474,
13 avril 1732. 'Pour nous autres Fontaine Martel, nous jouons la comédie assez
régulièrement': D480, 18 avril 1732). Jacques Spica a prouvé que la 'parade' résumée
par Voltaire dans les *QE* n'a qu'un rapport lointain avec la comédie des *Originaux*
(*OCV*, t.18A, p.97-101) qui date plutôt de 1738. Voir Russell Goulbourne, *Voltaire
comic dramatist*, *SVEC* 2006:03, p.80-86.

beaucoup plus impertinent que la mère, se donnait des airs de   870
seigneur; et son plus grand air était de mépriser beaucoup sa
femme, laquelle était un modèle de vertu et de raison. Cette jeune
femme l'accablait de bons procédés sans se plaindre, payait ses
dettes secrètement quand il avait joué et perdu sur sa parole; et lui
faisait tenir des petits présents très galants sous des noms supposés.   875
Cette conduite rendait notre jeune homme encore plus fat; le marin
revenait à la fin de la pièce, et mettait ordre à tout.

Une actrice de Paris, fille de beaucoup d'esprit, nommée Mlle
Quinault,[84] ayant vu cette farce, conçut qu'on en pourrait faire une
comédie très intéressante, et d'un genre tout nouveau pour les   880
Français, en exposant sur le théâtre le contraste d'un jeune homme
qui croirait en effet que c'est un ridicule d'aimer sa femme; et une
épouse respectable, qui forcerait enfin son mari à l'aimer publiquement. Elle pressa l'auteur d'en faire une pièce régulière,
noblement écrite; mais ayant été refusée, elle demanda permission   885
de donner ce sujet à M. de la Chaussée, jeune homme qui faisait fort
bien des vers, et qui avait de la correction dans le style. Ce fut ce qui
valut au public le *Préjugé à la mode*.[85]

Cette pièce était bien froide après celles de Molière et de
Regnard; elle ressemblait à un homme un peu pesant qui danse   890
avec plus de justesse que de grâce. L'auteur voulut mêler la
plaisanterie aux beaux sentiments; il introduisit deux marquis

[84] Jeanne-Françoise Quinault (1699-1783), dite Quinault cadette, débuta en 1718
à la Comédie-Française dans les rôles de soubrette; elle se retira en 1741. Outre ses
talents de comédienne, Mlle Quinault anima la Société du Bout-du-banc et, maîtresse
du comte de Maurepas, elle organisa avec lui de nombreux spectacles privés. Voltaire
lui demande souvent conseil dans les années 1730 (*Histoire et recueil des Lazzis*,
édition critique par Judith Curtis et David Trott, *SVEC* 338, 1996, p.4-5). Voir
également Judith Curtis, *'Divine Thalie': the career of Jeanne Quinault*, *SVEC*
2007:08.

[85] Comédie en cinq actes et en vers créée à la Comédie-Française en 1735: elle fut
considérée comme le chef-d'œuvre de La Chaussée (Gustave Lanson, *Nivelle de La
Chaussée et la comédie larmoyante*, Paris, 1903, p.148). Le récit quelque peu
romanesque de Voltaire a été corrigé par la critique (J. Spica, Introduction aux
Originaux, *OCV*, t.18A, p.99-102).

qu'il crut comiques, et qui ne furent que forcés et insipides. L'un dit
à l'autre:

> Si la même maîtresse est l'objet de nos vœux,   895
> L'embarras de choisir la rendra plus perplexe.
> Ma foi, marquis, il faut prendre pitié du sexe. [86]

Ce n'est pas ainsi que Molière fait parler ses personnages. Dès
lors le comique fut banni de la comédie. On y substitua le
pathétique; on disait que c'était par bon goût, mais c'était par   900
stérilité.

Ce n'est pas que deux ou trois scènes pathétiques ne puissent
faire un très bon effet. Il y en a des exemples dans Térence; il y en a
dans Molière; mais il faut après cela revenir à la peinture naïve et
plaisante des mœurs.   905

On ne travaille dans le goût de la comédie larmoyante que parce
que ce genre est plus aisé, mais cette facilité même le dégrade; en un
mot les Français ne surent plus rire.

Quand la comédie fut ainsi défigurée, la tragédie le fut aussi: on
donna des pièces barbares, et le théâtre tomba; mais il peut se   910
relever.

De l'opéra

C'est à deux cardinaux que la tragédie et l'opéra doivent leur
établissement en France; car ce fut sous Richelieu que Corneille fit
son apprentissage, parmi les cinq auteurs que ce ministre faisait
travailler comme des commis aux drames, dont il formait le plan, et   915
où il glissait souvent nombre de très mauvais vers de sa façon: et ce
fut lui encore qui ayant persécuté le *Cid*, eut le bonheur d'inspirer à
Corneille ce noble dépit et cette généreuse opiniâtreté qui lui fit
composer les admirables scènes des *Horaces* et de *Cinna*.

Le cardinal Mazarin fit connaître aux Français l'opéra, qui ne fut   920
d'abord que ridicule, quoique le ministre n'y travaillât point.

[86] Acte 3, scène 5: 'trop perplexe' dans le texte de La Chaussée.

Ce fut en 1647 qu'il fit venir pour la première fois une troupe entière de musiciens italiens, des décorateurs et un orchestre; on représenta au Louvre la tragi-comédie d'*Orphée* en vers italiens et en musique:[87] ce spectacle ennuya tout Paris. Très peu de gens [925] entendaient l'italien, presque personne ne savait la musique, et tout le monde haïssait le cardinal: cette fête, qui coûta beaucoup d'argent, fut sifflée: et bientôt après, les plaisants de ce temps-là, firent *le grand ballet et le branle de la fuite de Mazarin, dansé sur le théâtre de la France par lui-même et par ses adhérents.*[88] Voilà toute la [930] récompense qu'il eut d'avoir voulu plaire à la nation.

Avant lui on avait eu des ballets en France dès le commencement du seizième siècle; et dans ces ballets il y avait toujours eu quelque musique d'une ou deux voix, quelquefois accompagnées de chœurs qui n'étaient guère autre chose qu'un plain-chant grégorien. Les [935] filles d'Acheloïs, les sirènes, avaient chanté en 1582 aux noces du duc de Joyeuse; mais c'étaient d'étranges sirènes.[89]

Le cardinal Mazarin ne se rebuta pas du mauvais succès de son opéra italien; et lorsqu'il fut tout-puissant, il fit revenir ses musiciens italiens, qui chantèrent *le Nozze di Peleo e di Thetide* en trois actes en [940]

---

[87] *Orfeo*, tragi-comédie lyrique de Luigi Rossi sur un poème de l'abbé Francesco Buti représentée au Palais Royal en 1647. Les décors et les machines étaient de Giacomo Torelli.

[88] *Le Grand Ballet, ou branle de sortie donné sur le théâtre de la France par le cardinal Mazarin et par toute la suite des cardinalistes et mazarinistes* (1651). 'De l'imprimerie de Bâle, en la boutique de maître Personne, à la rue Partout, à l'enseigne de la Vérité toute nue en hiver', voir Célestin Moreau, *Bibliographie des mazarinades*, 3 vol. (Paris, 1850-1851), t.2, p.2, n° 1504.

[89] Le *Ballet comique de la reine* de Balthazar de Beaujoyeulx, sur le thème de Circé, fut représenté le 15 octobre 1581 dans la Grande Salle du Louvre et imprimé l'année suivante: entrepris par Henri III pour le mariage de son favori, le duc de Joyeuse, il marque le début des ballets de cour en France (Beauchamps, *Recherches sur les théâtres de France*, t.3, p.27-34). Les 'filles d'Achelois' et les 'sirènes' étaient interprétées par les plus grandes dames de la cour, dont la reine Louise de Lorraine, demi-sœur de la mariée, en naïade (Henry Prunières, *Le Ballet de cour en France avant Benserade et Lully*, Paris, 1914, p.82-94; Margaret McGowan, *L'Art du ballet de cour en France (1581-1643)*, Paris, 1963, p.42-47).

1654.[90] Louis XIV y dansa; la nation fut charmée de voir son roi, jeune, d'une taille majestueuse et d'une figure aussi aimable que noble, danser dans sa capitale après en avoir été chassé: mais l'opéra du cardinal n'ennuya pas moins Paris pour la seconde fois.

Mazarin persista, il fit venir en 1660 le *signor* Cavalli qui donna dans la grande galerie du Louvre l'opéra de *Xerxès* en cinq actes;[91] les Français bâillèrent plus que jamais et se crurent délivrés de l'opéra italien par la mort du Mazarin, qui donna lieu en 1661 à mille épitaphes ridicules, et à presque autant de chansons qu'on en avait fait contre lui pendant sa vie.[92]

Cependant les Français voulaient aussi dès ce temps-là même avoir un opéra dans leur langue, quoiqu'il n'y eût pas un seul homme dans le pays qui sût faire un trio, ou jouer passablement du violon; et dès l'année 1659 un abbé Perrin qui croyait faire des vers, et un Cambert intendant de douze violons de la reine-mère, qu'on appelait *la musique de France*, firent chanter dans le village d'Issi une pastorale[93] qui, en fait d'ennui, l'emportait sur les *Hercole amante*,[94] et sur les *Nozze di Peleo*.

948 K84, K12: mort de Mazarin

[90] *Le Nozze di Teti e di Peleo*, premier opéra de Francesco Cavalli, sur un livret d'Orazio Persiani, créé à Venise au théâtre San Cassiano en 1639 (Beauchamps, *Recherches sur les théâtres de France*, t.3, p.136-37).

[91] *Xerse*, sur un livret de Niccolo Minato, fut représenté au Louvre en 1660 avec six entrées de ballets de Jean-Baptiste Lully (LWV 12) et des décors de Carlo Vigarani. Contrairement à ce que prétend Voltaire, Louis XIV n'y dansa pas: il y a sans doute confusion avec l'*Ercole amante* de 1662 (Beauchamps, *Recherches sur les théâtres de France*, t.3, p.150; Jérôme de La Gorce, *Lully*, Paris, 2002, p.107-108, 463-69).

[92] Voir une série d'épitaphes satiriques dans le *Tableau de la vie et du gouvernement de Messieurs les cardinaux de Richelieu et Mazarin et de Monsieur Colbert* (Cologne [Hollande], 1693), p.201-49.

[93] *La Pastorale d'Issy* (avril 1659), 'comédie française en musique' sur des vers de Pierre Perrin (1620-1675) mis en musique par Robert Cambert (1627-1677), les deux véritables créateurs de l'opéra français (Beauchamps, *Recherches sur les théâtres de France*, t.3, p.146-48; Lionel de La Laurencie, *Les Créateurs de l'opéra français*, Paris, 1930).

[94] *Ercole amante* de Francesco Cavalli, sur un livret de Francesco Buti, fut créé aux

En 1669 le même abbé Perrin, et le même Cambert, s'associèrent avec un marquis de Sourdiac grand machiniste, qui n'était pas absolument fou, mais dont la raison était très particulière, et qui se ruina dans cette entreprise.[95] Les commencements en parurent heureux; on joua d'abord *Pomone*, dans laquelle il était beaucoup parlé de pommes et d'artichauts.[96]

960

On représenta ensuite *les Peines et les plaisirs de l'amour*,[97] et enfin Lulli violon de Mademoiselle,[98] devenu surintendant de la musique du roi, s'empara du jeu de paume qui avait ruiné le marquis de Sourdiac. L'abbé Perrin inruinable, se consola dans Paris à faire des élégies et des sonnets, et même à traduire l'*Enéide* de Virgile en vers qu'il disait héroïques.[99] Voici comme il traduit, par exemple, ces deux vers du cinquième livre de l'*Enéide*.

965

970

Tuileries le 7 février 1662 et repris jusqu'au 6 mai (Beauchamps, *Recherches sur les théâtres de France*, t.3, p.153-54): les ballets et les décors étaient, comme pour le précédent opéra, de Lully (LWV 17) et de Vigarani (Jérôme de la Gorce, *Carlo Vigarani intendant des plaisirs de Louis XIV*, Paris, 2005). Le roi y représenta successivement la Maison de France, Pluton, Mars et le Soleil entouré des douze Heures.

[95] Alexandre de Rieux, marquis de Sourdéac, avait monté en 1660 dans son château du Neubourg *La Toison d'or* de Corneille avec des machines. Il fit ensuite celles de *Pomone* et des *Peines et les plaisirs de l'amour* pour l'opéra de Perrin et Cambert (Armand Jardillier, *La Vie originale de Monsieur de Sourdéac*, Paris, 1961).

[96] Pastorale en cinq actes et un prologue de Perrin et Cambert créée en 1671: elle inaugurait leur Académie royale des opéras et remporta un grand succès (Beauchamps, *Recherches sur les théâtres de France*, t.3, p.203-204).

[97] Pastorale héroïque de Cambert sur des vers de Gabriel Gilbert représentée en 1672 (Beauchamps, *Recherches sur les théâtres de France*, t.3, p.204-205).

[98] Lully débuta en 1646 au service de la Grande Mademoiselle, Anne-Marie Louise d'Orléans, duchesse de Montpensier (Jérôme de La Gorce, *Lully*, Paris, 2002, p.31-55).

[99] *L'Enéide de Virgile traduite en vers français: première partie contenant les six premiers livres: avec les remarques du traducteur aux marges pour l'intelligence de la carte et de l'histoire ancienne véritable et fabuleuse* (Paris, 1648, avec des illustrations d'Abraham Bosse), *L'Enéide de Virgile, fidèlement traduite en vers héroïques, avec le latin à côté et les remarques à chaque livre pour l'intelligence de l'histoire et de la fable. Enrichie de figures en taille-douce. Seconde partie, contenant les six derniers livres* (Paris, 1658).

Arduus effractoque illisit in ossa cerebro
Sternitur exanimisque tremens procumbit humi bos. [100]

Dans ses os fracassés enfonce son éteuf,
Et tout tremblant et mort, en bas tombe le bœuf.   975

On trouve son nom souvent dans les satires de Boileau, [101] qui avait grand tort de l'accabler: car il ne faut se moquer ni de ceux qui font du bon, ni de ceux qui font du très mauvais, mais de ceux qui étant médiocres se croient des génies et font les importants.

Pour Cambert il quitta la France de dépit, et alla faire exécuter sa   980
détestable musique chez les Anglais, qui la trouvèrent excellente. [102]

Lulli qu'on appela bientôt *monsieur de Lulli*, s'associa très habilement avec Quinault dont il sentait tout le mérite, et qu'on n'appela jamais *monsieur de Quinault*. [103] Il donna dans son jeu de   985
paume de Belair en 1672, les *Fêtes de l'Amour et de Bacchus*, composées par ce poète aimable; [104] mais ni les vers, ni la musique ne furent dignes de la réputation qu'ils acquirent depuis; les connaisseurs seulement estimèrent beaucoup une traduction de l'ode charmante d'Horace: 990

Donec gratus eram tibi
Nec quisquam potior brachia candide

[100] Livre 5, vers 480-81.

[101] Satire 7, vers 44; satire 9, vers 97 et 294; satire 10, vers 446. Boileau ne l'oublie pas non plus dans les *Epîtres* (épîtres 7, 8 et 10) ni dans ses *Epigrammes* (épigramme 38).

[102] A partir de 1673, il poursuivit sa carrière en Angleterre avec Louis Grabu, directeur de la musique de Charles II, et fit jouer à Windsor en 1674 une reprise de *Pomone* avec l'opéra inédit d'*Ariane* qu'il avait composé en 1659 avec Perrin. Cambert mourut à Londres en 1677 (André Tessier, 'Robert Cambert à Londres', *La Revue musicale* 10, n° 2, 1er décembre 1927, p.101-22).

[103] M. de Voltaire semble oublier ici François Arouet.

[104] Créée en 1672 au théâtre du Jeu de Paume de Bel-Air, cette pastorale d'ouverture de la nouvelle Académie royale de musique, était, en fait, la réutilisation par Philippe Quinault de scènes tirées de Molière et d'Isaac de Benserade, le librettiste des ballets de Lully. Les décors étaient encore de Vigarani (La Gorce, *Lully*, p.187-90).

Cervici iuvenis dabat,
Persarum vigui rege beatior. [105]

. . . .   995

Cette ode en effet est très gracieusement rendue en français; [106] mais la musique en est un peu languissante.

Il y eut des bouffonneries dans cet opéra, ainsi que dans *Cadmus* et dans *Alceste*. [107] Ce mauvais goût régnait alors à la cour dans les ballets, et les opéras italiens étaient remplis d'arlequinades. Quinault ne dédaigna pas de s'abaisser jusqu'à ces platitudes.   1000

Tu fais la grimace en pleurant,
Et tu me fais crever de rire. [108]

. . . .

Ah! vraiment, petite mignonne,   1005
Je vous trouve bonne
De reprendre ce que je dis. [109]

. . . .

Mes pauvres compagnons, hélas!
Le dragon n'en a fait qu'un fort léger repas. [110]   1010

. . . .

Le dragon ne fait-il point le mort? [111]

Mais dans ces deux opéras d'*Alceste* et de *Cadmus*, Quinault sut insérer des morceaux admirables de poésie. Lulli sut un peu les

---

[105] Livre 3, ode 9.

[106] 'DAMON. – Quand je plaisais à tes yeux / J'étais content de ma vie, / Et ne voyais rois ni dieux / Dont le sort me fît envie' (acte 2, scène 6) (*Les Fêtes de l'Amour et de Bacchus*, Paris, 1672, p.38): vers tirés des *Amants magnifiques* de Molière, intermède 3, scène 5.

[107] *Cadmus et Hermione*, tragédie en musique représentée en 1673 au Jeu de Paume de Bel-Air. *Alceste, ou le triomphe d'Alcide*, tragédie en musique créée en 1674 au Palais Royal (Spire Pitou, *The Paris Opéra: an encyclopedia of operas, ballets, composers and performers*, Westport et Londres, 1983, p.185-87, 143-44). Les deux œuvres inaugurent la véritable collaboration de Lully et de Quinault.

[108] *Cadmus et Hermione*, acte 2, scène 1.

[109] *Cadmus et Hermione*, acte 2, scène 3.

[110] *Cadmus et Hermione*, acte 3, scène 3.

[111] *Cadmus et Hermione*, acte 3, scène 4.

rendre en accommodant son génie à celui de la langue française; et   1015
comme il était d'ailleurs très plaisant, très débauché, adroit,
intéressé, bon courtisan, et par conséquent aimé des grands, et
que Quinault n'était que doux et modeste, il tira toute la gloire à lui.
Il fit accroire que Quinault était son garçon poète, [112] qu'il dirigeait,
et qui sans lui ne serait connu que par les satires de Boileau. [113]   1020
Quinault avec tout son mérite resta donc en proie aux injures de
Boileau, et à la protection de Lulli.

Cependant rien n'est plus beau, ni même plus sublime que ce
chœur des suivants de Pluton dans *Alceste*.

Tout mortel doit ici paraître.   1025
On ne peut naître
Que pour mourir.
De cent maux le trépas délivre;
Qui cherche à vivre,
Cherche à souffrir.   1030
Plaintes, cris, larmes,
Tout est sans armes
Contre la mort.
. . . .
Est-on sage   1035

[112] Réflexion prise peut-être des *Menagiana* (Paris, 1694): 'M. Quinault se loua pour fournir à Lully un opéra tous les ans' (p.365) ou de Jean-Laurent Lecerf de La Viéville: 'Lully s'était, non pas associé, mais attaché Quinault: c'était son poète' (*Comparaison de la musique italienne et de la musique française*, Bruxelles, 1705-1706, seconde partie, p.412). En revanche, Charles Perrault dans sa biographie de Lully fait l'éloge d'"un poète dont les vers ont été dignes de sa musique' (*Les Hommes illustres qui ont paru en France pendant ce siècle*, Paris, 1696, p.86). On pense aussi au 'valet de chambre parolier', terme utilisé par Charles Collé pour désigner les librettistes de son époque: Voltaire fut pendant un temps, et sans réel plaisir, celui d'"Orphée Rameau' (F. Moureau, 'Les poètes de Rameau', *Jean-Philippe Rameau*, éd. Jérôme de La Gorce, Paris et Genève, 1987, p.61-73).

[113] Satire 2, vers 20; satire 3, vers 187-92, 200-204; satire 9, vers 98, 288. De l'édition de 1683 de ses *Œuvres diverses* à celle de 1701, dite 'favorite' (*Œuvres complètes*, Paris, 1966, p.6), Boileau reconnaîtra: 'Je n'ai pas prétendu, dis-je, nier [...] qu'il n'y ait beaucoup d'esprit dans les ouvrages de Monsieur Quinault, quoique si éloigné de la perfection de Virgile' (*Œuvres complètes*, p.857).

De fuir ce passage?
C'est un orage
Qui mène au port. [114]

Le discours que tient Hercule à Pluton paraît digne de la
grandeur du sujet.

1040

Si c'est te faire outrage
D'entrer par force dans ta cour,
Pardonne à mon courage,
Et fais grâce à l'amour. [115]

La charmante tragédie d'*Atis*, [116] les beautés ou nobles ou   1045
délicates ou naïves répandues dans les pièces suivantes, auraient
dû mettre le comble à la gloire de Quinault, et ne firent
qu'augmenter celle de Lulli qui fut regardé comme le dieu de la
musique. Il avait en effet le rare talent de la déclamation: il sentit de
bonne heure que la langue française étant la seule qui eût l'avantage   1050
des rimes féminines et masculines, il fallait la déclamer en musique
différemment de l'italien. Lulli inventa le seul récitatif qui convînt à
la nation; [117] et ce récitatif ne pouvait avoir d'autre mérite que celui
de rendre fidèlement les paroles, il fallait encore des acteurs; il s'en
forma; c'était Quinault qui souvent les exerçait et leur donnait   1055
l'esprit du rôle et l'âme du chant. Boileau dit que les vers de
Quinault

[114] Acte 4, scène 3.
[115] Acte 5, scène 5.
[116] *Atys*, tragédie en musique créée au Palais Royal en août 1675 et reprise à Saint-
Germain-en-Laye en janvier 1676 pour le roi qui appréciait particulièrement
l'œuvre. Elle resta jusqu'en 1739 au répertoire de l'Opéra (Pitou, *The Paris
Opera*, p.164-66).
[117] 'Discours récité d'un ton musical et harmonieux. C'est une espèce de chant qui
approche beaucoup de la parole, une déclamation en musique' (Jean-Jacques
Rousseau, *Dictionnaire de musique*, article 'Récitatif', *Œuvres complètes*, 5 vol.,
Paris, 1959-1995, t.5, p.1007). Les réflexions de Lecerf de La Viéville sur le récitatif
lulliste ont pu inspirer Voltaire: 'Lulli a su donner au sien un caractère harmonieux et
naturel' (*Comparaison de la musique italienne et de la musique française*, première
partie, p.101-103).

Etaient des lieux communs de morale lubrique,
Que Lulli réchauffa des sons de sa musique. [118]

C'était au contraire, Quinault, qui réchauffait Lulli. Le récitatif   1060
ne peut être bon qu'autant que les vers le sont: cela est si vrai, qu'à
peine depuis le temps de ces deux hommes faits l'un pour l'autre, à
peine y eut-il à l'Opéra cinq ou six scènes de récitatif tolérables. [119]
Rameau même n'en a pas fait trois, tant il est vrai que presque tous
les arts sont nés et morts dans le beau siècle de Louis XIV. [120]   1065
Les ariettes de Lulli furent très faibles, [121] c'étaient des *barcaroles*
de Venise. [122] Il fallait, pour ces petits airs, des chansonnettes

---

1062-63   K84, K12: l'autre, y
1063-66   K84, K12: tolérables. ¶Les ariettes

---

[118] Satire 10, vers 141-42.

[119] 'Mais pour le récitatif des nouveaux opéras, vous me permettrez de le trouver très médiocre, et presque toujours ou plat ou dur. [...] Nos maîtres d'aujourd'hui ne sauraient du tout attraper une certaine manière de réciter, vive sans être bizarre, que Lully donnait à un chanteur' (Lecerf de La Viéville, *Comparaison de la musique italienne et de la musique française*, première partie, p.103). Sur l'évolution du récitatif, voir l'article 'Récitatif' du *Dictionnaire de la musique en France aux XVIIe et XVIIIe siècles*, éd. Marcelle Benoit (Paris, 1992), p.602-603.

[120] En analysant le fameux monologue d'Armide (*Armide*, acte 5, scène 5), dont Voltaire parlera plus loin, Rameau fut à l'origine d'une querelle célèbre avec Rousseau sur la légitimité du récitatif à la française (Herbert Schneider, 'Rameau et la tradition lulliste', *Jean-Philippe Rameau*, p.287-306; Cuthbert Girdlestone, *Jean-Philippe Rameau: his life and works*, Londres, 1957, p.113-16).

[121] Le terme d'ariette est chronologiquement impropre; l'ariette venue d'Italie n'est connue qu'en 1708 dans la musique française (voir l'article 'Ariette' du *Dictionnaire de la musique en France aux XVIIe et XVIIIe siècles*, p.24-25); elle envahira les opéras-comiques du milieu du dix-huitième siècle, genre que Voltaire appréciait fort peu. Définition de Rousseau: 'grands morceaux de musique d'un mouvement pour l'ordinaire assez gai et marqué qui se chantent avec des accompagnements de symphonie' (Rousseau, *Dictionnaire de musique*, *Œuvres complètes*, t.5, p.645).

[122] 'Sorte de chansons en langue vénitienne que chantent les gondoliers à Venise' (Rousseau, *Dictionnaire de musique*, *Œuvres complètes*, t.5, p.651-52). A l'Opéra de Paris, la barcarolle apparaît seulement en 1705 dans *La Vénitienne* de Michel de La Barre, puis, en 1710, dans *Les Fêtes vénitiennes* d'André Campra (marche des gondoliers). Voltaire reprend ici une idée déjà exprimée en 1767 (D14596).

d'amour aussi molles que les notes. Lulli composait d'abord les airs de tous ces divertissements. Le poète y assujettissait les paroles; Lulli forçait Quinault d'être insipide. Mais les morceaux vraiment 1070 poétiques de Quinault, n'étaient pas des lieux communs de morale lubrique. Y a-t-il beaucoup d'odes de Pindare, plus fières et plus harmonieuses que ce couplet de l'opéra de *Proserpine*?

> Les superbes géants, armés contre les dieux,
>   Ne nous donnent plus d'épouvante;   1075
> Ils sont ensevelis sous la masse pesante
> Des monts qu'ils entassaient pour attaquer les cieux:
>   Nous avons vu tomber leur chef audacieux
>   Sous une montagne brûlante.
> Jupiter l'a contraint de vomir à nos yeux   1080
> Les restes enflammés de sa rage expirante,
>   Jupiter est victorieux;
> Et tout cède à l'effort de sa main foudroyante.
>   Chantons, dans ces aimables lieux,
>   Les douceurs d'une paix charmante. [123]   1085

L'avocat Brossette a beau dire. [124] L'ode sur la prise de Namur, *avec ses monceaux de piques, de corps morts, de rocs, de briques,* [125] est aussi mauvaise que ces vers de Quinault sont bien faits. Le sévère

---

1071   70, 71N, 71A, W68: n'étaient certainement pas
1083   70: main triomphante.

[123] Acte 1, scène 1. *Proserpine*, tragédie en musique, fut créée à Saint-Germain-en-Laye en 1680 et reprise jusqu'en 1758 (Pitou, *The Paris Opera*, p.297-98).

[124] Le Lyonnais Claude Brossette, l'ami et le confident de Despréaux, publia une édition commentée des œuvres de Boileau. Son annotation relative au vers 100 de l'*Ode sur la prise de Namur* remarque qu'à Namur, Boileau sentit 'combien il était utile à un poète de voyager, et il disait qu'Homère, dans les divers voyages qu'il avait faits, s'était rempli d'une infinité de connaissances, et avait appris à former les images si vraies, si nobles et si variées, que nous admirons dans sa poésie' (*Œuvres de M. Boileau Despréaux. Avec des éclaircissements historiques, donnés par lui-même,* 2 vol., Genève, 1716, t.1, p.427).

[125] *Ode du sieur D*** sur la prise de Namur* (s.l., 1693). Les deux vers exacts sont: 'Et sur des monceaux de piques / De corps morts, de rocs, de briques' (Boileau, *Œuvres complètes*, p.233).

auteur de l'*Art poétique*, si supérieur dans son seul genre, devait être plus juste envers un homme supérieur aussi dans le sien; homme d'ailleurs aimable dans la société, homme qui n'offensa jamais personne, et qui humilia Boileau en ne lui répondant point. [126]

Enfin, le quatrième acte de *Roland*, et toute la tragédie d'*Armide* furent des chefs-d'œuvre de la part du poète; et le récitatif du musicien sembla même en approcher. Ce fut pour l'Arioste et pour le Tasse, dont ces deux opéras sont tirés, le plus bel hommage qu'on leur ait jamais rendu. [127]

Du récitatif de Lulli [128]

Il faut savoir que cette mélodie était alors à peu près celle de l'Italie. Les amateurs ont encore quelques motets de Carissimi qui sont précisément dans ce goût. [129] Telle est cette espèce de cantate latine qui fut, si je ne me trompe, composée par le cardinal Delphini. [130]

[126] Une réconciliation, du bout des lèvres, eut pourtant lieu au cours d'un dîner, en 1674, l'année même de l'*Art poétique*; leurs relations s'améliorèrent ensuite (Etienne Gros, *Philippe Quinault: sa vie et son œuvre*, Paris, 1926, p.172-74).

[127] *Roland* fut créé à Versailles en présence du roi en 1685; il est tiré de l'*Orlando furioso* de l'Arioste (chants 19, 23-24, 30 et 39). La dernière des tragédies lyriques réalisées en collaboration par Quinault et Lully, *Armide*, fut représentée au Palais Royal en 1686; le sujet proposé par le roi lui-même était pris de *La Gerusalemme liberata* du Tasse (chants 4, 5, 10, 14-15). Voir Pitou, *The Paris Opera*, p.304-305, 162-64.

[128] Voir la note 119 ci-dessus, et Jean-Léonor de Grimarest, *Traité du récitatif: dans la lecture, dans l'action publique, dans la déclamation, et dans le chant: avec un traité des accents, de la quantité, et de la ponctuation* (Paris, 1707).

[129] Giacomo Carissimi (1605-1674), maître de chapelle à Rome, spécialiste du *stylus ecclesiasticus* moderne et musicien novateur. Ses partitions circulèrent en France sous forme manuscrite ou imprimée dans les milieux d'amateurs, en particulier par Marc-Antoine Charpentier, son élève, qui diffusa son style (*Dictionnaire de la musique en France aux XVIIe et XVIIIe siècles*, p.110).

[130] En fait, le cardinal Giovanni Delfino (1617-1699), d'une illustre famille vénitienne, qui composa diverses tragédies (*Le Tragedie di Giovanni Delfino senatore veneziano poi patriarca di Aquileia, e cardinale di Santa Chiesa, cioè la Cleopatra, la Lucrezia, il Creso, il Medoro*, Padoue, 1733). Voir le jugement sans aménité sur ce

95

Sunt breves mundi rosae
Sunt fugitivive flores
Frondes veluti annosae
Sunt labiles honores.   1105
Velocissimo cursu
Fluunt anni
Sicut celeres venti,
Sicut sagittae rapidae,
Fugiunt, evolant, evanescunt.   1110
Nil durat aeternum sub coelo.
Rapit omnia rigida sors,
Implacabili, funesto telo
Ferit omnia livida mors,
Est sola in coelo quies.   1115
Jucunditas sincera,
Voluptas pura,
Et sine nube dies etc. [131]

Beaumaviel [132] chantait souvent ce motet, [133] et je l'ai entendu plus d'une fois dans la bouche de Thévenard; [134] rien ne me   1120 semblait plus conforme à certains morceaux de Lulli. Cette mélodie demande de l'âme, il faut des acteurs, et aujourd'hui il ne faut que

---

théâtre par Louis Racine, 'Traité sur la poésie dramatique' (*Remarques sur les tragédies de Jean Racine*, t.3, p.217-18).

[131] Les roses du monde durent peu de temps / Les fleurs sont éphémères / Comme des feuilles mortes / Les honneurs passent. / A très grande vitesse / Les années s'écoulent / Tels des vents pressés, / Telles des flèches rapides, / Elles fuient, s'envolent, s'évanouissent. / Rien ne dure éternellement ici-bas. / Le sort inflexible se saisit de tout / Avec son arme implacable et funeste, / La pâle mort emporte tout. / Il n'y a de repos qu'au ciel. / Charme pur, / Volupté pure, / Et jour sans nuage.

[132] François Beaumavielle, basse-taille qui créa les rôles-titres d'Alcide, de Cadmus et de Roland dans les opéras de Lully (Pitou, *The Paris Opera*, p.177).

[133] Ce motet continua d'être chanté en France au cours du dix-huitième siècle dans la révision de Jean-Nicolas Royer (1705-1755). Copie manuscrite de cette version à la BnF: Musique, Vm¹ 1420.

[134] La basse-taille Gabriel-Vincent Thévenard (1669-1741) débuta en 1695 et fut, pendant trente ans, la principale vedette de l'Académie royale de musique (Pitou, *The Paris Opera*, p.322-25).

96

des chanteurs; le vrai récitatif est une déclamation notée, mais on ne note pas l'action et le sentiment.

Si une actrice en grasseyant un peu, en adoucissant sa voix, en minaudant, chantait: 1125

> Ah! je le tiens, je tiens son cœur perfide.
> Ah! je l'immole à ma fureur, [135]

elle ne rendrait ni Quinault ni Lulli; et elle pourrait, en faisant ralentir un peu la mesure, chanter sur les mêmes notes: 1130

> Ah! je les vois, je vois vos yeux aimables.
> Ah! je me rends à leurs attraits.

Pergolèse a exprimé dans une musique imitatrice ces beaux vers de l'*Artaserse* de Metastasio: [136]

> *Vo solcando un mar crudele*   1135
> *Senza vele*
> *Senza sarte.*
> *Freme l'onda, il ciel s'imbruna,*
> *Cresce il vento, e manca l'arte.*
> *E il voler della fortuna*   1140
> *Son costretto a seguitar etc.* [137]

Je priai une des plus célèbres virtuoses de me chanter ce fameux air de Pergolèse. [138] Je m'attendais à frémir au *mar crudele*, au *freme*

---

[135] *Armide*, acte 5, scène 5.

[136] *Artaserse* de Pietro Metastasio (1698-1782), *Poesie*, 10 vol. (Paris, 1755-1769), t.1. Liste des nombreux musiciens qui ont écrit des opéras sur ce livret publié en 1721: *Die Musik in Geschichte und Gegenwart. Personenteile*, 21 vol. (Cassel, 2004), t.12, p.89. Voltaire possédait plusieurs éditions italiennes et françaises de Métastase (BV2433-BV2440).

[137] Je m'en vais naviguant sur une mer cruelle / Sans voiles / Sans cables / L'onde frémit et le ciel s'assombrit / Le vent se lève; la technique me fait défaut / Et je suis contraint à suivre les désirs de la fortune, etc.

[138] L'*Artaserse* de Métastase n'a pas été mis en musique par Giovanni Battista Pergolesi (1710-1736), qui put seulement composer un *aria* des vers signalés. Mais les plus récentes sources spécialisées ne signalent pas cet *aria* parmi les œuvres originales, ni même parmi les très nombreuses œuvres faussement attribuées à

l'onda, au *cresce il vento*. Je me préparais à toute l'horreur d'une tempête. J'entendis une voix tendre qui fredonnait avec grâce   1145
l'haleine imperceptible des doux zéphyrs.

Dans l'Encyclopédie, à l'article 'Expression', qui est d'un assez mauvais auteur de quelques opéras, et de quelques comédies, [139] on lit ces étranges paroles. 'En général la musique vocale de Lulli, n'est autre, on le répète, que le pur récitatif, et n'a pas elle-même   1150
aucune expression du sentiment que les paroles de Quinault ont peint. Ce fait est si certain, que sur le même chant qu'on a si longtemps cru plein de la plus forte expression, on n'a qu'à mettre des paroles qui forment un sens tout à fait contraire; et ce chant pourra être appliqué à ces nouvelles paroles aussi bien pour le   1155
moins qu'aux anciennes. Sans parler ici du premier chœur du prologue d'*Amadis*, où Lulli a exprimé *éveillons-nous* comme il aurait fallu exprimer *endormons-nous*, [140] on va prendre pour exemple, et pour preuve, un de ses morceaux de la plus grande réputation.   1160

1147-49   70, 71N, 71A: 'Expression', on lit ces paroles d'un amateur de tous les arts, qui en a cultivé plusieurs avec succès. [141] 'En général
1148-49   w75G: comédies. 'En général

Pergolèse (*The New Grove Dictionary of music and musicians*, 2ᵉ éd., 29 vol., Londres, 1998, t.16, p.515). La querelle des bouffons, née des représentations de *La Serva padrona* à Paris en 1752, fit de Pergolèse le porte-drapeau involontaire de la musique italienne contre la tradition française dont Lully restait l'emblème.

[139] Auteur dramatique et théoricien, Louis de Cahusac (1706-1759), l'un des principaux collaborateurs de Rameau, fournit à l'*Encyclopédie* une grande partie des articles concernant la danse et la musique, au total plus de cent vingt contributions appréciées de Diderot (F. A. Kafker et S. L. Kafker, *The Encyclopedists as individuals: a biographical dictionary of the Encyclopédie*, *SVEC* 257, 1988, p.79-82).

[140] *Amadis* (1684), prologue: 'Le charme cesse / Eveillons-nous' (*Recueil général des opéras représentés à l'Académie royale de musique depuis son établissement*, 16 vol., Paris, 1703, t.2, p.433).

[141] Voltaire a d'abord cru que l'article était de Watelet, ce qui explique ce texte (voir ci-dessus, p.44, n.*). Claude-Henri Watelet (1718-1786), amateur fortuné, membre de l'Académie française (1761), composa des livrets d'opéra et un célèbre *Art de peindre* en vers (1760). Il fut l'un des principaux collaborateurs de l'*Encyclopédie* pour les arts visuels. Voir F. A. et S. L. Kafker, *The Encyclopedists as individuals*, p.396-400.

'Qu'on lise d'abord les vers admirables que Quinault met dans la bouche de la cruelle, de la barbare Méduse.

> Je porte l'épouvante et la mort en tous lieux,
> Tout se change en rocher à mon aspect horrible;
> Les traits que Jupiter lance du haut des cieux,   1165
>   N'ont rien de si terrible
>   Qu'un regard de mes yeux. [142]

'Il n'est personne qui ne sente qu'un chant qui serait l'expression véritable de ces paroles, ne saurait servir pour d'autres qui présenteraient un sens absolument contraire; or le chant que   1170 Lulli met dans la bouche de l'horrible Méduse, dans ce morceau et dans tout cet acte, est si agréable, par conséquent si peu convenable au sujet, si fort en contresens, qu'il irait très bien pour exprimer le portrait que l'amour triomphant ferait de lui-même. On ne représente ici, pour abréger, que la parodie de ces   1175 cinq vers, avec les accompagnements, leur chant et la basse. On peut être sûr que la parodie très aisée à faire du reste de la scène, offrirait partout une démonstration aussi frappante.' [143]

Pour moi, je suis sûr du contraire de ce qu'on avance; j'ai consulté des oreilles très exercées, et je ne vois point du tout qu'on   1180 puisse mettre *l'allégresse et la vie*, au lieu de *je porte l'épouvante et la mort*, à moins qu'on ne ralentisse la mesure, qu'on n'affaiblisse et qu'on ne corrompe cette musique par une expression doucereuse, et qu'une mauvaise actrice ne gâte le chant du musicien.

1176   K12: avec leur chant. On
1184-85   K84, K12: chant des musiciens. ¶J'en

---

[142] *Persée* (1682), acte 3, scène 1.
[143] *Encyclopédie*, t.6, p.316. L'article de Cahusac est sévère sur le défaut d'"expression' de l'art de Lully en dehors des récitatifs: 'or, en général, la musique vocale de Lully, autre on le répète, que le pur récitatif, n'a par elle-même aucune *expression* du sentiment que les paroles de Quinault ont peint'. Volontairement ou non, Voltaire a transcrit de manière erronée le début de ce texte de Cahusac et lui a fait dire le contraire de ce qu'il pensait. Raymond Naves relève cette erreur dans *Voltaire et l'Encyclopédie* (Paris, 1938), p.110.

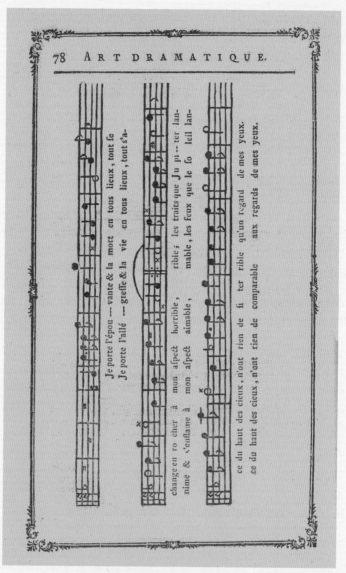

Persée, acte 3, scène 1 ('Art dramatique', w75G, t.26, p.78).

J'en dis autant des mots *éveillons-nous*, auxquels on ne saurait   1185
substituer *endormons-nous* que par un dessein formé de tourner tout
en ridicule; je ne puis adopter la sensation d'un autre contre ma
propre sensation.

J'ajoute qu'on avait le sens commun du temps de Louis XIV
comme aujourd'hui; qu'il aurait été impossible que toute la nation   1190
n'eût pas senti que Lulli avait exprimé, *l'épouvante et la mort* comme
l'allégresse et la vie, et le réveil comme l'assoupissement.

On n'a qu'à voir comment Lulli a rendu *dormons, dormons tous*,
on sera bientôt convaincu de l'injustice qu'on lui fait. C'est bien ici
qu'on peut dire,   1195

Il meglio è l'inimico del bene.[144]

---

[144] 'Le mieux est l'ennemi du bien'. Proverbe italien attribué à Boccace et
développé par Voltaire dans *La Bégueule*: 'Dans ses écrits un sage Italien / Dit
que le mieux est l'ennemi du bien' (*OCV*, t.74A, p.217).

ART POÉTIQUE

Le savant presque universel, l'homme même de génie, qui joint la philosophie à l'imagination, dit, dans son excellent article 'Encyclopédie', ces paroles remarquables... '*Si on en excepte ce Perrault et quelques autres, dont le versificateur Boileau n'était pas en état d'apprécier le mérite*', etc. (feuillet 636.)[1]

Ce philosophe rend avec raison justice à Claude Perrault savant traducteur de Vitruve, homme utile en plus d'un genre, à qui l'on doit la belle façade du Louvre, et d'autres grands monuments:[2]

* Sous la rubrique 'Art poétique' dans l'*Encyclopédie* nous trouvons simplement un renvoi aux articles 'Poésie' et 'Poétique'. Ceux-ci, signés par Jaucourt, sont des compilations ne faisant preuve d'aucune originalité. Voltaire ne répond point à l'article 'Poétique, art', fade et anodin, qui traite des trois arts poétiques d'Horace, de Vida et de Boileau. Le point de mire de Voltaire est plutôt Diderot, qui dans l'article 'Encyclopédie' qualifie Boileau de 'versificateur'. A cet endroit, Voltaire place un signet sur lequel il écrit 'Boileau à venger' (*CN*, t.3, p.388). Sur un autre signet, placé ailleurs, est écrit 'art poétique' et encore, peu après, 'venger Boileau' (*CN*, t.3, p.362); voir O. Ferret, 'Voltaire, lecteur de l'*Encyclopédie*', *Revue Voltaire* 3 (2003), p.79-99 (p.92). Voltaire se propose donc de 'venger Boileau' et, ce faisant, il profite de l'occasion pour traiter, une fois de plus, un thème qui lui est cher: la valeur du poète, en l'occurrence Boileau, et la décadence du goût 'philosophique' moderne. Cet article paraît en novembre/décembre 1770 (70, t.2).

[1] *Encyclopédie*, t.5, p.636; l'auteur en est Diderot. Boileau avait épinglé Claude Perrault comme 'méchant médecin' dans son *Art poétique* et dans l'épigramme 'A un médecin' (voir Boileau, *Œuvres complètes*, éd. F. Escal, Paris, 1966, p.180, 254, 511-12, 781-82, 1001). En isolant la phrase de Diderot, Voltaire la transforme en une critique de Boileau. En réalité, Diderot discute ici 'des progrès de la raison' et 'des hommes rares, qui ont devancé leur siècle', et 'sous lesquels la raison et l'esprit philosophique ou de doute a fait de si grands progrès'. Voltaire, lui, insiste sur un déclin esthétique du monde contemporain par rapport au siècle précédent. Voir J.-M. Moureaux, 'La place de Diderot dans la correspondance de Voltaire: une présence d'absence', *SVEC* 242 (1986), p.169-217.

[2] Claude Perrault, frère de l'auteur Charles, était membre fondateur de l'Académie des Sciences, médecin, et architecte. Sa traduction annotée de Vitruve parut en 1673. Il fit construire plusieurs bâtiments à Paris, dont l'Observatoire et un arc de triomphe dans la rue Saint-Antoine, et il participa notamment à la construction

mais il faut aussi rendre justice à Boileau.[3] S'il n'avait été qu'un
versificateur, il serait à peine connu; il ne serait pas de ce petit
nombre de grands hommes qui feront passer le siècle de Louis XIV
à la postérité.[4] Ses dernières satires, ses belles épîtres, et surtout son
Art poétique, sont des chefs-d'œuvre de raison autant que de poésie,
sapere est principium et fons.[5] L'art du versificateur est, à la vérité,
d'une difficulté prodigieuse, surtout en notre langue, où les vers
alexandrins marchent deux à deux, où il est rare d'éviter la
monotonie, où il faut absolument rimer, et où les rimes agréables
et nobles sont en trop petit nombre, où un mot hors de sa place, une
syllabe dure gâte une pensée heureuse.[6] C'est danser sur la corde
avec des entraves:[7] mais le plus grand succès dans cette partie de
l'art n'est rien, s'il est seul.

---

de la colonnade du Louvre, modèle du goût néo-classique. Dans le 'Catalogue des
écrivains' du *Siècle de Louis XIV*, Voltaire note qu'il 'eut de la réputation malgré
Boileau' (*OH*, p.1193).

[3] Voltaire admire énormément ce prédécesseur, et vient de publier en 1769 son
Epître à Boileau. Sur les relations entre les deux auteurs, voir O. Ferret, 'Voltaire et
Boileau', dans *Voltaire et le Grand Siècle*, éd. J. Dagen et A.-S. Barrovecchio, *SVEC*
2006:10, p.205-22.

[4] L'expression 'le siècle de Louis XIV' connote pour Voltaire une nostalgie pour
le siècle précédent, qui contraste avec la décadence du goût moderne: voir N. Cronk,
'Voltaire, La Fontaine et les ambivalences du "siècle de Louis XIV"', dans *Voltaire
et le Grand Siècle*, p.255-61 (p.256).

[5] '[Pour bien écrire], il faut du bon sens: là en est le principe, là en est la source'
(Horace, *Art poétique*, vers 309), trad. F. Villeneuve (Paris, 2002), p.218. On trouve
des échos de ce vers dans les *arts poétiques* de Vida et de Boileau ('Que toujours le bon
sens s'accorde avec la rime', chant 1, vers 28). Véritable credo de la poétique néo-
classique, ce vers continue à être une référence dans la première moitié du dix-
huitième siècle (voir, par exemple, Addison, *The Spectator*, n° 62, 11 mai 1711, ou
Pope, *Essay on criticism*, vers 68-79).

[6] La 'querelle des vers' et le débat sur la difficulté de la rime en français remontaient
au début du siècle: voir S. Menant, *La Chute d'Icare: la crise de la poésie française (1700-
1750)* (Genève, 1981), ch.2, et N. Cronk, 'The epicurean spirit: champagne and the
defence of poetry in Voltaire's *Le Mondain*', *SVEC* 371 (1999), p.53-80 (p.69-71).

[7] Voltaire pense peut-être à Montesquieu: 'Les poètes [...], ces auteurs dont le
métier est de mettre des entraves au bon sens, et d'accabler la raison sous les
agréments' (Montesquieu, *Lettres persanes*, *Œuvres complètes de Montesquieu*,
Oxford, 2002- , lettre 131 [137], t.1, p.495). Voir aussi D1074.

L'*Art poétique* de Boileau est admirable, parce qu'il dit toujours agréablement des choses vraies et utiles, parce qu'il donne toujours le précepte et l'exemple, parce qu'il est varié, parce que l'auteur en ne manquant jamais à la pureté de la langue... *sait d'une voix légère*   25
passer du grave au doux, du plaisant au sévère.[8]

Ce qui prouve son mérite chez tous les gens de goût, c'est qu'on sait ses vers par cœur; et ce qui doit plaire aux philosophes, c'est qu'il a presque toujours raison.

Puisque nous avons parlé de la préférence qu'on peut donner   30
quelquefois aux modernes sur les anciens,[9] on oserait présumer ici que l'*Art poétique* de Boileau est supérieur à celui d'Horace.[10] La méthode est certainement une beauté dans un poème didactique; Horace n'en a point. Nous ne lui en faisons pas un reproche; puisque son poème est une épître familière aux Pisons, et non pas   35
un ouvrage régulier comme les *Géorgiques*:[11] mais c'est un mérite de plus dans Boileau, mérite dont les philosophes doivent lui tenir compte.

L'*Art poétique* latin ne paraît pas à beaucoup près si travaillé que le français. Horace y parle presque toujours sur le ton libre et   40
familier de ses autres épîtres. C'est une extrême justesse dans l'esprit, c'est un goût fin, ce sont des vers heureux et pleins de sel, mais souvent sans liaison, quelquefois destitués d'harmonie; ce n'est pas l'élégance et la correction de Virgile. L'ouvrage est très

---

25-27   K84, K12: langue / ... sait d'une voix légère / Passer du grave au doux, du plaisant au sévère. ¶Ce

[8] Boileau, *Art poétique*, chant I, vers 75-76.

[9] Allusion à l'article 'Anciens et modernes' des *QE* (*OCV*, t.38, p.330-56), dont le présent article est un prolongement.

[10] Dans l'article 'Poétique' de l'*Encyclopédie*, Jaucourt aussi donne la préférence à Boileau sur Horace (t.12, p.848). Voltaire publiera son *Epître à Horace* en 1772. Sur Voltaire et Horace, voir l'introduction à l'*Epître* (*OCV*, t.74B, p.257-61).

[11] Les *Géorgiques* de Virgile étaient considérées comme un modèle de versification régulière. La traduction des *Géorgiques* faite par Delille vient de paraître en 1770: Voltaire considère que c'est 'la meilleure [traduction] qu'on fera jamais' (D16841; voir aussi D16241).

bon; celui de Boileau paraît encore meilleur. Et, si vous en exceptez   45
les tragédies de Racine qui ont le mérite supérieur de traiter les
passions, et de surmonter toutes les difficultés du théâtre, l'*Art
poétique* de Despréaux est sans contredit le poème qui fait le plus
d'honneur à la langue française.

Il serait triste que les philosophes fussent les ennemis de la   50
poésie.[12] Il faut que la littérature soit comme la maison de Mécène,
... *est locus unicuique suus*.[13]

L'auteur des *Lettres persanes* si aisées à faire, et parmi lesquelles
il y en a de très jolies, d'autres très hardies, d'autres médiocres,
d'autres frivoles; cet auteur, dis-je, très recommandable d'ailleurs,   55
n'ayant jamais pu faire de vers, quoiqu'il eût de l'imagination et
souvent du style, s'en dédommage en disant que *l'on verse le mépris
sur la poésie à pleines mains, et que la poésie lyrique est une
harmonieuse extravagance*, etc.[14] Et c'est ainsi qu'on cherche
souvent à rabaisser les talents auxquels on ne saurait atteindre: 60
Nous ne pouvons y parvenir, dit Montagne, vengeons-nous-en par
en médire.[15] Mais Montagne, le devancier et le maître de
Montesquieu en imagination et en philosophie, pensait sur la
poésie bien différemment.

[12] Voltaire énonce le vrai sujet de cet article. Il voit en Boileau un collaborateur
dans la défense des vers; il pense, comme lui, que 'la poésie porte son excuse avec soi'
(Boileau, *Œuvres complètes*, p.559). Jean-Baptiste Rousseau rapporte: 'j'ai souvent
ouï dire à M. Despréaux que la philosophie de Descartes avait coupé la gorge à la
poésie' (*Correspondance de J.-B. Rousseau et de Brossette*, 2 vol., Paris, 1910-1911, t.1,
p.15). Cf. Diderot: 'partout décadence de la verve et de la poésie, à mesure que
l'esprit philosophique a fait des progrès. On cesse de cultiver ce qu'on méprise.
Platon chasse les poètes de sa cité. L'esprit philosophique veut des comparaisons plus
resserrées, plus strictes, plus rigoureuses' (*Salon de 1767*, *Œuvres complètes de
Diderot*, Paris 1975- , t.16, p.215).
[13] 'Chacun y a sa place' (Horace, *Satires*, livre 1, satire 9, vers 51-52), trad.
F. Villeneuve (Paris, 2002), p.98.
[14] 'Voici les [poètes] lyriques, que je méprise autant que je fais cas des autres, et
qui font de leur art une harmonieuse extravagance' (Montesquieu, *Lettres persanes*,
lettre 131 [137], p.496).
[15] 'Puisque nous ne la pouvons aveindre, vengeons-nous à en médire' (*Essais*,
livre 3, ch.7, *Œuvres complètes*, Paris, 1962, p.894).

Si Montesquieu avait eu autant de justice que d'esprit, il aurait   65
senti malgré lui que plusieurs de nos belles odes[16] et de nos bons
opéras[17] valent infiniment mieux que les plaisanteries de Riga à
Usbeck, imitées du *Siamois* de Dufréni,[18] et que les détails de ce qui
se passe dans le sérail d'Usbeck à Ispahan.

Nous parlerons plus amplement de ces injustices trop fré-   70
quentes, à l'article 'Critique'.

---

[16] L'ode représente la forme la plus noble de la poésie lyrique, la plus étrangère à
la raison. Au tournant du siècle, au moment de la querelle des anciens et des
modernes, il y avait eu un grand débat au sujet de Pindare et de l'ode. Boileau
défendit Pindare contre les attaques de Perrault dans son *Discours sur l'ode* (1693) et
dans ses *Réflexions critiques* (1694); La Motte attaqua ensuite Boileau, sans le
nommer, dans son *Discours sur la poésie en général, et sur l'ode en particulier* (1707).
En 1772, La Harpe publiera un essai, 'De la poésie lyrique ou de l'ode chez les anciens
et les modernes' (*Mercure de France*, 1er avril 1772, p.101-50) que Voltaire accueillera
avec enthousiasme (D17697, D17702). Voir N. Cronk, *The Classical Sublime: French
neoclassicism and the language of literature* (Charlottesville, VA, 2003), ch.6.

[17] Voltaire, qui n'aime guère l'opéra, admirait cependant les livrets de Quinault:
'Les opéras de Quinault sont des chefs-d'œuvre de poésie naturelle, de passion, de
galanterie, d'esprit et de grâces. Nous sommes aujourd'hui dans la boue, et les
doubles croches ne nous en tireront pas' (D14568). Et encore en 1769: 'Quinault [...]
est un grand homme en son genre. Il n'aurait pas fait l'*Art poétique*; mais Boileau
n'aurait pas fait *Armide*' (D15488). En évoquant 'nos belles odes' et 'nos bons opéras', Voltaire ne pense pas aux œuvres contemporaines: ses modèles restent ceux de
la querelle des Anciens et des Modernes, c'est-à-dire de sa jeunesse.

[18] Voltaire avait depuis longtemps critiqué les *Lettres persanes* (voir D1708,
D2748), et il se plaisait à souligner les sources du livre (voir le 'Catalogue des
écrivains' du *Siècle de Louis XIV*, *OH*, p.1187; *Les Honnêtetés littéraires*, *OCV*,
t.63B, p.84). En soulignant encore la dette de Montesquieu envers Dufresny,
Voltaire cherche à amoindrir l'originalité des *Lettres persanes*, texte qui connaît un
grand succès à l'époque et qui incarne pour Voltaire la déchéance du goût moderne.
Même propos sur Quinault et Montesquieu dans une lettre de 1768 (D15395).

ARTS, BEAUX-ARTS

(Article dédié au roi de Prusse.)

SIRE,

La petite société d'amateurs dont une partie travaille à ces rhapsodies au mont Crapak,[1] ne parlera point à Votre Majesté de l'art de la guerre.[2] C'est un art héroïque, ou si l'on veut, abominable. S'il avait de la beauté, nous vous dirions sans être contredits que vous êtes le plus bel homme de l'Europe.   5

Nous entendons par beaux-arts l'éloquence dans laquelle vous vous êtes signalé en étant l'historien de votre patrie, et le seul historien brandebourgeois qu'on ait jamais lu;[3] la poésie qui a fait vos amusements et votre gloire quand vous avez bien voulu   10

---

* Le 22 avril 1772, Frédéric II accuse réception du neuvième volume des *QE* où figure cet article qui lui est dédié (D17708). L'article prend place dans le processus de réconciliation entre Voltaire et Frédéric amorcé depuis 1770 et fortifié par leur goût commun des belles-lettres (voir C. Mervaud, *Voltaire et Frédéric II: une dramaturgie des Lumières 1736-1778*, *SVEC* 234, 1985, p.419-36). Une lettre à Gabriel Cramer, que Theodore Besterman date approximativement de juillet 1770, évoque le projet d'un article 'Art': 'J'ai tort, je vous demande pardon. C'est que "Art" devait être avant "Art dramatique", "Art poétique", et voilà ce qui m'a trompé' (D16516). Avec l'adjonction de 'Beaux-arts' dans son intitulé, cet article est placé après 'Art dramatique' dans w75G. Cet article paraît en février/mars 1772 (70, t.9, 'Supplément').

[1] Fiction de Voltaire. Le Mont Krapack désigne les Carpathes (*Encyclopédie*, t.10, p.687).

[2] Frédéric est l'auteur de *L'Art de la guerre* que Voltaire a corrigé (voir *OCV*, t.32B, p.97-215). La question de la guerre est un thème récurrent de la confrontation entre Voltaire et Frédéric; voir C. Mervaud, *Voltaire et Frédéric II*, p.103-22 (sur la guerre de Silésie), p.267-35 (pendant la guerre de Sept Ans).

[3] Voltaire possède les *Mémoires pour servir à l'histoire de la maison de Brandebourg* (Berlin, 1751, BV1401) et une traduction anglaise de cet ouvrage *Memoirs of the house of Brandenburg*, trad. M. Darget (Londres, 1748, BV1402). Il en apprécie l'histoire des mœurs, du gouvernement et de la religion et y relève de grandes qualités de précision et d'éloquence (D4510).

composer des vers français;[4] la musique, où vous avez réussi au point que nous doutons fort que Ptolomée Aulètes eût jamais osé jouer de la flûte après vous, ni Achille de la lyre.[5]

Ensuite viennent les arts, où l'esprit et la main sont presque également nécessaires, comme la sculpture, la peinture, tous les ouvrages dépendant du dessein, et surtout l'horlogerie, que nous regardons comme un bel art depuis que nous en avons établi des manufactures au mont Crapak.[6]

Vous connaissez, Sire, les quatre siècles des arts;[7] presque tout naquit en France et se perfectionna sous Louis XIV; ensuite plusieurs de ces mêmes arts exilés de France allèrent embellir et enrichir le reste de l'Europe au temps fatal de la destruction du célèbre édit de Henri IV, énoncé *irrévocable*, et si facilement révoqué.[8] Ainsi le plus grand mal que Louis XIV put faire à lui-même, fit le bien des autres princes contre son intention;[9] et ce que

15

20

25

16   K84, K12: du dessin, et
24   K84, K12: put se faire

[4] Frédéric a composé de nombreuses odes, épîtres et stances regroupées sous le titre de *Poésies du philosophe de Sans-Souci*.

[5] Sur Frédéric musicien, voir Peter Rummenhöller, 'Friedrich II, die Musik und das Musikleben am preussischen Hof', *Panorama der Fridericianischen Zeit: Friedrich der Grosse und seine Epoche* (Brême, 1985), p.303-11.

[6] Voltaire semble ici se conformer au programme proposé par l'article 'Art' de l'*Encyclopédie*: 'c'est aux arts libéraux à tirer les arts mécaniques de l'avilissement où le préjugé les a mis si longtemps' (t.1, p.717). L'horlogerie, qu'il range aux côtés de la peinture et de la sculpture, relève bien sûr des arts mécaniques dans la culture classique. Sur l'horlogerie à Ferney, voir 'Voltaire et ses montriers', *Ferney-Voltaire: pages d'histoire* (Annecy, 1984), p.207-50.

[7] 'Quiconque pense, et, ce qui est encore plus rare, quiconque a du goût, ne compte que quatre siècles dans l'histoire du monde. Ces quatre âges heureux sont ceux où les arts ont été perfectionnés' (*Le Siècle de Louis XIV*, OH, p.616). Chacun de ces 'siècles' est célèbre à la fois par de grands politiques, de grands penseurs, de grands artistes. Le premier est grec au temps d'Alexandre, le second est latin au temps de César et d'Auguste, le troisième est italien au temps des Médicis, le quatrième est celui de Louis XIV.

[8] Sur la révocation de l'édit de Nantes (1685), voir le chapitre 36 du *Siècle de Louis XIV* (OH, p.1041-63).

[9] Dans *Le Siècle de Louis XIV*, Voltaire énonçait déjà l'idée d'un bénéfice

vous en avez dit dans votre histoire du Brandebourg, en est une preuve. [10]

Si ce monarque n'avait été connu que par le bannissement de six à sept cent mille citoyens utiles, par son irruption dans la Hollande dont il fut bientôt obligé de sortir, *par sa grandeur qui l'attachait au* 30 *rivage*, [11] (a) tandis que ses troupes passaient le Rhin à la nage, si on n'avait pour monuments de sa gloire que les prologues de ses opéras suivis de la bataille d'Hochstet, [12] sa personne et son règne figureraient mal dans la postérité. Mais tous les beaux-arts en foule encouragés par son goût et par sa munificence, ses bienfaits 35 répandus avec profusion sur tant de gens de lettres étrangers, le commerce naissant à sa voix dans son royaume, cent manufactures établies, cent belles citadelles bâties, des ports admirables con- struits, les deux mers unies par des travaux immenses, etc., forcent encore l'Europe à regarder avec respect Louis XIV et son siècle. 40

Ce sont surtout ces grands hommes uniques en tout genre, que la nature produisit alors à la fois, qui rendirent ces temps éternelle-

(a) Boileau, *Passage du Rhin.*

économique et culturel pour les autres nations européennes: 'l'Allemagne n'était point alors aussi florissante qu'elle l'est devenue depuis; le luxe y était inconnu, et les commodités de la vie étaient encore très rares chez les plus grands seigneurs. Elles n'y ont été portées que vers l'an 1686 par les réfugiés français, qui allèrent y établir leurs manufactures' (*OH*, p.623).

[10] Voir par exemple les passages que Voltaire a marqués dans son exemplaire des *Mémoires pour servir à l'histoire de la maison de Brandebourg* (*CN*, t.3, p.665) et qu'il citera en note dans le *Fragment sur l'histoire générale* (*M*, t.29, p.277-78, n.4).

[11] Boileau, épître 4, vers 114. Ce passage du Rhin a été célébré par les contemporains en termes dithyrambiques. Voltaire, dans le chapitre 10 du *Siècle de Louis XIV*, s'efforce de rétablir la vérité des faits et ce passage du Rhin devient, pour lui, le symbole d'un mythe véhiculé par une tradition historique peu soucieuse d'exactitude (*OH*, p.715-17).

[12] Voltaire a consacré un chapitre à cette bataille de Hochstedt (13 août 1704) où le duc de Marlborough et le prince Eugène vainquirent les Français (*Le Siècle de Louis XIV*, *OH*, p.828-34).

ment mémorables. Le siècle fut plus grand que Louis XIV, mais la gloire en rejaillit sur lui.

L'émulation des arts a changé la face de la terre du pied des Pyrénées aux glaces d'Archangel.[13] Il n'est presque point de prince en Allemagne qui n'ait fait des établissements utiles et glorieux.

Qu'ont fait les Turcs pour la gloire? rien. Ils ont dévasté trois empires et vingt royaumes. Mais une seule ville de l'ancienne Grèce aura toujours plus de réputation que tous les Ottomans ensemble.

Voyez ce qui s'est fait depuis peu d'années dans Pétersbourg, que j'ai vu un marais au commencement du siècle où nous sommes.[14] Tous les arts y ont accouru, tandis qu'ils sont anéantis dans la patrie d'Orphée, de Linus[15] et d'Homère.

La statue que l'impératrice de Russie élève à Pierre le Grand, parle du bord de la Néva à toutes les nations; elle dit, J'attends celle de Catherine; mais il la faudra placer vis-à-vis de la vôtre, etc.[16]

Que la nouveauté des arts ne prouve point la nouveauté du globe

Tous les philosophes crurent la matière éternelle; mais les arts paraissent nouveaux. Il n'y a pas jusqu'à l'art de faire du pain qui ne soit récent. Les premiers Romains mangeaient de la bouillie; et ces vainqueurs de tant de nations ne connurent jamais ni les moulins à vent, ni les moulins à eau. Cette vérité semble d'abord contredire

[13] Voltaire évoque le projet d'aménagement de ce port par le tsar Pierre le Grand dans l'*Histoire de Charles XII* (*OCV*, t.4, p.191), et présente la province et le port dans l'*Histoire de l'Empire de Russie sous Pierre le Grand* (*OCV*, t.46, p.432-35).

[14] Dans son *Histoire de l'Empire de Russie*, Voltaire écrit: 'Il n'y avait rien en 1702, c'était un marais impraticable' (*OCV*, t.46, p.432).

[15] Fils d'Apollon et de Terpsichore, Linus enseigna la musique à Orphée et à Hercule.

[16] Le 17 juin 1772, Voltaire écrit à Falconet: 'si je n'étais pas octogénaire, et si j'avais de la santé, j'irais voir ce chef-d'œuvre. Mais ce serait à condition de trouver la statue de Catherine seconde vis-à-vis celle de Pierre premier' (D17784).

l'antiquité du globe tel qu'il est, ou suppose de terribles révolutions dans ce globe. Des inondations de barbares ne peuvent guère 65 anéantir des arts devenus nécessaires. Je suppose qu'une armée de nègres vienne chez nous comme des sauterelles des montagnes de Cobonas, par le Monomotapa, par le Monoemugi, les Nosseguais, les Maracates,[17] qu'ils aient traversé l'Abissinie, la Nubie, l'Egypte, la Syrie, l'Asie mineure, toute notre Europe, qu'ils 70 aient tout renversé, tout saccagé, il restera toujours quelques boulangers, quelques cordonniers, quelques tailleurs, quelques charpentiers; les arts nécessaires subsisteront; il n'y aura que le luxe d'anéanti. C'est ce qu'on vit à la chute de l'empire romain; l'art de l'écriture même devint très rare; presque tous ceux qui contribuent 75 à l'agrément de la vie ne renaquirent que longtemps après. Nous en inventons tous les jours de nouveaux.

De tout cela on ne peut rien conclure au fond contre l'antiquité du globe. Car supposons même qu'une inondation de barbares nous eût fait perdre entièrement jusqu'à l'art d'écrire et de faire le 80 pain, supposons encore plus, que nous n'avons que depuis dix ans du pain, des plumes, de l'encre et du papier; qui peut vivre dix ans sans manger de pain et sans écrire ses pensées, peut durer un siècle, et cent mille siècles sans ces secours.

Il est très clair que l'homme et les autres animaux peuvent très 85 bien subsister sans boulangers, sans romanciers et sans théologiens, témoin toute l'Amérique, témoins les trois quarts de notre continent.

La nouveauté des arts parmi nous, ne prouve donc point la nouveauté du globe, comme le prétendait Epicure l'un de nos 90

80-81   W68: faire du pain
82-83   K84, K12: papier; le pays qui a pu subsister dix ans sans manger de pain et sans écrire ses pensées, aurait pu passer un siècle

[17] Jaucourt consacre quelques lignes au Monomotapa et au Monoemugi dans l'*Encyclopédie* (t.10, p.668). L'Afrique reste, au dix-huitième siècle, un continent à découvrir. Voir Numa Broc, *La Géographie des philosophes: géographes et voyageurs français au dix-huitième siècle* (Paris, 1975), p.50-77, 102-104 et 333-44.

prédécesseurs en rêveries, qui supposait que par hasard les atomes éternels en déclinant avaient formé un jour notre terre. [18] Pomponace disait, *Se il mondo non è eterno, per tutti santi è molto vecchio.* [19]

Des petits inconvénients attachés aux arts

Ceux qui manient le plomb et le mercure sont sujets à des coliques dangereuses, et à des tremblements de nerfs très fâcheux. Ceux qui se servent de plumes et d'encre, sont attaqués d'une vermine qu'il faut continuellement secouer: cette vermine est celle de quelques ex-jésuites qui font des libelles. Vous ne connaissez pas, Sire, cette race d'animaux; elle est chassée de vos Etats, aussi bien que de ceux de l'impératrice de Russie et du roi de Suède, et du roi de Dannemarck mes autres protecteurs. [20] L'ex-jésuite Paulian, et l'ex-jésuite Nonotte qui cultivent, comme moi, les beaux-arts, [21] ne cessent de me persécuter jusqu'au mont Crapak; ils m'accablent sous le poids de leur crédit, et sous celui de leur génie, qui est encore plus pesant. Si Votre Majesté ne daigne pas me secourir contre ces grands hommes, je suis anéanti.

[18] Voltaire avait déjà attaqué la physique d'Epicure dans ses *Dialogues entre Lucrèce et Posidonius* (*M*, t.24, p.57) et réitère ses critiques dans les *Lettres de Memnius à Cicéron* (*M*, t.29, p.441), car elle nie l'action créatrice d'une intelligence divine et affirme la souveraineté du hasard (voir *La Défense de mon oncle*, *OCV*, t.64, p.397-98, n.8).

[19] Pietro Pomponazzi entendait séparer la philosophie de la religion. La religion est un problème de foi, la raison doit être le seul guide de la philosophie. Son *Traité de l'immortalité de l'âme* (1516) le rendit suspect à l'Inquisition.

[20] Ici, Voltaire se trompe, ou feint de se tromper. Ni le roi de Prusse ni Catherine de Russie ne pratiquent cette politique envers les jésuites. Le 7 juillet 1770, Frédéric II écrit à Voltaire: '[le pape] me laisse mes chers jésuites, que l'on persécute partout; j'en conserverai la graine précieuse pour en fournir un jour à ceux qui voudraient cultiver chez eux cette plante si rare' (D16503).

[21] Aimé-Henri Paulian, auteur du *Dictionnaire philosopho-théologique portatif* (1770), et Claude Nonotte, auteur de l'ouvrage intitulé *Les Erreurs de Voltaire* (1762), sont les ennemis jurés de Voltaire.

ASMODÉE

Aucun homme versé dans l'antiquité n'ignore que les Juifs ne connurent les anges, que par les Perses et les Chaldéens, pendant la captivité. C'est là qu'ils apprirent, selon Dom Calmet, qu'il y a sept anges principaux devant le trône du Seigneur. [1] Ils y apprirent aussi les noms des diables. Celui que nous nommons Asmodée s'appelait   5
Hashmodaï, ou Chammadaï. [2] 'On sait, dit Calmet, (a) qu'il y a des

(a) Dom Calmet, *Dissertation sur Tobie*, p.205.

n.a   71A: p.20.

* L'abbé Mallet, dans l'*Encyclopédie*, a consacré quelques lignes au prince des démons 'Asmodai ou Asmodée' (t.1, p.756) qui, selon le rabbin Elias, serait le même que Sammaël, lequel signifie 'le destructeur'. Asmodée intervient dans le livre de Tobie que Voltaire juge 'tout merveilleux' (*La Bible enfin expliquée*, M, t.30, p.249). En marge d'une lecture attentive du commentaire sur le livre de Tobie de Dom Calmet et de sa 'Dissertation sur le démon Asmodée', marquée d'un signet dans son exemplaire (Paris, 1709-1734, BV613; *CN*, t.2, p.84), Voltaire rédige cet article qui témoigne, comme beaucoup d'autres, de la place importante dévolue à la veine démoniaque dans les *QE*. Alors que Satan fait quelques furtives apparitions dans le *DP* (*OCV*, t.35, p.435; t.36, p.244, 246, 372), diable, démons et merveilles hantent maints articles des *QE*. Leur présence est à mettre en relation avec l'intérêt de Voltaire pour les affaires judiciaires concernant la sorcellerie, les possessions et enchantements. Cet article paraît en novembre/décembre 1770 (70, t.2).

[1] Dans la 'Dissertation sur le démon Asmodée', Dom Calmet, après avoir affirmé que les Juifs, avant leur captivité à Babylone, ne s'étaient même pas avisés de donner un nom aux anges, déclare qu'ils apprirent, dans le pays des Chaldéens, les noms de Michel, de Gabriel et de Raphaël. C'est alors qu'ils surent 'qu'il y avait sept anges principaux devant le trône du Seigneur' (*Commentaire littéral* [*Tobie*], Paris, 1712, p.204-205). Dans l'article 'Ange' des *QE*, Voltaire cite les noms des principaux anges (*OCV*, t.38, p.371-75).

[2] Voir Calmet, 'Dissertation', *Commentaire littéral* [*Tobie*], p.205: Asmodai, roi des Démons, aurait pour étymologie le verbe schamad qui signifie détruire, exterminer. Voir l'article 'Ange' du fonds de Kehl (*M*, t.17, p.253).

diables de plusieurs sortes; les uns sont princes et maîtres démons, les autres subalternes et sujets.'[3]

Comment cet Hashmodai était-il assez puissant pour tordre le cou à sept jeunes gens qui épousèrent successivement la belle Sara native de Rages, à quinze lieues d'Ecbatane?[4] Il fallait que les Mèdes fussent sept fois plus manichéens que les Perses. Le bon principe donne un mari à cette fille, et voilà le mauvais principe, cet Hashmodai roi des démons,[5] qui détruit sept fois de suite l'ouvrage du principe bienfaisant.

Mais Sara était Juive, fille de Raguel le Juif, captive dans le pays d'Ecbatane. Comment un démon mède avait-il tant de pouvoir sur des corps juifs? C'est ce qui a fait penser qu'Asmodée, Chammadaï, était Juif aussi; que c'était l'ancien serpent qui avait séduit Eve; qu'il aimait passionnément les femmes; que tantôt il les trompait, et tantôt il tuait leurs maris par un excès d'amour et de jalousie.[6]

En effet, le livre de Tobie nous fait entendre, dans la version grecque, qu'Asmodée était amoureux de Sara: *oti daimonion philei autein*.[7] C'est l'opinion de toute la savante antiquité que les génies, bons ou mauvais, avaient beaucoup de penchant pour nos filles, et

10

15

20

25

19-20   71N: Eve; qui aimait

[3] Citation correcte de Calmet ('Dissertation', *Commentaire littéral* [*Tobie*], p.205), reprise textuellement dans *La Bible enfin expliquée* (*M*, t.30, p.250, n.1).

[4] D'après Tobie 3:8, Sara demeurait à Ragès, ville des Mèdes. La version grecque, fait remarquer Calmet, dit qu'elle demeurait à Ecbatane (*Commentaire littéral* [*Tobie*], p.242). Voltaire rédige donc son article en ayant sous les yeux Calmet, comme la suite du texte le prouvera.

[5] Expression employée par Calmet, 'Dissertation', *Commentaire littéral* [*Tobie*], p.205.

[6] Calmet manifeste quelque embarras à ce sujet: ' La Vulgate semble dire que ce démon tuait tous ceux qui s'approchaient de Sara, comme l'homme s'approche de sa femme' (*Commentaire littéral* [*Tobie*], p.243). Mais, pour Calmet, Asmodée les tuait dès qu'ils entraient dans la chambre nuptiale.

[7] Citation de la version grecque de la Bible que Voltaire a trouvée dans Calmet (*Commentaire littéral* [*Tobie*], p.272, n.c). Tobie craint d'approcher de Sara 'parce qu'elle a un démon qui l'aime et qui ne fait de mal qu'à ceux qui s'approchent d'elle'. Calmet condamne cette opinion populaire sur les amours des démons et rappelle que l'Ecriture ne l'approuve point.

les fées pour nos garçons. L'Ecriture même se proportionnant à notre faiblesse, et daignant adopter le langage vulgaire, dit en figure (*b*) *que les enfants de Dieu, voyant que les filles des hommes étaient belles, prirent pour femmes celles qu'ils choisirent.*[8]

Mais l'ange Raphaël, qui conduit le jeune Tobie, lui donne une raison plus digne de son ministère, et plus capable d'éclairer celui dont il est le guide. Il lui dit que les sept maris de Sara n'ont été livrés à la cruauté d'Asmodée que parce qu'ils l'avaient épousée uniquement pour leur plaisir, comme des chevaux et des mulets. *Il faut*, dit-il, (*c*) *garder la continence avec elle pendant trois jours, et prier Dieu tous deux ensemble.*[9]

Il semble qu'avec une telle instruction on n'ait plus besoin d'aucun autre secours pour chasser Asmodée; mais Raphaël ajoute, qu'il y faut le cœur d'un poisson grillé sur des charbons ardents.[10] Pourquoi donc n'a-t-on pas employé depuis ce secret infaillible pour chasser le diable du corps des filles? Pourquoi les apôtres, envoyés exprès pour chasser les démons, n'ont-ils jamais mis le cœur d'un poisson sur le gril? Pourquoi ne se servit-on pas de cet expédient dans l'affaire de Marthe Brossier,[11] des religieuses de

(*b*) Genèse, ch.6.
(*c*) Ch.6, versets 16, 17 et 18.

[8] Genèse 6:2, verset que Voltaire se plaît à rappeler à maintes reprises dans son œuvre, mais que Calmet avait également cité en l'accompagnant de commentaires sur les démons incubes ou succubes qui entretenaient des 'commerces honteux' avec des hommes et des femmes, et en se référant à plusieurs auteurs anciens dont saint Augustin et saint Jérôme (*Commentaire littéral* [*Tobie*], p.273).
[9] Tobie 6:16-18 – références et citations justes de Voltaire.
[10] Tobie 6:8.
[11] Née en 1547, à Romorantin, cette illuminée française mourut au début du dix-septième siècle. A 22 ans, atteinte d'une maladie nerveuse, elle se fait exorciser comme possédée. Les Ligueurs la considèrent comme une 'voix miraculeuse' appelée à convaincre les hérétiques. Les autorités religieuses d'Orléans et d'Angers avaient accusé Marthe Brossier et son père de charlatanerie. A Paris, André Duval, docteur de Sorbonne, et un capucin, le père Archange Dupuys, ne mettent pas en doute sa possession. Par un arrêt du parlement du 24 mai 1599, Brossier et sa fille sont reconduits à Romorantin. Puis ils se rendirent à Rome où le cardinal d'Ossat la fit

Loudun, des maîtresses d'Urbain Grandier,[12] de la Cadière et du   45
frère Girard,[13] et de mille autres possédées dans le temps qu'il y
avait des possédées?

Les Grecs et les Romains, qui connaissaient tant de philtres pour
se faire aimer, en avaient aussi pour guérir l'amour; ils employaient
des herbes, des racines. L'*agnus-castus*[14] a été fort renommé; les   50
modernes en ont fait prendre à de jeunes religieuses, sur lesquelles
il a eu peu d'effet. Il y a longtemps qu'Apollon se plaignait à

---

enfermer. Dans son *Discours véritable sur le fait de Marthe Brossier* (Paris, 1599),
Marescot la représente comme une fabulatrice. Voltaire évoque Marthe Brossier dans
l'*Histoire du parlement de Paris*, ch.39, 'D'une fameuse démoniaque' (*OCV*, t.68,
p.361-63). Voltaire connaît l'histoire de Marthe Brossier par l'*Histoire universelle* de
Jacques Auguste de Thou; il a pu lire l'article que Bayle a consacré à Marthe Brossier
dans le *Dictionnaire historique et critique*.
[12] Dans les *Causes célèbres et intéressantes, avec les jugements qui les ont décidées*,
(20 vol., Paris, 1739-1750, BV1442) de Gayot de Pitaval, Voltaire a mis des signets
dans le tome 2 relatant la condamnation à mort d'Urbain Grandier comme auteur de
la possession des religieuses de Loudun (*CN*, t.4, p.78). Urbain Grandier (1590-
1634), curé de Loudun, puis chanoine de l'église de Sainte-Croix, fut victime d'un
complot local. Ses succès auprès de ses paroissiennes, son esprit critique avaient
suscité des haines tenaces. Les Ursulines se plaignirent d'avoir été ensorcelées. Cette
thèse trouva audience auprès du pouvoir politique, la supérieure du couvent étant
parente de Laubardemont, une créature du cardinal de Richelieu. Sur son exemplaire
de l'ouvrage du père Jean-Baptiste de La Menardaye, *Examen et discussion critique de
l'Histoire des diables de Loudun, de la possession des religieuses ursulines et de la
condamnation d'Urbain Grandier* (Liège [Paris], 1749, BV1890), Voltaire a écrit: 'livre
qui est le comble de la sottise et qui déshonorerait le siècle si le siècle ne méprisait pas
la ménardaie prêtre' (*CN*, t.5, p.165). Il a mis un signet dans cet ouvrage sur un
passage relatif à cette affaire.
[13] L'affaire La Cadière-Girard est la dernière grande affaire de sorcellerie du dix-
huitième siècle. Jean-Baptiste Girard, né à Dole en 1680, étudie la philosophie et la
théologie. Confesseur au collège d'Aix-en-Provence, il est accusé le 24 novembre
1730 par Catherine Cadière de l'avoir ensorcelée. Celle-ci, âgée de 20 ans, prétendait
avoir des visions, des extases, des stigmates. Le procès eut lieu en 1730 et Girard sera
acquitté à une voix de majorité. Voltaire n'a pas dans sa bibliothèque *Thérèse
philosophe, ou mémoires pour servir à l'histoire du D. Dirrag et de mademoiselle Eradice*
du marquis d'Argens, roman inspiré par cette affaire.
[14] Arbrisseau croissant sur le pourtour de la Méditerranée, à petites fleurs
blanches, bleues ou violettes, dont les feuilles passaient pour anaphrodisiaques
(voir l'article de l'*Encyclopédie*, t.1, p.179).

Daphné que tout médecin qu'il était, il n'avait point encore
éprouvé de simple qui guérît de l'amour.

> *Hei mihi! quod nullis amor est medicabilis herbis.* (*d*) [15]   55
>
> D'un incurable amour remèdes impuissants. [16]

On se servait de fumée de soufre; mais Ovide, qui était un grand
maître, déclare que cette recette est inutile.

> *Nec fugiat vivo sulphure victus amor.* (*e*)
>
> Le soufre, croyez-moi, ne chasse point l'amour. [17]   60

La fumée du cœur ou du foie d'un poisson fut plus efficace
contre Asmodée. Le R. P. Dom Calmet en est fort en peine, et ne
peut comprendre comment cette fumigation pouvait agir sur un
pur esprit. [18] Mais il pouvait se rassurer, en se souvenant que tous
les anciens donnaient des corps aux anges et aux démons. [19]   65
C'étaient des corps très déliés, des corps aussi légers que les petites
particules qui s'élèvent d'un poisson rôti. Ces corps ressemblaient à

(*d*) Ov. *Met.*, livre 1.
(*e*) *De Rem. Amor.*, livre 1.

---

[15] Ovide, *Métamorphoses*, livre 1, vers 523: 'Ei mihi, quod nullis amor est sanabilis
herbis' ('Hélas! il n'y a point de plantes capables de guérir l'amour', éd. G. Lafaye,
Paris, 1928).

[16] Jean Racine, *Phèdre*, acte 1, scène 3, vers 283.

[17] Ovide, *Les Remèdes de l'amour*, vers 260: 'Nec fugiet uiuo sulphure uictus
amor' ('Et l'amour ne fuira pas vaincu par du soufre vif', éd. H. Bornecque, Paris,
1930). Dans son exemplaire (*Opera omnia*, 3 vol., Leyde, 1662, BV2628), signet dans
le livre 1 (*CN*, t.6, p.204).

[18] Dans sa 'Dissertation', Calmet s'interroge: 'Je ne vois guère comment ceux qui
prétendent que la fumée du cœur et du foie d'un poisson a pu chasser le démon d'une
manière naturelle, et par un effet qui lui fût propre, peuvent soutenir ce sentiment
sans admettre dans cet esprit impur un corps et des sens' (*Commentaire littéral*
[*Tobie*], p.208).

[19] Calmet évoque les Pères de l'Eglise qui croyaient que les démons étaient
pourvus de corps très subtils. Origène pensait qu'ils étaient sensibles à l'amour impur
('Dissertation', *Commentaire littéral* [*Tobie*], p.208).

une fumée; et la fumée d'un poisson grillé agissait sur eux par sympathie.[20]

Non seulement Asmodée s'enfuit; mais Gabriel alla l'enchaîner dans la haute Egypte, où il est encore.[21] Il demeure dans une grotte auprès de la ville de Saata ou Taata. Paul Lucas l'a vu et lui a parlé.[22] On coupe ce serpent par morceaux, et sur-le-champ tous les tronçons se rejoignent; il n'y paraît pas. Dom Calmet cite le témoignage de Paul Lucas; il faut bien que je le cite aussi. On croit qu'on pourra joindre la théorie de Paul Lucas avec celle des vampires,[23] dans la première compilation que l'abbé Guion imprimera.[24]

[20] Pour Calmet, 'la fumée du foie de poisson n'eut aucun effet direct, ni physique sur le démon'. Elle a seulement opéré sur les sens de Tobie et de Sara, les conservant dans la continence ('Dissertation', *Commentaire littéral* [*Tobie*], p.211).

[21] Pour la version grecque, ce fut Raphaël qui enchaîna Asmodée. Selon Calmet, Asmodée, en Haute Egypte, ne peut régner que sur un désert ('Dissertation', *Commentaire littéral* [*Tobie*], p.212-13).

[22] Voltaire possède les œuvres de Paul Lucas. Dans son édition du *Voyage du sieur Lucas au Levant* (2 vol., Paris, 1714, BV2216), il note 'diable asmodée' dans la marge du sommaire de l'article 9 (t.1), qui mentionne l'histoire du serpent (*CN*, t.5, p.447); dans le *Voyage du sieur Paul Lucas, fait en 1714 par ordre de Louis XIV dans la Turquie, l'Asie, Sourie, Palestine, Haute et Basse Egypte, etc.* (3 vol., Rouen, A. Banier, 1728, BV2217), il a mis un signet aux pages qui évoquent ce serpent (t.1, p.214-15; *CN*, t.5, p.447). La référence à Lucas se trouve dans Calmet: un serpent, habitant près de Saata, passe pour être Asmodée. Si on le coupe en morceaux et qu'on l'emporte à plusieurs journées de là, on le retrouve entier ('Dissertation', *Commentaire littéral* [*Tobie*], p.215 avec référence en note). Mais Calmet se demande s'il ne s'agit pas d'un conte fait à plaisir.

[23] Allusion au *Traité sur les apparitions des esprits, et sur les vampires ou les revenants de Hongrie, de Moravie etc.* (2 vol., Paris, 1751), de Calmet que possède Voltaire, qu'il a lu attentivement et dont il fait des gorges chaudes (BV618; *CN*, t.2, p.358-63).

[24] L'abbé Claude-Marie Guyon (1699-1771) travailla d'abord pour l'abbé Desfontaines. Auteur de *L'Oracle des nouveaux philosophes pour servir de suite et d'éclaircissements aux œuvres de M. de Voltaire* (Berne, 1759, BV1586), il s'attacha à mettre Voltaire en contradiction avec lui-même. Il publia des compilations: *Histoire des empires et des républiques* (Paris, 1733-1741), *Histoire des amazones* (Paris, 1740); en 1771 paraîtra à Paris sa *Bibliothèque ecclésiastique, par forme d'instructions dogmatiques et morales sur toute la religion* en 8 volumes. Voltaire l'avait attaqué dans ses *Honnêtetés littéraires* ('Vingt-quatrième honnêteté, des plus médiocres', *OCV*, t.63B, p.153-54).

ASPHALTE

Lac Asphaltide, Sodome

Mot chaldéen qui signifie une espèce de *bitume*. [1] Il y en a beaucoup dans le pays qu'arrose l'Euphrate; nos climats en produisent, mais de fort mauvais. Il y en a en Suisse; on en voulut couvrir le comble de deux pavillons élevés aux côtés d'une porte de Genève; cette couverture ne dura pas un an; [2] la mine a été abandonnée; mais on peut garnir de ce bitume le fond des bassins d'eau, en le mêlant avec de la poix résine: [3] peut-être un jour en fera-t-on un usage plus utile.

    Le véritable asphalte est celui qu'on tirait des environs de Babilone; et avec lequel on prétend que le feu grégeois fut composé. [4]

* Dans l'*Encyclopédie*, l'article 'Asphalte', qui renvoie à 'Bitume' et 'Pissasphalte', et l'article 'Asphaltide', qui renvoie à 'Mer morte', sont précédés de l'astérisque qui désignerait Diderot. Voltaire ne consacre qu'un seul article à l'asphalte et au lac Asphaltide; alors que l'*Encyclopédie* rappelle que l'asphalte servait à l'embaument des momies et consacre plusieurs colonnes aux mines d'asphalte, Voltaire préfère mobiliser son érudition sur l'épisode de la Genèse, la destruction de Sodome et Gomorrhe, la métamorphose de la femme de Loth en statue de sel. Il écrit cet article en marge de la consultation du *Commentaire littéral* de Dom Calmet. Les orientations divergentes des deux œuvres s'affirment nettement: intérêt de l'*Encyclopédie* pour les phénomènes naturels, critique biblique des *QE*. Cet article paraît en novembre/décembre 1770 (70, t.2).

[1] Ce nom est emprunté au bas latin *asphaltus*, lui-même emprunté au grec *asphaltos* (*Dictionnaire historique de la langue française*, éd. Alain Rey, Paris, 1993), ce qu'affirmait déjà le *Dictionnaire de Trévoux*. Voltaire, souvent, fait étalage d'étymologies fantaisistes.

[2] L'article de l'*Encyclopédie* fournit maints détails sur la mine de Neuchâtel, sur sa découverte, son exploitation par M. de La Sablonnière, mais ne parle pas du mauvais résultat de l'utilisation du bitume comme couverture à Genève.

[3] D'après l'*Encyclopédie*, on a réparé ainsi le principal bassin du jardin du Roi en 1743, puis les bassins du parc de Versailles.

[4] L'article 'Feu grégeois' de l'*Encyclopédie* par le chevalier de Jaucourt donne la composition du feu grégeois, fait de naphte, de poix résine, de bitume. Calmet signale que Strabon a décrit la nature du naphte de Babylone (*Commentaire littéral* [*Genèse*], p.442).

Plusieurs lacs sont remplis d'asphalte ou d'un bitume qui lui ressemble, de même qu'il y en a d'autres tout imprégnés de nitre. Il y a un grand lac de nitre dans le désert d'Egypte, qui s'étend depuis le lac Moeris jusqu'à l'entrée du Delta; [5] et il n'a point d'autre nom que le lac de Nitre.

Le lac Asphaltide connu par le nom de Sodome, fut longtemps renommé pour son bitume; mais aujourd'hui les Turcs n'en font plus d'usage; soit que la mine qui est sous les eaux, ait diminué, soit que la qualité s'en soit altérée, ou bien qu'il soit trop difficile de la tirer du fond de l'eau. Il s'en détache quelquefois des parties huileuses, et même de grosses masses qui surnagent; on les ramasse, on les mêle, et on les vend pour du baume de la Mecque. [6] Il est peut-être aussi bon; car tous les baumes qu'on emploie pour les coupures sont aussi efficaces les uns que les autres, c'est-à-dire, ne sont bons à rien par eux-mêmes. La nature n'attend pas l'application d'un baume pour fournir du sang et de la lymphe, et pour former une nouvelle chair qui répare celle qu'on a perdue par une plaie. Les baumes de la Mecque, de Judée [7] et du Pérou, [8] ne

---

[5] Moeris, le roi d'Egypte, fit creuser ce lac pour obvier aux irrégularités des crues du Nil, auquel il était relié par un canal. Hérodote en parle avec admiration (voir l'article 'Lac Moeris' par Jaucourt, *Encyclopédie*). Voltaire possédait *Les Histoires d'Hérodote*, trad. M. Du Ryer, 3 vol. (Paris, 1713, BV1631; *CN*, t.4, p.380-84).

[6] Voltaire dénonce une supercherie. Le baume de La Mecque, d'après l'*Encyclopédie* ('Baume', par Urbain de Vandenesse, auteur de maintes contributions sur la médecine et la pharmacopée) est une gomme sèche et blanche. Il est apporté par les caravanes de pèlerins ou de marchands mahométans. Il aurait les mêmes vertus que le baume de Judée; c'est peut-être le même baume, mais endurci et dont la couleur s'est altérée.

[7] Le baume de Judée est tiré par incision du baumier, un arbuste qui croît en Egypte et en Judée. Le suc, qui est couleur de miel quand il est vieux, est de la consistance de la térébenthine. Son odeur est agréable (*Encyclopédie*, article 'Baume').

[8] D'après l'article de l'*Encyclopédie*, il existe trois espèces de baumes du Pérou que l'on recueille par incision, mais on se sert aussi de l'écorce, des racines, des feuilles de l'arbre que l'on fait bouillir. Il est excellent pour les plaies. On note le scepticisme de Voltaire en matière de pharmacopée.

servent qu'à empêcher l'action de l'air, à couvrir la blessure et non pas à la guérir; de l'huile ne produit pas de la peau.   30

Flavien Joseph qui était du pays, dit (*a*) que de son temps le lac de Sodome n'avait aucun poisson, et que l'eau en était si légère, que les corps les plus lourds ne pouvaient aller au fond. Il voulait dire apparemment *si pesante* au lieu de *si légère*. [9] Il paraît qu'il n'en avait pas fait l'expérience. Il se peut après tout, qu'une eau dormante   35 imprégnée de sels et de matières compactes, étant alors plus pesante qu'un corps de pareil volume, comme celui d'une bête ou d'un homme, les ait forcés de surnager. L'erreur de Joseph consiste à donner une cause très fausse d'un phénomène qui peut être très vrai.   40

Quant à la disette de poissons, [10] elle est croyable. L'asphalte ne paraît pas propre à les nourrir; cependant il est vraisemblable que tout n'est pas asphalte dans ce lac qui a vingt-trois ou vingt-quatre de nos lieues de long, et qui, en recevant à sa source les eaux du Jourdain, doit recevoir aussi les poissons de cette rivière: mais   45 peut-être aussi le Jourdain n'en fournit pas; et peut-être ne s'en trouve-t-il que dans le lac supérieur de Tibériade.

Joseph ajoute que les arbres qui croissent sur les bords de la mer Morte, portent des fruits de la plus belle apparence; mais qui s'en

(*a*) Livre 4, ch.27.

40-41 K84, K12: vrai. [*avec note*: Depuis l'impression de cet article, on a apporté à Paris de l'eau du lac Asphaltide. Cette eau ne diffère de celle de la mer qu'en ce qu'elle est plus pesante, et qu'elle contient les mêmes sels en beaucoup plus grande quantité que l'eau d'aucune mer connue. Des corps qui tomberaient au fond de l'eau douce, ou même au fond de la mer, pourraient y nager; et c'en était assez pour faire   5 crier au miracle un peuple aussi superstitieux qu'ignorant.] ¶Quant

[9] Dans son exemplaire des *Antiquités judaïques*, Voltaire a noté 'si légerès / si pesantes' en face d'un passage sur le lac Asphaltide dans l'*Histoire de la guerre des Juifs*' (*CN*, t.4, p.599). Flavius Josèphe parle d'une expérience faite par Vespasien qui y fit jeter des hommes ne sachant pas nager. Ceux-ci remontèrent à la surface de l'eau.

[10] Information empruntée aux *Antiquités judaïques* de Flavius Josèphe (*CN*, t.4, p.599).

vont en poussière dès qu'on veut y porter la dent. [11] Ceci n'est pas si   50
probable, et pourrait faire croire que Joseph n'a pas été sur le lieu
même, ou qu'il a exagéré suivant sa coutume et celle de ses
compatriotes. [12] Rien ne semble devoir produire de plus beaux et de
meilleurs fruits qu'un terrain sulfureux et salé, tel que celui de
Naples, de Catane, et de Sodome. [13]   55

La Sainte Ecriture parle de cinq villes englouties par le feu du
ciel. La physique en cette occasion rend témoignage à l'Ancien
Testament, quoiqu'il n'ait pas besoin d'elle, et qu'ils ne soient pas
toujours d'accord. On a des exemples de tremblements de terre,
accompagnés de coups de tonnerre, qui ont détruit des villes plus   60
considérables que Sodome et Gomore.

Mais la rivière du Jourdain ayant nécessairement son embouchure dans ce lac sans issue, cette mer Morte semblable à la mer
Caspienne, doit avoir existé tant qu'il y a eu un Jourdain; donc ces
cinq villes ne peuvent jamais avoir été à la place où est ce lac de   65
Sodome. Aussi l'Ecriture ne dit point du tout que ce terrain fut
changé en un lac; elle dit tout le contraire: *Dieu fit pleuvoir du soufre
et du feu venant du ciel; Et Abraham se levant matin regarda Sodome
et Gomore et toute la terre d'alentour; et il ne vit que des cendres
montant comme une fumée de fournaise (b).* [14]   70

Il faut donc que les cinq villes, Sodome, Gomore, Zéboin,

(*b*) Genèse, ch.19.

---

[11] Détail qui clôt ce chapitre 27, non souligné à la lecture: ces cendres maudites
produisent des fruits 'qui paraissent bons à manger, mais que l'on ne touche pas
plutôt qu'ils se réduisent en poudre' (p.68).

[12] Même accusation dans la marge de son exemplaire: 'mensonge de Joseph' (*CN*,
t.4, p.598). Selon Calmet, les historiens en disent des choses surprenantes
(*Commentaire littéral* [*Genèse*], p.443).

[13] Loth habite Sodome, pays qui, selon la Genèse, est un jardin de délices (13:10-
12).Voir aussi 'Histoire des Juifs' (*Antiquités judaïques*, t.1, p.18) et la description de
la plaine de Jéricho dans le chapitre 27 de l''Histoire de la guerre des Juifs' (*Antiquités
judaïques*).

[14] Genèse 19:24, 19:27-28.

Adama, et Segor fussent situées sur le bord de la mer Morte. [15] On demandera comment dans un désert aussi inhabitable qu'il l'est aujourd'hui, et où l'on ne trouve que quelques hordes de voleurs arabes, il pouvait y avoir cinq villes assez opulentes pour être plongées dans les délices, et même dans des plaisirs infâmes qui sont le dernier effet du raffinement de la débauche attachée à la richesse; on peut répondre que le pays alors était bien meilleur.

D'autres critiques diront: Comment cinq villes pouvaient-elles subsister à l'extrémité d'un lac dont l'eau n'était pas potable avant leur ruine? L'Ecriture elle-même nous apprend que tout le terrain était asphalte avant l'embrasement de Sodome. *Il y avait*, dit-elle, (*c*) *beaucoup de puits de bitume dans la vallée des bois; et les rois de Sodome et de Gomore prirent la fuite et tombèrent en cet endroit-là.* [16]

On fait encore une autre objection. Isaïe et Jérémie disent (*d*) que Sodome et Gomore ne seront jamais rebâties. [17] Mais Etienne le géographe parle de Sodome et de Gomore sur le rivage de la mer Morte. [18] On trouve dans l'*Histoire des conciles* des évêques de Sodome et de Segor. [19]

(*c*) Genèse, ch.14, verset 10.
(*d*) Isaïe, ch.13. Jérémie, ch.2.

88   70, 71N: *conciles* les évêques
n.*d*   K12: Jérémie, ch.50.

[15] Genèse 19:24 (Sodome et Gomorrhe), Deutéronome 24:23 (Adama et Séboïm); sur Segor, voir la discussion de Calmet sur le nombre de villes englouties (*Commentaire littéral* [*Genèse*], p.439).

[16] Référence exacte.

[17] Isaïe 13:20 et Jérémie 50:40.

[18] Géographe grec de la fin du cinquième siècle après J.-C. qui a composé, sous le titre d'*Ethniques*, un lexique géographique dont il subsiste quelques fragments. Un abrégé en fut fait par le grammairien Hermolaus sous le règne de Justinien. Calmet le cite (*Commentaire littéral* [*Genèse*], p.439, 441).

[19] Ces évêques, selon Calmet, étaient soumis au métropolitain de Petra (*Commentaire littéral* [*Genèse*], p.441). Voltaire possède l'*Histoire des conciles*, de Jean Hermant, 5ᵉ éd., 3 vol. (Rouen, 1755, BV1629) dans laquelle il a laissé des signets (*CN*, t.4, p.380).

On peut répondre à cette critique, que Dieu mit dans ces villes   90
rebâties des habitants moins coupables; car il n'y avait point alors
d'évêque *in partibus*.[20]

Mais quelle eau, dira-t-on, put abreuver ces nouveaux habitants? tous les puits sont saumâtres; on trouve l'asphalte et un sel
corrosif, dès qu'on creuse la terre.   95

On répondra que quelques Arabes y habitent encore, et qu'ils
peuvent être habitués à boire de très mauvaise eau; qu'ils peuvent
en corriger l'âcreté en la filtrant; que Sodome et Gomore dans le
Bas-Empire étaient de méchants hameaux, et qu'il y eut dans ce
temps-là beaucoup d'évêques, dont tout le diocèse consistait en un   100
pauvre village. On peut dire encore que les colons de ces villages
préparaient l'asphalte, et en faisaient un commerce utile.

Ce désert aride et brûlant qui s'étend de Segor jusqu'au
territoire de Jérusalem, produit du baume et des aromates par la
même raison qu'il fournit du naphte, du sel corrosif et du soufre.   105

On prétend que les pétrifications se font dans ce désert avec une
rapidité surprenante. C'est ce qui rend très plausible, selon
quelques physiciens, la pétrification d'Edith femme de Loth.[21]

Mais il est dit que cette femme *ayant regardé derrière elle fut*
changée en statue de sel;[22] ce n'est donc pas une pétrification   110
naturelle opérée par l'asphalte et le sel; c'est un miracle évident.[23]

97-98   K84, K12: eau; que Sodome

[20] Evêque ne possédant aucun pouvoir de juridiction épiscopale, c'est-à-dire
titulaire d'un diocèse sans clergé ni fidèles, situé en pays non-chrétien.

[21] L'histoire de la femme de Loth est un des leitmotive de Voltaire. Le nom
d'Edith n'apparaît point dans la Bible. Quelques rabbins, selon Calmet, l'appellent
Arith ou Erith; d'autres la nomment Aroth ou Iroth ou encore Adith (*Commentaire*
littéral [*Genèse*], p.445).

[22] Genèse 19:26.

[23] Après avoir montré que le corps a pu être pétrifié, avoir suggéré que Moïse
ayant vu des momies, que les Grecs nomment 'corps salés', avait pu leur emprunter
ce terme, Calmet affirme qu'il croit dans ce miracle, car il s'agit d'un changement
subit et extraordinaire; mais 'Dieu se sert dans ses miracles des causes naturelles'
(*Commentaire littéral* [*Genèse*], p.448).

Flavien Joseph dit (*e*) qu'il a vu cette statue. Saint Justin [24] et saint Irénée en parlent comme d'un prodige qui subsistait encore de leur temps.

On a regardé ces témoignages comme des fables ridicules. Cependant il est très naturel que quelques Juifs se fussent amusés à tailler un monceau d'asphalte en une figure grossière; et on aura dit; c'est la femme de Loth. J'ai vu des cuvettes d'asphalte très bien faites qui pourront longtemps subsister. Mais il faut avouer que saint Irénée va un peu loin quand il dit: (*f*) La femme de Loth resta dans le pays de Sodome non plus en chair corruptible, mais en statue de sel permanente, et montrant par ses parties naturelles les effets ordinaires: *Uxor remansit in Sodomis, jam non caro corruptibilis, sed statua salis semper manens, et per naturalia ea quae sunt consuetudinis hominis ostendens.* [25]

Saint Irénée ne semble pas s'exprimer avec toute la justesse d'un bon naturaliste, en disant: La femme de Loth n'est plus de la chair corruptible, mais elle a ses règles.

Dans le *Poème de Sodome*, dont on dit Tertullien auteur, on s'exprime encore plus énergiquement:

> *Dicitur et vivens alio sub corpore sexus*
> *Mirifice solito dispungere sanguine menses.* [26]

(*e*) Antiq., livre 1, ch.2. [27]
(*f*) Livre 4, ch.2.

[24] Voltaire possède les œuvres de saint Justin, *Justini philosophi et martyris opera quae extant omnia, necron Tatiani adversus Graecos oratio* (Venise, 1747, BV1768; *CN*, t.4, p.638-42). Mais c'est dans Conyers Middleton qu'il traque les erreurs de saint Justin (*The Miscellaneous Works*, 2ᵉ éd., 5 vol., Londres, 1755, BV2447; *CN*, t.5, p.618-19).

[25] Citation reprise dans *Le Taureau blanc* (*OCV*, t.74A, p.94, n.10). La source de Voltaire est Calmet (*Commentaire littéral* [*Genèse*], p.445).

[26] La critique moderne voit dans ce poème un texte du quatrième siècle d'auteur inconnu. La source de Voltaire est encore Calmet (*Commentaire littéral* [*Genèse*], p.445). Ce texte est traduit dans *OCV*, t.74A, p.94, n.10.

[27] Référence mal recopiée dans Calmet, *Commentaire littéral* [Genèse], p.466: il s'agit du livre 1, chapitre 12.

C'est ce qu'un poète du temps de Henri II a traduit ainsi dans son style gaulois:

> La femme à Loth, quoique sel devenue,   135
> Est femme encore; car elle a sa menstrue. [28]

Les pays des aromates furent aussi le pays des fables. C'est vers les cantons de l'Arabie pétrée, c'est dans ces déserts que les anciens mythologistes prétendent que Myrrha, petite-fille d'une statue, s'enfuit après avoir couché avec son père, comme les filles de Loth 140 avec le leur, et qu'elle fut métamorphosée en l'arbre qui porte la myrrhe. [29] D'autres profonds mythologistes assurent qu'elle s'enfuit dans l'Arabie heureuse; et cette opinion est aussi soutenable que l'autre.

Quoi qu'il en soit, aucun de nos voyageurs ne s'est encore avisé 145 d'examiner le terrain de Sodome, son asphalte, son sel, ses arbres et leurs fruits, de peser l'eau du lac, de l'analyser, de voir si les matières spécifiquement plus pesantes que l'eau ordinaire y surnagent; et de nous rendre un compte fidèle de l'histoire naturelle du pays. Nos pèlerins de Jérusalem n'ont garde d'aller faire ces 150 recherches: ce désert est devenu infesté par des Arabes vagabonds, qui courent jusqu'à Damas, qui se retirent dans les cavernes des montagnes, et que l'autorité du pacha de Damas n'a pu encore réprimer. Ainsi les curieux sont fort peu instruits de tout ce qui concerne le lac Asphaltide. [30]   155

155-58   70, 71N, 71A: Asphaltide. //

[28] S'agit-il d'un pastiche de Voltaire? On remarque que, dans l'édition 65v du *DP*, Voltaire introduit une traduction des vers de Lucrèce qui serait d'un poète du seizième siècle lequel n'a pas été identifié (*OCV*, t.35, p.325, variante et n.8).

[29] Ovide, *Métamorphoses*, livre 10. Myrrha, fille du roi de Chypre Cinyras, partagea le lit de son père auquel on avait fait croire qu'une fille de l'âge de Myrrha était amoureuse de lui. Cinyras reconnut sa fille et voulut la tuer. Myrrha réussit à s'enfuir et les Dieux la transformèrent en arbre à myrrhe. La comparaison avec les filles de Loth se trouve déjà dans l'article 'Genèse' du *DP* (*OCV*, t.36, p.171).

[30] Calmet cite tous les voyageurs qui ont vu ce lac Asphaltide et passe en revue tout ce qu'ils ont dit de la statue de la femme de Loth (*Commentaire littéral* [*Genèse*], p. 450-51).

Il est bien triste pour les doctes que parmi tous les sodomites que nous avons, il ne s'en soit pas trouvé un seul qui nous ait donné des notions de leur capitale.

ASSASSIN

Nom corrompu du mot *Ehissessin*. [1] Rien n'est plus ordinaire à ceux qui vont en pays lointain, que de mal entendre, mal répéter, mal écrire dans leur propre langue ce qu'ils ont mal compris dans une langue absolument étrangère, et de tromper ensuite leurs compatriotes en se trompant eux-mêmes. L'erreur s'établit de bouche en bouche et de plume en plume: il faut des siècles pour la détruire. 5

Il y avait du temps des croisades un malheureux petit peuple de montagnards, habitant dans des cavernes vers le chemin de Damas. Ces brigands élisaient un chef qu'ils nommaient *Chik Elchassissin*. On prétend que ce mot honorifique *chik* ou *chek*, signifie *vieux* 10 originairement, [2] de même que parmi nous le titre de *seigneur* vient

a   K84, K12:   Assassin, assassinat / Section 1

* Dans l'article 'Assassin' de l'*Encyclopédie*, Toussaint signale les origines du terme et livre quelques jalons de l'histoire des 'assassins' jusqu'à la mort en 1257 de leur roi, le 'vieux de la montagne'. Jaucourt rédige aussi un article 'Vieil de la montagne' dans lequel il évoque Hassan-Sabah, fondateur de la 'seconde branche des Ismaéliens de Perse, que nos historiens ont nommés les *assassins*' (t.17, p.258). L'article de Voltaire est essentiellement consacré à l'examen des épisodes impliquant ce personnage, qui acquièrent une valeur emblématique: la narration souligne les invraisemblances d'une histoire déjà qualifiée de 'conte arabe' dans le 'Pyrrhonisme de l'histoire' (*Histoire de Charles XII, OCV*, t.4, p.571 et n.16) et de 'fable' dans les 'Remarques pour servir de supplément à l'Essai sur les mœurs' (*Essai sur les mœurs*, t.2, p.901 et 927). En achevant l'article par une longue citation de La Fontaine, Voltaire relègue dans le domaine du 'conte' ce qu'il exclut du champ de l'histoire et accomplit une démarche épistémologique qui passe par la critique des historiens. L'article paraît en novembre/décembre 1770 (70, t.2).

[1] Cette étymologie ne se trouve ni dans l'*Encyclopédie* (qui, comme le *Dictionnaire de Trévoux*, 8 vol., Paris, 1771, donne *el asisin*), ni dans les sources que Voltaire mentionne dans cet article.

[2] Voir Falconet, 'Dissertation sur les Assassins', *Mémoires de l'Académie des inscriptions et belles-lettres* (Paris, 1751, t.17, p.127-70), cité par P.-F. Velly, *Histoire de France depuis l'établissement de la monarchie jusqu'au règne de Louis XIV* (17 vol., Paris, 1770-1786; Voltaire possédait l'édition en 24 vol., 1755-1774, BV3409): le

128

de *senior*, *vieillard*, et que le mot *graf*, *comte*, veut dire *vieux* chez les Allemands. Car anciennement le commandement civil fut toujours déféré aux vieillards chez presque tous les peuples. Ensuite le commandement étant devenu héréditaire, le titre de *chik*, de *graf*, de *seigneur*, de *comte*, a été donné à des enfants; et nous appelons un bambin de quatre ans, *monsieur le comte*, c'est-à-dire, *monsieur le vieux*.

Les croisés nommèrent le vieux des montagnards arabes, *le vieil de la montagne*, et s'imaginèrent que c'était un très grand prince, parce qu'il avait fait tuer et voler sur le grand chemin un comte de Montferrat, et quelques autres seigneurs croisés. On nomma ces peuples *les assassins*, et leur chik, *le roi du vaste pays des assassins*.[3] Ce vaste pays contient cinq à six lieues de long sur deux à trois de large dans l'anti-Liban, pays horrible semé de rochers, comme l'est presque toute la Palestine, mais entrecoupé de prairies assez agréables, et qui nourrissent de nombreux troupeaux, comme l'attestent tous ceux qui ont fait le voyage d'Alep à Damas.[4]

Le chik ou le vieil de ces assassins ne pouvait être qu'un petit

16   K84, K12: et les Allemands appellent un

'chef' des Assassins 'était appelé par nos anciens *le Vieux de la montagne*: nom inconnu aux Orientaux, qui le nomment toujours *Scheick*, c'est-à-dire, seigneur, prince, souverain, et non pas *vieillard*, comme il a été ridiculement rendu par la foule des auteurs occidentaux' (t.2, p.357). Pour Falconet, le mot 'assassin' 'vient du verbe arabe *hassa*, tuer, dont le participe actif est *hasis*, au pluriel *hasisin*, tueurs, assassins' (p.356).
[3] Voir L. Maimbourg, *Histoire des croisades*, dans *Les Histoires du sieur Maimbourg*, 12 vol. (Paris, S. Mabre-Cramoisy, 1686), t.5, p.550-54; Voltaire possédait séparément cet ouvrage (4 vol., Paris, S. Mabre-Cramoisy, 1684-1685, BV2262). Si l'assassinat, en 1192, du marquis Conrad de Montferrat est commandité par le 'prince des Assassins' (p.553), Maimbourg fait aussi état de soupçons contre le roi d'Angleterre, Richard, rival de Conrad, qui aurait 'suborné' le Vieil de la montagne (p.554). Dans l'article 'Vieil de la montagne' de l'*Encyclopédie*, Jaucourt évoque une lettre de celui-ci qui revendique l'assassinat.
[4] Description qui s'accorde par exemple avec ce qu'écrit Maimbourg (*Histoires*, t.5, p.550).

chef de bandits, puisqu'il y avait alors un soudan de Damas qui était   30
très puissant.[5]

Nos romanciers de ces temps-là, aussi chimériques que les
croisés, imaginèrent d'écrire que le grand prince des assassins en
1236 craignant que le roi de France Louis IX dont il n'avait jamais
entendu parler, ne se mît à la tête d'une croisade et ne vînt lui ravir   35
ses Etats, envoya deux grands seigneurs de sa cour des cavernes de
l'anti-Liban à Paris pour assassiner ce roi; mais que le lendemain
ayant appris combien ce prince était généreux et aimable, il envoya
en pleine mer deux autres seigneurs pour contremander l'assassinat: je dis en pleine mer; car ces deux émirs envoyés pour tuer   40
Louis, et les deux autres pour lui sauver la vie, ne pouvaient faire
leur voyage qu'en s'embarquant à Joppé[6] qui était alors au pouvoir
des croisés, ce qui redouble encore le merveilleux de l'entreprise. Il
fallait que les deux premiers eussent trouvé un vaisseau de croisés
tout prêt pour les transporter amicalement, et les deux autres   45
encore un autre vaisseau.

Cent auteurs pourtant ont rapporté au long cette aventure, les
uns après les autres, quoique Joinville contemporain, qui alla sur
les lieux, n'en dise mot.[7]

Et voilà justement comme on écrit l'histoire.[8]   50

Le jésuite Maimbourg, le jésuite Daniel, vingt autres jésuites,
Mézerai, quoiqu'il ne soit pas jésuite, répètent cette absurdité.[9]

[5] *A contrario*, Velly écrit que 'la puissance de ce redoutable imam s'étendait fort
loin': 'il commandait depuis le Khorassan, de l'Orient à l'Occident, tous les pays qui
bordent le sud de la mer Caspienne [...]. Tout le territoire qui s'étend depuis Damas
jusqu'à Antioche, [...] Panéas immédiatement au-dessous du mont Chermon, et le
Kurdistan obéissaient également à ses lois' (*Histoire de France*, t.2, p.357-58).

[6] Ancien nom de l'actuelle Jaffa.

[7] En effet, aucune mention de cet épisode ne se trouve dans le passage qui évoque
le Vieil de la Montagne: voir Joinville, *Histoire de saint Louis* (Paris, S. Mabre-
Cramoisy, 1668), p.85-88.

[8] Auto-citation qui est aussi une scie voltairienne: voir *Charlot, ou la comtesse de
Givry*, acte 1, scène 7.

[9] Voir G. Daniel, *Histoire de France*, 9 vol. (Paris, D. Mariette, 1729, BV938), t.4,
p.40, qui impute à la 'Providence de Dieu' le revirement du 'prince assassin': passage

L'abbé Velly, dans son *Histoire de France*, la redit avec complaisance, le tout sans aucune discussion, sans aucun examen, [10] et sur la foi d'un Guillaume de Nangis qui écrivait environ soixante ans après cette belle aventure, dans un temps où l'on ne compilait l'histoire que sur des bruits de ville. [11] 55

Si l'on n'écrivait que les choses vraies et utiles, l'immensité de nos livres d'histoire se réduirait à bien peu de chose; mais on saurait plus et mieux. 60

On a pendant six cents ans rebattu le conte du vieux de la montagne, qui enivrait de voluptés ses jeunes élus dans ses jardins délicieux, leur faisait accroire qu'ils étaient en paradis, et les envoyait ensuite assassiner des rois au bout du monde pour mériter un paradis éternel. [12] 65

> Vers le levant, le vieil de la montagne,
> Se rendit craint par un moyen nouveau,
> Craint n'était-il pour l'immense campagne
> Qu'il possédât, ni pour aucun monceau
> D'or et d'argent; mais parce qu'au cerveau 70
> De ses sujets il imprimait des choses,
> Qui de maints faits courageux étaient causes.
> Il choisissait entre eux les plus hardis,
> Et leur faisait donner du paradis,
> Un avant-goût à leurs sens perceptible. 75

---

marqué d'un signet portant le mot 'assassin' (*CN*, t.3, p.39). Mézeray, dans son *Abrégé chronologique, ou extrait de l'histoire de France* (7 vol., Amsterdam, H. Schelte, 1712; 6 vol., Amsterdam, A. Wolfgang, 1673-1674, BV2443) situe l'épisode en 1239 et affirme qu'il ne 'sait par quel motif' s'explique le repentir du Vieil de la montagne (t.2, p.469). Maimbourg ne signale cependant, en 1249, que 'les embûches de quelques Sarrasins qui étaient venus déguisés en Chypre' pour 'empoisonner' Louis IX (*Histoires*, t.6, p.367).

[10] Velly, qui parle aussi d'une 'protection visible du ciel' (*Histoire de France*, t.2, p.359), précise toutefois que 'ce fait rapporté d'abord par Guillaume de Nangis, ensuite par tous nos historiens, commence à être un peu décrédité' (p.355).

[11] Remarque exacte. Le chroniqueur Guillaume de Nangis, né vers la fin du règne de Louis IX et mort en 1302, relate cette anecdote dans sa *Chronique des rois de France*.

[12] Voir Mézeray (*Abrégé chronologique*, t.2, p.470), Velly (*Histoire de France*, t.2, p.358) et l'article 'Assassin' du *Dictionnaire de Trévoux* (t.1, p.562).

(Du paradis de son législateur)
Rien n'en a dit ce prophète menteur,
Qui ne devînt très croyable et sensible
A ces gens-là. Comment s'y prenait-on?
On les faisait boire tous de façon 80
Qu'ils s'enivraient, perdaient sens et raison.
En cet état privés de connaissance,
On les portait en d'agréables lieux,
Ombrages frais, jardins délicieux.
Là se trouvaient tendrons en abondance, 85
Plus que maillés et beaux par excellence,
Chaque réduit en avait à couper.
Si se venaient joliment attrouper
Près de ces gens qui leur boisson cuvée,
Et se croyaient habitants devenus 90
Des champs heureux qu'assigne à ses élus
Le faux Mahom. Lors de faire accointance,
Turcs d'approcher, tendrons d'entrer en danse;
Au gazouillis des ruisseaux de ces bois,
Au son des luths accompagnant les voix 95
Des rossignols: il n'est plaisir au monde
Qu'on ne goûtât dedans ce paradis:
Les gens trouvaient en son charmant pourpris
Les meilleurs vins de la machine ronde,
Dont ne manquaient encor de s'enivrer, 100
Et de leurs sens perdre l'entier usage.
On les faisait aussitôt reporter
Au premier lieu de tout ce tripotage.
Qu'arrivait-il? ils croyaient fermement
Que quelques jours de semblables délices 105
Les attendaient, pourvu que hardiment,
Sans redouter la mort ni les supplices,
Ils fissent chose agréable à Mahom,
Servant leur prince en toute occasion.

89-90 K84, K12: cuvée, / S'émerveillant de voir cette couvée / Et
94 K84, K12: des oiseaux de
103-104 K84, K12: lieu. De tout ce tripotage / Qu'arrivait-il

Par ce moyen leur prince pouvait dire   110
Qu'il avait gens à sa dévotion,
Déterminés; et qu'il n'était empire
Plus redouté que le sien ici-bas.

Tout cela est fort bon dans un conte de La Fontaine,[13] aux vers
faibles près; et il y a cent anecdotes historiques qui n'auraient été   115
bonnes que là.

116 K84, K12: là. / Section 2 / [*ici apparaît le texte de l'article suivant,*
'Assassinat']

[13] La Fontaine, prologue de *Féronde ou le purgatoire* (1674), vers 1-49: outre deux
approximations aux vers 39 et 41 (lignes 103 et 105), il manque entre les lignes 89 et 90
le vers 25, que les éditeurs de Kehl ont restitué.

ASSASSINAT

Section seconde

L'assassinat étant, après l'empoisonnement, le crime le plus lâche et
le plus punissable, il n'est pas étonnant qu'il ait trouvé de nos jours
un approbateur dans un homme, dont la raison singulière n'a pas
toujours été d'accord avec la raison des autres hommes.

Il feint dans un roman intitulé *Emile*, d'élever un jeune   5
gentilhomme, auquel il se donne bien de garde de donner une

---

a   MS1, MS2: Assassins
     K84, K12: [*absent*]

---

* La mention de cette 'section seconde' s'explique par l'histoire du texte: le sous-
titre des manuscrits a été conservé, sans doute par inadvertance, alors que le titre
primitif 'Assassins' a été remplacé, pour l'impression, par 'Assassinat'. D'ailleurs, le
présent article n'a pas de rapport évident avec l'article 'Assassin' qui précède,
contrairement à l'*Encyclopédie* qui, à l'entrée 'Assassinat', renvoie à 'Assassin' et
'Meurtre' et de là à l'article 'Homicide' qui traite de jurisprudence. Ce texte, tout
comme l'article 'Bourreau' des *QE*, auquel Voltaire fait allusion dans une lettre à
Servan du 6 décembre 1769 (D16026), semble uniquement destiné à dénigrer l'auteur
d'*Emile*. La rupture avec 'cet inconcevable fou' étant plus que consommée (voir
H. Gouhier, *Rousseau et Voltaire, portraits dans deux miroirs*, Paris, 1983), Voltaire
peut s'indigner de la présence, dans l'*Encyclopédie*, des 'exclamations *ô mon cher ami
Rousseau*' et autres 'pareilles pauvretés' (à D'Alembert, 28 octobre 1769, D15976).
Lorsque, le 9 juillet 1770 (D16505), Voltaire prie D'Alembert de 'faire rendre à Jean-
Jacques sa souscription' pour la statue de Pigalle et l'invite à voir 'ce qu'il pense de
lui', il fait peut-être allusion au présent article ou encore à 'Bourreau', ou, plus
probablement, à l'article 'Homme' auquel il fait référence dans une lettre à Richelieu
du 11 juillet (D16508). Le 8 août (D16565), Voltaire déclare encore à Mme Du
Deffand: 'Ce polisson m'ennuie et m'indigne, et ses partisans me mettent en colère'.
On observera, dans les variantes, la présence de deux notes de l'édition de Marc-
Michel Rey (71A) qui ne peuvent être de la plume de Voltaire. Elles semblent être la
marque d'une politique de conciliation de la part des éditeurs dont on trouve des
traces ailleurs: une note comparable apparaîtra six ans plus tard dans les *Dialogues
d'Evhémère*, où Voltaire s'en prend à Rousseau de façon similaire (Londres
[Amsterdam], 1777; voir *M*, t.30, p.529, n.1). Cet article paraît en novembre/
décembre 1770 (70, t.2).

éducation telle qu'on la reçoit dans l'Ecole militaire, comme
d'apprendre les langues, la géométrie, la tactique, les fortifications,
l'histoire de son pays; il est bien éloigné de lui inspirer l'amour de
son roi et de sa patrie, il se borne à en faire un garçon menuisier. Il
veut que ce gentilhomme menuisier, quand il a reçu un démenti ou
un soufflet, au lieu de les rendre et de se battre, *assassine
prudemment son homme*.[1] Il est vrai que Molière en plaisantant
dans l'*Amour peintre*, dit, qu'*assassiner est le plus sûr*;[2] mais l'auteur
du roman prétend, que c'est le plus raisonnable et le plus honnête. Il
le dit très sérieusement; et dans l'immensité de ses paradoxes, c'est
une des trois ou quatre choses qu'il ait dites le premier. Le même
esprit de sagesse et de décence qui lui fait prononcer qu'un
précepteur doit souvent accompagner son disciple dans un lieu
de prostitution, (*a*) le fait décider que ce disciple doit être un

10

15

20

(*a*) *Emile*, t.3, p.261.

11-12   MS2: démenti et un
13   MS1, MS2: *homme*. [*avec note marginale*: Emile tome 3. pages 297.] Il
      71A: *homme* [*avec note*: A voir ces mots en italique, le lecteur penserait que M.
de V. cite exactement les termes de l'*Emile*. Il ne faut, pour se convaincre de
l'imposture, que lire la note où ce point est traité, et qui se trouve, t.2 d'*Emile*, p.181
de l'édition de 1762 de Néaulme.]. Il
17   MS1, MS2: des deux ou trois choses qu'il ait dites le premier ¶Le
n.*a*   MS2: [*note absente*]
      w68: p.201.
20   71A: prostitution, [*avec note*: Autre imposture. Voyez t.3 de l'*Emile*, p.160,
même édition. Le prétendu dictateur de la république littéraire devrait avoir quelque
pudeur de s'acharner ainsi contre un homme qui marque assez par son silence le

[1] Cf. Rousseau, *Emile*, livre 4: dans ces cas où 'nul tribunal ne peut venger
l'offensé', 'il est alors seul magistrat, seul juge entre l'offenseur et lui; il est seul
interprète et ministre de la loi naturelle, il se doit justice et peut seul se la rendre'
(*Œuvres complètes*, 5 vol., Paris, 1959-1995, t.4, p.544-45, n.). En marge de son
exemplaire, Voltaire qualifie ces propos d''erreur punissable': voir George
R. Havens, *Voltaire's marginalia on the pages of Rousseau* (Columbus, OH, 1933),
p.91-92. Sur ce passage qui a fait grand bruit, voir les explications ultérieures fournies
dans *Rousseau juge de Jean-Jacques* (*Œuvres complètes*, t.1, p.694-95).
[2] *Le Sicilien, ou l'Amour peintre* (1668), scène 12: 'Assassiner, c'est le plus sûr et le
plus court chemin'.

assassin. ³ Ainsi l'éducation que donne Jean-Jacques à un gentil-homme, consiste à manier le rabot, et à mériter le grand remède et la corde. ⁴

Nous doutons que les pères de famille s'empressent à donner de tels précepteurs à leurs enfants. Il nous semble que le roman d'*Emile* s'écarte un peu trop des maximes de Mentor dans *Télémaque*: mais aussi il faut avouer que notre siècle s'est fort écarté en tout du grand siècle de Louis XIV.

Heureusement vous ne trouverez point dans le Dictionnaire encyclopédique de ces horreurs insensées. On y voit souvent une philosophie qui semble hardie; mais non pas cette bavarderie atroce et extravagante, ⁵ que deux ou trois fous ont appelée *philosophie*, et que deux ou trois dames appelaient *éloquence*.

---

mépris qu'il fait de son injuste critique. Qu'il se souvienne qu'il a dit, p.210 de la seconde partie de ses *Questions sur l'Encyclopédie*, que Quinault humilia Boileau en ne lui répondant pas; ⁶ c'est la manière dont M. Rousseau se venge des imputations que son adversaire ne cesse de lui faire à tout propos.] le

31   MS1, MS2: philosophie hardie
31-32   MS2: atroce extravagante

---

³ Voir Rousseau, *Emile*, livre 4: de même que 'Montaigne dit qu'il demandait un jour au seigneur de Langey combien de fois dans ses négociations d'Allemagne il s'était enivré pour le service du roi', de même l'auteur 'demanderait volontiers au gouverneur de certain jeune homme combien de fois il est entré dans un mauvais lieu pour le service de son élève'. Il précise: 'Si la première fois n'ôte à jamais au libertin le désir d'y rentrer, [...] quittez-le à l'instant [...] vous ne lui servirez jamais à rien' (*Œuvres complètes*, t.4, p.664).

⁴ 'On appelle *le grand remède*, le mercure qui se donne pour la guérison des maux vénériens' (*Dictionnaire de l'Académie*, 2 vol., Paris, 1762, t.2, p.585).

⁵ Le terme de 'bavarderie' est employé ici, comme toujours chez Voltaire, dans une acception que n'enregistrent pas les dictionnaires contemporains: selon le *Dictionnaire de l'Académie*, il désigne le 'caractère du bavard' (t.1, p.162).

⁶ Voir ci-dessus, article 'Art dramatique', lignes 1019-22.

ASSEMBLÉE

Terme général qui convient également au profane, au sacré, à la politique, à la société, au jeu, à des hommes unis par les lois; enfin à toutes les occasions où il se trouve plusieurs personnes ensemble.[1]

Cette expression prévient toutes les disputes de mots, et toutes les significations injurieuses par lesquelles les hommes sont dans l'habitude de désigner les sociétés dont ils ne sont pas.[2]

L'assemblée légale des Athéniens s'appelait *Eglise*. (Voyez 'Eglise'.)[3]

2   70, 71N, 71A, W68: politique, à la guerre, à la

* Le court article 'Assemblée' de l'*Encyclopédie* décrit de façon neutre les diverses utilisations du mot: Voltaire n'y répond pas exactement, mais le complète. Dans une perspective comparatiste, il évoque les emplois des termes équivalents en anglais et en italien et, sous prétexte de faire un article linguistique, il introduit un élément idéologique en insistant sur la sociabilité de l'homme. La notion d'assemblée, telle que Voltaire la présente, comporte une dimension évidente de liberté. En septembre 1772, il écrira à D'Alembert: 'Il me semble que la nation ne s'assemble qu'au parterre. Si elle jugeait aussi mal dans le tripot des états généraux que dans celui de la Comédie, on n'a pas mal fait d'abolir ces états. Je ne m'intéresse à aucune assemblée publique qu'à celle de l'académie puisque vous y parlez. On vous a cousu la moitié de la bouche; mais ce qui vous en reste est si bon, qu'on vous entendra toujours avec le plus grand plaisir' (D17899). Cet article paraît en novembre/décembre 1770 (70, t.2).

[1] A comparer avec l'article 'Assemblée' de l'*Encyclopédie*: 'Assemblée, jonction qui se fait de personnes en un même lieu et pour le même dessein [...]. Usité particulièrement dans le monde, pour exprimer une réunion ou compagnie de plusieurs personnes de l'un et de l'autre sexe, pour jouir du plaisir de la conversation, des nouvelles, du jeu, etc.' (t.1, p.767). Le *Dictionnaire de Trévoux* (7 vol., Paris, 1752), en revanche, accorde la priorité dans sa définition aux diverses assemblées ecclésiastiques. Voltaire, tout comme les contributeurs de l'*Encyclopédie*, cherche à séculariser le terme. Il a eu le soin de vérifier le sens du latin 'assemblea' dans le *Glossarium ad scriptores mediae et infimae latinitatis* de Du Cange (6 vol., Paris, 1733-1736, BV1115; *CN*, t.3, p.206).

[2] Si, dans la première phrase de son article, Voltaire reste proche de l'*Encyclopédie*, il s'en distingue ici et dévoile le thème de son propre article.

[3] L'article 'Eglise' des *QE* paraîtra en 1771 (t.5): 'Ce mot grec [église] signifiait chez les Grecs, *assemblée du peuple*' (*M*, t.18, p.492).

Ce mot ayant été consacré parmi nous à la convocation des catholiques dans un même lieu, nous ne donnions pas d'abord le nom d'*église* à l'assemblée des protestants; on disait *une troupe de huguenots*;[4] mais la politesse bannissant tout terme odieux, on se servit du mot *assemblée* qui ne choque personne.

En Angleterre l'Eglise dominante donne le nom d'assemblée, *Meeting*, aux Eglises de tous les non-conformistes.[5]

Le mot d'*assemblée* est celui qui convient le mieux, quand plusieurs personnes en assez grand nombre sont priées de venir perdre leur temps dans une maison dont on leur fait les honneurs, et dans laquelle on joue, on cause, on soupe, on danse, etc. S'il n'y a qu'un petit nombre de priés, cela ne s'appelle point *assemblée*; c'est un rendez-vous d'amis, et les amis ne sont jamais nombreux.

Les assemblées s'appellent en italien *conversatione, ridotto*. Ce mot *ridotto* est proprement ce que nous entendions par *réduit*;[6] mais réduit étant devenu parmi nous un terme de mépris, les gazetiers ont traduit *ridotto* par *redoute*.[7] On lisait, parmi les nouvelles

---

[4] L'expression 'troupe de huguenots' ne se trouve ni dans le *Dictionnaire universel* de Furetière, ni dans le *Dictionnaire de Trévoux*. D'après Furetière, 'Troupe, se dit quelquefois odieusement en parlant des sociétés de plusieurs personnes infâmes. Une *troupe* de comédiens, de bohémiens. Une *troupe* de bandits, de coupeurs de bourse' (3 vol., La Haye et Rotterdam, 1690, t.3, sig.Eeee*v*).

[5] Selon l'*Encyclopédie*, 'les *assemblées* des presbytériens en Angleterre, s'appellent assez souvent, par manière de reproche, des *conventicules*' (t.1, p.767). Samuel Johnson (*A Dictionary of the English language*, 2 vol., Londres, 1755-1756) inclut parmi les définitions 'a conventicle; an assembly of dissenters' (article 'Meeting', t.2). Voltaire connaît le mot anglais 'meeting' depuis son séjour en Angleterre; son cahier anglais s'ouvre sur cette phrase: 'England is meeting of all religions, as the royal exchange is the rendez-vous of all foreigners' (*OCV*, t.81, p.51).

[6] Voir le *Dictionnaire de Trévoux* (7 vol., Paris, 1752): 'Réduit, se dit aussi d'un lieu où s'assemblent plusieurs personnes pour se divertir et s'entretenir [...]. La ruelle de cette dame, son alcôve, est un agréable réduit, où beaucoup d'honnêtes gens se rendent' (t.6, col.727). Se manifeste ici la nostalgie de Voltaire pour le langage du dix-septième siècle; on trouve le terme 'réduit' au sens classique, par exemple, chez Corneille (voir les *Commentaires sur Corneille*, *OCV*, t.54, p.105). Voltaire emploie le mot dans ce sens, par exemple dans son *Epître sur la calomnie* (*OCV*, t.9, p.297).

[7] Voltaire avait une bonne connaissance de la langue italienne: voir Gianfranco

importantes de l'Europe, que plusieurs seigneurs de la plus grande
considération étaient venus prendre du chocolat chez la princesse
Borghese, et qu'il y avait eu *redoute*. [8] On avertissait l'Europe qu'il
y aurait *redoute* le mardi suivant chez son excellence la marquise de
Santa-fior. [9]   30

Mais on s'aperçut qu'en rapportant des nouvelles de guerre on
était obligé de parler des véritables redoutes, qui signifient en effet
redoutables, et dont on tire des coups de canon. Ce terme ne
convenait pas aux *ridotti pacifici*; on est revenu au mot *assemblée* qui
est le seul convenable.   35

On s'est quelquefois servi de celui de *rendez-vous*: mais il est plus
fait pour une petite compagnie, et surtout pour deux personnes.

---

33   K84, K12: et d'où l'on

Folena, 'Divagazioni sull'italiano di Voltaire', *L'italiano in Europa: esperienze
linguistiche del Settecento* (Turin, 1983), p.397-431.

[8] Le *Dictionnaire de Trévoux* définit le mot 'redoute' d'abord dans son acception
militaire, et poursuit: 'à Venise, et en plusieurs cours d'Allemagne, on appelle ainsi
un bal public, où tout le monde peut entrer' (t.6, col.723). A Berlin, pendant le
carnaval, il y avait redoute ou bal masqué tous les mardis (R. Pomeau, *VST*, t.2,
p.640).

[9] Les noms 'Borghese' et 'Santa-fior' évoquent l'aristocratie italienne; Voltaire ne
désigne pas ici des individus spécifiques mais reflète l'importance des relations avec
l'aristocratie à son époque. Selon Antoine Lilti, 'les rapports avec les grands et la
participation à la vie mondaine étaient, au dix-huitième siècle, une question centrale
dans la réflexion sur le statut de l'écrivain' (*Le Monde des salons: sociabilité et
mondanité à Paris au XVIIIᵉ siècle*, Paris, 2005, p.207).

ASTRONOMIE,

et quelques réflexions sur l'astrologie

M. Du Val qui a été, si je ne me trompe, bibliothécaire de
l'empereur François Ier, a rendu compte de la manière dont un
pur instinct dans son enfance lui donna les premières idées
d'astronomie.[1] Il contemplait la lune qui en s'abaissant vers le
couchant semblait toucher aux derniers arbres d'un bois; il ne douta   5
pas qu'il ne la trouvât derrière ces arbres; il y courut, et fut étonné
de la voir au bout de l'horizon.

---

b   K84, K12: *et encore quelques*

---

* L'important article 'Astronomie' de l'*Encyclopédie* par D'Alembert propose au
lecteur une vue d'ensemble historique et critique de la discipline. Bien que les articles
'Astronomie' et 'Astrologie' (également par D'Alembert) paraissent séparément
dans l'*Encyclopédie*, D'Alembert juxtapose parfois des observations sur l'astronomie
et l'astrologie afin de souligner la majesté de l'une et le ridicule de l'autre. Nulle
intention chez Voltaire de rivaliser avec D'Alembert, sauf dans le domaine des liens
étroits qui unissent astronomie et astrologie. D'où une entrée en matière apparemment naïve, mais qui sert en réalité de prolégomènes à une démolition dédaigneuse
de l'astrologie (beaucoup plus radicale que chez D'Alembert). L'importance,
récurrente, de l'astronomie dans la vie intellectuelle de Voltaire est connue, évidente
dès les *Lettres philosophiques* et les *Eléments de la philosophie de Newton*. Sa haine et
son mépris de l'astrologie le sont moins, car ils ne sont normalement visibles que dans
des apartés (percutants, certes; voir note 9). Voltaire croyait que la distance séparant
la saine raison de ses aberrations est infime, d'où la nécessité d'être constamment
vigilant. Cet article paraît en novembre/décembre 1770 (70, t.2).

[1] Valentin Jameray-Duval (1695-1775), numismate, protégé de Léopold, duc de
Lorraine (dont il fut le bibliothécaire). Duval suivit François, le fils de ce dernier, à
Florence, où il s'adonna à l'étude des antiquités. François, ayant épousé Marie-
Thérèse et étant devenu empereur d'Allemagne, l'appela auprès de lui à Vienne et le
nomma directeur et conservateur du cabinet des médailles et de la bibliothèque
impériale. La source des connaissances de Voltaire est Jameray-Duval lui-même. Ils
ont fait connaissance à Lunéville en 1735 (voir D870 à Thiriot) et Voltaire possédait
une copie manuscrite de son autobiographie (voir D870, n.3, et D1123). Celle-ci,
ainsi que ses *Œuvres*, a été publiée en 1784.

Les jours suivants la curiosité le força de suivre le cours de cet astre, et il fut encore plus surpris de le voir se lever et se coucher à des heures différentes.

Les formes diverses qu'il prenait de semaine en semaine, sa disparition totale durant quelques nuits, augmentèrent son attention. Tout ce que pouvait faire un enfant était d'observer et d'admirer; c'était beaucoup; il n'y en a pas un sur dix mille qui ait cette curiosité et cette persévérance.

Il étudia comme il put pendant une année entière, sans autre livre que le ciel et sans autre maître que ses yeux. Il s'aperçut que les étoiles ne changeaient point entre elles de position. Mais le brillant de l'étoile de Vénus fixant ses regards, elle lui parut avoir un cours particulier à peu près comme la lune; il l'observa toutes les nuits, elle disparut longtemps à ses yeux, et il la revit enfin devenue l'étoile du matin au lieu de l'étoile du soir.

La route du soleil qui de mois en mois se levait et se couchait dans des endroits du ciel différents, ne lui échappa pas; il marqua les solstices avec deux piquets, sans savoir ce que c'était que les solstices.

Il me semble qu'on pourrait profiter de cet exemple pour enseigner l'astronomie à un enfant de dix à douze ans, beaucoup plus facilement que cet enfant extraordinaire dont je parle n'en apprit par lui-même les premiers éléments.

C'est d'abord un spectacle très attachant pour un esprit bien disposé par la nature, de voir que les différentes phases de la lune ne sont autre chose que celles d'une boule autour de laquelle on fait tourner un flambeau qui tantôt en laisse voir un quart, tantôt une moitié, et qui la laisse invisible quand on met un corps opaque entre elle et le flambeau. C'est ainsi qu'en usa Galilée lorsqu'il expliqua les véritables principes de l'astronomie devant le doge et les

24 K84, K12: échappa point; il

26-27 K84, K12: solstices. [*avec note*: Il n'est peut-être pas inutile de faire observer ici que cet enfant, qui devint un homme de lettres très instruit et d'un esprit original et piquant, n'eut jamais que des connaissances très médiocres en astronomie.] ¶Il

sénateurs de Venise sur la tour de Saint-Marc;[2] il démontra tout aux yeux.

En effet, non seulement un enfant, mais un homme mûr qui n'a 40
vu les constellations que sur des cartes, a beaucoup de peine à les
reconnaître quand il les cherche dans le ciel. L'enfant concevra très
bien en peu de temps les routes de la course apparente du soleil et de
la révolution journalière des étoiles fixes.

Il reconnaîtra surtout les constellations à l'aide de ces quatre 45
vers latins faits par un astronome il y a environ cinquante ans, et qui
ne sont pas assez connus.

> *Delta aries, perseum taurus, geminique capellam,*
> *Nil cancer, plaustrum leo, virgo comam, atque bootem*
> *Libra anguem, anguiferum fert scorpius, Antinoum arcus,* 50
> *Delphinum Caper, amphora equos, Cepheida pisces.*[3]

Les systèmes de Ptolomée et de Ticho-Brahé, ne méritent pas
qu'on lui en parle, puisqu'ils sont faux;[4] ils ne peuvent jamais servir

---

43   K84, K12: les causes de la course

[2] Il s'agirait de la confection d'un télescope ou longue-vue (par Hans Lipperhay
en 1608) et de son adaptation ou réinvention par Galilée l'année suivante. La
démonstration devant le doge et les sénateurs au sommet du campanile de Saint-Marc
eut lieu fin août 1609. D'après le compte rendu fait par Galilée lui-même dans une
lettre à son beau-frère, il invitait alors son public à considérer le télescope comme un
instrument à application militaire. Ce ne fut qu'en décembre qu'il l'utilisa pour
observer la lune (voir son *Sidereus nuntius* de 1610).

[3] Ces vers mnémotechniques associent à chaque signe du zodiaque une constella-
tion. On les trouve dans les *Carnets* (*OCV*, t.81, p.330) où on lit 'antecanem' au lieu
d'"Antinoum'. Nulle trace toutefois, ni ici ni ailleurs, de l'identité de l'auteur.

[4] Ptolémée d'Alexandrie, célèbre astronome, mathématicien, géographe, et
auteur de la *Grande Syntaxe*, plus communément appelée l'*Almageste*. Voltaire
avait déjà souligné ses insuffisances en astronomie qui lui paraissaient d'ailleurs
encore plus flagrantes car elles n'avaient été longtemps qu'une 'chaîne pour parvenir
à l'astrologie judiciaire' (*Eléments de la philosophie de Newton*, *OCV*, t.15, p.626;
Essai sur les mœurs, t.2, p.412). Tycho-Brahé, dont le 'système du monde n'est
qu'ingénieux', mérite les mêmes critiques pour les mêmes raisons: 'La faiblesse
qu'avait eue Ticho-Brahé de croire à l'astrologie judiciaire lui fit plus de disciples que
sa science' (*Essai sur les mœurs*, t.2, p.640, 843-44).

qu'à expliquer quelques passages des anciens auteurs qui ont
rapport aux erreurs de l'antiquité; par exemple, dans le second   55
livre des *Métamorphoses* d'Ovide, le Soleil dit à Phaëton:

> *Adde quod assidua rapitur vertigine coelum,*
> *Nitor in adversum nec me qui caetera, vincit*
> *Impetus, et rapido contrarius evehor orbi.*

> Un mouvement rapide emporte l'empyrée,   60
> Je résiste moi seul; moi seul je suis vainqueur,
> Je marche contre lui dans ma course assurée. [5]

Cette idée d'un premier mobile qui faisait tourner un prétendu
firmament en vingt-quatre heures, d'un mouvement impossible, et
du soleil qui entraîné par ce premier mobile, s'avançait pourtant   65
insensiblement d'occident en orient par un mouvement propre qui
n'a aucune cause, [6] ne ferait qu'embarrasser un jeune commençant.

Il suffit qu'il sache que soit que la terre tourne sur elle-même et
autour du soleil, soit que le soleil achève sa révolution en une
année, les apparences sont à peu près les mêmes, et qu'en   70
astronomie on est obligé de juger par ses yeux avant que
d'examiner les choses en physicien.

Il connaîtra bien vite la cause des éclipses de lune et de soleil, et
pourquoi il n'y en a point tous les mois. Il lui semblera d'abord que
le soleil se trouvant chaque mois en opposition ou en conjonction   75
avec la lune, nous devrions avoir chaque mois une éclipse de lune et

63   w68: qui ferait tourner
74   K12: a pas tous

[5] Livre 2, vers 70-73 (*Ovidii Nasonis Opera omnia*, Leyde, 1662, BV2628); entre
les deux premiers vers cités par Voltaire, il en manque un: 'Sideraque alta trahit
celerique volumine torquet': 'Et les étoiles là-haut sont entraînées dans leur
tourbillon rapide'. Les astronomes anciens croyaient que les étoiles, fixées à la
voûte céleste, étaient entraînées avec elle par un mouvement de rotation de l'ouest à
l'est, à l'inverse du soleil et des planètes.
[6] Dans l'ancienne astronomie le premier mobile est la première et la plus haute des
sphères célestes, qui se meut et qui donne le mouvement aux sphères inférieures. Par
extension il signifie la première cause de plusieurs mouvements subordonnés.

une de soleil. Mais dès qu'il saura que ces deux astres sont rarement sur la même ligne avec la terre, il ne sera plus surpris.

On lui fera aisément comprendre comment on a pu prédire les éclipses en connaissant la ligne circulaire, dans laquelle s'accomplissent le mouvement apparent du soleil et le mouvement réel de la lune. On lui dira que les observateurs ont su, par l'expérience et par le calcul, combien de fois ces deux astres se sont rencontrés précisément dans la même ligne avec la terre en dix-neuf années et quelques heures. Après quoi ces astres paraissent recommencer le même cours; de sorte qu'en faisant les corrections nécessaires aux petites inégalités qui arrivaient dans ces dix-neuf années, on prédisait au juste quel jour, quelle heure et quelle minute il y aurait une éclipse de lune ou de soleil. Ces premiers éléments entrent aisément dans la tête d'un enfant qui a quelque conception.

La précession des équinoxes même ne l'effrayera pas.[7] On se contentera de lui dire que le soleil a paru avancer continuellement dans sa course annuelle d'un degré en soixante et douze ans vers l'orient, et que c'est ce que voulait dire Ovide par ce vers que nous avons cité.

Contrarius evehor orbi.

Ma carrière est contraire au mouvement des cieux.

Ainsi le bélier dans lequel le soleil entrait autrefois au commencement du printemps, est aujourd'hui à la place où était le taureau; et tous les almanachs ont tort de continuer, par un respect ridicule pour l'antiquité, à placer l'entrée du soleil dans le bélier au premier jour du printemps.

Quand on commence à posséder quelques principes d'astronomie, on ne peut mieux faire que de lire les institutions de M. le

77   K84, K12: astres ne se meuvent point dans un même plan et sont
98-100   70, 71N, 71A, W68: Ainsi le soleil qui entrait autrefois dans le bélier au commencement du printemps, est actuellement dans le taureau

[7] Voltaire évoque la précession des équinoxes dans les *Eléments de la philosophie de Newton* (*OCV*, t.15, p.491) et dans l'*Essai sur les mœurs* (ch.183).

Monnier et tous les articles de M. D'Alembert dans l'Encyclopédie   105
concernant cette science. [8] Si on les rassemblait, ils feraient le traité
le plus complet et le plus clair que nous ayons.

Ce que nous venons de dire du changement arrivé dans le ciel, et
de l'entrée du soleil dans les autres constellations que celles qu'il
occupait autrefois, était le plus fort argument contre les prétendues   110
règles de l'astrologie judiciaire. [9] Il ne paraît pas cependant qu'on
ait fait valoir cette preuve avant notre siècle pour détruire cette
extravagance universelle, qui a si longtemps infecté le genre
humain, et qui est encore fort en vogue dans la Perse.

Un homme né, selon l'almanach, quand le soleil était dans le   115
signe du lion, devait être nécessairement courageux; mais malheureusement il était né en effet sous le signe de la vierge; ainsi il
aurait fallu que Gauric et Michel Morin eussent changé toutes les
règles de leur art. [10]

107-108   κ84, κ12: ayons eu. ¶Ce
109   κ84, κ12: dans d'autres

[8] Pierre-Charles Le Monnier, confident et continuateur de Halley et de Bradley,
premier maître de La Lande, était l'astronome privilégié de Louis XV, mais ne fit
aucune découverte importante en physique céleste ou en astronomie théorique.
L'article 'Astronomie' renvoie à vingt-cinq articles de D'Alembert. Huit articles
supplémentaires peuvent également être de lui.

[9] Dans le *Traité sur la tolérance* Voltaire donne la définition suivante: 'La
superstition est à la religion ce que l'astrologie est à l'astronomie, la fille très folle
d'une mère très sage. Ces deux filles ont longtemps subjugué toute la terre' (*OCV*,
t.56c, p.242). Voltaire n'avait que du mépris pour l'astrologie, cette 'chimère
absurde' (*Le Siècle de Louis XIV*, *OH*, p.634) qui, étant 'toujours la superstition
des savants', avait même infecté, parmi d'autres, Gassendi et Cassini, Tycho-Brahé,
Roger Bacon et Pic de La Mirandole (*Essai sur les mœurs*, t.1, p.500, t.2, p.88-89, 640,
844; *Lettre sur Roger Bacon*, *M*, t.17, p.520-22). Il n'y avait malheureusement pas
jusqu'aux Chinois et aux brames de l'Inde qui n'en fussent infectés (l'article
'Superstition' du *DP*, *OCV*, t.36, p.541; *Fragments historiques sur l'Inde*, *M*, t.29,
p.108-109).

[10] Luc Gauric, mathématicien, astrologue et prélat italien. Le métier d'astrologue
lui rapporta richesses et honneurs; les papes Jules II, Léon X, Clément VII et Paul III
lui accordèrent des marques d'estime, et Catherine de Médicis le consulta sur la
fortune de Henri II. Pour Voltaire, cet homme 'n'eût été de nos jours qu'un misérable

Une chose assez plaisante, c'est que toutes les lois de l'astrologie 120
étaient contraires à celles de l'astronomie. Les misérables charlatans de l'antiquité et leurs sots disciples, qui ont été si bien reçus et
si bien payés chez tous les princes de l'Europe, ne parlaient que de
Mars et de Vénus stationnaires et rétrogrades. Ceux qui avaient
Mars stationnaire, devaient être toujours vainqueurs. Vénus 125
stationnaire rendait tous les amants heureux. Si on était né
quand Vénus était rétrograde, c'était ce qui pouvait arriver de
pis. Mais le fait est que les astres n'ont jamais été ni rétrogrades, ni
stationnaires: et il suffirait d'une légère connaissance de l'optique
pour le démontrer. 130

Comment donc s'est-il pu faire que malgré la physique et la
géométrie, cette ridicule chimère de l'astrologie ait dominé jusqu'à
nos jours au point que nous avons vu des hommes distingués par
leurs connaissances, et surtout très profonds dans l'histoire, entêtés
toute leur vie d'une erreur si méprisable? [11] Mais cette erreur était 135
ancienne, et cela suffit.

Les Egyptiens, les Chaldéens, les Juifs avaient prédit l'avenir;
donc on peut aujourd'hui le prédire. On enchantait les serpents, on
évoquait des ombres; donc on peut aujourd'hui évoquer des
ombres et enchanter des serpents. Il n'y a qu'à savoir bien 140
précisément la formule dont on se servait. Si on ne fait plus de
prédictions, ce n'est pas la faute de l'art, c'est la faute des artistes.

140-141   w68: savoir précisément

---

charlatan méprisé de la populace' (*Essai sur les mœurs*, t.2, p.516). Gauric fut un des
promoteurs de la réforme du calendrier (voir son *Calendarium ecclesiasticum novum*,
Venise, 1552). Michel-Jean-Baptiste Morin, célèbre mathématicien et astronome,
s'adonna parallèlement à l'astrologie judiciaire, laquelle lui valut une réputation
enviable et lui donna accès auprès de Richelieu, de Mazarin, du duc de Luxembourg
et du duc d'Effiat entre autres. Malgré son *Astrologia gallica* (1661), son principal
ouvrage, *Longitudinum terrestrium nec non coelestium nova et hactenus optata scientia*
(1634), traite sérieusement des méthodes pour obtenir les longitudes célestes et
terrestres. Ce fut Morin qui tira l'horoscope de Louis XIV à sa naissance (voir *Le
Siècle de Louis XIV*, *OH*, p.1189).
[11] Voir note 9.

Michel Morin est mort avec son secret. C'est ainsi que les
alchimistes parlent de la pierre philosophale. Si nous ne la trouvons
pas aujourd'hui, disent-ils, c'est que nous ne sommes pas encore   145
assez au fait; mais il est certain qu'elle est dans la clavicule de
Salomon;[12] et avec cette belle certitude, plus de deux cents familles
se sont ruinées en Allemagne et en France.

Digression sur l'astrologie, si improprement nommée 'judiciaire'

Ne vous étonnez donc point si la terre entière a été la dupe de
l'astrologie. Ce pauvre raisonnement, *il y a de faux prodiges, donc il*   150
y en a de vrais,[13] n'est ni d'un philosophe ni d'un homme qui ait
connu le monde.

Cela est faux et absurde: donc cela sera vu par la multitude. Voilà
une maxime plus vraie.

Etonnez-vous encore moins que tant d'hommes, d'ailleurs très   155
élevés au-dessus du vulgaire, tant de princes,[14] tant de papes, qu'on
n'aurait pas trompés sur le moindre de leurs intérêts, aient été si
ridiculement séduits par cette impertinence de l'astrologie. Ils
étaient très orgueilleux et très ignorants. Il n'y avait d'étoiles que
pour eux: le reste de l'univers était de la canaille, dont les étoiles ne   160
se mêlaient pas. Ils ressemblaient à ce prince qui tremblait d'une
comète, et qui répondait gravement à ceux qui ne la craignaient
pas: *Vous en parlez fort à votre aise, vous n'êtes pas princes.*

148-92   70, 71N, 71A: France. //
148-149   K84, K12: France. ¶Ne
153   K84, K12: *sera cru par*

[12] *Les Clavicules de Salomon* est un livre de magie faussement attribué à ce roi.
[13] Même déclaration, même raisonnement, dans l'article 'Ane' des *QE* (*OCV*,
t.38, p.359).
[14] Dans l'article 'Possédés' des *QE*, on lit: 'Chaque village avait son sorcier ou sa
sorcière; chaque prince avait son astrologue' (*M*, t.20, p.257). On trouve la même
dénonciation plus étoffée dans les *Carnets* (*OCV*, t.82, p.646-47).

Le fameux duc Valstein fut un des plus infatués de cette chimère.[15] Il se disait prince; et par conséquent pensait que le zodiaque avait été formé tout exprès pour lui. Il n'assiégeait une ville, il ne livrait une bataille qu'après avoir tenu son conseil avec le ciel. Mais comme ce grand homme était fort ignorant, il avait établi pour chef de ce conseil un fripon d'Italien, nommé Jean-Baptiste Séni, auquel il entretenait un carrosse à six chevaux, et donnait la valeur de vingt mille de nos livres de pension.[16] Jean-Baptiste Séni ne put jamais prévoir que Valstein serait assassiné par les ordres de son gracieux souverain Ferdinand II, et que lui Séni s'en retournerait à pied en Italie.

Il est évident qu'on ne peut rien savoir de l'avenir que par conjectures. Ces conjectures peuvent être si fortes qu'elles approcheront d'une certitude. Vous voyez une baleine avaler un petit garçon. Vous pourrez parier dix mille contre un qu'il sera mangé; mais vous n'en êtes pas absolument sûr, après les aventures d'Hercule, de Jonas et de Roland le fou, qui restèrent si longtemps dans le ventre d'un poisson.[17]

On ne peut trop répéter qu'Albert le grand et le cardinal d'Ailli ont fait tous deux l'horoscope de Jésus-Christ.[18] Ils ont lu

165

170

175

180

178   K12: Vous pourriez parier

[15] Albert Wenceslas Eusèbe de Wallenstein, l'un des plus célèbres généraux de la guerre de Trente Ans, au service de Ferdinand II, empereur d'Allemagne, qui le nomma duc de Friedland, duc de Mecklembourg et prince du Saint-Empire. Voir l'*Essai sur les mœurs* (t.2, p.644-46) et les *Annales de l'Empire* (M, t.3, p.576-77).

[16] Giovanni Battista Senno, natif de Sienne, se trouvait pour la première fois auprès de Wallenstein à l'automne 1629. C'était, paraît-il, un charlatan fini. Il joue le rôle de l'astrologue dans le *Wallenstein* de Schiller, sous le nom de Seni.

[17] Voir Jonas 2:1-10. Hercule se trouve mentionné p.72 du *Traité de la vérité de la religion chrétienne* de Grotius (Amsterdam, 1728, BV1555; *CN*, t.3, p.197-201). Quant à Roland, il s'agit d'une référence à l'*Orlando furioso* d'Arioste, chant 11.

[18] Albert, dit le Grand, maître de saint Thomas d'Aquin, considéré comme étant l'un des plus illustres savants du Moyen Age, s'adonna toutefois à l'alchimie et aux sciences occultes. L'identité du cardinal et la source de Voltaire à son sujet demeurent incertaines. Il s'agit probablement de Pierre d'Ailly, nommé cardinal par

évidemment dans les astres combien de diables il chasserait du corps des possédés, et par quel genre de mort il devait finir. Mais malheureusement ces deux savants astrologues n'ont rien dit qu'après coup. 185

Nous verrons ailleurs que dans une secte, qui passe pour chrétienne, on ne croit pas qu'il soit possible à l'intelligence suprême de voir l'avenir autrement que par une *suprême conjecture*. 190 Car l'avenir n'existant point, c'est, selon eux, une contradiction dans les termes de voir présent ce qui n'est pas.[19]

Jean XXII en 1411. Dans ses livres il fait coïncider les révolutions des empires avec les conjonctions des planètes.

[19] Voltaire soulève ce problème dans l'article 'Puissance, toute puissance' des *QE* et y attribue la croyance aux sociniens, sans expliciter sa pensée (*M*, t.20, p.298). Les sociniens niaient la prescience divine par rapport aux actes libres comme étant impossible, incompréhensible et inconciliable avec la liberté des êtres volontaires.

ATHÉISME

Section première
De la comparaison si souvent faite entre
l'athéisme et l'idolâtrie [1]

* Cet article est un exemple frappant de la pratique du réemploi, par Voltaire, de textes antérieurs. La section 2 reprend une partie du dix-septième entretien de *L'A.B.C.* (fin 1768), puis à peu près intégralement l'*Epître à l'auteur du livre des Trois imposteurs* (1769). La section 3 est constituée par un long extrait de la section 1 de l'article 'Athée, athéisme' du *DP*. Enfin la section 4 reproduit presque toute la septième lettre, 'Sur les Français', des *Lettres à Son Altesse Monseigneur le prince de ***. Sur Rabelais, et sur d'autres auteurs accusés d'avoir mal parlé de la religion chrétienne* (fin 1767). Voltaire a lu en mai 1770 *Le Système de la nature, ou des lois du monde physique et du monde moral* du baron d'Holbach (2 vol., Londres [Amsterdam], 1770, BV1660). Début juin il demande à Cramer d'imprimer immédiatement une réponse (D16374). Il s'agit de *Dieu: réponse au Système de la nature*, brochure d'une vingtaine de pages éditée début août; l'article 'Dieu, dieux' des *QE* en reproduira non tant la lettre que l'esprit, et l'article 'Causes finales', qui discute longuement du *Système de la nature*, s'achève sur un renvoi à 'Athéisme' et 'Dieu'. 'Athéisme' fait donc partie d'un ensemble de textes destinés à constituer une réplique à l'ouvrage d'Holbach. La mention du jésuite Louis Richeome, reprise de l'*Encyclopédie* et de Bayle, offre un indice quant à la date de rédaction de la section 1. Son nom ne semble pas apparaître ailleurs dans l'œuvre, et on ne le rencontre qu'une fois dans la correspondance, dans une lettre du 22 novembre 1769 à Joseph Vasselier (D16006). Le seul ouvrage de Richeome que renferme la bibliothèque de Ferney (*Trois Discours pour la religion catholique, des miracles, des saints et des images*, Bordeaux, 1597, BV2981) ne correspond pas à celui que Bayle citait comme source, mais on peut supposer que Voltaire s'est fugitivement intéressé à ce jésuite au moment où il le réfutait en concevant son 'Supplément' à l'*Encyclopédie*, fin 1769. Le fait que dans la section 2 Voltaire prenne à partie Maupertuis, mort depuis plus de dix ans déjà à la parution des *QE*, n'est pas une preuve suffisante pour avancer l'hypothèse d'une composition antérieure. Cet article paraît en novembre/décembre 1770 (70, t.2).

[1] Voltaire va surtout utiliser dans cette section les *Pensées diverses* et la *Continuation des pensées diverses* de Bayle. Il les a lues dans les *Œuvres diverses*, 4 vol. (La Haye [Trévoux], 1737, BV290) et il possède aussi séparément les *Pensées diverses*, 2 vol. (Rotterdam, 1683, BV295). Parmi les signets placés dans les *Pensées diverses*, l'un marque la section 178, 'Si on peut avoir une idée d'honnêteté sans croire

Il me semble que dans le Dictionnaire encyclopédique[2] on ne réfute pas aussi fortement qu'on l'aurait pu le sentiment du jésuite Richeome,[3] sur les athées et sur les idolâtres;[4] sentiment soutenu autrefois par saint Thomas, saint Grégoire de Nazianze, saint Cyprien et Tertullien;[5] sentiment qu'Arnobe étalait avec beaucoup de force quand il disait aux païens, *Ne rougissez-vous pas de nous reprocher notre mépris pour vos dieux, et n'est-il pas beaucoup plus juste*

5

---

qu'il y ait un Dieu', et un autre la section 193, 'Réflexions sur un traité de Plutarque, de la superstition' (*CN*, t.1, p.235). Dans la *Continuation des pensées diverses*, Voltaire a marqué d'un trait vertical un long passage de la section 133, 'Examen de la sixième objection, qui est que la crainte des faux dieux a été capable de pousser souvent les idolâtres à faire une bonne action, et de les détourner d'une mauvaise entreprise' (*CN*, t.1, p.231). Dans l'article 'Athée, athéisme' du *DP*, il examinait déjà l'argumentation de Bayle (*OCV*, t.35, p.388).

[2] L'article 'Athées' a pour auteur l'abbé Yvon, qui écrivit également l'article 'Athéisme' en utilisant des papiers de Formey; mais Voltaire s'en tient ici au premier de ces articles. C'est un de ceux qu'il a le plus longuement annotés (*CN*, t.3, p.373-79), probablement bien avant la rédaction des *QE*, car ses annotations le montrent moins systématiquement hostile à l'athéisme. Dans la réponse donnée ici, il ne commente qu'un passage situé dans le premier tiers de l'article, qu'il a marqué d'un signet (*CN*, t.3, p.373).

[3] Le père Louis Richeome a publié des ouvrages pieux, mais il s'est montré également un fervent défenseur de son ordre et un adversaire résolu des huguenots. Il publia, entre autres ouvrages: *La Vérité défendue pour la religion catholique en la cause des jésuites, contre le plaidoyer d'Antoine Arnaud* (1595), *La Sainte Messe déclarée et défendue contre les erreurs sacramentaires de notre temps* (1600), *L'Idolâtrie huguenote figurée au patron de la vieille payenne* (1608), *Le Panthéon huguenot découvert et ruiné contre l'auteur de L''idolâtrie papistique'* (1610). C'est une vive critique des huguenots qui est exprimée dans le passage cité par Bayle et remanié par Yvon dans l'*Encyclopédie*.

[4] Après avoir longuement résumé l'argumentation de Bayle, Yvon admet que les crimes de lèse-majesté divine sont plus graves dans le système de la superstition que dans celui de l'irréligion; mais il jugeait la seconde plus néfaste aux hommes que la première.

[5] Voltaire a trouvé ces noms cités dans les *Pensées diverses* de Bayle rapportant, à la section 116, les propos des Pères de l'Eglise: l'idolâtrie est le principal crime du genre humain, le plus grand péché du monde, le plus grand de tous les péchés, le dernier et le premier de tous les maux. Les trois dernières formules sont attribuées par Bayle à Tertullien (*De l'idolâtrie*, ch.1), à Cyprien (épître 10) et à Grégoire de Nazianze (oration 38).

de ne croire aucun dieu, que de leur imputer des actions infâmes?[6]
sentiment établi longtemps auparavant par Plutarque qui dit, *qu'il
aime beaucoup mieux qu'on dise qu'il n'y a point de Plutarque que si on*   10
disait, Il y a un Plutarque inconstant, colère et vindicatif;[7] sentiment
enfin fortifié par tous les efforts de la dialectique de Bayle.[8]

Voici le fond de la dispute, mis dans un jour assez éblouissant par
le jésuite Richeome; et rendu encore plus spécieux par la manière
dont Bayle le fait valoir.[9]   15

'Il y a deux portiers à la porte d'une maison; on leur demande,
Peut-on parler à votre maître? il n'y est pas, répond l'un; il y est,
répond l'autre; mais il est occupé à faire de la fausse monnaie, de
faux contrats, des poignards et des poisons, pour perdre ceux qui
n'ont fait qu'accomplir ses desseins. L'athée ressemble au premier   20
de ces portiers, le païen à l'autre. Il est donc visible que le païen
offense plus grièvement la Divinité que ne fait l'athée.'[10]

---

[6] Bayle mentionnait déjà Arnobe à la section 193 des *Pensées diverses*. Mais la
citation, extraite d'*Adversus gentes*, livre 4, reprise ici par Voltaire, se trouve à la
section 77 de la *Continuation des pensées diverses*: 'Vous n'avez point de honte, disait
ce Père aux païens, de nous accuser de négligence envers vos divinités si couvertes
d'infamie? N'est-il pas beaucoup plus juste de croire qu'il n'y a point de Dieux que de
croire qu'ils ont ces mauvaises qualités?' (*Continuation*, 2 vol., Rotterdam, 1705, t.2,
p.374).

[7] La citation de Plutarque provient du *Traité de la superstition*. La source de
Voltaire est sans doute l'article 'Athées' de l'*Encyclopédie*, où la citation précède de
quelques lignes la mention de Richeome.

[8] Dans ses *Pensées diverses*, Bayle consacre de très nombreuses sections, à partir de
la section 114, à montrer 'que l'athéisme n'est pas un plus grand mal que l'idolâtrie',
en accumulant des preuves (*Pensées diverses sur la comète*, 2 vol., Paris, 1984, t.1,
p.303).

[9] Dans la section 76 de la *Continuation*, Bayle rappelle les auteurs qu'il allègue
'pour montrer que l'on a cru que l'athéisme n'est point la pire de toutes les opinions'
(t.2, p.372). C'est dans la section 77, 'Nouvelles autorités compilées pour montrer la
même chose', qu'il mentionne Richeome, en treizième position, au milieu de 'trente-
trois autorités' (p.397).

[10] Voltaire transcrit, à quelques mots près, le texte prêté à Richeome par Yvon
dans l'*Encyclopédie*. Mais Bayle reproduit différemment la citation, tirée du *Tableau
votif offert à Dieu pour le roi très chrétien de France et de Navarre*. Non seulement
l'image finale est filée moins longuement, mais surtout Richeome compare à l'athée

Avec la permission du père Richeome et même de Bayle, ce n'est point là du tout l'état de la question. Pour que le premier portier ressemble aux athées, il ne faut pas qu'il dise, Mon maître n'est point ici; il faudrait qu'il dît, Je n'ai point de maître; celui que vous prétendez mon maître n'existe point; mon camarade est un sot, qui vous dit que monsieur est occupé à composer des poisons et à aiguiser des poignards pour assassiner ceux qui ont exécuté ses volontés. Un tel être n'existe point dans le monde. [11]

Richeome a donc fort mal raisonné, et Bayle dans ses discours un peu diffus, s'est oublié jusqu'à faire à Richeome l'honneur de le commenter fort mal à propos.

Plutarque semble s'exprimer bien mieux en préférant les gens qui assurent qu'il n'y a point de Plutarque à ceux qui prétendent que Plutarque est un homme insociable. Que lui importe en effet qu'on dise qu'il n'est pas au monde? mais il lui importe beaucoup qu'on ne flétrisse pas sa réputation. Il n'en est pas ainsi de l'Etre suprême.

Plutarque n'entame pas encore le véritable objet qu'il faut traiter. Il ne s'agit pas de savoir qui offense le plus l'Etre suprême de celui qui le nie, ou de celui qui le défigure. Il est impossible de savoir autrement que par la révélation, si Dieu est offensé des vains discours que les hommes tiennent de lui.

---

non l'idolâtre mais l'hérétique, en visant les huguenots: 'Richeome ne se contente pas d'assurer que l'hérétique est un ennemi plus contraire à l'Eglise de Dieu et plus dangereux que les athées, les idolâtres, les Juifs, les mahométans, il ajoute que *l'athée du tout infidèle est moins criminel que l'hérétique qui comme Luther et Calvin enseignent que Dieu est auteur du péché. Car c'est moindre crime de nier Dieu que de le faire méchant et le croire tel, comme c'est moindre injure de dire qu'il n'y a point de maître au logis que de dire qu'il y en a un, mais qu'il est voleur et meurtrier'* (*Continuation*, t.2, p.382).

[11] De même que le jésuite Richeome rejette l'idée d'un Dieu auteur du péché, Voltaire rejette celle d'un Dieu bourreau damnant ses créatures en leur refusant sa grâce selon son bon plaisir: 'C'est le caractère des barbares de croire la Divinité malfaisante: les hommes font Dieu à leur image' (*Essai sur les mœurs*, t.1, p.325); 'C'est le comble de l'horreur et du ridicule d'annoncer Dieu comme un petit despote insensé et barbare, qui dicte secrètement une loi incompréhensible à quelques-uns de ses favoris, et qui égorge les restes de la nation pour avoir ignoré cette loi' ('Axiomes', *Dieu et les hommes*, *OCV*, t.69, p.500).

Les philosophes, sans y penser, tombent presque toujours dans 45
les idées du vulgaire, en supposant que Dieu est jaloux de sa gloire,
qu'il est colère, qu'il aime la vengeance, et en prenant des figures de
rhétorique pour des idées réelles. L'objet intéressant pour l'univers
entier, est de savoir s'il ne vaut pas mieux pour le bien de tous les
hommes admettre un Dieu rémunérateur et vengeur, qui récom- 50
pense les bonnes actions cachées, et qui punit les crimes secrets, que
de n'en admettre aucun. [12]

Bayle s'épuise à rapporter toutes les infamies que la fable impute
aux dieux de l'antiquité. [13] Ses adversaires lui répondent par des
lieux communs qui ne signifient rien. [14] Les partisans de Bayle et ses 55
ennemis, ont presque toujours combattu sans se rencontrer. Ils
conviennent tous que Jupiter était un adultère; Vénus une
impudique, Mercure un fripon. Mais ce n'est pas, à ce qu'il me
semble, ce qu'il fallait considérer. On devait distinguer les
Métamorphoses d'Ovide de la religion des anciens Romains. [15] Il 60
est très certain qu'il n'y a jamais eu de temple ni chez eux, ni même

---

[12] L'aporie métaphysique ramène le débat à des considérations anthropocen-
triques qui débouchent sur un choix strictement utilitaire. Dans cette affirmation de
la nécessité d'un frein religieux pour renforcer la morale, on peut noter l'écart par
rapport au dernier chapitre du *Traité de métaphysique* (*OCV*, t.14, p.480-81). Plus de
trente ans plus tard, dans une position sociale différente et face à la progression des
publications diffusant l'athéisme, face aussi à l'ironie de la coterie d'Holbach et de
certains articles de la *Correspondance littéraire* de Grimm, où l'apôtre du théisme est
visé (voir R. Pomeau, *La Religion de Voltaire*, p.395-96), la position de Voltaire a
changé. Des écrits de cette période, comme la première des *Homélies prononcées à
Londres* (*OCV*, t.62, p.435 et 437) ou *Dieu et les hommes* (*OCV*, t.69, p.284)
témoignent de son évolution vers une attitude pragmatique.

[13] *Pensées diverses*, surtout les sections 115 à 124. Yvon reprend l'idée que les
païens attribuaient à leurs divinités, Vénus ou Jupiter par exemple, les crimes les plus
infâmes.

[14] Parmi ceux qui ont réfuté Bayle, Yvon mentionne Jacques Bernard dans les
Nouvelles de la république des lettres et William Warburton dans ses *Dissertations sur
l'union de la religion, de la morale et de la politique*.

[15] C'est précisément ce que dit Bayle, 'qu'il ne faut pas juger de la religion païenne
par ce qu'en ont dit les poètes' (*Pensées diverses*, section 125, t.1, p.325).

chez les Grecs dédié à Mercure le fripon, à Vénus l'impudique, à Jupiter l'adultère.

Le dieu que les Romains appelaient, *Deus optimus maximus*,[16] très bon, très grand, n'était pas censé encourager Clodius à coucher avec la femme de César; ni César à être le giton du roi Nicomède.[17]

Cicéron ne dit point que Mercure excita Verrès à voler la Sicile,[18] quoique Mercure dans la fable eût volé les vaches d'Apollon. La véritable religion des anciens était que Jupiter *très bon et très juste*, et les dieux secondaires, punissaient le parjure dans les enfers. Aussi les Romains furent très longtemps les plus religieux observateurs des serments. La religion fut donc très utile aux Romains.[19] Il n'était point du tout ordonné de croire aux

71   K84, K12: furent-ils très

[16] Jupiter a été honoré par les Romains sous des aspects et des noms divers. A côté de Jupiter Fulgur, dieu de la foudre, de Jupiter Terminus, dieu des bornes, de Jupiter Liber, dieu des vendanges, de Jupiter Penetralis, dieu protecteur de la maison ou de Jupiter Victor, trônait en compagnie de Junon et de Minerve, dans un temple construit sur le Capitole, Jupiter optimus maximus Capitolinus. Voltaire s'étendra davantage sur l'adoration chez les Romains d'un dieu souverain dans l'article 'Dieu' des *QE*, section 2.

[17] Il s'agit de Nicomède III Philopator, à la cour duquel César avait passé quelque temps durant sa jeunesse.

[18] Verrès, né en 119 avant Jésus-Christ, d'abord questeur en Cilicie, déserta en emportant la caisse militaire. Devenu préteur urbain, il se signala par sa vénalité. Enfin, préteur en Sicile, il imposa des contributions illégales et dépouilla les monuments publics et les temples de leurs objets d'art pour se les approprier. Dans le procès qui lui fut intenté, Cicéron mena l'accusation, et les discours qu'il prononça contre lui, les *Verrines*, ont été conservés.

[19] Voltaire avait déjà insisté sur la nécessaire sainteté des serments dans l'article 'Athée, athéisme' du *DP* (*OCV*, t.35, p.388). Il a pu trouver cet argument développé chez Yvon, qui cite Polybe: 'Parmi les Romains [...], la seule religion rend la foi du serment un garant sûr de l'honneur et de la probité de ceux à qui l'on confie les sommes les plus considérables, [...] et tandis qu'il est rare en d'autres pays de trouver un homme intègre et désintéressé qui puisse s'abstenir de piller le public, chez les Romains rien n'est plus rare que de trouver quelqu'un coupable de ce crime' (*Encyclopédie*, t.1, p.812). Voltaire connaissait bien ce passage puisqu'il l'avait annoté en remarquant que Scipion fut pourtant accusé de malversation (*CN*, t.3, p.378). Bayle, pour sa part, ne manque pas d'évoquer les 'fraudes pieuses' des païens pour

deux œufs de Léda, au changement de la fille d'Inachus en vache, à
l'amour d'Apollon pour Hyacinte.   75

Il ne faut donc pas dire que la religion de Numa déshonorait la
Divinité.[20] On a donc longtemps disputé sur une chimère; et c'est
ce qui n'arrive que trop souvent.

On demande ensuite si un peuple d'athées peut subsister;[21] il me
semble qu'il faut distinguer entre le peuple proprement dit, et une   80
société de philosophes au-dessus du peuple. Il est très vrai que par
tout pays la populace a besoin du plus grand frein; et que si Bayle
avait eu seulement cinq ou six cents paysans à gouverner, il n'aurait
pas manqué de leur annoncer un Dieu rémunérateur et vengeur.[22]
Mais Bayle n'en aurait pas parlé aux épicuriens qui étaient des gens   85
riches, amoureux du repos, cultivant toutes les vertus sociales et
surtout l'amitié, fuyant l'embarras et le danger des affaires
publiques, menant enfin une vie commode et innocente.[23] Il me

---

freiner les passions en inspirant la crainte des dieux: 'Il est sûr qu'on a prévenu
quantité de crimes dans le paganisme par le soin qu'on avait de conserver la mémoire
de toutes les punitions éclatantes des scélérats, et de les attribuer à leur impiété, et
d'en supposer même quelques exemples' (*Pensées diverses*, t.2, p.7).

[20] On attribuait l'organisation religieuse de Rome au roi Numa Pompilius, qui
prétendait recevoir ses inspirations de la nymphe Egérie.

[21] C'est la question déjà débattue, à la suite de Bayle, dans la première section de
l'article 'Athée, athéisme' du *DP* (*OCV*, t.35, p.385-88).

[22] Bayle a répondu d'avance: 'Puisque l'expérience nous montre que ceux qui
croient un paradis et un enfer sont capables de commettre toute sorte de crimes, il est
évident que l'inclination à mal faire ne vient pas de ce qu'on ignore l'existence de
Dieu, et qu'elle n'est point corrigée par la connaissance que l'on acquiert d'un Dieu
qui punit et qui récompense' (*Pensées diverses*, section 145, t.2, p.36). Voltaire n'a pas
la naïveté de penser que cette croyance est une panacée, mais il espère qu'elle peut
avoir quelques effets positifs (voir *L'A.B.C.*, *M*, t.27, p.400).

[23] Dans ses *Pensées diverses* (section 174), Bayle énumère des 'honnêtes gens' qui
n'ont cru aucune divinité, parmi lesquels Diagoras, Evhémère, Pline, Epicure,
Vanini; et il en appelle aux témoignages de Clément d'Alexandrie et de saint Jérôme.
La section 178 répond positivement à la question de savoir 'si on peut avoir une idée
d'honnêteté sans croire qu'il y ait un Dieu' et rappelle les actions louables des
Epicuriens sacrifiant l'utilité et la volupté à la vertu (t.2, p.122). L'article de
l'*Encyclopédie* mentionne cette argumentation. Bayle est revenu sur l'exemple de

paraît qu'ainsi la dispute est finie quant à ce qui regarde la société et
la politique.   90

Pour les peuples entièrement sauvages, on a déjà dit qu'on ne
peut les compter ni parmi les athées, ni parmi les théistes. Leur
demander leur croyance, ce serait autant que leur demander s'ils
sont pour Aristote ou pour Démocrite; ils ne connaissent rien, ils ne
sont pas plus athées que péripatéticiens. [24]   95

Mais on peut insister, on peut dire, Ils vivent en société, et ils
sont sans Dieu; donc on peut vivre en société sans religion.

En ce cas je répondrai que les loups vivent ainsi, et que ce n'est
pas une société qu'un assemblage de barbares anthropophages tels
que vous les supposez. [25] Et je vous demanderai toujours si, quand   100

Lucrèce et ses semblables (section 180), après avoir montré 'qu'un athée peut être
avide de gloire et de louange' (section 179, t.2, p.125). Il reprend ces idées dans la
Continuation (sections 143 et 144). La première section de l'article 'Athée, athéisme'
du *DP* cite d'autres exemples d'athées ayant mené une innocente vie (*OCV*, t.35,
p.388-89). La première des *Homélies* mentionne aussi les Epicuriens et des 'exemples
de siècle en siècle': Spinoza, La Mettrie (*OCV*, t.62, p.445-46).

[24] On trouve à peu près la même observation à la fin de la section première de
l'article 'Athée, athéisme' du *DP* (*OCV*, t.35, p.390-91). C'est surtout dans la
Continuation que Bayle évoque les peuples sauvages n'ayant aucune religion. Mais il
propose de suspendre notre jugement en attendant d'avoir, sur ces peuples, des
informations plus complètes. Pour les remarques de Bayle sur les peuples athées dans
les *Réponses aux questions d'un provincial*, voir l'article 'Athée, athéisme' du *DP*
(p.390, n.54).

[25] La fin de l'article de l'*Encyclopédie*, annotée par Voltaire, oppose les sociétés
civilisées, où les besoins imaginaires vont croissant et où il faut donc ajouter aux lois
civiles un autre frein pour contenir la violence des désirs, et l'état de nature où, les
besoins réels étant vite satisfaits, il ne naît point de dispute (voir *CN*, t.3, p.378-79).
Ce que Voltaire dit ici de l'état de nature est proche de ce qu'il écrira dans l'article
'Homme' des *QE*. Dans l'*Essai sur les mœurs*, sont mentionnés également des peuples
d'Afrique ou d'Amérique qui n'ont pas de notion distincte d'un Dieu suprême parce
que leur raison n'est pas cultivée (ch.141 et 146). Il semblerait que pour Voltaire le
sens du divin, lié à l'exercice de la raison, soit donc un des signes marquant le passage
du stade animal au stade humain et à une organisation sociale viable. On peut
remarquer l'écart avec le *Traité de métaphysique* où, évoquant les peuples qui n'ont
aucune connaissance d'un Dieu créateur, Voltaire ajoute: 'Ces peuples, à la vérité,
sont barbares, et en très petit nombre: mais enfin ce sont des hommes; et si la

vous avez prêté votre argent à quelqu'un de votre société, vous voudriez que ni votre débiteur, ni votre procureur, ni votre notaire, ni votre juge ne crussent en Dieu.[26]

Section seconde
Des athées modernes.[27]
Raisons des adorateurs de Dieu[28]

Nous sommes des êtres intelligents; or des êtres intelligents ne peuvent avoir été formés par un être brut, aveugle, insensible: il y a certainement quelque différence entre les idées de Newton et des crottes de mulet. L'intelligence de Newton venait donc d'une autre intelligence.[29]

105

103   70, 71A: crussent pas en

---

connaissance de Dieu était nécessaire à la nature humaine, les sauvages hottentots auraient une idée aussi sublime que nous d'un être suprême' (*OCV*, t.14, p.424).

[26] Avec la notion de Dieu-gendarme, Voltaire renvoie ici le lecteur à une expérience personnelle et concrète, comme il le fait ailleurs sous des formes diverses. Voir l'article 'Athée, athéisme' du *DP* (*OCV*, t.35, p.390), le dix-septième entretien de *L'A.B.C.*, le *Fragment sur l'histoire générale* (*M*, t.29, p.223-83).

[27] Voltaire englobe sous ce terme des matérialistes comme Diderot ou le baron d'Holbach, mais aussi Maupertuis, déjà visé vraisemblablement dans *Le Philosophe ignorant* (*OCV*, t.62, p.62).

[28] Voltaire a publié *Les Adorateurs*, hymne à deux voix à l'Etre Suprême, à la fin de 1769.

[29] Ces quatre premiers paragraphes sont repris du 'Dix-septième entretien' de *L'A.B.C.* Dans la treizième des *Lettres philosophiques*, sur Locke, en étudiant le lien entre sensations et idées, qui annihile la théorie cartésienne des idées innées, Voltaire affirme que ce serait borner la puissance de Dieu de prétendre qu'il ne pouvait donner la pensée à la matière. Voir aussi le *Traité de métaphysique*, ch.2 (*OCV*, t.14, p.429). La première des *Homélies* affirme encore: 'Nous sommes intelligents; donc il y a une intelligence éternelle' (*OCV*, t.62, p.428). L'exemple de Newton n'est pas fortuit: dans la suite, son système de la gravitation va venir à l'appui de l'existence de Dieu. La comparaison entre ses idées et 'des crottes de mulet' rappelle les attaques voltairiennes contre le monisme de Spinoza dans *Le Philosophe ignorant*: 'Bayle vit

Quand nous voyons une belle machine, nous disons qu'il y a un bon machiniste, et que ce machiniste a un excellent entendement. Le monde est assurément une machine admirable; donc il y a dans le monde une admirable intelligence quelque part où elle soit. Cet argument est vieux, et n'en est pas plus mauvais.

Tous les corps vivants sont composés de leviers, de poulies qui agissent suivant les lois de la mécanique, de liqueurs que les lois de l'hydrostatique font perpétuellement circuler; et quand on songe que tous ces êtres ont du sentiment qui n'a aucun rapport à leur organisation, on est accablé de surprise. [30]

Le mouvement des astres, celui de notre petite terre autour du soleil, tout s'opère en vertu des lois de la mathématique la plus profonde. [31] Comment Platon qui ne connaissait pas une de ces lois, l'éloquent, mais le chimérique Platon qui disait que la terre était fondée sur un triangle équilatère, et l'eau sur un triangle rectangle, l'étrange Platon qui dit qu'il ne peut y avoir que cinq mondes, parce qu'il n'y a que cinq corps réguliers; comment, dis-je, Platon qui ne savait pas seulement la trigonométrie sphérique, a-t-il eu cependant un génie assez beau, un instinct assez heureux pour appeler Dieu l'*éternel géomètre*; pour sentir qu'il existe une intelligence formatrice? [32] Spinosa lui-même

---

combien il est insensé de faire Dieu astre et citrouille, pensée et fumier [...]. Il est également impertinent, si je ne me trompe, que l'excrément d'un animal soit une modalité ou une partie de l'Etre suprême' (*OCV*, t.62, p.60). Voltaire s'en tient à une conception dualiste, comme le montrent les *Lettres philosophiques* où, après avoir placé côte à côte un imbécile et Newton, il écrit: 'Dieu a donné des portions d'intelligence à des portions de matière organisées pour penser' (t.1, p.197).

[30] Cela sera développé dans *La Défense de mon oncle* par la description anatomique que propose Platon, avant de conclure: 'Vous êtes cette machine, c'est ainsi que vous êtes formé, et je ne vous ai pas montré la millième partie des ressorts qui composent votre existence' (*OCV*, t.64, p.247).

[31] Voltaire écrivait déjà dans les *Lettres philosophiques*: Newton 'fait voir que par les simples lois de la mécanique, chaque globe céleste doit être nécessairement à la place où il est' (t.2, p.24). Voir les *Eléments de la philosophie de Newton* (*OCV*, t.15, p.434-35, 448-51, 454-58), et les *Carnets* (*OCV*, t.81, p.355-60).

[32] Les citations de Platon viennent du *Timée* que Voltaire a relu en 1765, d'après

l'avoue.[33] Il est impossible de se débattre contre cette vérité qui   130
nous environne et qui nous presse de tous côtés.[34]

Raisons des athées[35]

J'ai cependant connu des mutins qui disent qu'il n'y a point
d'intelligence formatrice, et que le mouvement seul a formé par

---

J.-M. Moureaux, qui trouve trois traces de cette relecture (voir *La Défense de mon
oncle*, *OCV*, t.64, p.399, n.11). Il a lu et annoté six dialogues, en particulier le *Timée*,
dans l'édition *Divini Platonis opera omnia, Marsilio Ficino interprete* (Leyde, 1567,
BV2751). La première allusion correspond à un passage, marqué d'un signet, d'un
papillon et d'une corne (*CN*, t.6, p.434). Voir aussi les *Dialogues d'Evhémère* (*M*,
t.30, p.492-93). L'allusion aux 'cinq mondes' se trouve aussi au début de l'article
'Tout est bien' du *DP* (*OCV*, t.35, p.419). Voltaire a souvent critiqué l'inintelligi-
bilité de Platon, en particulier dans *La Philosophie de l'histoire* (*OCV*, t.59, p.179-80),
mais ici, contrairement à *L'A.B.C.*, dont cette section constitue une reprise, il
cherche à faire admirer la formule 'l'éternel géomètre' inventée par le philosophe
grec. Le 'chimérique Platon' de *L'A.B.C.* devient 'l'éloquent mais le chimérique
Platon'; 'le ridicule Platon' devient 'l'étrange Platon'; et l'adjectif 'ignorant', qui
qualifie dans *L'A.B.C.* l'homme ne sachant pas la trigonométrie sphérique, disparaît
(voir *M*, t.27, p.394).

[33] Les jugements de Voltaire concernant Spinoza montrent des variations
troublantes. Dans *Le Philosophe ignorant*, il prétend reproduire les propres paroles
de Spinoza, selon lesquelles 'Dieu' serait une 'substance nécessaire' constituant
'pensée et matière' (*OCV*, t.62, p.58-61) et il ajoute qu'il faut aimer ce Dieu
nécessaire; mais il a lu en fait, et annoté, la *Réfutation des erreurs de Benoît de Spinoza
par M. de Fénelon, archevêque de Cambrai, par le P. Lami bénédictin et par M. le comte
de Boullainvilliers, avec la vie de Spinoza* (Bruxelles [*Amsterdam*], 1731, BV1326; *CN*,
t.3, p.474). Quelques pages plus loin dans *Le Philosophe ignorant*, en revanche,
Voltaire déclare Spinoza athée 'dans toute la force de ce terme' (*OCV*, t.62, p.62),
puisqu'il ne reconnaît nulle Providence, c'est-à-dire n'admet pas les causes finales.

[34] Les débats voltairiens, où Voltaire finit par conclure dans *Le Traité de
métaphysique*, que l'existence de Dieu est 'la chose la plus vraisemblable que les
hommes puissent penser' et la proposition contraire 'une des plus absurdes' (*OCV*,
t.14, p.439), illustrent bien les recherches en tous sens menées par le philosophe avant
de soutenir une croyance qu'il estime vraie désormais et non plus seulement
'vraisemblable'.

[35] Voltaire supprime une réplique de *L'A.B.C.* qui concerne l'influence de Platon
sur la métaphysique chrétienne, et reprend de nouveau le texte de *L'A.B.C.* en
intercalant le titre entre la mention de Spinoza et celle des 'mutins'.

lui-même tout ce que nous voyons et tout ce que nous sommes. [36]
Ils vous disent hardiment, La combinaison de cet univers était   135
possible puisqu'elle existe; donc il était possible que le mouvement
seul l'arrangeât. Prenez quatre astres seulement, Mars, Vénus,
Mercure et la Terre, ne songeons d'abord qu'à la place où ils sont,
en faisant abstraction de tout le reste, et voyons combien nous
avons de probabilités pour que le seul mouvement les mette à ces   140
places respectives. Nous n'avons que vingt-quatre chances dans
cette combinaison; c'est-à-dire, il n'y a que vingt-quatre contre un
à parier que ces astres ne se trouveront pas, les uns par rapport aux
autres. Ajoutons à ces quatre globes celui de Jupiter; il n'y aura que
cent vingt contre un à parier, que Jupiter, Mars, Vénus, Mercure et 145
notre globe, ne seront pas placés où nous les voyons.

Ajoutez-y enfin Saturne, il n'y aura que sept cent vingt hasards
contre un, pour mettre ces six grosses planètes dans l'arrangement
qu'elles gardent entre elles, selon leurs distances données. Il est
donc démontré qu'en sept cent vingt jets, le seul mouvement a pu   150
mettre ces six planètes principales dans leur ordre. [37]

---

143   70, 71N, 71A, W68, W75G: astres se trouveront où ils sont, les
        K84, K12: trouveront pas où ils sont, les
146   70, 71N, 71A, W68, W75G, K84, K12: globe, seront placés

---

[36] Avec ce terme de 'mutin', Voltaire peut viser d'Holbach et son *Christianisme
dévoilé*, Maupertuis, ou Diderot, lequel reprend l'argument épicurien du jeu fortuit
des atomes et du mouvement essentiel à la matière dans la vingt-et-unième des
Pensées philosophiques (La Haye [Paris], 1746, BV1037). En 1749, dans la *Lettre sur les
aveugles à l'usage de ceux qui voient*, celui-ci développe beaucoup plus longuement les
thèses matérialistes. Voltaire, le 10 juin 1749, répond à l'envoi de son livre en
souhaitant s'entretenir avec lui mais en critiquant les opinions de son porte-parole,
Saunderson: 'En apercevant par la pensée des rapports infinis dans toutes les choses
j'aurais soupçonné un ouvrier infiniment habile' (D3940; voir aussi *CN*, t.3, p.134:
'Saunderson me paraît raisonner fort mal').
[37] L'article 'Athée' du fonds de Kehl (*M*, t.17, p.453-61) présente aussi le
raisonnement des matérialistes, en insistant sur le mouvement essentiel à la
nature, d'où découle que toutes les combinaisons possibles doivent arriver. Là,
Voltaire se livre au même genre de calcul de probabilités qu'ici.

Prenez ensuite tous les astres secondaires, toutes leurs combinaisons, tous leurs mouvements, tous les êtres qui végètent, qui
vivent, qui sentent, qui pensent, qui agissent dans tous les globes,
vous n'aurez qu'à augmenter le nombre des chances;[38] multipliez
ce nombre dans toute l'éternité, jusqu'au nombre que notre
faiblesse appelle *infini*, il y aura toujours une unité en faveur de
la formation du monde, (tel qu'il est) par le seul mouvement; donc,
il est possible que dans toute l'éternité le seul mouvement de la
matière ait produit l'univers entier tel qu'il existe.[39] Il est même
nécessaire que dans l'éternité cette combinaison arrive. Ainsi,
disent-ils, non seulement il est possible que le monde soit tel qu'il
est par le seul mouvement; mais il était impossible qu'il ne fût pas
de cette façon après des combinaisons infinies.[40]

Réponse

Toute cette supposition me paraît prodigieusement chimérique
pour deux raisons; la première, c'est que dans cet univers il y a des
êtres intelligents, et que vous ne sauriez prouver qu'il soit possible
que le seul mouvement produise l'entendement. La seconde, c'est
que de votre propre aveu il y a l'infini contre un à parier, qu'une
cause intelligente formatrice anime l'univers. Quand on est tout
seul vis-à-vis l'infini, on est bien pauvre.[41]

155

160

165

170

170   K12: formatrice annonce l'univers

[38] Voltaire remplace le mot 'hasards' de *L'A.B.C.* par 'chances'. C'est ici l'inverse
de la démarche newtonienne évoquée dans la quinzième des *Lettres philosophiques*:
'Après avoir rendu compte par sa sublime théorie du cours et des inégalités des
planètes, il assujettit les comètes au frein de la même loi' (t.2, p.24).
[39] C'est déjà ce qu'expose Diderot dans ses *Pensées philosophiques*. Dans son
exemplaire Voltaire n'a annoté que cette pensée 21 et, beaucoup plus brièvement, la
pensée 23. Il conteste que le mouvement soit essentiel à la matière. Voir *CN*, t.3, p.136.
[40] Au texte de *L'A.B.C.* Voltaire ajoute les deux dernières phrases précédant la
'Réponse'. Elles durcissent la position des matérialistes.
[41] En faveur de cette deuxième raison l'article 'Athée' du fonds de Kehl offre une
formule comparable. Voir aussi l'annotation de Voltaire dans son exemplaire des

Encore une fois, Spinosa lui-même, admet cette intelligence; c'est la base de son système. Vous ne l'avez pas lu, et il faut le lire. Pourquoi voulez-vous aller plus loin que lui, et plonger par un sot orgueil votre faible raison dans un abîme où Spinosa n'a pas osé   175 descendre? [42] sentez-vous bien l'extrême folie de dire que c'est une cause aveugle qui fait que le carré d'une révolution d'une planète est toujours au carré des révolutions des autres planètes, comme le cube de sa distance est au cube des distances des autres au centre commun? [43] Ou les astres sont de grands géomètres, ou l'éternel   180 géomètre a arrangé les astres. [44]

Mais, où est l'éternel géomètre? est-il en un lieu ou en tout lieu sans occuper d'espace? je n'en sais rien. Est-ce de sa propre substance qu'il a arrangé toutes choses? je n'en sais rien. Est-il immense sans quantité et sans qualité? je n'en sais rien. Tout ce que   185 je sais, c'est qu'il faut l'adorer et être juste. [45]

Pensées philosophiques (Londres [*Amsterdam*], 1777, BV1038): 'Dans quelque moment que vous vous y preniez il y a toujours l'infini contre un que l'univers ne se formera pas tout seul' (*CN*, t.3, p.139).

[42] Voltaire suit toujours *L'A.B.C.*, mais en introduisant des modifications destinées à faire douter du sérieux de ses adversaires. Lors du recours à Spinoza, l'auteur ajoute un reproche injuste: 'Vous ne l'avez pas lu, et il faut le lire'. En fait, Voltaire lui-même, Paul Vernière l'a rappelé, 'comme la plupart des contemporains, ne lit pas l'*Ethique* dans le texte [...]. Tout ce dont il dispose, c'est de la paraphrase banale et incomplète du comte de Boulainvilliers éditée à Bruxelles en 1731' (*Spinoza et la pensée française avant la Révolution*, Paris, 1954, p.515).

[43] Voir les *Carnets* (*OCV*, t.81, p.356), la quinzième des *Lettres philosophiques* (t.2, p.23) et les *Eléments de la philosophie de Newton* (*OCV*, t.15, p.435, 534). Voltaire modifie la terminologie scientifique de *L'A.B.C.* ('le cube de sa distance' remplaçant ici 'la racine du cube de sa distance').

[44] La deuxième hypothèse est explicitée dans les *Eléments de la philosophie de Newton* (*OCV*, t.15, p.196).

[45] Cet aveu d'incapacité à pénétrer des 'subtilités métaphysiques' (*OCV*, t.62, p.431) et ce credo minimum se retrouvent constamment sous la plume de Voltaire. Les deux premières questions figurent dans un passage du *Système de la nature* cité dans l'article 'Causes finales' des *QE* (voir ci-dessous, p.541).

Nouvelle objection d'un athée moderne

'Peut-on dire que les parties des animaux soient conformées selon leurs besoins:[46] quels sont ces besoins? la conservation et la propagation. Or faut-il s'étonner que des combinaisons infinies que le hasard a produites, il n'ait pu subsister que celles qui avaient des organes propres à la nourriture et à la continuation de leur espèce? toutes les autres n'ont-elles pas dû nécessairement périr?'[47]

Réponse

Ce discours rebattu d'après Lucrèce, est assez réfuté par la sensation donnée aux animaux et par l'intelligence donnée à l'homme. Comment des combinaisons *que le hasard a produites*, produiraient-elles cette sensation et cette intelligence? (ainsi qu'on vient de le dire au paragraphe précédent.) Oui, sans doute, les membres des animaux sont faits pour tous leurs besoins avec un art incompréhensible,[48] et vous n'avez pas même la hardiesse de le nier. Vous n'en parlez plus. Vous sentez que vous n'avez rien à répondre à ce grand argument que la nature fait contre vous. La

190

195

200

---

[46] Voltaire vise ici Maupertuis et son *Essai de cosmologie* paru en 1750. S'il n'a pas ce texte parmi les ouvrages séparés de Maupertuis, il possède les *Œuvres* (4 vol., Lyon, 1768, BV2363). Après avoir rappelé que les mouvements des six planètes tournant autour du soleil démontraient, pour Newton, l'existence de Dieu, une telle uniformité ne pouvant être que l'effet de la volonté d'un Etre suprême, et suggéré, à l'inverse, que cette uniformité n'est pas forcément inexplicable sans Dieu, Maupertuis en vient à examiner les phénomènes biologiques. Il s'interroge alors sur l'argument, utilisé par les partisans des causes finales, de la convenance des différentes parties des animaux avec leurs besoins.

[47] Maupertuis reproduit la réponse de Lucrèce: l'usage d'un organe est la suite et non le but de sa construction. Ne survivent que les êtres où cet usage se révèle durablement possible (*De la nature des choses*, livre 4, vers 824-42).

[48] Voltaire défend de nouveau les causes finales, comme il l'avait fait dans l'article 'Fin, causes finales' du *DP*. Il reprend la discussion avec l'auteur du *Système de la nature* dont il cite un long passage dans la section première de l'article 'Causes finales' des *QE*, auquel il répond par des notes. Voir ci-dessous, p.538-43.

disposition d'une aile de mouche, les organes d'un limaçon suffisent pour vous atterrer.[49]

Objection de Moreau de Maupertuis[50]

'Les physiciens modernes n'ont fait qu'étendre ces prétendus arguments, ils les ont souvent poussés jusqu'à la minutie et à l'indécence. On a trouvé Dieu dans les plis de la peau du rhinocéros: on pouvait, avec le même droit, nier son existence à cause de l'écaille de la tortue.'

Réponse

Quel raisonnement! La tortue et le rhinocéros, et toutes les différentes espèces, prouvent également dans leurs variétés infinies, la même cause, le même dessein, le même but qui sont la

205

210

203-204   70, 71N, 71A, W68, W75G: atterrer. / *Objection* / 'Les
           K84, K12: atterrer. / *Objection de Maupertuis* / 'Les

---

[49] Dans l'avant-propos de son *Essai de cosmologie*, Maupertuis oppose ceux qui soumettent la nature à un ordre purement matériel, en excluant tout principe intelligent et en bannissant les causes finales, à ceux qui font un usage continuel de ces causes en prétendant que la puissance, la sagesse et la bonté de Dieu 'sont peintes sur les ailes des papillons et sur les toiles des araignées' (*Œuvres*, Paris, 1984, t.i, p.xiii). Il estime que les arguments de ces 'imprudents admirateurs de la nature' (p.xix) n'ont pas la force que certains pensent, tout en affirmant que le système entier de la nature montre qu'un Etre infiniment puissant et sage en est l'auteur. Mais il en cherche la preuve dans 'les lois les plus universelles' (p.xxi), et croit la trouver dans son principe de la moindre action (p.xxii).

[50] Sur son exemplaire de l'encadrée Voltaire ajoute ici, et pour l'objection suivante, le nom de Maupertuis. Il suit en effet de près l'*Essai de cosmologie* où Maupertuis, évoquant des auteurs qui entrent dans des détails qualifiés par lui de 'bagatelles', écrivait: 'Je ne parlerai pas de celui qui trouve Dieu dans les plis de la peau d'un rhinocéros'. Pour ce raisonneur, le rhinocéros, couvert d'une peau très dure, n'aurait pu se remuer sans ces plis. Aussi Maupertuis ajoute-t-il: 'Que dirait-on de celui qui nierait la Providence parce que l'écaille de la tortue n'a ni plis, ni jointures?' (*Essai de cosmologie*, p.12).

conservation, la génération et la mort. L'unité se trouve dans cette infinie variété; l'écaille et la peau rendent également témoignage. Quoi! nier Dieu parce que l'écaille ne ressemble pas à du cuir![51] Et des journalistes ont prodigué à ces inepties des éloges qu'ils n'ont pas donnés à des Newton et à Locke,[52] tous deux adorateurs de la Divinité en connaissance de cause!   215

Objection de Maupertuis

'A quoi sert la beauté et la convenance dans la construction du serpent? Il peut, dit-on, avoir des usages que nous ignorons. Taisons-nous donc au moins; et n'admirons pas un animal que nous ne connaissons que par le mal qu'il fait.'[53]   220

217-18   70, 71N, 71A, W68, W75G: cause! / *Objection* / 'A
220   K84, K12: moins; n'admirons

[51] Maupertuis affirme sa croyance en Dieu à partir des lois générales de l'univers et non à partir de phénomènes particuliers. Mais on a pu le ranger parmi les matérialistes et considérer que l'*Essai de cosmologie* est 'la traduction euphémisante d'un *Systema naturae* qui inspire l'athéisme de Diderot, avant de sonner comme une annonce du "système de la nature" du baron' (Alain Sandrier, *Le Style philosophique du baron d'Holbach*, Paris, 2004, p.400). N'oublions pas que Maupertuis était lui-même l'auteur d'un *Système de la nature: essai sur la formation des corps organisés* (*Œuvres*, 4 vol., Lyon, 1756, t.2, p.135-68), d'abord publié sous le titre *Dissertatio inauguralis metaphysica de universali naturae systemate* (Erlangen, 1751).

[52] De nombreux journaux ont mentionné les divers travaux de Maupertuis: la *Bibliothèque impartiale*, la *Bibliothèque raisonnée*, les *Mélanges littéraires et philosophiques*, et les *Mémoires de l'Académie royale de Berlin*. D'Alembert, à la fin de l'article 'Cosmologie' de l'*Encyclopédie*, analyse avec intérêt son *Essai de cosmologie*.

[53] Dans l'*Essai de cosmologie*, après avoir rappelé la flexibilité du serpent, qui lui permet de se dérober à la poursuite d'autres animaux, sa forme longue et pointue grâce à laquelle il peut s'enfoncer dans la terre pour échapper au froid, sa peau écailleuse qui lui évite de se blesser, Maupertuis ajoute: 'Mais à quoi tout cela sert-il? A la conservation d'un animal dont la dent tue l'homme'. Il poursuit en évoquant l'éventuelle utilité des remèdes produits à partir de lui; mais conclut: 'n'admirons pas un si grand appareil dans un animal que nous ne connaissons que comme nuisible' (p.14-15).

Réponse

Taisez-vous donc aussi, puisque vous ne concevez pas son utilité plus que moi; ou avouez que tout est admirablement proportionné dans les reptiles. Il y en a de venimeux, vous l'avez été vous-même. Il ne s'agit ici que de l'art prodigieux qui a formé les serpents, les 225 quadrupèdes, les oiseaux, les poissons et les bipèdes. Cet art est assez manifeste. Vous demandez pourquoi le serpent nuit? Et vous, pourquoi avez-vous nui tant de fois? Pourquoi avez-vous été persécuteur, ce qui est le plus grand des crimes pour un philosophe?[54] C'est une autre question, c'est celle du mal moral 230 et du mal physique. Il y a longtemps qu'on demande pourquoi il y a tant de serpents et tant de méchants hommes pires que les serpents? Si les mouches pouvaient raisonner, elles se plaindraient à Dieu de l'existence des araignées;[55] mais elles avoueraient ce que Minerve

[54] Voltaire fait allusion à la querelle entre König et Maupertuis, en 1752, et aux conséquences pour lui-même (voir *VST*, t.1, p.693-97). Les retombées de l'affaire König ont laissé à Voltaire une rancœur qui perdure. Fin mars 1760, après la mort de Maupertuis, Voltaire fait paraître une brochure, *Les Quand*, où il attaque le savant disparu (*M*, t.24, p.112-13). Le 3 avril, Frédéric lui reproche la rage qu'il met à le calomnier encore (D8839) et Voltaire s'en défend le 21: 'Quel intérêt ai-je à parler mal de lui? Que m'importe sa personne et sa mémoire?' (D8866). Le 26 août 1768, il rappelle les expériences saugrenues d'un 'fou nommé Maupertuis' et conclut: 'Dieu nous préserve de tels athées; celui-là était gonflé d'un amour-propre féroce, persécuteur et calomniateur' (D15189). Il revient sur Maupertuis dans une lettre du 15 septembre de la même année (D15212), puis encore le 14 juin 1769, où il le traite de nouveau de fou (D15686). La même année, le 28 octobre, il demande à D'Alembert de corriger la fin de l'article de l'*Encyclopédie* qu'il juge trop favorable à Maupertuis. D'Alembert défendait, en effet, le système du savant contre les imputations calomnieuses et vantait sa réserve face aux injures. Or Voltaire écrit: 'Il n'est pas bien sûr qu'il eût raison, mais il est très sûr qu'il a été fou et persécuteur' (D15976). Il continuera de le railler dans une lettre à Frédéric du 20 août 1770 (D16602).

[55] Il y a là encore un souvenir de l'*Essai de cosmologie*. Maupertuis s'amuse qu'on puisse admirer les lois de la Providence concernant la conservation des œufs de la mouche ou la nourriture de ses petits, alors que 'tout cela aboutit à produire un insecte incommode aux hommes, que le premier oiseau dévore, ou qui tombe dans les filets d'une araignée' (p.16). Voltaire s'en était souvenu en écrivant dans l'*Histoire du*

avoua d'Aracné dans la fable, qu'elle arrange merveilleusement sa   235
toile. [56]

Il faut donc absolument reconnaître une intelligence ineffable
que Spinosa même admettait. Il faut convenir qu'elle éclate dans le
plus vil insecte comme dans les astres. Et à l'égard du mal moral et
physique, que dire et que faire? Se consoler par la jouissance du   240
bien physique et moral, en adorant l'Etre éternel qui a fait l'un et
permis l'autre. [57]

Encore un mot sur cet article. L'athéisme est le vice de quelques
gens d'esprit; et la superstition le vice des sots. [58] Mais les fripons!
que sont-ils? des fripons.   245

Nous croyons ne pouvoir mieux faire que de transcrire ici une
pièce de vers chrétiens, [59] faits à l'occasion d'un livre d'athéisme

---

245-335b   K84, K12: fripons. / Section 3 / Des

---

docteur *Akakia*: 'Nous anathématisons spécialement et particulièrement l'*Essai de
cosmologie*, où l'Inconnu, aveuglé par les principes des enfants de Bélial, et accoutumé
à trouver tout mauvais, insinue, contre la parole de l'Ecriture, que c'est un défaut de
Providence que les araignées prennent les mouches' (Paris, 1967, p.9-10).

[56] En 1772 Voltaire reviendra sur la dévoration universelle et l'horrible araignée
qui attire et engloutit l'innocente mouche pour y voir, néanmoins, un dessein formé
de perpétuer toutes les espèces (*Il faut prendre un parti*, M, t.28, p.517-51).

[57] On est plus près ici d'un Dieu indifférent, tel qu'il apparaissait dans le *Traité de
métaphysique* (*OCV*, t.14, p.480), que du Dieu juste de l'homélie sur l'athéisme
(*Homélies*, *OCV*, t.62, p.435).

[58] Voltaire s'en tient ici, curieusement, aux athées de cabinet qui ne sont
dangereux que parce qu'ils produisent des athées de cour. Les conséquences
redoutables des deux erreurs que représentent, à ses yeux, athéisme et superstition
étaient beaucoup mieux mises en lumière dans la première des *Homélies*: 'Des athées
qui ont en main le pouvoir seraient aussi funestes au genre humain que des
superstitieux' (*OCV*, t.62, p.447), ou à la fin de la seconde: 'O mon Dieu! écarte
de nous l'erreur de l'athéisme qui nie ton existence, et délivre-nous de la superstition
qui outrage ton existence, et qui rend la nôtre affreuse' (p.460).

[59] L'adjectif peut surprendre pour qualifier un poème de Voltaire, bien qu'il ait déjà
attribué son *Traité sur la tolérance* à un bon prêtre et signé du nom d'ecclésiastiques
certains de ses ouvrages. Toutefois, ses réfutations de l'athéisme seront, en effet,
utilisées par le clergé (voir R. Pomeau, *La Religion de Voltaire*, p.398).

sous le nom des *trois imposteurs*,[60] qu'un M. de Trawsmandorf prétendit avoir retrouvé.

Epître à l'auteur du livre des Trois Imposteurs[61]

Insipide écrivain qui crois à tes lecteurs   250
Crayonner les portraits de tes trois imposteurs,
D'où vient que sans esprit tu fais le quatrième?[62]

[60] Sans parler de la tradition légendaire qui a attribué longtemps une polémique de ce type à l'empereur germanique Frédéric II, et outre le *De tribus impostoribus* latin, composé vers 1688, probablement par J. J. Müller, il existe plusieurs versions du *Traité des trois imposteurs*. Elles diffèrent par le nombre de chapitres, vu les remaniements successifs, certains textes ayant aussi pour titre *L'Esprit de Spinosa*. Ces ouvrages s'en prennent tous aux fondateurs des trois religions monothéistes: Moïse, Jésus et Mahomet. On connaît plus de 150 manuscrits de ce traité, dont l'archétype remonterait au dernier quart du dix-septième siècle, et huit éditions entre 1719 et 1793. Voir l'édition de P. Rétat (Saint-Etienne, 1973) ainsi que *Le 'Traité des trois imposteurs' et 'L'Esprit de Spinoza': philosophie clandestine entre 1678 et 1768*, éd. Françoise Charles-Daubert (Oxford, 1999). A partir de 1768 le *Traité* n'évolue plus, et c'est à cette version (Yverdon [Amsterdam], 1768, BV3330) que Voltaire va répondre. Sans s'intéresser aux attaques contre les trois fondateurs de religions il se préoccupe de l'athéisme qui imprègne le texte. Le 12 mars 1769, il écrit à Mme Denis: 'Je me suis amusé ce matin à faire une épître contre le livre des Trois imposteurs. Je viens de la finir. Je vous l'enverrai. Je crois l'athéisme aussi pernicieux que la superstition' (D15513). Le 15, il l'envoie à Mme Du Deffand: 'Voici un ouvrage contre l'athéisme, dont une partie est édifiante et l'autre un peu badine' (D15517). Elle l'appréciera en jugeant que 'rien n'est si sensé que le commencement et le milieu et rien n'est si plaisant que la fin' (D15532). Le 27, Voltaire l'adresse à Jacques Lacombe, en souhaitant pouvoir insérer dans le *Mercure* quelques-unes de ses 'niaiseries': 'En voici une pour convertir les athées. Il y a quelques vers qui peuvent marcher la tête levée; et d'autres qui doivent se cacher' (D15540).

[61] Une note de Voltaire en 1771 indique: 'Ce livre des Trois imposteurs est un très mauvais ouvrage, plein d'un athéisme grossier, sans esprit et sans philosophie' (*Epître à l'auteur du livre des Trois imposteurs*, M, t.10, p.402).

[62] Cette attaque brutale marque la double orientation suivie dorénavant par Voltaire: à ses cibles habituelles, judaïsme et christianisme, il ajoute l'athéisme. L'*Histoire de Jenni* verra se succéder la satire de certaines croyances appartenant à ces religions et la critique de l'incroyance, jugée tout aussi dangereuse.

Pourquoi pauvre ennemi de l'essence suprême,
Confonds-tu Mahomet avec le Créateur;[63]
Et les œuvres de l'homme avec Dieu son auteur?...   255
Corrige le valet, mais respecte le maître:
Dieu ne doit point pâtir des sottises du prêtre;
Reconnaissons ce Dieu quoique très mal servi.

    De lézards et de rats mon logis est rempli,
Mais l'architecte existe, et quiconque le nie,   260
Sous le manteau du sage est atteint de manie.[64]
Consulte Zoroastre, et Minos, et Solon,
Et le martyr Socrate, et le grand Cicéron;
Ils ont adoré tous un maître, un juge, un père.[65]
Ce système sublime à l'homme est nécessaire.   265
C'est le sacré lien de la société,
Le premier fondement de la sainte équité,
Le frein du scélérat, l'espérance du juste.[66]
    Si les cieux dépouillés de son empreinte auguste
Pouvaient cesser jamais de le manifester,   270
Si Dieu n'existait pas, il faudrait l'inventer.[67]

[63] Voltaire choisit, parmi les trois prophètes, le seul que les chrétiens ne révèrent pas; de cette manière il évite, contrairement à son habitude, de soulever la question de la divinité du Christ.

[64] Voir l'‘Addition du traducteur’, *Dieu et les hommes*, où des images comparables, dans un autre contexte figurent le mal physique et le mal moral présents dans notre vie, contrastant avec la vie éternelle et heureuse que les religions nous font espérer (*OCV*, t.69, p.503-504). ‘Manie’ doit évidemment, ici, être pris dans le sens de ‘folie’, ‘idée fixe’ qui empêche de voir l'évidence.

[65] Une démarche syncrétiste associe souvent les cinq personnages mentionnés ici, quand il s'agit du culte rendu à l'Etre suprême, de la morale, ou de l'institution de bonnes lois, en particulier, quand il s'agit de la tolérance. Parlant de la ‘morale honnête’ de Jésus, Voltaire l'assimile à celle de Cicéron et de Zoroastre, cités au milieu d'une dizaine d'autres noms (*Dieu et les hommes*, p.422). Sur le panthéon voltairien et ses variantes, voir de nombreux articles du *DP*: ‘Secte’ (*OCV*, t.36, p.520), ‘Torture’ (p.572), ‘Du juste et de l'injuste’ (p.282), ‘Morale’ (p.397).

[66] Voir ‘Axiomes’, *Dieu et les hommes*: ‘Nulle société ne peut subsister sans justice. Annonçons donc un Dieu juste [...]. Si la loi de l'Etat punit les crimes connus, annonçons donc un Dieu qui punira les crimes inconnus [...]. Qu'un philosophe soit spinoziste s'il veut. Mais que l'homme d'Etat soit théiste’ (*OCV*, t.69, p.499).

[67] Ce vers resté célèbre a pu faire douter de la sincérité du théisme voltairien,

Que le sage l'annonce, et que les rois le craignent.
Rois, si vous m'opprimez, si vos grandeurs dédaignent
Les pleurs de l'innocent que vous faites couler,
Mon vengeur est au ciel; apprenez à trembler. [68]   275
Tel est au moins le fruit d'une utile croyance.
    Mais toi, raisonneur faux, dont la triste imprudence
Dans le chemin du crime ose les rassurer,
De tes beaux arguments quel fruit peux-tu tirer?
Tes enfants à ta voix seront-ils plus dociles?   280
Tes amis au besoin plus sûrs et plus utiles?
Ta femme plus honnête? et ton nouveau fermier,
Pour ne pas croire en Dieu, va-t-il mieux te payer?...
Ah! laissons aux humains la crainte et l'espérance.
    Tu m'objectes en vain l'hypocrite insolence   285
De ces fiers charlatans aux honneurs élevés,
Nourris de nos travaux, de nos pleurs abreuvés;
Des Césars avilis la grandeur usurpée,

---

puisqu'on pourrait en déduire que Dieu n'est pour l'écrivain qu'une invention utile. Mais sa lettre du 28 novembre 1770, à Frédéric Guillaume, prince héritier de Prusse, contient cette même phrase: 'Mais toute la nature nous crie qu'il existe, qu'il y a une intelligence suprême, un pouvoir immense, un ordre admirable, et tout nous instruit de notre dépendance' (D16792). Cet Etre suprême, toutefois, n'est pas le Dieu rémunérateur et vengeur dont il est question dans l'*Epître*. On a donc pu ne voir en Voltaire qu'un grand propriétaire prêchant à autrui, par pur intérêt, une croyance qu'il dédaignait pour sa part. Mais René Pomeau a bien montré que le vers 'Si Dieu n'existait pas' 'est un nœud idéologique, où s'entremêlent à la politique sociale le problème moral, et les deux questions de l'immortalité de l'âme et de l'existence du mal' (*La Religion de Voltaire*, p.403). A côté du Dieu indifférent, Voltaire éprouve souvent le besoin, ou la nostalgie d'un Dieu juste, donc d'un Dieu distribuant récompenses et châtiments dans l'au-delà afin de remédier à une absurde répartition des maux et des biens ici-bas. Cependant il répugne à croire à la survie. Mais si, individuellement, il se heurte à une aporie, il est par ailleurs conscient de la nature sociale du fait religieux et il reste persuadé que toute société a besoin de croire à un Dieu juste. Le critère d'utilité est alors tout près de se substituer au critère de vérité.

[68] La crainte de l'oppression politique est donc la première justification de la nécessaire crainte de Dieu. Cf. 'Je ne voudrais pas avoir affaire à un prince athée' de l'article 'Athée, athéisme' (*DP*, *OCV*, t.35, p.390).

Un prêtre au capitole où triompha Pompée, [69]

Des faquins en sandale, excrément des humains,   290

Trempant dans notre sang leurs détestables mains;

Cent villes à leur voix couvertes de ruines,

Et de Paris sanglant les horribles matines. [70]

Je connais mieux que toi ces affreux monuments.

Je les ai sous ma plume exposés cinquante ans. [71]   295

Mais de ce fanatisme ennemi formidable,

J'ai fait adorer Dieu, quand j'ai vaincu le diable.

Je distinguai toujours de la religion

Les malheurs qu'apporta la superstition. [72]

L'Europe m'en sut gré; vingt têtes couronnées   300

Daignèrent applaudir mes veilles fortunées; [73]

[69] Sur la dégénérescence de Rome, dans le passage de l'antiquité païenne à l'ère chrétienne, rendue sensible dans l'*Essai sur les mœurs* (ch.8-11), on se reportera surtout au *Dialogue entre Marc-Aurèle et un récollet* (*OCV*, t.32A, p.133-41).

[70] On voit là une allusion à la Saint-Barthélemy, 'le plus détestable exemple de fanatisme' selon l'article 'Fanatisme' du *DP* (*OCV*, t.36, p.107).

[71] Voltaire date donc de *La Henriade* le début de son combat; on peut voir, en effet, dans ce poème un panorama du fanatisme, contre lequel Voltaire n'a cessé de lutter. Dans *Dieu et les hommes* (ch.42), il additionne les diverses victimes du fanatisme des chrétiens et arrive à 9 468 800 personnes 'ou égorgées, ou noyées, ou brûlées, ou rouées, ou pendues pour l'amour de Dieu' (*OCV*, t.69, p.485). Il peindra encore 'ces affreux monuments' dans la section 2 de l'article 'Religion' des *QE* (*M*, t.20, p.342-44). Voir aussi section 4 du présent article, la longue énumération des massacres commis au nom de la religion.

[72] La seconde homélie 'Sur la superstition' nous éclaire sur cette distinction: 'Les emblèmes de la Divinité furent une des premières sources de la superstition. Dès que nous eûmes fait Dieu à notre image, le culte divin fut perverti' (*Homélies, OCV*, t.62, p.448). Voltaire s'en prend donc aux représentations d'un Dieu 'fier, jaloux, colère, vindicatif, bienfaiteur, capricieux, destructeur impitoyable' (p.449) et au culte des saints, quand ils lui semblent fous ou fanatiques, tels Ignace de Loyola, Dominique ou François d'Assise; car 'la superstition qu'il faut bannir de la terre est celle qui, faisant de Dieu un tyran, invite les hommes à être tyrans' (p.451). Aussi se réfère-t-il à Jésus, qui 'ne fut point superstitieux', 'ne fut point intolérant', pour définir la religion essentielle: 'Quoi! il vous a dit, Tout consiste à aimer Dieu, et son prochain, et vous rechercheriez autre chose?' (p.455).

[73] Le calcul de Voltaire peut débuter par l'envoi d'*Œdipe* à George Ier d'Angleterre et les souscriptions pour *La Henriade*. Toutefois, il doit songer surtout à l'adhésion de Frédéric II et de Catherine II à ses principes philosophiques,

Tandis que Patouillet m'injuriait en vain. [74]
    J'ai fait plus en mon temps que Luther et Calvin.
On les vit opposer par une erreur fatale
Les abus aux abus, le scandale au scandale,   305
Parmi les factions, ardents à se jeter,
Ils condamnaient le pape, et voulaient l'imiter.
L'Europe par eux tous fut longtemps désolée. [75]
Ils ont troublé la terre et je l'ai consolée.
J'ai dit aux disputants l'un sur l'autre acharnés,   310
Cessez impertinents, cessez infortunés;

---

comptant aussi parmi ses émules Gustave III de Suède, sa mère, la reine Ulrique, sœur de Frédéric II, Christian VII de Danemark, Stanislas Auguste Poniatowski, et mettre évidemment entre parenthèses les fluctuations de ses rapports avec la cour de France. Peut-être a-t-il aussi à l'esprit quelques bonnes relations, quoique éphémères, avec Stanislas Ier Leszczynski, duc de Lorraine, ou avec l'Electeur Palatin, ou encore la bienveillance de ceux qui dirigeaient de petits Etats d'Allemagne, comme la duchesse de Saxe-Gotha, avec qui il entretint une correspondance suivie. L'itinéraire d'Amazan et de Formosante, dans *La Princesse de Babylone*, donne une idée de ce que Voltaire considérait comme les pays d'Europe éclairés (*OCV*, t.66).

[74] Le jésuite Louis Patouillet fut prédicateur à la cour de Nancy et seconda Christophe de Beaumont, archevêque de Paris, dans sa résistance au Parlement. Il fut donc contraint, en 1756, de quitter Paris. Voltaire évoque ces faits dans la vingt-troisième des *Honnêtetés littéraires*, où il rappelle les accusations portées contre lui dans la lettre pastorale signée par l'archevêque d'Auch, inspirée, selon lui, par Patouillet (*OCV*, t.63B, p.147, 151). Il y répondit par la *Lettre pastorale à Monsieur l'archevêque d'Auch* (*M*, t.25, p.469-70). Il associe souvent Patouillet à Nonnotte dans ses railleries, en particulier dans les *Honnêtetés littéraires*, les additions à l'*Epître sur la calomnie* (*OCV*, t.9, p.308) ou dans la correspondance (D17588 par exemple).

[75] Dans le *Catéchisme de l'honnête homme*, l'interlocuteur du caloyer adopterait la religion protestante de préférence à toute autre. Toutefois, c'est parce qu'elle lui paraît plus proche du christianisme originel, qu'il réduit à une morale. Mais dans le *Traité sur la tolérance*, après avoir rappelé les martyres de protestants, Voltaire admet que 'les huguenots, sans doute, ont été enivrés de fanatisme, et souillés de sang comme nous' (*OCV*, t.56C, p.146). Dans l'*Examen important de milord Bolingbroke* il écrit à propos des réformés: 'après avoir été persécutés, ils devinrent persécuteurs à leur tour' (*OCV*, t.62, p.344). Il évoque souvent Michel Servet, victime du fanatisme de Calvin. Voir le *Poème sur la loi naturelle* (*OCV*, t.32B, p.70) et les 'Axiomes' de *Dieu et les hommes*: 'Papistes, luthériens, calvinistes: ce sont autant de factions sanguinaires' (*OCV*, t.69, p.501).

Très sots enfants de Dieu, chérissez-vous en frères:
Et ne vous mordez plus pour d'absurdes chimères. [76]
Les gens de bien m'ont cru: les fripons écrasés,
En ont poussé des cris du sage méprisés;   315
Et dans l'Europe enfin l'heureux tolérantisme,
De tout esprit bien fait devient le catéchisme. [77]
    Je vois venir de loin ces temps, ces jours sereins,
Où la philosophie éclairant les humains,
Doit les conduire en paix aux pieds du commun maître.   320
Le fanatisme affreux tremblera d'y paraître:
On aura moins de dogme avec plus de vertu. [78]
    Si quelqu'un d'un emploi veut être revêtu,
Il n'amènera plus deux témoins à sa suite, (a)
Jurer quelle est sa foi, mais quelle est sa conduite.   325
A l'attrayante sœur d'un gros bénéficier,
Un amant huguenot pourra se marier: [79]
Des trésors de Lorette amassés pour Marie,
On verra l'indigence habillée et nourrie: [80]

(a) En France, pour être reçu procureur, notaire, greffier, il faut deux témoins, qui déposent de la catholicité du récipiendaire.

[76] Voir en particulier la 'Prière à Dieu' du *Traité sur la tolérance* (*OCV*, t.56c, p.251).

[77] La correspondance témoigne de cette croyance aux progrès des Lumières au cours des années 1760: 'Soyez sûr que l'Europe est remplie d'hommes raisonnables, qui ouvrent les yeux à la lumière. En vérité le nombre en est prodigieux' (D11208); 'Courage, le royaume de Dieu n'est pas loin; les esprits s'éclairent d'un bout de l'Europe à l'autre' (D12099); 'On commence à ouvrir les yeux d'un bout de l'Europe à l'autre' (D14211); 'Il s'est fait une grande révolution dans les esprits [...]. On ne sera plus homicide pour paraître chrétien. J'aurai contribué à cette bonne œuvre' (D15307). Voir aussi D13139, D15414, D15907, D17249.

[78] C'est le rêve exprimé dans l'article 'Dogmes' du *DP* (*OCV*, t.36, p.41).

[79] On sait que le catholicisme était la seule religion reconnue en France, depuis la révocation de l'édit de Nantes. Voltaire fait ici allusion à la législation antiprotestante. A Ferney, protestants et catholiques vivaient en paix.

[80] A la fin de l'article 'Théiste' du *DP*, le théiste 'rit de Lorette et de La Mecque, mais il secourt l'indigent, et il défend l'opprimé' (*OCV*, t.36, p.548; voir aussi D17249, où l'écrivain propose de donner du pain aux pauvres grâce aux pierreries de

Les enfants de Sara, que nous traitons de chiens,   330
Mangeront du jambon fumé par des chrétiens. [81]
Le Turc sans s'informer si l'iman lui pardonne,
Chez l'abbé Tamponet ira boire en Sorbonne. [82]
Entre les beaux esprits on verra l'union;
Mais qui pourra jamais souper avec Fréron? [83]   335

Notre-Dame de Lorette). Le culte de Notre-Dame de Lorette, reposant sur la légende selon laquelle la maison de la Sainte Famille fut portée par les airs de Dalmatie à Lorette en Italie, est souvent raillé par Voltaire. Voir les articles 'Idole, idolâtre, idolâtrie' du *DP* (*OCV*, t.36, p.210-11) et 'Des délits locaux' (p.10).

[81] Les interdits alimentaires sont souvent raillés par Voltaire. Voir, par exemple, le *Traité sur la tolérance*, où il souligne l'aspect extraordinaire et arbitraire de ces règlements du judaïsme pour ceux qui n'appartiennent pas à la religion qui les a promulgués (ch.12, *OCV*, t.56c, p.192). En remontant à Sara, femme d'Abraham, qui est considéré comme le père de tous les croyants dans les trois religions monothéistes, Voltaire souligne leurs racines communes, qui devraient les rapprocher. A la dénonciation de leurs impostures il substitue donc un appel à la tolérance réciproque.

[82] Tamponet, docteur en théologie, fut un des censeurs qui condamnèrent en Sorbonne la thèse de l'abbé de Prades en 1752. Il symbolise donc pour Voltaire l'obscurantisme et le sectarisme absurde. C'est sous ce jour qu'il le représente dans la *Seconde Anecdote sur Bélisaire* en lui faisant dire: 'Nous donnons toujours des décrets; et nous fixons à la pluralité des voix ce que l'univers doit penser' (*OCV*, t.63A, p.205). Voltaire s'amusa à le présenter comme le traducteur des *Questions de Zapata* et des *Lettres d'Amabed*. L'auteur a ici supprimé quatre vers satiriques.

[83] Un rêve comparable prendra place à la fin de l'article 'Tolérance' des *QE* (section 5): l'auteur invite à un souper commun son 'frère le Turc', son 'frère le Chinois' et même son 'frère le Juif', à condition que soient laissées de côté quelques invraisemblances ou immoralités bibliques. Les railleries sur l'Ancien Testament remplaceront la boutade qui s'exerce ici aux dépens de Fréron. Les affrontements des deux hommes, commencés dès les années 1740, continueront jusqu'à la mort du directeur de *L'Année littéraire* en 1776 (voir Jean Balcou, *Fréron contre les philosophes*, Genève, 1975).

Section troisième
Des injustes accusations, et de la justification
de Vanini[84]

Autrefois quiconque avait un secret dans un art, courait risque de passer pour un sorcier; toute nouvelle secte était accusée d'égorger des enfants dans ses mystères; et tout philosophe qui s'écartait du jargon de l'école, était accusé d'athéisme par les fanatiques et par les fripons, et condamné par les sots.

Anaxagore ose-t-il prétendre que le soleil n'est point conduit par Apollon, monté sur un quadrige? on l'appelle *athée*, et il est contraint de fuir.

Aristote est accusé d'athéisme par un prêtre; et ne pouvant faire punir son accusateur, il se retire à Calcis. Mais la mort de Socrate est ce que l'histoire de la Grèce a de plus odieux.

Aristophane, (cet homme que les commentateurs admirent, parce qu'il était Grec, ne songeant pas que Socrate était Grec aussi) Aristophane fut le premier qui accoutuma les Athéniens à regarder Socrate comme un athée.

Ce poète comique, qui n'est ni comique ni poète, n'aurait pas été

340

345

350

335b   K84, K12: *et la*
344-45   71N: pouvant punir
345   71N: se retira à

[84] Voltaire reprend ici une grande partie de la première section de l'article 'Athée, athéisme' du *DP*. Nous renvoyons donc aux notes de cet article (*OCV*, t.35, p.375-85, lignes 1-137). Mais le titre ajouté indique qu'il veut maintenant montrer qu'il y a beaucoup moins de vrais athées qu'on ne pourrait le croire, puisqu'un grand nombre a été accusé d'athéisme à tort. Voltaire ne reprend pas la suite de l'article du *DP*. D'une part il a déjà abordé dans la section 1 du présent article les sujets traités par Bayle concernant l'existence des sociétés athées. D'autre part, certains arguments du *DP* risqueraient ici d'affaiblir son propos, comme par exemple la comparaison entre le fanatisme et l'athéisme (p.388), ainsi que son affirmation qu'il y a 'moins d'athées aujourd'hui que jamais' (p.391), vu la parution toute récente du *Système de la nature* d'Holbach contre lequel il s'acharne.

admis parmi nous à donner ses farces à la foire Saint-Laurent; il me
paraît beaucoup plus bas et plus méprisable que Plutarque ne le
dépeint. Voici ce que le sage Plutarque dit de ce farceur: 'Le
langage d'Aristophane sent son misérable charlatan; ce sont les   355
pointes les plus basses et les plus dégoûtantes; il n'est pas même
plaisant pour le peuple, et il est insupportable aux gens de jugement
et d'honneur; on ne peut souffrir son arrogance, et les gens de bien
détestent sa malignité.'

C'est donc là, pour le dire en passant, le Tabarin que madame   360
Dacier admiratrice de Socrate, ose admirer: Voilà l'homme qui
prépara de loin le poison, dont des juges infâmes firent périr
l'homme le plus vertueux de la Grèce.

Les tanneurs, les cordonniers et les couturières d'Athènes
applaudirent à une farce dans laquelle on représentait Socrate   365
élevé en l'air dans un panier, annonçant qu'il n'y avait point de
Dieu, et se vantant d'avoir volé un manteau en enseignant la
philosophie. Un peuple entier, dont le mauvais gouvernement
autorisait de si infâmes licences, méritait bien ce qui lui est arrivé,
de devenir l'esclave des Romains, et de l'être aujourd'hui des   370
Turcs. Les Russes que la Grèce aurait autrefois appelés *barbares*, et
qui la protègent aujourd'hui, n'auraient ni empoisonné Socrate ni
condamné à mort Alcibiade.[85]

Franchissons tout l'espace des temps entre la république
romaine et nous. Les Romains bien plus sages que les Grecs,   375
n'ont jamais persécuté aucun philosophe pour ses opinions. Il n'en
est pas ainsi chez les peuples barbares qui ont succédé à l'empire
romain. Dès que l'empereur Frédéric II a des querelles avec les
papes, on l'accuse d'être athée, et d'être l'auteur du livre des *trois
imposteurs*, conjointement avec son chancelier de Vineis.   380

Notre grand chancelier de l'Hôpital se déclare-t-il contre les
persécutions; on l'accuse aussitôt d'athéisme. (*b*) *Homo doctus, sed*

(*b*) *Commentarium rerum Gallicarum*, livre 28.

[85] Voltaire a ajouté cette phrase au texte qu'il reprend du *DP*, en pleine guerre
russo-turque (1768-1774), s'imaginant que les Russes allaient libérer la Grèce.

verus atheos. Un jésuite, autant au-dessous d'Aristophane, qu'Aristophane est au-dessous d'Homère; un malheureux dont le nom est devenu ridicule parmi les fanatiques mêmes, le jésuite Garasse, en 385 un mot, trouve partout des *athéistes*; c'est ainsi qu'il nomme tous ceux contre lesquels il se déchaîne. Il appelle Théodore de Bèze athéiste; c'est lui qui a induit le public en erreur sur Vanini.

La fin malheureuse de Vanini ne nous émeut point d'indignation et de pitié comme celle de Socrate; parce que Vanini n'était qu'un 390 pédant étranger sans mérite; mais enfin, Vanini n'était point athée, comme on l'a prétendu; il était précisément tout le contraire.

C'était un pauvre prêtre napolitain, prédicateur et théologien de son métier; disputeur à outrance sur les quiddités, et sur les universaux; *et utrum chimera bombinans in vacuo possit comedere* 395 *secundas intentiones*. Mais d'ailleurs, il n'y avait en lui veine qui tendît à l'athéisme. Sa notion de Dieu est de la théologie la plus saine, et la plus approuvée; 'Dieu est son principe et sa fin, père de l'une et de l'autre,[86] et n'ayant besoin ni de l'une, ni de l'autre; éternel sans être dans le temps; présent partout sans être en aucun 400 lieu. Il n'y a pour lui ni passé, ni futur; il est partout, et hors de tout; gouvernant tout, et ayant tout créé; immuable, infini sans parties; son pouvoir est sa volonté.' Cela n'est pas bien philosophique mais cela est de la théologie la plus approuvée.[87]

Vanini se piquait de renouveler ce beau sentiment de Platon, 405 embrassé par Averroës, que Dieu avait créé une chaîne d'êtres depuis le plus petit jusqu'au plus grand, dont le dernier chaînon est attaché à son trône éternel; idée, à la vérité, plus sublime que vraie, mais qui est aussi éloignée de l'athéisme que l'être du néant.

Il voyagea pour faire fortune et pour disputer; mais malheu- 410

398-99   K12: de l'un et de l'autre, et n'ayant besoin ni de l'un, ni
403   K84, K12: volonté etc.' Cela
403-405   70, 71N, 71A, W68, W75G: volonté, etc.' ¶Vanini

[86] Le texte du *DP*, repris par la suite par les éditeurs de K12, est plus correct (voir la variante).
[87] La dernière phrase n'est pas dans le texte du *DP*.

reusement la dispute est le chemin opposé à la fortune; on se fait autant d'ennemis irréconciliables qu'on trouve de savants ou de pédants, contre lesquels on argumente. Il n'y eut point d'autre source du malheur de Vanini; sa chaleur et sa grossièreté dans la dispute lui valut la haine de quelques théologiens; et ayant eu une querelle avec un nommé Francon ou Franconi, ce Francon ami de ses ennemis, ne manqua pas de l'accuser d'être athée enseignant l'athéisme.

Ce Francon, ou Franconi, aidé de quelques témoins, eut la barbarie de soutenir à la confrontation ce qu'il avait avancé. Vanini, sur la sellette, interrogé sur ce qu'il pensait de l'existence de Dieu, répondit qu'il adorait avec l'Eglise un Dieu en trois personnes. Ayant pris à terre une paille, Il suffit de ce fétu, dit-il, pour prouver qu'il y a un créateur. Alors il prononça un très beau discours sur la végétation et le mouvement, et sur la nécessité d'un Etre suprême, sans lequel il n'y aurait ni mouvement ni végétation.

Le président Grammont qui était alors à Toulouse, rapporte ce discours dans son *Histoire de France*, aujourd'hui si oubliée; et ce même Grammont, par un préjugé inconcevable, prétend que Vanini disait tout cela *par vanité, ou par crainte, plutôt que par une persuasion intérieure.*

Sur quoi peut être fondé ce jugement téméraire et atroce du président Grammont? Il est évident que sur la réponse de Vanini, on devait l'absoudre de l'accusation d'athéisme. Mais qu'arriva-t-il? Ce malheureux prêtre étranger se mêlait aussi de médecine; on trouva un gros crapaud vivant, qu'il conservait chez lui dans un vase plein d'eau; on ne manqua pas de l'accuser d'être sorcier. On soutint que ce crapaud était le dieu qu'il adorait, on donna un sens impie à plusieurs passages de ses livres, ce qui est très aisé et très commun, en prenant les objections pour les réponses, en interprétant avec malignité quelque phrase louche, en empoisonnant une expression innocente. Enfin la faction qui l'opprimait, arracha des juges l'arrêt qui condamna ce malheureux à la mort.

415   K84, K12: lui valurent la

Pour justifier cette mort, il fallait bien accuser cet infortuné de ce qu'il y avait de plus affreux. Le minime et très minime Mersenne a poussé la démence jusqu'à imprimer, que Vanini *était parti de Naples avec douze de ses apôtres, pour aller convertir toutes les nations à l'athéisme.* Quelle pitié! Comment un pauvre prêtre aurait-il pu avoir douze hommes à ses gages? comment aurait-il pu persuader douze Napolitains de voyager à grands frais pour répandre partout cette abominable et révoltante doctrine au péril de leur vie? Un roi serait-il assez puissant pour payer douze prédicateurs d'athéisme? Personne, avant le père Mersenne, n'avait avancé une si énorme absurdité. Mais après lui on l'a répétée, on en a infecté les journaux, les dictionnaires historiques; et le monde qui aime l'extraordinaire, a cru sans examen cette fable. $\qquad$ 445 450 455

Bayle lui-même, dans ses *Pensées diverses*, parle de Vanini comme d'un athée: il se sert de cet exemple pour appuyer son paradoxe qu'*une société d'athées peut subsister*; il assure que Vanini était un homme de mœurs très réglées, et qu'il fut le martyr de son opinion philosophique. Il se trompe également sur ces deux points. Le prêtre Vanini nous apprend dans ses dialogues faits à l'imitation d'Erasme, qu'il avait eu une maîtresse nommée Isabelle. Il était libre dans ses écrits comme dans sa conduite; mais il n'était point athée. $\qquad$ 460 465

Un siècle après sa mort, le savant La Croze, et celui qui a pris le nom de Philalète, ont voulu le justifier; mais comme personne ne s'intéresse à la mémoire d'un malheureux Napolitain, très mauvais auteur, presque personne ne lit ces apologies.

Le jésuite Hardouin, plus savant que Garasse, et non moins téméraire, accuse d'athéisme, dans son livre *Athei detecti*, les Descartes, les Arnauld, les Pascal, les Mallebranche;[88] heureusement ils n'ont pas eu le sort de Vanini. $\qquad$ 470

451 K84, K12: cette doctrine révoltante au
463 71N: d'Erasme, qui avait
471 K84, K12: livre intitulé *Athei*

[88] Voltaire abrège la liste là où l'article du *DP* avait: 'les Pascals, les Nicoles, les Mallebranches' (p.385).

Section quatrième
De Bonaventure Des-Périers, accusé d'athéisme[89]

L'inquiétude, la vivacité, la loquacité, la pétulance française
supposa toujours plus de crimes qu'elle n'en commit. C'est   475
pourquoi il meurt rarement un prince chez Mézerai sans qu'on
lui ait donné le boucon. Le jésuite Garasse, et le jésuite Hardouin
trouvent partout des athéistes. Force moines, ou gens pires que
moines, craignant la diminution de leur crédit, ont été des
sentinelles, criant toujours Qui vive, l'ennemi est aux portes,   480

473a-900   K84, K12: Section 4 / Disons un mot de la question morale agitée par
Bayle, savoir *si une société d'athées pourrait subsister?* [*suivent ici les lignes 139-298 de
l'article 'Athée, athéisme' du DP, avec quelques légères modifications – pour ce texte, voir
OCV, t.35, p.385-92*] //

[89] L'ensemble de cette section est extrait de la septième des *Lettres à Son Altesse
Monseigneur le prince de ****, 'Sur les Français'. Nous renvoyons aux notes de ce texte
(*OCV*, t.63B, p.433-60). Le nouveau titre de la section montre encore que le dessein
principal de Voltaire est de dénoncer les fausses accusations d'athéisme. Par rapport
aux *Lettres à Son Altesse*, il va donc introduire quelques modifications. Ainsi il omet
les pages consacrées à Bayle, peut-être parce qu'il y déclarait: 'ses plus grands
défenseurs avouent que dans les articles de controverse il n'y a pas une seule page qui
ne conduise le lecteur au doute, et souvent à l'incrédulité. On ne pouvait le
convaincre d'être impie, mais il faisait des impies' (*OCV*, t.63B, p.447-48). S'il
supprime les lignes sur 'Mademoiselle Huber', c'est probablement parce qu'il juge
que ses ouvrages abstraits répandent 'plus d'obscurité que de lumières' (*OCV*, t.63B,
p.452) et que le combat contre l'athéisme n'aurait rien à y gagner. Quant à
Montesquieu, comme l'auteur ne fut attaqué que par 'quelques misérables écrivains
obscurs' (*OCV*, t.63B, p.461), il n'est pas le plus représentatif des écrivains accusés à
tort et n'apparaît pas ici. La Mettrie et le curé Meslier, athées notoires, sont également
exclus de cette liste pour des raisons évidentes. L'écrivain avait d'ailleurs dit du
second: 'Ce curé voulait anéantir toute religion, et même la naturelle. [...] On en a fait
plusieurs petits abrégés, dont quelques-uns ont été imprimés; ils sont heureusement
purgés du poison de l'athéisme' (*OCV*, t.63B, p.463). Sur la présence de Fréret et de
Boulanger dans l'œuvre de Voltaire, et sur les ouvrages qui leur sont faussement
attribués, voir Marie-Hélène Cotoni, 'Fluctuations de Voltaire sur quelques figures
de la littérature philosophique clandestine', *La Lettre clandestine* 16 (2008), p.117-35.

grâces soient rendues à Dieu de ce que nous avons bien moins de gens niant Dieu qu'on ne l'a dit. [90]

Un des premiers exemples en France de la persécution fondée sur des terreurs paniques, fut le vacarme étrange qui dura si longtemps au sujet du *Cimbalum mundi*, petit livret d'une cinquantaine de pages tout au plus. L'auteur, Bonaventure Des-Périers, vivait au commencement du seizième siècle. Ce Des-Périers était domestique de Marguerite de Valois sœur de François Ier. Les lettres commençaient alors à renaître. Des-Périers voulut faire en latin quelques dialogues dans le goût de Lucien: il composa quatre dialogues très insipides sur les prédictions, sur la pierre philosophale, sur un cheval qui parle, sur les chiens d'Actéon. Il n'y a pas assurément dans tout ce fatras de plat écolier, un seul mot qui ait le moindre et le plus éloigné rapport aux choses que nous devons révérer.

On persuada à quelques docteurs qu'ils étaient désignés par les chiens et par les chevaux. Pour les chevaux ils n'étaient pas accoutumés à cet honneur. Les docteurs aboyèrent; aussitôt l'ouvrage fut recherché, traduit en langue vulgaire et imprimé: et chaque fainéant d'y trouver des allusions, et les docteurs de crier à l'hérétique, à l'impie, à l'athée. Le livret fut déféré aux magistrats, le libraire Morin mis en prison, et l'auteur en de grandes angoisses.

L'injustice de la persécution frappa si fortement le cerveau de Bonaventure, qu'il se tua de son épée dans le palais de Marguerite. Toutes les langues des prédicateurs, toutes les plumes des théologiens s'exercèrent sur cette mort funeste. Il s'est défait lui-même, donc il était coupable, donc il ne croyait point en Dieu, donc

485

490

495

500

505

---

[90] Ce paragraphe remplace ici l'introduction moins nette et moins vive de la 'Septième lettre', et sera reproduite dans l'édition de Kehl (*Lettres à Son Altesse, OCV*, t.63B, p.432). Voltaire vise deux de ses cibles préférées: le père François Garasse (1585-1631), prédicateur jésuite, souvent mentionné à propos de la condamnation de Vanini et de celle de Théophile, et Jean Hardouin (1646-1729), autre jésuite, ayant accusé d'athéisme Pascal, Arnauld, Nicole et Malebranche. Les fantasmes des jésuites sont mis en avant pour diminuer, dans l'esprit du lecteur, le nombre d'athées véritables, significativement réduit à la fin de ce paragraphe.

son petit livre, que personne n'avait pourtant la patience de lire, était le catéchisme des athées; chacun le dit, chacun le crut: *credidi propter quod locutus sum*, j'ai cru parce que j'ai parlé, est la devise des hommes. On répète une sottise, et à force de la redire on en est persuadé. 510

Le livre devint d'une rareté extrême; nouvelle raison pour le croire infernal. Tous les auteurs d'anecdotes littéraires, et des dictionnaires, n'ont pas manqué d'affirmer que le *Cimbalum mundi* est le précurseur de Spinosa. 515

Nous avons encore un ouvrage d'un conseiller de Bourges, nommé Catherinot, très digne des armes de Bourges: ce grand juge dit, Nous avons deux livres impies que je n'ai jamais vus, l'un *de Tribus impostoribus*, l'autre le *Cimbalum mundi*. Eh! mon ami, si tu ne les as pas vus, pourquoi en parles-tu? 520

Le minime Mersenne, ce facteur de Descartes, le même qui donne douze apôtres à Vanini, dit de Bonaventure Des-Périers, *C'est un monstre et un fripon, d'une impiété achevée.* Vous remarquerez qu'il n'avait pas lu son livre. Il n'en restait plus que deux exemplaires dans l'Europe quand Prosper Marchand le réimprima à Amsterdam en 1711. Alors le voile fut tiré, on ne cria plus à l'impiété, à l'athéisme: on cria à l'ennui, et on n'en parla plus. 525

De Théophile

Il en a été de même de Théophile, très célèbre dans son temps; c'était un jeune homme de bonne compagnie, faisant très facilement des vers médiocres, mais qui eurent de la réputation; très instruit dans les belles-lettres, écrivant purement en latin; homme de table autant que de cabinet, bien venu chez les jeunes seigneurs qui se piquaient d'esprit, et surtout chez cet illustre et malheureux duc de Montmorenci qui, après avoir gagné des batailles, mourut sur un échafaud. 530 535

S'étant trouvé un jour avec deux jésuites, et la conversation étant tombée sur quelques points de la malheureuse philosophie de

son temps, la dispute s'aigrit. Les jésuites substituèrent les injures
aux raisons. Théophile était poète et Gascon, *genus irritabile vatum*   540
et Vasconum. Il fit une petite pièce de vers où les jésuites n'étaient
pas trop bien traités; en voici trois qui coururent toute la France:

> Cette grande et noire machine,
> Dont le souple et le vaste corps
> Etend ses bras jusqu'à la Chine.   545

Théophile même les rappelle dans une épître en vers, écrite de sa
prison au roi Louis XIII. Tous les jésuites se déchaînèrent contre
lui. Les deux plus furieux, Garasse et Guérin, déshonorèrent la
chaire et violèrent les lois en le nommant dans leurs sermons, en le
traitant d'athée et d'homme abominable, en excitant contre lui   550
toutes leurs dévotes.

Un jésuite plus dangereux, nommé Voisin, qui n'écrivait ni ne
prêchait, mais qui avait un grand crédit auprès du cardinal de la
Rochefoucault, intenta un procès criminel à Théophile, et suborna
contre lui un jeune débauché nommé Sajeot qui avait été son   555
écolier, et qui passait pour avoir servi à ses plaisirs infâmes, ce que
l'accusé lui reprocha à la confrontation. Enfin le jésuite Voisin
obtint par la faveur du jésuite Caussin confesseur du roi, un décret
de prise de corps contre Théophile sur l'accusation d'impiété et
d'athéisme. Le malheureux prit la fuite, on lui fit son procès par   560
contumace, il fut brûlé en effigie en 1621. Qui croirait que la rage
des jésuites ne fut pas encore assouvie! Voisin paya un lieutenant de
la connétablie nommé le Blanc pour l'arrêter dans le lieu de sa
retraite en Picardie. On l'enferma chargé de fers dans un cachot
aux acclamations de la populace, à qui le Blanc criait, C'est un athée   565
que nous allons brûler. De là on le mena à Paris à la Conciergerie,
où il fut mis dans le cachot de Ravaillac. Il y resta une année entière,
pendant laquelle les jésuites prolongèrent son procès pour chercher
contre lui des preuves.

Pendant qu'il était dans les fers, Garasse publiait sa *Doctrine*   570
curieuse, dans laquelle il dit que Pasquier, le cardinal Volsey,
Scaliger, Luther, Calvin, Bèze, le roi d'Angleterre, le landgrave de

Hesse et Théophile sont des *belîtres d'athéistes et de carpocratiens*.
Ce Garasse écrivait dans son temps comme le misérable ex-jésuite
Nonotte a écrit dans le sien: la différence est que l'insolence de   575
Garasse était fondée sur le crédit qu'avaient alors les jésuites, et que
la fureur de l'absurde Nonotte est le fruit de l'horreur et du mépris
où les jésuites sont tombés dans l'Europe; c'est le serpent qui veut
mordre encore quand il a été coupé en tronçons. Théophile fut
surtout interrogé sur le *Parnasse satirique*, recueil d'impudicités   580
dans le goût de Pétrone, de Martial, de Catulle, d'Ausone, de
l'archevêque de Bénévent la Caza, de l'évêque d'Angoulême
Octavien de Saint-Gelais et de Mélin de Saint-Gelais son fils, de
l'Arétin, de Chorier, de Marot, de Verville, des épigrammes de
Rousseau, et de cent autres sottises licencieuses. Cet ouvrage   585
n'était pas de Théophile. Le libraire avait rassemblé tout ce qu'il
avait pu de Maynard, de Colletet, d'un nommé Frénide, et de
quelques seigneurs de la cour. Il fut avéré que Théophile n'avait
point de part à cette édition, contre laquelle lui-même avait
présenté requête. Enfin les jésuites, quelque puissants qu'ils fussent   590
alors, ne purent avoir la consolation de le faire brûler, et ils eurent
même beaucoup de peine à obtenir qu'il fût banni de Paris. Il y
revint malgré eux, protégé par le duc de Montmorenci, qui le logea
dans son hôtel où il mourut en 1626 du chagrin auquel une si cruelle
persécution le fit enfin succomber.   595

De Des-Barreaux

Le conseiller au parlement Des-Barreaux qui dans sa jeunesse avait
été ami de Théophile, et qui ne l'avait pas abandonné dans sa
disgrâce, passa constamment pour un athée: et sur quoi? sur un
conte qu'on fait de lui sur l'aventure de l'*omelette au lard*. Un jeune
homme à saillies libertines peut très bien dans un cabaret manger   600
gras un samedi, et pendant un orage mêlé de tonnerres jeter le plat
par la fenêtre, en disant, *Voilà bien du bruit pour une omelette au lard*,
sans pour cela mériter l'affreuse accusation d'athéisme. C'est sans

doute une très grande irrévérence, c'est insulter l'Eglise dans laquelle il était né; c'est se moquer de l'institution des jours 605 maigres, mais ce n'est pas nier l'existence de Dieu.

Ce qui lui donna cette réputation, ce fut principalement l'indiscrète témérité de Boileau, qui dans sa *Satire des femmes*, laquelle n'est pas sa meilleure, dit qu'il a vu plus[91] d'une capanée.

> Du tonnerre dans l'air bravant les vains carreaux, 610
> Et nous parlant de Dieu du ton de Des-Barreaux.

Jamais ce magistrat n'écrivit rien contre la Divinité. Il n'est pas permis de flétrir du nom d'*athée* un homme de mérite contre lequel on n'a aucune preuve; cela est indigne. On a imputé à Des-Barreaux le fameux sonnet qui finit ainsi: 615

> Tonne, frappe, il est temps, rends-moi guerre pour guerre;
> J'adore en périssant la raison qui t'aigrit:
> Mais dessus quel endroit tombera ton tonnerre,
> Qui ne soit tout couvert du sang de Jésus-Christ?

Ce sonnet ne vaut rien du tout. Jésus-Christ en vers n'est pas 620 tolérable; *rends-moi guerre*, n'est pas français; *guerre pour guerre* est très plat; et *dessus quel endroit*, est détestable. Ces vers sont de l'abbé de Lavau; et Des-Barreaux fut toujours très fâché qu'on les lui attribuât. C'est ce même abbé de Lavau qui fit cette abominable épigramme sur le mausolée élevé dans Saint-Eustache à l'honneur 625 de Lulli.

> . . . .
> Laissez tomber sans plus attendre
> Sur ce buste honteux votre fatal rideau,
> Et ne montrez que le flambeau 630
> Qui devrait avoir mis l'original en cendre.[92]

---

[91] Dans les *Lettres à Son Altesse*, 'parle de plus' (*OCV*, t.63B, p.439).
[92] La dernière phrase et les quatre vers ne figurent pas dans les *Lettres à Son Altesse*.

De La Motte le Vayer

Le sage La Motte le Vayer, conseiller d'Etat, précepteur de Monsieur frère de Louis XIV, et qui le fut même de Louis XIV près d'une année, n'essuya pas moins de soupçons que le voluptueux Des-Barreaux. Il y avait encore peu de philosophie 635 en France. Le traité de *la Vertu des païens*, et les dialogues d'Orazius Tubero, lui firent des ennemis. Les jansénistes surtout qui ne regardaient après saint Augustin les vertus des grands hommes de l'antiquité, que comme des *péchés splendides*, se déchaînèrent contre lui. Le comble de l'insolence fanatique est 640 de dire, *Nul n'aura de vertu que nous et nos amis; Socrate, Confucius, Marc-Aurèle, Epictète, ont été des scélérats, puisqu'ils n'étaient pas de notre communion.* On est revenu aujourd'hui de cette extravagance; mais alors elle dominait. On a rapporté dans un ouvrage curieux, qu'un jour un de ces énergumènes voyant passer La Motte le Vayer 645 dans la galerie du Louvre, dit tout haut, Voilà un homme sans religion. Le Vayer, au lieu de le faire punir, se retourna vers cet homme, et lui dit, *Mon ami, j'ai tant de religion que je ne suis pas de ta religion.*

De Saint Evremont

On a donné quelques ouvrages contre le christianisme sous le nom 650 de Saint Evremont, mais aucun n'est de lui. On crut après sa mort faire passer ces dangereux livres à l'abri de sa réputation; parce qu'en effet on trouve dans ses véritables ouvrages plusieurs traits qui annoncent un esprit dégagé des préjugés de l'enfance. D'ailleurs sa vie épicurienne, et sa mort toute philosophique, 655 servirent de prétexte à tous ceux qui voulaient accréditer de son nom leurs sentiments particuliers. [93]

Nous avons surtout une *Analyse de la religion chrétienne* qui lui

---

[93] Dans les *Lettres à Son Altesse*, 'sentiments pernicieux' (*OCV*, t.63B, p.442).

est attribuée. C'est un ouvrage qui tend à renverser toute la chronologie et presque tous les faits de la sainte Ecriture. Nul n'a plus approfondi que l'auteur l'opinion où sont quelques théologiens, que l'astronome Phlégon avait parlé des ténèbres qui couvrirent toute la terre à la mort de notre Seigneur Jésus-Christ. J'avoue que l'auteur a pleinement raison contre ceux qui ont voulu s'appuyer du témoignage de cet astronome; mais il a grand tort de vouloir combattre tout le système chrétien sous prétexte qu'il a été mal défendu.

Au reste, Saint Evremont était incapable de ces recherches savantes. C'était un esprit agréable et assez juste; mais il avait peu de science, nul génie, et son goût était peu sûr: ses discours sur les Romains lui firent une réputation dont il abusa pour faire les plus plates comédies, et les plus mauvais vers dont on ait jamais fatigué les lecteurs, qui n'en sont plus fatigués aujourd'hui puisqu'ils ne les lisent plus. On peut le mettre au rang des hommes aimables et pleins d'esprit qui ont fleuri dans les temps brillants de Louis XIV; mais non pas au rang des hommes supérieurs. Au reste ceux qui l'ont appelé *athéiste*, sont d'infâmes calomniateurs. [94]

De Fontenelle

Bernard de Fontenelle, depuis secrétaire de l'Académie des sciences, eut une secousse plus vive à soutenir. Il fit insérer en 1686, dans la *République des lettres* de Bayle, une Relation de l'île de Borneo fort ingénieuse; c'était une allégorie sur Rome et Genève; elles étaient désignées sous le nom de deux sœurs, Mero et Enegu. Mero était une magicienne tyrannique; elle exigeait que ses sujets vinssent lui déclarer leurs plus secrètes pensées, et qu'ensuite ils lui apportassent tout leur argent. Il fallait avant de venir lui baiser les pieds, adorer des os de morts; et souvent, quand on voulait déjeuner, elle faisait disparaître le pain. Enfin ses sortilèges et ses

660

665

670

675

680

685

[94] Cette dernière phrase, catégorique, est une addition au texte des *Lettres à Son Altesse* (*OCV*, t.63B, p.443).

fureurs soulevèrent un grand parti contre elle; et sa sœur Enegu lui enleva la moitié de son royaume.

Bayle n'entendit pas d'abord la plaisanterie; mais l'abbé Terson 690
l'ayant commentée, elle fit beaucoup de bruit. C'était dans le temps de la révocation de l'édit de Nantes. Fontenelle courait risque d'être enfermé à la Bastille. Il eut la bassesse de faire d'assez mauvais vers à l'honneur de cette révocation, et à celui des jésuites; on les inséra dans un mauvais recueil intitulé *le Triomphe de la* 695
religion sous Louis le Grand, imprimé à Paris chez l'Anglois en 1687.

Mais ayant depuis rédigé en français avec un grand succès la savante *Histoire des oracles* de Vandale, les jésuites le persécutèrent. Le Tellier confesseur de Louis XIV, rappelant l'allégorie de Mero et d'Enegu, aurait voulu le traiter comme le jésuite Voisin avait 700
traité Théophile. Il sollicita une lettre de cachet contre lui. Le célèbre garde des Sceaux d'Argenson, alors lieutenant de police, sauva Fontenelle de la fureur de le Tellier. S'il avait fallu choisir un *athéiste* entre Fontenelle et le Tellier, c'était sur le calomniateur le Tellier que devait tomber le soupçon.[95] 705

Cette anecdote est plus importante que toutes les bagatelles littéraires dont l'abbé Trublet a fait un gros volume concernant Fontenelle. Elle apprend combien la philosophie est dangereuse quand un fanatique ou un fripon, ou un moine qui est l'un et l'autre, a malheureusement l'oreille du prince. C'est un danger auquel bien 710
des gens de mérite ont été exposés.[96]

De l'abbé de Saint Pierre

L'*Allégorie du mahométisme* par l'abbé de Saint Pierre, fut beaucoup plus frappante que celle de Mero. Tous les ouvrages de cet abbé, dont plusieurs passent pour des rêveries, sont d'un homme de bien et d'un citoyen zélé; mais tout s'y ressent d'un pur 715

---

[95] Cette dernière phrase est une addition aux *Lettres à Son Altesse*.

[96] Voltaire modifie dans un sens plus général la phrase initiale: 'auquel on ne sera jamais exposé auprès de vous' (*Lettres à Son Altesse*, OCV, t.63B, p.446).

théisme. Cependant, il ne fut point persécuté, c'est qu'il écrivait d'une manière à ne rendre personne jaloux: son style n'a aucun agrément; il était peu lu, il ne prétendait à rien: ceux qui le lisaient se moquaient de lui, et le traitaient de bon homme. S'il eût écrit comme Fontenelle, il était perdu, surtout quand les jésuites régnaient encore.

De Barbeirac

Barbeirac est le seul commentateur dont on fasse plus de cas que de son auteur. Il traduisit et commenta le fatras de Puffendorf; mais il l'enrichit d'une préface qui fit seule débiter le livre. Il remonte, dans cette préface, aux sources de la morale, et il a la candeur hardie de faire voir que les Pères de l'Eglise n'ont pas toujours connu cette morale pure, qu'ils l'ont défigurée par d'étranges allégories, comme lorsqu'ils disent que le lambeau de drap rouge exposé à la fenêtre par la cabaretière Raab, est visiblement le sang de Jésus-Christ; que Moïse étendant les bras pendant la bataille contre les Amalécites, est la croix sur laquelle Jésus expire; que les baisers de la Sunamite sont le mariage de Jésus-Christ avec son Eglise; que la grande porte de l'arche de Noé désigne le corps humain, et la petite porte désigne l'anus, etc. etc.

Barbeirac ne peut souffrir, en fait de morale, qu'Augustin devienne persécuteur après avoir prêché la tolérance. Il condamne hautement les injures grossières que Jérôme vomit contre ses adversaires, et surtout contre Rufin et contre Vigilantius. Il relève les contradictions qu'il remarque dans la morale des Pères, et il s'indigne qu'ils aient quelquefois inspiré la haine de la patrie, comme Tertullien qui défend positivement aux chrétiens de porter les armes pour le salut de l'empire.

Barbeirac eut de violents adversaires qui l'accusèrent de vouloir détruire la religion chrétienne, en rendant ridicules ceux qui l'avaient soutenue par des travaux infatigables. Il se défendit:

735-36   w68: qu'Auguste devienne

mais il laissa paraître dans sa défense un si profond mépris pour les Pères de l'Eglise; il témoigne tant de dédain pour leur fausse éloquence et pour leur dialectique; il leur préfère si hautement Confucius, Socrate, Zaleucus, Cicéron, l'empereur Antonin, Epictète, qu'on voit bien que Barbeirac est plutôt le zélé partisan de la justice éternelle et de la loi naturelle donnée de Dieu aux hommes, que l'adorateur des saints mystères du christianisme. S'il s'est trompé en pensant que Dieu est le père de tous les hommes, s'il a eu le malheur de ne pas voir que Dieu ne peut aimer que les chrétiens soumis de cœur et d'esprit, son erreur est du moins d'une belle âme; et puisqu'il aimait les hommes, ce n'est pas aux hommes à l'insulter; c'est à Dieu de le juger. Certainement il ne doit pas être mis au nombre des *athéistes*. [97]

De Fréret

L'illustre et profond Fréret était secrétaire perpétuel de l'Académie des belles-lettres de Paris. Il avait fait dans les langues orientales, et dans les ténèbres de l'antiquité, autant de progrès qu'on en peut faire. En rendant justice à son immense érudition, et à sa probité, je ne prétends point excuser [98] son hétérodoxie. Non seulement il était persuadé avec saint Irénée que Jésus était âgé de plus de cinquante ans, quand il souffrit le dernier supplice; mais il croyait avec le *Targum* que Jésus n'était point né du temps d'Hérode, et qu'il faut rapporter sa naissance au temps du petit roi Jannée fils d'Hircan. Les Juifs sont les seuls qui aient eu cette opinion singulière; M. Fréret tâchait de l'appuyer, en prétendant que nos Evangiles n'ont été écrits que plus de quarante ans après l'année où nous plaçons la mort de Jésus, qu'ils n'ont été faits qu'en des langues étrangères et dans des villes très éloignées de Jérusalem, comme Alexandrie, Corinthe, Ephèse, Antioche, Ancire, Thessalonique, toutes villes

[97] Cette dernière phrase ne figure pas dans les *Lettres à Son Altesse*.
[98] Remplace 'je suis bien loin d'excuser', expression utilisée dans les *Lettres à Son Altesse* (*OCV*, t.63B, p.454).

d'un grand commerce, remplies de thérapeutes, de disciples de Jean, de judaïtes, de Galiléens divisés en plusieurs sectes. De là vient, dit-il, qu'il y eut un très grand nombre d'évangiles tout différents les uns des autres, chaque société particulière et cachée voulant avoir le sien. Fréret prétend que les quatre qui sont restés canoniques ont été écrits les derniers. Il croit en rapporter des preuves incontestables; c'est que les premiers Pères de l'Eglise citent très souvent des paroles qui ne se trouvent que dans l'évangile des Egyptiens, ou dans celui des Nazaréens, ou dans celui de saint Jacques, et que Justin est le premier qui cite expressément les évangiles reçus.

Si ce dangereux système était accrédité, il s'ensuivrait évidemment que les livres intitulés de Matthieu, de Jean, de Marc, et de Luc, n'ont été écrits que vers le temps de l'enfance de Justin, environ cent ans après notre ère vulgaire. Cela seul renverserait de fond en comble notre religion. Les mahométans qui virent leur faux prophète débiter les feuilles de son Koran, et qui les virent après sa mort rédigées solennellement par le calife Abubeker, triompheraient de nous; ils nous diraient: *Nous n'avons qu'un Alcoran, et vous avez eu cinquante évangiles: nous avons précieusement conservé l'original, et vous avez choisi au bout de quelques siècles quatre Evangiles dont vous n'avez jamais connu les dates. Vous avez fait votre religion pièce à pièce, la nôtre a été faite d'un seul trait, comme la création. Vous avez cent fois varié, et nous n'avons changé jamais.*

Grâce au ciel, nous ne sommes pas réduits à ces termes funestes. Où en serions-nous, si ce que Fréret avance était vrai? Nous avons assez de preuves de l'antiquité des quatre Evangiles: saint Irénée dit expressément qu'il n'en faut que quatre.

J'avoue que Fréret réduit en poudre les pitoyables raisonnements d'Abadie. Cet Abadie prétend que les premiers chrétiens mouraient pour les Evangiles, et qu'on ne meurt que pour la vérité. Mais cet Abadie reconnaît que les premiers chrétiens avaient fabriqué de faux évangiles. Donc, selon Abadie même, les premiers chrétiens mouraient pour le mensonge. Abadie devait considérer deux choses essentielles; premièrement qu'il n'est écrit nulle part que les premiers martyrs aient été interrogés par les magistrats sur les évangiles; secondement qu'il y a des martyrs dans toutes les communions. Mais si Fréret terrasse Abadie, il est renversé lui-même par les miracles que nos quatre saints Evangiles véritables ont opérés. Il nie les miracles, mais on lui oppose une nuée de témoins; il nie les témoins, et alors il ne faut que le plaindre.

Je conviens avec lui qu'on s'est servi souvent de fraudes pieuses; je conviens qu'il est dit dans l'appendix du premier concile de Nicée, que pour distinguer tous les livres canoniques des faux, on les mit pêle-mêle sur une grande table, qu'on pria le Saint-Esprit de faire tomber à bas tous les apocryphes; aussitôt ils tombèrent, et il ne resta que les véritables. J'avoue enfin que l'Eglise a été inondée de fausses légendes. Mais de ce qu'il y a eu des mensonges et de la mauvaise foi, s'ensuit-il qu'il n'y ait eu ni vérité ni candeur? Certainement Fréret va trop loin; il renverse tout l'édifice au lieu de le réparer; il conduit comme tant d'autres le lecteur à l'adoration d'un seul Dieu, sans la médiation du Christ. Mais du moins son livre respire une modération qui lui ferait presque pardonner ses erreurs; il ne prêche que l'indulgence et la tolérance; il ne dit point d'injures cruelles aux chrétiens comme milord Bolingbroke; il ne se moque point d'eux comme le curé Rabelais, et le curé Swift. C'est un philosophe d'autant plus dangereux qu'il est très instruit, très conséquent, et très modeste. Il faut espérer qu'il se trouvera des savants qui le réfuteront mieux qu'on n'a fait jusqu'à présent.

Son plus terrible argument est que si Dieu avait daigné se faire homme et Juif, et mourir en Palestine par un supplice infâme, pour expier les crimes du genre humain, et pour bannir le péché de la terre, il ne devait plus y avoir ni péché ni crime: cependant, dit-il, les chrétiens ont été des monstres cent fois plus abominables que tous les sectateurs des autres religions ensemble. Il en apporte pour preuve évidente les massacres, les roues, les gibets, et les bûchers des Cevennes, et près de cent mille âmes péries dans cette province

810

815

820

825

830

835

840

815   70, 71N, 71A, W68: servi trop souvent

sous nos yeux; les massacres des vallées de Piémont, les massacres
de la Valteline du temps de Charles Borromée, les massacres des
anabaptistes massacreurs et massacrés en Allemagne, les massacres
des luthériens et des papistes depuis le Rhin jusqu'au fond du Nord,
les massacres d'Irlande, d'Angleterre et d'Ecosse du temps de   845
Charles Ier massacré lui-même; les massacres ordonnés par Marie
et par Henri VIII son père, les massacres de la Saint-Barthélemi en
France, et quarante ans d'autres massacres depuis François II
jusqu'à l'entrée de Henri IV dans Paris; les massacres de l'Inquisition, peut-être plus abominables encore, parce qu'ils se font   850
juridiquement; enfin les massacres de douze millions d'habitants
du nouveau monde, exécutés le crucifix à la main: sans compter
tous les massacres faits précédemment au nom de Jésus-Christ
depuis Constantin, et sans compter encore plus de vingt schismes,
et de vingt guerres de papes contre papes, et d'évêques contre   855
évêques, les empoisonnements, les assassinats, les rapines des
papes Jean XI, Jean XII, des Jean XVIII, des Grégoire VII, des
Boniface VIII, des Alexandre VI, et de quelques autres papes qui
passèrent de si loin en scélératesse les Néron, et les Caligula. Enfin
il remarque que cette épouvantable chaîne presque perpétuelle de   860
guerres de religion pendant quatorze cents années, n'a jamais
subsisté que chez les chrétiens, et qu'aucun peuple, hors eux, n'a
fait couler une goutte de sang pour des arguments de théologie.

On est forcé d'accorder à M. Fréret que tout cela est vrai. Mais
en faisant le dénombrement des crimes qui ont éclaté, il oublie les   865
vertus qui se sont cachées; il oublie surtout que les horreurs
infernales dont il fait un si prodigieux étalage, sont l'abus de la
religion chrétienne, et n'en sont pas l'esprit. Si Jésus-Christ n'a pas
détruit le péché sur la terre, qu'est-ce que cela prouve? On en
pourrait inférer tout au plus, avec les jansénistes, que Jésus-Christ   870
n'est pas venu pour tous, mais pour plusieurs, *pro vobis et pro multis*.
Mais sans comprendre les hauts mystères, contentons-nous de les

863-64   70, 71N, 71A: théologie. On

adorer, et surtout n'accusons pas cet homme illustre d'avoir été athéiste. [99]

De Boulanger

Nous aurions plus de peine à justifier le sieur Boulanger, directeur des ponts et chaussées. Son *Christianisme dévoilé* n'est pas écrit avec la méthode et la profondeur d'érudition et de critique qui caractérisent le savant Fréret. Boulanger est un philosophe audacieux qui remonte aux sources sans daigner sonder les ruisseaux. Ce philosophe est aussi chagrin qu'intrépide. Les horreurs dont tant d'Eglises chrétiennes se sont souillées depuis leur naissance; les lâches barbaries des magistrats qui ont immolé tant d'honnêtes citoyens aux prêtres; les princes qui, pour leur plaire, ont été d'infâmes persécuteurs; tant de folies dans les querelles ecclésiastiques, tant d'abominations dans ces querelles, les peuples égorgés ou ruinés, les trônes de tant de prêtres composés des dépouilles et cimentés du sang des hommes; ces guerres affreuses de religion dont le christianisme seul a inondé la terre; ce chaos énorme d'absurdités et de crimes, remue l'imagination du sieur Boulanger avec une telle puissance qu'il va, dans quelques endroits de son livre, jusqu'à douter de la Providence divine. Fatale erreur que les bûchers de l'Inquisition, et nos guerres religieuses excuseraient peut-être si elle pouvait être excusable. Mais nul prétexte ne peut justifier l'athéisme. Quand tous les chrétiens se seraient égorgés les uns les autres, quand ils auraient dévoré les entrailles de leurs frères assassinés pour des arguments, quand il ne resterait qu'un seul chrétien sur la terre, il faudrait qu'en regardant le soleil il reconnût et il adorât l'Etre éternel; il pourrait dire dans sa douleur, Mes pères et mes frères ont été des monstres, mais Dieu est Dieu.

[99] Voltaire ajoute au texte d'origine la proposition qui suit le verbe 'adorer' (*Lettres à Son Altesse*, OCV, t.63B, p.459), ainsi que le première phrase de la section suivante.

ATOMES

Epicure aussi grand génie qu'homme respectable par ses mœurs, qui a mérité que Gassendi prît sa défense; [1] après Epicure Lucrèce, qui força la langue latine à exprimer les idées philosophiques, et (ce qui attira l'admiration de Rome) à les exprimer en vers; Epicure et Lucrèce, dis-je, admirent les atomes et le vide: Gassendi soutint 5 cette doctrine, et Newton la démontra. En vain un reste de cartésianisme combattait pour le plein; en vain Leibnitz qui avait d'abord adopté le système raisonnable d'Epicure, de Lucrèce, de Gassendi et de Newton, changea d'avis sur le vide quand il se fut brouillé avec Newton son maître. [2] Le plein est aujourd'hui regardé 10 comme une chimère. Boileau qui était un homme de très grand sens, a dit avec beaucoup de raison,

9   K84, K12: il fut

* A l'inverse de la synthèse de Voltaire qui contient à la fois des vues claires et des prises de position nettes, l'*Encyclopédie* n'offre sur les atomes que des informations disparates et des positions contradictoires. L'article 'Atomes' en donne une définition très réductrice: 'petits corpuscules indivisibles qui, selon quelques anciens philosophes, étaient les éléments ou parties primitives des corps naturels' (t.1, p.822). L'article 'Atomisme', de Jean-Henri-Samuel Formey, expose certes la théorie de Lucrèce, mais conclut ainsi: 'Il serait superflu de s'arrêter à la réfutation de cet amas d'absurdités; ou s'il était nécessaire de les combattre, on peut consulter l'anti-Lucrèce du cardinal de Polignac' (t.1, p.823). Le célèbre article de Diderot, 'Epicuréisme ou épicurisme', est au contraire une démonstration de pur matérialisme atomiste: 'Le monde est l'effet du hasard, et non l'exécution d'un dessein. Les atomes se sont mus de toute éternité' (t.5, p.781). Le présent article paraît en novembre/décembre 1770 (70, t.2).

[1] Voltaire a lu attentivement de François Bernier l'*Abrégé de la philosophie de Gassendi*, (8 vol., Lyon, 1678, BV372; *CN*, t.1, p.313-25) et lui consacre une entrée dans le 'Catalogue des écrivains' du *Siècle de Louis XIV* (*OH*, p.1165).

[2] Analyse déjà présente dans les *Eléments de la philosophie de Newton* (*OCV*, t.15, p.201).

Que Rohaut[3] vainement sèche pour concevoir,
Comment tout étant plein tout a pu se mouvoir.[4]

Le vide est reconnu, on regarde les corps les plus durs comme   15
des cribles; et ils sont tels en effet. On admet des atomes, des
principes insécables, inaltérables, qui constituent l'immutabilité
des éléments et des espèces; qui font que le feu est toujours feu soit
qu'on l'aperçoive, soit qu'on ne l'aperçoive pas; que l'eau est
toujours eau, la terre toujours terre, et que les germes impercep-   20
tibles qui forment l'homme ne forment point un oiseau.

Epicure et Lucrèce avaient déjà établi cette vérité, quoique
noyée dans des erreurs. Lucrèce dit en parlant des atomes:

Sunt igitur solida pollentia simplicitate,

Le soutien de leur être est la simplicité.[5]   25

Sans ces éléments d'une nature immuable, il est à croire que
l'univers ne serait qu'un chaos; et en cela Epicure et Lucrèce
paraissent de vrais philosophes.

Leurs intermèdes qu'on a tant tournés en ridicule,[6] ne sont autre

20-21   70, 71N, 71A: les parties imperceptibles

[3] Dans la bibliothèque de Voltaire figure le *Traité de physique* de J. Rohault
(2 vol., Paris, 1705, BV3006). L'Ingénu, à qui l'on fait lire la physique de Rohault,
'eut le bon esprit de n'y trouver que des incertitudes' (*L'Ingénu, OCV*, t.63c, p.256).
Rohault figure dans le 'Catalogue des écrivains' du *Siècle de Louis XIV* (*OH*,
p.1199).

[4] Boileau, *Epîtres* (Paris, 1937), p.40 (épître 5, vers 31-32).

[5] Voltaire a signalé ce vers du livre 1 du *De la nature des choses* d'un trait vertical
dans la marge et d'un papillon, dans le premier tome de *Lucrèce, traduction nouvelle,
avec des notes, par M. L[a] G[range]* (Paris, 1768, t.1, p.42, BV2224; *CN*, t.5, p.453).
La traduction du vers est dans cette édition: 'Les éléments de la matière sont donc
simples et solides'.

[6] Au lieu d'"intermède', difficilement compréhensible, on peut se demander s'il ne
faudrait pas lire 'intermonde', concept de la philosophie d'Epicure. Voir exemple
dans *De la vertu des païens* de La Mothe Le Vayer: 'Il s'imaginait une infinité de
mondes, non pas seulement par succession des uns aux autres comme les a crus
Origène, mais qui subsistaient tout à la fois dans un espace infini, et avec de certains
intervalles appelés intermondes' (Paris, 1647, p.202). On trouve le mot chez

chose que l'espace non résistant[7] dans lequel Newton a démontré   30
que les planètes parcourent leurs orbites dans des temps propor-
tionnels à leurs aires; ainsi ce n'étaient pas les intermèdes d'Epicure
qui étaient ridicules, ce furent leurs adversaires.

Mais lorsqu'ensuite Epicure nous dit que ses atomes ont décliné
par hasard dans le vide, que cette déclinaison a formé par hasard les   35
hommes et les animaux, que les yeux par hasard se trouvèrent au
haut de la tête, et les pieds au bout des jambes, que les oreilles n'ont
point été données pour entendre; mais que la déclinaison des
atomes ayant fortuitement composé des oreilles, alors les hommes
s'en sont servis fortuitement pour écouter: cette démence qu'on   40
appelait *physique*, a été traitée de ridicule à très juste titre.[8]

Les vrais philosophes ont donc distingué depuis longtemps ce
qu'Epicure et Lucrèce ont de bon d'avec leurs chimères fondées
sur l'imagination et l'ignorance. Les esprits plus soumis ont
adopté la création dans le temps, et les plus hardis ont admis la   45
création de tout temps; les uns ont reçu avec foi un univers tiré du
néant; les autres, ne pouvant comprendre cette physique, ont cru
que tous les êtres étaient des émanations du grand Etre, de l'Etre
suprême et universel; mais tous ont rejeté le concours fortuit des
atomes, tous ont reconnu que le hasard est un mot vide de sens.   50
Ce que nous appelons *hasard* n'est, et ne peut être que la cause
ignorée d'un effet connu. Comment donc se peut-il faire qu'on
accuse encore les philosophes de penser, que l'arrangement
prodigieux et ineffable de cet univers soit une production du

41   w68: à juste
44   k84, k12: esprits les plus

Voltaire, mais postérieurement: dans la section 2 de l'article 'Religion' des *QE* et
dans le septième des *Dialogues d'Evhémère* (*M*, t.30, p.502).

[7] L'expression se trouve déjà dans les *Eléments de la philosophie de Newton* (*OCV*,
t.15, p.196).

[8] Dans l'article 'Fin, causes finales' du *DP*, Voltaire prend déjà la même position
(*OCV*, t.36, p.117-20).

concours fortuit des atomes, un effet du hasard? [9] ni Spinosa, ni 55
personne n'a dit cette absurdité.

Cependant le fils du grand Racine dit, dans son *Poème de la
religion*,

> O toi qui follement fais ton dieu du hasard,
> Viens me développer ce nid qu'avec tant d'art, 60
> A l'aide de son bec maçonne l'hirondelle.
> Comment, pour élever ce hardi bâtiment,
> A-t-elle en le broyant arrondi son ciment? [10]

Ces vers sont assurément en pure perte; personne ne fait son
dieu du hasard, personne n'a dit qu'*une hirondelle en broyant, en* 65
arrondissant son ciment ait élevé son hardi bâtiment par hasard. On dit
au contraire, qu'*elle fait son nid par les lois de la nécessité*, qui est
l'opposé du hasard. Le poète Rousseau tombe dans le même défaut
dans une épître à ce même Racine.

> De là sont nés Epicures nouveaux, 70
> Ces plans fameux, ces systèmes si beaux,
> Qui dirigeant sur votre prud'homie
> Du monde entier toute l'économie,
> Vous ont appris que ce grand univers
> N'est composé que d'un concours divers 75
> De corps muets, d'insensibles atomes,
> Qui par leur choc forment tous ces fantômes
> Que détermine et conduit le hasard,
> Sans que le ciel y prenne aucune part. [11]

61   K12:   Au même ordre toujours architecte fidèle

[9] Voltaire répond à l'article 'Epicuréisme ou épicurisme' de l'*Encyclopédie* qu'il a lu avec attention (voir *CN*, t.3, p.392).

[10] *La Religion, poème*, par M. Racine (Paris, Coignard et Desaint, 1742), chant 1, p.7. Voltaire a déjà fait la même critique, dès la parution, dans ses *Conseils à Monsieur Racine sur son poème de La Religion par un amateur des belles-lettres* (*M*, t.23, p.177).

[11] L'épître de Rousseau est imprimée à la suite du poème de Louis Racine dans *La Religion*, p.186-87, et Voltaire critique aussi ces vers dans ses *Conseils* où Rousseau est qualifié de 'bouche souillée de ce que jamais la sodomie et la bestialité ont fourni de plus horrible à la licence' (*M*, t.23, p.182).

Où ce versificateur a-t-il trouvé *ces plans fameux d'Epicures* 80
nouveaux, qui dirigent sur leur prud'homie du monde entier toute
l'économie? Où a-t-il vu que *ce grand univers est composé d'un*
concours divers de corps muets, tandis qu'il y en a tant qui retentissent
et qui ont de la voix? Où a-t-il vu *ces insensibles atomes qui forment*
des fantômes conduits par le hasard? C'est ne connaître ni son siècle, 85
ni la philosophie, ni la poésie, ni sa langue, que de s'exprimer ainsi.
Voilà un plaisant philosophe! l'auteur des *Epigrammes sur la*
sodomie et la bestialité devait-il écrire si magistralement et si mal
sur des matières qu'il n'entendait point du tout, et accuser des
philosophes d'un libertinage d'esprit qu'ils n'avaient point.[12] 90

Je reviens aux atomes: la seule question qu'on agite aujourd'hui
consiste à savoir si l'auteur de la nature a formé des parties
primordiales, incapables d'être divisées pour servir d'éléments
inaltérables; ou si tout se divise continuellement et se change en
d'autres éléments. Le premier système semble rendre raison de 95
tout; et le second de rien; du moins jusqu'à présent.

Si les premiers éléments des choses n'étaient pas indestructibles,
il pourrait se trouver à la fin qu'un élément dévorât tous les autres,
et les changeât en sa propre substance. C'est probablement ce qui fit
imaginer à Empédocle que tout venait du feu, et que tout serait 100
détruit par le feu.[13]

85   70, 71N, 71A: *fantômes, et des fantômes conduits*
90   71N: qu'il n'avait point
92   71A: formé ces parties
97   71N: n'étaient indestructibles

[12] Dès 1738 dans sa *Vie de Monsieur Jean-Baptiste Rousseau* Voltaire consacrait
un chapitre à l''histoire des fameux couplets': 'Il serait à souhaiter qu'il n'eût point
déshonoré ce talent, par la licence effrénée avec laquelle il mit en épigrammes les
traits les plus impudiques, et dont la nature s'effarouche davantage, la sodomie, la
bestialité' (*OCV*, t.18A, p.44). Sur l'affaire des Couplets, voir l'Introduction de
François Moureau (*OCV*, t.18A, p.9-12).

[13] Sur ce pythagoricien, Voltaire n'a toujours retenu que le feu – le philosophe
ignorant s'est 'roussi auprès du feu d'Empédocle' (*Le Philosophe ignorant, OCV*,
t.62, p.57) – qui n'est pourtant pour le philosophe grec qu'un des quatre éléments de
la matière. Il est vrai qu'Empédocle a disparu dans le cratère de l'Etna.

On sait que Robert Boyle à qui la physique eut tant d'obligations dans le siècle passé, fut trompé par la fausse expérience d'un chimiste qui lui fit croire qu'il avait changé de l'eau en terre. Il n'en était rien. Boerhaave depuis découvrit l'erreur par des expériences mieux faites; mais avant qu'il l'eût découverte, Newton abusé par Boyle comme Boyle l'avait été par son chimiste, avait déjà pensé que les éléments pouvaient se changer les uns dans les autres:[14] et c'est ce qui lui fit croire que le globe perdait toujours un peu de son humidité, et faisait des progrès en sécheresse; qu'ainsi Dieu serait un jour obligé de remettre la main à son ouvrage, *manum emendatricem desideraret.*[15]

Leibnitz se récria beaucoup contre cette idée, et probablement il eut raison cette fois contre Newton. *Mundum tradidit disputationi eorum.*[16]

Mais malgré cette idée que l'eau peut devenir terre, Newton croyait aux atomes insécables, indestructibles, ainsi que Gassendi et Boerhaave, ce qui paraît d'abord difficile à concilier; car si l'eau s'était changée en terre, ses éléments se seraient divisés et perdus.

Cette question rentre dans cette autre question fameuse de la matière divisible à l'infini. Le mot d'*atome* signifie *non partagé*, sans parties. Vous le divisez par la pensée; car si vous le divisiez réellement, il ne serait plus atome.

112-13 K84, K12: *desideraret.* [*avec note*: Voyez le [K12: second] volume de *Physique*.] ¶Leibnitz

[14] Voltaire donnait dès 1737 cette même histoire avec plus de détails dans son *Essai sur la nature du feu et sur sa propagation* (*OCV*, t.17, p.35-36).

[15] Voir les *Eléments de la philosophie de Newton*: 'Leibniz, dans sa dispute avec Newton, lui reprocha de donner de Dieu des idées fort basses [...]. Il ajoutait que le Dieu de Newton avait fait de ce monde une fort mauvaise machine, qui a besoin d'être décrassée (c'est le mot dont se sert Leibniz). Newton avait dit: *Manum emendatricem desideraret.*' La citation vient de la traduction par Clarke de l'*Optics* de Newton (*OCV*, t.15, p.218).

[16] 'Dieu abandonna la terre à leurs querelles' (traduction de Voltaire de l'Ecclésiaste 3:11, placée en tête de ses *Doutes sur quelques points de l'histoire de l'Empire* (*M*, t.24, p.35).

Vous pouvez diviser un grain d'or en dix-huit millions de parties visibles; un grain de cuivre dissous dans l'esprit de sel ammoniac, a montré aux yeux plus de vingt-deux milliards de parties;[17] mais quand vous êtes arrivé au dernier élément, l'atome échappe au microscope, vous ne divisez plus que par imagination.

Il en est de l'atome divisible à l'infini comme de quelques propositions de géométrie. Vous pouvez faire passer une infinité de courbes entre le cercle et sa tangente; oui, dans la supposition que ce cercle et cette tangente sont des lignes sans largeur: mais il n'y en a point dans la nature.

Vous établissez de même que des asymptotes s'approcheront sans jamais se toucher; mais c'est dans la supposition que ces lignes sont des longueurs sans largeur, des êtres de raison.

Ainsi vous représentez l'unité par une ligne, ensuite vous divisez cette unité et cette ligne en tant de fractions qu'il vous plaît; mais cette infinité de fractions ne sera jamais que votre unité et votre ligne.

Il n'est pas démontré en rigueur que l'atome soit indivisible; mais il paraît prouvé qu'il est indivisé par les lois de la nature.

[17] L'expérience, réalisée par Boyle, est rapportée dans l'article 'Cuivre' de l'*Encyclopédie* (t.4, p.540).

AVARICE

Avarities, amor habendi, désir d'avoir, avidité, convoitise.

A proprement parler, l'*avarice* est le désir d'accumuler soit en grains, soit en meubles, ou en fonds, ou en curiosités. Il y avait des avares avant qu'on eût inventé la monnaie.

Nous n'appelons point *avare* un homme qui a vingt-quatre chevaux de carrosse, et qui n'en prêtera pas deux à son ami; ou bien qui ayant deux mille bouteilles de vin de Bourgogne destinées pour sa table, ne vous en enverra pas une demi-douzaine quand il saura que vous en manquez. S'il vous montre pour cent mille écus de diamants, vous ne vous avisez pas d'exiger qu'il vous en présente un de cinquante louis; vous le regardez comme un homme fort magnifique, et point du tout comme un avare.

Celui qui dans les finances, dans les fournitures des armées, dans les grandes entreprises gagne deux millions chaque année, et qui se trouvant enfin riche de quarante-trois millions sans compter ses maisons de Paris et son mobilier, dépensa pour sa table cinquante mille écus par année, et prêta quelquefois à des seigneurs de l'argent à cinq pour cent, ne passa point dans l'esprit du peuple pour un avare. Il avait cependant brûlé toute sa vie de la soif d'avoir. Le démon de la convoitise l'avait perpétuellement tourmenté. Il accumula jusqu'au dernier jour de sa vie. Cette

2   70: est d'accumuler
    71N: est le désir immodéré d'accumuler

* Voltaire renchérit ici sur l'article 'Avarice' de l'*Encyclopédie*, rédigé par l'abbé Yvon, qui constate: 'Tout amour immodéré des richesses est vicieux, mais n'est pas toujours *avarice*. L'*avare*, à proprement parler, est celui qui, pervertissant l'usage de l'argent, destiné à procurer les nécessités de la vie, aime mieux se les refuser, que d'altérer ou ne pas grossir un trésor qu'il laisse inutile' (t.1, p.862). Pour Voltaire, l'avare n'est rien qu'un nom injurieux que l'on donne, paradoxalement et à tort, au 'bourgeois économe et serré', tandis que la mesquinerie des riches passe inaperçue aux yeux de la plupart des gens. Cet article paraît en novembre/décembre 1770 (70, t.2).

passion toujours satisfaite ne s'appelle jamais *avarice*. Il ne dépensait pas la vingtième partie de son revenu, et il avait la réputation d'un homme généreux qui avait trop de faste.

Un père de famille qui ayant vingt mille livres de rente n'en dépensera que cinq ou six, et qui accumulera ses épargnes pour établir ses enfants, est réputé par ses voisins *avaricieux, pince-maille, ladre vert, vilain, fesse-Mathieu, gagne-denier, grippe-sou, cancre*; on lui donne tous les noms injurieux dont on peut s'aviser.

Cependant, ce bon bourgeois est beaucoup plus honorable que le Crésus dont je viens de parler; il dépense cinq fois plus à proportion. Mais voici la raison qui établit entre leurs réputations une si grande différence.

Les hommes ne haïssent celui qu'ils appellent *avare*, que parce qu'il n'y a rien à gagner avec lui. Le médecin, l'apothicaire, le marchand de vin, l'épicier, le sellier, et quelques demoiselles gagnent beaucoup avec notre Crésus, qui est le véritable avare. Il n'y a rien à faire avec notre bourgeois économe et serré, ils l'accablent de malédictions.

Les avares qui se privent du nécessaire, sont abandonnés à Plaute et à Molière.[1]

Un gros avare mon voisin, disait il n'y a pas longtemps, On en veut toujours à nous autres pauvres riches.[2] A Molière, à Molière.

23   K84, K12: la dixième partie
26   W68: et accumulera
31   K84, K12: dépense trois fois

[1] Sur Plaute et Molière, voir la *Vie de Molière* (*OCV*, t.9, p.440-43).
[2] Ce mot est attribué à Jacob Vernet dans les *Carnets*: 'Un vieillard avare, nommé Vernet, disait souvent: "On en veut toujours à nous autres pauvres riches"' (*OCV*, t.82, p.561).

AUGURE

Ne faut-il pas être bien possédé du démon de l'étymologie pour
dire avec Pezron, que le mot romain *augurium* vient des mots
celtiques *au* et *gur*? *Au*, selon ces savants, devait signifier *le foie*
chez les Basques et les Bas-Bretons; parce que *asu*, qui (disent-ils)
signifiait *gauche*, devait aussi désigner le foie qui est à droite; et que   5
gur voulait dire *homme*, ou bien *jaune* ou *rouge* dans cette langue
celtique, dont il ne nous reste aucun monument.[1] C'est puissam-
ment raisonner.

On a poussé sa curiosité absurde (car il faut appeler les choses
par leur nom) jusqu'à faire venir du chaldéen et de l'hébreu certains   10
mots teutons et celtiques. Bochart n'y manque jamais.[2] On
admirait autrefois ces pédantes extravagances. Il faut voir avec
quelle confiance ces hommes de génie ont prouvé que sur les bords

---

1   71N: pas bien être possédé

* L'abbé Mallet est l'auteur des articles 'Augures' et '*Augurium*' de l'*Encyclopédie*
qui évoquent les prédictions effectuées à Rome par ces 'ministres de la religion' (t.1,
p.876). Tout en reprenant et en développant certaines références, Voltaire ancre le
propos dans le contexte chrétien et, dans le prolongement du chapitre 31 de *La
Philosophie de l'histoire* qui présente divinations et augures comme un art inventé par
'le premier fripon qui rencontra un imbécile' (*OCV*, t.59, p.193), conduit une critique
de l'exploitation religieuse et politique de la superstition. L'article paraît en
novembre/décembre 1770 (70, t.2).

¹ Mallet écrit: 'Le P. Pezron tire ce nom du celtique *au*, foie, et *gur*, homme; de
sorte qu'à son avis l'*augure* était proprement celui qui observait les intestins des
animaux, et devinait l'avenir en considérant leur foie' (*Encyclopédie*, t.1, p.876). Le
Dictionnaire de Trévoux donne aussi cette référence tout en mentionnant l'embarras
du père Pezron qui doit aller 'chercher en Gaule' l'origine de la syllabe *gur* (8 vol.,
Paris, 1771, t.1, p.639). Sur le père Pezron, voir l'article 'ABC, ou alphabet' des *QE*
(*OCV*, t.38, p.28, n.15).

² Voltaire se moque souvent des étymologies de l'auteur de la *Geographiae sacrae*
(Caen, 1646): voir par exemple, dans les *QE*, les articles 'Babel' (ci-dessous, p.263-
64), 'Bdellium' (ci-dessous, p.334), 'Celtes' (ci-dessous, p.553) et 'Déluge universel'
(*M*, t.18, p.329).

du Tibre on emprunta des expressions du patois des sauvages de la Biscaye. On prétend même que ce patois était un des premiers idiomes de la langue primitive, de la langue mère de toutes les langues qu'on parle dans l'univers entier.[3] Il ne reste plus qu'à dire que les différents ramages des oiseaux viennent du cri des deux premiers perroquets, dont toutes les autres espèces d'oiseaux ont été produites.

La folie religieuse des augures était originairement fondée sur des observations très naturelles et très sages.[4] Les oiseaux de passage ont toujours indiqué les saisons; on les voit venir par troupes au printemps, et s'en retourner en automne. Le coucou ne se fait entendre que dans les beaux jours: il semble qu'il les appelle; les hirondelles qui rasent la terre annoncent la pluie; chaque climat a son oiseau qui est en effet son augure.

Parmi les observateurs il se trouva sans doute des fripons qui persuadèrent aux sots qu'il y avait quelque chose de divin dans ces animaux, et que leur vol présageait nos destinées, qui étaient écrites sous les ailes d'un moineau tout aussi clairement que dans les étoiles.

Les commentateurs de l'histoire allégorique et intéressante de Joseph vendu par ses frères, et devenu premier ministre du pharaon roi d'Égypte pour avoir expliqué un de ses rêves, infèrent que Joseph était savant dans la science des augures,[5] de ce que l'intendant de Joseph est chargé de dire à ses frères: (a) *Pourquoi*

(a) Genèse ch.44, versets 5 et suiv.

[3] Voir l'article 'ABC, ou alphabet' des *QE* (*OCV*, t.38, p.27-28 et n.14 et 15).
[4] Idée déjà exprimée dans *La Philosophie de l'histoire*, ch.50 (*OCV*, t.59, p.262).
[5] Calmet mentionne Grotius et précise que 'le terme latin *augurari*, signifie souvent simplement conjecturer ou deviner l'avenir, sans aucun mélange de superstition, ni de magie'. Ainsi ce passage 'ne veut pas dire nécessairement une divination défendue et magique, telle qu'était celle dont parlent quelques Anciens, et qui se faisait par le moyen d'une tasse pleine d'eau ou d'une autre liqueur, qu'on répandait, et dont on tirait des augures pour l'avenir' (*Commentaire littéral*, 22 vol., Paris, P. Emery, 1707-1716, t.1, p.764). Il précise aussi que saint Thomas 'prétend que Joseph et son intendant parlèrent dans cette rencontre selon l'opinion commune qu'on avait dans l'Egypte, que Joseph était un magicien' (p.765). Voir aussi *La Bible enfin expliquée* (*M*, t.30, p.63 et n.1).

*avez-vous volé la tasse d'argent de mon maître dans laquelle il boit, et
avec laquelle il a coutume de prendre les augures?* Joseph ayant fait
venir ses frères devant lui, leur dit: *Comment avez-vous pu agir ainsi?
ignorez-vous que personne n'est semblable à moi dans la science des
augures?*[6]

40

Juda convient au nom de ses frères, (*b*) que *Joseph est un grand
devin; que c'est Dieu qui l'a inspiré; Dieu a trouvé l'iniquité de vos
serviteurs.*[7] Ils prenaient alors Joseph pour un seigneur égyptien. Il
est évident, par le texte, qu'ils croyaient que le Dieu des Egyptiens
et des Juifs avait découvert à ce ministre le vol de sa tasse.

45

Voilà donc les augures, la divination très nettement établie dans
le livre de la Genèse, et si bien établie qu'elle est défendue ensuite
dans le Lévitique, où il est dit: (*c*) *Vous ne mangerez rien où il y ait du
sang; vous n'observerez ni les augures, ni les songes; vous ne couperez
point votre chevelure en rond; vous ne vous raserez point la barbe.*[8]

50

A l'égard de la superstition de voir l'avenir dans une tasse, elle
dure encore: cela s'appelle *voir dans le verre.*[9] Il faut n'avoir éprouvé
aucune pollution, se tourner vers l'Orient, prononcer *abraxa*[10] *per
dominum nostrum*; après quoi on voit dans un verre plein d'eau
toutes les choses qu'on veut. On choisit d'ordinaire des enfants
pour cette opération; il faut qu'ils aient leurs cheveux; une tête

55

(*b*) Genèse ch.44, verset 16.
(*c*) Ch.19, versets 26 et 27.

38-39   K84, K12: fait revenir ses

[6] Genèse 44:15.
[7] Seule la fin de la citation ('Dieu a trouvé l'iniquité de vos serviteurs') se trouve
dans le verset de la Genèse indiqué en note.
[8] Dans l'article '*Augurium*' de l'*Encyclopédie*, l'abbé Mallet signale sans les citer les
deux passages tirés de la Genèse et du Lévitique.
[9] L'expression 'faire voir dans le verre' n'est pas attestée dans les dictionnaires
contemporains. Elle désigne, selon Littré, qui cite un exemple dans *Gil Blas*, un
'sortilège employant un verre pour y faire voir le présent et l'avenir' (*Dictionnaire de
la langue française*, 4 vol., Paris, 1873-1874, t.4, p.2461).
[10] Sur cette formule d'invocation, voir *De la magie* (*M*, t.20, p.19) et l'article
'Bouc' des *QE* (ci-dessous, p.440).

rasée ou une tête en perruque ne peuvent rien voir dans le verre. Cette facétie était fort à la mode en France sous la régence du duc d'Orléans,[11] et encore plus dans les temps précédents.

Pour les augures ils ont péri avec l'empire romain; les évêques ont seulement conservé le bâton augural qu'on appelle *crosse*, et qui était une marque distinctive de la dignité des augures;[12] et le symbole du mensonge est devenu celui de la vérité.

Les différentes sortes de divinations étaient innombrables; plusieurs se sont conservées jusqu'à nos derniers temps. Cette curiosité de lire dans l'avenir est une maladie que la philosophie seule peut guérir: car les âmes faibles qui pratiquent encore tous ces prétendus arts de la divination, les fous mêmes qui se donnent au diable, font tous servir la religion à ces profanations qui l'outragent.

C'est une remarque digne des sages que Cicéron, qui était du collège des augures, ait fait un livre exprès pour se moquer des augures. Mais ils n'ont pas moins remarqué que Cicéron à la fin de son livre dit, qu'il faut *détruire la superstition et non pas la religion. Car*, ajoute-t-il, *la beauté de l'univers et l'ordre des choses célestes nous forcent de reconnaître une nature éternelle et puissante. Il faut maintenir la religion qui est jointe à la connaissance de cette nature, en extirpant toutes les racines de la superstition; car c'est un monstre qui vous poursuit, qui vous presse de quelque côté que vous vous tourniez. La rencontre d'un devin prétendu, un présage, une victime immolée, un oiseau, un chaldéen, un aruspice, un éclair, un coup de tonnerre, un événement conforme par hasard à ce qui a été prédit, tout enfin vous trouble et vous inquiète. Le sommeil même qui devrait faire oublier tant*

[11] Dans *La Bible enfin expliquée*, Voltaire écrit que c'est Boyer Bandol qui, pendant la Régence, 'mit cette sottise à la mode' (*M*, t.30, p.63, n.1).
[12] Idée exprimée dans une note du chant 1 de *La Pucelle* (*OCV*, t.7, p.272, n.17). L'article 'Bâton (*en Mythol.*)' de l'*Encyclopédie*, signé de l'astérisque qui désignerait Diderot, distingue d'une part le bâton 'augural', 'appelé par les Latins *lituus*', qui 'était façonné en crosse par le bout' et 'servait à l'augure pour partager le ciel dans ses observations', d'autre part le bâton 'pastoral', 'la crosse même que nos évêques portent à la main dans les jours de cérémonie' (t.2, p.144).

de peines et de frayeurs, ne sert qu'à les redoubler par des images 85
funestes. [13]

Cicéron croyait ne parler qu'à quelques Romains; il parlait à tous les hommes et à tous les siècles.

La plupart des grands de Rome ne croyaient pas plus aux augures que le pape Alexandre VI, Jules II et Léon X ne croyaient à 90
Notre-Dame de Lorette, et au sang de saint Janvier. [14] Cependant Suétone rapporte qu'Octave surnommé Auguste eut la faiblesse de croire qu'un poisson, qui sortait hors de la mer sur le rivage d'Actium, lui présageait le gain de la bataille. Il ajoute qu'ayant ensuite rencontré un ânier, il lui demanda le nom de son âne, et que 95
l'ânier lui ayant répondu que son âne s'appelait Nicolas, qui signifie *vainqueur des peuples*, Octave ne douta plus de la victoire; et qu'ensuite il fit ériger des statues d'airain à l'ânier, à l'âne et au poisson sautant. Il assure même que ces statues furent placées dans le Capitole. [15] 100

Il est fort vraisemblable que ce tyran habile [16] se moquait des superstitions des Romains, et que son âne, son ânier, et son poisson n'étaient qu'une plaisanterie. Cependant il se peut très bien qu'en

[13] Voir *De la divination de Cicéron* (Amsterdam, 1741, BV772; *CN*, t.2, p.625-27). Voltaire condense et réécrit la traduction de l'abbé Regnier-Desmarais, qui évoque une 'nature universelle au-dessus de tout', écrit qu''il faut s'appliquer le plus qu'on peut à étendre la religion' et n'emploie pas le mot 'monstre': 'car lorsqu'on s'est laissé aller à la superstition, elle vous poursuit' (p.252-53). Voir aussi les *Remarques pour servir de supplément à l'Essai sur les mœurs* (*Essai sur les mœurs*, t.2, p.908).

[14] Sur Notre-Dame de Lorette, voir l'article 'Idole, idolâtrie, idolâtrie' du *DP* (*OCV*, t.36, p.210-11 et n.19) et l'*Essai sur les mœurs* (ch.82, t.1, p.771); sur le miracle du sang de saint Janvier, voir *Le Dîner du comte de Boulainvilliers* (*OCV*, t.63A, p.364 et n.24) et l'article 'Superstition' des *QE* (*M*, t.20, p.446-47).

[15] Voir Suétone, *Vies des douze Césars*, livre 2, ch.96. Après la victoire, Octave fait réaliser deux statues de bronze, l'une à l'homme et l'autre à la bête (qui s'appelle Nicon), mais pas au poisson; les deux statues sont érigées 'dans le temple qu'il éleva sur l'emplacement de son camp' (trad. H. Ailloud, 3 vol., Paris, 1954-1957, t.1, p.143). Voltaire possède la traduction de La Harpe (*Les Douze Césars*, 2 vol., Paris, 1770, BV3219).

[16] Dans *Le Triumvirat* les autres personnages qualifient à plusieurs reprises de 'tyran' Octave, qui est encore présenté, dans les notes, comme un 'tyran habile et heureux' (*M*, t.6, p.183-84, n.1).

méprisant toutes les sottises du vulgaire, il en eût conservé
quelques-unes pour lui. Le barbare et dissimulé Louis XI avait   105
une foi vive à la croix de saint Lo. [17] Presque tous les princes,
excepté ceux qui ont eu le temps de lire et de bien lire, ont un petit
coin de superstition.

---

[17] Voir l'*Essai sur les mœurs* (ch.94). D'après l'*Histoire de Louis XI* de Charles
Pinot Duclos (3 vol., Paris, 1745, BV1124), Louis XI, reconnaissant les services
rendus par les habitants de Saint-Lô, fit dans leur église une fondation pieuse (t.2,
p.84-85). Il était dévot et superstitieux (t.3, p.461, 474).

AUGUSTE OCTAVE

On a demandé souvent sous quelle dénomination, et à quel titre
Octave citoyen de la petite ville de Veletri, surnommé Auguste, fut
le maître d'un empire qui s'étendait du mont Taurus au mont Atlas,
et de l'Euphrate à la Seine. Ce ne fut point comme dictateur
perpétuel, ce titre avait été trop funeste à Jules César. Auguste ne le   5

a-45a   K12:   Auguste Octave / *Des mœurs d'Auguste* [*avec note*: Voyez l'article
'Veletri'.]
   2   K84:   Octave, surnommé Auguste, citoyen de la petite ville de Veletri, fut

* Voltaire n'avait nul besoin d'aiguillon extérieur ou de prétexte pour se prononcer
de nouveau sur l'empereur Auguste. Depuis plus de soixante ans il est revenu
régulièrement sur ce personnage controversé pour qui il n'est jamais tendre. Il s'agit,
par exemple, en dehors de la caractérisation étoffée et évidemment peu flatteuse
d'Auguste dans *Le Triumvirat*, de 'ce meurtrier débauché et poltron' (article 'Amour
nommé Socratique' du *DP*, *OCV*, t.35, p.331), du 'lâche Auguste' (*Des singularités
de la nature*, *M*, t.27, p.187), de 'l'oppresseur Octave' (*Le Pyrrhonisme de l'histoire*,
OCV, t.67, p.284), ou encore de 'l'infâme Octave' (*Ode sur le passé et le présent*, *M*,
t.8, p.497). On trouve aussi la formule quelque peu inattendue: 'cet heureux tyran'
(*Essai sur la poésie épique*, *OCV*, t.3B, p.426). Voltaire entendait par là que les poètes
qui avaient jugé nécessaire de lui faire leur cour par des louanges imméritées, et qui
avaient donc donné de lui une image flatteuse, avaient non seulement effacé l'horreur
de ses proscriptions (*Lettre à Monsieur D****, *OCV*, t.1B, p.224; *Le Siècle de
Louis XIV*, *OH*, p.959), mais avaient aussi, comme Horace, Virgile et Ovide, fait
'illusion à toute la terre' (*Essai sur la poésie épique*, *OCV*, t.3B, p.426). Si bien qu'il
semblait à Voltaire que 'chez les Romains [...] la grande flatterie date depuis Auguste'
(article 'Flatterie' des *QE*, *M*, t.19, p.147). Voltaire composait sans doute le présent
article en décembre 1769. Le 29, il écrit à Gabriel Cramer: 'Je le prie très instamment
de m'envoyer par Mme Cramer Dion Cassius sur le règne d'Auguste. [...] S'il pouvait
y joindre aussi Graevius sur le règne d'Auguste, il me tirerait d'une très grande peine,
et je lui serais infiniment obligé' (D16059). Voltaire reproduit ici (lignes 1-45) une
partie de l'écrit intitulé *Du gouvernement et de la divinité d'Auguste* (*M*, t.25, p.587-
89), paru en 1766 à la suite des notes de la tragédie *Octave et le jeune Pompée, ou le
Triumvirat*. Plusieurs passages de la section 'Des mœurs d'Auguste' du présent
article sont extraits des notes de cette tragédie (*M*, t.6, p.182-85, 188-89, 198-99).
L'article paraît en novembre/décembre 1770 (70, t.2).

porta que onze jours; la crainte de périr comme son prédécesseur, et les conseils d'Agrippa lui firent prendre d'autres mesures.[1] Il accumula insensiblement sur sa tête toutes les dignités de la république. Treize consulats, le tribunat renouvelé en sa faveur de dix ans en dix ans, le nom de *prince du sénat*, celui d'*empereur* qui d'abord ne signifiait que général d'armée, mais auquel il sut donner une dénomination plus étendue; ce sont là les titres qui semblèrent légitimer sa puissance.[2] Le sénat ne perdit rien de ses honneurs, et conserva même toujours de très grands droits. Auguste partagea avec lui toutes les provinces de l'empire; mais il retint pour lui les principales: enfin, maître de l'argent et des troupes, il fut en effet souverain.

Ce qu'il y eut de plus étrange, c'est que Jules César ayant été mis au rang des dieux après sa mort, Auguste fut dieu de son vivant. Il est vrai qu'il n'était pas tout à fait dieu à Rome; mais il l'était dans les provinces, il y avait des temples et des prêtres: l'abbaye d'Eney à Lyon était un beau temple d'Auguste.[3] Horace lui dit:

Jurandasque tuum per nomen ponimus aras.[4]

Cela veut dire qu'il y avait chez les Romains mêmes, d'assez bons courtisans pour avoir dans leurs maisons de petits autels qu'ils dédiaient à Auguste. Il fut donc en effet canonisé de son vivant; et

[1] D'après Suétone, Auguste rejeta la dictature qui lui avait été offerte par le peuple. Voir les *Vies des douze Césars*, livre 2, section 52 (2 vol., Paris, 1770, BV3219; Leyde, 1662, BV3220).

[2] Certains aspects de la vie politique d'Auguste furent encore plus impressionnants. L'*imperium* lui fut accordé pour dix ans en 27 et 8 avant J.-C., et par deux fois encore en 3 et 13 après J.-C., plus deux fois deux lustres en 18 et 13 avant J.-C.

[3] Plus exactement, elle fut bâtie à l'endroit où était l'ancien temple dédié à Auguste dont parle Strabon (*Géographie*, livre 4, ch.3, section 2). Voltaire a pu se renseigner sur les temples et autels d'Auguste chez François-Eudes de Mézeray, *Abrégé chronologique de l'histoire de France* (Amsterdam, 1673-1674, BV2443; Amsterdam, 1755, t.1, p.106-107). Voir aussi les *Carnets* (*OCV*, t.82, p.638).

[4] Horace, *Épîtres*, livre 2, épître 1, vers 16 ('Nous dressons des autels pour y jurer par ta divinité'). Voltaire, qui cite le même vers dans l'article 'Alexandre' des *QE* (*OCV*, t.38, p.184), possédait les *Œuvres d'Horace en latin et en français*, trad. A. Dacier (10 vol., Amsterdam, 1727, BV1678; *CN*, t.4, p.498-500).

le nom de *dieu* devint le titre ou le sobriquet de tous les empereurs suivants.

Caligula se fit dieu sans difficulté; il se fit adorer dans le temple de Castor et de Pollux, sa statue était posée entre ces deux 30 gémeaux; on lui immolait des paons, des faisans, des poules de Numidie; jusqu'à ce qu'enfin on l'immola lui-même. [5] Néron eut le nom de *dieu* avant qu'il fût condamné par le sénat à mourir par le supplice des esclaves. [6]

Ne nous imaginons pas que ce nom de *dieu* signifiât chez ces 35 monstres ce qu'il signifie parmi nous. Le blasphème ne pouvait être porté jusque-là: *divus* voulait dire précisément *sanctus*.

De la liste des proscriptions, et de l'épigramme ordurière contre Fulvie, [7] il y a loin jusqu'à la divinité. Il y eut onze conspirations contre ce dieu, si l'on compte la prétendue conjuration de Cinna: 40 mais aucune ne réussit; [8] et de tous ces misérables qui usurpèrent les honneurs divins, Auguste fut sans doute le plus fortuné. Il fut véritablement celui par lequel la république romaine périt; car César n'avait été dictateur que dix mois, et Auguste régna plus de quarante années. [9]   45

45-45a κ84: années. Ce fut dans cet espace de temps que les mœurs changèrent avec le gouvernement. Les armées composées autrefois de légions romaines et des peuples d'Italie, furent dans la suite formées de tous les peuples barbares. Elle mirent sur le trône des empereurs de leurs pays. ¶Dès le troisième siècle il s'éleva trente tyrans presqu'à la fois, dont les uns étaient de la Transilvanie, les autres des Gaules, 5 d'Angleterre ou d'Allemagne. Dioclétien était le fils d'un esclave de Dalmatie. Maximilien-Hercule était un villageois de Sirmik. Théodose était d'Espagne qui n'était pas alors un pays fort policé. ¶On sait assez comment l'empire romain fut enfin détruit, comment les Turcs en ont substitué la moitié, et comment le nom de l'autre moitié subsiste encore sur les rives du Danube chez les Marcomans. Mais la 10

[5] Voir Suétone, *Vies des douze Césars*, livre 4, ch.22 et 58.

[6] Voir Suétone, *Vies des douze Césars*, livre 6, ch.49.

[7] Voir ci-dessous, lignes 49-56.

[8] D'après Suétone, il y eut au moins douze conspirations contre Auguste, sans compter celle de Cinna que Suétone ignore et que Voltaire révoquera en doute plus loin, voir les lignes 149-74 (*Vies des douze Césars*, livre 2, ch.19).

[9] Quand, en 1766, Voltaire avait composé ces six premiers alinéas, qui formaient

Des mœurs d'Auguste

On ne peut connaître les mœurs que par les faits, et il faut que ces faits soient incontestables. Il est avéré que cet homme si immodérément loué d'avoir été le restaurateur des mœurs et des lois, fut longtemps un des infâmes débauchés de la république romaine. Son épigramme sur Fulvie faite après l'horreur des proscriptions, démontre qu'il avait autant de mépris des bienséances dans les expressions, que de barbarie dans sa conduite. 50

> *Quod futuit glaphyram Antonius, hanc mihi poenam*
> *Fulvia constituit, se quoque uti futuam.*
> *Aut futue aut pugnemus, ait: quid quod mihi vita* 55
> *Charior est ipsa mentula? signa canant.* [10]

Cette abominable épigramme est un des plus forts témoignages de l'infamie des mœurs d'Auguste. Sextus Pompée lui reprocha des faiblesses infâmes. *Effeminatum insectatus est.* Antoine avant le triumvirat déclara que César, grand oncle d'Auguste, ne l'avait 60 adopté pour son fils, que parce qu'il avait servi à ses plaisirs; *adoptionem avunculi stupro meritum.* [11]

---

plus singulière de toutes les révolutions, et le plus étonnant de tous les spectacles, c'est de voir par qui le Capitole est habité aujourd'hui. / *Des mœurs*
52   K12: dans la conduite

---

en partie le texte *Du gouvernement et de la divinité d'Auguste*, il s'en était expliqué à d'Argental: 'J'ai eu dessein d'exprimer les débauches qui régnaient à Rome dans ces temps illustres et détestables. C'est le fondement des principales remarques. Je veux couler à fond la réputation d'Auguste; j'ai une dent contre lui depuis longtemps, pour avoir eu l'insolence d'exiler Ovide qui valait mieux que lui' (D13325).

[10] 'Parce qu'Antoine besogne Glaphyre / Fulvie m'a condamné à la même peine / Moi, besogner Fulvie! Quoi! / Ou l'amour ou la guerre, crie-t-elle / Eh bien, oui! Mon membre m'est plus cher que la vie, Sonnez trompettes' (Martial, *Epigrammata*, Londres, 1716, BV2341, livre 11, épigramme 20, vers 3-4, 7-8; *Epigrammes*, trad. P. Richard, Paris, 1931). On remarquera que Voltaire ne cite pas les vers 5-6 qui font allusion à des amours pédérastiques.

[11] Suétone parle ici de la jeunesse d'Octave. La mère de celui-ci, Alia, était la nièce

Lucius César lui fit le même reproche, et prétendit même qu'il avait poussé la bassesse jusqu'à vendre son corps à Hirtius pour une somme très considérable. [12] Son impudence alla depuis jusqu'à 65 arracher une femme consulaire à son mari au milieu d'un souper; il passa quelque temps avec elle dans un cabinet voisin, et la ramena ensuite à table, sans que lui, ni elle, ni son mari en rougissent. [13]

Nous avons encore une lettre d'Antoine à Auguste conçue en ces mots: *Ita valeas ut hanc Epistolam cum leges non inieris Testullam,* 70 *aut Terentillam, aut Russilam, aut Salviam, aut omnes. Anne refert ubi, et in quam arrigas.* On n'ose traduire cette lettre licencieuse. [14]

Rien n'est plus connu que ce scandaleux festin de cinq compagnons de ses plaisirs, avec six principales femmes de Rome. Ils étaient habillés en dieux et en déesses, et ils en imitaient toutes les 75 impudicités inventées dans les fables:

Dum nova divorum caenat adulteria. [15]

74   κ84, κ12: six des principales

---

de Jules César; Sextus Pompée, source de l'accusation, était le fils cadet du grand Pompée (*Vies des douze Césars*, livre 2, ch.68). Pour une référence discrète à l'accusation de Marc-Antoine, voir les *Philippiques* de Cicéron, qui, sans la mentionner en toutes lettres, accuse Marc-Antoine à son tour qui, pour injurier ainsi Octave, avait dû, dit Cicéron, puiser dans ses propres souvenirs d'indécence et de lubricité (Philippique 3, ch.4, sections 15-16).

[12] Lucius Antoine, le frère de Marc Antoine, prétendit qu'Octave avait, en Espagne, prostitué à Aulius Hirtius (moyennant *trois cent mille sesterces*) sa vertu déflorée par César (*Vies des douze Césars*, livre 2, ch.68).

[13] Suétone écrit en fait qu'il la ramena ensuite à sa place avec les oreilles rouges et la chevelure en désordre (*Vies des douze Césars*, livre 2, ch.69).

[14] Suétone, *Vies des douze Césars*, livre 2, ch.69. Les termes de 'cette lettre licencieuse' que Voltaire se refuse à traduire se réduisent aux deux verbes *iniere* et *arrigare* qui signifient respectivement 'jouir de quelqu'un' et 'bander'. La licence de cette lettre est ainsi traduite par Pierre Klossowski: 'Que je sois pendu si, au moment où tu liras cette lettre, tu n'as pas déjà possédé Tertulla ou Terentilla, Rufilla ou Salvia Titiscenia, et toutes ensemble! Et qu'importe après tout, auprès de qui l'on bande et qui l'on pénètre' (*Vies des douze Césars*, Paris, 1990, p.169).

[15] Suétone raconte que tout le monde appelait le dîner lubrique dont il s'agit le festin des 'douze dieux'. Là, habillé en Phébus ou Apollon, Auguste régala ses convives des nouveaux adultères des dieux (*Vies des douze Césars*, livre 2, ch.70).

Enfin, on le désigna publiquement sur le théâtre par ce fameux vers,

Vides ne ut cinaedus orbem digito temperet?[16] 80

Le doigt d'un vil giton gouverne l'univers.

Presque tous les auteurs latins qui ont parlé d'Ovide, prétendent qu'Auguste n'eut l'insolence d'exiler ce chevalier romain, qui était beaucoup plus honnête homme que lui, que parce qu'il avait été surpris par lui dans un inceste avec sa propre fille Julia, et qu'il ne 85 relégua même sa fille que par jalousie.[17] Cela est d'autant plus vraisemblable, que Caligula publiait hautement que sa mère était née de l'inceste d'Auguste et de Julie; c'est ce que dit Suétone dans la vie de Caligula.[18]

On sait qu'Auguste avait répudié la mère de Julie le jour même 90 qu'elle accoucha d'elle: et il enleva le même jour Livie à son mari, grosse de Tibère, autre monstre qui lui succéda:[19] voilà l'homme à qui Horace disait,

---

[16] Pendant des jeux publics la foule comprit comme une injure adressée à Auguste ce vers que prononça un acteur en désignant un prêtre de Cybèle qui jouait du tambourin. Il s'agit d'un jeu de mots sur le double sens de *temperare orbem* qui signifie à la fois: *être en contrôle du cercle* (le tambourin) et *gouverner l'univers* (*Vies des douze Césars*, livre 2, ch.68).

[17] En fait, aucun auteur latin ne mentionne la raison de l'exil d'Ovide à Tomis, sur la mer Noire, à l'extrême limite de l'Empire. Ce qu'en dit Ovide lui-même dans les *Fastes*, et dans les *Tristia*, est bien vague. Ce n'est qu'au seizième siècle que commença à circuler l'histoire de l'inceste d'Auguste, que peu de commentateurs ont retenue. On peut trouver un résumé des diverses théories des commentateurs et une discussion de ces théories dans John C. Thibault, *The Mystery of Ovid's exile* (Berkeley et Los Angeles, CA, 1964).

[18] Signalons que Voltaire ne juge pas utile de reconnaître que Suétone lui-même n'y voyait qu'une invention de Caligula cherchant par là à se faire passer pour un membre de la famille d'Auguste (*Vies des douze Césars*, livre 4, ch.23).

[19] Suétone dit que Livia était enceinte en l'an 39 avant J.-C., mais il ne donne pas plus de détails (*Vies des douze Césars*, livre 2, ch.62). Il est exclu toutefois qu'il se soit agi de Tibère, car le futur empereur naquit en réalité en l'an 42 avant J.-C. Livia était donc enceinte de Claudius Nero Drusus.

Res italas armis tuteris, moribus ornes,
Legibus emendes, etc.[20]   95

Il est difficile de n'être pas saisi d'indignation en lisant à la tête
des *Géorgiques*, qu'Auguste est un des plus grands dieux, et qu'on
ne sait quelle place il daignera occuper un jour dans le ciel; s'il
régnera dans les airs, ou s'il sera le protecteur des villes, ou bien s'il
acceptera l'empire des mers?   100

An Deus immensi venias maris, ac tua nautae,
Numina sola colant, tibi serviat ultima Thule.[21]

L'Arioste parle bien plus sensément, comme aussi avec plus de
grâce, quand il dit dans son admirable trente-cinquième chant:

Non fu si santo ne bénigno Augusto,   105
Come la tromba di Virgilio suona;
L'aver avuto in poësia buon gusto,
La proscriptione iniqua gli perdona etc.[22]

Tyran de son pays, et scélérat habile,
Il mit Pérouse en cendre et Rome dans les fers;   110
Mais il avait du goût, il se connut en vers.
Auguste au rang des dieux est placé par Virgile.

---

[20] Horace, *Epîtres*, livre 2, épître 1 ('Ad Augustum'), vers 29-30: '(alors que) tu
protèges la puissance italienne par les armes, que tu lui donnes la parure des mœurs,
et que tu redresses par les lois etc.'.

[21] Virgile, *Géorgiques*, livre 1, vers 29-30: 'ou bien deviendras-tu dieu de la mer
immense? Les marins révéreront-ils ta seule divinité? Thulé, la plus lointaine des
terres, te sera-t-elle soumise?' Voltaire possédait *Virgilii Maronis Opera* (Leyde,
1653, BV3419), et peut-être déjà *Les Géorgiques de Virgile*, trad. J. Delille (Paris,
1770, BV3420).

[22] *Roland furieux*, chant 35, strophe 26. La traduction qu'en donne Voltaire est
une adaptation très libre. Sa bibliothèque ne contient plus cet ouvrage, mais le *Ferney
Catalogue* mentionne quatre éditions: *Orlando furioso* (Venise, 1630, n° 98; 4 vol.,
Paris, 1746, n° 99; 2 vol., s.l.n.d., n° 100) ainsi que *Roland furieux*, 4 vol. (Paris, 1686,
n° 101).

Des cruautés d'Auguste

Autant qu'Auguste se livra longtemps à la dissolution la plus effrénée, autant son énorme cruauté fut tranquille et réfléchie. Ce fut au milieu des festins et des fêtes qu'il ordonna des proscriptions; il y eut près de trois cents sénateurs de proscrits, deux mille chevaliers et plus de cent pères de famille obscurs, mais riches, dont tout le crime était dans leur fortune. Octave et Antoine ne les firent tuer que pour avoir leur argent, et en cela ils ne furent nullement différents des voleurs de grand chemin qu'on fait expirer sur la roue. [23]

Octave, immédiatement avant la guerre de Pérouse, donna à ses soldats vétérans, toutes les terres des citoyens de Mantoue et de Crémone. Ainsi il récompensait le meurtre par la déprédation. [24]

Il n'est que trop certain que le monde fut ravagé depuis l'Euphrate jusqu'au fond de l'Espagne, par un homme sans pudeur, sans loi, sans honneur, sans probité, fourbe, ingrat, avare, sanguinaire, tranquille dans le crime, et qui dans une république bien policée aurait péri par le dernier supplice au premier de ses crimes.

Cependant on admire encore le gouvernement d'Auguste, parce que Rome goûta sous lui la paix, les plaisirs et l'abondance: Sénèque dit de lui, *clementiam non voco lassam crudelitatem.* Je n'appelle point clémence la lassitude de la cruauté. [25]

On croit qu'Auguste devint plus doux quand le crime ne lui fut plus nécessaire, et qu'il vit qu'étant maître absolu, il n'avait plus d'autre intérêt que celui de paraître juste. Mais il me semble qu'il fut toujours plus impitoyable que clément; car après la bataille

115   70, 71N, 71A, W68: ordonna les proscriptions

[23] Suétone, *Vies des douze Césars*, livre 2, ch.70.
[24] Après la guerre de Philippes (42 av. J.-C.) et le partage des rôles qui suivit leur victoire sur Cassius et Brutus, Auguste reçut pour mission de ramener les vétérans en Italie et de les établir sur des terres municipales (*Vies des douze Césars*, livre 2, ch.13).
[25] Sénèque, *De la clémence*, livre 1, ch.11, section 2. Cette citation se trouve aussi dans *Le Triumvirat* (*M*, t.6, p.186, n.3).

d'Actium il fit égorger le fils d'Antoine au pied de la statue de César, et il eut la barbarie de faire trancher la tête au jeune Césarion, fils de César et de Cléopâtre, que lui-même avait reconnu pour roi d'Egypte.[26]

Ayant un jour soupçonné le préteur Gallius Quintus d'être venu à l'audience avec un poignard sous sa robe, il le fit appliquer en sa présence à la torture; et dans l'indignation où il fut de s'entendre appeler *tyran* par ce sénateur, il lui arracha lui-même les yeux; si on en croit Suétone.[27]

On sait que César, son père adoptif, fut assez grand pour pardonner à presque tous ses ennemis; mais je ne vois pas qu'Auguste ait pardonné à un seul. Je doute fort de sa prétendue clémence envers Cinna. Tacite, ni Suétone ne disent rien de cette aventure. Suétone qui parle de toutes les conspirations faites contre Auguste, n'aurait pas manqué de parler de la plus célèbre. La singularité d'un consulat donné à Cinna pour prix de la plus noire perfidie, n'aurait pas échappé à tous les historiens contemporains. Dion Cassius n'en parle qu'après Sénèque; et ce morceau de Sénèque ressemble plus à une déclamation qu'à une vérité historique. De plus, Sénèque met la scène en Gaule, et Dion à Rome.[28] Il y a là une contradiction qui achève d'ôter toute vraisemblance à cette aventure. Aucune de nos histoires romaines compilées à la hâte et sans choix, n'a discuté ce fait intéressant. L'histoire de Laurent Echard a paru aux hommes éclairés aussi fautive que tronquée: l'esprit d'examen a rarement conduit les écrivains.[29]

140

145

150

155

160

---

[26] Suétone, *Vies des douze Césars*, livre 2, ch.17.

[27] Suétone, *Vies des douze Césars*, livre 2, ch.27. Nulle trace toutefois de l'injure prétendument proférée par Quintus Gallius.

[28] Dion Cassius (*Histoire romaine*, livre 55, ch.14-22) suit la narration de Sénèque (*De la clémence*, livre 1, ch.9, sections 1-12), mais n'indique pas le lieu de la conspiration de Cinna.

[29] Laurent Echard, *Histoire romaine*, trad. Larroque et Guyot Desfontaines, 6 vol. (Paris, 1728, BV1200; *CN*, t.3, p.336-42) et nouv. éd., 6 vol. (Paris, 1737-1742, BV1201; *CN*, t.3, p.342-59).

Il se peut que Cinna ait été soupçonné ou convaincu par Auguste de quelque infidélité, et qu'après l'éclaircissement, Auguste lui eût accordé le vain honneur du consulat: mais il n'est nullement probable que Cinna eût voulu par une conspiration s'emparer de la puissance suprême, lui qui n'avait jamais commandé d'armée, qui n'était appuyé d'aucun parti, qui n'était pas enfin un homme considérable dans l'empire. Il n'y a pas d'apparence qu'un simple courtisan subalterne ait eu la folie de vouloir succéder à un souverain affermi depuis vingt années, et qui avait des héritiers; et il n'est nullement probable qu'Auguste l'eût fait consul immédiatement après la conspiration.

Si l'aventure de Cinna est vraie, Auguste ne pardonna que malgré lui, vaincu par les raisons ou par les importunités de Livie, qui avait pris sur lui un grand ascendant, et qui lui persuada, dit Sénèque, que le pardon lui serait plus utile que le châtiment. [30] Ce ne fut donc que par politique qu'on le vit une fois exercer la clémence; ce ne fut certainement point par générosité.

Comment peut-on tenir compte à un brigand enrichi et affermi de jouir en paix du fruit de ses rapines, et de ne pas assassiner tous les jours les fils et les petits-fils des proscrits quand ils sont à genoux devant lui et qu'ils l'adorent? il fut un politique prudent après avoir été un barbare; mais il est à remarquer que la postérité ne lui donna jamais le nom de *vertueux* comme à Titus, à Trajan, aux Antonins. Il s'introduisit même une coutume dans les compliments qu'on faisait aux empereurs à leur avènement, c'était de leur souhaiter d'être plus heureux qu'Auguste, et meilleurs que Trajan. [31]

Il est donc permis aujourd'hui de regarder Auguste comme un monstre adroit et heureux.

Louis Racine, fils du grand Racine, et héritier d'une partie de ses

165-66   K84, K12: lui ait accordé

[30] Sénèque, *De la clémence*, livre 1, ch.9. section 6.
[31] Même remarque dans une note du *Triumvirat* (*M*, t.6, p.186). La coutume que décrit Voltaire se trouve rapportée dans l'*Abrégé de l'Histoire romaine* d'Eutrope (livre 8, ch.5).

talents, semble s'oublier un peu quand il dit dans ses Réflexions sur la poésie, qu'*Horace et Virgile gâtèrent Auguste, qu'ils épuisèrent leur art pour empoisonner Auguste par leurs louanges.*[32] Ces expres-   195
sions pourraient faire croire que les éloges si bassement prodigués par ces deux grands poètes, corrompirent le beau naturel de cet empereur. Mais Louis Racine savait très bien qu'Auguste était un fort méchant homme, indifférent au crime et à la vertu, se servant également des horreurs de l'un et des apparences de l'autre,   200
uniquement attentif à son seul intérêt, n'ensanglantant la terre et ne la pacifiant, n'employant les armes et les lois, la religion et les plaisirs que pour être le maître, et sacrifiant tout à lui-même. Louis Racine fait voir seulement que Virgile et Horace eurent des âmes serviles.   205

Il a malheureusement trop raison quand il reproche à Corneille d'avoir dédié *Cinna* au financier Montauron, et d'avoir dit à ce receveur, *Ce que vous avez de commun avec Auguste, c'est surtout cette générosité avec laquelle...*[33] car enfin, quoiqu'Auguste ait été le plus méchant des citoyens romains, il faut convenir que le premier des   210
empereurs, le maître, le pacificateur, le législateur de la terre alors connue, ne devait pas être mis absolument de niveau avec un financier commis d'un contrôleur-général en Gaule.

Le même Louis Racine en condamnant justement l'abaissement de Corneille et la lâcheté du siècle d'Horace et de Virgile, relève   215
merveilleusement un passage du petit carême de Massillon. *On est aussi coupable quand on manque de vérité aux rois que quand on*

---

198   71A: empereur. ¶Mais

[32] Selon Louis Racine, 'ils épuisèrent leur art pour empoisonner Auguste' (*Réflexions sur la poésie*, ch.13, *Œuvres*, 6 vol., Paris, 1808, t.2, p.514). Le reste est de Voltaire.
[33] *Réflexions sur la poésie*, ch.13, *Œuvres*, t.2, p.513. C'est un reproche que Voltaire lui-même fait parfois à Corneille. Voir par exemple l'article 'Cérémonies' des *QE* ci-dessous. Or, comme le remarque J.-M. Moureaux, 'Voltaire lui-même après tout n'avait-il pas en 1721 comparé le cardinal Dubois à Richelieu, assurant au premier que l'ombre du second devait voir d'un œil jaloux ses succès éclatants?' (*La Défense de mon oncle*, *OCV*, t.64, p.394, n.40).

manque de fidélité, et on aurait dû établir la même peine pour l'adulation que pour la révolte.[34]

Père Massillon, je vous demande pardon; mais ce trait est bien   220
oratoire, bien prédicateur, bien exagéré. La Ligue et la Fronde ont
fait, si je ne me trompe, plus de mal que les prologues de
Quinault.[35] Il n'y a pas moyen de condamner Quinault à être
roué comme un rebelle. Père Massillon, *est modus in rebus,*[36] et c'est
ce qui manque net à tous les faiseurs de sermons.   225

[34] Voltaire cite ici, en le remaniant légèrement, le texte de Louis Racine dans ses *Réflexions sur la poésie* (*Œuvres*, t.2, p.514), qui est lui-même une paraphrase de J.-B. Massillon. Dans son exemplaire des *Sermons* de celui-ci (3 vol., Paris, 1745, BV2347), Voltaire a placé un signet dans le sermon 'Petit carême', mais le passage qu'il cite librement ici n'est pas marqué à la lecture (*CN*, t.5, p.526 et n.603).

[35] Quinault était pour Voltaire un des plus grands hommes du siècle de Louis XIV, aisément l'égal de Corneille, de Molière et de Racine. Voir *Le Siècle de Louis XIV* (*OH*, p.959).

[36] Soit 'il y a de la mesure en toute chose', soit 'gardez bien le milieu en tout'. Voltaire utilise ce dicton d'Horace (*Satires*, livre 1, satire 1, vers 106) à plusieurs reprises dès l'époque du *DP* (article 'Amour nommé Socratique' du *DP*, *OCV*, t.35, p.332, n.*a*; article 'Luxe' du *DP*, *OCV*, t.36, p.328). Voir aussi l'article 'Bourreau' des *QE* ci-dessous, p.464.

AUGUSTIN

Ce n'est pas comme évêque, comme docteur, comme Père de l'Eglise que je considère ici saint Augustin, natif de Tagaste; c'est en qualité d'homme.[1] Il s'agit ici d'un point de physique qui regarde le climat d'Afrique.

Il me semble que saint Augustin avait environ quatorze ans lorsque son père, qui était pauvre, le mena avec lui aux bains publics.[2] On dit qu'il était contre l'usage et la bienséance qu'un père se baignât avec son fils;[3] et Bayle même fait cette remarque.

5

8   K84, K12: fils [*avec note*: Valère Maxime, livre 2 *de Instit. antiq.*]; et

---

* Article composé probablement à la fin de 1769 ou au début de 1770 et envoyé à Cramer entre le 15 février 1770 (D16150) et, au plus tard, mai 1770 (D16323) avec les autres articles de la 'première lettre de l'alphabet' (voir aussi D16230 et D16232). L'entrée 'Augustin' de l'*Encyclopédie* par Mallet ne renvoie à aucun article biographique, mais à l'œuvre de Jansénius et aux discussions sur la nature de la grâce, que Voltaire évoque rapidement à la fin de son article et plusieurs fois ailleurs dans son œuvre (voir l'article 'Grâce' des *QE*). C'est plutôt dans le *Dictionnaire historique et critique* de Pierre Bayle que Voltaire trouve le matériau lui permettant de dresser ce portrait contrasté d'Augustin, insistant sur les contradictions essentielles qui ont marqué sa vie. S'attaquer ainsi au fondateur de l'une des doctrines les plus importantes de l'Eglise devient alors un moyen de saper l'autorité de la doctrine elle-même. Cet article paraît en novembre/décembre 1770 (70, t.2).

[1] L'article 'Augustin' de Bayle est biographique, celui de Voltaire l'est également tout en affichant d'autres prétentions quant à l'influence du climat sur les hommes.

[2] Saint Augustin (*Les Confessions*, livre 2, ch.3) indique seize ans. Voltaire possède *Les Confessions de saint Augustin*, traduites par les pères bénédictins de la congrégation de Saint-Maur, avec des notes par M. Du Bois [-Goibaud] (Paris, 1737, BV217). Il a laissé un signet dans le livre 2, ch.3 (*CN*, t.1, p.172).

[3] On retrouve la plupart de ces renseignements dans la note *B* de l'article 'Augustin' du *Dictionnaire historique et critique* de Bayle (5e éd., 5 vol., Amsterdam, 1734). La variante en note renvoie à Valère Maxime, livre 2, ch.1, n.7. Cette information provient de la manchette *c* de la note *B* de l'article de Bayle qui renvoie également à Cicéron, *Les Offices*, livre 1, ch.35 et à Plutarque dans la *Vie de Caton l'Ancien*.

Oui, les patriciens à Rome, les chevaliers romains ne se baignaient pas avec leurs enfants dans les étuves publiques. Mais croira-t-on que le pauvre peuple, qui allait au bain pour un liard, fût scrupuleux observateur des bienséances des riches?

L'homme opulent couchait dans un lit d'ivoire et d'argent sur des tapis de pourpre, sans draps, avec sa concubine; sa femme dans un autre appartement parfumé couchait avec son amant. Les enfants, les précepteurs, les domestiques avaient leurs chambres séparées; mais le peuple couchait pêle-mêle dans des galetas. On ne faisait pas beaucoup de façons dans la ville de Tagaste en Afrique. Le père d'Augustin menait son fils au bain des pauvres.

Ce saint raconte que son père le vit dans un état de virilité qui lui causa une joie vraiment paternelle, et qui lui fit espérer d'avoir bientôt des petits-fils *in ogni modo*, comme de fait il en eut. [4]

Le bonhomme s'empressa même d'aller conter cette nouvelle à sainte Monique sa femme. [5]

Saint Augustin qui était un enfant très libertin, avait l'esprit aussi prompt que la chair. Il dit, (*a*) qu'ayant à peine vingt ans il apprit sans maître la géométrie, l'arithmétique et la musique. [6]

Cela ne prouve-t-il pas deux choses, que dans l'Afrique, que

(*a*) *Confession*, livre 4, ch.16.

24-25   K84, K12: femme. ¶Quant à cette puberté prématurée d'Augustin, ne peut-on pas l'attribuer à l'usage anticipé de l'organe de la génération? Saint Jérôme parle d'un enfant de dix ans dont une femme abusait et dont elle conçut un fils. (épître *ad Vitalem*, t.3.) ¶Saint
n.*a*   w68: ch.15.

[4] Saint Augustin, *Les Confessions*, livre 2, ch.3.
[5] Bayle, *Dictionnaire historique et critique*, article 'Augustin', note *B* et manchette *c*.
[6] Saint Augustin, *Les Confessions*, livre 3, ch.15-16. Augustin parle en réalité des catégories d'Aristote. Dans la note *A* de son article, Bayle cite et réfute tous ceux qui ont prétendu que saint Augustin était savant dès l'enfance.

nous nommons aujourd'hui *la Barbarie*, les corps et les esprits sont plus avancés que chez nous? 30

Où sont à Paris, à Strasbourg, à Ratisbonne, à Vienne les jeunes gens qui apprennent l'arithmétique, les mathématiques, la musique, sans aucun secours, et qui soient pères à quatorze ans?

Ce n'est point sans doute une fable, qu'Atlas prince de Mauritanie, appelé *fils du ciel* par les Grecs, ait été un célèbre 35 astronome, qu'il ait fait construire une sphère céleste comme il en est à la Chine depuis tant de siècles. [7] Les anciens, qui exprimaient tout en allégories, comparèrent ce prince à la montagne qui porte son nom, parce qu'elle élève son sommet dans les nues, et les nues ont été nommées *le ciel* par tous les hommes qui n'ont jugé des 40 choses que sur le rapport de leurs yeux.

Ces mêmes Maures cultivèrent les sciences avec succès, et enseignèrent l'Espagne et l'Italie pendant plus de cinq siècles. Les choses sont bien changées. Le pays de saint Augustin n'est plus qu'un repaire de pirates. [8] L'Angleterre, l'Italie, l'Allemagne, la 45

30-31 K84, K12: nous? ¶Ces avantages précieux de Saint Augustin conduisent à croire qu'Empédocle n'avait pas tant de tort de regarder le feu comme le principe de la nature. Il est aidé, mais par des subalternes. C'est un roi qui fait agir tous ses sujets. Il est vrai qu'il enflamme quelquefois un peu trop les imaginations de son peuple. Ce n'est pas sans raison que Siphax dit à Juba, dans le Caton d'Addison, que le soleil, qui 5 roule son char sur les têtes africaines, met plus de couleur sur leurs joues, plus de feu dans leurs cœurs, et que les dames de Zama sont très supérieures aux pâles beautés de l'Europe, que la nature n'a qu'à moitié pétries? [9] ¶Où

---

[7] *Histoire universelle de Diodore de Sicile*, trad. Jean Terrasson, 7 vol. (Paris, 1737-1744), t.1, livre 3, p.453, que Voltaire possède (Paris, 1758, BV1041; *CN*, t.3, p.143-45). Voltaire cite souvent Diodore de Sicile comme un faiseur de contes (voir l'article 'De Diodore de Sicile et d'Hérodote' des *QE*).

[8] La représentation de l'Afrique du nord comme 'un repère de corsaires' est un thème fréquent au dix-huitième siècle. Voltaire se plaît à opposer la réputation de Tagaste au temps de saint Augustin à la Berbérie moderne dans la 'Notice sur Maxime de Madaure' en guise d'introduction à *Sophronime et Adélos*, que l'on date de 1766 (*M*, t.25, p.459-60). Voir aussi la note 1 à l'article 'Alger' des *QE* (*OCV*, t.38, p.193).

[9] Voltaire fait référence ici à l'acte 1, scène 6 de la tragédie d'Addison. *Caton* fut traduit de l'anglais par Abel Boyer (Amsterdam, 1713).

France qui étaient plongées dans la barbarie, cultivent les arts mieux que n'ont jamais fait les Arabes.

Nous ne voulons donc, dans cet article, que faire voir combien ce monde est un tableau changeant. Augustin débauché devient orateur et philosophe. Il se pousse dans le monde, il est professeur de rhétorique; il se fait manichéen; du manichéisme il passe au christianisme.[10] Il se fait baptiser avec un de ses bâtards nommé Deodatus:[11] il devient évêque; il devient Père de l'Eglise.[12] Son *système sur la grâce* est respecté onze cents ans comme un article de foi. Au bout de onze cents ans, des jésuites trouvent moyen de faire anathématiser le système de saint Augustin mot pour mot, sous le nom de Jansénius, de Saint-Cyran, d'Arnaud, de Quesnel. (Voyez 'Grâce'.)[13] Nous demandons si cette révolution dans son genre n'est pas aussi grande que celle de l'Afrique, et s'il y a rien de permanent sur la terre?

[10] Toute cette biographie se trouve dans l'article de Bayle. Saint Augustin enseigna la rhétorique à Tagaste puis à Carthage en 380. Il a soutenu le manichéisme 'avec beaucoup de chaleur', puis s'en est détaché. Il a suivi avec beaucoup d'intérêt les sermons de saint Ambroise. Il ne se convertit au christianisme qu'en 384. Comme dans l'article 'Péché originel' du *DP*, Voltaire présente ici saint Augustin comme un homme qui 'passa sa vie à se contredire' (*OCV*, t.36, p.426).

[11] Bayle, *Dictionnaire historique et critique*, article 'Augustin', note *C*. Bayle appelle le fils de saint Augustin Adeodatus (Dieu-donné). Voltaire avait déjà évoqué la conversion de saint Augustin et le baptême de Déodatus dans la quatorzième lettre des *Questions sur les miracles* (1767; *M*, t.25, p.421). Il revient encore sur le rôle du 'bâtard' d'Augustin dans *La Canonisation de saint Cucufin* (1769; *M*, t.27, p.427), au moment donc où il travaille à la composition des articles appartenant aux premiers tomes des *QE*.

[12] Ce résumé cavalier, dépourvu de tout repère chronologique ou de toute explication, gomme toute l'évolution spirituelle de saint Augustin, du débauché au Père de l'Eglise.

[13] Sur la condamnation du système augustinien de la grâce par les jésuites, voir le même Bayle, *Dictionnaire historique et critique*, article 'Augustin', note *E*, dans laquelle Bayle entend prouver que 'la doctrine de saint Augustin et celle de Jansenius Evêque d'Ypres, sont une seule et même doctrine'. Voir l'article 'Grâce' des *QE*.

AVIGNON

Avignon et son comtat sont des monuments de ce que peuvent à la fois l'abus de la religion, l'ambition, la fourberie et le fanatisme. [1] Ce petit pays, après mille vicissitudes, avait passé au douzième siècle dans la maison des comtes de Toulouse, descendants de Charlemagne par les femmes. [2]

Raimond VI comte de Toulouse, dont les aïeux avaient été les principaux héros des croisades, [3] fut dépouillé de ses Etats par une croisade que les papes suscitèrent contre lui. [4] La cause de la croisade était l'envie d'avoir ses dépouilles: le prétexte était, que

5

* Voltaire a rédigé cet article après la prise d'Avignon par les armées de Louis XV, le 11 juin 1768 (voir lignes 109-11). Voltaire commente cet événement dans sa correspondance (D15067, D15068, D15087) comme dans un ajout de 1769 au *Précis du siècle de Louis XV* (ch.39, *OH*, p.1539-40). C'est d'abord avec la documentation historique accumulée pour l'*Essai sur les mœurs* que Voltaire traite ce sujet dont la problématique et la portée militante, dénonçant la politique papale, n'ont rien à voir ni avec les quelques lignes consacrées à la ville d'Avignon dans l'*Encyclopédie*, ni avec le court article de Jaucourt 'Venaissin, le comtat, ou le comtat Venaissin'. Voltaire s'appuie largement sur sa lecture attentive des *Lettres historiques sur le comtat Venaissin et sur la seigneurie d'Avignon* de Jacob Nicolas Moreau (Amsterdam, 1768, BV2509). L'article paraît en novembre/décembre 1770 (70, t.2) et bénéficie d'une correction dans w75G* (ligne 77).

[1] Voltaire définit clairement son objectif qui se distingue de celui de Jaucourt, qui consacre quelques lignes à des remarques d'ordre géographique.

[2] Voltaire a peut-être lu cette généalogie dans l'ouvrage de Maur Dantine, *L'Art de vérifier les dates des faits historiques* (Paris, 1750), p.737, qu'il possédait d'après le catalogue de sa bibliothèque établi par Wagnière (*Ferney catalogue* n° 797).

[3] Raymond VI, comte de Toulouse, avait été, de 1088 à 1105, l'un des chefs de la première croisade, ce que signale l'*Essai sur les mœurs* (t.1, p.562).

[4] Voltaire a déjà parlé de la croisade contre les Albigeois dans l'*Essai sur les mœurs* (ch.62), chapitre qui comprend des additions de 1761 et de 1769 et qui précise que Raimond VI était accusé d'avoir assassiné le légat du pape, Pierre de Castelnau. Sa source est C. Fleury, *Histoire ecclésiastique*, 36 vol. (Paris, 1720-1738, BV1350), t.16, p.223, qu'il a annotée (*CN*, t.3, p.542).

dans plusieurs de ses villes, les citoyens pensaient à peu près 10
comme on pense depuis plus de deux cents ans en Angleterre, en
Suède, en Dannemarck, dans les trois quarts de la Suisse, en
Hollande, et dans la moitié de l'Allemagne.

Ce n'était pas une raison pour donner au nom de Dieu les Etats
du comte de Toulouse au premier occupant, et pour aller égorger et 15
brûler ses sujets un crucifix à la main, et une croix blanche sur
l'épaule. Tout ce qu'on nous raconte des peuples les plus sauvages
n'approche pas des barbaries commises dans cette guerre, appelée
sainte. L'atrocité ridicule de quelques cérémonies religieuses
accompagna toujours les excès de ces horreurs. On sait que 20
Raimond VI fut traîné à une église de Saint-Giles devant un
légat nommé Milon, nu jusqu'à la ceinture, sans bas et sans
sandales, ayant une corde au cou, laquelle était tirée par un diacre,
tandis qu'un second diacre le fouettait, qu'un troisième diacre
chantait un *miserere* avec des moines, et que le légat était à dîner.[5] 25

Telle est la première origine du droit des papes sur Avignon.

Le comte Raimond, qui s'était soumis à être fouetté pour
conserver ses Etats, subit cette ignominie en pure perte. Il lui
fallut défendre par les armes ce qu'il avait cru conserver par une
poignée de verges, il vit ses villes en cendre, et mourut en 1213 dans 30
les vicissitudes de la plus sanglante guerre.[6]

Son fils Raimond VII n'était pas soupçonné d'hérésie comme le
père; mais étant fils d'un hérétique il devait être dépouillé de tous
ses biens en vertu des décrétales, c'était la loi. La croisade subsista

---

10   71N: de ces villes

[5] Scène rapportée également dans l'*Essai sur les mœurs* (ch.62) dont la source est
l'*Histoire ecclésiastique* de Fleury, (t.16, p.236-40; voir *CN*, t.3, p.541: 'pénitence du
comte de Toulouse'). Sur Milon, légat apostolique mort en 1209, voir p.241.

[6] Raymond VI, comte de Toulouse, vaincu à Muret en 1213 par Simon de
Montfort, ne mourut qu'en 1222. Sur sa lutte avec Simon de Montfort, voir l'*Essai sur
les mœurs* (t.1, p.627-30). La source est Fleury; voir *CN*, t.3, p.542.

donc contre lui. [7] On l'excommuniait dans les églises les dimanches   35
et les jours de fêtes au son des cloches, et à cierges éteints.

Un légat qui était en France dans la minorité de saint Louis, y
levait des décimes pour soutenir cette guerre en Languedoc et en
Provence. [8] Raimond se défendait avec courage, mais les têtes de
l'hydre du fanatisme renaissaient à tout moment pour le dévorer.   40

Enfin le pape fit la paix, parce que tout son argent se dépensait à
la guerre.

Raimond VII vint signer le traité devant le portail de la
cathédrale de Paris. [9] Il fut forcé de payer dix mille marcs d'argent
au légat, deux mille à l'abbaye de Citeaux, cinq cents à l'abbaye de   45
Clervaux, mille à celle de Grand-Selve, trois cents à celle de
Belleperche, le tout pour le salut de son âme, comme il est spécifié
dans le traité. C'était ainsi que l'Eglise négociait toujours.

Il est très remarquable que dans l'instrument de cette paix, le
comte de Toulouse met toujours le légat avant le roi. 'Je jure et   50
promets au légat et au roi d'observer de bonne foi toutes ces choses,
et de les faire observer par mes vassaux et sujets, etc.' [10]

Ce n'était pas tout, il céda au pape Grégoire IX le comtat
Venaissin au-delà du Rhône, et la suzeraineté de soixante et treize
châteaux en deçà. Le pape s'adjugea cette amende par un acte   55
particulier, ne voulant pas que dans un instrument public l'aveu
d'avoir exterminé tant de chrétiens, pour ravir le bien d'autrui,
parût avec trop d'éclat. Il exigeait d'ailleurs ce que Raimond ne
pouvait lui donner sans le consentement de l'empereur Frédéric II.

[7] Le quatrième concile de Latran, qui priva Raymond VI de ses Etats en 1215 et
donna à Simon de Montfort le comté de Toulouse, réserva cependant à Raymond VII
ses Etats de Provence (Moreau, *Lettres historiques*, p.43).

[8] Robert de Courçon fut envoyé en France par le pape Innocent III pour préparer
le quatrième concile de Latran et la croisade contre les Albigeois (voir Fleury,
Histoire ecclésiastique, t.16, p.288).

[9] Voir Moreau, *Lettres historiques*, p.50-57.

[10] Moreau signale que 'le pape est mis au nombre des puissances belligérantes avec
lesquelles il contracte' (*Lettres historiques*, p.50).

Les terres du comte à la gauche du Rhône étaient un fief impérial. [11]   60
Frédéric II ne ratifia jamais cette extorsion.

Alphonse, [12] frère de saint Louis, ayant épousé la fille de ce
malheureux prince, et n'en ayant point eu d'enfants, tous les Etats
de Raimond VII en Languedoc furent réunis à la couronne de
France, ainsi qu'il avait été stipulé par le contrat de mariage.   65

Le comtat Venaissin, qui est dans la Provence, avait été rendu avec
magnanimité par l'empereur Frédéric II au comte de Toulouse. [13]
Sa fille Jeanne, avant de mourir, en avait disposé par son testament en
faveur de Charles d'Anjou comte de Provence et roi de Naples.

Philippe le Hardi, fils de saint Louis, pressé par le pape   70
Grégoire X, donna le Venaissin à l'Eglise romaine en 1274. Il
faut avouer que Philippe le Hardi donnait ce qui ne lui appartenait
point du tout; que cette cession était absolument nulle, et que
jamais acte ne fut plus contre toutes les lois.

Il en est de même de la ville d'Avignon. Jeanne de France reine   75
de Naples, descendante du frère de saint Louis, accusée avec trop
de vraisemblance d'avoir fait étrangler son mari, [14] voulut avoir la
protection du pape Clément VI, qui siégeait alors dans la ville
d'Avignon, domaine de Jeanne. Elle était comtesse de Provence.
Les Provençaux lui firent jurer en 1347, sur les Evangiles, qu'elle ne   80
vendrait aucune de ses souverainetés. A peine eut-elle fait son
serment qu'elle alla vendre Avignon au pape. L'acte authentique ne
fut signé que le 12 juin 1348; on y stipula pour prix de la vente la

---

77   70, 71N, 71A, w68, w75G: d'avoir empoisonné son

[11] Voltaire suit l'opinion de Jean Rousset de Missy (*Intérêts présents et prétentions des puissances de l'Europe*, 2 vol., La Haye, 1741, ch.2, t.1, BV3046). Même version dans l'*Essai sur les mœurs* (t.1, p.631).

[12] Alphonse, comte de Poitiers et de Toulouse, fils de Louis VIII et époux de Jeanne, comtesse de Toulouse.

[13] Frédéric II, empereur d'Occident, n'a pas agi par magnaminité, mais par politique. Il lutte contre la papauté (voir *Essai sur les mœurs*, ch.52, et les *Annales de l'Empire*, M, t.13, p.343-57).

[14] André de Hongrie, premier époux de Jeanne, fut étranglé. Voir l'*Essai sur les mœurs* (t.1, p.676).

somme de quatre-vingt mille florins d'or.[15] Le pape la déclara
innocente du meurtre de son mari, mais il ne la paya point. On n'a   85
jamais produit la quittance de Jeanne. Elle réclama quatre fois
juridiquement contre cette vente illusoire.

Ainsi donc, Avignon et le comtat ne furent jamais réputés
démembrés de la Provence que par une rapine d'autant plus
manifeste, qu'on avait voulu la couvrir du voile de la religion.   90

Lorsque Louis XI acquit la Provence, il l'acquit avec tous ses
droits, et voulut les faire valoir en 1464, comme on le voit par une
lettre de Jean de Foix à ce monarque. Mais les intrigues de la cour
de Rome eurent toujours tant de pouvoir, que les rois de France
condescendirent à la laisser jouir de cette petite province. Ils ne   95
reconnurent jamais dans les papes une possession légitime, mais
une simple jouissance.

Dans le traité de Pise, fait par Louis XIV en 1664 avec
Alexandre VII, il est dit, *qu'on lèvera tous les obstacles, afin que le
pape puisse jouir d'Avignon comme auparavant.*[16] Le pape n'eut donc   100
cette province que comme des cardinaux ont des pensions du roi, et
ces pensions sont amovibles.

Avignon et le comtat furent toujours un embarras pour le
gouvernement de France. Ce petit pays était le refuge de tous les
banqueroutiers et de tous les contrebandiers. Par là il causait de   105
grandes pertes; et le pape n'en profitait guère.

Louis XIV rentra deux fois dans ses droits; mais pour châtier le
pape plus que pour réunir Avignon et le comtat à sa couronne.[17]

[15] Dans l'*Histoire ecclésiastique* de Fleury, Voltaire a laissé une note marginale:
'Avignon acheté par les papes' (t.20, p.78; *CN*, t.3, p.566). Il résume ici Fleury, qui
indique la somme payée, mais il ne recopie pas la date du contrat qui serait, selon
cette source, le 19 juin 1348; il se fie ici aux *Lettres historiques* de Moreau (p.112). Voir
l'*Essai sur les mœurs* (t.1, p.674).

[16] Moreau (*Lettres historiques*, p.10-11) cite cet article 4 du traité de Pise du 2 février
1664 et en tire la même conclusion que Voltaire. Le texte complet du traité se trouve
dans François Regnier-Desmarais, *Histoire des démêlés de la cour de France avec la
cour de Rome au sujet de l'affaire des Corses* (Paris, 1707, p.145-60). Même affirmation
dans Moreau: 'Les rois n'ont jamais reconnu la souveraineté du pape sur la Provence'
(p.149).

[17] La première fois en 1662, à la suite de l'affaire des Corses, qui fut terminée par

Enfin Louis XV a fait justice à sa dignité et à ses sujets. La conduite indécente et grossière du pape Rezzonico, Clément XIII, l'a forcé de faire revivre les droits de sa couronne en 1768.[18] Ce pape avait agi comme s'il avait été du quatorzième siècle. On lui a prouvé qu'on était au dix-huitième, avec l'applaudissement de l'Europe entière.

Lorsque l'officier-général, chargé des ordres du roi entra dans Avignon, il alla droit à l'appartement du légat sans se faire annoncer, et lui dit, *Monsieur, le roi prend possession de sa ville.*[19]

Il y a loin de là à un comte de Toulouse fouetté par un diacre pendant le dîner d'un légat. Les choses, comme on voit, changent avec le temps.

117   70, 71N, 71A: *Monsieur l'abbé, le*

117-18   70, 71N, 71A: ville, et vous donne deux jours pour vous retirer. ¶Il

120   K84, K12: temps. [*avec note*: Clément XIII étant mort, son successeur Ganganelli répara ses fautes, promit de détruire les jésuites, et on lui rendit Avignon. ¶De profonds politiques croient qu'il est bon de laisser Avignon au pape, pour se conserver un moyen de le punir s'il abuse de ses clefs. Mais qu'on laisse le peuple s'éclairer, et l'on n'aura plus besoin d'Avignon ni pour faire entendre raison au successeur de saint Pierre, ni pour n'en avoir rien à craindre.] //

le traité de Pise. La seconde fois en 1688, après l'excommunication lancée contre lui à propos de l'affaire des franchises. La ville fut rendue à Alexandre VIII en 1690. Sur ces deux prises de possession d'Avignon, voir Moreau (*Lettres historiques*, p.5-15) et Pierre Charpenne (*Histoire des réunions temporaires d'Avignon et du comtat Venaissin à la France*, Paris, 1886). *Le Siècle de Louis XIV* évoque les démêlés du roi et du pape à propos d'Avignon (*OH*, p.691 et 759). Voir aussi le *Précis du siècle de Louis XV* (*OH*, p.1539-40).

[18] Sur les querelles entre le Saint-Siège et la France au sujet du duché de Parme, voir le *Précis du siècle de Louis XV* (*OH*, p.1539). Les lettres patentes de Louis XV annexant Avignon furent enregistrées au Parlement d'Aix le 9 juin 1768; le marquis de Rochechouart prit possession de la ville au nom du roi le 11 juin (Charpenne, *Histoire des réunions temporaires d'Avignon et du comtat Venaissin à la France*, p.76). Voltaire relate ce fait à Sébastien Dupont le 20 juin 1768 (D15087); voir aussi D15067, D15068, D15070.

[19] Ces paroles ne se trouvent dans aucun texte officiel. Voltaire dramatise le sens du discours du marquis de Rochechouart au légat du pape. Même liberté dans le *Précis du siècle de Louis XV*: 'Monsieur, le roi m'ordonne de remettre Avignon en sa main, et vous êtes prié de vous retirer' (*OH*, p.1540).

AUSTÉRITÉS,

mortifications, flagellations

Que des hommes choisis, amateurs de l'étude, se soient unis après mille catastrophes arrivées au monde; qu'ils se soient occupés d'adorer Dieu, et de régler les temps de l'année, comme on le dit des anciens brahmanes, des mages, il n'est rien là que de bon et d'honnête. Ils ont pu être en exemple au reste de la terre par une vie 5 frugale; ils ont pu s'abstenir de toute liqueur enivrante, et du commerce avec leurs femmes, quand ils célébrèrent des fêtes. Ils durent être vêtus avec modestie et décence. S'ils furent savants, les autres hommes les consultèrent: s'ils furent justes, on les respecta et

---

4 K84, K12: brahmanes et des

---

* Voltaire devait rédiger un article sur les flagellants pour l'*Encyclopédie* (voir D6655, 28 décembre 1755, à D'Alembert). Le 29 mars 1756, il déclare forfait, car il n'a pas à Monrion le livre de l'abbé Boileau, *Histoire des flagellants* (D6770). Ce fut le chevalier de Jaucourt qui signa l'article 'Flagellants' dans l'*Encyclopédie*. Après un historique de la secte, Jaucourt blâme, pour ses 'descriptions trop libres', l'ouvrage en latin de l'abbé Boileau. L'*Histoire des flagellants*, dans sa version française (Amsterdam, 1701), figure dans la bibliothèque de Voltaire (BV438). Voltaire a lu avec attention cet ouvrage mis à l'Index en 1704 (*CN*, t.1, p.376) et s'en inspire largement dans cet article. Il avait déjà évoqué cette secte dans les *Annales de l'Empire* (*M*, t.13, p.107), dans l'*Essai sur les mœurs* (ch.82, t.1, p.772); il élargit son enquête dans les *QE*, sans doute à la suite de relectures. Dans le tome 3 de son exemplaire du *Glossarium* de Charles Du Fresne, sieur Du Cange, il a laissé un signet aux colonnes 537-38: 'Flagriones' qui témoigne de son intérêt pour les flagellations. Il tente, dans cet article, un large tour d'horizon des pratiques pénitentielles, les juge comme des aberrations du fanatisme religieux, n'y voit que frénésie auto-destructrice ou hystérie des foules. Il refuse la souffrance purificatrice et sous-estime sans doute la hantise du péché et de l'enfer (voir Christiane Mervaud, 'Du *Siècle de Louis XIV* aux *Questions sur l'Encyclopédie*: Voltaire et l'abbé Jacques Boileau', *The Enterprise of Enlightenment*, éd. Terry Pratt et David McCallam, Berne, 2004, p.275-89). Cet article paraît en novembre/décembre 1770 (70, t.2).

on les aima. Mais la superstition, la gueuserie, la vanité ne se 10
mirent-elles pas bientôt à la place des vertus?

Le premier fou qui se fouetta publiquement pour apaiser les dieux, ne fut-il pas l'origine des prêtres de la déesse de Syrie qui se fouettaient en son honneur,[1] des prêtres d'Isis qui en faisaient autant à certains jours;[2] des prêtres de Dodone nommés *Seliens* qui 15 se faisaient des blessures,[3] des prêtres de Bellone qui se donnaient des coups de sabre?[4] des prêtres de Diane qui s'ensanglantaient à coups de verges,[5] des prêtres de Cybèle qui se faisaient eunuques,[6] des fakirs des Indes qui se chargèrent de chaînes?[7] L'espérance de tirer de larges aumônes n'entra-t-elle pour rien dans leurs 20 austérités?

11-12   71N: vertus? Consultez l'histoire et jugez. ¶Le

[1] J. Boileau se réfère à la *Vie d'Apollonius de Tyane* de Philostrate, livre 6, ch.10, où est invoqué le témoignage d'Apulée dans *L'Ane d'or*: les prêtres de la déesse de Syrie se fouettaient et se faisaient des incisions, se déchiquetaient les bras avec un couteau (*Histoire des flagellants*, Amsterdam, F. van der Plaats, 1701, p.80-83). Voltaire a pu également lire ce texte dans Apulée dont il possède la traduction par Compain de Saint-Martin (Paris, 1736, BV90).

[2] D'après Hérodote, *Histoires*, livre 2, ch.41, cité par J. Boileau, *Histoire des flagellants*, p.79. Voltaire possède *Les Histoires d'Hérodote*, traduites en français par Du Ryer (3 vol., Paris, 1713, BV1631; *CN*, t.4, p.380-84).

[3] Dodone, ville de l'Epire, sanctuaire des Pélages, célèbre par son oracle de Zeus. Le temple était desservi par des prêtres dits 'selloi'. Exemple qui n'est pas cité par J. Boileau.

[4] Déesse romaine de la guerre dont les prêtres, en dansant, se faisaient des blessures volontaires. J. Boileau consacre plusieurs pages aux flagellations à Rome, en particulier aux Lupercales (*Histoire des flagellants*, p.85-88).

[5] J. Boileau cite la *Vie d'Apollonius de Tyane*, livre 6, ch.10 (*Histoire des flagellants*, p.80) et rapporte, d'après Tertullien, qu'il y avait à Lacédémone une fête nommée le 'jour des Flagellations' en l'honneur de Diane.

[6] Exemple déjà donné par Voltaire dans *La Philosophie de l'histoire* (*OCV*, t.59, p.131) et dans l'article 'Circoncision' du *DP* (*OCV*, t.35, p.612 et n.48).

[7] François Bernier évoque ces fakirs dans ses *Voyages* (2 vol., Amsterdam, 1699, t.2, p.124); voir le texte cité dans la *Lettre d'un Turc, sur les fakirs et sur son ami Bababec* (*OCV*, t.32A, p.157, n.6).

Les gueux qui se font enfler les jambes avec de la tithymale,[8] et qui se couvrent d'ulcères pour arracher quelques deniers aux passants, n'ont-ils pas quelque rapport aux énergumènes de l'antiquité qui s'enfonçaient des clous dans les fesses, et qui 25 vendaient ces saints clous aux dévots du pays?[9]

Enfin, la vanité n'a-t-elle jamais eu part à ces mortifications publiques qui attiraient les yeux de la multitude? Je me fouette; mais c'est pour expier vos fautes. Je marche tout nu; mais c'est pour vous reprocher le faste de vos vêtements. Je me nourris d'herbe et 30 de colimaçons; mais c'est pour corriger en vous le vice de la gourmandise. Je m'attache un anneau de fer à la verge; pour vous faire rougir de votre lasciveté. Respectez-moi comme un homme cher aux dieux, qui attirera leurs faveurs sur vous. Quand vous serez accoutumés à me respecter, vous n'aurez pas de peine à 35 m'obéir. Je serai votre maître au nom des dieux. Et si quelqu'un de vous alors transgresse la moindre de mes volontés, je le ferai empaler pour apaiser la colère céleste.

Si les premiers fakirs ne prononcèrent pas ces paroles, il est bien probable qu'ils les avaient gravées dans le fond de leur cœur. 40

Ces austérités affreuses furent peut-être les origines des sacrifices de sang humain. Des gens qui répandaient leur sang en public à coups de verges, et qui se tailladaient les bras et les cuisses pour se donner de la considération, firent aisément croire à des sauvages imbéciles qu'on devait sacrifier aux dieux ce qu'on avait 45 de plus cher; qu'il fallait immoler sa fille pour avoir un bon vent;[10]

[8] Genre de fleurs dont Tournefort a répertorié soixante-trois espèces. D'après l'article 'Titimale ou Tithymale' de l'*Encyclopédie*, les mendiants se servent de son suc laiteux, plus ou moins caustique, pour se défigurer la peau et éveiller la compassion des passants.
[9] Dans la *Lettre d'un Turc*, Voltaire dénonce l'escroquerie de faux mystiques (*OCV*, t.32A, p.143-58).
[10] Voltaire a consacré bien des pages aux sacrifices humains dont presque tous les peuples se sont rendus coupables et qui auraient pour origine la domination des prêtres. Voir par exemple *La Philosophie de l'histoire* (*OCV*, t.59, p.119). Dans le chapitre 'Des victimes humaines', Voltaire a évoqué le sacrifice d'Iphigénie (p.212).

précipiter son fils du haut d'un rocher pour n'être point attaqué de la peste;[11] jeter une fille dans le Nil pour avoir infailliblement une bonne récolte.[12]

Ces superstitions asiatiques ont produit parmi nous les flagellations que nous avons imitées des Juifs. (*a*) Leurs dévots se fouettaient et se fouettent encore les uns les autres, comme faisaient autrefois les prêtres de Syrie et d'Egypte. (*b*)

Parmi nous les abbés fouettèrent leurs moines, les confesseurs fouettèrent leurs pénitents des deux sexes. Saint Augustin écrit à Marcellin le tribun, *qu'il faut fouetter les donatistes comme les maîtres d'école en usent avec les écoliers.*[13]

On prétend que ce n'est qu'au dixième siècle que les moines et les religieuses commencèrent à se fouetter à certains jours de

(*a*) Voyez 'Confession'.[14]
(*b*) Voyez 'Apulée'.[15]

[11] Idoménée, roi de Crète, au retour de Troie, fit vœu de sacrifier à Poséidon le premier être rencontré lorsqu'il aborderait sur le rivage. Or ce fut son fils. La peste se déclara et Idoménée fut chassé de la ville.

[12] Même exemple dans *La Philosophie de l'histoire* (*OCV*, t.59, p.212), où Voltaire indique comme source Hérodote. Dans ses *Carnets*, il renvoie à Pausanias, à Porphyre, à Plutarque et à l'abbé Banier (*OCV*, t.82, p.589). Effectivement, Banier fait état d'un témoignage de Plutarque (*La Mythologie et les fables expliquées par l'histoire*, 3 vol., Paris, 1738-1740, t.1, p.243).

[13] Voltaire, dans son exemplaire des *Lettres de saint Augustin*, traduites en français par Philippe Dubois-Goibaud, 6 vol. (Paris, 1684, BV219) a annoté la lettre 133 de saint Augustin à Marcellin: 'évêques fouettent leurs diocésains' (*CN*, t.1, p.175). Il ne recopie pas exactement saint Augustin, mais ne le trahit pas. J. Boileau citait saint Augustin à propos des donatistes (*Histoire des flagellants*, p.100-101). Il entendait prouver que la primitive Eglise ignorait les flagellations volontaires et que saint Augustin préconisait de donner le fouet seulement aux hérétiques.

[14] Même remarque dans 'Confession' (*M*, t.18, p.224). La source de Voltaire est encore Jacques Boileau (*Histoire des flagellants*, p.15) qui évoque, d'après l'ouvrage de Johann Buxtorf père, *De la synagogue judaïque* (Bâle, 1661), deux juifs qui se font flageller trente-neuf fois en confessant leurs péchés (ch.25, p.521). Le Deutéronome (25:2) limite le nombre de coups à quarante.

[15] Voir ci-dessus la note 1.

l'année.[16] La coutume de donner le fouet aux pécheurs pour   60
pénitence, s'établit si bien, que le confesseur de saint Louis lui
donnait très souvent le fouet.[17] Henri II d'Angleterre fut fouetté
par les chanoines de Cantorbéri. (c) Raimond comte de Toulouse
fut fouetté la corde au cou par un diacre, à la porte de l'église de
Saint-Giles, devant le légat Milon, comme nous l'avons vu.[18]   65

Les chapelains du roi de France Louis VIII, (d) furent condamnés par le légat du pape Innocent III à venir aux quatre grandes
fêtes aux portes de la cathédrale de Paris, présenter des verges aux
chanoines pour les fouetter, en expiation du crime du roi leur
maître qui avait accepté la couronne d'Angleterre, que le pape lui   70
avait ôtée après la lui avoir donnée en vertu de sa pleine puissance.
Il parut même que le pape était fort indulgent en ne faisant pas
fouetter le roi lui-même, et en se contentant de lui ordonner, sous
peine de damnation, de payer à la chambre apostolique deux années
de son revenu.[19]   75

C'est de cet ancien usage que vient la coutume d'armer encore
dans Saint-Pierre de Rome les grands pénitenciers, de longues
baguettes au lieu de verges, dont ils donnent de petits coups aux
pénitents prosternés de leur long. C'est ainsi que le roi de France

(c) En 1209.[20]
(d) En 1223.

[16] 'On' désigne J. Boileau, qui date l'usage des flagellations de 1047 ou 1056 et cite
les *Annales ecclésiastiques* du cardinal Baronius, selon lequel ce fut Pierre Damien qui
introduisit cet usage (*Histoire des flagellants*, p.166-68).

[17] Autre emprunt à l'*Histoire des flagellants*: 'Guillaume de Nangis nous dit dans la
Vie de saint Louis que "ce prince, après qu'il s'était confessé, recevait toujours la
discipline de son confesseur"' (p.205).

[18] Voir l'histoire de Raimond VI, comte de Toulouse, dans le chapitre 62 de
l'*Essai sur les mœurs* (t.i, p.626) et ci-dessus, dans l'article 'Avignon', p.228.

[19] Voir le chapitre 51 de l'*Essai sur les mœurs*, t.i, p.539-40.

[20] Henri II est mort en 1189. Dans l'*Essai sur les mœurs*, Voltaire a évoqué les
querelles du roi Henri II et de Thomas Becket, archevêque de Cantorbéry, assommé
à coups de massue par les domestiques du monarque. Le pape Alexandre III, en 1170,
condamne Henri II à aller pieds nus recevoir la discipline, par les mains des
chanoines, sur le tombeau de l'archevêque (ch.50, t.i, p.528). Voir J. Boileau,
Histoire des flagellants, p.243.

QUESTIONS SUR L'ENCYCLOPÉDIE

Henri IV reçut le fouet sur les fesses des cardinaux d'Ossat et   80
Duperron. [21] Tant il est vrai que nous sortons à peine de la barbarie
dans laquelle nous avons encore une jambe enfoncée jusqu'au
genou.

Au commencement du treizième siècle il se forma en Italie des
confréries de pénitents, à Pérouse et à Bologne. Les jeunes gens   85
presque nus, une poignée de verge dans une main, et un petit
crucifix dans l'autre, se fouettaient dans les rues. Les femmes les
regardaient à travers les jalousies des fenêtres, et se fouettaient dans
leurs chambres. [22]

Ces flagellants inondèrent l'Europe; [23] on en voit encore   90
beaucoup en Italie, en Espagne (e) et en France même, à
Perpignan. Il était assez commun au commencement du seizième
siècle, que les confesseurs fouettassent leurs pénitentes sur les
fesses. Une histoire des Pays-Bas, composée par Meteren, (f)
rapporte que le cordelier nommé Adriacem, grand prédicateur de   95
Bruges, fouettait ses pénitentes toutes nues. [24]

93   K12: leurs pénitents sur
96-97   71A: pénitentes nues. ¶Le

(e) Meteren, *Historia belgica anno 1570.*
(f) *Histoire des flagellants*, p.198.

[21] Voir le chapitre 185 de l'*Essai sur les mœurs* (t.2, p.715).
[22] J. Boileau date l'apparition de la secte de 1260 et cite longuement le moine dont
Ursitius de Bâle a publié la *Chronique* chez Wechelius en 1585. Voltaire résume
correctement ce texte, à l'exception de la phrase finale. Il n'était point dit que les
femmes regardaient à travers les jalousies, seulement qu'elles 'se donnaient avec
modestie la discipline dans leurs chambres' (*Histoire des flagellants*, p.259).
[23] Sur l'extension de la secte, J. Boileau cite une *Chronique* qui commence en 1270
et finit en 1378 d'Albert de Strasbourg qui vivait sous l'empereur Charles IV (*Histoire
des flagellants*, p.263-73). En 1349, la grande épidémie de peste vit une recrudescence
du mouvement flagellant.
[24] J. Boileau cite Meteren, *Historia Belgica* (Amsterdam, 1570), f.cliii-cliv, qui
rapporte l'histoire de Corneille Adriatem. Ce cordelier de Bruges, vers l'année 1566,
non seulement battait ses pénitentes 'avec des cordes où il y avait de gros nœuds,
mais outre cela, il leur frappait doucement les cuisses et les fesses toutes nues avec des
verges d'osier ou de bouleau' (*Histoire des flagellants*, p.198).

Le jésuite Edmond Auger[25] confesseur de Henri III, (g) engagea ce malheureux prince à se mettre à la tête des flagellants.[26]

Dans plusieurs couvents de moines et de religieuses, on se
fouette sur les fesses. Il en a résulté quelquefois d'étranges
impudicités, sur lesquelles il faut jeter un voile pour ne pas faire
rougir celles qui portent un voile sacré, et dont le sexe et la
profession méritent les plus grands égards.[27] (Voyez 'Expiation'.)

100

(g) De Thou, livre 28.

[25] Sur Edmond Auger, voir l'*Histoire du parlement de Paris* (*OCV*, t.68, p.294,
n.21; voir aussi la note 18, p.302, sur de Thou).

[26] Fait rapporté dans l'*Histoire du parlement de Paris* (*OCV*, t.68, p.302, n.16).

[27] Dans l'*Histoire des flagellants*, J. Boileau ose écrire que le plaisir peut naître de la
douleur, que les coups de fouet sur les fesses 'excitent des mouvements impudiques'
et relate plusieurs exemples prouvant qu'ils remédient à l'impuissance (p.308-15).
L'abbé Jean-Baptiste Thiers, auteur en 1703 de la *Critique de l'histoire des flagellants et
justification de l'usage des disciplines volontaires*, s'inquiétait de ces expressions
hardies, de ces peintures déshonnêtes, de ces histoires peu sérieuses qui peuvent
susciter des 'idées sales' (préface et p.71).

AUTELS,

temples, rites, sacrifices, etc.

Il est universellement reconnu que les premiers chrétiens n'eurent
ni temples, ni autels, ni cierges, ni encens, ni eau bénite, ni aucun
des rites que la prudence des pasteurs institua depuis, selon les
temps et les lieux, et surtout selon les besoins des fidèles. [1]

Nous avons plus d'un témoignage d'Origène, [2] d'Athénagore,   5
de Théophile, de Justin, [3] de Tertullien, [4] que les premiers chrétiens
avaient en abomination les temples et les autels. Ce n'est pas
seulement parce qu'ils ne pouvaient obtenir du gouvernement,
dans ces commencements, la permission de bâtir des temples, mais

---

* La correspondance échangée par Voltaire et Moultou permet de dater la
préparation de cet article de décembre 1769 (D16050, D16058, D16066, D16069).
Voltaire a rencontré les questions historiques posées ici dans *A Discourse of Free-
thinking* d'Anthony Collins et dans *The Primitive Constitution of the Christian Church*
de John Toland (et non dans les articles 'Autel' ou 'Eglise' de l'*Encyclopédie*). Par
ailleurs il a pu trouver les opinions des Pères de l'Eglise dans les ouvrages qu'il
possédait d'eux; et son analyse de l'évolution historique des pratiques culturelles
n'est pas erronée. Cet article paraît en novembre/décembre 1770 (70, t.2).

[1] Les articles 'Christianisme' et 'Religion' du *DP* faisaient déjà ressortir la
contingence des pratiques religieuses (voir *OCV*, t.35, p.568-70, t.36, p.482).

[2] Voir le *Traité d'Origène contre Celse* (Amsterdam, 1700, BV2618), livre 7, p.373-
76, dont l'argumentation sur les temples et les autels est résumée dans l'article
'Religion' du *DP* (*OCV*, t.36, p.482, n.47).

[3] Voltaire possède des œuvres d'Athénagore, de Théophile et de Justin dans un
même volume (Venise, 1747, BV1768), longuement annoté. Une note marginale fait
de Théophile 'le plus sot de tous' (*CN*, t.4, p.642), quoiqu'il y ait aussi 'une grande
dose de folie dans la philosophie d'Origène' (*Examen important de milord
Bolingbroke*, *OCV*, t.62, p.279). Mais il s'agit ici pour Voltaire de fournir des
cautions célèbres à ses affirmations.

[4] Deux volumes d'œuvres diverses de Tertullien se trouvent dans la bibliothèque
de Voltaire (Paris, 1675, BV3264; Paris, 1733, BV3265), qui le traite de fou dans
l'*Examen important de milord Bolingbroke* (*OCV*, t.62, p.266), ainsi que dans sa lettre
à Cramer du 14 mai 1770: 'Justin et Arnobe [...] sont deux maîtres fous ainsi que leurs
semblables. Je vous supplie de me faire avoir le plus tôt que vous pourrez, cet autre
fou de Tertullien' (D16342).

c'est qu'ils avaient une aversion réelle pour tout ce qui semblait   10
avoir le moindre rapport avec les autres religions. Cette horreur
subsista chez eux pendant deux cent cinquante ans. Cela se
démontre par Minutius Felix, qui vivait au troisième siècle. *Vous*
pensez, dit-il aux Romains, *que nous cachons ce que nous adorons parce*
que nous n'avons ni temples ni autels. Mais quel simulacre érigerons-   15
nous à Dieu puisque l'homme est lui-même le simulacre de Dieu? Quel
temple lui bâtirons-nous quand le monde, qui est son ouvrage, ne peut le
contenir? Comment enfermerai-je la puissance d'une telle majesté dans
une seule maison? ne vaut-il pas bien mieux lui consacrer un temple
dans notre esprit et dans notre cœur?   20

'Putatis autem nos occultare quod colimus, si delubra et aras non
habemus? Quod enim simulacrum Deo fingam, cum si recte
existimes fit Dei homo ipse simulacrum? templum quod ei
extruam, cum totus hic mundus ejus opere fabricatus eum capere
non possit, et cum homo latius maneam, intra unam aediculam vim   25
tantae majestatis includam? Nonne melius in nostra dedicandus est
mente? In nostro imo consecrandus est pectore?' [5]

Les chrétiens n'eurent donc des temples que vers le commencement du règne de Dioclétien. L'Eglise était alors très nombreuse. [6]
On avait besoin de décorations et de rites qui auraient été jusque-là   30

---

[5] Voltaire a marqué de deux traits et d'un signet annoté '*non arae*' ce passage de
l'*Octavius* de Minucius Felix (*CN*, t.5, p.648). Il avait pu être mis sur cette piste par
A Discourse of Free-thinking d'Anthony Collins, qu'il possède en traduction (*Discours*
sur la liberté de penser, trad. H. Scheurléer et J. Rousset, 2 vol., Londres [Paris], 1766,
BV816), ou *The Primitive Constitution of the Christian Church* de John Toland, qu'il a
lu dans *The Miscellaneous Works* (Londres, 1747, BV3314) et marqué d'un signet,
'Voyez Minut. Felix' (voir Norman Torrey, *Voltaire and the English Deists*, North
Haven, 1967, p.23 et 46). Une autre source possible est la *Nouvelle Bibliothèque des*
auteurs ecclésiastiques de Louis Ellies Dupin (4 vol., Paris, 1690-1730, BV1167), où un
signet indique 'chrétiens détestent les temples' (*CN*, t.3, p.312). Dans notre article, la
traduction de 'et cum homo latius maneam' ('et alors que moi simple humain je suis
logé plus largement') a été omise.

[6] Dans le chapitre 8 de l'*Essai sur les mœurs* et le texte *De Dioclétien* de la *Suite des*
Mélanges d'histoire, de littérature, de philosophie (1756), Voltaire assure que les
persécutions des chrétiens n'ont commencé qu'à la fin du règne de Dioclétien et
qu'auparavant le christianisme s'était développé.

inutiles et même dangereux à un troupeau faible longtemps méconnu, et pris seulement pour une petite secte de Juifs dissidents. [7]

Il est manifeste que dans le temps où ils étaient confondus avec les Juifs, ils ne pouvaient obtenir la permission d'avoir des temples. Les Juifs qui payaient très chèrement leurs synagogues s'y seraient opposés; ils étaient mortels ennemis des chrétiens, [8] et ils étaient riches. Il ne faut pas dire avec Toland, qu'alors les chrétiens ne faisaient semblant de mépriser les temples et les autels, que comme le renard disait, que les raisins étaient trop verts. [9]

Cette comparaison semble aussi injuste qu'impie, puisque tous les premiers chrétiens de tant de pays différents s'accordèrent à soutenir qu'il ne faut point de temples et d'autels au vrai Dieu.

La Providence, en faisant agir les causes secondes, voulut qu'ils bâtissent un temple superbe dans Nicomédie [10] résidence de l'empereur Dioclétien, dès qu'ils eurent la protection de ce prince. [11] Ils en construisirent dans d'autres villes, mais ils avaient

[7] Cette observation est fréquente. Les raisons de la confusion sont développées dans l'*Essai sur les mœurs* (t.1, p.277) et l'*Examen important de milord Bolingbroke* (*OCV*, t.62, p.243).

[8] Selon Voltaire, 'leur haine pour les chrétiens [...] tenait de cette rage dont tous les superstitieux sont animés contre tous ceux qui se séparent de leur communion' (*Essai sur les mœurs*, t.1, p.278). Voir aussi l'article 'Histoire du christianisme' du *DP* (*OCV*, t.35, p.560) et l'*Examen important de milord Bolingbroke* (*OCV*, t.62, p.245).

[9] Voltaire attribue à John Toland une raillerie qui semble bien être de son cru. Il n'utilise pas de prête-nom dans l'*Histoire de l'établissement du christianisme*, où il compare les Justin, Tertullien, Minucius Felix qui méprisent les temples au renard qui trouvait les raisins trop verts, ajoutant que dès qu'ils le purent ils s'en gorgèrent.

[10] Voltaire est plus critique dans l'*Examen important de milord Bolingbroke*: 'Ils bâtissaient des temples superbes, après avoir tous dit dans les premiers siècles qu'il ne fallait ni temples, ni autels à Dieu [...]. Leur temple à Nicomédie dominait sur le palais impérial' (*OCV*, t.62, p.303).

[11] Voltaire pastiche souvent l'expression de Bossuet, pour qui les causes secondes qui font et défont les empires (circonstances extraordinaires ou simplement les caractères des peuples, des rois ou des grands hommes) dérivent de la cause première qui est la Providence. Dans l'article 'Christianisme' du *DP*, il écrit: 'La divine Providence prépara par des voies qui semblent humaines le triomphe de son Eglise' (*OCV*, t.35, p.579). Il désigne ici par ces termes la protection de Dioclétien.

encore en horreur les cierges, l'encens, l'eau lustrale, les habits pontificaux;[12] tout cet appareil imposant n'était alors à leurs yeux que marque distinctive du paganisme. Ils n'adoptèrent ces usages que peu à peu sous Constantin et sous ses successeurs; et ces usages ont souvent changé.[13]

Aujourd'hui, dans notre Occident, les bonnes femmes qui entendent le dimanche une messe basse en latin, servie par un petit garçon, s'imaginent que ce rite a été observé de tout temps, qu'il n'y en a jamais eu d'autre, et que la coutume de s'assembler dans d'autres pays pour prier Dieu en commun, est diabolique et toute récente. Une messe basse est sans contredit quelque chose de très respectable, puisqu'elle a été autorisée par l'Eglise. Elle n'est point du tout ancienne, mais elle n'en exige pas moins notre vénération.[14]

Il n'y a peut-être aujourd'hui pas une seule cérémonie qui ait été

50

55

60

61-62   71N: vénération. Il
62   K84, K12: peut-être pas aujourd'hui une

---

[12] Le 25 décembre 1769, Voltaire interroge Moultou sur les habits pontificaux: 'Il me semble que les évêques qui sont devenus si fiers n'eurent un habit différent des laïques que du temps de saint Augustin' (D16058). Moultou n'a pu retrouver la source en question, expliquant cela par le fait que 'les Pères ne pouvaient parler d'une chose qui n'existait pas, et qu'ils n'imaginaient pas qui dût jamais exister', mais confirme que 'les prêtres durant les trois premiers siècles de l'Eglise ne s'habillaient pas autrement que les laïques; vous en trouverez [des preuves] en abondance dans le livre de Tertullien De pallio' (D16066). Voltaire remercie Moultou le 1er janvier 1770, en déplorant de n'avoir même pas le traité De pallio. Il ajoute: 'Je me souviens très bien d'avoir lu que les évêques n'avaient pris l'arlequinade des habits pontificaux qu'à la fin du quatrième siècle' (D16069).
[13] Sur le rôle de Constantin dans les progrès du christianisme, voir le chapitre 10 de l'Essai sur les mœurs, l'article 'Christianisme' du DP et le chapitre 30 de l'Examen important de milord Bolingbroke. L'auteur a pu trouver dans l'Histoire de l'Eglise d'Eusèbe (Paris, 1675, BV1250) de nombreux exemples des libéralités de l'empereur envers les chrétiens.
[14] La messe basse est, en effet, un abrégé tardif de la messe papale. Elle s'imposa quand la célébration du sacrifice devint quotidienne pour chaque prêtre, entre le sixième et le neuvième siècle.

en usage du temps des apôtres. [15] Le Saint-Esprit s'est toujours conformé aux temps. Il inspirait les premiers disciples dans un méchant galetas. [16] Il communique aujourd'hui ses inspirations dans Saint-Pierre de Rome qui a coûté deux cents millions; également divin dans le galetas et dans le superbe édifice de Jules II, de Léon X, de Paul III, et de Sixte V. [17] (Voyez 'Eglise primitive'.) [18]

65

[15] Dans l'article 'Tolérance' du *DP*, Voltaire va jusqu'à écrire: 'Si l'on veut bien y faire attention, la religion catholique, apostolique et romaine, est dans toutes ses cérémonies et dans tous ses dogmes, l'opposé de la religion de Jésus' (*OCV*, t.36, p.565).

[16] L'*Examen important de milord Bolingbroke* précise que l'apôtre Pierre habitait 'dans un galetas' (*OCV*, t.62, p.224).

[17] Ces papes ont chacun joué un rôle dans la construction de la basilique Saint-Pierre. Jules II confia à Bramante sa reconstruction à partir de 1506, et commanda à Michel-Ange les fresques de la chapelle Sixtine. C'est sous Léon X que Raphaël multiplia les chefs-d'œuvre pour le Vatican. Paul III confia de nouveau à Michel-Ange la direction des travaux de la basilique et, en particulier, de la construction de la coupole, que Sixte V fit achever.

[18] Dans l'article 'Eglise' des *QE*, en traitant 'de la primitive Eglise et de ceux qui ont cru la rétablir', Voltaire souligne l'égalité qui régnait entre les chrétiens pendant les deux premiers siècles, avant que la corruption ne s'introduise dans les communautés (*M*, t.19, p.495-98).

AUTEURS

Auteur est un nom générique qui peut, comme le nom de toutes les autres professions, signifier du bon et du mauvais, du respectable ou du ridicule, de l'utile et de l'agréable, ou du fatras de rebut.

Ce nom est tellement commun à des choses différentes, qu'on dit également l'*auteur de la nature* et l'*auteur des chansons du Pont-Neuf* 5 ou l'*auteur de l'Année littéraire*.[1]

Nous croyons que l'auteur d'un bon ouvrage doit se garder de

---

* L'article 'Auteur' de l'*Encyclopédie* est court et signé de plusieurs mains; il est divisé en trois sections, dont seule la première, 'Auteur, en termes de littérature', aurait pu intéresser Voltaire; en l'occurrence, les trois courts paragraphes sont des plus anodins. Duclos et D'Alembert s'étaient déjà intéressés à la question du statut social de l'homme de lettres: voir Duclos, *Considérations sur les mœurs de ce siècle*, ch.11, 'Sur les gens de lettres' (Paris, 1751, BV1123); et D'Alembert, *Essai sur la société des gens de lettres et des grands* (1753; *Mélanges de littérature*, 5 vol., Amsterdam, 1759-1767, t.1, p.321-412, BV32): là sont soulevées les questions de la réputation de l'écrivain, du rôle du mécène et de l'importance de la récompense. En 1757, Voltaire avait fourni à l'*Encyclopédie* l'article 'Gens de lettres', dans lequel il définit l'homme de lettres comme une personne cultivée dans plusieurs domaines et possédant un 'esprit philosophique' (*OCV*, t.33, p.122). Par la suite, il adopte un ton plus polémique pour parler de la persécution des gens de lettres: voir l'article 'Lettres, gens de lettres, ou lettrés', ajouté au *DP* en 1765 et repris dans les *QE*, et *La Défense de mon oncle*, ch.20 (*OCV*, t.64, p.241-44). Dans l'*Encyclopédie*, Voltaire avait conclu ainsi l'article 'Gens de lettres': 'Il y a beaucoup de gens de lettres qui ne sont point auteurs, et ce sont probablement les plus heureux; ils sont à l'abri des dégoûts que la profession d'auteur entraîne quelquefois' (*OCV*, t.33, p.123). Dans le présent article, Voltaire continue en quelque sorte la discussion, s'interrogeant, sur un ton qui se voudrait personnel, sur les moyens dont dispose un auteur pour se présenter à son public, et revenant à l'une de ses obsessions, à savoir la prolifération de ces 'pauvres diables' qu'on a qualifiés de 'Rousseau des ruisseaux' (R. Darnton, *Bohème littéraire et révolution: le monde des livres au dix-huitième siècle*, Paris, 1983, p.7).

[1] Voltaire refait à sa façon une phrase de l'article 'Auteur' de l'*Encyclopédie*: 'Ce nom convient éminemment à Dieu, comme cause première de tous les êtres; aussi l'appelle-t-on l'*Auteur du monde*, l'*Auteur de l'univers*, l'*Auteur de la nature*' (t.1, p.894), produisant une gamme de définitions qui vont de Dieu... à Fréron.

trois choses, du titre, de l'épître dédicatoire et de la préface. Les autres doivent se garder d'une quatrième, c'est d'écrire.

Quant au titre, s'il a la rage d'y mettre son nom, ce qui est souvent très dangereux, il faut du moins que ce soit sous une forme modeste;[2] on n'aime point à voir un ouvrage pieux qui doit renfermer des leçons d'humilité par, *Messire ou Monseigneur un tel, conseiller du roi en ses conseils, évêque et comte d'une telle ville.* Le lecteur qui est toujours malin, et qui souvent s'ennuie, aime fort à tourner en ridicule un livre annoncé avec tant de faste. On se souvient alors que l'auteur de l'*Imitation de Jésus-Christ* n'y a pas mis son nom.[3]

Mais les apôtres, dites-vous, mettaient leurs noms à leurs ouvrages. Cela n'est pas vrai, ils étaient trop modestes. Jamais l'apôtre Matthieu n'intitula son livre *Evangile de saint Matthieu,* c'est un hommage qu'on lui rendit depuis. Saint Luc lui-même qui recueillit ce qu'il avait entendu dire, et qui dédie son livre à Théophile, ne l'intitule point *Evangile de Luc.* Il n'y a que saint Jean qui se nomme dans l'Apocalypse; et c'est ce qui fit soupçonner que ce livre était de Cérinthe qui prit le nom de Jean pour autoriser cette production.[4]

Quoi qu'il en puisse être des siècles passés, il me paraît bien hardi dans ce siècle de mettre son nom et ses titres à la tête de ses

[2] Là où Voltaire parle de modestie, d'autres voient une ruse: Adrien Baillet avait parlé de 'la prudence, qui a porté les auteurs à se cacher, et qui leur a fait chercher les moyens d'arriver à leurs fins, sans être reconnus' (*Auteurs déguisés*, Paris, Dezallier, 1690, p.107). Voltaire signait de son nom *La Henriade* et ses ouvrages d'histoire, c'est-à-dire les œuvres appartenant aux grands genres. Dans le cas de textes plus 'dangereux', soit il ne signait pas (cas du *DP*), soit il avait recours à un pseudonyme (*Candide*). Il reprocha à Helvétius, non pas d'avoir publié *De l'esprit*, mais d'y avoir mis son nom (D9141). Voir N. Cronk, 'Voltaire and authorship', dans *The Cambridge Companion to Voltaire*, éd. N. Cronk (Cambridge, 2008), p.31-46.

[3] Cet ouvrage est généralement attribué à Thomas à Kempis, mais il n'est point surprenant qu'un livre du quinzième siècle ne porte pas de nom d'auteur. Cf. D12175.

[4] Voir Luc 1:3-4 et Apocalypse 1:1 et 1:9. Pour Voltaire, la source de l'attribution à Cérinthe est saint Denys d'Alexandrie (voir l'article 'Apocalypse' du *DP*, *OCV*, t.35, p.366, n.18).

œuvres. Les évêques n'y manquent pas; et dans les gros *in-4°* qu'ils   30
nous donnent sous le titre de *Mandements*, on remarque d'abord
leurs armoiries avec de beaux glands ornés de houppes; ensuite il
est dit un mot de l'humilité chrétienne, et ce mot est suivi
quelquefois d'injures atroces contre ceux qui sont, ou d'une
autre communion, ou d'un autre parti. Nous ne parlons ici que   35
des pauvres auteurs profanes. Le duc de la Rochefoucault n'intitula
point ses *pensées* par *Monseigneur le duc de la Rochefoucault pair de
France*, etc.[5]

Plusieurs personnes trouvent mauvais qu'une compilation dans
laquelle il y a de très beaux morceaux, soit annoncée par *Monsieur*,   40
etc. ci-devant professeur de l'université, docteur en théologie,
recteur, précepteur des enfants de M. le duc de... membre d'une
académie et même de deux. Tant de dignités ne rendent pas le livre
meilleur. On souhaiterait qu'il fût plus court, plus philosophique,
moins rempli de vieilles fables. A l'égard des titres et qualités,   45
personne ne s'en soucie.

L'épître dédicatoire n'a été souvent présentée que par la bassesse
intéressée à la vanité dédaigneuse:

> *De là vient cet amas d'ouvrages mercenaires,*
> *Stances, odes, sonnets, épîtres luminaires,*   50
> *Où toujours le héros passe pour sans pareil,*
> *Et fût-il louche et borgne, est réputé soleil.*[6]

Qui croirait que Rohaut soi-disant physicien, dans sa dédicace
au duc de Guise, lui dit, *que ses ancêtres ont maintenu aux dépens de
leur sang les vérités politiques, les lois fondamentales de l'Etat, et les*   55

---

50   K84, K12: *épîtres liminaires,*

[5] La première édition est anonyme (*Réflexions, ou sentences et maximes morales*,
Paris, C. Barbin, 1665). Du vivant de l'auteur, la seule édition à porter son nom est la
contrefaçon de cette édition (*Réflexions morales de M. de L. R. Foucaut*, Paris, 1665).

[6] Boileau, epître 9 (*Œuvres complètes*, Paris, 1966, p.136); Boileau écrit: 'De là
vint' et 'épîtres liminaires'. Voltaire vient de célébrer Boileau poète dans l'article 'Art
poétique' des *QE*.

247

droits des souverains. [7] Le Balafré et le duc de Mayenne seraient un peu surpris si on leur lisait cette épître. Et que dirait Henri IV?

On ne sait pas que la plupart des dédicaces en Angleterre ont été faites pour de l'argent, comme les capucins chez nous viennent présenter des salades à condition qu'on leur donnera pour boire. [8]　60

Les gens de lettres en France ignorent aujourd'hui ce honteux avilissement; et jamais ils n'ont eu tant de noblesse dans l'esprit, excepté quelques malheureux qui se disent *gens de lettres* dans le même sens que des barbouilleurs se vantent d'être de la profession de Raphaël, et que le cocher de Vertamont était poète. [9]　65

Les préfaces sont un autre écueil; Le *Moi* est haïssable, disait Pascal. [10] Parlez de vous le moins que vous pourrez; car vous devez savoir que l'amour-propre du lecteur est aussi grand que le vôtre. Il ne vous pardonnera jamais de vouloir le condamner à vous estimer. C'est à votre livre à parler pour lui; s'il parvient à être lu dans la　70 foule.

Les illustres suffrages dont ma pièce a été honorée, devraient me

---

[7] La dédicace dont il est question ici, 'A son Altesse monseigneur le duc de Guise', est particulièrement flagorneuse: 'vos ancêtres ont défendu avec une piété digne d'être à jamais proposée pour exemple, les verités divines de la foi contre ceux qui s'en sont declarés les ennemis; ces illustres héros ont maintenu aux dépens de leur sang, et de leur vie, les verités politiques, je veux dire les lois fondamentales de l'Etat, et les droits immuables de nos souverains, contre les attaques du dehors, et contre les fureurs intestines de la rebellion' (Jacques Rohault, *Traité de physique*, 2 vol., Paris, Desprez, 1705, t.1, sig.ãivr, BV3006).

[8] Voltaire avait déjà associé capucins, salades et vin dans *La Canonisation de saint Cucufin* (1769; *M*, t.27, p.428), mais rien n'indique une pertinence particulière au présent propos.

[9] Le cocher de Vertamont se nommait Estienne; mort en 1724, il avait été un chansonnier du Pont-Neuf, célèbre parmi le peuple. Voltaire l'évoque souvent: voir *La Fête de Bélesbat* (*OCV*, t.3A, p.157) et *La Pucelle* (*OCV*, t.7, p.253).

[10] Pascal, *Pensées*, éd. Ph. Sellier (Paris, 1991), n° 494, p.384. Voltaire connaissait les *Pensées* dans l'édition dite de Port-Royal, où l'on explique à propos de ce fragment célèbre: 'Le mot de MOI dont l'auteur se sert dans la pensée suivante, ne signifie que l'amour propre. C'est un terme dont il avait accoutumé de se servir avec quelques-uns de ses amis' (*Pensées de Pascal sur la religion et sur quelques autres sujets*, Paris, Desprez et Cavelier, 1748, p.231, BV2654; et Amsterdam, Wolfgang, 1684, p.189, BV2653).

dispenser de répondre à mes adversaires. Les applaudissements du public... rayez tout cela, croyez-moi, vous n'avez point eu de suffrages illustres, votre pièce est oubliée pour jamais.   75

Quelques censeurs ont prétendu qu'il y a un peu trop d'événements dans le troisième acte, et que la princesse découvre trop tard dans le quatrième les tendres sentiments de son cœur pour son amant; à cela je réponds que... Ne réponds point, mon ami, car personne n'a parlé ni ne parlera de ta princesse. Ta pièce est tombée parce qu'elle est   80 ennuyeuse et écrite en vers plats et barbares; ta préface est une prière pour les morts; mais elle ne les ressuscitera pas.

D'autres attestent l'Europe entière qu'on n'a pas entendu leur système sur les compossibles, sur les supralapsaires; sur la différence qu'on doit mettre entre les hérétiques macédoniens, et   85 les hérétiques valentiniens.[11] Mais vraiment je crois bien que personne ne t'entend, puisque personne ne te lit.

On est inondé de ces fatras, et de ces continuelles répétitions, et des insipides romans qui copient de vieux romans, et de nouveaux systèmes fondés sur d'anciennes rêveries, et de petites historiettes   90 prises dans des histoires générales.[12]

Voulez-vous être auteur, voulez-vous faire un livre? songez qu'il doit être neuf et utile, ou du moins infiniment agréable.[13]

Quoi! du fond de votre province vous m'assassinerez de plus

[11] Voltaire dresse la liste de sujets ésotériques qui n'ont pour lui aucun intérêt véritable, et qu'il a évoqués ailleurs pour s'en moquer. Voir la *Lettre de Monsieur Formey* (*M*, t.24, p.433-36), les articles 'Démocratie' et 'Grâce' des *QE* (*M*, t.18, p.335; *M*, t.19, p.305), *La Guerre civile de Genève* (*OCV*, t.63A, p.142, n.g) et *L'Examen important de milord Bolingbroke* (*OCV*, t.62, p.333).

[12] L'édition sous toutes ses formes connaît au dix-huitième siècle une expansion sans précédent; Voltaire avait déjà condamné ce phénomène, par exemple, dans *Le Pauvre Diable* (1760; *M*, t.10, p.112). Ici, Voltaire stigmatise surtout la production surabondante du roman. Robert Darnton calcule, d'après le témoignage de *La France littéraire*, que le nombre d'auteurs en France a doublé entre 1750 et 1789, date à laquelle il en compte 3000 ('The facts of literary life in eighteenth-century France', dans *The Political Culture of the Old Regime*, éd. K. M. Baker, Oxford, 1987, p.262-91 [p.267]).

[13] L'unique argument de Mallet dans l'*Encyclopédie* concernait précisément l'originalité. Voltaire ne développe pas cet argument, qui ne l'intéresse pas.

d'un *in-4°* pour m'apprendre qu'un roi doit être juste, et que Trajan   95
était plus vertueux que Caligula? vous ferez imprimer vos sermons
qui ont endormi votre petite ville inconnue! vous mettrez à
contribution toutes nos histoires pour en extraire la vie d'un
prince sur qui vous n'avez aucuns mémoires nouveaux!

Si vous avez écrit une histoire de votre temps, ne doutez pas qu'il   100
ne se trouve quelque éplucheur de chronologie, quelque commentateur de gazette qui vous relèvera sur une date, sur un nom de
baptême, sur un escadron mal placé par vous à trois cents pas de
l'endroit où il fut en effet posté. Alors, corrigez-vous vite. [14]

Si un ignorant, un folliculaire se mêle de critiquer à tort et à   105
travers, vous pouvez les confondre, mais nommez-le rarement, de
peur de souiller vos écrits. [15]

Vous attaque-t-on sur le style, ne répondez jamais; c'est à votre
ouvrage seul de répondre. [16]

Un homme dit que vous êtes malade, contentez-vous de vous   110
bien porter, sans vouloir prouver au public que vous êtes en
parfaite santé. Et surtout, souvenez-vous que le public s'embarrasse fort peu si vous vous portez bien ou mal. [17]

---

106   71N: pouvez les confondre, *mais nommez-les rarement*
     K84, K12: *pouvez le confondre, mais nommez-le rarement*

---

[14] Voltaire parle en connaissance de cause. Il pense peut-être aux critiques de La
Beaumelle et d'autres à propos de son *Siècle de Louis XIV*. On peut aussi penser aux
Erreurs de Voltaire de Nonnotte, dont la troisième édition paraît en 1770.

[15] Néologisme de Voltaire, le terme *folliculaire* paraît pour la première fois dans
Candide (*OCV*, t.48, p.213). Nous trouvons six occurrences du mot dans le présent
article. Voir N. Cronk, 'Voltaire au pays des folliculaires: une carrière littéraire entre
deux siècles', dans *Le Pauvre Diable: destins de l'homme de lettres au XVIIIᵉ siècle*,
éd. H. Duranton, Saint-Etienne, 2006, p.25-38 [p.35-36]).

[16] Voltaire, qui dénigrait ses critiques avec acharnement, n'a jamais suivi ce sage
conseil. Dans le préambule des *Honnêtetés littéraires*, il juge que sur les questions
de goût, il est inutile de répondre; en revanche, il faut répondre aux critiques qui
mettent en cause l'exactitude de l'historien (*OCV*, t.63B, p.71-80). Voir aussi
O. Ferret, *La Fureur de nuire: échanges pamphlétaires entre philosophes et antiphilosophes (1750-1770)*, *SVEC* 2007:03.

[17] Le *Testament politique de M. de Voltaire* (1770) de Marchand venait d'annoncer

Cent auteurs compilent pour avoir du pain, et vingt folliculaires
font l'extrait, la critique, l'apologie, la satire de ces compilations,   115
dans l'idée d'avoir aussi du pain; parce qu'ils n'ont point de
métier.[18] Tous ces gens-là vont les vendredis demander au
lieutenant de police de Paris la permission de vendre leurs
drogues. Ils ont audience immédiatement après les filles de joie,
qui ne les regardent pas, parce qu'elles savent bien que ce sont de   120
mauvaises pratiques.

Ils s'en retournent avec une permission tacite de faire vendre et
débiter par tout le royaume, leurs *historiettes*, leurs *recueils de bons*

117   K84, K12: vont le vendredi demander
121-22   K84, K12: pratiques.[19] [*avec note*: En France il existe ce qu'on appelle
l'inspection de la librairie: le chancelier en est chargé en chef; c'est lui seul qui décide
si les Français doivent lire ou croire telle proposition. Les parlements ont aussi une
juridiction sur les livres; ils font brûler par leurs bourreaux ceux qui leur déplaisent:
mais la mode de brûler les auteurs avec les livres commence à passer. Les cours   5
souveraines brûlent aussi en cérémonie les livres qui ne parlent point d'elles avec
assez de respect. Le clergé de son côté tâche, autant qu'il peut, de s'établir une petite
juridiction sur les pensées. Comment la vérité s'échappera-t-elle des mains des
censeurs, des exempts de police, des bourreaux et des docteurs? Elle ira chercher une
terre étrangère; et comme il est impossible que cette tyrannie exercée sur les esprits   10
ne donne un peu d'humeur, elle parlera avec moins de circonspection et plus de
violence. ¶Dans le temps où M. de Voltaire a écrit, c'était le lieutenant de police de
Paris qui avait, sous le chancelier, l'inspection des livres: depuis on lui a ôté une partie
de ce département. Il n'a conservé que l'inspection des pièces de théâtre et des
ouvrages au-dessous d'une feuille d'impression. Le détail de cette partie est   15
immense. Il n'est point permis à Paris d'imprimer qu'on a perdu son chien, sans
que la police se soit assurée qu'il n'y a dans le signalement de cette pauvre bête
aucune proposition contraire aux bonnes mœurs et à la religion.] ¶Ils

---

la mort de Voltaire. Voltaire explique dans une note de l'*Epître à Horace* que
'Marchand, avocat de Paris, s'est amusé à faire le prétendu testament de l'auteur, et
plusieurs personnes y ont été trompées' (*OCV*, t.74B, p.286). Voir aussi J.-H.
Marchand, *Voltairomania*, éd. A.-S. Barrovecchio (Saint-Etienne, 2004).
    [18] Voltaire rejoint le point de vue exprimé dans l'*Encyclopédie* dans l'article
'Journaliste' (signé de l'astérisque qui désignerait Diderot).
    [19] Sur cette question brûlante de la censure, les éditeurs de Kehl entrent ici en
dialogue avec Voltaire. Beuchot commentera la note de Kehl: 'Ce régime est bien
changé' (*M*, t.17, p.499).

mots, la *vie du bienheureux Regis*, la *traduction d'un poème allemand*, les *nouvelles découvertes sur les anguilles*; un *nouveau choix de vers*, un 125 *système sur l'origine des cloches*; les *amours du crapaud*.[20] Un libraire achète leurs productions dix écus; il en donne cinq au folliculaire du coin, à condition qu'il en dira du bien dans ses gazettes. Le folliculaire prend leur argent, et dit, de leurs *opuscules*, tout le mal qu'il peut. Les lésés viennent se plaindre au Juif qui entretient 130 la femme du folliculaire; on se bat à coups de poing chez l'apothicaire Le Lièvre; la scène finit par mener le folliculaire au Four-l'Evêque.[21] Et cela s'appelle *des auteurs*!

Ces pauvres gens se partagent en deux ou trois bandes, et vont à la quête comme des moines mendiants; mais n'ayant point fait de 135 vœux, leur société ne dure que peu de jours; ils se trahissent comme des prêtres qui courent le même bénéfice, quoiqu'ils n'aient nul bénéfice à espérer. Et cela s'appelle *des auteurs*!

Le malheur de ces gens-là vient de ce que leurs pères ne leur ont pas fait apprendre une profession. C'est un grand défaut dans la 140 police moderne. Tout homme du peuple qui peut élever son fils dans un art utile, et ne le fait pas, mérite punition. Le fils d'un metteur en œuvre se fait jésuite à dix-sept ans. Il est chassé de la société à vingt-quatre, parce que le désordre de ses mœurs a trop éclaté. Le voilà sans pain; il devient folliculaire; il infecte la basse 145 littérature et devient le mépris et l'horreur de la canaille même. Et cela s'appelle *des auteurs*!

---

127   70, 71N, 71A, K84, K12: écus; ils en donnent cinq
132-33   71N, K84, K12: au Fort-l'Evêque.

---

[20] Dans cette liste, on peut identifier quelques allusions, notamment à Guillaume Daubenton, *La Vie du bienheureux Jean-François Regis, de la Compagnie de Jésus* (Lyon, 1718, BV943; *CN*, t.3, p.59) et à John Turberville Needham, que Voltaire s'amuse à tourner en ridicule ailleurs, pour ses expériences scientifiques (voir l'article 'Anguilles' des *QE*, *OCV*, t.38, p.378-79).

[21] Lelièvre fut apothicaire et distillateur, rue de Seine, faubourg Saint-Germain. On trouve des annonces pour son 'baume de vie' parmi les 'Avis' du *Mercure de France* (voir par exemple le numéro de novembre 1755, p.236).

Les auteurs véritables sont ceux qui ont réussi dans un art véritable, soit dans l'épopée, soit dans la tragédie, soit dans la comédie, soit dans l'histoire ou dans la philosophie, qui ont enseigné ou enchanté les hommes. Les autres dont nous avons parlé sont, parmi les gens de lettres, ce que les frelons sont parmi les oiseaux. 150

On cite, on commente, on critique, on néglige, on oublie; mais surtout on méprise communément un auteur qui n'est qu'auteur. 155

A propos de citer un auteur, il faut que je m'amuse à raconter une singulière bévue du révérend père Viret cordelier, professeur en théologie. Il lit dans la *Philosophie de l'histoire* de ce bon abbé Bazin, *que jamais aucun auteur n'a cité un passage de Moïse avant Longin, qui vécut et mourut du temps de l'empereur Aurélien.*[22] Aussitôt le zèle de saint François s'allume: Viret crie que cela n'est pas vrai, que plusieurs écrivains ont dit qu'il y avait eu un Moïse; que Joseph même en a parlé fort au long, et que l'abbé Bazin est un impie qui veut détruire les sept sacrements. Mais, cher père Viret, vous deviez vous informer auparavant de ce que veut dire le mot *citer*.[23] Il y a bien de la différence entre faire mention d'un auteur, et citer un auteur. Parler, faire mention d'un auteur, c'est dire il a vécu, il a écrit en tel temps. Le citer, c'est rapporter un de ses passages, *comme Moïse le dit dans son Exode, comme Moïse a* 160 165

154-55   70, 71N, 71A: oublie, et surtout

[22] *OCV*, t.59, p.184.
[23] Louis Viret, *Réponse à la Philosophie de l'histoire. Lettres à M. le marquis de C**** (Lyon, Duplain, 1767, BV3452), p.206-208. Voir aussi *La Philosophie de l'histoire* (*OCV*, t.59, p.64, 66). Sur la page de titre, le père Viret est décrit comme 'cordelier conventuel'. Voltaire avait-il eu connaissance de l'attaque la plus récente de Viret? Ce dernier venait de publier *Le Mauvais Dîner, ou lettres sur le Dîner du comte de Boulainvilliers* (Paris, Bailly, 1770); l'approbation est datée du 27 août 1769; le livre ne figure pas dans la bibliothèque de Voltaire. Sur le rôle que joua Viret dans la réception du *Dîner du comte de Boulainvilliers*, voir *OCV*, t.63A, p.312-15. Voltaire ne répondit pas à cette brochure. Mais en 1771 et 1772 il reviendra à l'auteur de la *Réponse* dans *Le Père Nicodème et Jeannot* (*M*, t.10, p.162) et dans les *QE*, articles 'Humilité' et 'Gargantua'.

écrit dans sa Genèse. Or l'abbé Bazin affirme qu'aucun écrivain   170
étranger, aucun même des prophètes juifs n'a jamais cité un seul
passage de Moïse, quoiqu'il soit un auteur divin. Père Viret, en
vérité vous êtes un auteur bien malin, mais on saura du moins, par
ce petit paragraphe, que vous avez été un auteur.

Les auteurs les plus volumineux que l'on ait eus en France, ont   175
été les contrôleurs-généraux des finances. On ferait dix gros
volumes de leurs déclarations, depuis le règne de Louis XIV
seulement. Les parlements ont fait quelquefois la critique de ces
ouvrages; on y a trouvé des propositions erronées, des contradictions. Mais où sont les bons auteurs qui n'aient pas été censurés!   180

AUTORITÉ

Misérables humains, soit en robe verte, soit en turban, soit en robe noire, ou en surplis, soit en manteau et en rabat; ne cherchez jamais à employer l'autorité là où il ne s'agit que de raison; ou consentez à être bafoués dans tous les siècles comme les plus impertinents de tous les hommes, et à subir la haine publique comme les plus injustes. 5

On vous a parlé cent fois de l'insolente absurdité avec laquelle vous condamnâtes Galilée, [1] et moi je vous en parle pour la cent et unième; et je veux que vous en fassiez à jamais l'anniversaire, je veux qu'on grave à la porte de votre Saint Office; 10

Ici sept cardinaux assistés de frères mineurs, firent jeter en prison le maître à penser de l'Italie, âgé de soixante et dix ans; le firent jeûner au pain et à l'eau, parce qu'il instruisait le genre humain et qu'ils étaient des ignorants.

6-7 71N: injustes. Se servir de l'autorité pour réfuter des paralogismes c'est assiéger une citadelle avec des syllogismes, ou entreprendre de guérir une colique d'estomac par la ponction du ventre. ¶On

---

* Alors que l'article 'Autorité' de l'*Encyclopédie*, signé de l'astérisque qui désignerait Diderot, traite de l'autorité politique et de l'autorité des discours et des écrits, Voltaire, dans ce texte, énumère de célèbres absurdités que des autorités ont commises en statuant sur ce qui relève seulement de la raison: découvertes scientifiques, ouvrages philosophiques. Une fois de plus son propos est de dénoncer, avec indignation et ironie, la 'douane des pensées', inspirée par le fanatisme religieux. Cet article paraît en novembre/décembre 1770 (70, t.2).

[1] Galilée fut condamné par le Saint-Office en 1633, en raison de 'soupçons véhéments d'hérésie'. Voltaire a maintes fois dénoncé cette condamnation. Dans l'*Essai sur les mœurs*, il évoque celui qui 'fit parler à la physique le langage de la vérité et de la raison' et fustige l'Inquisition (ch.121, t.2, p.172-73). Pascal s'était déjà scandalisé de ce procès, qu'il impute aux intrigues des jésuites (*Lettres provinciales*, lettre 18, *Œuvres complètes*, Paris, 1954, p.900; Voltaire possédait *Les Provinciales*, 2 vol., Cologne, 1700, BV2656; *CN*, t.6, p.218-19).

Là on rendit un arrêt en faveur des catégories d'Aristote, et on   15
statua savamment et équitablement la peine des galères contre
quiconque serait assez osé pour être d'un autre avis que le stagirite,
dont jadis deux conciles brûlèrent les livres. [2]

Plus loin une faculté qui n'a pas de grandes facultés, fit un décret
contre les idées innées, et fit ensuite un décret pour les idées innées,   20
sans que ladite faculté fût seulement informée par ses bedeaux de ce
que c'est qu'une idée. [3]

Dans des écoles voisines on a procédé juridiquement contre la
circulation du sang. [4]

[2] Les traités scientifiques d'Aristote furent condamnés par l'université en 1210 et
encore en 1255, avant d'être rétablis au programme de la maîtrise. Voir *Chartularium
universitatis parisiensis*, éd. Henri Denifle et Emile Chatelain, 4 vol. (Paris, 1889-
1897), t.1, p.70, n.11, et p.78-79, n.20. Quant au nombre de conciles qui condamnèrent
la lecture d'Aristote, Vacant et Mangenot n'en signalent qu'un, le concile de Sens,
tenu à Paris en 1210. Pour ceux qui enfreignent l'interdiction de lire Aristote, la peine
était l'excommunication. Voir le *Dictionnaire de théologie catholique*, 15 tomes en
24 vol. (Paris, 1903-1946), t.1, 2ᵉ partie, col.1882-86. Le légat Robert de Courçon,
dans un règlement de 1215, interdit la lecture d'Aristote sur la métaphysique et la
philosophie naturelle, et en 1231, Grégoire IX renouvelait ses défenses. En 1366, les
deux légats d'Urbain V imposent à tous les candidats à la maîtrise la connaissance
d'Aristote.

[3] Voir Charles Jourdain, *Histoire de l'Université de Paris au dix-septième et au dix-
huitième siècles*, 2 vol. (Paris, 1888), t.1, p.195, 445-49. Les collèges résistèrent entre
1652 et 1664 à la 'nouvelle philosophie' de Descartes, et l'interdirent en 1669
(François Azouvi, *Descartes et la France*, Paris, 2002, p.38-49). La pénétration de
Descartes dans l'enseignement universitaire commença avec sa physique, vers 1696,
continua avec sa médecine, et enfin sa philosophie fut tolérée à partir de 1720.
Descartes fut adopté comme le philosophe chrétien officiel qui pourrait vaincre les
courants lockien et matérialiste: après que Voltaire eut décrit dans les *Lettres
philosophiques* (lettre 13) la conjecture de Locke sur la capacité de la matière à penser,
et grâce à certaines thèses de l'abbé de Prades glissées dans l'*Encyclopédie*, Locke fut
associé, dans l'esprit des théologiens de la Sorbonne, à un matérialisme qui mettait en
doute les articles de la foi catholique. Voir Diderot, *Suite de l'apologie de Monsieur
l'abbé de Prades*, *Œuvres complètes*, 15 vol. (Paris, 1969), t.2, p.658, Azouvi, *Descartes
et la France*, p.51-59, et David W. Smith, *Helvétius, a study in persecution* (Oxford,
1965), p.105-11.

[4] Pour la résistance des facultés à la découverte par William Harvey en 1628 de la
circulation du sang, voir Nicolas Malebranche, *De la recherche de la vérité*, 3 vol.
(Paris, 1962-1964), t.1, p.506, n.167.

On a intenté procès contre l'inoculation, et parties ont été 25
assignées par exploit.[5]

On a saisi à la douane des pensées vingt et un volumes *in-folio*,[6]
dans lesquels il était dit méchamment et proditoirement[7] que les
triangles ont toujours trois angles; qu'un père est plus âgé que son
fils, que Rhea Silvia perdit son pucelage avant d'accoucher,[8] et que 30
de la farine n'est pas une feuille de chêne.

En une autre année on jugea le procès *Utrum chimaera bombinans
in vacuo possit comedere secundas intentiones*, et on décida pour
l'affirmative.[9]

En conséquence on se crut très supérieur à Archimède, à 35
Euclide, à Cicéron, à Pline, et on se pavana dans le quartier de
l'université.

[5] Il semble que la Sorbonne ne s'est jamais prononcée formellement au sujet de
l'inoculation contre la petite vérole. A partir de 1723, plusieurs médecins de la faculté
de Paris l'attaquèrent et en conséquence elle ne fut plus pratiquée en France entre
cette date et 1755 (voir l'*Encyclopédie*, t.8, p.756). Le 8 juin 1763, un arrêt du
Parlement de Paris interdit l'inoculation dans les villes et faubourgs de son ressort en
attendant que les facultés se prononcent. En juillet, la Sorbonne affirme que ce qui
regarde la santé n'est pas de son ressort. En 1768, elle décide de tolérer
provisoirement la pratique alors que la lecture d'un mémoire de La Condamine en
faveur de l'inoculation a occasionné de nouveaux débats (voir Catriona Seth, *Les
Rois aussi en mouraient. Les Lumières en lutte contre la petite vérole*, Paris, 2008, ch.2).
Dès les *Lettres philosophiques*, Voltaire s'était engagé en faveur de 'l'insertion de la
petite vérole' (lettre 11).
[6] Voltaire fait sans doute allusion aux tribulations subies par l'*Encyclopédie*.
[7] Ce terme signifie 'par traîtrise'.
[8] Denys d'Halicarnasse, *Antiquités romaines*, livre 1, section 76; Tite-Live,
Histoire romaine, livre 1, section 4.
[9] 'Quaestio subtilissima, utrum chimera, in vacuo bombinans possit comedere
secundas intentiones, et fuit debatuta per decem hebdomadas in concilio Con-
stantiensi' (Question très subtile, de savoir si la chimère, en bourdonnant dans le
vide, peut se nourrir des secondes intentions, fut discutée pendant dix semaines au
concile de Constance) est un des titres dans la bibliothèque de Saint Victor (Rabelais,
Pantagruel, ch.7, *Œuvres complètes*, Paris, 1951, p.220). Le Concile de Constance
(1414-1418) mit fin au schisme dans l'Eglise d'Occident, condamna Wycliffe, brûla
vif Jean Hus et exécuta Jérôme de Prague. Voltaire parle de ce concile notamment
dans l'*Essai sur les mœurs*, ch.72-73.

AXE

D'où vient que l'axe de la terre n'est pas perpendiculaire à l'équateur? Pourquoi se relève-t-il vers le nord, et s'abaisse-t-il vers le pôle austral dans une position qui ne paraît pas naturelle, et qui semble la suite de quelque dérangement, ou d'une période d'un nombre prodigieux d'années? 5

Est-il bien vrai que l'écliptique se relève continuellement par un mouvement insensible vers l'équateur;[1] et que l'angle que forment ces deux lignes soit un peu diminué depuis deux mille années?

Est-il bien vrai que l'écliptique ait été autrefois perpendiculaire à l'équateur; que les Egyptiens l'aient dit, et qu'Hérodote l'ait 10 rapporté?[2] Ce mouvement de l'écliptique formerait une période

* L'article 'Axe' de l'*Encyclopédie* par D'Alembert est non seulement plus substantiel que celui de Voltaire, mais est aussi techniquement exhaustif. Nulle intention donc, chez le maître, de rivaliser avec son 'cher Protagoras'. Il n'est cependant pas exclu que, confronté à la mention de l'axe-écliptique (t.1, p.904) ou encore de l'axe du zodiaque (t.1, p.906), Voltaire – conscient de la longue histoire des échos (ou des renvois) qui se répercutent et qui se répondent dans ses propres œuvres (voir, par exemple, les *Eléments de la philosophie de Newton*, l'*Essai sur les mœurs*, le *DP*, *La Philosophie de l'histoire*, *La Défense de mon oncle*, etc.) – éprouva un mouvement irrépressible et la volonté de parler encore une fois de la prétendue sagesse scientifique des Egyptiens, 'phénomène' qui servait merveilleusement de vecteur à une conclusion généralisée et hargneuse (lignes 41-44) sur la physique de l'antiquité. Voir Maria Susana Seguin, 'Ecriture/réécriture des sources scientifiques des *Questions sur l'Encyclopédie*', *Copier/coller: écriture et réécriture chez Voltaire* (Pise, 2007), p.82-86. Rien dans la correspondance de Voltaire ne permet de situer la composition de cet article. L'article paraît en novembre/décembre 1770 (70, t.2).

[1] L'écliptique est à proprement parler le grand cercle de la sphère céleste décrit par le soleil dans son mouvement propre apparent, ou par la terre dans son mouvement réel de révolution autour du soleil. L'expression de Voltaire présente une ellipse: il entend l'*axe* de l'écliptique.

[2] La source de cette phrase est Fontenelle, *Histoire de l'Académie royale des sciences*, année 1716 (Paris, 1718), p.50: 'Selon une ancienne tradition des Egyptiens rapportée par Hérodote, l'écliptique avait été perpendiculaire à l'équateur'. Cette déclaration ne figure pas, malgré les dires de Fontenelle, chez Hérodote (*Les Histoires*, Paris, 1713, BV1631).

d'environ deux millions d'années; ce n'est point cela qui effraie; car la terre a un mouvement imperceptible d'environ vingt-neuf mille ans, qui fait la précession des équinoxes;[3] et il est aussi aisé à la nature de produire une rotation de vingt mille siècles, qu'une rotation de deux cent quatre-vingt-dix siècles.

On s'est trompé quand on a dit que les Egyptiens avaient, selon Hérodote, une tradition que l'écliptique avait été autrefois perpendiculaire à l'équateur. La tradition, dont parle Hérodote, n'a point de rapport à la coïncidence de la ligne équinoxiale et de l'écliptique; c'est tout autre chose.

Les prétendus savants d'Egypte disaient que le soleil, dans l'espace de onze mille années, s'était couché deux fois à l'orient, et levé deux fois à l'occident.[4] Quand l'équateur et l'écliptique auraient coïncidé ensemble, quand toute la terre aurait eu la sphère droite, et que partout les jours eussent été égaux aux nuits, le soleil ne changerait pas pour cela son coucher et son lever. La terre aurait toujours tourné sur son axe d'occident en orient, comme elle y tourne aujourd'hui. Cette idée de faire coucher le soleil à l'orient n'est qu'une chimère digne du cerveau des prêtres d'Egypte, et montre la profonde ignorance de ces jongleurs qui ont eu tant de réputation.[5] Il faut ranger ce conte avec

12-13 K84, K12: car l'axe de la
13 K84, K12: d'environ vingt-six mille
16 K84, K12: de deux cent soixante siècles.

[3] La précession des équinoxes signifie le mouvement *rétrograde* des points équinoxiaux, en d'autres termes l'avance annuelle de l'instant de l'équinoxe.

[4] Voltaire avait utilisé à peu près les mêmes formules dans les *Eléments de la philosophie de Newton* (*OCV*, t.15, p.479, lignes 51-53). La source est Hérodote (livre 2, ch.142).

[5] La sagesse légendaire des Egyptiens fut célébrée par des autorités comme Bossuet, Rollin, Calmet, Mairan, Benoît de Maillet, Guignes, et Condillac. Voltaire affichait pour eux un parfait dédain qui, visible dans les *Eléments de la philosophie de Newton*, devient de plus en plus évident dès l'*Essai sur les mœurs*. Voir aussi le *DP*: 'je ne connais guère de peuple plus méprisable' (*OCV*, t.35, p.359).

les satyres qui chantaient et dansaient à la suite d'Osiris, [6] avec les
petits garçons auxquels on ne donnait à manger qu'après avoir
couru huit lieues pour leur apprendre à conquérir le monde; [7] avec   35
les deux enfants qui crièrent *bec* pour demander du pain, et qui par
là firent découvrir que la langue phrygienne était la première que
les hommes eussent parlée; [8] avec le roi Psaméticus qui donna sa
fille à un voleur pour le récompenser de lui avoir pris son argent
très adroitement, etc. etc. etc. etc. etc. [9]   40

Ancienne histoire, ancienne astronomie, ancienne physique,
ancienne médecine, (à Hippocrate près) ancienne géographie,
ancienne métaphysique, tout cela n'est qu'ancienne absurdité,
qui doit faire sentir le bonheur d'être nés tard.

Il y a, sans doute, plus de vérité dans deux pages de   45
l'Encyclopédie concernant la physique, que dans toute la bibliothèque d'Alexandrie, dont pourtant on regrette la perte. [10]

---

[6] Chez Voltaire la seule référence étoffée à une procession où figure Osiris se
trouve dans *Le Taureau blanc* (*OCV*, t.74A, p.129), mais sans mention des satyres.
Nulle mention non plus d'un tel phénomène chez Hérodote qui passe ici pour la
source de ces bêtises.

[7] L'histoire concerne le père de Sésostris qui, pour accomplir un de ses songes,
destina son fils à subjuguer le monde, et dans ce but fit élever à la cour tous les petits
garçons nés le même jour que son fils. Pour les accoutumer à devenir des
conquérants, il les faisait courir à jeun huit lieues tous les jours avant le petit
déjeuner. Même anecdote, mêmes détails dans *La Philosophie de l'histoire* (*OCV*,
t.59, p.160), *La Défense de mon oncle* (*OCV*, t.64, p.214), et dans le *Fragment sur
l'histoire générale* (*M*, t.29, p.256). Pour comprendre comment Voltaire s'est trompé
en voulant insinuer que la source en est Hérodote, voir J. H. Brumfitt (*OCV*, t.59,
p.297) et J.-M. Moureaux (*OCV* t.64, p.314, n.13).

[8] Même anecdote dans l'article 'ABC, ou alphabet' des *QE* (*OCV*, t.38, p.28),
mais sous une forme plus précise et utile. La source est Hérodote, *Histoires* (livre 2,
ch.2).

[9] Il ne s'agit pas du pharaon Psammetichus Ier (663-609 av. J.-C.) mais de
Rhampsinitus. Hérodote n'a pas nécessairement ajouté foi à cette fable (livre 2,
ch.123).

[10] On notera ici un léger recul par rapport à l'attitude habituelle de Voltaire vis-à-
vis de la bibliothèque d'Alexandrie. Voir l'*Essai sur les mœurs* (t.1, p.263).

BABEL

Babel signifiait, chez les Orientaux, *Dieu le père, la puissance de Dieu, la porte de Dieu*, selon que l'on prononçait ce nom. [1] C'est de là que Babilone fut la ville de Dieu, la ville sainte. Chaque capitale d'un Etat était la ville de Dieu, la ville sacrée. Les Grecs les appelèrent toutes *Hierapolis*, et il y en eut plus de trente de ce nom. [2] 5
La tour de Babel signifiait donc *la tour du père Dieu*.

a K84, K12: Babel / Section 1
6 K84: *père de Dieu*
   K12: *tour de Dieu*

* Au cours de l'été 1770, Voltaire écrit à Cramer: 'Toute la lettre B sera en ordre avant quinze jours' (D16514), puis: 'On lui a envoyé le commencement de la lettre B pour le 3ᵉ volume' (D16572, voir encore D16573). Voltaire avait écrit un article 'Babel', plus bref, dans le *DP* (*OCV*, t.35, p.393-96). Outre le *Dictionnaire de la Bible* et le *Commentaire littéral* de Dom Calmet, il a consulté deux autres ouvrages de celui-ci: la *Dissertation sur la première langue, et sur la confusion arrivée à Babel* (avec la note marginale 'tirée des mille et une nuits', *CN*, t.2, p.328), et les *Nouvelles Dissertations sur plusieurs questions importantes et curieuses, qui n'ont point été traitées dans le Commentaire littéral* (*CN*, t.2, p.346-47). Il y a un court article 'Babel' dans l'*Encyclopédie*, signé de l'astérisque qui désignerait Diderot, mais il s'agit d'un résumé général avec lequel Voltaire ne cherche pas à établir de relation ici. Le présent article paraît en novembre/décembre 1770 (70, t.3), et Voltaire y apporte une correction dans w75G* (ligne 125).
[1] Babel signifie 'la porte de Dieu' de *bab* ('la porte') et *el* ('Dieu'). Dans *La Philosophie de l'histoire*, Voltaire hésitait entre 'la ville du Père Bel', selon D'Herbelot, et 'la ville de Dieu' ou 'la porte de Dieu' (*OCV*, t.59, p.123). En 1764 ou 1765, il écrivait à Paul Claude Moultou: 'Je ne sais plus où j'ai lu que Babylone, en ancien chaldéen, signifiait *la ville du père Baal*, que *Ba* signifiait père, *bel* le seigneur, et *On* la demeure' (D12278). Dans *Dieu et les hommes*, il optait pour 'la ville de Dieu' (*OCV*, t.69, p.323).
[2] Selon l'*Encyclopédie*, qui se réfère à Strabon, il n'y a que cinq villes du nom de Hierapolis, la plus célèbre étant celle de Phrygie (t.8, p.203). Le *Grand Dictionnaire historique* de Moreri ne mentionne que celle de Phrygie (t.6, p.3). Le *Grand Dictionnaire géographique et critique* de Bruzen de La Martinière en compte sept (9 tomes en 10 vol., La Haye, 1726-1739, BV564, t.4, p.144-45).

Joseph à la vérité dit, que Babel signifiait *confusion*.[3] Calmet dit
après d'autres, que *Bilba*, en chaldéen, signifie *confondue*;[4] mais
tous les Orientaux ont été d'un sentiment contraire. Le mot de
confusion serait une étrange origine de la capitale d'un vaste empire. 10
J'aime autant Rabelais, qui prétend que Paris fut autrefois appelé
Lutèce à cause des blanches cuisses des dames.[5]

Quoi qu'il en soit, les commentateurs se sont fort tourmentés
pour savoir jusqu'à quelle hauteur les hommes avaient élevé cette
fameuse tour de Babel. Saint Jérôme lui donne vingt mille pieds.[6] 15
L'ancien livre juif intitulé *Jacult*, lui en donnait quatre-vingt et un
mille.[7] Paul Lucas en a vu les restes,[8] et c'est bien voir à lui; mais
ces dimensions ne sont pas la seule difficulté qui ait exercé les
doctes.

7   70, 71N, 71A: Calmet prétend que

[3] Flavius Josèphe, *Antiquités judaïques*, trad. R. Arnaud d'Andilly, 2 vol. (Paris,
1700, t.1, p.11; Paris, 1735-1736, BV1743).
[4] '*Balal* en Hébreu et *Bilbal* en chaldéen, signifient *confondre*. [...] il est fort
possible que la racine primitive de Babel soit devenue inusitée, ou que l'on ait
prononcé Babel, au lieu de Balbel' (Calmet, *Commentaire littéral* [*Genèse*], Paris, 1715,
p.335, BV613). 'Babel ou Babylone. Ce terme signifie confusion' (Calmet,
Dictionnaire de la Bible, 4 vol., Paris, 1722-1728, t.1, p.130; Paris, 1730, BV615).
[5] 'Paris, laquelle auparavant on appelait *Leucece* [...], c'est-à-dire, en grec,
Blanchette, pour les blanches cuisses des dames dudit lieu' (Rabelais, *Gargantua*,
ch.17, éd. Jean Plattard, Paris, 1955, p.62).
[6] Dom Calmet rapporte que saint Jérôme lui donne 4000 pas de hauteur. Voltaire
transcrit ces 4000 pas en 20 000 pieds, soit 6000 mètres (voir article 'Babel' du *DP*,
OCV, t.35, p.394, n.5). Sur ces 20 000 pieds, voir aussi *Les Systèmes* (*OCV*, t.74B,
p.232).
[7] Il s'agit du *Jalkult hatora* de Siméon Ha-Darsham, cabaliste babylonien de la
première moitié du neuvième siècle. Dans le *DP*, Voltaire précisait que la hauteur de
la tour était calculée en pieds juifs. Mais, pour arriver à 81 000 pieds (environ 30 000
mètres), il considérait que les pieds juifs et les pieds grecs étaient à peu près
équivalents (*OCV*, t.35, p.394-95, n.6 et 7).
[8] Paul Lucas (1664-1737) est en réalité sceptique sur le reste 'prétendu' de cette
tour 'en pain de sucre' faite de briques, qu'il a vue près de Bagdad, car 'dans toute
cette grande plaine on y voit presque de pareilles élévations, et même beaucoup plus
entières' (*Voyage du sieur Paul Lucas au Levant*, 2 vol., La Haye, 1709, t.2, p.89-90;
2 vol., Paris, 1714, BV2216; *CN*, t.5, p.447).

On a voulu savoir comment les enfants de Noé, (*a*) ayant   20
partagé entre eux les îles des nations, s'établissant en divers pays
dont chacun eut sa langue, ses familles et son peuple particulier, tous
les hommes se trouvèrent ensuite *dans la plaine de Senaar pour y*
bâtir une tour, en disant: (*b*) *Rendons notre nom célèbre avant que nous*
soyons dispersés dans toute la terre.   25

La Genèse parle des Etats que les fils de Noé fondèrent. On a
recherché comment les peuples de l'Europe, de l'Afrique, de l'Asie
vinrent tous à Senaar, n'ayant tous qu'un même langage et une
même volonté.

La Vulgate met le déluge en l'année du monde 1656, et on place   30
la construction de la tour de Babel en 1771;[9] c'est-à-dire, cent
quinze ans après la destruction du genre humain, et pendant la vie
même de Noé.

Les hommes purent donc multiplier avec une prodigieuse
célérité; tous les arts renaquirent en bien peu de temps. Si on   35
réfléchit au grand nombre de métiers différents qu'il faut employer
pour élever une tour si haute, on est effrayé d'un si prodigieux
ouvrage.[10]

Il y a bien plus: Abraham était né, selon la Bible, environ quatre
cents ans après le déluge;[11] et déjà on voyait une suite de rois   40
puissants en Egypte et en Asie. Bochart et les autres doctes ont beau
charger leurs gros livres de systèmes et de mots phéniciens et

(*a*) Genèse, ch.10, verset 5.
(*b*) Ch.11, versets 2 et 4.

21-22   70, 71N, 71A: *pays où chacun*

[9] 'On fixe la construction de la tour de Babel, et la confusion des langues vers l'an
du monde 1775 et cent vingt ans après le déluge' (Calmet, *Dictionnaire de la Bible*, t.1,
p.130). Selon D'Herbelot, la tour a été bâtie en 1718 environ (*Bibliothèque orientale*,
Paris, 1697, BV1626, p.159). D'après l'*Encyclopédie*, elle aurait été construite en 1802
(t.2, p.4). L'an du monde se calcule à partir de l'étude de la Bible, en commençant par
la date de la création du monde.
[10] 'L'architecture et tous les arts qui l'accompagnent, avaient fait, comme on voit,
de grands progrès en cinq générations' (*DP*, article 'Babel', *OCV*, t.35, p.393).
[11] La Genèse ne le dit pas. Abraham serait né vers 1950 avant J.-C.

chaldéens qu'ils n'entendent point; ils ont beau prendre la Thrace pour la Cappadoce, la Grèce pour la Crète, et l'île de Chypre pour Tyr;[12] ils n'en nagent pas moins dans une mer d'ignorance qui n'a   45 ni fond ni rive. Il eût été plus court d'avouer que Dieu nous a donné, après plusieurs siècles, les livres sacrés pour nous rendre plus gens de bien, et non pour faire de nous des géographes et des chronologistes et des étymologistes.

Babel est Babilone;[13] elle fut fondée, selon les historiens   50 persans, (c) par un prince nommé Tâmurath.[14] La seule connaissance qu'on ait de ses antiquités, consiste dans les observations astronomiques de dix-neuf cent trois années, envoyées par Callisthène par ordre d'Alexandre, à son précepteur Aristote.[15] A cette certitude se joint une probabilité extrême qui lui est presque   55 égale; c'est qu'une nation qui avait une suite d'observations célestes depuis près de deux mille ans, était rassemblée en corps de peuple, et formait une puissance considérable plusieurs siècles avant la première observation.

(c) Voyez la *Bibliothèque orientale*.

[12] Voltaire considère Samuel Bochart comme 'un des plus savants hommes de l'Europe dans les langues et dans l'histoire', mais 'systématique, comme tous les savants' (*Le Siècle de Louis XIV*, *OH*, p.1139), bien qu'il ne semble pas l'avoir lu (voir ci-dessous, article 'Celtes', p.553, n.8).

[13] Babel correspond en effet à *Babili*, traduction babylonienne du nom sumérien signifiant 'Porte de Dieu'.

[14] D'Herbelot rapporte dans la *Bibliothèque orientale* que, selon les historiens de la Perse, Babylone fut fondée par Huschenk, ou Tahamurath, ou Zohak, les plus anciens rois de Perse (p.159). 'Les Perses attribuent à Tahamurath, un de leurs plus anciens monarques, la fondation de Babylone' (Calmet, *Dictionnaire de la Bible*, *Supplément*, t.1, p.87, avec référence à D'Herbelot).

[15] Voltaire avait évoqué ce fait dans l'*Essai sur les mœurs* (t.1, p.33 et 206). Il le répète dans l'article 'Histoire' de l'*Encyclopédie* (*OCV*, t.33, p.166). Il est également mentionné dans l'*Encyclopédie* à l'article 'Babel'. Ces 1903 années d'observations astronomiques envoyées par Callisthène réfutent l'ancienneté fabuleuse attribuée à Babylone par ses habitants (473 000 ans depuis les premières observations jusqu'à Alexandre, croyance rapportée par Diodore de Sicile. Voir Pierre Bayle, article 'Babylone', *Dictionnaire historique et critique*, 3 vol., Rotterdam, 1715, t.1, p.451-52; 2 tomes en 4 vol., Rotterdam, 1697, BV292).

Il est triste qu'aucun des calculs des anciens auteurs profanes ne 60
s'accorde avec nos auteurs sacrés, et que même aucun nom des
princes qui régnèrent après les différentes époques assignées au
déluge, n'ait été connu ni des Egyptiens, ni des Syriens, ni des
Babyloniens, ni des Grecs.

Il n'est pas moins triste qu'il ne soit resté sur la terre, chez les 65
auteurs profanes, aucun vestige de la tour de Babel: rien de cette
histoire de la confusion des langues ne se trouve dans aucun livre:
cette aventure si mémorable fut aussi inconnue de l'univers entier
que les noms de Noé, de Matusalem, de Caïn, d'Abel, d'Adam et
d'Eve. 70

Cet embarras afflige notre curiosité. Hérodote qui avait tant
voyagé, ne parle ni de Noé, ni de Sem, ni de Réhu, ni de Salé, ni de
Nembrod. Le nom de Nembrod est inconnu à toute l'antiquité
profane; il n'y a que quelques Arabes et quelques Persans
modernes qui aient fait mention de Nembrod en falsifiant les 75
livres des Juifs.[16] Il ne nous reste, pour nous conduire dans ces
ruines anciennes, que la foi à la Bible, ignorée de toutes les nations
de l'univers pendant tant de siècles; mais heureusement c'est un
guide infaillible.

Hérodote qui a mêlé trop de fables avec quelques vérités, 80
prétend que de son temps, qui était celui de la plus grande puissance
des Perses souverains de Babilone, toutes les citoyennes de cette
ville immense étaient obligées d'aller une fois dans leur vie au
temple de Milyta, déesse qu'il croit la même qu'Aphrodite ou
Vénus, pour se prostituer aux étrangers; et que la loi leur ordonnait 85
de recevoir de l'argent comme un tribut sacré qu'on payait à la
déesse.[17]

64-71   70, 71N, 71A: Grecs. Cet

[16] D'Herbelot indique que, pour les Persans, le roi Zohak est Nemrod (*Bibliothèque orientale*, p.159).
[17] L'on peut comparer le début de la phrase de Voltaire à celle de Lucien à côté
de laquelle Voltaire a écrit 'Herodote menteur': 'n'avons-nous pas des historiens,
comme Ctésias et Hérodote; qui non contents d'abuser ceux de leur siècle,

Ce conte des *Mille et une nuits* ressemble à celui qu'Hérodote fait dans la page suivante, que Cyrus partagea le fleuve de l'Inde en trois cent soixante canaux, qui tous ont leur embouchure dans la mer Caspienne. Que diriez-vous de Mézerai[18] s'il nous avait raconté que Charlemagne partagea le Rhin en trois cent soixante canaux qui tombent dans la Méditerranée, et que toutes les dames de sa cour étaient obligées d'aller une fois en leur vie se présenter à l'église de Sainte-Geneviève, et de se prostituer à tous les passants pour de l'argent?

Il faut remarquer qu'une telle fable est encore plus absurde dans le siècle des Xerxès où vivait Hérodote, qu'elle ne le serait dans celui de Charlemagne. Les Orientaux étaient mille fois plus jaloux que les Francs et les Gaulois. Les femmes de tous les grands seigneurs étaient soigneusement gardées par des eunuques. Cet usage subsistait de temps immémorial. On voit même dans l'*Histoire juive*, que lorsque cette petite nation veut, comme les autres, avoir un roi; (*d*) Samuel, pour les en détourner et pour conserver son autorité, dit, qu'*un roi les tyrannisera, qu'il prendra la dîme des vignes et des blés pour donner à ses eunuques.*[19] Les rois accomplirent cette prédiction, car il est dit dans le troisième livre

(*d*) Livre 1 des Rois, ch.8, verset 15, ch.22, verset 9, ch.8. verset 6, ch.9, verset 52, ch.24, verset 12 et ch.25, verset 19.

n.*d*, 2   70, 71N, 71A, W68: ch.9, verset 32, ch.24

---

ont voulu consigner leurs fables à la postérité?' (*Lucien*, trad. N. Perrot d'Ablancourt, 3 vol., Paris, 1733, t.3, p.15, BV2222; *CN*, t.5, p.451). Hérodote, *Histoires*, trad. Du Ryer, 3 vol. (Paris, 1713, BV1631; *CN*, t.4, p.380-84), t.1, p.184-85. Sur cette prostitution sacrée à Babylone, à laquelle ne croit pas Voltaire, voir la note 24.

[18] François Eudes de Mézeray, auteur d'une *Histoire de la France*. Dans le 'Catalogue des écrivains' du *Siècle de Louis XIV*, Voltaire le considère comme 'plus hardi qu'exact, et inégal dans son style' (*OH*, p.1186).

[19] Le premier livre des Rois, auquel se réfère Voltaire, est, selon la tradition hébraïque, le premier livre de Samuel. Voltaire cite approximativement la traduction de Lemaître de Sacy. Dans d'autres versions, on lit que le roi donnera la dîme 'à ses serviteurs' (et non à ses eunuques).

des Rois, que le roi Achab avait des eunuques; et dans le quatrième, que Joram, Jéhu, Joachim et Sédékias en avaient aussi.[20]

Il est parlé longtemps auparavant dans la Genèse des eunuques [110] du pharaon, (e) et il est dit que Putiphar, à qui Joseph fut vendu, était eunuque du roi.[21] Il est donc clair qu'on avait à Babilone une foule d'eunuques pour garder les femmes. On ne leur faisait donc pas un devoir d'aller coucher avec le premier venu pour de l'argent. Babilone, la ville de Dieu, n'était donc pas un vaste bordel comme [115] on l'a prétendu.[22]

Ces contes d'Hérodote, ainsi que tous les autres contes dans ce goût, sont aujourd'hui si décriés par tous les honnêtes gens, la raison a fait de si grands progrès, que les vieilles et les enfants mêmes ne croient plus ces sottises; *non est vetula quae credat, nec* [120] *pueri credunt, nisi qui nondum aere lavantur.*[23]

Il ne s'est trouvé de nos jours qu'un seul homme qui, n'étant pas de son siècle, a voulu justifier la fable d'Hérodote.[24] Cette

(e) Ch.37, verset 36.

115 K84, K12: vaste b... comme

[20] 1 Rois, 22:9; 2 Rois, 8:6; 9:32; 23:11; 24:12 et 15; 25:19. Les livres 3 et 4 des Rois sont les livres 1 et 2 actuels.

[21] Selon certaines traductions de la Bible, Putiphar est un 'officier'. Calmet ne croyait pas qu'il fût un eunuque: 'il y a beaucoup d'apparence que ce terme en ce lieu-là signifie simplement un *officier* de la cour d'un prince. Il est certain que Putiphar était marié et qu'il avait des enfants' (*Dictionnaire de la Bible*, t.2, p.246).

[22] Même expression dans *La Défense de mon oncle* (*OCV*, t.64, p.200).

[23] 'Il n'est pas une vieille qui y croie, même les enfants n'y croient pas, sauf ceux qui vont aux bains sans payer'. 'Non est vetula quae credat' est adapté de Cicéron, *De la nature des dieux*, livre 2, ch.2, tandis que 'nec pueri credunt, nisi qui nundum aere lavantur' provient de Juvénal, *Satires*, 'Hypocritae', vers 152 (BV1769, Paris, 1770). Les deux citations figurent dans les *Carnets* (*OCV*, t.81, p.391).

[24] Voltaire, dans *La Philosophie de l'histoire* (1765), se refusait à croire que les Babyloniennes, selon le récit d'Hérodote, aient été obligées de se prostituer une fois l'an aux étrangers (*OCV*, t.59, p.128-29). Pierre Henri Larcher avait polémiqué avec Voltaire en confirmant Hérodote dans son *Supplément à la Philosophie de l'histoire* (1767). Voltaire avait maintenu son point de vue dans *La Défense de mon oncle* (*OCV*, t.64, p.197-201). Et Larcher avait riposté par une *Réponse à la Défense de mon*

infamie lui paraît toute simple. Il veut prouver que les princesses babyloniennes se prostituaient par piété au premier venu, parce qu'il est dit, dans la sainte Ecriture, que les Ammonites faisaient passer leurs enfants par le feu en les présentant à Moloch. [25] Mais cet usage de quelques hordes barbares, cette superstition de faire passer ses enfants par les flammes, ou même de les brûler sur des bûchers en l'honneur de je ne sais quel Moloch, ces horreurs iroquoises d'un petit peuple infâme ont-elles quelque rapport avec une prostitution si incroyable chez la nation la plus jalouse et la plus policée de tout l'Orient connu? [26] Ce qui se passe chez les Iroquois sera-t-il parmi nous une preuve des usages de la cour d'Espagne ou de celle de France?

Il apporte encore en preuve la fête des Lupercales chez les Romains, *pendant laquelle*, dit-il, *des jeunes gens de qualité et des magistrats respectables couraient nus par la ville, un fouet à la main, et frappaient de ce fouet des femmes de qualité qui se présentaient à eux sans rougir, dans l'espérance d'obtenir par là une plus heureuse délivrance.* [27]

125 7IN, W75G: par pitié au
128-131 70, 7IN, 7IA: usage très peu connu de purifier ses enfants en les faisant passer légèrement auprès des flammes, ou même d'en immoler, comme on le prétend, quelques-uns dans les grands dangers, a-t-il quelque rapport

oncle (1767). Sur cette polémique, voir l'édition critique par José-Michel Moureaux (*OCV*, t.64).

[25] Les Ammonites: tribu araméenne, adversaire d'Israël. Moloch, dieu des Ammonites, était le soleil divinisé, comme le Baal des Phéniciens, à qui on immolait également des hommes. La Bible évoque maintes fois les enfants sacrifiés à Moloch, mais apparemment sans jamais faire allusion aux Ammonites.

[26] Voltaire avait avancé des arguments semblables dans *La Défense de mon oncle* (*OCV*, t.64, p.198). Comme l'observe J.-M. Moureaux, il semble incapable de comprendre le rapport entre cette prostitution sacrée et les sacrifices humains. Pourtant, si dans les deux cas la superstition peut étouffer la voix de la nature, 'le premier n'est pas plus invraisemblable que le second, auquel Voltaire croit sans peine', alors qu''il blesse la nature bien davantage' (*OCV*, t.64, p.281, n.20).

[27] Larcher, *Supplément à la Philosophie de l'histoire* (Amsterdam, 1767), p.88. Larcher parle de 'femmes de qualité *enceintes*', et termine sa phrase ainsi: 'dans l'espérance que cette cérémonie leur procurerait une heureuse délivrance'.

Premièrement, il n'est point dit que ces Romains de qualité courussent tout nus; Plutarque, au contraire, dit expressément dans ses *Demandes sur les Romains*, qu'ils étaient couverts de la ceinture en bas.[28]

En second lieu, il semble à la manière dont s'exprime le défenseur des *coutumes infâmes*, que les dames romaines se troussaient pour recevoir les coups de fouet sur leur ventre nu; ce qui est absolument faux.

Troisièmement, cette fête des Lupercales n'a aucun rapport à la prétendue loi de Babilone,[29] qui ordonne aux femmes et aux filles du roi, des satrapes et des mages, de se vendre et de se prostituer par dévotion aux passants.

Quand on ne connaît ni l'esprit humain, ni les mœurs des nations; quand on a le malheur de s'être borné à compiler des passages de vieux auteurs qui presque tous se contredisent, il faut alors proposer son sentiment avec modestie; il faut savoir douter, secouer la poussière du collège, et ne jamais s'exprimer avec une insolence outrageuse.

145-46   K84: bas. ¶Secondement, il

[28] 'Ces Luperques sont personnes qui courent par la ville à un certain jour de fête appelée Lupercales, tous nus, avec les brayers seulement devant leur nature' (Plutarque, *Les Œuvres morales*, trad. Amyot, 2 vol., Paris, 1607, t.2, p.226; Paris, 1575, BV2771).

[29] S'agissait-il d'une loi, comme Voltaire l'avait déjà rapporté dans *La Défense de mon oncle* (*OCV*, t.64, p.200), ou d'une prescription religieuse, comme le pense J.-M. Moureaux? Ce glissement de sens permettrait de suggérer qu'on avait moins affaire à une superstition qu'à un abus du législateur, et que, d'autre part, cette prostitution rituelle touchait surtout des femmes de haut rang (*OCV*, t.64, p.284, n.32). Peut-être Voltaire s'est-il appuyé sur la traduction de Du Ryer qu'il possédait (voir n.17), et selon laquelle il s'agit bien d'une loi (Hérodote, *Histoires*, t.1, p.184). Bayle affirme aussi que, selon Hérodote, il y avait à Babylone une *loi* 'qui obligeait toutes les femmes du pays' à se prostituer une fois en leur vie pour de l'argent auprès du temple de Vénus (*Dictionnaire historique et critique*, t.1, p.452, n.*B*). Notons qu'Hérodote, après avoir dit que 'toutes les femmes' de Babylone étaient obligées de se prostituer une fois en leur vie, précise que 'les plus considérables' ne voulaient pas s'abandonner aux étrangers et se contentaient de se faire porter jusqu'à l'entrée du temple.

Hérodote, ou Ctésias, ou Diodore de Sicile rapportent un fait; vous l'avez lu en grec; donc ce fait est vrai. Cette manière de raisonner n'est pas celle d'Euclide; elle est assez surprenante dans le siècle où nous vivons: mais tous les esprits ne se corrigeront pas si tôt; et il y aura toujours plus de gens qui compilent que de gens qui pensent.

Nous ne dirons rien ici de la confusion des langues arrivée tout d'un coup pendant la construction de la tour de Babel. C'est un miracle rapporté dans la sainte Ecriture. Nous n'expliquons, nous n'examinons même aucun miracle: nous les croyons d'une foi vive et sincère comme tous les auteurs du grand ouvrage de l'Encyclopédie les ont crus.

Nous dirons seulement que la chute de l'empire romain a produit plus de confusion et plus de langues nouvelles que la chute de la tour de Babel. Depuis le règne d'Auguste jusque vers le temps des Attila, des Clodvic, [30] des Gondebaud, [31] pendant six siècles, *terra erat unius labii*, la terre connue de nous était d'une seule *langue*. On parlait latin de l'Euphrate au mont Atlas. Les lois sous lesquelles vivaient cent nations, étaient écrites en latin; et le grec servait d'amusement: le jargon barbare de chaque province n'était que pour la populace. On plaidait en latin dans les tribunaux de l'Afrique comme à Rome. Un habitant de Cornouaille partait pour l'Asie mineure, sûr d'être entendu partout sur la route. C'était du moins un bien que la rapacité des Romains avait fait aux hommes. On se trouvait citoyen de toutes les villes, sur le Danube comme sur le Guadalquivir. Aujourd'hui un Bergamasque qui voyage dans les petits cantons suisses, dont il n'est séparé que par une montagne, a besoin d'interprète comme s'il était à la Chine. C'est un des plus grands fléaux de la vie.

[30] Clovis Ier (465-511), roi des Francs.
[31] Gondebaud, roi des Burgondes vers 480 jusqu'à sa mort en 516.

BACCHUS

De tous les personnages véritables ou fabuleux de l'antiquité profane, Bacchus est le plus important pour nous. Je ne dis pas par la belle invention que tout l'univers, excepté les Juifs, lui attribua, mais par la prodigieuse ressemblance de son histoire fabuleuse avec les aventures véritables de Moïse. 5

Les anciens poètes font naître Bacchus en Egypte; il est exposé sur le Nil; et c'est de là qu'il est nommé Misoes par le premier Orphée, ce qui veut dire en ancien égyptien *sauvé des eaux*, à ce que prétendent ceux qui entendaient l'ancien égyptien qu'on n'entend plus. Il est élevé vers une montagne d'Arabie nommée Nisa, qu'on 10 a cru être le mont Sina. On feint qu'une déesse lui ordonna d'aller détruire une nation barbare, qu'il passa la mer Rouge à pied avec une multitude d'hommes, de femmes et d'enfants. Une autre fois le fleuve Oronte suspendit ses eaux à droite et à gauche pour le laisser passer; l'Hidaspe en fit autant. Il commanda au soleil de s'arrêter; 15 deux rayons lumineux lui sortaient de la tête. Il fit jaillir une fontaine de vin en frappant la terre de son thyrse; [1] il grava ses lois

2-3   K84, K12: dis point par
8-10   70, 71N, 71A: *eaux*. Il est élevé
14   71N: suspendit les eaux

* L'article 'Bacchus' de l'*Encyclopédie* distingue deux Bacchus, celui d'Egypte, assimilé à Osiris, et celui de la cité grecque de Thèbes, fils de Jupiter et de Sémélé. Le Bacchus égyptien aurait conquis les Indes. Mais bien que Voltaire ait noté 'Baccus bacchan[tes] prêtresse[s] vierges' dans la marge de l'article 'Bacchantes' de l'*Encyclopédie*, signé par Mallet (*CN*, t.3, p.379), il ne s'y réfère pas ici, mais reprend plutôt maintes remarques qu'il a déjà faites. Le présent article est envoyé à Cramer au cours de l'été 1770 (voir D16514, D16572, D16573) et paraît en novembre/décembre 1770 (70, t.3).
[1] Ces miracles de Bacchus ont été rapportés par Voltaire dans *La Philosophie de l'histoire* (*OCV*, t.59, p.184); le chapitre 11, 'Des Arabes et de Bacchus', de *Dieu et les hommes* (*OCV*, t.69, p.324); et l'article 'Arabes' des *QE* (*OCV*, t.38, p.542). Il les évoque encore en 1773 dans les *Fragments historiques sur l'Inde* (*M*, t.29, p.164-65).

sur deux tables de marbre. Il ne lui manque que d'avoir affligé
l'Egypte de dix plaies pour être la copie parfaite de Moïse.[2]

Vossius est, je pense, le premier qui ait étendu ce parallèle.[3]   20
L'évêque d'Avranche Huet l'a poussé tout aussi loin; mais il ajoute,
dans sa *Démonstration évangélique*, que non seulement Moïse est
Bacchus, mais qu'il est encore Osiris et Tiphon. Il ne s'arrête pas en
si beau chemin; Moïse, selon lui, est Esculape, Amphion, Apollon,
Adonis, Priape même.[4] Il est assez plaisant que Huet, pour prouver   25
que Moïse est Adonis, se fonde sur ce que l'un et l'autre ont gardé
des moutons:

> *Et formosus oves ad flumina pavit Adonis.*[5]
> Adonis et Moïse ont gardé les moutons.

Sa preuve qu'il est Priape, est qu'on peignait quelquefois Priape   30
avec un âne, et que les Juifs passèrent chez les gentils pour adorer
un âne. Il en donne une autre preuve qui n'est pas canonique, c'est
que la verge de Moïse pouvait être comparée au sceptre de
Priape; (*a*) *sceptrum tribuitur Priapo, virga Mosi.*[6] Ces démonstrations ne sont pas celles d'Euclide.   35

(*a*) *Démonst. Evangel.* p.79, 87 et 110.

[2] Dans *La Philosophie de l'histoire*, Voltaire soulignait l'antériorité de la légende
de Bacchus sur celle de Moïse (*OCV*, t.69, p.324, n.9); et, dans une lettre à Servan du
13 avril 1766, il affirmait: 'Toute l'histoire de Moïse est prise mot pour mot de celle de
Bacchus' (D13250). Calmet prétend au contraire que 'les païens avaient eu quelque
idée de l'histoire sainte, et qu'ils avaient fait honneur à leurs faux dieux [dont
Bacchus] de ce qui n'appartenait qu'à Moïse' (*Dictionnaire de la Bible*, 4 vol., Paris,
1722-1728, t.1, p.77). En marge des *Œuvres morales* de Plutarque, qui assure que la
plus grande fête des Juifs, le Jeûne, est 'toute propre et convenable à Bacchus',
Voltaire note: 'Bacus Dieu des juifs' (*CN*, t.7, p.489-90).
[3] Gerardus Joannes Vossius, *De theologia gentili*, 2 vol. (Amsterdam, 1641), t.1,
p.224-34.
[4] Pierre-Daniel Huet, *Demonstratio evangelica* (Paris, 1690, BV1690). Voltaire a
marqué d'un signet les 'noms de Moïse' à la page 73 (*CN*, t.4, p.542).
[5] 'Et le bel Adonis fit paître des moutons le long des fleuves' (Virgile, *Bucoliques*
10, vers 18). La traduction de Voltaire est désinvolte. Après le vers de Virgile, Huet
écrit: 'pavit et Moses in Arabia' (*Demonstratio evangelica*, Paris, 1679, p.58).
[6] Voir *CN*, t.4, p.542-43.

Nous ne parlerons point ici des Bacchus plus modernes, tel que celui qui précéda de deux cents ans la guerre de Troye, et que les Grecs célébrèrent comme un fils de Jupiter enfermé dans sa cuisse.

Nous nous arrêtons à celui qui passa pour être né sur les confins de l'Egypte, et pour avoir fait tant de prodiges. Notre respect pour les livres sacrés juifs ne nous permet pas de douter que les Egyptiens, les Arabes, et ensuite les Grecs n'aient voulu imiter l'histoire de Moïse. La difficulté consistera seulement à savoir comment ils auront pu être instruits de cette histoire incontestable.

A l'égard des Egyptiens, il est très vraisemblable qu'ils n'ont jamais écrit les miracles de Moïse, qui les auraient couverts de honte. S'ils en avaient dit un mot, l'historien Joseph et Philon n'auraient pas manqué de se prévaloir de ce mot. Joseph dans sa *réponse* à Appion se fait un devoir de citer tous les auteurs d'Egypte qui ont fait mention de Moïse;[7] et il n'en trouve aucun qui rapporte un seul de ces miracles. Aucun Juif n'a jamais cité un auteur égyptien qui ait dit un mot des dix plaies d'Egypte, du passage miraculeux de la mer Rouge etc. Ce ne peut donc être chez les Egyptiens qu'on ait trouvé de quoi faire ce parallèle scandaleux du divin Moïse avec le profane Bacchus.

Il est de la plus grande évidence que si un seul auteur égyptien avait dit un mot des grands miracles de Moïse, toute la synagogue d'Alexandrie, toute l'Eglise disputante de cette fameuse ville, aurait cité ce mot, et en aurait triomphé, chacune à sa manière.

41   70, 71N, 71A: sacrés ne
55-79   70, 71N, 71A: Bacchus. ¶Les Arabes
58-59   K12: ville, auraient cité ce mot, et en auraient triomphé

[7] Flavius Josèphe, 'Réponse de Josèphe à ce qu'Apion avait écrit contre son *Histoire des Juifs* touchant l'antiquité de leur race', *Antiquités judaïques*, trad. Arnauld d'Andilly, 5 vol. (Paris, 1735-1736, BV1743), t.5. Les auteurs d'Egypte qu'il cite sont Manéthon, Chérémon d'Alexandrie, Lysimaque d'Alexandrie et Apion. Ces auteurs écrivaient en grec.

Athénagore,[8] Clément,[9] Origène,[10] qui disent tant de choses 60
inutiles, auraient rapporté mille fois ce passage nécessaire: c'eût
été le plus fort argument de tous les Pères. Ils ont tous gardé un
profond silence; donc ils n'avaient rien à dire. Mais aussi comment
s'est-il pu faire qu'aucun Egyptien n'ait parlé des exploits d'un
homme qui fit tuer tous les aînés des familles d'Egypte, qui 65
ensanglanta le Nil, et qui noya dans la mer le roi et toute l'armée?
etc. etc. etc.

Tous nos historiens avouent qu'un Clodvic, un Sicambre
subjugua la Gaule avec une poignée de barbares: les Anglais
sont les premiers à dire que les Saxons, les Danois et les Normands 70
vinrent tour à tour exterminer une partie de leur nation. S'ils ne
l'avaient pas avoué, l'Europe entière le criait. L'univers devait crier
de même aux prodiges épouvantables de Moïse, de Josué, de
Gédéon,[11] de Samson et de tant de prophètes: l'univers s'est tu
cependant. O profondeur! D'un côté il est palpable que tout cela est 75
vrai, puisque tout cela se trouve dans la sainte Ecriture approuvée

72   K84, K12:   le crierait. L'univers

[8] Athénagore, apologiste chrétien du deuxième siècle après J.-C. Voltaire se
gausse des 'sottises' de sa *Legatio pro Christianis* (*CN*, t.4, p.641-42). Mais, dans
l'article 'Zèle' des *QE*, il rappelle les accusations dont furent victimes les premiers
chrétiens, et contre lesquelles se défendit Athénagore (*M*, t.20, p.609).

[9] Voltaire considère Clément d'Alexandrie comme 'le plus savant des Pères de
l'Eglise' (ci-dessous, article 'Bibliothèque', p.363), mais il raille sa croyance en la
magie (article 'ABC, ou Alphabet' des *QE*).

[10] Si Voltaire estime qu'Origène fut le 'premier raisonneur' parmi les chrétiens,
c'est pour se moquer de ses sottises, notamment sur la Trinité (article 'Trinité' des
QE, *M*, t.20, p.539, et *L'Examen important de milord Bolingbroke*, *OCV*, t.62,
p.279-84). Voltaire raille aussi la croyance d'Origène en la magie (article 'ABC, ou
Alphabet' des *QE* et 'Religion' du *DP*), et ses explications du Lévitique
(*Des allégories*, *M*, t.17, p.118-19). Voir aussi les notes marginales de Voltaire
dans le *Traité d'Origène contre Celse* (*CN*, t.6, p.174-84).

[11] Gédéon, un des 'juges' d'Israël, à l'époque où il n'y avait pas de rois, rassembla
les tribus menacées par les Madianites, pillards du désert, les vainquit et mit à mort
leurs deux rois qui avaient tué ses frères. En 1771, dans le *Sermon du papa Nicolas
Charisteski*, Voltaire valorise ce juge en célébrant les 'Gédéons' que sont les chefs de
guerre russes vainqueurs des Turcs (*OCV*, t.73, p.310).

par l'Eglise; de l'autre il est incontestable qu'aucun peuple n'en a jamais parlé. Adorons la providence, et soumettons-nous.

Les Arabes qui ont toujours aimé le merveilleux, sont probablement les premiers auteurs des fables inventées sur Bacchus,[12] 80 adoptées bientôt et embellies par les Grecs. Mais comment les Arabes et les Grecs auraient-ils puisé chez les Juifs? On sait que les Hébreux ne communiquèrent leurs livres à personne jusqu'au temps des Ptolomées; ils regardaient cette communication comme un sacrilège; et Joseph même, pour justifier cette obstination à 85 cacher le Pentateuque au reste de la terre, dit que Dieu avait puni tous les étrangers qui avaient osé parler des histoires juives. Si on l'en croit, l'historien Théopompe ayant eu seulement dessein de faire mention d'eux dans son ouvrage, devint fou pendant trente jours; et le poète tragique Théodecte devint aveugle pour avoir fait 90 prononcer le nom des Juifs dans une de ses tragédies. Voilà les excuses que Flavien Joseph donne dans sa *réponse* à Appion de ce que l'histoire juive a été si longtemps inconnue.[13]

Ces livres étaient d'une si prodigieuse rareté, qu'on n'en trouva qu'un seul exemplaire sous le roi Josias; et cet exemplaire encore 95 avait été longtemps oublié dans le fond d'un coffre, au rapport de Saphan scribe du pontife Helcias, qui le porta au roi.

Cette aventure arriva, selon le quatrième livre des Rois,[14] six

---

82   70, 71N, 71A: Grecs ont-ils puisé

[12] Le culte de Bacchus, introduit assez tard en Grèce, semble plutôt avoir été importé de la Haute Asie, ou peut-être de l'Egypte (P. Commelin, *Mythologie grecque et romaine*, Paris, 1956, p.80).

[13] Dans sa 'Réponse à Apion', Flavius Josèphe écrit seulement que Dieu ne permet pas aux Juifs de communiquer quoi que ce soit de leurs coutumes aux étrangers qui ne font que passer. Les malheurs arrivés à Théopompe et à Théodecte figurent au tome 2 des *Antiquités judaïques* (p.284-85; voir *CN*, t.4, p.592). Voltaire rapportait les mêmes anecdotes dans *La Philosophie de l'histoire* (*OCV*, t.59, p.261), dans *Dieu et les hommes* (*OCV*, t.69, p.339-40), et dans l'article 'Apocryphe' des *QE* (*OCV*, t.38, p.450).

[14] Aujourd'hui 2 Rois, 22:3-10. Le livre retrouvé est le Deutéronome.

cent vingt-quatre ans avant notre ère vulgaire,[15] quatre cents ans
après Homère, et dans les temps les plus florissants de la Grèce. Les
Grecs savaient alors à peine qu'il y eût des Hébreux au monde. La
captivité des Juifs à Babilone augmenta encore leur ignorance de
leurs propres livres. Il fallut qu'Esdras les restaurât au bout de
soixante et dix ans;[16] et il y avait déjà plus de cinq cents ans que la
fable de Bacchus courait toute la Grèce.

Si les Grecs avaient puisé leurs fables dans l'histoire juive, ils y
auraient pris des faits plus intéressants pour le genre humain. Les
aventures d'Abraham, celles de Noé, de Matusalem, de Seth,
d'Enoch, de Caïn, d'Eve, de son funeste serpent, de l'arbre de la
science, tous ces noms leur ont été de tout temps inconnus; et ils
n'eurent une faible connaissance du peuple juif que longtemps
après la révolution que fit Alexandre en Asie et en Europe.
L'historien Joseph l'avoue en termes formels. Voici comme il
s'exprime dès le commencement de sa réponse à Appion qui (par
parenthèse) était mort quand il lui répondit: car Appion mourut
sous l'empereur Claude; et Joseph écrivit sous Vespasien.[17]

(b) 'Comme le pays que nous habitons est éloigné de la mer,
nous ne nous appliquons point au commerce, et n'avons point de
communication avec les autres nations. Nous nous contentons de
cultiver nos terres qui sont très fertiles, et travaillons principalement à bien élever nos enfants, parce que rien ne nous paraît si
nécessaire que de les instruire dans la connaissance de nos saintes
lois, et dans une véritable piété qui leur inspire le désir de les

(b) Réponse de Joseph. Traduction d'Arnaud d'Andilli, ch.5.

108-110   70, 71N, 71A: Seth, d'Abel, d'Adam et d'Eve, tous
123   71N: véritable pitié qui

[15] Ou en 622, puisque cette 'aventure' arriva la dix-huitième année du règne de
Josias (2 Rois, 22:3). Josias régna de 640 à 609 avant J.-C.
[16] Voir l'article 'Apocryphe' des QE (OCV, t.38, p.451, n.8).
[17] Dans son exemplaire des Antiquités judaïques, t.5, p.278-79, là où il est dit
qu'Apion a écrit contre l'Histoire des Juifs de Josèphe, Voltaire note: 'faux. Appion
était mort sous l'empereur Claude et n'avait pu écrire contre Joseph' (CN, t.4, p.601).

observer. Ces raisons ajoutées à ce que j'ai dit et à cette manière de vie qui nous est particulière, font voir que dans les siècles passés nous n'avons point eu de communication avec les Grecs, comme ont eu les Egyptiens et les Phéniciens... Y a-t-il donc sujet de s'étonner que notre nation n'étant point voisine de la mer, n'affectant point de rien écrire, et vivant en la manière que je l'ai dit, elle ait été peu connue?' [18]

Après un aveu aussi authentique du Juif le plus entêté de l'honneur de sa nation qui ait jamais écrit, on voit assez qu'il est impossible que les anciens Grecs eussent pris la fable de Bacchus dans les livres sacrés des Hébreux, ni même aucune autre fable, comme le sacrifice d'Iphigénie, celui du fils d'Idoménée, les travaux d'Hercule, l'aventure d'Euridice etc.: la quantité d'anciens récits qui se ressemblent est prodigieuse. Comment les Grecs ont-ils mis en fables ce que les Hébreux ont mis en histoire? Serait-ce par le don de l'invention? Serait-ce par la facilité de l'imitation? Serait-ce parce que les beaux esprits se rencontrent? Enfin, Dieu l'a permis; cela doit suffire. Qu'importe que les Arabes et les Grecs aient dit les mêmes choses que les Juifs? Ne lisons l'Ancien Testament que pour nous préparer au Nouveau; et ne cherchons dans l'un et dans l'autre que des leçons de bienfaisance, de modération, d'indulgence, et d'une véritable charité.

---

[18] Flavius Josèphe, 'Réponse de Josèphe à Apion', *Antiquités judaïques*, t.5, p.341-43. Voir *CN*, t.4, p.602-603.

DE BACON,

et de l'attraction

Le plus grand service peut-être que François Bacon ait rendu à la philosophie, a été de deviner l'attraction.

Il disait sur la fin du seizième siècle, dans son livre de *La Nouvelle Méthode de savoir*,[1]

'Il faut chercher s'il n'y aurait point une espèce de force   5

---

a-b   K84, K12: De François Bacon, / Et de l'attraction / Section 1

---

* Dès les *Lettres philosophiques*, Bacon a été salué par Voltaire comme le 'père de la philosophie expérimentale' (t.1, p.155). Aucune lettre de Voltaire ne fait allusion à l'écriture de cet article qui intègre une longue citation (lignes 51-113) des *Eléments de la philosophie de Newton* (*OCV*, t.15, p.397-400) et qui ne semble pas répondre à l'*Encyclopédie*. De fait, le *Corpus des notes marginales* ne signale aucune annotation de Voltaire à l'article 'Baconisme ou philosophie de Bacon' dû à l'abbé Pestré. Les passages du 'Discours préliminaire' de l'*Encyclopédie* sur Bacon ne semblent pas avoir davantage attiré l'attention de Voltaire, puisque les lignes marquées d'un signet concernent Newton. On ne connaît aucun emprunt, de sa part, d'ouvrages de Bacon ou relatifs au savant anglais dans la bibliothèque du Roi. L'*Analyse de la philosophie du chancelier François Bacon* d'Alexandre Deleyre (1755), ouvrage de diffusion de la pensée baconienne au dix-huitième siècle, ne se trouve pas dans sa bibliothèque où figurent seulement deux ouvrages de Bacon (BV240-41). Bayle, dans le *Dictionnaire historique et critique*, a consacré seulement quelques lignes à Bacon (4 vol., Amsterdam et Leyde, 1730, t.1, p.417). Lanson, dans son édition des *Lettres philosophiques*, mentionne diverses sources, notamment le *De mente humana libri quatuor* de Du Hamel (1672), livre 3, ch.7-9. La source biographique de Voltaire sur le chancelier lui paraît être le classique *Auctoris vita* du chapelain Rawley, placé en tête des *Opuscula varia posthuma* (1658). Opposée à celle de Descartes, la figure de Bacon, dans cet article, fusionne totalement avec celle de Newton. Bacon est présenté ici simplement comme un prédécesseur dans la découverte de la gravitation. Cet article est envoyé à Cramer au cours de l'été 1770 (voir D16514, D16572, D16573) et paraît en novembre/décembre 1770 (70, t.3).

[1] *La Nouvelle Méthode de savoir*: c'est ainsi que Voltaire appelle le *Novum Organum*, qu'il nomme ailleurs *Novum Scientiarum organum* (*Eléments de la philosophie de Newton*, *OCV*, t.15, p.417). Ce titre français ne semble correspondre à aucun ouvrage du catalogue de la Bibliothèque nationale.

magnétique qui opère entre la terre et les choses pesantes, entre la lune et l'océan, entre les planètes... [2] Il faut ou que les corps graves soient poussés vers le centre de la terre, ou qu'ils en soient mutuellement attirés; et, en ce dernier cas, il est évident que plus les corps en tombant s'approchent de la terre, plus fortement ils s'attirent... Il faut expérimenter si la même horloge à poids ira plus vite sur le haut d'une montagne ou au fond d'une mine. Si la force des poids diminue sur la montagne et augmente dans la mine, il y a apparence que la terre a une vraie attraction.' [3]

Environ cent ans après, cette attraction, cette gravitation, cette propriété universelle de la matière, cette cause qui retient les planètes dans leurs orbites, qui agit dans le soleil, et qui dirige un fétu vers le centre de la terre, a été trouvée, calculée et démontrée par le grand Newton; mais quelle sagacité dans Bacon de Verulam de l'avoir soupçonnée lorsque personne n'y pensait?

Ce n'est pas là de la matière subtile produite par des échancrures de petits dés qui tournèrent autrefois sur eux-mêmes quoique tout fût plein; ce n'est pas de la matière globuleuse formée de ces dés, ni de la matière cannelée. [4] Ces grotesques furent reçus pendant quelque temps chez les curieux; c'était un très mauvais roman; non seulement il réussit comme Cyrus et Pharamond, [5] mais il fut embrassé comme une vérité par des gens qui cherchaient à penser. Si vous en exceptez Bacon, Galilée, Toricelli et un très petit nombre de sages, il n'y avait alors que des aveugles en physique.

Ces aveugles quittèrent les chimères grecques pour les chimères des tourbillons [6] et de la matière cannelée; et lorsque enfin on eut

[2] La traduction de Voltaire est fidèle à la pensée de Bacon (voir *Novum Organum*, trad. Michel Malherbe et Jean-Marie Pousseur, Paris, 1986, p.286).

[3] Voltaire abrège, mais rend fidèlement la pensée de Bacon (voir *Novum Organum*, Paris, 1986, p.260-61).

[4] 'Matière subtile', 'petits dés', 'tout est plein', 'matière globuleuse', 'matière cannelée': termes tirés de la physique de Descartes, que Voltaire ne cesse de critiquer.

[5] Allusions aux romans de Madeleine de Scudéry, *Artamène ou le grand Cyrus*, 10 vol. (Paris, 1649-1653) et de Gautier de Costes, sieur de La Calprenède et Pierre Ortigue de Vaumorière, *Faramond ou l'histoire de France*, 12 vol. (Paris, 1661-1670).

[6] Le terme est emprunté au système de Descartes. Voir le chapitre 2 des *Eléments de la philosophie de Newton* sur l'impossibilité des tourbillons (*OCV*, t.15, p.403-12).

découvert et démontré l'attraction, la gravitation et ses lois, on cria aux qualités occultes. Hélas! tous les premiers ressorts de la nature, ne sont-ils pas pour nous des qualités occultes? Les causes du mouvement, du ressort, de la génération, de l'immutabilité des 35 espèces, du sentiment, de la mémoire, de la pensée, ne sont-elles pas très occultes? [7]

Bacon soupçonna, Newton démontra l'existence d'un principe jusqu'alors inconnu. Il faut que les hommes s'en tiennent là, jusqu'à ce qu'ils deviennent des dieux. Newton fut assez sage en 40 démontrant les lois de l'attraction pour dire qu'il en ignorait la cause; il ajouta que c'était peut-être une impulsion, peut-être une substance légère prodigieusement élastique, répandue dans la nature. [8] Il tâchait apparemment d'apprivoiser par ces *peut-être*, les esprits effarouchés du mot d'*attraction*, et d'une propriété de la 45 matière qui agit dans tout l'univers sans toucher à rien.

Le premier qui osa dire (du moins en France) qu'il est impossible que l'impulsion soit la cause de ce grand et universel phénomène, s'expliqua ainsi, lors même que les tourbillons et la matière subtile étaient encore fort à la mode. [9] 50

42-43   71A: c'était peut-être une substance
50-51   70: mode. ¶'L'or
        70 Errata, 71N, 71A: mode. ¶'On voit l'or et le plomb

[7] Voltaire, après avoir dénoncé les partisans des qualités occultes qui s'opposaient à Newton, doit, en qualité de 'philosophe ignorant', se ranger dans leur camp en ce qui concerne des causes inconnues qui sont, pour lui, du ressort de Dieu.

[8] Voir Newton, *Optics*, livre 3, question 21. Voir aussi le texte qu'utilisa probablement Voltaire pour les *Eléments de la philosophie de Newton*, la traduction de l'*Optique* par P. Coste (Amsterdam, 1722), p.420: 'Ce milieu [l'éther] n'est-il pas plus rare dans les corps denses du soleil, des étoiles, des planètes et des comètes, que dans les espaces célestes vides qui sont entre ces corps-là? Et en passant de ces corps dans des espaces fort éloignés, ce milieu ne devient-il pas continuellement plus dense, et par là n'est-il pas cause de la *gravitation* réciproque de ces vastes corps'.

[9] L'auteur en question est Voltaire lui-même dans les *Eléments de la philosophie de Newton* (1738). Le texte reproduit est, à quelques minimes variantes près, celui des *Eléments*. Pour l'annotation de ce passage, voir *OCV*, t.15, p.397-400.

'On voit l'or, le plomb, le papier, la plume tomber également vite et arriver au fond du récipient en même temps dans la machine pneumatique.

'Ceux qui tiennent encore pour le plein de Descartes, pour les prétendus effets de la matière subtile, ne peuvent rendre aucune bonne raison de ce fait; car les faits sont leurs écueils. Si tout était plein, quand on leur accorderait qu'il pût y avoir alors du mouvement, (ce qui est absolument impossible) au moins cette prétendue matière subtile remplirait exactement le récipient, elle y serait en aussi grande quantité que de l'eau ou du mercure qu'on y aurait mis: elle s'opposerait au moins à cette descente si rapide des corps: elle résisterait à ce large morceau de papier selon la surface de ce papier, et laisserait tomber la balle d'or ou de plomb beaucoup plus vite. Mais ces chutes se font au même instant; donc il n'y a rien dans le récipient qui résiste; donc cette prétendue matière subtile ne peut faire aucun effet sensible dans ce récipient; donc il y a une autre force qui fait la pesanteur.

'En vain dirait-on qu'il reste une matière subtile dans ce récipient, puisque la lumière le pénètre. Il y a bien de la différence; la lumière qui est dans ce vase de verre n'en occupe certainement pas la cent millième partie; mais, selon les cartésiens, il faut que leur matière imaginaire remplisse bien plus exactement le récipient que si je le supposais rempli d'or, car il y a beaucoup de vide dans l'or; et ils n'en admettent point dans leur matière subtile.

'Or, par cette expérience, la pièce d'or qui pèse cent mille fois plus que le morceau de papier, est descendue aussi vite que le papier; donc la force qui l'a fait descendre a agi cent mille fois plus sur lui que sur le papier; de même qu'il faudra cent fois plus de force à mon bras pour remuer cent livres que pour remuer une livre; donc cette puissance qui opère la gravitation agit en raison directe de la masse des corps. Elle agit en effet tellement sur la masse des corps, non selon les surfaces, qu'un morceau d'or réduit en poudre,

55

60

65

70

75

80

___

52   K84, K12: récipient, et en

281

descend dans la machine pneumatique aussi vite que la même quantité d'or étendue en feuille. La figure du corps ne change ici en rien leur gravité; ce pouvoir de gravitation agit donc sur la nature interne des corps, et non en raison des superficies. 85

'On n'a jamais pu répondre a ces vérités pressantes que par une supposition aussi chimérique que les tourbillons. On suppose que la matière subtile prétendue, qui remplit tout le récipient, ne pèse point. Etrange idée, qui devient absurde ici; car il ne s'agit pas dans le cas présent d'une matière qui ne pèse pas, mais d'une matière qui 90 ne résiste pas. Toute matière résiste par sa force d'inertie. Donc si le récipient était plein, la matière quelconque qui le remplirait résisterait infiniment; cela paraît démontré en rigueur.

'Ce pouvoir ne réside point dans la prétendue matière subtile. 95 Cette matière serait un fluide; tout fluide agit sur les solides en raison de leurs superficies; ainsi le vaisseau présentant moins de surface par sa proue, fend la mer qui résisterait à ses flancs. Or quand la superficie d'un corps est le carré de son diamètre, la solidité de ce corps est le cube de ce même diamètre; le même 100 pouvoir ne peut agir à la fois en raison du cube et du carré; donc la pesanteur, la gravitation n'est point l'effet de ce fluide. De plus, il est impossible que cette prétendue matière subtile ait d'un côté assez de force pour précipiter un corps de cinquante-quatre mille pieds de haut en une minute, (car telle est la chute des corps) et que 105 de l'autre elle soit assez impuissante pour ne pouvoir empêcher le pendule du bois le plus léger de remonter de vibration en vibration dans la machine pneumatique dont cette matière imaginaire est supposée remplir exactement tout l'espace. Je ne craindrai donc point d'affirmer, que, si l'on découvrait jamais une impulsion, qui 110 fût la cause de la pesanteur des corps vers un centre, en un mot, la

85   K84, K12: rien sa gravité
95   K84, K12: ne résiste point
98-99   K84, K12: Or si la superficie
99   K84, K12: est comme le carré
100   K84, K12: est comme le cube

DE BACON

cause de la gravitation, de l'attraction universelle, cette impulsion serait d'une tout autre nature que celle qui nous est connue.'

Cette philosophie fut d'abord très mal reçue; mais il y a des gens dont le premier aspect choque et auxquels on s'accoutume. 115

La contradiction est utile; mais l'auteur du *Spectacle de la nature*, n'a-t-il pas un peu outré ce service rendu à l'esprit humain, lorsqu'à la fin de son *Histoire du ciel*[10] il a voulu donner des ridicules à Newton, et ramener les tourbillons sur les pas d'un écrivain nommé Privat de Molière?[11] 120

(a) *Il vaudrait mieux*, dit-il, *se tenir en repos que d'exercer laborieusement sa géométrie à calculer et à mesurer des actions imaginaires, et qui ne nous apprennent rien, etc.*

Il est pourtant assez reconnu que Galilée, Kepler et Newton nous ont appris quelque chose. Ce discours de M. Pluche ne 125 s'éloigne pas beaucoup de celui que M. Algarotti rapporte dans le *Neutonianismo per le dame*, d'un brave Italien qui disait: *Souffrirons-nous qu'un Anglais nous instruise?*[12]

(a) Tome 2, p.299.

113-14 K12: connue.' [*avec note: Eléments de la philosophie de Newton*, troisième partie, ch.1, *Physique*, t.1.] ¶Cette

[10] Noël-Antoine Pluche, *Histoire du ciel considéré selon les idées des poètes, des philosophes et de Moïse*, 2 vol. (Paris, 1739, BV2763; Paris, 1757, BV2764; *CN*, t.7, p.20).

[11] L'abbé Joseph Privat de Molières, oratorien qui se fit à Paris un renom de physicien et de mathématicien et qui devint membre de l'Académie des sciences en 1729. Il s'efforçait de concilier les principes de Descartes avec le système de Newton. Voltaire possède le tome 2 de ses *Leçons de physique*, 2 vol. (Paris, 1736, BV2813).

[12] Sur l'enthousiasme de Voltaire pour *Il Neutonianismo per le dame* lorsqu'il découvre les prémices de l'ouvrage à Cirey lors d'une visite de Francesco Algarotti en 1745, puis sur ses réticences alors qu'il écrit ses propres *Eléments de la philosophie de Newton*, voir l'Introduction de R. L. Walters et W. H. Barber (*OCV*, t.15, p.42-46 et 74-76). Voltaire possède deux exemplaires de cet ouvrage d'Algarotti (Naples, 1746, BV47) dont un qu'il a annoté (*CN*, t.1, p.86-89). Ce mot, attribué à un Italien, fait l'objet d'un développement dans le quatrième entretien qui fait l'éloge de la physique expérimentale (voir *Le Newtonianisme pour les dames*, 2 vol., trad. Duperron de Castera, Paris, 1738, t.2, p.65-66).

Pluche va plus loin, (*b*) il raille; il demande comment un homme dans une encoignure de l'église Notre-Dame n'est pas attiré et collé à la muraille? [13] 130

Huyghens et Newton auront donc en vain démontré, par le calcul de l'action des forces centrifuges et centripètes, que la terre est un peu aplatie vers les pôles. [14] Vient un Pluche qui vous dit froidement, (*c*) que les terres ne doivent être plus hautes vers 135 l'équateur qu'afin que *les vapeurs s'élèvent plus dans l'air, et que les nègres de l'Afrique ne soient pas brûlés de l'ardeur du soleil.*

Voilà, je l'avoue, une plaisante raison. Il s'agissait alors de savoir si, par les lois mathématiques, le grand cercle de l'équateur terrestre surpasse le cercle du méridien d'un cent soixante et dix- 140 huitième; et on veut nous persuader que si la chose est ainsi, ce n'est point en vertu de la théorie des forces centrales, mais uniquement pour que les nègres aient environ cent soixante et dix-huit gouttes de vapeurs sur leurs têtes tandis que les habitants du Spitzberg n'en auront que cent soixante et dix-sept. [15] 145

Le même Pluche continuant ses railleries de collège, dit ces propres paroles: 'Si l'attraction a pu élargir l'équateur... qui empêchera de demander si ce n'est pas l'attraction qui a mis en saillie le devant du globe de l'œil, ou qui a élancé au milieu du

(*b*) P.300.
(*c*) P.319.

[13] Dans un chapitre consacré à des 'jugements sur la physique de Newton', Pluche écrit en effet: 'Nous leur demanderons ensuite pourquoi, dans l'encoignure qui réunit la muraille de la croisée de l'église avec la muraille de la nef, on n'éprouve pas une attraction plus puissante qu'ailleurs. Il semble qu'un petit corps ne devrait point risquer ce passage, de peur d'y être entraîné et rudement collé aux murs par une succion' (*Histoire du ciel*, t.2, p.300; *CN*, t.7, p.20).
[14] Deux expéditions scientifiques, l'une vers le pôle, l'autre vers l'équateur, ont prouvé que la figure de la terre était un sphéroïde aplati aux pôles.
[15] Pluche écrit: 'La pesanteur par ce moyen s'y trouve moindre. Les vapeurs s'y doivent précipiter moins vite, et demeurent plus longtemps suspendues sur la tête des habitants qu'une chaleur excessive y brûlerait' (*Histoire du ciel*, t.2, p.319; *CN*, t.7, p.21).

visage de l'homme ce morceau de cartilage qu'on appelle *le* 150
nez?' (d) [16]

Ce qu'il y a de pis, c'est que l'*Histoire du ciel* et le *Spectacle de la nature* [17] contiennent de très bonnes choses pour les commençants, et que les erreurs ridicules prodiguées à côté de vérités utiles, peuvent aisément égarer des esprits qui ne sont pas encore formés. 155

(d) En effet, Maupertuis, dans un petit livre intitulé *La Vénus physique*, avança cette étrange opinion.

154   70: que des erreurs

[16] La citation de Voltaire est exacte. Il s'agit ici d'une charge récurrente de Voltaire contre Maupertuis. Voir par exemple, l'*Extrait de la Bibliothèque raisonnée*, dans lequel Volaire rend compte des *Œuvres de M. de Maupertuis* (*OCV*, t.32B, p.301). Maupertuis écrit: 'Pourquoi, si cette force existe dans la nature, n'aurait-elle pas lieu dans la formation du corps des animaux? Qu'il y ait dans chacune des semences, des parties destinées à former le cœur, la tête, les entrailles, les bras, les jambes; et que ces parties aient chacune un plus grand rapport d'union avec celle qui pour la formation de l'animal doit être sa voisine, qu'avec toute autre; le fœtus se formera' (*La Vénus physique, Œuvres de M. de Maupertuis*, Dresde, 1752, p.247-48). Voltaire possédait également l'édition de 1751 de *La Vénus physique* (s.l., BV2369). Il a déjà ridiculisé cette théorie dans l'*Histoire du docteur Akakia* (Paris, 1967), p.5 et 25, et dans *L'Homme aux quarante écus* (*OCV*, t.66, p.354).

[17] Voltaire possède deux éditions du *Spectacle de la nature*, l'une de 1732-1746 (7 vol., Paris, BV2765), l'autre de 1755-1764 (8 tomes en 9 vol., Paris, BV2766).

BADAUD

Quand on dira que *badaud* vient de l'italien *badare*, qui signifie *regarder, s'arrêter, perdre son temps*, on ne dira rien que d'assez vraisemblable.[1] Mais il serait ridicule de dire avec le Dictionnaire de Trévoux[2] que *badaud* signifie sot, niais, ignorant, *stolidus, stupidus, bardus*, et qu'il vient du mot latin *badaldus*.[3]

Si on a donné ce nom au peuple de Paris plus volontiers qu'à un autre, c'est uniquement parce qu'il y a plus de monde à Paris qu'ailleurs, et par conséquent plus de gens inutiles qui s'attroupent pour voir le premier objet auquel ils ne sont pas accoutumés, pour contempler un charlatan, ou deux femmes du peuple qui se disent des injures, ou un charretier dont la charrette sera renversée, et qu'ils ne relèveront pas. Il y a des badauds partout, mais on a donné la préférence à ceux de Paris.[4]

---

* Cette note de langue a sans doute été écrit dans la première moitié de 1770. Elle témoigne de l'intérêt de Voltaire pour les réflexions lexicales. Il n'y a pas d'article de l'*Encyclopédie* sur ce mot. Le présent article est envoyé à Cramer au cours de l'été 1770 (voir D16514, D16572, D16573) et paraît en novembre/décembre 1770 (70, t.3).

[1] Voltaire se trompe sur l'étymologie 'vraisemblable' de ce mot qui vient de l'ancien provençal 'badau', 'niais' (treizième siècle), de 'bader, bâiller', d'où 'rester bouche bée', lui-même venu du latin tardif 'badare, bâiller' (*Dictionnaire historique de la langue française*, éd. Alain Rey, Paris, 1994, p.160).

[2] Le *Dictionnaire de Trévoux* (6 vol., Paris, 1743, BV1029), à l'article 'Badaud', après avoir dit que badaud est un sobriquet injurieux donné aux habitants de Paris, précise que ce mot vient apparemment du latin *badaldus* (t.1, p.943). On disait autrefois en français *bader*.

[3] Le sens de sot, niais est pourtant bien celui du mot d'après A. Rey. Le mot est employé chez Rabelais en ce sens: 'car le peuple de Paris est tant sot, tant badaud et tant inepte de nature' (*Gargantua*, ch.17, *Œuvres complètes*, Paris, 1941, p.75). Voltaire aussi à l'occasion l'utilise en ce sens (*Les Finances*, 1775; *M*, t.10, p.58).

[4] Chez Voltaire, les badauds sont de Paris, en général.

BAISER

J'en demande pardon aux jeunes gens et aux jeunes demoiselles; mais ils ne trouveront point ici peut-être ce qu'ils chercheront. Cet article n'est que pour les savants et les gens sérieux auxquels il ne convient guère.

Il n'est que trop question de baiser dans les comédies du temps de Molière. Champagne, dans la comédie de la *Mère coquette* de Quinault demande des baisers à Laurette: elle lui dit;

> Tu n'es donc pas content? vraiment c'est une honte;
> Je t'ai baisé deux fois.

Champagne lui répond,

> Quoi, tu baises par compte?[1]

Les valets demandaient toujours des baisers aux soubrettes; on se baisait sur le théâtre. Cela était d'ordinaire très fade et très insupportable, surtout dans des acteurs assez vilains, qui faisaient mal au cœur.

Si le lecteur veut des baisers, qu'il en aille chercher dans le *Pastor*

6-7   70, 71N, 71A: *coquette*, demande

* 'Baiser' n'étant traité qu'en tant que terme de géométrie dans l'*Encyclopédie*, c'est l'article 'Baise-main' que complète Voltaire dans le présent article par un montage de références réunies à l'occasion de son travail d'historien et de ses recherches de poétique comparée. Trois baisers récurrents chez lui ne sont pas ici évoqués: le baiser du *Cantique des cantiques*; le baiser 'âcre' de *Julie*; le baiser au pape, signe d'asservissement au pouvoir religieux. Les seules variantes importantes concernent la note *d*: viennent s'ajouter à la simple citation latine de la première édition un court commentaire dans 71N, puis en 1774 une traduction et un nouveau commentaire dans w68. L'article est envoyé à Cramer au cours de l'été 1770 (voir D16514, D16572, D16573) et paraît en novembre/décembre 1770 (70, t.3).

[1] Philippe Quinault, *La Mère coquette*, acte 1, scène 1. Le même passage est cité dans les *Commentaires sur Corneille* à l'occasion des *Remarques sur 'Le Menteur'* (*OCV*, t.54, p.360). Voltaire possède le *Théâtre de Monsieur Quinault*, 5 vol. (Paris, 1739, BV2847).

Fido;[2] il y a un chœur entier où il n'est parlé que de baisers (*a*); et la pièce n'est fondée que sur un baiser que Mirtillo donna un jour à la belle Amarilli au jeu du colin-maillard, *un baccio molto saporito.*[3]

On connaît le chapitre sur les baisers, dans lequel Jean de la Caza archevêque de Bénévent dit, qu'on peut se baiser de la tête aux

(*a*)   *Bacci pur bocca curiosa e scaltra*
     O seno, ô fronte, ô mano: unqua non sia
     Che parte alcuna in bella donna bacci,
     Che bacciatrice sia
     Se non la bocca; ove l'una alma et l'altra
     Corre, e si baccia anche ella, e con vivaci
     Spiriti pellegrini
     Dà vita al bel' tésoro,
     Di bacianti rubini etc.

Il y a quelque chose de semblable dans ces vers français dont on ignore l'auteur.

     De cent baisers dans votre ardente flamme,
     Si vous pressez belle gorge et beaux bras,
     C'est vainement; ils ne les rendent pas.
     Baisez la bouche, elle répond à l'âme.
     L'âme se colle aux lèvres de rubis,
     Aux dents d'ivoire, à la langue amoureuse,
     Ame contre âme alors est fort heureuse.
     Deux n'en font qu'une; et c'est un paradis.[4]

[2] Le *Pastor fido* ('Le berger fidèle') est une pastorale en forme de tragi-comédie écrite par Giovanni Battista Guarini entre 1580 et 1583, pour rivaliser avec l'*Aminte* du Tasse. Voltaire en possède deux éditions, qu'il a annotées (Paris, 1729, BV1561; Amsterdam, 1736, BV1562; *CN*, t.4, p.202-38). Le dix-huitième siècle y avait vu une œuvre sensible, en particulier après l'opéra qu'en tira Haendel (1712) et une cantate de Rameau (1728). L'article 'Art dramatique' des *QE* en fait l'éloge (voir ci-dessus, p.46).

[3] 'Un baiser des plus savoureux'.

[4] La première citation vient de l'acte 2 du *Pastor fido*. Les vers français sont vraisemblablement de Voltaire, de même que la traduction d'un autre passage du *Pastor fido* dans l'article 'Honneur' des *QE* (*M*, t.19, p.388). Voltaire évoque déjà ce chœur des baisers dans l'*Essai sur les mœurs*, 'Chapitre des arts' (t.2, p.829).

pieds. [5] Il plaint les grands nez qui ne peuvent s'approcher que difficilement; et il conseille aux dames qui ont le nez long d'avoir des amants camus. [6]

Le baiser était une manière de saluer très ordinaire dans toute l'antiquité. [7] Plutarque rapporte que les conjurés avant de tuer César, lui baisèrent le visage, la main et la poitrine. [8] Tacite dit, que lorsque son beau-père Agricola revint de Rome, Domitien le reçut avec un froid baiser, ne lui dit rien, et le laissa confondu dans la foule. [9] L'inférieur qui ne pouvait parvenir à saluer son supérieur en le baisant, appliquait sa bouche à sa propre main, et lui envoyait ce baiser qu'on lui rendait de même si on voulait.

On employait même ce signe pour adorer les dieux. Job, dans sa *parabole*, (*b*) qui est peut-être le plus ancien de nos livres connus, dit, 'qu'il n'a point adoré le soleil et la lune comme les autres

(*b*) Job, ch.31.

29   70: Rome, Tibère le

[5] Giovanni della Casa ou Jean de La Casa est un poète italien devenu en 1544 archevêque de Bénévent, puis nonce du pape à Venise, et secrétaire du Vatican sous Paul IV. Il s'agit ici de son *Capitolo del bacio*, qui figure dans le recueil *Le Terze Rime piacevoli di M. Giovanni della Casa con una scelta delle migliori rime burlesche del Berni, Mauro, Dolce, ed altri autori incerti* (Bénévent, 1727, BV972; *CN*, t.3, p.74).

[6] Voici le texte du *Capitolo del bacio*, auquel Voltaire fait référence, en une efficace et belle infidèle: 'è lecito e concesso / Di poterci baciar dal capo al piede' (vers 92-93), et 'Dico che'l bacio si può male usare / Dalle persone ch'hanno lungo il naso. / Ma né per questo gli vo' biasimare, / Perché nel vero non ci han colpa avuto, / Se la natura gli volse stroppiare. / Ristorinsi costor dunque col fiuto, / E con lo intonar bene i contrabbassi, / E 'l bacio resti a chi non è nasuto' (vers 98-105).

[7] A partir d'ici, Voltaire complète à sa manière l'article 'Baise-main' de l'*Encyclopédie*: les deux lignes politiques et religieuses de la cérémonie universelle décrite par l'*Encyclopédie* sont infléchies vers le baiser du traître (en politique) et le baiser d'amour (en religion), deux paradoxes dont le second surtout sera développé.

[8] 'Tous faisaient semblant d'intercéder pour lui, en lui touchant aux mains, lui baisant l'estomac et la tête' (Plutarque, 'Marcus Brutus', *Les Vies des hommes illustres*, trad. Amyot, 2 vol., Paris, 1951, t.2, p.1059). Voltaire possède la traduction des *Vies des hommes illustres* d'Amyot (BV2773) et celle d'André Dacier (BV2774).

[9] Voir le chapitre 40 de la *Vie d'Agricola*.

Arabes, qu'il n'a point porté sa main à sa bouche en regardant ces astres'.[10]

Il ne nous est resté, dans notre Occident, de cet usage si antique, que la civilité *puérile et honnête*,[11] qu'on enseigne encore dans quelques petites villes aux enfants, de baiser leur main droite quand on leur donne quelque sucrerie. 40

C'était une chose horrible de trahir en baisant; c'est ce qui rend l'assassinat de César encore plus odieux. Nous connaissons assez les baisers de Judas; ils sont devenus proverbe. 45

Joab, l'un des capitaines de David, étant fort jaloux d'Amaza autre capitaine, lui dit; (*c*) *Bonjour mon frère, et il prit de sa main le menton d'Amaza pour le baiser, et de l'autre main il tira sa grande épée et l'assassina d'un seul coup, si terrible que toutes ses entrailles lui sortirent du corps.*[12] 50

On ne trouve aucun baiser dans les autres assassinats assez fréquents qui se commirent chez les Juifs, si ce n'est peut-être les baisers que donna Judith au capitaine Holoferne avant de lui couper la tête dans son lit lorsqu'il fut endormi; mais il n'en est pas fait mention, et la chose n'est que vraisemblable.[13] 55

(*c*) Livre 2 des Rois, ch.2.

n.*c* w68: ch.11.

[10] 'Si j'ai regardé le soleil quand il brillait, la lune quand elle s'avançait majestueuse, et si mon cœur s'est laissé séduire en secret, si ma main s'est portée sur ma bouche; c'est encore un crime que doivent punir les juges, et j'aurais renié le Dieu d'en haut!' (Job 31:26-27). La formule est citée déjà dans l'article 'Baise-main' de l'*Encyclopédie*. L'expression 'comme les autres Arabes' est une interpolation qui correspond à l'idée que défend Voltaire depuis l'article 'Job' du *DP*. Voir l'annotation de cet article (*OCV*, t.36, p.243-53) et celle de l'article 'Arabes' des *QE* (*OCV*, t.38, p.546-50).

[11] La civilité 'puérile et honnête' renvoie à une double tradition, érudite et populaire, avec *La Civilité puérile* (1530) d'Erasme et *La Civilité puérile et honnête pour l'institution des enfants* (1649) de Pibrac.

[12] Aujourd'hui 2 Samuel 20:9-10.

[13] Judith 13.

Dans une tragédie de Shakespear nommée *Othello*, cet Othello qui est un nègre, donne deux baisers à sa femme avant de l'étrangler.[14] Cela paraît abominable aux honnêtes gens; mais des partisans de Shakespear disent que c'est la belle nature, surtout dans un nègre.

60

Lorsqu'on assassina Jean Galeas Sforza[15] dans la cathédrale de Milan le jour de Saint Etienne, les deux Médicis dans l'église de la Reparata,[16] l'amiral Coligni,[17] le prince d'Orange,[18] le maréchal d'Ancre,[19] les frères de With,[20] et tant d'autres; du moins on ne les baisa pas.

65

[14] *Othello*, acte 5, scène 2.

[15] La liste des assassinés non 'baisés' qui suit est un mode particulier d'à-propos: elle relève davantage du plaisir pris par Voltaire à une érudition intertextuelle que d'un usage approprié des références. Voltaire réutilise ici un matériau historique présent dans l'*Essai sur les mœurs* et *Le Siècle de Louis XIV*. Sur Sforza, voir le chapitre 105 de l'*Essai sur les mœurs* (t.2, p.69). Voltaire y relie cet assassinat à celui des Médicis.

[16] Le 26 avril 1478, jour de Pâques, Julien de Médicis est victime de la 'Conjuration dei Pazzi', mais son frère Laurent le Magnifique échappa aux coups des assassins en se réfugiant dans la sacristie de la Santa Reparata. Voir le chapitre 105 de l'*Essai sur les mœurs* (t.2, p.71), et la première des *Homélies prononcées à Londres* (*OCV*, t.62, p.439), qui attribuent la responsabilité de l'assassinat au pape.

[17] Gaspard de Coligny, fils de Gaspard Ier de Coligny, maréchal de France sous François Ier, fut amiral de France sous Henri II, puis, converti à la Réforme, servit le prince de Condé et le camp protestant pendant trois guerres de religion. Revenu à la cour de Charles IX en 1571, et poursuivi par la haine des catholiques, on chercha à l'abattre la veille de la Saint-Barthélémy; il fut achevé dans son lit, et son corps jeté par la fenêtre. Voir le chapitre 171 de l'*Essai sur les mœurs* (t.2, p.495).

[18] Le prince Guillaume Ier d'Orange-Nassau (Willem van Oranje), dit le prince d'Orange, stathouder de Hollande, et considéré comme le fondateur de la Hollande pour avoir mené la révolte contre l'Espagne qui conduisit les Pays-Bas à l'indépendance; il fut assassiné, après une première tentative, par Balthasar Gérard au Het Prinsenhof de Delft. Voir le chapitre 164 de l'*Essai sur les mœurs* (t.2, p.447), où Voltaire en fait un exemple de fanatisme religieux.

[19] Concino Concini, maréchal d'Ancre, favori de la reine Marie de Médicis, fut assassiné sur ordre de Louis XIII par le duc de Vitry avec l'aide de quelques courtisans dont le duc de Luynes. Voir le chapitre 175 de l'*Essai sur les mœurs* (t.2, p.572-73).

[20] Les frères de Witt, qui tentèrent de négocier avec Louis XIV une paix dont les conditions furent jugées infamantes, en furent victimes lorsque le peuple prit les

Il y avait chez les anciens je ne sais quoi de symbolique et de sacré attaché au baiser, puisqu'on baisait les statues des dieux et leurs barbes, quand les sculpteurs les avaient figurés avec de la barbe. Les initiés se baisaient aux mystères de Cérès en signe de concorde.

Les premiers chrétiens et les premières chrétiennes se baisaient à la bouche dans leurs agapes. Ce mot signifiait *repas d'amour*. Ils se donnaient le saint baiser, le baiser de paix, le baiser de frère et de sœur, *agion filéma*. Cet usage dura plus de quatre siècles, et fut enfin aboli à cause des conséquences. Ce furent ces baisers de paix, ces agapes d'amour, ces noms de *frère* et de *sœur*, qui attirèrent longtemps aux chrétiens peu connus ces imputations de débauche dont les prêtres de Jupiter et les prêtresses de Vesta les chargèrent.[21] Vous voyez dans Pétrone et dans d'autres auteurs profanes que les dissolus se nommaient *frère* et *sœur*.[22] On crut que chez les chrétiens les mêmes noms signifiaient les mêmes infamies. Ils servirent innocemment eux-mêmes à répandre ces accusations dans l'empire romain.

Il y eut dans le commencement dix-sept sociétés chrétiennes différentes, comme il y en eut neuf chez les Juifs en comptant les deux espèces de samaritains. Les sociétés qui se flattaient d'être les plus orthodoxes accusaient les autres des impuretés les plus inconcevables. Le terme de *gnostique* qui fut d'abord si honorable et qui signifiait *savant*, *éclairé*, *pur*, devint un terme d'horreur et de

70

75

80

85

---

armes sous le prince d'Orange devenu stathouder. Voir *Le Siècle de Louis XIV*, ch.10, 'Conquête de la Hollande' (*OH*, p.720).

[21] La source de Voltaire sur le lien entre agapes et baiser de paix est ici, comme dans *L'Examen important de milord Bolingbroke* (*OCV*, t.62, p.254), saint Epiphane (voir ci-dessous, n.23). Mais, dans l'article 'Messe' du fonds de Kehl, Voltaire cite la *Discipline de l'Eglise* de Louis Thomassin (*M*, t.20, p.61, n.5).

[22] Voltaire possède l'*Histoire secrète de Néron, ou le festin de Trimalcion* (trad. M. Lavaur, 2 vol., Paris, 1726, BV2707), ainsi que l'*Octavius* de Minucius Felix (Paris, 1643, BV2463; *CN*, t.5, p.646-48). Dans l'article 'Initiation' des *QE*, il cite Minucius Felix qui accuse les chrétiens de profaner le nom de frère et sœur (*M*, t.19, p.470).

mépris, un reproche d'hérésie. Saint Epiphane [23] au troisième siècle   90
prétendait qu'ils se chatouillaient d'abord les uns les autres,
hommes et femmes, qu'ensuite ils se donnaient des baisers fort
impudiques, et qu'ils jugeaient du degré de leur foi par la volupté
de ces baisers; que le mari disait à sa femme, en lui présentant un
jeune initié, *Fais l'agape avec mon frère*; et qu'ils faisaient l'agape.   95

Nous n'osons répéter ici dans la chaste langue française (*d*) ce que

(*d*) En voici la traduction littérale en latin: (*) [24] 'Postquam enim inter
se permixti fuerunt per scortationis affectum, insuper blasphemiam suam
in coelum extendunt. Et suscipit quidem muliercula, itemque vir fluxum a
masculo in proprias suas manus, et stant ad coelum intuentes, et
immundiciam in manibus habentes, et precantur nimirum stratiotici   5
quidem et gnostici appellati, ad patrem, ut aiunt, universorum, offerentes
ipsum hoc quod in manibus habent et dicunt: offerimus tibi hoc donum
corpus Christi. Et sic ipsum edunt, assumentes suam ipsorum immundiciam, et dicunt, hoc est corpus Christi, et hoc est pascha. Ideo patiuntur
corpora nostra, et coguntur confiteri passionem Christi. Eodem vero   10
modo etiam de foemina, ubi contigerit ipsam in sanguinis fluxu esse,
menstruum collectum ab ipsa immunditiei sanguinem acceptum in
communi edunt, et hic est (inquiunt) sanguis Christi.'

(*) Epiphane contra haeres. Livre 1, t.2.

n.*d*, 1   70, 71N, 71A: traduction latine. ¶'Postquam
n.*d*, 5   K84, K12: habentes, precantur
n.*d*, 12   K84, K12: ipsa immunditia sanguinem
n.*d*, 13-34   70, 71A: Christi.' //
             71N: Christi.' Tout cela est incroyable et prouve seulement que dans
tous les temps on a cherché à rendre les hérétiques odieux en leur imputant des
horreurs, ou des infamies; et ces calomnies se trouvent renouvelées dans tous les

[23] Saint Epiphane, évêque de Constantia-Salamine (Chypre), est un Père de
l'Eglise qui traqua les hérétiques après le premier concile de Nicée en 325.

[24] Ici, Voltaire part d'un passage du *Contra octoginta haereses opus* d'Epiphane qui
était repéré dans son exemplaire par un signet et une note en marge 'impiétés
horribles' (Paris, 1564, BV1226; *CN*, t.3, p.429). Voltaire revient sur cette description
de l'agape comme orgie, des prostitutions et des communions spermatiques des
chrétiens, dans l'article 'Initiation' des *QE* (*M*, t.19, p.470).

saint Epiphane ajoute en grec. Nous dirons seulement que peut-être on en imposa un peu à ce saint, qu'il se laissa trop emporter à son zèle; et que tous les hérétiques ne sont pas de vilains débauchés.

Traduction française

'Après s'être tous prostitués, ils étalent leur infamie à la face du ciel. Les hommes et les femmes mettent dans leurs mains la liqueur qu'ils ont 15
répandue. Il les élèvent en se tenant debout; et tant stratiotiques que gnostiques ils adressent en cette posture leurs prières à Dieu qu'ils appellent le père de l'univers; ils lui offrent la semence qui est dans leurs mains; et ils disent, nous te présentons cette offrande du corps de Christ; c'est ainsi qu'ils le mangent en avalant avec lui leur propre semence; et ils 20
disent, C'est là le corps de Christ, c'est la pâque; c'est pourquoi nos corps souffrent et sont contraints de confesser la passion de Christ. Si une femme de cette communauté a ses règles, ils prennent ce sang, ils en boivent avec elle: c'est, disent-ils, le sang de Christ.'

Comment saint Epiphane osa-t-il reprocher des turpitudes si exé- 25
crables à la plus savante des premières sociétés chrétiennes si elle n'avait pas donné lieu à ses accusations? et comment osa-t-il les accuser s'ils étaient innocents? Ou saint Epiphane était le plus extravagant des calomniateurs, ou ces gnostiques étaient les dissolus les plus infâmes, et en même temps les plus détestables hypocrites qui fussent sur la terre. 30
Comment accorder de telles contradictions? comment sauver le berceau de notre Eglise triomphante des horreurs d'un tel scandale? Certes rien n'est plus propre à nous faire rentrer en nous-mêmes, et à nous faire sentir notre extrême misère. [25]

-----

siècles par les vrais croyants contre les sectaires, les schismatiques, et les apostats, qui ont abandonné la communion avec les saints. //

n.*d*, 13-25 K84, K12: Christi.' ¶Comment saint Epiphane eût-il reproché des
n.*d*, 27 K84, K12: accusations? comment

[25] La traduction et le commentaire, absents jusqu'en 1774 (w68), reprennent la démonstration de *L'Examen important de milord Bolingbroke* sur les contradictions des chrétiens (*OCV*, t.62, p.254-55, n.*a*). Dans 71N, suit un commentaire qui n'est pas celui de w75G (voir la variante aux lignes 13-34).

La secte des piétistes, en voulant imiter les premiers chrétiens, se 100
donne aujourd'hui des baisers de paix en sortant de l'assemblée, et
en s'appelant *mon frère*, *ma sœur*; c'est ce que m'avoua, il y a vingt
ans, une piétiste fort jolie et fort humaine. L'ancienne coutume de
baiser sur la bouche, les piétistes l'ont soigneusement conservée.

Il n'y avait point d'autre manière de saluer les dames en France, 105
en Allemagne, en Italie, en Angleterre; c'était le droit des
cardinaux de baiser les reines sur la bouche, et même en Espagne.
Ce qui est singulier, c'est qu'ils n'eurent pas la même prérogative
en France où les dames eurent toujours plus de liberté que partout
ailleurs; mais *chaque pays a ses cérémonies*, [26] et il n'y a point d'usage 110
si général, que le hasard et l'habitude n'y aient mis quelque
exception. C'eût été une incivilité, un affront, qu'une dame
honnête, en recevant la première visite d'un seigneur, ne le
baisât pas à la bouche malgré ses moustaches. *C'est une déplaisante
coutume*, dit Montagne, (*e*) *et injurieuse à nos dames d'avoir à prêter* 115
*leurs lèvres à quiconque a trois valets à sa suite, pour mal plaisant qu'il
soit*. [27] Cette coutume était pourtant la plus ancienne du monde.

S'il est désagréable à une jeune et jolie bouche de se coller par
politesse à une bouche vieille et laide, il y avait un grand danger
entre des bouches fraîches et vermeilles de vingt à vingt-cinq ans; 120
et c'est ce qui fit abolir enfin la cérémonie du baiser dans les
mystères et dans les agapes. C'est ce qui fit enfermer les femmes
chez les Orientaux, afin qu'elles ne baisassent que leurs pères et
leurs frères. Coutume longtemps introduite en Espagne par les
Arabes. 125

(*e*) Livre 3, ch.5.

n.*e* w68: [*note absente*]

[26] La formule 'chaque pays a ses cérémonies' se trouve aussi dans l'*Histoire de
Jenni* (*M*, t.21, p.549).

[27] Montaigne, *Essais*, livre 3, ch.5. Voltaire commente également cette coutume
dans ses *Commentaires sur Corneille* (*OCV*, t.54, p.360). La référence à Montaigne se
trouve déjà dans l'article 'Puteanus' du *Dictionnaire historique et critique* de Bayle
(4 vol., Paris, 1730, t.3, p.831, n.63).

Voici le danger: il y a un nerf de la cinquième paire qui va de la bouche au cœur, et de là plus bas; tant la nature a tout préparé avec l'industrie la plus délicate; les petites glandes des lèvres, leur tissu spongieux, leurs mamelons veloutés, leur peau fine, chatouilleuse, leur donnent un sentiment exquis et voluptueux, lequel n'est pas   130
sans analogie avec une partie plus cachée et plus sensible encore. La pudeur peut souffrir d'un baiser longtemps savouré entre deux piétistes de dix-huit ans.

Il est à remarquer que l'espèce humaine, les tourterelles et les pigeons, sont les seules qui connaissent les baisers; de là est venu   135
chez les Latins le mot *columbatim*, [28] que notre langue n'a pu rendre. Il n'y a rien dont on n'ait abusé. Le baiser destiné par la nature à la bouche, a été prostitué souvent à des membranes qui ne semblaient pas faites pour cet usage. On sait de quoi les templiers furent accusés. [29]   140

Nous ne pouvons honnêtement traiter plus au long ce sujet intéressant, quoique Montagne dise, *Il en faut parler sans vergogne; nous prononçons hardiment tuer, dérober, trahir, et nous n'oserions prononcer qu'entre les dents choses agréables.* [30]

---

130   70, 71N, 71A, W68, W75G, β: donne
143-44   K84, K12: *trahir; et de cela nous n'oserions parler qu'entre les dents.*

[28] *Columbatim*: à la manière des pigeons, des colombes.
[29] Voir les accusations portées contre les templiers au chapitre 66 de l'*Essai sur les mœurs* (t.1, p.659).
[30] 'Qu'a fait l'action génitale aux hommes, si naturelle, si nécessaire et si juste, pour n'en oser parler sans vergogne et pour l'exclure des propos sérieux et réglés? Nous prononçons hardiment: tuer, dérober, trahir; et cela, nous n'oserions qu'entre les dents?' (Montaigne, *Essais*, livre 3, ch.5). En face de ce texte, Voltaire écrit dans son exemplaire des *Essais* (7 vol., Londres, 1745, BV2488): 'belle réflexion de Montagne à employer au mot amour' (*CN*, t.5, p.704).

BALA, BÂTARDS

Bala servante de Rachel, et Zelpha servante de Lia, donnèrent chacune deux enfants au patriarche Jacob;[1] et vous remarquerez qu'ils héritèrent comme fils légitimes, aussi bien que les huit autres enfants mâles que Jacob eut des deux sœurs Lia et Rachel. Il est vrai qu'ils n'eurent tous pour héritage qu'une bénédiction,[2] au lieu que Guillaume le bâtard hérita de la Normandie.[3]   5

Thierri bâtard de Clovis, hérita de la meilleure partie des Gaules, envahie par son père.[4]

Plusieurs rois d'Espagne et de Naples ont été bâtards.[5]

9-10   K84, K12: bâtards. ¶En Espagne les bâtards ont toujours hérité. Le roi Henri de Transtamare ne fut point regardé comme roi illégitime, quoiqu'il fût enfant illégitime; et cette race de bâtards, fondue dans la maison d'Autriche, a régné en

* L'article 'Bâtard' de l'*Encyclopédie* signé par Toussaint fait l'historique de la législation concernant les enfants naturels. Voltaire s'appuie ici sur de nombreux exemples historiques encadrés par deux références religieuses, l'une prise dans la Bible, l'autre dans l'histoire de la papauté. Ainsi se dessine l'orientation ironique d'un texte qui s'ouvre sur la descendance de Jacob et se clôt sur le scandale du bâtard d'un pape. C'est pourquoi le titre associe le nom d'un personnage biblique, la servante Bilha, et un nom commun. Cet article paraît en février/mars 1772 (70, t.9, 'Supplément').

[1] Genèse 30:1-24. Les noms de Bala et de Zelpha reviendront dans *La Bible enfin expliquée* (*M*, t.30, p.47).

[2] Jacob eut six fils de sa première épouse, Léa, deux de sa seconde épouse, Rachel, et quatre de leurs servantes. Sur la bénédiction de Jacob, voir Genèse ch.49.

[3] Dans l'*Essai sur les mœurs*, Voltaire rappelle que Guillaume le Conquérant ou le Bâtard n'avait aucun droit de naissance sur la Normandie, ni droit d'élection, ni droit d'héritage en Angleterre: ce n'était qu'un 'voleur normand' (t.1, p.467-69). A ce titre, il est cité dans le onzième entretien de *L'A.B.C.*, texte qui sera repris dans les *QE* à l'article 'Droit de la guerre'.

[4] Thierry Ier, roi d'Austrasie de 511 à 533 dont le royaume dans l'est de la Gaule belgique avait pour capitale Metz. Voltaire l'évoque dans l'*Essai sur les mœurs* (t.1, p.345) et dans le *Commentaire sur L'Esprit des lois* (*M*, t.30, p.453).

[5] Dans l'*Essai sur les mœurs*, Voltaire présente le roi Ferdinand de Naples comme un bâtard de la maison d'Aragon et commente: 'La bâtardise n'excluait point alors du trône' (t.2, p.76).

En Allemagne, il n'en est pas de même;[6] on veut des races pures; 10
les bâtards n'héritent jamais des fiefs, et n'ont point d'Etat. En
France, depuis longtemps, le bâtard d'un roi ne peut être prêtre
sans une dispense de Rome; mais il est prince sans difficulté dès que
le roi le reconnaît pour le fils de son péché, fût-il bâtard adultérin de
père et de mère.[7] Il en est de même en Espagne. Le bâtard d'un roi 15
d'Angleterre ne peut être prince, mais duc.[8] Les bâtards de Jacob
ne furent ni ducs ni princes, ils n'eurent point de terres; et la raison
est que leurs pères n'en avaient point; mais on les appela depuis
patriarches, comme qui dirait archipères.[9]

On a demandé si les bâtards des papes pouvaient être papes à leur 20
tour. Il est vrai que le pape Jean XI était bâtard du pape Sergius III
et de la fameuse Marozie: mais un exemple n'est pas une loi.[10]

Espagne jusqu'à Philippe V. ¶La race d'Arragon qui régnait à Naples du temps de
Louis XII était bâtarde. Le comte de Dunois signait, *le bâtard d'Orléans*; et l'on a 5
conservé longtemps des lettres du duc de Normandie, roi d'Angleterre, signées,
Guillaume le bâtard. ¶En Allemagne
18   K12:   que leur père n'en avait point
22   K84, K12:   loi. (Voyez à l'article 'Loi' comme toutes les lois et tous les usages
se contredisent.) //

[6] L'*Essai sur les mœurs* affirme que depuis Charlemagne, l'Allemagne règle les
problèmes de succession par la voie élective (t.1, p.343). Voltaire précise dans les
Annales de l'Empire que l'empire est devenu héréditaire sans cesser d'être électif (*M*,
t.13, p.535).
[7] L'article de l'*Encyclopédie* traite de la dispense du pape et de la légitimation royale.
[8] Selon l'*Encyclopédie*, le droit de légitimation en Angleterre appartient au roi et
au Parlement, et les enfants naturels ne peuvent hériter des biens immobiliers de leur
père. Voltaire pense peut-être à James Scott, le duc de Monmouth, l'enfant naturel de
Charles II d'Angleterre.
[9] Les douze fils de Jacob sont devenus les chefs des douze tribus d'Israël.
[10] Les intrigues de Marozie sont détaillées dans l'*Essai sur les mœurs* (t.1, p.431-32).
Voir aussi l'article 'Pierre' du *DP* (*OCV*, t.36, p.454). Voltaire possède François
Bruys, *Histoire des papes, depuis saint Pierre jusqu'à Benoît XIII inclusivement*, 5 vol.
(La Haye, 1732-1734, BV563); Johann Heinrich Heidegger, *Histoire du papisme, ou
abrégé de l'histoire de l'Eglise romaine, depuis sa naissance jusqu'à Innocent XI, pape*,
trad. N. Aubert (Amsterdam, 1685, BV1603); William Sherlock, *Préservatif contre le
papisme*, trad. E. de Joncourt (La Haye, 1721, BV3164) sans marque de lecture.

BANNISSEMENT

Bannissement à temps ou à vie, peine à laquelle on condamne les délinquants, ou ceux qu'on veut faire passer pour tels.

On bannissait, il n'y a pas bien longtemps, du ressort de la juridiction, un petit voleur, un petit faussaire, un coupable de voie de fait. Le résultat était qu'il devenait grand voleur, grand 5
faussaire, et meurtrier dans une autre juridiction. C'est comme si nous jetions dans les champs de nos voisins les pierres qui nous incommoderaient dans les nôtres.

Ceux qui ont écrit sur le droit des gens, se sont fort tourmentés, pour savoir au juste si un homme qu'on a banni de sa patrie est 10
encore de sa patrie. C'est à peu près comme si on demandait si un joueur qu'on a chassé de la table du jeu est encore un des joueurs. [1]

8-9   κ84, κ12: nôtres. [*avec note*: Cet abus subsiste encore. S'il est contre le bon sens de bannir d'une juridiction, on peut regarder le bannissement hors de l'Etat, comme une infraction au droit des gens.] ¶Ceux

* L'*Encyclopédie* comporte un article 'Bannissement', qui se limite à une simple définition: 'exil ordonné par un jugement en matière criminelle, contre un accusé convaincu. Le bannissement est ou perpétuel ou à temps. Lorsqu'il est perpétuel, il équivaut à la déportation qui était en usage chez les Romains; il emporte la mort civile, et conséquemment confiscation de biens. Mais quand il n'est qu'à temps, il répond à peu près à la relégation des Romains; il ne fait point perdre au banni les droits de citoyen, et n'emporte point la confiscation de ses biens' (t.2, p.60). Voltaire s'intéresse davantage aux questions de morale associées au bannissement: la culpabilité ou non du condamné, le fait que le bannissement n'apporte aucune solution au problème foncier de la criminalité, et la question de savoir s'il est juste d'obliger un banni à participer à une campagne militaire contre ses anciens concitoyens. Le présent article est envoyé à Cramer au cours de l'été 1770 (voir D16514, D16572, D16573) et paraît en novembre/décembre 1770 (70, t.3).

[1] Voir par exemple le long chapitre 11 du livre 8 intitulé 'Comment on vient à n'être plus citoyen ou sujet d'un Etat', dans *Le Droit de la nature et des gens, ou système général des principes les plus importants de la morale, de la jurisprudence et de la politique*, de Samuel von Pufendorf, trad. Jean Barbeyrac, 2 vol. (Amsterdam [Paris], 1712, BV2827; *CN*, t.7, p.173-75).

S'il est permis à tout homme par le droit naturel de se choisir sa patrie, celui qui a perdu le droit de citoyen peut à plus forte raison se choisir une patrie nouvelle. [2] Mais peut-il porter les armes contre ses anciens concitoyens? Il y en a mille exemples. Combien de protestants français naturalisés en Hollande, en Angleterre, en Allemagne, ont servi contre la France, et contre des armées où étaient leurs parents et leurs propres frères! Les Grecs qui étaient dans les armées du roi de Perse ont fait la guerre aux Grecs leurs anciens compatriotes. On a vu les Suisses au service de la Hollande tirer sur les Suisses au service de la France. C'est encore pis que de se battre contre ceux qui vous ont banni; car après tout, il semble moins malhonnête de tirer l'épée pour se venger, que de la tirer pour de l'argent.

[2] Affirmation déjà présente dans les *Annales de l'Empire*: 'Charles-Quint désavoua l'assassinat des deux ambassadeurs du roi de France. Il les regardait à la vérité comme des hommes nés ses sujets et devenus infidèles; mais il est bien mieux prouvé que tout homme est né avec le droit naturel de se choisir une patrie qu'il n'est prouvé qu'un prince a le droit d'assassiner ses sujets' (*M*, t.13, p.513). Voir aussi, dans l'*Histoire de l'empire de Russie sous Pierre le Grand*, la mention du 'plein droit naturel qu'ont tous les hommes de se choisir une patrie' (*OCV*, t.46, p.660-61).

BANQUEROUTE

On connaissait peu de banqueroutes en France avant le seizième siècle. La grande raison c'est qu'il n'y avait point de banquiers. Des Lombards, des Juifs prêtaient sur gages au denier dix: on commerçait argent comptant.[1] Le change, les remises en pays étranger étaient un secret ignoré de tous les juges.

Ce n'est pas que beaucoup de gens ne se ruinassent; mais cela ne s'appelait point *banqueroute*; on disait *déconfiture*; ce mot est plus doux à l'oreille. On se servait du mot de *rompture* dans la coutume du Boulonnais; mais rompture ne sonne pas si bien.[2]

---

* Pour composer cet article, Voltaire a surtout consulté le *Dictionnaire de Trévoux*, les ouvrages de Jacques Savary, et l'*Encyclopédie*, reprenant et complétant les articles 'Banqueroute' et 'Banqueroutier' signés par Toussaint. Voltaire évoque ici des souvenirs personnels, notamment la faillite d'un banquier juif nommé Médina (ou da Costa) qui entraîna sa propre ruine en 1726, alors qu'il venait d'arriver à Londres, mais surtout la banqueroute de Samuel-Jacques Bernard, fils du célèbre banquier Samuel Bernard, qui lui coûta, à lui et à Mme Denis, 'environ quatre-vingt mille livres' (D11656). Cet événement date des années 1747-1748, comme le montre la correspondance de Voltaire au moment où il réclame ses droits lors de la succession de Bernard en 1753. La banqueroute de Bernard fait l'objet de plusieurs lettres en 1754 (D5789, D5829, D5925) et Mme Denis intervient auprès du notaire Guillaume de Laleu en 1755 et 1756 (D6388, D6926). En 1757 et 1758, Voltaire se plaint que cette affaire se prolonge (D7227, D7735, D7889) et il a des mots très durs pour 'ce fat de Bernard' (D7179). En janvier 1759, il rappelle encore que Bernard est mort 'surintendant de la maison de la reine, riche de neuf millions et banqueroutier' (D8055). L'affaire Bernard a inspiré un passage de *Memnon* (devenu par la suite l'article 'Confiance en soi-même' des *QE*), où le héros est victime lui aussi d'un 'honnête banqueroutier' (voir D9454). Cet article est envoyé à Cramer au cours de l'été 1770 (voir D16514, D16572, D16573) et paraît en novembre/décembre 1770 (70, t.3).

[1] Ces éléments n'apparaissent pas dans l'*Encyclopédie*, mais dans le *Dictionnaire de Trévoux*, article 'Banquier'.

[2] Voir les articles 'Déconfiture' et 'Rompture' de l'*Encyclopédie*, tous deux par Boucher d'Argis, lequel signale que le mot 'rompture' était employé dans les coutumes de l'Artois et du Boulonnais et se réfère au *Glossaire du droit français* (Paris, 1701) de E. de Laurière.

Les banqueroutes nous viennent d'Italie, *bancorotto, bancarotta,* 10
gambarotta, [3] *et la justicia non impicar.* [4] Chaque négociant avait son
banc dans la place du change; et quand il avait mal fait ses affaires,
qu'il se déclarait *fallito,* et qu'il abandonnait son bien à ses
créanciers moyennant qu'il en retînt une bonne partie pour lui, il
était libre et réputé très galant homme. [5] On n'avait rien à lui dire, 15
son banc était cassé, *banco rotto, banca rotta*; [6] il pouvait même dans
certaines villes garder tous ses biens et frustrer ses créanciers,
pourvu qu'il s'assît le derrière nu sur une pierre en présence de tous
les marchands. [7] C'était une dérivation douce de l'ancien proverbe
romain *solvere aut in aere aut in cute,* payer de son argent ou de sa 20
peau. Mais cette coutume n'existe plus; les créanciers ont préféré
leur argent au derrière d'un banqueroutier.

En Angleterre et dans d'autres pays, on se déclare banqueroutier
dans les gazettes. Les associés et les créanciers s'assemblent en
vertu de cette nouvelle, qu'on lit dans les cafés, et ils s'arrangent 25
comme ils peuvent. [8]

14   71A: qu'il retînt

[3] L'étymologie du mot est également empruntée au *Dictionnaire de Trévoux,*
article 'Banqueroute'.
[4] Expression apparaissant dans la comédie de Nicolas Boindin, *Le Port de mer*
(1704), scènes 4 et 15. Voltaire possède une édition des *Œuvres* de Boindin (2 vol.,
Paris, 1753, BV442) et *Le Port de mer* (Paris, 1713, BV443). Dans le 'Catalogue des
écrivains' du *Siècle de Louis XIV,* il signale la 'jolie comédie du *Port de mer*' (*OH,*
p.1140).
[5] Voir l'article 'Banqueroute' du *Dictionnaire de Trévoux.*
[6] Dans l'article 'Banc' du *Dictionnaire universel du commerce* de Jacques Savary des
Bruslons (3 vol., Paris, 1741), il est précisé que les banquiers avaient autrefois des
bancs dans les places publiques: 'Quand un banquier faisait faillite, on rompait son
banc [...] et comme cet usage était très ordinaire en Italie, on prétend que le terme de
banqueroute, dont on se sert en France, vient des mots italiens, *Banco rotto,* qui
signifient banc rompu' (t.1, col.815).
[7] Les peines encourues par les banqueroutiers frauduleux sont signalées dans
l'*Encyclopédie* et dans le *Dictionnaire de Trévoux,* mais cette coutume italienne ne l'est
pas.
[8] Voltaire a lui-même fait l'expérience de cette pratique anglaise: la faillite du Juif
Médina, ou da Costa, qui provoqua la ruine de l'écrivain à son arrivée à Londres fut

Comme parmi les banqueroutes il y en a souvent de frauduleuses, il a fallu les punir. Si elles sont portées en justice, elles sont partout regardées comme un vol, et les coupables partout condamnés à des peines ignominieuses. 30

Il n'est pas vrai qu'on ait statué en France peine de mort contre les banqueroutiers sans distinction. [9] Les simples faillites n'emportent aucune peine; les banqueroutiers frauduleux furent soumis à la peine de mort aux Etats d'Orléans sous Charles IX, et aux Etats de Blois en 1586; mais ces édits renouvelés par Henri IV ne furent que 35 comminatoires. [10]

Il est trop difficile de prouver qu'un homme s'est déshonoré exprès, et a cédé volontairement tous ses biens à ses créanciers pour les tromper. Dans le doute, on s'est contenté de mettre le malheureux au pilori, ou de l'envoyer aux galères, quoique 40 d'ordinaire un banquier soit un fort mauvais forçat. [11]

Les banqueroutiers furent fort favorablement traités la dernière année du règne de Louis XIV; et, pendant la régence. Le triste état où l'intérieur du royaume fut réduit, la multitude des marchands qui ne pouvaient ou qui ne voulaient pas payer, la quantité d'effets 45

41   K84, K12: un banquier [K12: banqueroutier] soit un mauvais forçat

---

publiée dans la *London Gazette* du 20 au 24 juin 1727. Il l'évoque encore dans l'article 'Juifs' des *QE*. Sur la banqueroute des Mendes da Costa, voir Norma Perry, 'La chute d'une famille séfardie: les Mendes da Costa de Londres', *Dix-huitième Siècle* 13 (1981), p.11-25 et sur les relations entre Voltaire et cette famille, voir *VST*, p.156-57, 166-67, 172, 191-92.

[9] Voltaire corrige ici Toussaint, qui affirme dans l'article 'Banqueroutier' de l'*Encyclopédie* que les ordonnances prononçaient la peine de mort.

[10] Le détail de ces édits royaux apparaît dans Jacques Savary, *Le Parfait Négociant, ou instruction générale pour ce qui regarde le commerce des marchandises de France et des pays étrangers* (Paris, 1675), livre 2, ch.64, dont Voltaire possède un exemplaire (Lyon, 1701, BV3109). Savary précise les dates de ces édits: celui de Charles IX en 1560, celui de Henri III en 1579 et non 1586, celui de Henri IV en mai 1609 (p.290-91).

[11] Ces peines sont indiquées dans l'article 'Banqueroutier' de l'*Encyclopédie*. Savary donne des exemples de banqueroutiers condamnés au pilori pendant trois jours de marché, puis envoyés aux galères (*Le Parfait Négociant*, p.292).

invendus ou invendables, la crainte de l'interruption de tout commerce obligèrent le gouvernement en 1715, 1716, 1718, 1721, 1722 et 1726 à faire suspendre toutes les procédures contre tous ceux qui étaient dans le cas de la faillite.[12] Les discussions de ces procès furent renvoyées aux juges consuls; c'est une juridiction de marchands très experts dans ces cas, et plus faite pour entrer dans ces détails de commerce que des parlements qui ont toujours été plus occupés des lois du royaume que de la finance. Comme l'Etat faisait alors banqueroute, il eût été trop dur de punir les pauvres bourgeois banqueroutiers.[13]

Nous avons eu depuis des hommes considérables, banqueroutiers frauduleux; mais ils n'ont pas été punis.

Un homme de lettres de ma connaissance[14] perdit quatre-vingt mille francs à la banqueroute d'un magistrat *important*, qui avait eu plusieurs millions net en partage de la succession de monsieur son père, et qui, outre l'*importance* de sa charge et de sa personne, possédait encore une dignité assez *importante* à la cour. Il mourut malgré tout cela. Et monsieur son fils, qui avait acheté aussi une charge *importante*, s'empara des meilleurs effets.[15]

L'homme de lettres lui écrivit, ne doutant pas de sa loyauté, attendu que cet homme avait une dignité d'homme de loi. L'*important* lui manda qu'il protégerait toujours les gens de lettres, s'enfuit et ne paya rien.

[12] L'article 'Faillite' de l'*Encyclopédie* renvoie aussi à l'année 1717 alors que Voltaire cite les années 1716 et 1718 absentes de la liste établie par Boucher d'Argis.

[13] Le renvoi des affaires de faillite aux juges-consuls est évoqué dans l'article 'Faillite' de l'*Encyclopédie*, qui rajoute aux années mentionnées par Voltaire 1727, 1730, 1732 et 1739. Voltaire a donc utilisé cet article, qu'il passe sous silence.

[14] Il s'agit de Voltaire lui-même. Le banqueroutier en question est Samuel-Jacques Bernard, comte de Coubert, surintendant de la reine, fils du banquier Samuel Bernard.

[15] Moland reproduit une note de G. Avenel qui pense que cette manière de se faire justice soi-même en dénonçant dans ses œuvres un banqueroutier serait empruntée par Voltaire à Pierre Richelet qui, lui aussi, 'marqua au front ses ennemis, et tous les hommes dont il fut dupe' (*M*, t.17, p.538).

BAPTÊME

Nous ne parlons point du baptême en théologiens;[1] nous ne sommes que de pauvres gens de lettres qui n'entrons jamais dans le sanctuaire.

Les Indiens, de temps immémorial, se plongeaient, et se plongent encore dans le Gange. Les hommes qui se conduisent toujours par les sens, imaginèrent aisément que ce qui lavait le corps lavait aussi l'âme. Il y avait de grandes cuves dans les souterrains des temples d'Egypte pour les prêtres et pour les initiés.[2]

> *O nimium faciles qui tristia crimina caedis*
> *Fluminea tolli posse putatis aqua.*[3]

---

a   K84, K12: Baptême, / *Mot grec qui signifie immersion* / Section 1
2   K84: qui n'entreront jamais
   K12: qui n'entrerons jamais

---

* Avant de fournir la matière du célèbre chapitre 4 de *L'Ingénu* (1767), le baptême donne lieu à un article du *DP* (*OCV*, t.35, p.397-406) dont Voltaire réutilise ici de très larges extraits. Les ajouts concernent le baptême au fer rouge, le baptême des morts et les nombreux rapprochements effectués avec d'autres 'sectes': autant de coutumes qui permettent d'afficher une position apparemment orthodoxe, d'opposer une 'cérémonie sacrée' à des 'superstitions ridicules' et la 'vérité' au 'mensonge', mais aussi de marquer une continuité au sein d'un usage 'immémorial' – idée également exprimée au début de l'article 'Baptême' du fonds de Kehl (*M*, t.17, p.544-46). Quoiqu'il lui emprunte quelques éléments, Voltaire se démarque ainsi de l'abbé Mallet, auteur de l'article 'Baptême' de l'*Encyclopédie*, par l'orientation du discours qui souligne une nouvelle fois l'importance de l'héritage païen dans les pratiques cultuelles chrétiennes. Cet article est envoyé à Cramer au cours de l'été 1770 (voir D16514, D16572, D16573) et paraît en novembre/décembre 1770 (70, t.3).

[1] Dans l'*Encyclopédie*, l'article 'Baptême' est désigné comme un article de théologie.

[2] Voir l'article 'Baptême' du *DP* (*OCV*, t.35, p.397, lignes 1-6 et n.2 et 3).

[3] Ovide, *Les Fastes*, livre 2, vers 45-46 ('Ah, vous êtes trop complaisants, vous qui pensez que de funestes crimes de sang peuvent être effacés par l'eau d'un fleuve!', trad. R. Schilling, 2 vol., Paris, 1992-1993, t.1, p.31).

Le vieux Boudier, à l'âge de quatre-vingts ans, traduisit comiquement ces deux vers:

> C'est une drôle de maxime
> Qu'une lessive efface un crime. [4]

15

Comme tout signe est indifférent par lui-même, Dieu daigna consacrer cette coutume chez le peuple hébreu. On baptisait tous les étrangers [5] qui venaient s'établir dans la Palestine; ils étaient appelés *prosélytes de domicile*. [6]

Ils n'étaient pas forcés à recevoir la circoncision; mais seulement à embrasser les sept préceptes des noachides, et à ne sacrifier à aucun dieu des étrangers. Les prosélytes de justice étaient circoncis et baptisés; on baptisait aussi les femmes prosélytes, toutes nues, en présence de trois hommes.

20

Les Juifs les plus dévots venaient recevoir le baptême de la main des prophètes les plus vénérés par le peuple. C'est pourquoi on courut à saint Jean qui baptisait dans le Jourdain.

25

Jésus-Christ même qui ne baptisa jamais personne, daigna recevoir le baptême de Jean. Cet usage ayant été longtemps un accessoire de la religion judaïque, reçut une nouvelle dignité, un nouveau prix de notre Sauveur même; il devint le principal rite et le sceau du christianisme. Cependant les quinze premiers évêques de Jérusalem furent tous Juifs. Les chrétiens de la Palestine conser-

30

---

33 w68: chrétiens de Palestine

[4] Cette citation, apparemment de René Boudier de La Jousselinière, ne se trouve pas parmi les vers de celui-ci dans la bibliothèque de Voltaire (*Le Porte-feuille trouvé*, 2 vol., Genève, 1757, BV3719). Voir aussi l'article 'Baptême' du *DP* (*OCV*, t.35, p.405, n.32).

[5] Ce détail est repris de l'article 'Baptême' du *DP* (*OCV*, t.35, p.397, ligne 7).

[6] Dans sa 'Dissertation sur le baptême', Calmet distingue les 'prosélytes de domicile' et les 'prosélytes de justice'; il précise que 'les femmes étaient reçues par le simple baptême', qu''il fallait que l'eau touchât réellement toutes les parties du corps' et que 'la cérémonie se faisait en présence de trois juges' (*Commentaire littéral*, 25 vol., Paris, 1709-1734, BV613, t.18, p.l). Voir aussi l'article 'Baptême' du fonds de Kehl (*M*, t.17, p.544).

vèrent très longtemps la circoncision. [7] Les chrétiens de saint Jean
ne reçurent jamais le baptême du Christ. [8]   35

Plusieurs autres sociétés chrétiennes appliquèrent un cautère au
baptisé avec un fer rouge, [9] déterminées à cette étonnante opération
par ces paroles de saint Jean-Baptiste, rapportées par saint Luc; *Je
baptise par l'eau, mais celui qui vient après moi baptisera par le feu.* [10]

Les seleuciens, les herminiens et quelques autres en usaient   40
ainsi. [11] Ces paroles, *il baptisera par le feu*, n'ont jamais été
expliquées. Il y a plusieurs opinions sur le baptême de feu dont
saint Luc et saint Matthieu parlent. [12] La plus vraisemblable, peut-
être, est que c'était une allusion à l'ancienne coutume des dévots à
la déesse de Syrie, qui après s'être plongés dans l'eau s'imprimaient   45
sur le corps des caractères avec un fer brûlant. Tout était superstition chez les misérables hommes; et Jésus substitua une
cérémonie sacrée, un symbole efficace et divin à ces superstitions
ridicules. (*a*)

(*a*) On s'imprimait ces stigmates principalement au cou et au poignet,
afin de mieux faire savoir par ces marques apparentes, qu'on était initié et
qu'on appartenait à la déesse. Voyez le chapitre de la déesse de Syrie écrit
par un initié et inséré dans Lucien. [13] Plutarque, dans son *Traité de la
superstition*, dit, que cette déesse donnait des ulcères au gras des jambes de   5

[7] Dans son exemplaire d'Epiphane, *Contra octoginta haereses opus* (Paris, 1564,
BV1226), Voltaire note dans la marge: 'quinze premiers évêques de Jérusalem
circoncis' (f.191*v*; *CN*, t.3, p.431).

[8] Voir l'article 'Baptême' du *DP* (*OCV*, t.35, p.398-99, lignes 14-20 et n.11-13).

[9] Voir Calmet, 'Dissertation sur le baptême', *Commentaire littéral*, t.18, p.lxv-lxvi.
Calmet signale que 'l'Eglise n'a jamais approuvé aucune de ces pratiques superstitieuses' (p.lxvi).

[10] Luc 3:16.

[11] Voir l'*Encyclopédie*, article 'Baptême' (t.2, p.64). Calmet précise: 'On lit que les
séleuciens, et les herminiens baptisaient avec le feu; mais la manière dont ils
administraient ce sacrement ne nous est point connue' ('Dissertation sur le baptême',
Commentaire littéral, t.18, p.lxvi). Sur le commentaire des paroles de Jean, voir
p.lxiii-lxvii.

[12] Matthieu 3:11.

[13] Voir l'article 'Circoncision' du *DP* (*OCV*, t.35, p.612, n.47).

Dans les premiers siècles du christianisme, rien n'était plus   50
commun que d'attendre l'agonie pour recevoir le baptême.
L'exemple de l'empereur Constantin en est une assez forte
preuve. [14] Saint Ambroise n'était pas encore baptisé quand on le

---

ceux qui mangeaient des viandes défendues. [15] Cela peut avoir quelque
rapport avec le Deutéronome, qui après avoir défendu de manger de
l'ixion, du griffon, du chameau, de l'anguille etc., [16] dit, (*) *Si vous
n'observez pas ces commandements vous serez maudits etc... Le Seigneur vous
donnera des ulcères malins dans les genoux et dans les gras des jambes.* C'est   10
ainsi que le mensonge était en Syrie l'ombre de la vérité hébraïque qui a
fait place elle-même à une vérité plus lumineuse.

Le baptême par le feu, c'est-à-dire ces stigmates, étaient presque
partout en usage. Vous lisez dans Ezéchiel; (**) *Tuez tout, vieillards,
enfants, filles, excepté ceux qui seront marqués du thau.* [17] Voyez dans   15
l'Apocalypse, (†) *Ne frappez point la terre, la mer et les arbres jusqu'à ce que
nous ayons marqué les serviteurs de Dieu sur le front. Et le nombre des
marqués était de cent quarante-quatre mille.* [18]

(*) Ch.28, verset 35.
(**) Ch.9, verset 9.
(†) Ch.7, versets 4 et 5.

---

n.*a*, 10   K84, K12: *dans le gras*
n.*a*, 11-13   70, 71N, 71A: hébraïque. ¶Le baptême

---

[14] Voir l'article 'Baptême' du *DP* (*OCV*, t.35, p.399, lignes 22-24 et n.14 et 15).

[15] Voir Plutarque, 'Sur la superstition', *Œuvres morales*, trad. Amyot, 2 tomes en
1 vol. (Paris, 1575, BV2771): 'les superstitieux estiment que la déesse de Syrie, si
quelqu'un mange des anchois et des mandoles, qu'elle lui mange le gras des jambes,
elle lui emplit le corps d'ulcères, et lui fait pourrir le foie' (t.1, p.123).

[16] Ces interdits sont formulés dans le chapitre 14 du Deutéronome, donc quatorze
chapitres avant la citation qui suit.

[17] Ezéchiel 9:6. Voir le verset 4: 'passez [...] au milieu de Jérusalem, et marquez un
thau sur le front des hommes qui gémissent, et qui sont dans la douleur de voir toutes
les abominations qui se font au milieu d'elle'.

[18] Apocalypse 7:3-4.

fit évêque de Milan. [19] La coutume s'abolit bientôt d'attendre la
mort pour se mettre dans le bain sacré. [20]

55

Du baptême des morts

On baptisa aussi les morts. [21] Ce baptême est constaté par ce
passage de saint Paul dans sa lettre aux Corinthiens: *Si on ne
ressuscite point, que feront ceux qui reçoivent le baptême pour les
morts?* [22] C'est ici un point de fait. Ou l'on baptisait les morts
mêmes, ou l'on recevait le baptême en leur nom, comme on a reçu
depuis des indulgences pour délivrer du purgatoire les âmes de ses
amis et de ses parents. [23]

60

Saint Epiphane et saint Chrysostome nous apprennent que dans
quelques sociétés chrétiennes, et principalement chez les marcio-
nites, on mettait un vivant sous le lit d'un mort; on lui demandait
s'il voulait être baptisé; le vivant répondait oui; alors on prenait le
mort, et on le plongeait dans une cuve. [24] Cette coutume fut bientôt
condamnée; saint Paul en fait mention, mais il ne la condamne pas;
au contraire, il s'en sert comme d'un argument invincible qui
prouve la résurrection. [25]

65

70

[19] Voir l'*Encyclopédie*, article 'Baptême', t.2, p.65.

[20] Voir l'article 'Baptême' du *DP* (*OCV*, t.35, p.400, lignes 28-29 et n.17).

[21] Pour cette section, Voltaire s'est peut-être inspiré d'Epiphane. Dans son
exemplaire du *Contra octoginta haereses opus*, il note, f.50v: 'baptême des morts'
(*CN*, t.3, p.430).

[22] 1 Corinthiens 15:29.

[23] Voir l'*Encyclopédie*, article 'Baptême': ce passage de Paul est 'mal entendu' si
l'on en tire qu'on doit 'conférer le *baptême* aux morts', voire qu'on peut 'le recevoir à
leur place'; il signifie 'à la lettre [...]' qu'on peut pratiquer en mémoire des morts des
œuvres de pénitence qui leur obtiennent la rémission des péchés qu'ils n'ont pas
suffisamment expiés en cette vie' (t.2, p.65).

[24] Dans sa 'Dissertation sur le baptême pour les morts', Calmet déclare que 'celui
qui est sous le lit du mort' est baptisé 'au lieu du mort, par une momerie plus digne du
théâtre, que d'un mystère si sacré' (*Commentaire littéral*, t.21, p.312).

[25] Le baptême des morts fut condamné en 397, par un des conciles de Carthage.
Voir Colossiens 2:12-13.

Du baptême d'aspersion

Les Grecs conservèrent toujours le baptême par immersion. Les Latins, vers la fin du huitième siècle, ayant étendu leur religion dans les Gaules et la Germanie, et voyant que l'immersion pouvait faire périr les enfants dans des pays froids, substituèrent la simple aspersion; ce qui les fit souvent anathématiser par l'Eglise grecque. 75

On demanda à saint Cyprien évêque de Carthage, si ceux-là étaient réellement baptisés, qui s'étaient fait seulement arroser tout le corps? Il répond dans sa soixante et seizième lettre, 'que plusieurs Eglises ne croyaient pas que ces arrosés fussent chrétiens; que pour lui il pense qu'ils sont chrétiens, mais qu'ils ont une grâce 80 infiniment moindre que ceux qui ont été plongés trois fois selon l'usage.'[26]

On était initié chez les chrétiens dès qu'on avait été plongé; avant ce temps on n'était que catéchumène. Il fallait pour être initié avoir des répondants, des cautions, qu'on appelait d'un nom qui 85 répond à *parrains*, afin que l'Eglise s'assurât de la fidélité des nouveaux chrétiens, et que les mystères ne fussent point divulgués. C'est pourquoi, dans les premiers siècles, les gentils furent généralement aussi mal instruits des mystères des chrétiens que ceux-ci l'étaient des mystères d'Isis et de Cérès Eleusine. 90

Cyrille d'Alexandrie, dans son écrit contre l'empereur Julien, s'exprime ainsi: *Je parlerais du baptême, si je ne craignais que mon discours ne parvînt à ceux qui ne sont pas initiés.*[27] Il n'y avait alors aucun culte qui n'eût ses mystères, ses associations, ses catéchumènes, ses initiés, ses profès. Chaque secte exigeait de nouvelles 95 vertus, et recommandait à ses pénitents une nouvelle vie. *Initium novae vitae*, et de là le mot d'*initiation*.[28] L'initiation des chrétiens et

---

[26] Voltaire possédait les *Œuvres* de Cyprien, trad. P. Lombert (2 vol., Rouen, 1716, BV925; *CN*, t.2, p.846-48).

[27] Voir l'article 'Baptême' du *DP* (*OCV*, t.35, p.400-401, lignes 30-52 et n.18-21).

[28] Voir l'*Histoire de l'établissement du christianisme*, ch.10 (*M*, t.31, p.74), et l'article 'Initiation' des *QE* (*M*, t.19, p.466-71).

des chrétiennes était d'être plongés tout nus dans une cuve d'eau froide; la rémission de tous les péchés était attachée à ce signe. Mais la différence entre le baptême chrétien et les cérémonies grecques, syriennes, égyptiennes, romaines, était la même qu'entre la vérité et le mensonge. Jésus-Christ était le grand prêtre de la nouvelle loi.

Dès le second siècle, on commença à baptiser des enfants; il était naturel que les chrétiens désirassent que leurs enfants, qui auraient été damnés sans ce sacrement, en fussent pourvus. On conclut enfin, qu'il fallait le leur administrer au bout de huit jours; parce que, chez les Juifs, c'était à cet âge qu'ils étaient circoncis. L'Eglise grecque est encore dans cet usage.

Ceux qui mouraient dans la première semaine étaient damnés, selon les Pères de l'Eglise les plus rigoureux. Mais Pierre Chrisologue au cinquième siècle imagina les *limbes*, espèce d'enfer mitigé, et proprement bord d'enfer, faubourg d'enfer, où vont les petits enfants morts sans baptême, et où les patriarches restaient avant la descente de Jésus-Christ aux enfers. De sorte que l'opinion que Jésus-Christ était descendu aux limbes, et non aux enfers, a prévalu depuis.

Il a été agité si un chrétien dans les déserts d'Arabie pouvait être baptisé avec du sable? On a répondu que non. Si on pouvait baptiser avec de l'eau rose? et on a décidé qu'il fallait de l'eau pure; que cependant on pouvait se servir d'eau bourbeuse. On voit aisément que toute cette discipline a dépendu de la prudence des premiers pasteurs qui l'ont établie.[29]

L'empereur Julien le philosophe, dans son immortelle satire des Césars, met ces paroles dans la bouche de Constance fils de Constantin: 'Quiconque se sent coupable de viol, de meurtre, de rapine, de sacrilège et de tous les crimes les plus abominables, dès

103   K12: baptiser les enfants;
117   W68: déserts de l'Arabie
122-41   K84, K12: établie. ¶Les anabaptistes

[29] Voir l'article 'Baptême' du *DP* (*OCV*, t.35, p.401-403, lignes 53-58 et 60-73 et n.22-23 et 25-28).

311

que je l'aurai lavé avec cette eau, il sera net et pur.' [30] Cette critique
paraît très injuste; car non seulement chez les chrétiens, mais chez
tous les autres peuples qui recevaient l'initiation du baptême, il
fallait que le baptême fût accompagné du repentir et d'une
pénitence; l'eau ne lavait l'âme qu'en qualité de symbole; c'était
la vertu qui devait la purifier. Voyez 'Expiation'.

A l'égard des enfants incapables de pécher, le baptême seul les
purifiait. Il ne faut pas oublier que dans le siècle passé il s'éleva une
petite secte de quelques fanatiques qui prétendirent qu'on devait
tuer tous les enfants nouvellement baptisés, que c'était leur faire le
plus grand bien possible, en les préservant des crimes qu'ils
auraient commis s'ils avaient vécu, et en leur procurant la vie
éternelle. [31] On sait assez qu'il n'y a rien de si saint que les hommes
n'aient corrompu.

Les anabaptistes et quelques autres communions qui sont hors
du giron, ont cru qu'il ne fallait baptiser, initier personne qu'en
connaissance de cause. [32] Vous faites promettre, disent-ils, qu'on
sera de la société chrétienne; mais un enfant ne peut s'engager à
rien. Vous lui donnez un répondant, un parrain: mais c'est un abus
d'un ancien usage. Cette précaution était très convenable dans le
premier établissement. Quand des inconnus, hommes faits,
femmes et filles adultes venaient se présenter aux premiers disciples
pour être reçus dans la société, pour avoir part aux aumônes, ils
avaient besoin d'une caution qui répondît de leur fidélité; il fallait
s'assurer d'eux; ils juraient d'être à vous: mais un enfant est dans un
cas diamétralement opposé. Il est arrivé souvent qu'un enfant
baptisé par des Grecs à Constantinople, a été ensuite circoncis par
des Turcs; chrétien à huit jours, musulman à treize ans, il a trahi les
serments de son parrain. C'est une des raisons que les anabaptistes
peuvent alléguer; mais cette raison qui serait bonne en Turquie, n'a

[30] Voir l'article 'Baptême' du *DP* (*OCV*, t.35, p.404, lignes 89-93 et n.30).
[31] Voir l'article 'Baptême' du *DP* (*OCV*, t.35, p.405, lignes 104-109 et n.33).
[32] Les anabaptistes sont ici envisagés comme une secte (voir aussi l'*Essai sur les
mœurs*, ch.136), et non comme un parti: voir, par exemple, l'article 'Prophètes' du *DP*
(*OCV*, t.36, p.464-65, n.5).

jamais été admise dans des pays chrétiens, où le baptême assure l'état d'un citoyen. Il faut se conformer aux lois et aux rites de sa patrie. [33]

Les Grecs rebaptisent les Latins qui passent d'une de nos communions latines à la communion grecque; l'usage était dans le siècle passé que ces catéchumènes prononçassent ces paroles: *Je crache sur mon père et ma mère qui m'ont fait mal baptiser.* [34] Peut-être cette coutume dure encore et durera longtemps dans les provinces.

160

164   K84, K12: provinces. [*ajoutent un passage tiré de l'article 'Unitaires' de l'Encyclopédie (reproduit également aux lignes 73a-88 de l'article 'Baptême' du DP) et, sous la rubrique 'Section 2', le texte de l'article 'Baptême' du fonds de Kehl*]

[33] Impératif souvent exprimé dans l'œuvre de Voltaire: sur la définition de la vertu comme conformité aux lois, voir le *Traité de métaphysique*, ch.9 (*OCV*, t.14, p.474); sur la 'nécessité de se conformer en apparence' au 'culte' reçu, voir l'article 'Christianisme' du *DP* (*OCV*, t.35, p.560-61) et le *Catéchisme de l'honnête homme* (*M*, t.24, p.538).

[34] Les *Carnets* situent cet usage en Moscovie (*OCV*, t.82, p.454). Ce second baptême est un lieu commun des relations de voyage en Russie (voir M. Mervaud et J.-C. Roberti, *Une infinie brutalité: l'image de la Russie dans la France des seizième et dix-septième siècles*, Paris, 1991, p.39). Voltaire a pu trouver ce détail dans les *Voyages très curieux et très renommés faits en Moscovie, Tartarie et Perse* d'Olearius (2 vol., Amsterdam, 1727, BV2606; *CN*, t.6, p.166-73).

BARAC ET DÉBORA,

et par occasion des chars de guerre

Nous ne prétendons point discuter ici en quel temps Barac fut chef du peuple juif,[1] pourquoi étant chef, il laissa commander son armée par une femme; si cette femme nommée Débora[2] avait épousé Lapidoth;[3] si elle était la parente ou l'amie de Barac, ou même sa fille ou sa mère; ni quel jour se donna la bataille du Thabor[4] en Galilée entre cette Débora et le capitaine Sizara général des armées du roi Jabin,[5] lequel Sizara commandait vers la Galilée une armée de trois cent mille fantassins, dix mille cavaliers et trois mille chars armés en guerre,[6] si l'on en croit l'historien Joseph. (*a*)[7]

(*a*) Antiq. jud. livre 5.

n.*a*   K12: livre 10.

* L'histoire de Barac et de Débora, dans le livre des Juges, sert de prétexte à une digression sur les chars de guerre. L'article 'Char' de l'*Encyclopédie*, signé de l'astérisque qui désignerait Diderot, comporte des passages sur les chars de guerre antiques. Quant à Voltaire, qui a proposé avec insistance, mais en vain, un 'chariot de guerre' au comte d'Argenson, puis à Catherine II, il n'a pas été convaincu par les refus des militaires. Ainsi réapparaît dans les *QE* ce char de guerre quelque peu obsessionnel. Cet article est envoyé à Cramer au cours de l'été 1770 (voir D16514, D16572, D16573) et paraît en novembre/décembre 1770 (70, t.3).

[1] Baraq, un des juges d'Israël (voir Juges, ch.4).

[2] Débora, prophétesse et juge (voir Juges 4:4-5) évoquée dans une note de *La Bible enfin expliquée* (*M*, t.30, p.135).

[3] On ne sait rien de Lappidot, sinon qu'il fut l'époux de Débora (Juges 4:4).

[4] La bataille du mont Thabor, célébrée par le 'cantique de Débora' (Juges, ch.5), aurait eu lieu à la fin du douzième siècle avant J.-C. Voltaire l'évoque dans *La Philosophie de l'histoire* (*OCV*, t.59, p.229) et dans l'article 'Loi salique' des *QE*.

[5] Yabîn, roi d'Haçor, chef de la coalition des rois cananéens.

[6] Selon la Bible, l'armée de Sisera comprenait neuf cents chars (Juges 4:3 et 4:13).

[7] Flavius Josèphe, *Antiquités judaïques*, trad. Arnauld d'Andilly, 2 vol. (Paris, 1700), livre 5, t.1, p.184-85.

Nous laisserons même ce Jabin roi d'un village nommé Azor,[8]   10
qui avait plus de troupes que le Grand Turc. Nous plaignons
beaucoup la destinée de son grand-vizir Sizara qui ayant perdu la
bataille en Galilée, sauta de son chariot à quatre chevaux et s'enfuit
à pied pour courir plus vite. Il alla demander l'hospitalité à une
sainte femme juive qui lui donna du lait,[9] et qui lui enfonça un   15
grand clou de charrette dans la tête, quand il fut endormi. Nous en
sommes très fâchés; mais ce n'est pas cela dont il s'agit: nous
voulons parler des chariots de guerre.

C'est au pied du mont Thabor, auprès du torrent de Cison,[10]
que se donna la bataille. Le mont Thabor est une montagne   20
escarpée dont les branches un peu moins hautes s'étendent dans
une grande partie de la Galilée. Entre cette montagne et les rochers
voisins est une petite plaine semée de gros cailloux, et impraticable
aux évolutions de la cavalerie. Cette plaine est de quatre à cinq
cents pas. Il est à croire que le capitaine Sizara n'y rangea pas ses   25
trois cent mille hommes en bataille; ses trois mille chariots auraient
difficilement manœuvré dans cet endroit.

Il est à croire que les Hébreux n'avaient point des chariots de
guerre dans un pays uniquement renommé pour les ânes:[11] mais les
Asiatiques s'en servaient dans les grandes plaines.   30

28   w68, k84, k12: point de chariots

[8] Haçor, où régnait Yabîn, en Haute-Galilée, au nord du lac de Tibériade. Ce
n'était pas un 'village', mais une ville qui avait été importante entre les vingtième et
treizième siècles avant J.-C. (André-Marie Gérard, *Dictionnaire de la Bible*, Paris,
1989, p.481-83).

[9] Yaél, femme de Héber. Le meurtre de Sisera par Yaél (Juges 4:21) est glorifié
dans le 'cantique de Débora' (Juges 5:24). Voltaire l'évoque dans des notes de *La
Pucelle* (*OCV*, t.7, p.286 et 409), et de *La Bible enfin expliquée* (*M*, t.30, p.136).

[10] Le Qichôn actuel.

[11] Voir l'article 'Armes, armées' ci-dessus où Voltaire affirme que la cavalerie et
les chars étaient inconnus des Juifs. Dans une note de *La Pucelle*, il avait déjà observé
que Yabîn avait neuf cents chariots 'dans un pays de montagnes où il n'y a
aujourd'hui que des ânes' (*OCV*, t.7, p.409). Il revient plusieurs fois sur cette
question dans *Dieu et les hommes* (*OCV*, t.69, p.345), *La Bible enfin expliquée*
(*M*, t.30, p.132) et une lettre à Catherine II de 1769 (D15664).

Confucius, ou plutôt Confutsé dit positivement, (*b*) que de temps immémorial les vice-rois des provinces de la Chine étaient tenus de fournir à l'empereur chacun mille chariots de guerre attelés de quatre chevaux. [12]

Les chars devaient être en usage longtemps avant la guerre de Troye, puisque Homère ne dit point que ce fût une invention nouvelle; mais ces chars n'étaient point armés comme ceux de Babilone; les roues ni l'essieu ne portaient point de fers tranchants. [13]

Cette invention dut être d'abord très formidable dans les grandes plaines, surtout quand les chars étaient en grand nombre et qu'ils couraient avec impétuosité, garnis de longues piques et de faux: mais quand on y fut accoutumé, il parut si aisé d'éviter leur choc, qu'ils cessèrent d'être en usage par toute la terre. [14]

On proposa, dans la guerre de 1741, de renouveler cette ancienne invention et de la rectifier. [15]

Un ministre d'Etat fit construire un de ces chariots qu'on essaya. [16] On prétendait que dans des grandes plaines comme

(*b*) Livre 3.

[12] La source est probablement Confucius, *Sinarum philosophus, sive scientia sinensis latine exposita* (Paris, 1687, BV845), livre 3, partie 1, p.3-4. Sur un signet, Voltaire a écrit: 'viceroyauté de mille quadriges' (*CN*, t.2, p.712).

[13] Selon l'entrée de Diderot, Cyrus perfectionna les chars de guerre en 'allongeant les essieux, à l'extrémité desquels il adapta encore d'autres faux de trois pieds de long qui coupaient horizontalement' (*Encyclopédie*, t.3, p.184).

[14] 'Cette machine terrible en apparence devenait inutile lorsqu'on tuait un des chevaux, ou qu'on parvenait à en saisir la bride' (*Encyclopédie*, t.3, p.184).

[15] Ce n'est pas dans la guerre de 1741 que Voltaire a proposé ses chars de guerre, mais au début de la guerre de Sept ans.

[16] Le comte d'Argenson, secrétaire d'Etat à la guerre, aurait fait construire un char d'après un dessin de Voltaire (D7043, D7293). En 1756, Voltaire avait soumis son projet à un capitaine, le marquis de Florian, qui avait mis au courant d'Argenson. Il s'agissait d'un char léger, tiré par deux chevaux, avec deux hommes armés de fusils postés à l'arrière, et disposant de grenades dans un petit coffre. Voltaire était convaincu que cette arme secrète pouvait contribuer à vaincre les armées de Frédéric II. Une quinzaine de lettres, entre 1756 et 1759, évoquent l'emploi de ces

celles de Lutzen,[17] on pourrait s'en servir avec avantage, en les cachant derrière la cavalerie, dont les escadrons s'ouvriraient pour les laisser passer, et les suivraient ensuite.[18] Les généraux jugèrent que cette manœuvre serait inutile et même dangereuse, dans un temps où le canon seul gagne les batailles.[19] Il fut répliqué qu'il y aurait dans l'armée à chars de guerre, autant de canons pour les protéger, qu'il y en aurait dans l'armée ennemie pour les fracasser.[20] On ajouta que ces chars seraient d'abord à l'abri du canon derrière les bataillons ou escadrons, que ceux-ci s'ouvriraient pour laisser courir ces chars avec impétuosité, que cette attaque inattendue pourrait faire un effet prodigieux.[21] Les généraux n'opposèrent rien à ces raisons; mais ils ne voulurent point jouer à ce jeu renouvelé des Perses.

chars, mais des militaires sceptiques avaient renvoyé sa machine aux anciens rois d'Assyrie (D7318, D7334). En 1769, il revient à la charge auprès de Catherine II en écrivant que 'dans les vastes plaines' où vont marcher les troupes russes contre les Turcs, on pourrait se servir avec succès des anciens chariots de guerre 'en les rectifiant' (D15487). Dans une dizaine de lettres (jusqu'en 1771), il tente de convaincre l'impératrice. Cette machine, assurait-il en 1757, 'peut faire beaucoup de bien, et ne peut faire aucun mal' (D7273). Il le répète textuellement treize ans plus tard à Catherine (D16285).

[17] Voltaire évoque à plusieurs reprises la bataille de Lützen où Gustave-Adolphe perdit la vie en 1632 (par exemple *Essai sur les mœurs*, t.2, p.646). Voltaire a passé trois mois à Leipzig, près de Lützen, en 1753. En 1769, il écrit à Catherine II que les chars de guerre ne pouvaient réussir que 'dans de vastes plaines telles que celles de Lützen' (D15664). Il insistera pour qu'elle utilise des chars dans les plaines d'Andrinople (D16285, D16290, D16348, D16490).

[18] Dans sa correspondance avec Catherine II, Voltaire prévoyait que les chars précéderaient la cavalerie (D15487, D15664). Il précise ici leur manœuvre.

[19] Catherine II alléguait que les 'nouveautés non éprouvées' paraissaient 'douteuses' à ses généraux (D15612); ils jugeaient même les chars carrément inutiles depuis l'invention des canons (D15775). Mais Voltaire ne se décourage pas, et, le 20 mai 1770, l'impératrice lui répond: 'j'ai commandé deux chars selon le dessin et la description que vous avez bien voulu m'envoyer [...]. Nos militaires conviennent que ces chars feraient leurs effets contre des troupes rangées' (D16370).

[20] 'Quand le canon ennemi fracasserait tous vos chariots, ce qui est bien difficile, qu'arriverait-il? Ils vous serviraient de rempart' (D7273).

[21] 'Il serait impossible à un bataillon ou à un escadron de résister à l'impétuosité et à la nouveauté d'une telle attaque' (D16285).

BARBE

Tous les naturalistes nous assurent que la sécrétion qui produit la
barbe, est la même que celle qui perpétue le genre humain. [1] Les
eunuques, dit-on, n'ont point de barbe; parce qu'on leur a ôté les
deux bouteilles dans lesquelles s'élaborait la liqueur procréatrice
qui devait à la fois former des hommes, et de la barbe au menton.   5
On ajoute que la plupart des impuissants n'ont point de barbe, par
la raison qu'ils manquent de cette liqueur, laquelle doit être
repompée par des vaisseaux absorbants, s'unir à la lymphe
nourricière, et lui fournir de petits oignons de poils sous le
menton, sur les joues, etc. etc.   10

* La boutade finale: 'en voilà trop sur les barbes' ne doit pas nous abuser. L'article
'Barbe' des *QE* n'a pas un caractère anecdotique; il appuie dans l'anthropologie
voltairienne la thèse de la différence des races. Voir J.-M. Moureaux, 'Race et altérité
dans l'anthropologie voltairienne', *L'Idée de 'race' dans les sciences humaines et la
littérature (XVIIIe et XIXe siècles)*, éd. Sarga Moussa (Paris, 2003), p.41-53. Il
témoigne en même temps d'une réserve méthodologique quant à la pertinence de
toute thèse, quand elle se veut définitive ou péremptoire. L'article, malgré son allure
badine, remet en cause le préjugé commun d'un lien de cause à effet entre les vertus
sexuelles et la pilosité. La barbe comme sujet a été maintes fois abordé par Voltaire
dans son œuvre philosophique, dès le *Traité de métaphysique*, et plus particulièrement
dans l'*Essai sur les mœurs*, *La Philosophie de l'histoire*, *La Défense de mon oncle*, *Des
singularités de la nature*, tout comme dans les articles 'Amérique' et 'Homme' des
mêmes *QE*. Il existe un article 'Barbe' dans l'*Encyclopédie*, dû à Tarin et Mallet.
L'argumentation y est très différente, mais les auteurs remarquent, comme Voltaire,
que 'la barbe a été assujettie à diverses coutumes et cérémonies' (t.2, p.70). Le présent
article est envoyé à Cramer au cours de l'été 1770 (voir D16514, D16572, D16573) et
paraît en novembre/décembre 1770 (70, t.3).

[1] Voir l'article 'Barbe' de l'*Encyclopédie*, et surtout l'*Histoire naturelle* de Buffon,
dont l'article s'inspire largement et que Voltaire possède (Paris, 1750-1770, BV572).
Il a lu avec attention le deuxième tome consacré à l'*Histoire des animaux* et à l'*Histoire
naturelle de l'homme*, en s'intéressant tout particulièrement aux problèmes de la
génération (*CN*, t.1, p.584-609). Une note marginale indique son désaccord avec
Buffon sur la barbe: 'les sauvages de l'Amérique ne se l'arrachent point car aucun
américain n'a de barbe' (*CN*, t.1, p.609).

Il y a des hommes velus de la tête aux pieds comme les singes; on prétend que ce sont les plus dignes de propager leur espèce, les plus vigoureux, les plus prêts à tout; et on leur fait souvent beaucoup trop d'honneur, ainsi qu'à certaines dames qui sont un peu velues, et qui ont ce qu'on appelle *une belle palatine*.[2] Le fait est que les hommes et les femmes sont tous velus de la tête aux pieds; blondes ou brunes, bruns ou blonds, tout cela est égal. Il n'y a que la paume de la main et la plante du pied qui soient absolument sans poil. La seule différence, surtout dans nos climats froids, c'est que les poils des dames, et surtout des blondes, sont plus follets, plus doux, plus imperceptibles. Il y a aussi beaucoup d'hommes, dont la peau semble très unie; mais il en est d'autres qu'on prendrait de loin pour des ours, s'ils avaient une queue.

Cette affinité constante entre le poil et la liqueur séminale, ne peut guère se contester dans notre hémisphère. On peut seulement demander pourquoi les eunuques et les impuissants étant sans barbe ont pourtant des cheveux? La chevelure serait-elle d'un autre genre que la barbe, et que les autres poils? N'aurait-elle aucune analogie avec cette liqueur séminale? Les eunuques ont des sourcils et des cils aux paupières; voilà encore une nouvelle exception. Cela pourrait nuire à l'opinion dominante que l'origine de la barbe est dans les testicules. Il y a toujours quelques difficultés qui arrêtent tout court les suppositions les mieux établies. Les systèmes sont comme les rats qui peuvent passer par vingt petits trous, et qui en trouvent enfin deux ou trois qui ne peuvent les admettre.

Il y a un hémisphère entier qui semble déposer contre l'union fraternelle de la barbe et de la semence. Les Américains de quelque contrée, de quelque couleur, de quelque stature qu'ils soient, n'ont ni barbe au menton, ni aucun poil sur le corps, excepté les sourcils et les cheveux.[3] J'ai des attestations juridiques d'hommes en place

---

[2] La princesse Palatine mit à la mode un tour de cou en fourrure qui porte son nom. Voir l'article 'Palatine' de l'*Encyclopédie* et le *Dictionnaire de l'Académie*. Voltaire semble reprendre une expression en usage à l'époque, mais non attestée dans les principaux dictionnaires.

[3] Tenant dès 1756 cette absence de barbe pour établie, Voltaire y voit le signe

qui ont vécu, conversé, combattu avec trente nations de l'Amérique septentrionale; ils attestent qu'ils ne leur ont jamais vu un poil sur le corps, et ils se moquent, comme ils le doivent, des écrivains qui, se copiant les uns les autres, disent que les Américains ne sont sans poil que parce qu'ils se l'arrachent avec des pinces;[4] comme si 45 Christophe Colomb, Fernand Cortez et les autres conquérants avaient chargé leurs vaisseaux de ces petites pincettes avec lesquelles nos dames arrachent leurs poils follets, et en avaient distribué dans tous les cantons de l'Amérique.

J'avais cru longtemps que les Esquimaux étaient exceptés de la 50 loi générale du nouveau monde: mais on m'assure qu'ils sont imberbes comme les autres.[5] Cependant on fait des enfants au

---

d'une espèce nouvelle (*Essai sur les mœurs*, t.2, p.334). Il demandera toutefois confirmation du fait à Joseph de Caire le 1er décembre 1768 (D15345). Dans les *QE*, Voltaire a déjà abordé le thème dans l'article 'Amérique', et il y reviendra dans l'article 'Homme' où il reprend ici un argument qu'il avait déjà formulé dans le *Traité de métaphysique* (*OCV*, t.14, p.423).

[4] Il est écrit dans les *Mœurs des sauvages américains* de Lafitau qu'il arrivait aux sauvages de s'épiler (2 vol., Paris, 1724, t.1, p.104, BV1852), de même que dans le *Voyage au Canada dans le nord de l'Amérique sepentrionale fait depuis l'an 1751 à 1761* (attribué à J.-C. Bonnefons, s.l.n.d.; rééd., Québec, 1887, p.216). Mais Benoît de Maillet y voyait une caractéristique héréditaire (*Telliamed*, 2 vol., La Haye, 1755, t.2, p.215). C'est peut-être en lisant Maillet que Voltaire acquiert cette conviction. Dans *Des singularités de la nature*, il déclare: 'Maillet a raison quelquefois. Il avait beaucoup vu et beaucoup examiné. "Les Américains, dit-il, page 125 du premier volume, surtout les Canadiens, excepté les Esquimaux, n'ont ni poil ni barbe, etc."' (*M*, t.27, p.184-85). Le *Telliamed* est absent de la bibliothèque de Voltaire: il figure cependant dans le *Ferney catalogue*, n° 1913.

[5] Dans *La Philosophie de l'histoire*, Voltaire déclarait également: 'on n'y trouve qu'un seul peuple qui ait de la barbe; ce sont les Esquimaux; ils habitent au nord vers le cinquante-deuxième degré, où le froid est plus vif qu'au soixante et sixième de notre continent. Leurs voisins sont imberbes. Voilà donc deux races d'hommes absolument différentes, à côté l'une de l'autre' (*OCV*, t.59, p.117). Il avait trouvé cette assertion dans Lafitau, *Mœurs des sauvages américains* (t.1, p.55-56; voir la note marginale, *CN*, t.5, p.131). L'essentiel était ici de saisir un argument supplémentaire en faveur de la différence des races, contre la thèse de Buffon. En 1770, son opinion n'a pas changé sur le sujet, mais il admet s'être trompé sur le chapitre des Esquimaux.

Chili, au Pérou, en Canada, ainsi que dans notre continent barbu.
La virilité n'est point attachée en Amérique à des poils tirant sur le
noir ou sur le jaune. Il y a donc une différence spécifique entre ces   55
bipèdes et nous, de même que leurs lions, qui n'ont point de
crinière, ne sont pas de la même espèce que nos lions d'Afrique.

Il est à remarquer que les Orientaux n'ont jamais varié sur leur
considération pour la barbe. Le mariage chez eux a toujours été, et
est encore l'époque de la vie où l'on ne se rase plus le menton.   60
L'habit long et la barbe imposent du respect. Les Occidentaux ont
presque toujours changé d'habit, et, si on l'ose dire, de menton. On
porta des moustaches sous Louis XIV jusque vers l'année 1672.
Sous Louis XIII c'était une petite barbe en pointe. Henri IV la
portait carrée. Charles-Quint, Jules II, François Ier remirent en   65
honneur à leur cour la large barbe, qui était depuis longtemps
passée de mode. [6] Les gens de robe alors, par gravité et par respect
pour les usages de leurs pères, se faisaient raser, tandis que les
courtisans en pourpoint et en petit manteau portaient la barbe la

57-58   K84, K12: d'Afrique. [*avec note*: Voyez l'*Essai sur les mœurs et l'esprit des
nations*.] ¶Il est
63-64   71N: 1672. Encore aujourd'hui la plus grande partie de la noblesse
polonaise est distinguée par une moustache, que l'on soigne, que l'on frise, que
l'on arrange. Il n'y a que ceux qui portent un habit à la française, qui aient le dessous
du nez rasé. Sous

[6] Voltaire reprend cette idée et ces exemples de l'*Essai sur les mœurs* (t.2, p.167-
68). On trouve encore à l'article 'Français' de l'*Encyclopédie* cette allusion au port
de la barbe: 'Ils quittèrent sous Louis le Jeune l'usage de laisser croître la barbe, et
le reprirent sous François Ier, et on ne commença à se raser entièrement que sous
Louis XIV' (*Articles pour l'Encyclopédie*, OCV, t.33, p.100). Notons enfin que
Montesquieu signale dans *L'Esprit des lois* la manière dont on peut 'changer les
mœurs et les manières d'une nation'. Ainsi, dans l'intention d'occidentaliser ses
sujets, Pierre Ier avait instauré une loi qui 'obligeait les Moscovites à se faire couper
la barbe' (*Œuvres complètes*, 2 vol., Paris, 1951, t.2, p.564). Voltaire a commenté
cette décision de Pierre le Grand dans les *Anecdotes sur le czar Pierre le Grand*
(OCV, t.46, p.69) et dans l'*Histoire de l'Empire de Russie sous Pierre le Grand*
(OCV, t.46, p.611-12).

321

plus longue qu'ils pouvaient. Les rois alors, quand ils voulaient $\quad$ 70
envoyer un homme de robe en ambassade, priaient ses confrères de
souffrir qu'il laissât croître sa barbe sans qu'on se moquât de lui
dans la chambre des comptes, ou des enquêtes. En voilà trop sur les
barbes.

BATAILLON

Ordonnance militaire

La quantité d'hommes dont un bataillon a été successivement composé, a changé depuis l'impression de l'Encyclopédie, et on changera encore, les calculs par lesquels pour tel nombre donné d'hommes on doit trouver les côtés du carré, les moyens de faire ce carré plein ou vide, et de faire d'un bataillon un triangle à 5 l'imitation du cuneus des anciens,[1] qui n'était cependant point un triangle. Voilà ce qui est déjà à l'article 'Bataillon', et nous n'ajouterons que quelques remarques sur les propriétés, ou sur les défauts de cette ordonnance.

La méthode de ranger les bataillons sur quatre hommes de 10

7   K84, K12: 'Bataillon', dans l'Encyclopédie, et
10   K84, K12: sur trois hommes

---

* L'article des *QE* se présente explicitement comme un complément à l'article 'Bataillon' de l'*Encyclopédie*. Ce dernier, écrit, comme l'ensemble des articles de technique militaire auxquels il renvoie, par Guillaume Le Blond, explique longuement, équations et schémas à l'appui, comment calculer la composition des formations militaires et les faire évoluer. L'addition du second titre, dans lequel le mot 'ordonnance' est employé dans son sens le plus général, montre la volonté de ne pas s'en tenir à la technique. L'observation de Voltaire sur le caractère partiellement obsolète des données fournies par Le Blond est juste: ses articles ont été écrits avant la réorganisation de l'armée par Choiseul, qui débute en 1762 (voir F. A. Kafker et S. L. Kafker, *The Encyclopedists as individuals: a biographical dictionary of the authors of the 'Encyclopédie'*, *SVEC* 257, 1988, p.193). Alors que l'article est attribué à un officier de l'état-major, Voltaire consacre l'"Addition" à une réflexion sur Machiavel dont il possède les *Opere* (4 vol., La Haye, 1726, BV2242; *CN*, t.5, p.468-72). Le présent article est envoyé à Cramer au cours de l'été 1770 (voir D16514, D16572, D16573) et paraît en novembre/décembre 1770 (70, t.3).

[1] Le mot 'cuneus' ne se trouve que dans l'article 'Coin, la tête de porc ou l'embolon' de l'*Encyclopédie*, où est mentionné le fait qu'il ne prend pas toujours la forme d'un triangle.

hauteur, [2] leur donne, selon plusieurs officiers, un front fort étendu, et des flancs très faibles: le flottement, suite nécessaire de ce grand front, ôte à cette ordonnance les moyens d'avancer légèrement sur l'ennemi, et la faiblesse de ses flancs l'expose à être battu toutes les fois que ses flancs ne sont pas appuyés ou protégés; alors il est   15 obligé de se mettre en carré, et il devient presque immobile: voilà, dit-on, ses défauts.

Ses avantages, ou plutôt son seul avantage, c'est de donner beaucoup de feu, parce que tous les hommes qui le composent peuvent tirer; mais on croit que cet avantage ne compense pas ses   20 défauts, surtout chez les Français.

La façon de faire la guerre aujourd'hui est toute différente de ce qu'elle était autrefois. On range une armée en bataille pour être en butte à des milliers de coups de canon; on avance un peu plus ensuite pour donner et recevoir des coups de fusil, et l'armée, qui la   25 première s'ennuie de ce tapage, a perdu la bataille. L'artillerie française est très bonne, mais le feu de son infanterie est rarement supérieur et fort souvent inférieur à celui des autres nations. On peut dire avec autant de vérité que la nation française attaque avec la plus grande impétuosité, et qu'il est très difficile de résister à son   30 choc: le même homme qui ne peut pas souffrir patiemment des coups de canon pendant qu'il est immobile, et qu'il aura peur même, volera à la batterie, ira avec rage, s'y fera tuer ou enclouera le canon; c'est ce qu'on a vu plusieurs fois. [3] Tous les grands

32   K84, K12: et qui aura

[2] Terme technique: 'le nombre d'hommes de chaque file dans le bataillon, en détermine la hauteur; ainsi on dit qu'*il est à quatre de hauteur*, lorsque la file est de quatre hommes, etc.'. La file, selon le même article, est 'un nombre d'hommes placés les uns derrière les autres sur une même ligne droite, et faisant face du même côté' (*Encyclopédie*, article 'File', t.6, p.794).

[3] Ces lignes, produit d'un intérêt ancien de Voltaire pour les questions tactiques, sont directement inspirées des réflexions de Jean-Charles, chevalier de Folard, exposées dans ses *Nouvelles Découvertes sur la guerre* (1724) ainsi que des commentaires de ce même Folard sur l'*Histoire de Polybe*, livre que Voltaire a annoté (6 vol., Paris, 1727-1730, BV2787). C'est Folard qui dénonce la disposition

généraux ont jugé de même des Français. Ce serait augmenter 35
inutilement cet article que de citer des faits connus; on sait que le
maréchal de Saxe voulait réduire toutes les affaires à des affaires de
poste.[4] Pour cette même raison, *les Français l'emporteront sur leurs
ennemis*, dit Folard, *si on les abandonne dessus; mais ils ne valent rien
si on fait le contraire.*[5]   40

On a prétendu qu'il faudrait croiser la baïonnette avec l'ennemi,
et, pour le faire avec plus d'avantage, mettre les bataillons sur un
front moins étendu, et en augmenter la profondeur; ses flancs
seraient plus sûrs, sa marche plus prompte, et son attaque plus forte.

(*Cet article est de M. D. P. officier de l'état-major.*)[6]   45

Addition

Remarquons que l'ordre, la marche, les évolutions des bataillons,
tels à peu près qu'on les met aujourd'hui en usage, ont été rétablis
en Europe par un homme qui n'était point militaire, par Machiavel
secrétaire de Florence.[7] Bataillons sur trois, sur quatre, sur cinq de

---

des bataillons en files trop minces, le manque de mobilité du carré, et prône une
nouvelle disposition, la colonne: elle permet de mieux résister à l'artillerie et
d'arriver rapidement au corps à corps, qui convient à l'impétuosité de la 'nation
française'.

[4] Ce mot du maréchal de Saxe se trouve déjà dans l'article 'Histoire' rédigé par
Voltaire pour l'*Encyclopédie* (*OCV*, t.33, p.176 et n.31).

[5] La citation est parfaitement conforme à la pensée de Folard, maintes fois formulée
sous diverses formes dans ses commentaires sur Polybe. De la même façon, le
paragraphe suivant décrit précisément les avantages de la colonne selon le chevalier.

[6] Cette attribution, qui signale la compétence de l'auteur, est rendue plausible
pour les amateurs de théorie militaire qui connaissent Jacques-François de
Chastenet, marquis de Puységur, maréchal de France et son *Art de la guerre par
principes et par règles*, 2 vol. (Paris, C.-A. Jombert, 1748). Dans le 'Catalogue des
écrivains' du *Siècle de Louis XIV*, Voltaire signale avec éloge cet *Art de la guerre*
(*OH*, p.1195). Sa 'Liste des maréchaux de France' comporte une notice sur ce
marquis (*OH*, p.1124).

[7] Dans son exemplaire des œuvres de Machiavel, Voltaire a dessiné un B
majuscule encadré dans la marge du premier livre du *Dell'Arte della guerra*
(*CN*, t.5, p.471): il pourrait constituer un renvoi aux *QE*.

hauteur; bataillons marchant à l'ennemi; bataillons carrés pour   50
n'être point entamés après une déroute; bataillons de quatre de
profondeur soutenus par d'autres en colonne; bataillons flanqués
de cavalerie, tout est de lui: il apprit à l'Europe l'art de la guerre.
On la faisait depuis longtemps, mais on ne la savait pas. [8]

Le grand-duc voulut que l'auteur de la *Mandragore* et de *Clitie* [9]   55
commandât l'exercice à ses troupes, selon sa méthode nouvelle.
Machiavel s'en donna bien de garde; il ne voulut pas que les
officiers et les soldats se moquassent d'un général en manteau noir:
les officiers exercèrent les troupes en sa présence, et il se réserva
pour le conseil.   60

C'est une chose singulière, que toutes les qualités qu'il demande
dans le choix d'un soldat. Il exige d'abord la *gagliardia*, et cette
gaillardise signifie *vigueur alerte*; il veut des yeux vifs et assurés
dans lesquels il y ait même de la gaieté; le cou nerveux, la poitrine
large, le bras musculeux, les flancs arrondis, peu de ventre, les   65
jambes et les pieds secs, tous signes d'agilité et de force. [10]

Mais il veut surtout que le soldat ait de l'honneur, et que ce soit
par honneur qu'on le mène. [11] 'La guerre, dit-il, ne corrompt que

---

51-52   71A: déroute; bataillons flanqués

[8] 'Machiavel, secrétaire de Florence, [donna] des règles excellentes de tactique, et
[enseigna] à disposer les bataillons comme on les range aujourd'hui', note déjà
Voltaire dans ses remarques sur le *Sertorius* de Corneille (*OCV*, t.55, p.866). Les
livres 2 à 5 de *L'Art de la guerre* sont consacrés à la disposition des troupes (en
exercice et en bataille).
[9] *Mandragola, comedia* et *Clitia, comedia*, qui se trouvent dans le même volume,
portent aussi des marques de lecture (*CN*, t.5, p.472). 'La seule *Mandragore* de
Machiavel vaut peut-être mieux que toutes les pièces d'Aristophane', écrit Voltaire
dans l'*Essai sur les mœurs*, ch.121 (t.2, p.168).
[10] Voltaire traduit et cite de façon très précise le livre 1 de *L'Art de la guerre* (voir
Opere di Niccolò Macchiavelli, coll'aggiunta delle inedite, 8 vol. (Londres [Paris],
1768, t.5, p.292).
[11] Ce n'est pas exactement l'argumentation de Machiavel, qui se préoccupe dans
ce même livre 1 plutôt de la moralité du soldat, de nature à limiter ses exactions en
temps de paix.

trop les mœurs; et il rappelle le proverbe italien, qui dit, *La guerre
forme les voleurs, et la paix leur dresse des potences*'.[12]   70

Machiavel fait très peu de cas de l'infanterie française; et il faut
avouer que jusqu'à la bataille de Rocroi elle a été fort mauvaise.[13]
C'était un étrange homme que ce Machiavel, il s'amusait à faire des
vers, des comédies, à montrer de son cabinet l'art de se tuer
régulièrement, et à enseigner aux princes l'art de se parjurer,   75
d'assassiner et d'empoisonner dans l'occasion; grand art que le
pape Alexandre VI, et son bâtard César Borgia pratiquaient
merveilleusement sans avoir besoin de ces leçons.[14]

Observons que dans tous les ouvrages de Machiavel, sur tant de
différents sujets, il n'y a pas un mot qui rende la vertu aimable, pas   80
un mot qui parte du cœur.[15] C'est une remarque qu'on a faite sur
Boileau même. Il est vrai qu'il ne fait pas aimer la vertu; mais il la
peint comme nécessaire.

[12] Voltaire a marqué d'un trait ondulé dans la marge le proverbe: '*la guerra fa i
ladri e la pace gli impicca*' (*CN*, t.5, p.471).

[13] Voir *Le Siècle de Louis XIV*, ch.3: 'Le respect qu'on avait en Europe pour les
armées espagnoles se tourna du côté des armées françaises', écrit Voltaire après le
récit de la victoire du 'grand Condé' (*OH*, p.638).

[14] L'association de Machiavel et des crimes des Borgia (auxquels sont consacrés
les chapitres 110 et 111 de l'*Essai sur les mœurs*) est ancienne dans la réflexion de
Voltaire: voir par exemple l'*Ode au roi de Prusse, sur son avènement au trône* de 1740
(*OCV*, t.20A, p.534, lignes 21-24).

[15] Voltaire a longuement fréquenté Machiavel, ne serait-ce qu'au temps où il
corrigeait l'*Anti-Machiavel* de Frédéric II (voir *OCV*, t.19 et C. Mervaud, *Voltaire et
Frédéric II, une dramaturgie des Lumières*, SVEC 234, 1985, p.90-98, 117-20).

BÂTARD

Nous n'ajouterons que deux mots à l'article 'Bâtard' de l'Encyclopédie. [1]

En Espagne, les bâtards ont toujours hérité. Le roi Henri de Transtamare [2] ne fut point regardé comme roi illégitime, quoiqu'il fût enfant illégitime; et cette race de bâtards, fondue dans la maison d'Autriche, a régné en Espagne jusqu'à Philippe V. [3]

       5

    4-5   71A: roi illégitime; et cette

---

* Ce court texte est antérieur à l'article 'Bala, bâtards', qui ne parut qu'en 1772 (voir p.297 ci-dessus). Ces quelques réflexions font clairement référence à l'article 'Bâtard' de l'*Encyclopédie*, que Voltaire utilisera de nouveau en reprenant quelques exemples et en étoffant son propos. Il ne semble pas avoir été sensible à ce double emploi, tout relatif d'ailleurs, 'Bala, bâtards' étant antireligieux et le présent texte étant historique. Cet article est envoyé à Cramer au cours de l'été 1770 (voir D16514, D16572, D16573) et paraît en novembre/décembre 1770 (70, t.3).

[1] L'auteur de l'article de l'*Encyclopédie*, François-Vincent Toussaint, homme de lettres, avocat de formation, n'est pas un inconnu pour Voltaire; il possède l'ouvrage qui, en 1748, assura sa notoriété: *Les Mœurs* ([Lausanne], 1752, BV3323). Toussaint est l'auteur de très nombreuses contributions juridiques à l'*Encyclopédie* (voir F. A. Kafker et S. L. Kafker, *The Encyclopedists as individuals: a biographical dictionary of the authors of the 'Encyclopédie'*, *SVEC* 257, 1988, p.363-66). Toussaint, dans l'article 'Bâtard', a pris soin de distinguer ceux qu'il appelle 'les bâtards simples', nés de deux personnes libres, et les bâtards adultérins ou incestueux; ces derniers n'ont aucun droit sur la succession de leurs parents, sauf dans le Dauphiné, où ils ont droit à celle de leur mère. De manière générale, ceux qui naissent à la suite d'un adultère ou d'un inceste ont pour seul droit celui d'être nourris. Puis l'auteur parcourt l'histoire de ce cadre juridique à travers les lois athéniennes, françaises, le droit romain, le cas de la papauté ou de l'Angleterre.

[2] Les exemples choisis par Voltaire sont différents de ceux cités par Toussaint. Ainsi Henri II, dit le Magnifique, connu sous le nom de Henri de Transtamare, fut roi de Castille de 1369 à 1379. Il était le fils naturel d'Alphonse XI et d'Eléonore de Guzman. Il se maintint sur le trône grâce à Charles V et à Du Guesclin, qui l'aidèrent à triompher de son frère et rival, Pierre le Cruel. Ses faits d'armes sont évoqués dans l'*Essai sur les mœurs* (ch.77).

[3] Jeanne de Castille, dite la Folle, mariée à Philippe le Beau, père de Charles

La race d'Arragon,[4] qui régnait à Naples du temps de Louis XII,[5] était bâtarde. Le comte de Dunois signait, *le bâtard d'Orléans*;[6] et l'on a conservé longtemps des lettres du duc de Normandie roi d'Angleterre signées, *Guillaume le bâtard.*[7] (Voyez à l'article 'Loi' comme toutes les lois et tous les usages se contredisent.)[8]

10

Quint, fait passer ce sceptre dans la maison d'Autriche (voir les *Annales de l'empire*, *M*, t.13, p.467, 469). Philippe V était le petit-fils de Louis XIV. Il fut d'abord duc d'Anjou, puis roi d'Espagne de 1700 à 1746. Voltaire lui consacre de nombreux chapitres dans *Le Siècle de Louis XIV* (ch.17-22).

[4] La race d'Aragon commence avec Ramire Ier, fils naturel de Sancho III, dit le Grand. A la mort de ce dernier, en 1035, Ramire régna sur des territoires voisins de la Navarre et s'allia aux Musulmans pour enlever la Navarre à son frère Garcia III. Il mourut en 1063 sous les murs de Graus.

[5] Sous le règne de Louis XII, les Français furent chassés du royaume de Naples, puis d'Italie. Le jugement de Voltaire sur ce roi est longuement évoqué dans l'*Essai sur les mœurs* (ch.110-12).

[6] Jean d'Orléans, comte de Dunois. Grand chambellan de France, il combattit les Anglais au côté de Jeanne d'Arc, puis après la mort de l'héroïne. Voltaire emploie à son sujet l'expression 'fils naturel' dans *La Pucelle* (*OCV*, t.7, p.270, n.14).

[7] Guillaume Ier le Conquérant ou le Bâtard (1027-1087). Voltaire revient à de nombreuses reprises sur ce roi guerrier qu'il dénonce comme un usurpateur. Voir ci-dessus la note 3 de l'article 'Bala, Bâtards'.

[8] Dans l'article 'Lois' des *QE*, Voltaire manifeste le plus grand scepticisme à l'égard des lois: 'Il est difficile qu'il y ait une seule nation qui vive sous de bonnes lois [...]. Mais les lois ont été établies dans presque tous les Etats par l'intérêt du législateur, par le besoin du moment, par l'ignorance, par la superstition' (*M*, t.19, p.613-14).

329

BAYLE

Mais se peut-il que Louis Racine ait traité Bayle de *cœur cruel et d'homme affreux* dans une épître à Jean-Batiste Rousseau, qui est assez peu connue, quoique imprimée? [1]

Il compare Bayle, dont la profonde dialectique fit voir le faux de tant de systèmes, à Marius assis sur les ruines de Carthage.   5

> Ainsi d'un œil content, Marius dans sa fuite,
> Contemplait les débris de Carthage détruite. [2]

Voilà une similitude bien peu ressemblante, comme dit Pope, *similé unlike*. [3] Marius n'avait point détruit Carthage comme Bayle avait détruit de mauvais arguments. Marius ne voyait point ces   10

---

* Aucune lettre ne fait référence à la composition de cet article. Voltaire insère ici une entrée consacrée à un grand écrivain, entrée réservée habituellement à un dictionnaire historique ou à une histoire littéraire. Pourtant, il s'agit moins, comme le dit Voltaire lui-même en conclusion de ce texte, d'un article sur Bayle et sur son œuvre que d'un prétexte pour 'rendre l'esprit de parti odieux et ridicule'. En effet, Voltaire a fait de Bayle l'emblème du sage persécuté par le fanatique Jurieu (voir P. Rétat, *Le Dictionnaire de Bayle et la lutte philosophique au XVIIIe siècle*, Paris, 1971, p.252-64, 359-71). Cet article est envoyé à Cramer au cours de l'été 1770 (voir D16514, D16572, D16573) et paraît en novembre/décembre 1770 (70, t.3).

[1] Ces expressions sont tirées de l'*Epître à Rousseau* (Louis Racine, *Œuvres*, 6 vol., Paris, 1808, t.2, p.95). C'est une réponse de Louis Racine à une épître datée de Bruxelles, 1er septembre 1737, que Jean-Baptiste Rousseau lui avait adressée après avoir lu le manuscrit de *La Religion*. Jean-Baptiste Rousseau attaquait les philosophes, ces 'ingénieux pygmées' (*Œuvres*, 2 vol., Londres, 1748, t.2, p.111), vers que Voltaire critique, en les citant cependant assez librement, dans l'article 'Figure' des *QE* (*M*, t.19, p.132). Voltaire avait déjà relevé dans le 'Catalogue des écrivains' du *Siècle du Louis XIV* que L. Racine traitait Bayle d''homme affreux' (*OH*, p.1137).

[2] Voltaire a extrait toutes ses citations du même passage: 'Ainsi d'un œil content, Marius dans sa fuite, / Contemplait les débris de Carthage détruite. / Détestable plaisir, cœur cruel, homme affreux / Qui regarde avec joie un objet malheureux' (L. Racine, *Œuvres*, t.2, p.95).

[3] 'There motley images her fancy strike / Figures ill pair'd, and similes unlike' (Alexander Pope, *The Dunciad*, 1743, livre 1, vers 65-66).

330

ruines avec plaisir; au contraire, pénétré d'une douleur sombre et noble, en contemplant la vicissitude des choses humaines, il fit cette mémorable réponse, *Dis au proconsul d'Afrique que tu as vu Marius sur les ruines de Carthage.* (*a*)

Nous demandons en quoi Marius peut ressembler à Bayle? 15

On consent que Louis Racine donne le nom de *cœur affreux* et d'*homme cruel* à Marius, à Sylla, aux trois triumvirs, etc. etc. etc. Mais à Bayle! *détestable plaisir, cœur cruel, homme affreux*! il ne fallait pas mettre ces mots dans la sentence portée par Louis Racine, contre un philosophe qui n'est convaincu que d'avoir pesé les 20 raisons des manichéens, des pauliciens, des ariens, des eutychiens, et celles de leurs adversaires. Louis Racine ne proportionnait pas les peines aux délits. Il devait se souvenir que Bayle combattit Spinosa trop philosophe, et Jurieu qui ne l'était point du tout.[4] Il devait respecter les mœurs de Bayle, et apprendre de lui à 25 raisonner. Mais il était janséniste, c'est-à-dire, il savait les mots de la langue du jansénisme et les employait au hasard.

Vous appelleriez avec raison *cruel et affreux*, un homme puissant qui commanderait à ses esclaves sous peine de mort, d'aller faire une moisson de froment où il aurait semé des chardons; qui donnerait 30 aux uns trop de nourriture, et qui laisserait mourir de faim les autres; qui tuerait son fils aîné pour laisser un gros héritage au

(*a*) Il semble que ce grand mot soit au-dessus de la pensée de Lucain.[5]

      Solatia fati
   Carthago Mariusque tulit, pariterque jacentes,
   Ignovere Deis.

Carthage et Marius couchés sur le même sable, se consolèrent et 5 pardonnèrent aux dieux; mais ils ne sont contents ni dans Lucain, ni dans la réponse du Romain.

[4] Dès qu'il évoque Bayle, Voltaire s'en prend au théologien protestant Pierre Jurieu (1637-1713), un célèbre controversiste qui lutta non seulement contre l'autorité royale et les théologiens catholiques, mais aussi contre ses coreligionnaires. Sur Jurieu, persécuteur de Bayle, voir par exemple les articles 'David', 'Persécution' et 'Philosophe' du *DP*.

[5] Lucain, *Pharsale*, livre 2, vers 91-93.

cadet. C'est là ce qui est affreux et cruel; Louis Racine! On prétend que c'est là le Dieu de tes jansénistes: mais je ne le crois pas. [6]

O gens de parti! gens attaqués de la jaunisse, vous verrez toujours tout jaune.

Et à qui l'héritier non penseur d'un père qui avait cent fois plus de goût que de philosophie, adressait-il sa malheureuse épître dévote contre le vertueux Bayle? A Rousseau, à un poète qui pensait encore moins, à un homme dont le principal mérite avait consisté dans des épigrammes qui révoltent l'honnêteté la plus indulgente, [7] à un homme qui s'était étudié à mettre en rimes riches la sodomie et la bestialité, [8] qui traduisait tantôt un psaume [9] et tantôt une ordure du moyen de parvenir, [10] à qui il était égal de chanter Jésus-Christ ou Giton. Tel était l'apôtre à qui Louis Racine déférait Bayle comme un scélérat. Quel motif avait pu faire tomber le frère de Phèdre et d'Iphigénie dans un si prodigieux travers? Le

36-37   71N: jaune. La gaieté rend doux, indulgent et humain. ¶Et

[6] Alors que Louis Racine affiche un jansénisme militant, Voltaire, dans sa *Réponse de Monsieur de Voltaire à Monsieur Racine sur son poème de La Grâce*, exprime son hostilité à l'égard de l'augustinisme exacerbé de cette doctrine et de son Dieu-tyran (*OCV*, t.1B, p.461). Voltaire continue à se dresser contre cette religion austère et cet apologue, inséré dans le présent article, refuse le dogme de la prédestination.

[7] Les démêlés de Voltaire et de Jean-Baptiste Rousseau sont bien connus (voir une utile synthèse dans l'article d'E. Guitton, 'Rousseau, Jean-Baptiste' du *Dictionnaire général de Voltaire*, éd. R. Trousson et J. Vercruysse, Paris, 2003). Voltaire possédait plusieurs éditions de ses *Œuvres* (BV3023-25). Rousseau est célèbre par ses nombreuses épigrammes classées en plusieurs livres. Celles qui sont de ton très libre se trouvent dans le livre 4. Voir par exemple l'épigramme 53 qui brave l'honnêteté, 'Sur une bague envoyée par une dame à une autre dame' (*Œuvres*, t.2, p.294).

[8] De nombreuses épigrammes célèbrent les amours homosexuelles, voir dans le livre 4 (t.2) les épigrammes 10, 17, 20, 24, 26, 29. Mais aucune, dans cette édition, n'a pour sujet la bestialité.

[9] Rousseau est l'auteur de treize odes sacrées tirées des Psaumes à l'exception de l'ode 10 tirée des Cantiques d'Ezéchiel. Voir le tome 1 de l'édition ici citée.

[10] *Le Moyen de parvenir* est le titre d'un ouvrage de Béroalde de Verville (1558-1612), absent de la bibliothèque de Voltaire, publié pour la première fois en 1616 (éd. récente de Michel Renaud, préface de Michel Jeanneret, Paris, 2006). Dans le cadre traditionnel du banquet, sont rassemblés des facéties et de nombreux contes libertins.

voici; Rousseau avait fait des vers pour les jansénistes qu'il croyait alors en crédit.

C'est tellement la rage de la faction qui s'est déchaînée sur Bayle, que vous n'entendez aucun des chiens qui ont hurlé contre lui, aboyer contre Lucrèce, Cicéron, Sénèque, Epicure, ni contre tant de philosophes de l'antiquité. Ils en veulent à Bayle; il est leur concitoyen, il est de leur siècle; sa gloire les irrite. On lit Bayle, on ne lit point Nicole;[11] c'est la source de la haine janséniste. On lit Bayle, on ne lit ni le révérend père Croiset[12] ni le révérend père Caussin.[13] C'est la source de la haine jésuitique.

En vain un parlement de France lui a fait le plus grand honneur, en rendant son testament valide malgré la sévérité de la loi.[14] La démence de parti ne connaît ni honneur ni justice. Je n'ai donc point inséré cet article pour faire l'éloge du meilleur des dictionnaires, éloge qui sied pourtant si bien dans celui-ci; mais dont Bayle n'a pas besoin. Je l'ai l'écrit pour rendre, si je puis, l'esprit de parti odieux et ridicule.

59   K84, K12: loi. [avec note: L'académie de Toulouse proposa, il y a quelques années, l'éloge de Bayle pour sujet d'un prix, mais les prêtres toulousains écrivirent en cour, et obtinrent une lettre de cachet qui défendit de dire du bien de Bayle. L'académie changea donc le sujet de son prix, et demanda l'éloge de saint Exupère, évêque de Toulouse.] La

[11] Voltaire lisait Nicole, voir l'article 'Amour-propre' des QE (OCV, t.38).

[12] Le père Jean Croiset (v.1650-1738). Cité deux fois par Voltaire, pour ce qu'il appelle ses Méditations (Réflexions pour les sots, M, t.24, p.121-24, et L'Ingénu, ch.20), dont le titre original est Retraite spirituelle pour un jour de chaque mois, avec des réflexions chrétiennes sur divers sujets de morale (1710), ouvrage absent de la bibliothèque de Voltaire. Voir D9909, à Helvétius.

[13] Confident de Louis XIII, le jésuite Caussin lui avait conseillé de 'mettre le royaume sous la protection de la Vierge' (Essai sur les mœurs, ch.176, t.2, p.618). D'après la lettre 7 des Lettres à Son Altesse Monseigneur le prince de ***, Caussin aurait favorisé la 'prise de corps contre Théophile, sur l'accusation d'impiété et d'athéisme' (OCV, t.63B, p.436). Caussin est l'auteur d'ouvrages historiques de caractère édifiant (Essai sur les mœurs, t.2, p.802, n.1), que Voltaire toutefois ne possède pas.

[14] La loi voulait que toute personne ayant quitté la France pour cause de religion n'ait plus droit à son patrimoine. Voir H. Bost, Pierre Bayle (Paris, 2006), p.508 et n.2 (p.656-57).

BDELLIUM

On s'est fort tourmenté pour savoir ce que c'est que ce bdellium qu'on trouvait au bord du Phison, fleuve du paradis terrestre, *qui tourne dans le pays d'Evilath où il vient de l'or*. [1] Calmet en compilant rapporte que, (*a*) selon plusieurs compilateurs, le bdellium est l'escarboucle, mais que ce pourrait bien être aussi du cristal; ensuite que c'est la gomme d'un arbre d'Arabie; puis il nous avertit que ce sont des câpres. [2] Beaucoup d'autres assurent que ce sont des perles. [3] Il n'y a que les étymologies de Bochart [4] qui puissent

(*a*) Notes sur le ch.2 de la Genèse.

4   w68: plusieurs commentateurs, le

* L'*Encyclopédie* contient une entrée 'Bdellium', dont la page est marquée d'une corne dans l'exemplaire de Voltaire (*CN*, t.3, p.380). Due à M. D. Vandenesse, elle avait fait la revue des opinions théologiques et scientifiques sur cette prétendue 'gomme aromatique apportée du levant, et d'usage en médecine', concluant pourtant 'qu'il n'y a rien de certain sur l'arbre qui le porte' (t.2, p.169). Le procédé de Voltaire n'est pas en un sens très différent, mais cette matière jamais identifiée de façon satisfaisante lui permet de tourner en ridicule aussi bien l'autorité de l'Ancien Testament que celle du 'compilateur' Dom Calmet. La plupart des remarques de Voltaire sont en effet basées sur deux pages du *Commentaire littéral* de Calmet. Sa critique du texte de Calmet est pourtant trompeuse, car celui-ci est beaucoup plus nuancé, subtil et précis que ne l'implique la déformation satirique qu'en fait Voltaire. Cet article paraît dans le 'Supplément' à la première édition en février/mars 1772 (70, t.9).

[1] Genèse 2:11-12. Voir Calmet, *Commentaire littéral* [*Genèse*] (Paris, 1720), t.1, p.23.

[2] '*Bdolah* est traduit ici dans les Septante par *escarboucle*, et dans les Nombres ils le traduisent par *du cristal* [...] le *Bdellium* est la gomme d'un arbre [...] portant des fruits comme le câprier' (Calmet, *Commentaire littéral* [*Genèse*], t.1, p.24).

[3] 'Un grand nombre de savants hommes [...] soutiennent que ce sont des perles' (Calmet, *Commentaire littéral* [*Genèse*], t.1, p.24).

[4] Samuel Bochart (1599-1667), philologue et théologien, auteur de la *Geographiae sacrae* (Caen, 1646), qui ne figure pas dans la bibliothèque de Voltaire, mais auquel il renvoie dès qu'il s'agit d'étymologie.

éclaircir cette question. J'aurais voulu que tous ces commentateurs eussent été sur les lieux.

L'or excellent qu'on tire de ce pays-là, fait voir évidemment, dit Calmet, que c'est le pays de Colchos: la toison d'or en est une preuve. [5] C'est dommage que les choses aient si fort changé depuis. La Mingrélie, ce beau pays si fameux par les amours de Médée et de Jason, ne produit pas plus aujourd'hui d'or et de bdellium, que de taureaux qui jettent feu et flamme, et de dragons qui gardent les toisons: tout change dans ce monde: et si nous ne cultivons pas bien nos terres, et si l'Etat est toujours endetté, nous deviendrons Mingrélie.

[5] 'Tout le monde sait la fable de la toison d'or, qui a son fondement dans l'histoire: car Strabon dit que les fleuves et les torrents des pays voisins de la Colchide, portent dans leurs eaux des paillons d'or que les habitants du pays recueillent dans des peaux couvertes de leur laine' (Calmet, *Commentaire littéral* [*Genèse*], t.1, p.24).

BEAU

Puisque nous avons cité Platon sur l'amour,[1] pourquoi ne le citerions-nous pas sur le beau, puisque le beau se fait aimer? On sera peut-être curieux de savoir, comment un Grec parlait du beau, il y a plus de deux mille ans.

'L'homme expié dans les mystères sacrés, quand il voit un beau visage décoré d'une forme divine, ou bien quelque espèce incorporelle, sent d'abord un frémissement secret, et je ne sais quelle crainte respectueuse; il regarde cette figure comme une divinité... quand l'influence de la beauté entre dans son âme par les yeux, il s'échauffe; les ailes de son âme sont arrosées, elles perdent leur dureté qui retenait leur germe, elles se liquéfient; ces germes enflés dans les racines de ses ailes s'efforcent de sortir par toute l'espèce de l'âme, (car l'âme avait des ailes autrefois) etc.'[2]

Je veux croire que rien n'est plus beau que ce discours de Platon; mais il ne nous donne pas des idées bien nettes de la nature du beau.

Demandez à un crapaud ce que c'est que la beauté, le grand beau, le to kalon? il vous répondra que c'est sa crapaude avec deux gros yeux ronds sortant de sa petite tête, une gueule large et plate,

---

* Cet article reprend l'article 'Beau, beauté' du *DP* auquel Voltaire ajoute les trois premiers paragraphes puis tous les paragraphes du huitième à la fin. Pour les paragraphes 4 à 7, nous renvoyons à l'annotation dans *OCV*, t.35, p.407-10. Voltaire maintient son refus d'une théorie du beau contre Diderot et son article 'Beau' de l'*Encyclopédie*, dont il marque la page d'une corne dans son exemplaire (*CN*, t.3, p.380). Il défend la relativité du beau, ce qui lui permet de valoriser en même temps le modèle chinois. Mais il réintroduit une universalité du beau en matière de morale: les 'belles actions', les maximes témoignent d'une morale universelle inséparable du déisme voltairien. Il réemploie des matériaux qui trahissent son acrimonie à l'encontre de Platon (voir l'article 'Sophiste' des *QE*). Le présent article est envoyé à Cramer au cours de l'été 1770 (voir D16514, D16572, D16573) et paraît en novembre/décembre 1770 (70, t.3).

[1] Voltaire cite *Le Banquet* dans l'article 'Amour' des *QE* (*OCV*, t.38, p.250).

[2] Platon, *Phèdre*, 251a-b. Voltaire possédait plusieurs ouvrages de Platon, dont la traduction par Dacier (2 vol., Amsterdam, 1700, BV2750) largement annotée par Mme Du Châtelet (*CN*, t.6, p.337-431).

un ventre jaune, un dos brun. Interrogez un nègre de Guinée, le beau est pour lui une peau noire huileuse, des yeux enfoncés, un nez épaté.[3]

Interrogez le diable, il vous dira que le beau est une paire de cornes, quatre griffes et une queue. Consultez enfin les philosophes, ils vous répondront par du galimatias; il leur faut quelque chose de conforme à l'archétype du beau en essence, au to kalon.

J'assistais un jour à une tragédie auprès d'un philosophe; Que cela est beau! disait-il. Que trouvez-vous là de beau? lui dis-je; C'est, dit-il, que l'auteur a atteint son but. Le lendemain il prit une médecine qui lui fit du bien. Elle a atteint son but, lui dis-je; voilà une belle médecine? Il comprit qu'on ne peut dire qu'une médecine est belle, et que pour donner à quelque chose le nom de *beauté*, il faut qu'elle vous cause de l'admiration et du plaisir. Il convint que cette tragédie lui avait inspiré ces deux sentiments, et que c'était là le to kalon, le beau.

Nous fîmes un voyage en Angleterre: on y joua la même pièce, parfaitement traduite; elle fit bâiller tous les spectateurs. Oh oh! dit-il, le to kalon n'est pas le même pour les Anglais et pour les Français. Il conclut après bien des réflexions, que le beau est souvent très relatif, comme ce qui est décent au Japon est indécent à Rome; et ce qui est de mode à Paris ne l'est pas à Pékin; et il s'épargna la peine de composer un long traité sur le beau.

Il y a des actions que le monde entier trouve belles. Deux officiers de César, ennemis mortels l'un de l'autre, se portent un défi, non à qui répandra le sang l'un de l'autre derrière un buisson en tierce et en quarte comme chez nous; mais à qui défendra le mieux le camp des Romains, que les barbares vont attaquer. L'un des deux, après avoir repoussé les ennemis, est prêt de succomber; l'autre vole à son secours, lui sauve la vie et achève la victoire.[4]

47 K12: est près de

[3] Voltaire n'était pas le premier à utiliser l'exemple du 'nègre' pour une argumentation relativiste; voir l'article 'Beau, beauté' du *DP* (*OCV*, t.35, p.408, n.3).

[4] Il s'agit de deux centurions nommés Titus Pullo et Lucius Vorenus. L'exemple vient de César, *La Guerre des Gaules*, livre 5, ch.44.

Un ami se dévoue à la mort pour son ami; un fils pour son père; ...
l'Algonquin, le Français, le Chinois diront tous que cela est fort 50
beau, que ces actions leur font plaisir, qu'ils les admirent.

Ils en diront autant des grandes maximes de morale; de celle-ci
de Zoroastre; *dans le doute si une action est juste, abstiens-toi...;*[5]
de celle-ci de Confucius; *oublie les injures, n'oublie jamais les
bienfaits.*[6] 55

Le nègre aux yeux ronds, au nez épaté, qui ne donnera pas aux
dames de nos cours le nom de *belles*, le donnera sans hésiter à ces
actions et à ces maximes. Le méchant homme même reconnaîtra la
beauté des vertus qu'il n'ose imiter. Le beau qui ne frappe que les
sens, l'imagination et ce qu'on appelle l'*esprit*,[7] est donc souvent 60
incertain. Le beau qui parle au cœur ne l'est pas. Vous trouverez
une foule de gens qui vous diront qu'ils n'ont rien trouvé de *beau*
dans les trois quarts de l'*Iliade*;[8] mais personne ne vous niera que le
dévouement de Codrus pour son peuple ne soit fort beau, supposé
qu'il soit vrai. 65

Le frère Attiret,[9] jésuite, natif de Dijon, était employé comme

---

[5] Voltaire possède l'ouvrage de Thomas Hyde, *Veterum Persarum et Parthorum et
Medorum religionis historia* (Oxford, 1760, BV1705; *CN*, t.4, p.577-81). La vie de
Zoroastre l'intéressait, comme en témoigne un signet annoté (p.579).

[6] Voltaire a lu avec attention l'ouvrage *Confucius Sinarum philosophus, sive scienta
sinensis latine exposita* (Paris, 1687, BV845; *CN*, t.2, p.712-13).

[7] Voltaire fait sans doute référence aux théories du beau absolu selon Hutcheson,
peut-être par l'intermédiaire de Diderot: 'C'est ainsi, dis-je, que Hutcheson et ses
sectateurs s'efforcent d'établir la nécessité *du sens interne du beau* [...]. Du reste, ces
philosophes distinguent dans les êtres corporels un *beau absolu* et un *beau relatif*. Ils
n'entendent point par un *beau absolu*, une qualité tellement inhérente dans l'objet,
qu'elle le rend *beau* par lui-même, sans aucun rapport à l'âme qui le voit et qui en
juge. Le terme *beau*, semblable aux autres noms des idées sensibles, désigne
proprement, selon eux, la perception d'un esprit' (*Encyclopédie*, t.2, p.171-72).

[8] Ce n'est pas la première fois que Voltaire utilise l'*Iliade* comme exemple de
relativisation du goût. On le trouve par exemple dans l'*Essai sur les mœurs*, ch.121.

[9] Jean-Denis Attiret, jésuite, né à Dole en 1702, participa aux missions chinoises: il
arriva à Pékin en 1738, devint immédiatement le peintre officiel de l'empereur K'ien-
Long, qu'il accompagna en Asie centrale (1754) et dont il illustra les combats.
Portraitiste renommé en Chine, il mourut à Pékin en 1768. Dans l'article 'Puissance'

dessinateur dans la maison de campagne de l'empereur Cam-hi, [10]
à quelques *lis* [11] de Pékin.

Cette maison des champs, dit-il dans une de ses lettres à M.
Dassaut, [12] est plus grande que la ville de Dijon. Elle est partagée en   70
mille corps de logis, sur une même ligne; chacun de ces palais a ses
cours, ses parterres, ses jardins et ses eaux; chaque façade est ornée
d'or, de vernis et de peintures. Dans le vaste enclos du parc on a
élevé à la main des collines hautes de vingt jusqu'à soixante pieds.
Les vallons sont arrosés d'une infinité de canaux qui vont au loin se   75
rejoindre pour former des étangs et des mers. On se promène sur
ces mers dans des barques vernies et dorées de douze à treize toises
de long sur quatre de large. Ces barques portent des salons
magnifiques; et les bords de ces canaux, de ces mers et de ces
étangs sont couverts de maisons toutes dans des goûts différents.   80
Chaque maison est accompagnée de jardins et de cascades. On va
d'un vallon dans un autre par des allées tournantes [13] ornées de

77   w68: mers avec des

---

des *QE*, Voltaire ajoute en 1774 un dialogue entre frère Attiret, l'empereur et le père
Bouvet.

[10] K'ang-Hi ('le Pacifique') fut empereur de Chine de 1662 à 1722. Voltaire en
parle souvent, en particulier dans l'*Essai sur les mœurs*, ch.1, signalant son intérêt pour
l'astronomie, les monnaies et antiquités conservées dans son cabinet de curiosités. La
description du palais d'été de K'ang-Hi, par Attiret, devint vite célèbre; elle est ainsi
traduite en anglais en 1753 par Chambers, qui va contribuer à répandre le jardin
'anglo-chinois', et maintes fois reproduite. Le 'Versailles de la Chine' sera détruit par
les troupes anglaises et françaises en 1860.

[11] Un li équivaut à 576 mètres.

[12] Cette lettre du frère Attiret, la seule connue, et datée du 1er novembre 1743, est
parue en 1769 dans les *Lettres édifiantes et curieuses écrites des missions étrangères par
quelques missionnaires de la compagnie de Jésus* (34 vol., Paris, 1707-1776, t.27, p.1-61,
BV2104; *CN*, t.5, p.335-54). Dans ce même tome, Voltaire note: 'frère Attiret palais et
jardins' (p.352). Voltaire transforme le détail de la description d'Attiret et ne conserve
que ce qui prouve la similitude de ce 'Versailles' chinois avec son point de référence
français, et élimine les spécificités esthétiques des jardins chinois, ainsi que celles du
fonctionnement du gouvernement impérial.

[13] La description d'Attiret insiste sur les sinuosités, contre le classicisme européen.

339

pavillons et de grottes. Aucun vallon n'est semblable; le plus vaste de tous est entouré d'une colonnade, derrière laquelle sont des bâtiments dorés. Tous les appartements de ces maisons répondent à la magnificence du dehors; tous les canaux ont des ponts de distance en distance; ces ponts sont bordés de balustrades de marbre blanc sculptées en bas-relief.

Au milieu de la grande mer on a élevé un rocher, et sur ce rocher un pavillon carré, où l'on compte plus de cent appartements. De ce pavillon carré on découvre tous les palais, toutes les maisons, tous les jardins de cet enclos immense; il y en a plus de quatre cents.

Quand l'empereur donne quelque fête, tous ces bâtiments sont illuminés en un instant; et de chaque maison on voit un feu d'artifice. [14]

Ce n'est pas tout; au bout de ce qu'on appelle *la mer*, est une grande foire que tiennent les officiers de l'empereur. Des vaisseaux partent de la grande mer pour arriver à la foire. Les courtisans se déguisent en marchands, en ouvriers de toute espèce; l'un tient un café, l'autre un cabaret, l'un fait le métier de filou, l'autre d'archer qui court après lui. [15] L'empereur, l'impératrice et toutes les dames de la cour [16] viennent marchander des étoffes; les faux marchands

85

90

95

100

83   70, 71N, 71A: vallon ne se ressemble; le plus
92-93   71A: cents. Quand

Voltaire réduit ces détails qui auraient pourtant pu argumenter en faveur du relativisme esthétique (*Lettres édifiantes*, t.27, p.9-11, 17-18).

[14] Voltaire condense ici la description de ces illuminations, tout comme plus loin il élimine un passage sur les lanternes dont le spectacle est pourtant typiquement asiatique (*Lettres édifiantes*, t.27, p.29-31).

[15] Dans sa lettre, Attiret décrit d'abord une ville complète, conçue comme la réduction de la capitale de l'empire, dont un des usages seulement est son propre divertissement. Cette transformation 'plusieurs fois l'année' en une 'fête' ou 'foire' est décrite dans le détail (*Lettres édifiantes*, t. 27, p.22-29).

[16] Le spectacle décrit n'est, d'après Attiret, réservé qu'à l'empereur, à l'impératrice et aux maîtresses de l'empereur; les princes et les membres de la cour n'y sont admis que rarement. Il n'est pas question des 'dames de la cour', qui présentent une version plus européenne et plus mondaine du système politique chinois; le spectacle est représenté par les eunuques (*Lettres édifiantes*, t.27, p.28).

les trompent tant qu'ils peuvent. Ils leur disent qu'il est honteux de tant disputer sur le prix, qu'ils sont de mauvaises pratiques. Leurs majestés répondent qu'ils ont à faire à des fripons; les marchands se 105 fâchent et veulent s'en aller; on les apaise: l'empereur achète tout et en fait des loteries pour toute sa cour.[17] Plus loin sont des spectacles de toute espèce.[18]

Quand frère Attiret vint de la Chine à Versailles, il le trouva petit et triste.[19] Des Allemands qui s'extasiaient en parcourant les 110 bosquets, s'étonnaient que frère Attiret fût si difficile. C'est encore une raison qui me détermine à ne point faire un traité du *beau*.

---

105   70: ont affaire à

[17] Les loteries qui réintroduisent un partage, une réciprocité et un principe 'carnavalesque' sont une invention voltairienne, face à une certaine brutalité des jeux de rôles à la chinoise, dont l'issue est beaucoup plus ambiguë.

[18] Cette dernière phrase abrège la description qui continue ici dans la lettre d'Attiret (*Lettres édifiantes*, t.27, p.29-41).

[19] Le retour de frère Attiret à Versailles est fictif; il permet la confrontation des civilisations, et la minoration du château français. Attiret déjà élabore cette comparaison entre la spendeur chinoise et l''Hôtel de madame la duchesse vis-à-vis les Tuileries', avant de conclure: 'chaque pays a son goût et ses usages' (*Lettres édifiantes*, t.27, p.33). En général, la comparaison de K'ang-Hi avec Louis XIV, et l'éloge de sa puissance et de sa magnificence, construite par les différents récits et portraits de missionnaires jésuites dès le dix-septième siècle, n'aboutissaient jamais à un déséquilibre si explicite en faveur de la Chine. Voir Joachim Bouvet, *Portrait historique de l'empereur de la Chine présenté au roi* (1697); Ferdinand Verbiest, *Relation d'un voyage de l'empereur en la Tartarie orientale* (1688), dans les *Nouveaux Mémoires sur l'Etat présent de la Chine* de Louis le Comte (2 vol., Amsterdam, 1697, BV1988; *CN*, t.5, p.273-76).

BÉKER,

ou du monde enchanté, du diable, du livre d'Enoch, et des sorciers

Ce Baltazar Béker, très bon homme, grand ennemi de l'enfer éternel et du diable,[1] et encore plus de la précision, fit beaucoup de bruit en son temps par son gros livre du *Monde enchanté*.[2]

a-b   70, 71N, 71A: Béker, / ou du monde enchanté, et du diable

* Dans *La Défense de mon oncle* en 1767, l'abbé Bazin prétend avoir 'étudié à fond la sorcellerie depuis Jannès et Mambrès, conseillers du roi, sorciers à la cour de pharaon, jusqu'au révérend père Girard accusé juridiquement d'avoir endiablé la demoiselle Cadière en soufflant sur elle' (*OCV*, t.64, p.208). Réduite à quelques allusions dans le *DP*, la sorcellerie fait une entrée en force dans les *QE*. Ce premier article, suivi de nombreux autres ('Bouc', 'Démoniaques', 'Enchantement', 'Impuissance', 'Incubes', 'Magie', 'Possédés'), est consacré à un 'ennemi de l'enfer éternel et du diable', Bekker, mais s'enrichit aussi du rappel des jugements iniques des 'jurisconsultes du diable' et d'une discussion sur les anges rebelles à propos du livre d'Hénoch. Le thème de la sorcellerie se prête à la fois à la mise en cause de survivances archaïques et à celle de procédures criminelles. En effet, Voltaire réemploie, avec quelques variantes, le récit qu'il avait déjà fait en 1766, dans le *Commentaire sur le livre Des délits et des peines*, de la condamnation à Genève de Michée Chauderon (*M*, t.25, p.553-54). Sur l'importance du thème de la sorcellerie dans l'œuvre de Voltaire, voir Nicole Jacques-Lefèvre, ' "Le monstre subsiste encore": d'un usage philosophique de la sorcellerie chez Voltaire', *Cahiers Voltaire* 3 (2004), p.71-97. Le présent article est envoyé à Cramer au cours de l'été 1770 (voir D16514, D16572, D16573) et paraît en novembre/décembre 1770 (70, t.3). Il bénéficie dans w75G* de deux ajouts (lignes 22-49 et 88-90) et de deux corrections de la main de Voltaire (lignes 91 et 206).

[1] Jugement emprunté à Chauffepié auquel Voltaire se réfère dans cet article: 'C'était un homme laborieux, savant, ingénieux' et 'd'un caractère obligeant, sachant se faire aimer de ceux avec qui il avait commerce' (Jacques-Georges Chauffepié, *Nouveau Dictionnaire historique et critique, pour servir de supplément ou de continuation au Dictionnaire historique et critique de M. Pierre Bayle*, 4 vol., Amsterdam et La Haye, 1750-1756, t.1, p.201, n.T, BV731; *CN*, t.1, p.611-14, sans trace de lecture sur l'article 'Bekker').

[2] Balthazar Bekker, *Le Monde enchanté, ou examen des communs sentiments touchant les esprits, leur nature, leur pouvoir, leur administration, et leurs opérations, et*

Un Jacques-George de Chaufepié, prétendu continuateur de Bayle, assure que Béker apprit le grec à Groningue. Niceron a de bonnes raisons pour croire que ce fut à Franeker.[3] On est fort en doute et fort en peine à la cour sur ce point d'histoire.

Le fait est que du temps de Béker ministre du Saint Evangile, (comme on dit en Hollande) le diable avait encore un crédit prodigieux chez les théologiens de toutes les espèces au milieu du dix-septième siècle, malgré Bayle et les bons esprits qui commençaient à éclairer le monde.[4] La sorcellerie, les possessions, et tout ce qui est attaché à cette belle théologie, étaient en vogue dans toute l'Europe, et avaient souvent des suites funestes.

Il n'y avait pas un siècle que le roi Jacques lui-même, surnommé par Henri IV, *Maître Jacques*,[5] ce grand ennemi de la communion romaine, et du pouvoir papal, avait fait imprimer sa *Démonologie*[6] (quel livre pour un roi!) et dans cette démonologie Jacques reconnaît des ensorcellements, des incubes, des succubes; il avoue le pouvoir du diable et du pape, qui, selon lui, a le droit de chasser Satan du corps des possédés, tout comme les autres prêtres.[7]

7   70, 71N, 71A: doute à
11   K84, K12: malgré les
21-22   K84, K12: prêtres. Nous-mêmes
21-50   70, 71N, 71A, W68, W75G: prêtres. ¶Croirait-on

touchant les effets que les hommes sont capables de produire par leur communication et leur vertu, 4 vol. (Amsterdam, 1694, BV326). L'exemplaire de Voltaire comprend force signets et une note marginale (*CN*, t.1, p.259).

[3] Chauffepié, *Nouveau dictionnaire*, t.1, p.193; Niceron, *Mémoires pour servir à l'histoire des hommes illustres dans la république des Lettres avec un catalogue raisonné de leurs ouvrages*, 44 vol. (Paris, 1728-1745, BV2568), t.31, p.177.

[4] Le célèbre Melchior Leidekker a attaqué Bekker (Chauffepié, *Nouveau Dictionnaire*, t.1, p.200, n.P).

[5] Mot déjà rapporté dans l'*Essai sur les mœurs*, t.2, p.652.

[6] Jacques 1er a composé un commentaire sur l'Apocalypse dans lequel il s'efforce de prouver que le pape est l'Antéchrist. Il est aussi l'auteur de *Daemonologia* (Londres, 1604). Voir l'Introduction de H. T. Mason au *Mondain* (*OCV*, t.16, p.382, n.26) sur *The Works of the most high and mighty prince, James* (Londres, 1616).

[7] Voltaire a trouvé ce résumé de la *Démonologie* soit dans Chauffepié, *Nouveau Dictionnaire*, t.1, p.198, soit dans Bekker, *Le Monde enchanté*, t.1, ch.22, p.329.

Nous-mêmes, nous malheureux Français qui nous vantons aujourd'hui d'avoir recouvré un peu de bon sens, dans quel horrible cloaque de barbarie stupide étions-nous plongés alors! Il n'y avait pas un parlement, pas un présidial qui ne fût occupé à   25
juger des sorciers, point de grave jurisconsulte qui n'écrivît de savants mémoires sur les possessions du diable. La France retentissait des tourments que les juges infligeaient dans les tortures à de pauvres imbéciles à qui on faisait accroire qu'elles avaient été au sabbat et qu'on faisait mourir sans pitié dans des supplices   30
épouvantables. Catholiques et protestants étaient également infectés de cette absurde et horrible superstition, sous prétexte que dans un des évangiles des chrétiens il est dit que des disciples furent envoyés pour chasser les diables. [8] C'était un devoir sacré de donner la question à des filles pour leur faire avouer qu'elles   35
avaient couché avec Satan, que ce Satan s'en était fait aimer sous la forme d'un bouc qui avait sa verge au derrière. [9] Toutes les particularités des rendez-vous de ce bouc avec nos filles étaient détaillées dans les procès criminels de ces malheureuses. On finissait par les brûler, soit qu'elles avouassent soit qu'elles   40
niassent, et la France n'était qu'un vaste théâtre des carnages juridiques. J'ai entre les mains un recueil de ces procédures infernales fait par un conseiller de grand'chambre du parlement de Bordeaux nommé de L'Ancre imprimé en 1612 et adressé à *Mgr de Silleri chancelier de France* sans que Mgr Silleri ait jamais pensé à   45
éclairer ces infâmes magistrats. [10] Il eût fallu commencer par

---

42   K84, K12: juridiques. ¶J'ai

[8] Allusion à la délivrance des possédés pratiquée par le Christ en vertu de sa puissance divine et dont il confie la mission à ses disciples afin qu'ils pourchassent les démons 'en son nom' (Matthieu 10:8; Marc 3:15 et 6:13).
[9] Voir l'article 'Bouc' ci-dessous.
[10] Pierre de Lancre, *Tableau de l'inconstance des mauvais anges et démons où il est amplement traité des sorciers et de la sorcellerie* (Paris, 1612), absent de la bibliothèque de Voltaire. L'ouvrage est dédié à Nicolas Brulart de Sillery (1544-1624), chancelier de Louis XIII, dont Voltaire évoque l'action auprès du parlement de Paris dans l'*Histoire du parlement de Paris* (*OCV*, t.68, p.384-96).

O nous mêmes nous malheureux français qui nous
vantons aujourd'hui d'avoir recouvré un peu de
bon sens, dans quel horrible cloaque de barbarie
stupide vous ne nous plongez alors! il n'y avait
pas un parlement pas un presidial qui ne fut
occupé a juger des sorciers, point de graves jurisconsulte qui n'écrivit de savants mémoires sur
les possessions du diable, la france retentissait
des tourments que les juges infligeaient dans les
tortures qui a de pauvres imbeciles a qui on
fesait acrivire quelles avaient été au sabat et
qu'on fesait mourir sans pitié dans des supplices
epouvantables. catholiques et protestants étaient
également infectez de cette absurde et horrible
superstition, sous pretexte que dans un des evangiles des cretiens il est dit que des disciples furent
envoiés pour chasser les diables, c'était un devoir
sacré de donner la question a des filles pour leur
faire avouer quelles avaient couché avec satan
que ce satan s'en etait fait aimer sous la
forme d'un bouc qui avait sa verge au derriere
touttes les particularités des rendez vous de ce
bouc avec nos filles etaient détaillées dans
les procas criminels de ces malheureuses.
on finissait par les bruler sot quelles avouas-

Ajout de la main de Voltaire à l'article 'Béker'
(feuillet collé à la page 28 du tome 26, w75G*).

éclairer le chancelier lui-même. Qu'était donc la France alors? Une Saint-Barthélemi continuelle depuis le massacre de Bassi jusqu'à l'assassinat du maréchal d'Ancre et de son innocente épouse. [11]

Croirait-on bien qu'à Genève on fit brûler en 1652, du temps de ce même Béker, une pauvre fille nommée Magdelaine Chaudron, [12] à qui on persuada qu'elle était sorcière?

Voici la substance très exacte de ce que porte le procès-verbal de cette sottise affreuse, [13] qui n'est pas le dernier monument de cette espèce.

'Michelle ayant rencontré le diable en sortant de la ville, le diable lui donna un baiser, reçut son hommage, et imprima sur sa lèvre supérieure et à son téton droit, la marque qu'il a coutume d'appliquer à toutes les personnes qu'il reconnaît pour ses favorites. Ce sceau du diable est un petit seing qui rend la peau insensible, comme l'affirment tous les jurisconsultes démonographes.

'Le diable ordonna à Michelle Chaudron d'ensorceler deux filles. Elle obéit à son seigneur ponctuellement. Les parents des filles l'accusèrent juridiquement de diablerie; les filles furent interrogées et confrontées avec la coupable. Elles attestèrent qu'elles sentaient continuellement une fourmilière dans certaines parties de leur corps, et qu'elles étaient possédées. [14] On appela les

---

[11] Janvier 1562: massacre de protestants à Vassy, en Champagne, par les valets du duc François de Guise que Voltaire évoque dans l'*Essai sur les mœurs* (t.2, p.488). Accusée d'avoir sacrifié un coq blanc à la lune et d'avoir assassiné son mari, Concini, Eléonore Galigaï, dame d'atours de Catherine de Médicis, fut exécutée en 1617. Voltaire a déjà dénoncé dans l'*Essai sur les mœurs* cette procédure 'déshonorante pour la raison' (t.2, p.574).

[12] Elle s'appelait en réalité Michée Chauderon. C'était une veuve âgée de cinquante ans. Voir le *Procès criminel de la dernière sorcière brûlée à Genève le 6 avril 1652, publié d'après des documents inédits et originaux conservés aux Archives de Genève*, éd. Paul-Louis Ladame (Paris, 1888), p.1. Le plus souvent, Voltaire la prénomme Michèle (voir le *Commentaire sur le livre Des délits et des peines*, M, t.25, p.554 et le *Prix de la justice et de l'humanité*, M, t.30, p.551).

[13] On ne sait pas comment Voltaire a été informé de ce jugement qu'il a cité dès le *Commentaire sur le livre Des délits et des peines*, mais sans faire état alors du procès-verbal, qu'il résume correctement.

[14] D'après le rapport du médecin et des chirurgiens qui ont interrogé l'une des

médecins, ou du moins ceux qui passaient alors pour médecins. Ils visitèrent les filles; ils cherchèrent sur le corps de Michelle le sceau du diable, que le procès-verbal appelle les *marques sataniques*. Ils y enfoncèrent une longue aiguille, ce qui était déjà une torture douloureuse. Il en sortit du sang, et Michelle fit connaître par ses cris que les marques sataniques ne rendent point insensible. [15] Les juges ne voyant pas de preuve complète que Michelle Chaudron fût sorcière, lui firent donner la question, [16] qui produit infailliblement ces preuves: cette malheureuse cédant à la violence des tourments, confessa enfin tout ce qu'on voulut.

'Les médecins cherchèrent encore la marque satanique. Ils la trouvèrent à un petit seing noir sur une de ses cuisses. Ils y enfoncèrent l'aiguille; les tourments de la question avaient été si horribles, que cette pauvre créature expirante sentit à peine l'aiguille; elle ne cria point: ainsi le crime fut avéré. Mais comme les mœurs commençaient à s'adoucir, elle ne fut brûlée qu'après avoir été pendue et étranglée.' [17]

Tous les tribunaux de l'Europe chrétienne retentissaient encore de pareils arrêts. Cette imbécillité barbare a duré si longtemps, que de nos jours, à Vurtzbourg en Franconie, on a encore brûlé une sorcière en 1750. [18] Et quelle sorcière! Une jeune dame de

70

75

80

85

88-91   70, 71N, 71A, W68, W75G: en 1750. ¶De

plaignantes, Pernette Royaume, celle-ci a dit 'qu'elle sentait les démons comme des fourmis en plusieurs parties du corps' (*Procès criminel*, p.22). On notera la traduction de Voltaire 'dans certaines parties du corps'.

[15] L'opération eut lieu deux fois, le 10 mars et le 12 mars (*Procès criminel*, p.28-29).

[16] La question lui fut donnée le 30 mars, suivie de nouveaux aveux de Michée Chauderon (*Procès criminel*, p.35-45).

[17] Dans sa confession du 1er avril, Michée Chauderon jure qu'elle n'a jamais renié Dieu, qu'elle n'est jamais allée à la synagogue et supplie qu'on ne la brûle pas vive 'afin que le tourment ne l'empêche pas de prier Dieu qu'il lui pardonne en Jésus-Christ' (*Procès criminel*, p.48). Le 3 avril, elle est condamnée à être pendue et étranglée, son corps réduit en cendres.

[18] Voltaire avait déjà évoqué cette exécution, en donnant la date exacte, 1749, dans le *Commentaire sur le livre Des délits et des peines* (*M*, t.25, p.553), puis dans l'article

347

qualité, [19] abbesse d'un couvent et c'est de nos jours, c'est sous l'empire de Marie-Thérèse d'Autriche. 90

De telles horreurs dont l'Europe a été si longtemps pleine, déterminèrent le bon Béker à combattre le diable. On eut beau lui dire, en prose et en vers, qu'il avait tort de l'attaquer, attendu qu'il lui ressemblait beaucoup, étant d'une laideur horrible; [20] rien ne l'arrêta; il commença par nier absolument le pouvoir de Satan, et 95 s'enhardit même jusqu'à soutenir qu'il n'existe pas. 'S'il y avait un diable, disait-il, il se vengerait de la guerre que je lui fais.' [21]

Béker ne raisonnait que trop bien, en disant que le diable le punirait s'il existait. Les ministres ses confrères prirent le parti de Satan, et déposèrent Béker. [22] 100

91   70, 71N, 71A, W68, W75G: l'Europe était pleine,

_____

'Arrêts notables' des *QE* avec la date de 1750. En rédigeant les *QE*, il n'a pas vérifié la date. Il s'agit de Maria Renata Singer von Mossau, sous-prieure du couvent d'Unterzel près de Wurtzbourg, une principauté ecclésiastique. Des cas d'hystérie s'étaient multipliés dans ce couvent. Des nonnes et des prélats accusaient la sous-prieure. Une expertise fut demandée à la faculté de théologie qui conclut à la possession démoniaque. Condamnée à mort le 18 juin 1749, impotente, elle fut traînée au bûcher, décapitée, puis son corps fut brûlé. Cette affaire suscita beaucoup d'émotion en Europe où de nombreux écrits parurent. Voir Wilhelm Gottlieb Soldan et Heinrich Heppe, *Geschichte der Hexenprozesse, neu bearbeitet und herausgegeben von Max Bauer*, 2 vol. (Munich, 1912; réimpression Darmstadt, 1976), t.2, p.284-89.

[19] En fait, elle était âgée de 70 ans.

[20] La Monnoye a fait cette épigramme sur le portrait de Bekker mis à la tête de la traduction française du *Monde enchanté*: 'Oui, par toi de Satan la puissance est bridée, / Mais tu n'as cependant pas encore assez fait, / Pour nous ôter du diable entièrement l'idée / Bekker, supprime ton portrait' (cité par Chauffepié, *Nouveau dictionnaire*, p.201, avec un renvoi aux *Menagiana*, 4 vol., Amsterdam, 1716, t.3, p.486).

[21] Paraphrase de Voltaire, semble-t-il, du défi que Bekker lance au diable à la fin de sa préface: 'qu'il se défende lui-même, et qu'il vienne m'attaquer tandis que je renverse ses autels', et il cite Juges 6:13, sans doute une coquille, Juges 6:31 étant le verset en rapport avec la phrase de Bekker (*Le Monde enchanté*, 'Préface').

[22] Au mois d'août 1692, un synode ayant été assemblé à Alkmaar, Bekker fut excommunié, puis interdit de ministère (Chauffepié, *Nouveau dictionnaire*, t.1, p.200, n.P).

348

Car l'hérétique excommunie aussi
Au nom de Dieu. Genève imite Rome
Comme le singe est copiste de l'homme.[23]

Béker entre en matière dès le second tome.[24] Selon lui, le serpent qui séduisit nos premiers parents n'était point un diable, mais un vrai serpent; comme l'âne de Balaam était un âne véritable, et comme la baleine qui engloutit Jonas était une baleine réelle. C'était si bien un vrai serpent, que toute son espèce qui marchait auparavant sur ses pieds, fut condamnée à ramper sur le ventre. Jamais ni serpent, ni autre bête n'est appelée Satan ou Belzébuth ou Diable dans le Pentateuque. Jamais il n'y est question de Satan.[25]

Le Hollandais destructeur de Satan, admet à la vérité des anges, mais en même temps il assure qu'on ne peut prouver par la raison qu'il y en ait; *et s'il y en a*, dit-il dans son chapitre huitième du tome second, *il est difficile de dire ce que c'est. L'Ecriture ne nous dit jamais ce que c'est, en tant que cela concerne la nature, ou en quoi consiste la nature d'un esprit... La Bible n'est pas faite pour les anges, mais pour les hommes. Jésus n'a pas été fait ange pour nous, mais homme.*[26]

Si Béker a tant de scrupule sur les anges, il n'est pas étonnant qu'il en ait sur les diables; et c'est une chose assez plaisante de voir toutes les contorsions où il met son esprit pour se prévaloir des textes qui lui semblent favorables, et pour éluder ceux qui lui sont contraires.

Il fait tout ce qu'il peut pour prouver que le diable n'eut aucune

[23] Auto-citation de Voltaire, *La Guerre civile de Genève*, chant 2 (*OCV*, t.63A, p.93).

[24] Dans ce second tome du *Monde enchanté*, Bekker traite du diable dans le judéo-christianisme.

[25] Le chapitre 20 du tome 2, où se trouvent deux signets dans l'exemplaire de Voltaire, est consacré à la séduction du premier homme par le diable (p.314-43). Dans le tome 1, chapitre 12, on trouve un récit de la chute de l'homme où l'on coupe les pieds du serpent (Bekker, *Le Monde enchanté*, t.1, p.159-60).

[26] Voltaire recopie avec quelques coupures le texte de Bekker (*Le Monde enchanté*, ch.8, t.2, p.120-21).

part aux afflictions de Job, et en cela il est plus prolixe que les amis   125
mêmes de ce saint homme. [27]

Il y a grande apparence qu'on ne le condamna que par le dépit
d'avoir perdu son temps à le lire. Et je suis persuadé que si le diable
lui-même avait été forcé de lire le *Monde enchanté* de Béker, il
n'aurait jamais pu lui pardonner de l'avoir si prodigieusement   130
ennuyé. [28]

Un des plus grands embarras de ce théologien hollandais, est
d'expliquer ces paroles: *Jésus fut transporté par l'esprit au désert pour
être tenté par le diable, par le Knathbull.* [29] Il n'y a point de texte plus
formel. Un théologien peut écrire contre Belzébuth tant qu'il   135
voudra, mais il faut de nécessité qu'il l'admette; après quoi il
expliquera les textes difficiles comme il pourra.

Que si on veut savoir précisément ce que c'est que le diable, il
faut s'en informer chez le jésuite Schotus; [30] personne n'en a parlé
plus au long. C'est bien pis que Béker.   140

En ne consultant que l'histoire, l'ancienne origine du diable est
dans la doctrine des Perses. Hariman ou Arimane le mauvais
principe, corrompt tout ce que le bon principe a fait de salutaire.
Chez les Egyptiens Typhon fait tout le mal qu'il peut, tandis

---

125-26   71A: amis de

[27] Renvoi au ch.25 (t.2, p.405-27): l'argumentation de Bekker comprend vingt
points.

[28] Voltaire, en réalité, a lu avec attention cette traduction que Chauffepié juge
mauvaise.

[29] Matthieu 4:1-2; cf. Luc 4:1-3. Bekker se pique de prouver que, d'après le sens
littéral, le diable n'a aucun pouvoir. L'ajout du mot 'Knathbull' est une méprise de
Voltaire, répétée depuis le *DP*, qui a pris le nom d'un exégète, Norton Knatchbull,
cité par Dom Calmet, pour celui du diable (voir *OCV*, t.35, p.435, n.8).

[30] Bekker évoque le physicien Gaspard Schott, né en 1608 à Königshofen, mort à
Wurtzbourg en 1666, connu par ses 'doctes écrits', sa *Physica curiosa* et sa *Magie
universelle*. Bekker énumère toutes les 'merveilles' que sont capables de faire les
diables selon Schott: illusions, apparitions, métamorphoses (*Le Monde enchanté*, t.1,
p.280-83), passage remarqué par Voltaire, car un signet est placé dans son
exemplaire, p.282-83 (*CN*, t.1, p.259). On relève d'autres références à Schott dans
Le Monde enchanté (t.1, p.286-89, p.294).

qu'Oshireth, que nous nommons Osiris, fait avec Ishet ou Isis tout   145
le bien dont il est capable. [31]

Avant les Egyptiens et les Perses, (a) Mozazor chez les Indiens,
s'était révolté contre Dieu, et était devenu le diable; mais enfin
Dieu lui avait pardonné. Si Béker et les sociniens avaient su cette
anecdote de la chute des anges indiens et de leur rétablissement, [32]   150
ils en auraient bien profité pour soutenir leur opinion que l'enfer
n'est pas perpétuel, et pour faire espérer leur grâce aux damnés qui
liront leurs livres.

On est obligé d'avouer que les Juifs n'ont jamais parlé de la
chute des anges dans l'Ancien Testament; mais il en est question   155
dans le Nouveau.

On attribua vers le temps de l'établissement du christianisme, un
livre à *Enoch septième homme après Adam*, concernant le diable et
ses associés. Enoch dit, que le chef des anges rebelles, était
Semiaxah; qu'Araciel, Atareulf, Ozampsifer étaient ses lieutenants: 160
que les capitaines des anges fidèles étaient Raphaël, Gabriel, Uriel
etc.; mais il ne dit point que la guerre se fit dans le ciel; au contraire,
on se battit sur une montagne de la terre, et ce fut pour des filles. [33]
Saint Jude cite ce livre dans son épître; *Dieu a gardé*, dit-il, *dans les
ténèbres enchaînés jusqu'au jugement du grand jour les anges qui ont*   165

(a) Voyez l'article 'Brahmane'. [34]

[31] La source de Voltaire sur l'assimilation de Seth à Typhon est *De Isis et d'Osiris*
de Plutarque qu'il a lu avec attention dans son édition par Amyot des *Œuvres morales
et mêlées* (Paris, 1575, BV2771; *CN*, t.7, p.108-16). Dans le premier tome du *Monde
enchanté*, Bekker fait l'histoire des sentiments des païens anciens et modernes sur les
dieux et les démons. Voltaire a consacré un chapitre de *La Philosophie de l'histoire*
aux anges, génies et diables chez les anciennes nations et chez les Juifs (*OCV*, t.59,
p.253-59). Sur ces fables, voir les *Carnets* (*OCV*, t.82, p.596).

[32] Sur les sociniens, voir R. E. Florida, *Voltaire and the socinians*, *SVEC* 122 (1974).

[33] Sur le livre d'Hénoch et les principales occurences de ce livre dans l'œuvre de
Voltaire, voir l'article 'Apocryphe' des *QE* (*OCV*, t.38, p.465, n.34-36).

[34] Voltaire renvoie à l'article 'Brahmanes' des *QE*, mais c'est, en fait, dans l'article
'Ange' qu'il a traité de la révolte des anges chez les Indiens (*OCV*, t.38, p.366-70).
C'est un thème fréquent dans son œuvre.

dégénéré de leur origine, et qui ont abandonné leur propre demeure.
Malheur à ceux qui ont suivi les traces de Caïn, desquels Enoch
septième homme après Adam a prophétisé. [35]

Saint Pierre, dans sa seconde épître, fait allusion au livre
d'Enoch, en s'exprimant ainsi: *Dieu n'a pas épargné les anges qui*   170
ont péché; mais il les a jetés dans le Tartare avec des câbles de fer. [36]

Il était difficile que Béker résistât à des passages si formels.
Cependant il fut encore plus inflexible sur les diables que sur les
anges: il ne se laissa point subjuguer par le livre d'Enoch, septième
homme après Adam: il soutint qu'il n'y avait pas plus de diable que   175
de livre d'Enoch. Il dit que le diable était une imitation de
l'ancienne mythologie, que ce n'est qu'un réchauffé, et que nous
ne sommes que des plagiaires. [37]

On peut demander aujourd'hui pourquoi nous appelons Lucifer
l'*esprit malin*, que la traduction hébraïque et le livre attribué à   180
Enoch appellent Semiaxah ou, si on veut, Semexiah? C'est que
nous entendons mieux le latin que l'hébreu. [38]

On a trouvé dans Isaïe une parabole contre un roi de Babilone.
Isaïe lui-même l'appelle *parabole*. Il dit dans son quatorzième
chapitre au roi de Babilone; *A ta mort on a chanté à gorge déployée;*   185
les sapins se sont réjouis; tes commis ne viendront plus nous mettre à la
taille. Comment ta hautesse est-elle descendue au tombeau malgré les
sons de tes musettes? Comment es-tu couché avec les vers et la vermine?
Comment es-tu tombée du ciel étoile du matin, Helel? toi qui pressais
les nations, tu es abattue en terre! [39]   190

172-79   70, 71N, 71A: formels. ¶On

---

[35] Texte qui amalgame Jude 1:6, 11, 14.
[36] 2 Pierre 2:4. Voltaire traduit 'l'abîme des ténèbres' par 'le Tartare'.
[37] Résumé très voltairien de la thèse de Bekker.
[38] Voir l'article 'Abus des mots' des *QE* qui renvoie au présent article (*OCV*, t.38, p.70).
[39] Amalgame de plusieurs versets (Isaïe, 14:8-11). Isaïe conseille d'employer des discours figurés contre le roi de Babylone (14:4).

On traduisit ce mot chaldéen hébraïsé Helel, par Lucifer.[40] Cette étoile du matin, cette étoile de Vénus fut donc le diable, Lucifer, tombé du ciel, et précipité dans l'enfer. C'est ainsi que les opinions s'établissent, et que souvent un seul mot, une seule syllabe mal entendus, une lettre changée ou supprimée ont été l'origine de la croyance de tout un peuple. Du mont *Soracté* on a fait *saint Oreste*,[41] du mot *Rabboni* on a fait *saint Rabboni*, qui rabonnit les maris jaloux, ou qui les fait mourir dans l'année;[42] de *Semo Sancus* on a fait *saint Simon* le magicien.[43] Ces exemples sont innombrables.

Mais que le diable soit l'étoile de Vénus, ou le Semiaxah d'Enoch, ou le Satan des Babyloniens, ou le Mozazor des Indiens, ou le Typhon des Egyptiens, Béker a raison de dire

[40] Voltaire s'est maintes fois étonné de cette traduction (voir par exemple l'article 'Ange' du *DP*, *OCV*, t.35, p.339, n.14). Dans la marge du *Commentaire littéral* de Dom Calmet où il est question d'Isaïe 14:12, il a noté 'Lucifer' (*CN*, t.2, p.41).

[41] Dans les *Vies des saints et bienheureux* [...] *par les RR. PP. bénédictins de Paris* (13 vol., Paris, 1935-1959), on trouve trois saints Oreste; Voltaire fait allusion au martyre de saint Ediste dont Oreste est le nom déformé; le village de Sant'Oreste, au flanc du mont Soracte, une butte calcaire sur la rive droite du Tibre, commémore ce saint (t.10, p.385). La source de Voltaire est Middleton, *Lettre écrite de Rome*, traduit de l'anglais (Amsterdam, 1744, BV2448). Voltaire, sur un signet, note 'Soracte / St Oreste' (*CN*, t.5, p.624). Middleton soupçonne que de nouveaux saints ont été formés 'par corruption des anciens noms': 'C'est ainsi, par exemple, que de l'ancien mot *Soracte*, qui était le nom d'une montagne dont parle Horace, et qu'on voit de Rome, on a ajouté, comme le remarque le savant Addison, un nouveau saint dans le calendrier romain; et comme le mot commence par S, on l'a tant soit peu adouci, et l'on en a fait St Oreste' (*Lettre écrite à Rome*, p.196-97).

[42] 'Rabboni' est une autre forme de 'rabbi', employée par Marie-Madeleine (Jean 20:1; voir *Dictionnaire de la Bible*, 6 vol., éd. F. Vigouroux, Paris, 1895-1912, t.5, col.920). On ne trouve pas trace de ce saint Rabboni dans les *Vies des saints*. Peut-être Voltaire fait-il allusion à une croyance populaire fondée sur un jeu de mots sur le verbe 'rabonnir'. Les attributions de ce saint semblent relever de superstitions: calmer les maris jaloux ou les faire mourir.

[43] Voltaire parle à maintes reprises de saint Simon le magicien (voir l'article 'Adorer' des *QE*, *OCV*, t.38, p.95, n.22-28). Tous les saints évoqués par Voltaire sont donc de faux saints, leur sainteté controuvée dépend d'erreurs ou d'étymologies populaires.

qu'il ne fallait pas lui attribuer une si énorme puissance que celle dont nous l'avons cru revêtu jusqu'à nos derniers temps. [205] C'est trop que de lui avoir immolé une femme de qualité de Vurtzbourg, Magdelaine Chaudron, le curé Gaufredi,[44] la maréchale d'Ancre, et plus de cent mille sorciers en treize cents années dans les Etats chrétiens.[45] Si Baltazar Béker s'en était tenu à rogner les ongles au diable, il aurait été très bien [210] reçu; mais quand un curé veut anéantir le diable, il perd sa cure.

206-207   70, 71N, 71A, W68, W75G: immolé la femme de Vurtzbourg

[44] Curé d'Aix-en-Provence, le curé Gaufredi ou Gaufridi fut brûlé comme sorcier en 1611. Voltaire évoquera son supplice épouvantable dans les *Fragments historiques sur l'Inde* (*M*, t.29, p.160) et dans le *Prix de la justice et de l'humanité* (*M*, t.30, t.551). Il a laissé une trace de lecture dans le tome 6 de son exemplaire de Gayot de Pitaval, *Causes célèbres et intéressantes avec les jugements qui les ont décidées* (20 vol., Paris, 1739-1754 BV1442), sur la relation de l'affaire Gaufridi (voir *CN*, t.4, p.78).

[45] Voir l'article 'Bouc' ci-dessous.

BETHSAMÈS, OU BETHSHEMESH

Des cinquante mille et soixante et dix Juifs morts de mort subite pour avoir regardé l'arche des cinq trous du c... d'or payés par les Philistins, et de l'incrédulité du docteur Kennicott

Les gens du monde seront peut-être étonnés que ce mot soit le sujet d'un article; mais on ne s'adresse qu'aux savants, et on leur demande des instructions.

Bethshemesh ou Bethsamès, était un village appartenant au

---

b-d 70, 71N, 71A: [*sous-titre absent*]
c K84, K12: l'arche; des cinq trous du cul d'or

---

* Cet article est une réponse à la traduction française d'une brochure due au savant hébraïste anglais, Benjamin Kennicott, dont le souci est d'épurer le texte de l'Ancien Testament. Kennicott admet l'existence d'erreurs dans certains manuscrits, mais s'attaque aussi 'aux incrédules de nos jours', qui 'se saisissent' de ces endroits pour infirmer l'ensemble du texte. Voltaire est le premier visé, Kennicott faisant allusion à *La Défense de mon oncle*, où le passage satirisé dans 'Bethsamès' avait déjà été évoqué: 'L'intention de cette petite brochure, aussi bien que de quelques autres du même auteur célèbre, est de tourner en ridicule ces livres sacrés, qui pour tout vrai chrétien sont plus chers que la vie; et dans son premier chapitre, un des premiers brocards qu'il lance contre la Bible, est la destruction de 50 070 hommes de Beth-shemesh pour avoir (comme il s'exprime) regardé l'arche' (*Remarques critiques sur I Samuel, ch.VI, ver.19. Par B. Kennicott, docteur en théologie*, Londres, 1768, p.35, BV1781). Voltaire raccourcit et déforme la brochure de Kennicott de façon caractéristique. Il n'en identifie pas moins une réelle difficulté exégétique (Dieu punit-il 70 ou 50 000 personnes?) qui continue de poser un problème aux traducteurs actuels de la Bible et qui, même sous la plume de Dom Calmet, est représenté comme épineux: 'on a de la peine à comprendre sur quoi était fondée l'excessive rigueur de ce châtiment contre un peuple, dans qui on ne remarque que de la piété, du zèle, et un empressement louable, pour recevoir l'arche de leur Dieu' (*Commentaire littéral* [*Les deux premiers livres des Rois*], Paris, 1720, t.1, p.90). Cet article est envoyé à Cramer au cours de l'été 1770 (voir D16514, D16572, D16573) et paraît en novembre/décembre 1770 (70, t.3).

peuple de Dieu, situé à deux milles au nord de Jérusalem, selon les   5
commentateurs.[1]

Les Phéniciens ayant battu les Juifs du temps de Samuel, et leur
ayant pris leur arche d'alliance dans la bataille, où ils leur tuèrent
trente mille hommes, en furent sévèrement punis par le
Seigneur. (a) *Percussit eos in secretiori parte natium et ebullierunt*   10
villae et agri... et nati sunt mures, et facta est confusio mortis magna in
civitate. Mot à mot, *Il les frappa dans la plus secrète partie des fesses,*
et les granges et les champs bouillirent, et il naquit des rats, et une
grande confusion de mort se fit dans la cité.[2]

Les prophètes des Phéniciens ou Philistins, les ayant avertis   15
qu'ils ne pouvaient se délivrer de ce fléau qu'en donnant au
Seigneur cinq rats d'or et cinq anus d'or, et en lui renvoyant
l'arche juive, ils accomplirent cet ordre, et renvoyèrent, selon
l'exprès commandement de leurs prophètes, l'arche avec les cinq
rats et les cinq anus, sur une charrette attelée de deux vaches qui   20
nourrissaient chacune leur veau, et que personne ne conduisait.

Ces deux vaches amenèrent d'elles-mêmes, l'arche et les
présents droit à Bethsamès; les Bethsamites s'approchèrent et
voulurent regarder l'arche. Cette liberté fut punie encore plus
sévèrement que ne l'avait été la profanation des Phéniciens. Le   25
Seigneur frappa de mort subite soixante et dix personnes du peuple,
et cinquante mille hommes de la populace.

Le révérend docteur Kennicott Irlandais,[3] a fait imprimer en

(a) Livre de Samuel ou 1 des Rois ch.5 et 6.

5 w68: milles de

[1] Il s'agit probablement surtout de Calmet, principale source de Voltaire en
matière biblique.
[2] 1 Samuel 4-7; Calmet, *Commentaire littéral*, t.1, p.72-73. La traduction de
Voltaire est littérale ('les champs bouillirent') contrairement à celle de Calmet ('et on
vit fourmiller une multitude de rats'). Serait-ce un exemple de la détermination de
Voltaire de tourner en ridicule le texte sacré en toute occasion?
[3] Benjamin Kennicott (1718-1783), curé anglican de Culham (dans l'Oxford-
shire), chanoine à Oxford, et conservateur de la Radcliffe Library, probablement le

1768 un commentaire français sur cette aventure, et l'a dédié à sa grandeur l'évêque d'Oxford.[4] Il s'intitule à la tête de ce commen- 30 taire, *docteur en théologie, membre de la Société royale de Londres, de l'académie Palatine, de celle de Gottingue et de l'Académie des inscriptions de Paris*. Tout ce que je sais, c'est qu'il n'est pas de l'Académie des inscriptions de Paris.[5] Peut-être en est-il correspondant. Sa vaste érudition a pu le tromper; mais les titres ne font 35 rien à la chose.

Il avertit le public que sa brochure se vend à Paris chez Saillant et chez Molini; à Rome chez Monaldini, à Venise chez Pasquali, à Florence chez Cambiagi, à Amsterdam chez Marc-Michel Rey, à La Haye chez Gosse, à Leyde chez Jaquau, à Londres chez 40 Béquet, qui reçoivent les souscriptions.[6]

Il prétend prouver dans sa brochure, appelée en anglais *Pamphlet*, que le texte de l'Ecriture est corrompu. Il nous permettra de n'être pas de son avis. Presque toutes les bibles s'accordent dans ces expressions, soixante et dix hommes du peuple, et cinquante 45 mille de la populace; *de populo septuaginta viros, et quinquagenta millia plebis*.[7]

Le révérend docteur Kennicott dit au révérend milord évêque

---

plus célèbre hébraïste de sa génération. Comme dans le cas de Needham, Voltaire renforce sa moquerie en affirmant – à tort – que Kennicott était irlandais (voir G. Gargett, 'Some reflections on Voltaire's *L'Ingénu* and a hitherto neglected source: the *Questions sur les miracles*', *The Secular City: studies in the Enlightenment presented to Haydn Mason*, ed. T. D. Hemmin, E. Freeman et D. Meakin, Exeter, 1994, p.90-98).

[4] Il s'agit de Robert Lowth (1710-1787), évêque d'Oxford depuis 1766 et auteur d'un traité sur la poésie hébraïque, *Praelectiones academicae de sacra poesi Hebraeorum* (1754). Il avait aussi composé une réponse à Warburton, *A Letter to the right Reverend author of the Divine legation of Moses* (Londres, 1766, BV2212).

[5] Voltaire semblerait avoir raison. Il est clair pourtant que Kennicott connaissait bien les milieux savants en France et y avait ses entrées (voir *Remarques critiques*, p.12, 17n, 28).

[6] La brochure dit plutôt 'Becket et De Hondt, et Molini, à Londres'.

[7] Il est piquant de voir Voltaire faire une telle affirmation, face à un hébraïste expert. Pourtant, en cette occasion, la remarque de Voltaire ne manque pas d'un certain à-propos.

d'Oxford, *qu'autrefois il avait de forts préjugés en faveur du texte hébraïque, mais que depuis dix-sept ans sa grandeur et lui sont bien revenus de leurs préjugés après la lecture réfléchie de ce chapitre.*[8]

Nous ne ressemblons point au docteur Kennicott; et plus nous lisons ce chapitre, plus nous respectons les voies du Seigneur qui ne sont pas nos voies.

Il est impossible, dit Kennicott, *à un lecteur de bonne foi, de ne se pas sentir étonné et affecté à la vue de plus de cinquante mille hommes détruits dans un seul village, et encore c'était cinquante mille hommes occupés à la moisson.*[9]

Nous avouons que cela supposerait environ cent mille personnes au moins dans ce village. Mais M. le docteur doit-il oublier que le Seigneur avait promis à Abraham, que sa postérité se multiplierait comme le sable de la mer?

Les Juifs et les chrétiens, ajoute-t-il, *ne se sont point fait de scrupule d'exprimer leur répugnance à ajouter foi à cette destruction de cinquante mille soixante et dix hommes.*[10]

Nous répondons que nous sommes chrétiens, et que nous n'avons nulle répugnance *à ajouter foi* à tout ce qui est dans les saintes Ecritures. Nous répondrons avec le révérend père Dom Calmet, que s'il fallait *rejeter tout ce qui est extraordinaire et hors de la portée de notre esprit; il faudrait rejeter toute la Bible.* Nous sommes

---

67 w68: n'avons aucune répugnance
70 K12: *Bible.* ¶Nous

---

[8] Kennicott dit plutôt: 'j'avais, aussi bien que presque tout le reste de l'Europe, de forts préjugés en faveur de l'*intégrité* de notre texte hébreu. Mais l'examen sérieux que je fis d'un certain chapitre, que votre grandeur avait eu la bonté de me recommander, me fit naître la persuasion que ce texte, loin d'être pur, contenait, au contraire plusieurs fautes, et quelques-unes de grande importance' (*Remarques critiques*, p.iii).

[9] Ici Voltaire cite assez fidèlement, bien qu'il raccourcisse un peu le texte de Kennicott (*Remarques critiques*, p.9).

[10] 'Ce passage a causé autant de surprise que de peine à la plupart de ceux qui regardent comme vrai tout ce qu'ils trouvent dans les exemplaires imprimés de leur Bible' (*Remarques critiques*, p.10).

persuadés que les Juifs étant conduits par Dieu même, ne devaient éprouver que des événements marqués au sceau de la Divinité, et absolument différents de ce qui arrive aux autres hommes. Nous osons même avancer que la mort de ces cinquante mille soixante et dix hommes est une des choses des moins surprenantes qui soient dans l'Ancien Testament.   75

On est saisi d'un étonnement encore plus respectueux, quand le serpent d'Eve et l'âne de Balaam parlent, [11] quand l'eau des cataractes s'élève avec la pluie quinze coudées au-dessus de toutes les montagnes, [12] quand on voit les plaies de l'Egypte et   80
six cent trente mille Juifs combattants fuir à pied à travers la mer ouverte et suspendue, [13] quand Josué arrête le soleil et la lune à midi, [14] quand Samson tue mille Philistins avec une mâchoire d'âne... [15] Tout est miracle sans exception dans ces temps divins; et nous avons le plus profond respect pour tous ces miracles, pour ce   85
monde ancien qui n'est pas notre monde, pour cette nature qui n'est pas notre nature; pour un livre divin qui ne peut avoir rien d'humain.

Mais ce qui nous étonne, c'est la liberté que prend M. Kennicott d'appeler *déistes* et *athées* ceux qui en révérant la Bible plus que lui,   90
sont d'une autre opinion que lui. On ne croira jamais qu'un homme qui a de pareilles idées soit de l'Académie des inscriptions et médailles. Peut-être est-il de l'académie de Bedlam, la plus ancienne, la plus nombreuse de toutes, et dont les colonies s'étendent dans toute la terre. [16]   95

75   w68, k12: choses les moins
77   w68: plus respectable, quand

[11] Genèse 3:1-5; Nombres 22:28-30.
[12] Genèse 7:10-20.
[13] Exode 7-12, 14:21-22.
[14] Josué 10:12-13.
[15] Juges 15:14-17.
[16] Voltaire renvoie au célèbre asile d'aliénés londonien pour saper l'autorité de Kennicott.

BIBLIOTHÈQUE

Une grande bibliothèque a cela de bon, qu'elle effraie celui qui la regarde. Deux cent mille volumes découragent un homme tenté d'imprimer; mais malheureusement il se dit bientôt à lui-même: on ne lit point la plupart de ces livres-là; et on pourra me lire. Il se compare à la goutte d'eau qui se plaignait d'être confondue et ignorée dans l'océan; un génie eut pitié d'elle; il la fit avaler par une huître. Elle devint la plus belle perle de l'Orient, et fut le principal ornement du trône du Grand Mogol. Ceux qui ne sont que compilateurs, imitateurs, commentateurs, éplucheurs de phrases, critiques à la petite semaine; enfin ceux dont un génie n'a point eu pitié, resteront toujours gouttes d'eau.[1]

Notre homme travaille donc au fond de son galetas avec l'espérance de devenir perle.

Il est vrai que dans cette immense collection de livres, il y en a environ cent quatre-vingt-dix-neuf mille qu'on ne lira jamais, du moins de suite; mais on peut avoir besoin d'en consulter quelques-uns une fois en sa vie. C'est un grand avantage, pour quiconque veut s'instruire, de trouver sous sa main dans le palais des rois le

16-17   70, 71N, 71A: besoin de les consulter une

* Le long article 'Bibliothèque' (non signé) de l'*Encyclopédie* évoque les bibliothèques depuis les temps anciens jusqu'à l'époque moderne. Il mentionne les collections privées aussi bien que publiques, en France comme en Europe, et retrace l'histoire de la bibliothèque du Roi dont il décrit les collections. Voltaire met un signet à cet article dans son exemplaire de l'*Encyclopédie* (*CN*, t.3, p.380) mais il n'y répond pas directement ici; il traite le sujet à sa façon, sur un ton plus personnel. Le sujet lui sert aussi de prétexte pour reprendre certains de ses thèmes de prédilection: la surproduction de livres dans le monde contemporain, la multiplicité d'opinions qui entraîne le scepticisme, l'ancienneté de certaines vérités religieuses... Cet article est envoyé à Cramer au cours de l'été 1770 (voir D16514, D16572, D16573) et paraît en novembre/décembre 1770 (70, t.3).

[1] Cette sous-classe d'auteurs, que Voltaire qualifie ailleurs de *folliculaires*, vient de faire l'objet d'un long développement dans l'article 'Auteurs' ci-dessus.

volume et la page qu'il cherche sans qu'on le fasse attendre un
moment. C'est une des plus nobles institutions. Il n'y a point eu de
dépense plus magnifique, et plus utile.

La bibliothèque publique du roi de France est la plus belle du
monde entier, moins encore par le nombre et la rareté des volumes,
que par la facilité, et la politesse avec laquelle les bibliothécaires les
prêtent à tous les savants. Cette bibliothèque est sans contredit le
monument le plus précieux qui soit en France. [2]

Cette multitude étonnante de livres ne doit point épouvanter.
On a déjà remarqué que Paris contient environ sept cent mille
hommes, qu'on ne peut vivre avec tous, et qu'on choisit trois ou
quatre amis. [3] Ainsi il ne faut pas plus se plaindre de la multitude des
livres, que de celle des citoyens.

Un homme, qui veut s'instruire un peu de son être, et qui n'a pas
de temps à perdre, est bien embarrassé. Il voudrait lire à la fois
Hobbes, Spinosa, Bayle qui a écrit contre eux, Leibnitz qui a

[2] Selon l'*Encyclopédie*, la bibliothèque du Roi est 'la plus riche et la plus magnifique qui ait jamais existé' (t.2, p.237). Celle-ci était installée depuis la Régence dans l'hôtel de Nevers, rue de Richelieu: 'Personne n'ignore la magnificence avec laquelle ont été décorés les vastes appartements qu'occupent aujourd'hui les livres du roi: c'est le spectacle le plus noble et le plus brillant que l'Europe offre en ce genre' (p.239). La bibliothèque était aussi un lieu de visite, et le cabinet des médailles, inauguré en 1741, richement décoré en 'temple des muses', jouait le rôle de salle d'apparat de la bibliothèque (voir T. Sarmant, 'Le Cabinet des médailles du roi, ou "salon Louis XV" ', *Revue de la Bibliothèque nationale de France* 26, 2007, p.67-72). Voltaire visitait lui-même assidûment cette bibliothèque, comme l'attestent les registres pour certaines années entre 1736 et 1750: voir I. O. Wade, 'Documentation: Voltaire and the bibliothèque Royale', dans *The Search for a new Voltaire, Transactions of the American Philosophical Society*, 48 (1958), p.64-70. Jean-Paul Bignon, déjà évoqué dans l'article 'Académie' des *QE*, dirigea la bibliothèque du Roi entre 1719 et 1741 et fut un administrateur dynamique qui donna de l'éclat à cette institution; à sa mort, elle possédait 135 000 imprimés et 30 000 manuscrits. Ses successeurs à l'époque de Voltaire furent son neveu Jérôme Bignon, puis le frère cadet de celui-ci, Armand-Jérôme, qui dirigea la bibliothèque jusqu'à sa mort en 1772. Voir S. Balayé, *La Bibliothèque nationale des origines à 1800* (Paris, 1988), ch.3 et 4.

[3] Voltaire a déjà énoncé cette idée dans deux textes publiés dans les années 1740: la *Lettre à un premier commis* (*OCV*, t.9, p.320) et les *Conseils à un journaliste* (*OCV*, t.20A, p.500).

disputé contre Bayle, Clarke qui a disputé contre Leibnitz, 35
Mallebranche qui diffère d'eux tous, Locke qui passe pour avoir
confondu Mallebranche, Stillingfleet qui croit avoir vaincu Locke,
Cudworth qui pense être au-dessus d'eux tous, parce qu'il n'est
entendu de personne. [4] On mourrait de vieillesse avant d'avoir
feuilleté la centième partie des romans métaphysiques. 40

On est bien aise d'avoir les plus anciens livres, comme on
recherche les plus anciennes médailles. C'est là ce qui fait l'honneur
d'une bibliothèque. Les plus anciens livres du monde sont les cinq
King des Chinois, le *Shastabah* des brames, dont M. Holwell nous a
fait connaître des passages admirables; [5] ce qui peut rester de 45
l'ancien Zoroastre, les fragments de Sanchoniaton qu'Eusèbe nous
a conservés, et qui portent les caractères de l'antiquité la plus
reculée. Je ne parle pas du Pentateuque qui est au-dessus de tout ce
qu'on en pourrait dire.

Nous avons encore la prière du véritable Orphée, que l'hiéro- 50
phante récitait dans les anciens mystères des Grecs. *Marchez dans la*

---

38   K84, K12: d'eux, parce qu'il

[4] Edward Stillingfleet (1635-1699), théologien et évêque de Worcester, critiqua
l'*Essay concerning human understanding* de Locke, dont la philosophie et les écrits
pouvaient servir, selon lui, à miner la doctrine de la Trinité. Les principaux textes de
Stillingfleet liés à cette controverse sont *A Discourse in vindication of the doctrine of
the trinity* (Londres, 1697), *The Bishop of Worcester's answer to Mr Locke's letter*
(Londres, 1697), et *The Bishop of Worcester's answer to Mr Locke's second letter*
(Londres, 1698). Ralph Cudworth (1617-1688), philosophe et théologien, s'était mêlé
au débat avec *The True Intellectual System of the universe* (Londres, 1678), ouvrage qui
s'attira des accusations d'arianisme et d'athéisme, malgré les intentions de l'auteur.

[5] J. Z. Holwell, *Interesting historical events, relative to the provinces of Bengal, and
the empire of Indostan*, 2 vol. (Londres, 1766-1767, BV1666; *CN*, t.4, p.458-70). Les
cinq *King*, Zoroastre et Sanchoniathon ont tous été évoqués dans l'œuvre de
Voltaire, par exemple, dans *La Philosophie de l'histoire* (*OCV*, t.59, p.127, 133). En
janvier 1770, l'opéra de Rameau, *Zoroastre*, venait d'inaugurer le nouveau théâtre au
Palais-Royal; le livret de Louis de Cahusac, fortement influencé par la pensée franc-
maçonnique, oppose les Lumières aux Ténèbres. L'article 'Zoroastre' paraîtra dans
le tome 9 de la première édition des *QE* en 1772. Curieusement, Voltaire n'évoque
pas l'*Ezour-Veidam*, dont il a pourtant envoyé le manuscrit à la bibliothèque du Roi
en 1761. Voir l'*Essai sur les mœurs*, ch.4 (t.1, p.62, n.3 et p.240, n.1).

voie de la justice, adore₂ le seul maître de l'univers. Il est un; il est seul
par lui-même. Tous les êtres lui doivent leur existence; il agit dans eux
et par eux. Il voit tout, et jamais n'a été vu des yeux mortels. [6] Nous en
avons parlé ailleurs. [7]   55

Saint Clément d'Alexandrie, le plus savant des Pères de l'Eglise,
ou plutôt le seul savant dans l'antiquité profane, lui donne presque
toujours le nom d'Orphée de Thrace, d'Orphée le théologien, pour
le distinguer de ceux qui ont écrit depuis sous son nom. [8] Il cite de
lui ces vers qui ont tant de rapport à la formule des mystères (*a*): [9]   60

> Lui seul il est parfait; tout est sous son pouvoir.
> Il voit tout l'univers, et nul ne peut le voir.

(*a*) *Strom.* livre 5.

54-56   70, 71N, 71A: *mortels.* ¶Saint Clément

[6] Citation d'après W. Warburton: 'Go, in the right way, and see the sole governor
of the world: he is one, and of himself alone; and to that one all things owe their
being. He operates through all, was never seen by mortal eyes, but does himself see
everyone' (*The Divine Legation of Moses*, 2 vol., Londres, 1755, t.1, p.177, BV3826;
cette page est marquée par un signet 'orpheus prayer', *CN*, t.9).

[7] Voltaire souligne lui-même le phénomène de reprise: il avait lu Warburton de
près en écrivant *La Philosophie de l'histoire* (1765), où il cite longuement ce même
passage (*OCV*, t.59, p.217, 307-308). L'hymne est également cité dans son article
'Idole' pour l'*Encyclopédie* (*OCV*, t.33, p.202) et, dans une autre version, dans
l'article 'Idole, idolâtre, idolâtrie' du *DP* (*OCV*, t.36, p.226). Il y fait allusion dans le
Traité sur la tolérance (*OCV*, t.56c, p.170 et 298, n.16) et dans *Dieu et les hommes*
(*M*, t.69, p.328-29). Ce texte reparaîtra dans l'article 'Idole, idolâtre, idolâtrie' des
QE, repris du *DP*, et encore dans l'article 'Oraison, prière publique, action de
grâces, etc'. Un signet annoté 'hymne d'Orphée' marque le passage dans la *Théologie
païenne* de Lévesque de Burigny où il en est question (*CN*, t.1, p.67). Warburton lui-
même dénonça l'infidélité des emprunts de Voltaire: voir J. H. Brumfitt, 'Voltaire
and Warburton', *SVEC* 18 (1961), p.35-56.

[8] Warburton mentionne deux sources pour l'hymne d'Orphée, l'*Admonition ad
gentes* de Clément, et Eusèbe. Voltaire semble s'être embrouillé dans les références,
car Warburton cite le livre 5 des *Stromates* ailleurs dans le même volume (p.150, 163,
238).

[9] Warburton cite les vers grecs et donne une traduction anglaise en prose. Voltaire
réalise sa propre traduction en prose à partir de l'anglais de Warburton et profite de
l'occasion pour reformuler la prière en vers, dans un distique en alexandrins.

Nous n'avons plus rien ni de Musée, ni de Linus. Quelques petits passages de ces prédécesseurs d'Homère orneraient bien une bibliothèque. 65

Auguste avait formé la bibliothèque nommée Palatine.[10] La statue d'Apollon y présidait. L'empereur l'orna des bustes des meilleurs auteurs. On voyait vingt-neuf grandes bibliothèques publiques à Rome. Il y a maintenant plus de quatre mille bibliothèques considérables en Europe. Choisissez ce qui vous 70 convient, et tâchez de ne vous pas ennuyer. Voyez 'Livres'.

[10] L'*Encyclopédie* évoque également Auguste, qui 'fonda une belle bibliotheque proche du temple d'Apollon, sur le mont Palatin' (t.2, p.231).

SOUVERAIN BIEN

Le bien-être est rare. Le souverain bien en ce monde ne pourrait-il pas être regardé comme souverainement chimérique? Les philosophes grecs discutèrent longuement à leur ordinaire cette question. Ne vous imaginez-vous pas, mon cher lecteur, voir des mendiants qui raisonnent sur la pierre philosophale? 5

Le souverain bien! quel mot! autant aurait-il valu demander ce que c'est que le souverain bleu, ou le souverain ragoût, le souverain marcher, le souverain lire, etc.

Chacun met son bien où il peut, et en a autant qu'il peut à sa façon, et a bien petite mesure. 10

> *Quid dem, quid non dem, renuis tu quod jubet alter.*
> *Castor gaudet equis, ovo prognatus eodem*
> *Pugnis etc.*

Castor veut des chevaux, Pollux veut des lutteurs:
Comment concilier tant de goûts, tant d'humeurs! 15

Le plus grand bien est celui qui vous délecte avec tant de force, qu'il vous met dans l'impuissance totale de sentir autre chose, comme le plus grand mal est celui qui va jusqu'à nous priver de tout sentiment. Voilà les deux extrêmes de la nature humaine, et ces deux moments sont courts. 20

Il n'y a ni extrêmes délices, ni extrêmes tourments qui puissent durer toute la vie: le souverain bien et le souverain mal sont des chimères.

---

a   K84, K12: Bien, souverain bien / Chimère / Section 1

* Cet article reprend, avec quelques variantes textuelles, l'article 'Bien, souverain bien' du *DP*, paru en 1764, tout en y ajoutant quelques lignes d'introduction ainsi que la traduction des vers latins. Pour l'annotation du texte, voir *OCV*, t.35, p.416-17. Le présent article est envoyé à Cramer au cours de l'été 1770 (voir D16514, D16572, D16573) et paraît dans les *QE* en novembre/décembre 1770 (70, t.3).

Nous avons la belle fable de Crantor; il fait comparaître aux jeux olympiques la Richesse, la Volupté, la Santé, la Vertu; chacune demande la pomme: la Richesse dit, C'est moi qui suis le souverain bien, car avec moi on achète tous les biens: la Volupté dit, La pomme m'appartient, car on ne demande la richesse que pour m'avoir: la Santé assure que sans elle il n'y a point de volupté, et que la richesse est inutile: enfin la Vertu représente qu'elle est au-dessus des trois autres, parce qu'avec de l'or, des plaisirs et de la santé, on peut se rendre très misérable si on se conduit mal. La Vertu eut la pomme.

La fable est très ingénieuse; elle le serait encore plus si Crantor avait dit que le souverain bien est l'assemblage des quatre rivales réunies, vertu, santé, richesse, volupté: mais cette fable ne résout ni ne peut résoudre la question absurde du souverain bien. La vertu n'est pas un bien: c'est un devoir; elle est d'un genre différent, d'un ordre supérieur. Elle n'a rien à voir aux sensations douloureuses ou agréables. Un homme vertueux avec la pierre et la goutte, sans appui, sans amis, privé du nécessaire, persécuté, enchaîné par un tyran voluptueux qui se porte bien, est très malheureux; et le persécuteur insolent qui caresse une nouvelle maîtresse sur son lit de pourpre est très heureux. Dites que le sage persécuté est préférable à son indigne persécuteur; dites que vous aimez l'un, et que vous détestez l'autre; mais avouez que le sage dans les fers enrage. Si le sage n'en convient pas, il vous trompe, c'est un charlatan. (*a*)

(*a*) Cet article est un de ceux qu'on retrouve ailleurs, mais il est ici plus complet.

n.*a*   70, 71N, 71A, K84: [*note absente*]

BIENS D'ÉGLISE

Section première

L'Evangile défend à ceux qui veulent atteindre à la perfection, d'amasser des trésors et de conserver leurs biens temporels. (*a*) *Nolite thesaurisare vobis thesauros in terra.* [1] – (*b*) *Si vis perfectus esse, vade, vende quae habes, et da pauperibus.* [2] – (*c*) *Et omnis qui reliquerit*

(*a*) Matthieu, ch.6, verset 19.
(*b*) Matthieu, ch.6, verset 25.
(*c*) Matthieu, ch.6, verset 29.

---

* Voltaire semble répondre ici sur un ton satirique à l'article 'Eglise (*jurisp.*)' de l'*Encyclopédie*, de Boucher d'Argis, qui décrit de manière plutôt neutre la façon dont l'Eglise commença à accumuler des possessions, bien que Jésus-Christ l'ait fondée 'dans l'état de pauvreté' (t.5, p.422). L'autre point de départ est sans doute l'intérêt que porte Voltaire dès 1770 aux habitants de Franche-Comté, qui étaient toujours maintenus en servage sur les terres d'une ancienne communauté bénédictine. Voltaire attribue les deux premières parties de l'article, qui ont essentiellement pour sujet la loi romaine, à Charles-Frédéric-Gabriel Christin (1744-1799), avocat à Saint-Claude, avec qui il publie la *Collection des mémoires présentés au conseil du roi par les habitants du Mont-Jura et le chapitre de Saint-Claude, avec l'arrêt rendu par ce tribunal* (s.l., 1772). En mai 1770 Voltaire rédige la requête *Au roi en son conseil, pour les sujets du roi qui réclament la liberté de la France contre des moines bénédictins devenus chanoines de Saint-Claude, en Franche-Comté* (*M*, t.28, p.353-60), dont il reprend une partie dans cet article (lignes 226-56). A plusieurs reprises entre novembre 1769 et octobre 1770, Voltaire demande à Christin certains textes dont il est chargé (D15972, D15993, D16035, D16044, D16076, D16732), sans jamais parler explicitement du présent article. Voir Roger Bergeret et Jean Maurel, *L'Avocat Christin (1741-1799): un collaborateur de Voltaire des Lumières à la Révolution* (Lons-le-Saunier/Saint-Claude, 2002). C'est également à Christin que Voltaire attribuera l'article 'Impôt' des *QE*. Le présent article est envoyé à Cramer au cours de l'été 1770 (voir D16514, D16572, D16573) et paraît en novembre/décembre 1770 (70, t.3).

[1] 'Ne vous faites point de trésors dans la terre.'

[2] 'Si vous voulez être parfait, allez, vendez ce que vous avez, et le donnez aux pauvres' (Matthieu 19:21). La référence que donne Voltaire est erronée.

domum vel fratres, aut sorores, aut filios, aut agros propter nomen 5
meum, centuplum accipiet, et vitam aeternam possidebit.[3]

Les apôtres et leurs premiers successeurs ne recevaient aucun
immeuble, ils n'en acceptaient que le prix; et après avoir prélevé ce
qui était nécessaire pour leur subsistance, ils distribuaient le reste
aux pauvres. Saphire et Ananie ne donnèrent pas leurs biens à saint 10
Pierre, mais ils le vendirent et lui en apportèrent le prix.[4] *Vende*
quae habes et da pauperibus.

L'Eglise possédait déjà des biens-fonds considérables sur la fin
du troisième siècle, puisque Dioclétien et Maximien en prononcèrent la confiscation en 302.[5] 15

Dès que Constantin fut sur le trône des Césars, il permit de doter
les églises comme l'étaient les temples de l'ancienne religion; et dès
lors l'Eglise acquit de riches terres.[6] Saint Jérôme s'en plaignit
dans une de ses lettres à Eustochie: 'Quand vous les voyez, dit-il,
aborder d'un air doux et sanctifié les riches veuves qu'ils 20
rencontrent, vous croiriez que leur main ne s'étend que pour

---

[3] 'Et quiconque abandonnera pour mon nom sa maison ou ses frères, ou ses sœurs,
ou son père, ou sa mère, ou sa femme, ou ses enfants, ou ses terres, en recevra le
centuple, et aura pour héritage la vie éternelle' (Matthieu 19:29). Voltaire se trompe
de chapitre.

[4] Actes des apôtres, 5:1-10. Ce passage est marqué de traits marginaux dans
l'exemplaire que possède Voltaire du *Commentaire littéral* de Dom Calmet (25 vol.,
Paris, 1709-1734, t.16, p.130-32, BV613; *CN*, t.2, p.179). L'histoire de la mort
d'Ananie et de Saphire scandalise particulièrement Voltaire qui la cite souvent: voir
entre autres l'article 'Pierre' du *DP* (*OCV*, t.36, p.451-52) et l'article 'Ventres
paresseux' des *QE*.

[5] C'est en fait en 303, le lendemain de la destruction de l'église de Nicomédie, que
Dioclétien publie son édit qui portait que toutes les églises chrétiennes seraient
détruites, les livres saints brûlés, et les chrétiens déchus de leurs droits de citoyens,
comme le note Voltaire dans l'*Essai sur les mœurs* (ch.8), dans l'*Histoire de*
l'établissement du christianisme (ch.14) et dans l'article 'Hérésie' des *QE*, dont le
texte est repris du *Commentaire sur le livre Des délits et des peines*. Pour sa part,
Boucher d'Argis fait remarquer que 'Dioclétien et Maximien ordonnèrent la
confiscation de tous les immeubles que possédait l'*Eglise*', mais il ne donne pas de
date (*Encyclopédie*, t.5, p.423).

[6] Observation similaire et plus détaillée chez Boucher d'Argis.

leur donner des bénédictions, mais c'est au contraire pour recevoir le prix de leur hypocrisie.'[7]

Les saints prêtres recevaient sans demander. Valentinien Ier crut devoir défendre aux ecclésiastiques de rien recevoir des veuves et des femmes par testament, ni autrement. Cette loi, que l'on trouve au *Code Théodosien*, fut révoquée par Martien et par Justinien.[8]

Justinien, pour favoriser les ecclésiastiques, défendit aux juges par sa novelle XVIII, chap. II, d'annuler les testaments faits en faveur de l'Eglise, quand même ils ne seraient pas revêtus des formalités prescrites par les lois.[9]

Anastase avait statué en 491, que les biens d'Eglise se prescriraient par quarante ans. Justinien inséra cette loi dans son code; (*d*) mais ce prince qui changea continuellement la jurisprudence, étendit cette prescription à cent ans.[10] Alors quelques ecclésiastiques, indignes de leur profession, supposèrent de faux titres; (*e*)

(*d*) Cod. tit. *de fund. patrimon.*
(*e*) Cod. loi 24 *de sacro sanctis ecclesiis.*

---

[7] Dans sa lettre 22, saint Jérôme exhorte Eustochium à garder sa virginité, lui en indique les moyens et réfute les objections qu'opposent à ce mode de vie les païens et les chrétiens peu zélés. Voltaire possédait les *Lettres* de Jérôme, trad. Guillaume Roussel (Paris, 1743, BV1636; *CN*, t.4, p.386-94), qu'il lisait précisément en 1770 (voir D16452 et D16460) et dont il se sert également pour les articles 'Economie de paroles' et 'Juifs' des *QE*.

[8] Selon le *Codex Theodosianus*, en 370 l'empereur Valentinien Ier envoya à Damase, évêque de Rome, une loi selon laquelle les ecclésiastiques n'avaient pas le droit de fréquenter les maisons des veuves ou des mineures (*pupillae*); ils ne pouvaient d'ailleurs 'rien acquérir de la libéralité ou des dernières volontés d'une femme à laquelle ils se seraient joints en privé sous prétexte de religion' (*Code théodosien XVI*, livre 2, ch.20, trad. J. Rougé, Paris, 2005, p.163).

[9] Il s'agit ici de l'un des suppléments ajoutés au *Corpus iuris civilis* (529-34), ou *Codex Iustinianus*, de l'empereur Justinien, basé en partie sur le *Codex Theodosianus* (*Corpus iuris civilis*, éd. R. Schöll et G. Kroll, 3 vol., Berlin, 1954, t.3, p.129). Voltaire connaissait ce texte qui figure dans sa bibliothèque (Cologne, 1756, BV872; *CN*, t.3, p.758-64) et qu'il évoque dans une lettre à Christin (D18594).

[10] *Corpus iuris civilis*, t.2, p.448 (livre 11, ch.62, section 14, 'De fundis patrimonalibus').

ils tirèrent de la poussière de vieux testaments, nuls selon les anciennes lois, mais valables suivant les nouvelles. Les citoyens étaient dépouillés de leur patrimoine par la fraude. Les possessions qui jusque-là avaient été regardées comme sacrées, furent envahies par l'Eglise. Enfin, l'abus fut si criant, que Justinien lui-même fut obligé de rétablir les dispositions de la loi d'Anastase par sa novelle CXXXI, chap. VI. [11]

Les tribunaux français ont longtemps adopté le chap. XI de la novelle XVIII, [12] quand les legs faits à l'Eglise n'avaient pour objet que des sommes d'argent, ou des effets mobiliers; mais depuis l'ordonnance de 1735 les legs pieux n'ont plus ce privilège en France. [13]

Pour les immeubles, presque tous les rois de France depuis Philippe le Hardi, [14] ont défendu aux églises d'en acquérir sans leur permission. Mais la plus efficace de toutes les lois, c'est l'édit de 1749, rédigé par le chancelier d'Aguesseau. Depuis cet édit, l'Eglise ne peut recevoir aucun immeuble, soit par donation, par testament, ou par échange, sans lettres patentes du roi enregistrées au parlement. [15]

40

45

50

55

53-54   70, 71N: testament, ou par lettres
         71A: testament, ou par toute autre voie, à moins d'y être autorisé par les
lettres

[11] *Corpus iuris civilis*, t.3, p.657.
[12] *Corpus iuris civilis*, t.3, p.137-38.
[13] Allusion à la seconde des quatre importantes ordonnances qu'Henri-François d'Aguesseau fit adopter par Louis XV entre 1731 et 1747, à savoir sur les donations (1731), les testaments (1735), le faux (1737) et les fidéicommissaires (1747). Voltaire possède les *Œuvres* de d'Aguesseau (10 vol., Yverdon, 1763-1765, BV21; *CN*, t.1, p.69-72).
[14] Philippe III, roi de France de 1270 à 1285.
[15] L'édit royal de 1749, dit 'd'Aguesseau', interdit toutes fondations nouvelles d'établissement de mainmorte, c'est-à-dire l'accumulation de biens par les institutions religieuses, et rappelle que toute libéralité doit être autorisée par le roi. L'article de l'*Encyclopédie* fait allusion à cet édit en faisant remarquer que 'cette liberté indéfinie d'acquérir a depuis été restreinte en France, par une déclaration du mois d'août 1749' (t.5, p.423).

Section seconde

Les biens d'Eglise pendant les cinq premiers siècles de notre ère, furent régis par des diacres qui en faisaient la distribution aux clercs et aux pauvres.[16] Cette communauté n'eut plus lieu dès la fin du cinquième siècle; on partagea les biens de l'Eglise en quatre parts; on en donna une aux évêques, une autre aux clercs, une autre à la fabrique, et la quatrième fut assignée aux pauvres.[17]

Bientôt après ce partage, les évêques se chargèrent seuls des quatre portions; et c'est pourquoi le clergé inférieur est en général très pauvre.

Le parlement de Toulouse rendit un arrêt le 18 avril 1651, qui ordonnait que dans trois jours les évêques du ressort pourvoiraient à la nourriture des pauvres, passé lequel temps saisie serait faite du sixième de tous les fruits que les évêques prennent dans les paroisses dudit ressort, etc.

En France l'Eglise n'aliène pas valablement ses biens sans de grandes formalités, et si elle ne trouve pas de l'avantage dans l'aliénation, on juge que l'on peut prescrire sans titre, par une possession de quarante ans, les biens d'Eglise; mais s'il paraît un titre, et qu'il soit défectueux, c'est-à-dire, que toutes les formalités n'y aient pas été observées, l'acquéreur, ni ses héritiers ne peuvent jamais prescrire.[18] Et de là cette maxime, *melius est non habere titulum, quam habere vitiosum.* On fonde cette jurisprudence sur ce

[16] Boucher d'Argis précise que les diacres étaient chargés de la distribution des aumônes.

[17] Claude Fleury, *Institution au droit ecclésiastique, nouvelle édition*, 2 vol. (Paris, 1762, t.1, p.336, BV1352; *CN*, t.3, p.610-13). Fleury explique que la troisième part, réservée à la fabrique, est utilisée pour les réparations des bâtiments, le luminaire et l'entretien des églises.

[18] Ce paragraphe résume le chapitre 12, 'De l'aliénation des biens de l'Eglise' de l'*Institution du droit ecclésiastique*. Pour aliéner des biens de l'Eglise, il faut obtenir l'approbation de l'évêque, celle du roi, l'homologation de lettres patentes par le parlement qui commet au juge royal. En général, on a recours à l'autorité du pape pour confirmer cette aliénation.

que l'on présume que l'acquéreur dont le titre n'est pas en forme est de mauvaise foi, et que suivant les canons, un possesseur de mauvaise foi ne peut jamais prescrire. Mais celui qui n'a point de titres ne devrait-il pas plutôt être présumé usurpateur? Peut-on prétendre que le défaut d'une formalité que l'on a ignorée soit une présomption de mauvaise foi? Doit-on dépouiller le possesseur sur cette présomption? Doit-on juger que le fils qui a trouvé un domaine dans l'hoirie de son père, le possède avec mauvaise foi, parce que celui de ses ancêtres qui acquit ce domaine n'a pas rempli une formalité?

Les biens de l'Eglise nécessaires au maintien d'un ordre respectable, ne sont point d'une autre nature que ceux de la noblesse et du tiers état; les uns et les autres devraient être assujettis aux mêmes règles. [19] On se rapproche aujourd'hui autant qu'on le peut de cette jurisprudence équitable.

Il semble que les prêtres et les moines qui aspirent à la perfection évangélique, ne devraient jamais avoir de procès; (*f*) *et ei qui vult tecum judicio contendere, et tunicam tuam tollere, dimitte ei et pallium.* [20]

Saint Basile entend sans doute parler de ce passage, lorsqu'il dit, (*g*) qu'il y a dans l'Evangile une loi expresse, qui défend aux chrétiens d'avoir jamais aucun procès. [21] Salvien a entendu de

(*f*) Matthieu, ch.5, verset 40.
(*g*) Homel. *de legend. graec.*

91 K12: rapproche autant

[19] Voltaire prône une laïcisation de ces biens qui, selon Fleury, sont consacrés à Dieu. Donc aucun homme n'en est propriétaire ni ne peut en disposer sans commettre un sacrilège (*Institution au droit ecclésiastique*, t.1, p.345).
[20] 'Si quelqu'un veut plaider contre vous pour vous prendre votre robe, quittez-lui encore votre manteau' (traduction Lemaître de Sacy).
[21] Saint Basile, *Aux jeunes gens sur la manière de tirer profit des lettres helléniques*, homélie, trad. F. Boulenger (Paris, 1952), p.45: 'c'est la voie droite et vraie dont nous avons fait choix pour notre vie, nous à qui notre loi interdit les procès'.

même ce passage. (*h*) *Jubet Christus ne litigemus nec solum jubet, sed*   100
in tantum hoc jubet ut ipsa nos de quibus lis est, relinquere jubeat, dum
modo litibus exuamur.[22]

Le quatrième concile de Carthage a aussi réitéré ces défenses.
Episcopus nec provocatus de rebus transitoriis litiget.[23]

Mais d'un autre côté il n'est pas juste qu'un évêque abandonne   105
ses droits; il est homme, il doit jouir du bien que les hommes lui ont
donné; il ne faut pas qu'on le vole parce qu'il est prêtre.

(*Ces deux sections sont de M. Christin célèbre avocat au parlement*
de Besançon, qui s'est fait une réputation immortelle dans son pays, en
plaidant pour abolir la servitude.)   110

De la pluralité des bénéfices, des abbayes en commande, et des moines qui ont des esclaves.

Section troisième

Il en est de la pluralité des gros bénéfices, archevêchés, évêchés,
abbayes, de trente, quarante, cinquante, soixante mille florins

(*h*) *De gubern. Dei lib.* 3. p.47. édit. de Paris 1645.

108-10a   70, 71N, 71A: Mr. C.. *avocat au parlement de Besançon.*) / De
110a   70, 71N, 71A: bénéfices et des abbayes
n.*h* K12: livre 3. ch.47, édit.

[22] 'Non seulement le Christ ordonne que l'on ne fasse pas de procès mais il
l'ordonne si formellement qu'il ordonne qu'on abandonne ces choses mêmes qui sont
l'objet du différend, pourvu qu'on abandonne le procès même' (Salvien de Marseille,
De gubernatione Dei, livre 3, chapitre 6). Le passage où Salvien cite précisément ce
verset de Matthieu est ici légèrement tronqué.

[23] 'Qu'un évêque, même s'il est appelé à répondre de quelque chose, n'intente pas
de procès pour des biens destinés à passer': citation du *Concilium Carthaginense
quartum* de 419, sauf que la formulation latine exacte est 'pro rebus' et non 'de', même
si le sens change peu.

d'Empire, comme de la pluralité des femmes; c'est un droit qui n'appartient qu'aux hommes puissants.

Un prince de l'Empire, cadet de sa maison, serait bien peu chrétien s'il n'avait qu'un seul évêché; il lui en faut quatre ou cinq pour constater sa catholicité. Mais un pauvre curé qui n'a pas de quoi vivre, ne peut guère parvenir à deux bénéfices; du moins rien n'est plus rare.

Le pape qui disait qu'il était dans la règle; qu'il n'avait qu'un seul bénéfice, et qu'il s'en contentait, avait très grande raison.

On a prétendu qu'un nommé Ebrouin évêque de Poitiers, fut le premier qui eut à la fois une abbaye et un évêché.[24] L'empereur Charles le Chauve lui fit ces deux présents.[25] L'abbaye était celle de Saint Germain-des-Prés-les-Paris. C'était un gros morceau, mais pas si gros qu'aujourd'hui.

Avant cet Ebrouin nous voyons force gens d'Eglise posséder plusieurs abbayes.

Alcuin diacre, favori de Charlemagne, possédait à la fois celles de Saint Martin-de-Tours, de Ferrières, de Comeri et quelques autres.[26] On ne saurait trop en avoir; car si on est un saint, on édifie plus d'âmes; et si on a le malheur d'être un honnête homme du monde, on vit plus agréablement.

Il se pourrait bien que dès ce temps-là ces abbés fussent commendataires; car ils ne pouvaient réciter l'office dans sept ou huit endroits à la fois. Charles Martel et Pépin son fils, qui avaient pris pour eux tant d'abbayes, n'étaient pas des abbés réguliers.[27]

[24] Il s'agit d'Ebroin, qui devint évêque de Poitiers en 839.

[25] Charles II, petit-fils de Charlemagne et roi des Francs au neuvième siècle, surnommé le Chauve parce que le 5 mai 877, jour de la consécration de la collégiale Sainte-Marie, future abbaye Saint-Corneille à Compiègne, il se serait fait raser le crâne en signe de soumission à l'Eglise.

[26] Alcuin de York (v.735-804), moine, savant et, à partir de 781, conseiller de Charlemagne; il devint abbé de Tours en 796. Sur les possessions d'Alcuin, voir l'*Essai sur les mœurs*, ch.20.

[27] Charles Martel fut maire du palais d'Austrasie de 737 jusqu'à sa mort en 741 et *de facto* souverain du royaume des Francs. Son fils, Pépin III (le Bref), fut maire du même palais de 747 à 751 et roi des Francs de 751 jusqu'à sa mort en 768.

Quelle est la différence entre un abbé commendataire et un abbé qu'on appelle *régulier*? La même qu'entre un homme qui a cinquante mille écus de rente pour se réjouir, et un homme qui a cinquante mille écus pour gouverner.[28]

Ce n'est pas qu'il ne soit loisible aux abbés réguliers de se réjouir aussi. Voici comme s'exprimait sur leur douce joie Jean Trithème dans une de ses harangues, en présence d'une convocation d'abbés bénédictins.[29]

140

145

> *Neglecto superum cultu spretoque tonantis*
> *Imperio, Baccho indulgent venerique nefandae*, etc.

En voici une traduction, ou plutôt une imitation faite par une bonne âme, quelque temps après Jean Trithème.

---

[28] La réponse à cette question donnée par l'article 'Abbé' de l'*Encyclopédie*, par Mallet et Toussaint, est quelque peu différente de celle de Voltaire: les abbés réguliers ont la juridiction sur les moines en ce qui concerne leur adhésion à la règle et pour les questions spirituelles; les abbés commendataires sont des séculiers qui n'ont pas encore pris les ordres mais qui se chargent de l'administration des abbayes dont ils perçoivent des profits. La critique que lance Voltaire dans son article rappelle plutôt le chapitre 35 du *Siècle de Louis XIV*, qui a pour sujet les 'affaires ecclésiastiques': 'beaucoup de moines conventuels ne coûtent pas deux cents livres par an à leur monastère: il y a des moines abbés réguliers, qui jouissent de deux cent mille livres de rentes. C'est cette énorme disproportion, qui frappe et qui excite les murmures' (*OH*, p.1031). Il fait une critique légère des 'richesses immenses' de certains abbés réguliers dans une note qu'il ajoute à son *Epître à Madame Denis, sur l'agriculture* (*M*, t.10, p.380).

[29] Johann Heidenberg (1462-1516), né à Trittenheim (plus connu sous les noms de Jean Trithème ou Johannes Trithemius) est un théologien et historien allemand à l'origine de plusieurs découvertes en cryptologie, ou science du secret. L'abbé Trithème figure plusieurs fois dans *La Pucelle d'Orléans* (*OCV*, t.7), où Voltaire cite sa *Chronique de Hirschau* (Bâle, 1559) comme source de *La Pucelle* (*OCV*, t.7, p.391, 393). Trithème figure aussi dans l'article 'Abbaye' du fonds de Kehl: 'On peut juger des mœurs des réguliers par une harangue de l'an 1493, où l'abbé Trithème dit à ses confrères: "Vous, messieurs les abbés, qui êtes des ignorants et ennemis de la science du salut, qui passez les journées entières dans les plaisirs impudiques, dans l'ivrognerie et dans le jeu; qui vous attachez aux biens de la terre, que répondrez-vous à Dieu et à votre fondateur saint Benoît?" ' (*M*, t.17, p.22).

Ils se moquent du ciel et de la Providence,   150
Ils aiment mieux Bacchus et la mère d'amour;
Ce sont leurs deux grands saints pour la nuit et le jour.
Des pauvres à prix d'or ils vendent la substance.
Ils s'abreuvent dans l'or, l'or est sur leurs lambris;
L'or est sur leurs catins qu'on paye au plus haut prix.   155
Et passant mollement de leur lit à la table,
Ils ne craignent ni lois, ni rois, ni dieu, ni diable. [30]

Jean Trithême, comme on voit, était de très méchante humeur.
On eût pu lui répondre ce que disait César avant les ides de Mars;
Ce n'est pas ces voluptueux que je crains, ce sont ces raisonneurs maigres   160
et pâles. [31] Les moines qui chantent le *pervigilium veneris* pour
matines, ne sont pas dangereux. [32] Les moines argumentants,
prêchants, cabalants, ont fait beaucoup plus de mal que tous
ceux dont parle Jean Trithême.

Les moines ont été aussi maltraités par l'évêque célèbre du Bellai   165
qu'ils l'avaient été par l'abbé Trithême. Il leur applique, dans son
Apocalypse de Méliton, ces paroles d'Osée: *Vaches grasses qui*
frustrez les pauvres, qui dites sans cesse, Apportez et nous boirons, le
Seigneur a juré par son saint nom que voici les jours qui viendront sur

160   K84, K12: *Ce ne sont pas*

[30] Cette imitation semble être de Voltaire.

[31] Le mot de César, qui parle de Brutus et de Cassius, se trouve dans la *Vie de*
César de Plutarque, section 62. Voltaire possédait entre autres éditions les *Vies des*
hommes illustres de Plutarque, trad. Dacier (10 vol., Amsterdam, 1734, BV2774). Le
mot revient sous la plume de Shakespeare dans *Julius Caesar*: 'Yon Cassius has a lean
and hungry look' (acte 1, scène 2).

[32] Le *Pervigilium Veneris*, ou la *Veillée de Vénus*, qui fait l'éloge de Vénus dans la
plaine de Catane, est un court poème, découvert au seizième siècle par Pierre Pithou
et traduit en français par le père Sanadon en 1728. On suppose qu'il était récité lors
des fêtes nocturnes en l'honneur de la déesse, mais l'auteur et la date de rédaction
demeurent obscurs. Comme le fait remarquer Voltaire dans la 'Préface de don
Apuleius Risorius' qui précède *La Pucelle*, 'qu'importe de connaître l'auteur? Il y a
beaucoup d'ouvrages que les doctes et les sages lisent avec délices, sans savoir qui les
a faits, comme le *Pervigilium veneris*, la satire sous le nom de *Pétrone*, et tant d'autres'
(*OCV*, t.7, p.254); voir aussi l'article 'Oraison' des *QE*.

vous; vous aurez agacement de dents et disette de pain en toutes vos   170
maisons. 33

La prédiction ne s'est pas accomplie; mais l'esprit de police qui
s'est répandu dans toute l'Europe en mettant des bornes à la
cupidité des moines, leur a inspiré plus de décence.

Il faut convenir malgré tout ce qu'on a écrit contre leurs abus,   175
qu'il y a toujours eu parmi eux des hommes éminents en science et
en vertu; que s'ils ont fait de grands maux ils ont rendu de grands
services, et qu'en général on doit les plaindre encore plus que les
condamner.

Des biens de l'Eglise
Section quatrième

Tous les abus grossiers qui durèrent dans la distribution des   180
bénéfices depuis le dixième siècle jusqu'au seizième, ne subsistent
plus aujourd'hui; s'ils sont inséparables de la nature humaine, ils
sont beaucoup moins révoltants par la décence qui les couvre. Un
Maillard ne dirait plus aujourd'hui en chaire, *O domina quae facitis*
placitum domini episcopi etc. O madame qui faites le plaisir de   185
monsieur l'évêque; si vous demandez comment cet enfant de dix ans
a eu un bénéfice, on vous répondra que madame sa mère était fort privée
de monsieur l'évêque. 34

179-79b   K84, K12: condamner. / Section 4

33 Claude Pithois, *L'Apocalypse de Méliton* (Saint-Léger, 1662, *Ferney catalogue*
n° 2355), où il s'agit explicitement d'une 'parole libre du prophète Amos' (p.7) et non
pas d'Osée, comme le dit Voltaire (la citation provient en effet du livre d'Amos 4:1-2 et
6, où le prophète s'adresse aux femmes riches d'Israël, les appelant les 'vaches de
Basan'). Pithois, franciscain converti au protestantisme, cite dans ce libelle contre les
abus monastiques de l'Etat des extraits de l'ouvrage antérieur de Jean-Pierre Camus,
évêque de Belley, *Eclaircissements de Méliton sur les entretiens curieux d'Hermodore.*

34 Olivier Maillard (v.1430-1502), vicaire général des cordeliers de France et
confesseur de Charles VIII, prêcha de 1460 à 1502. Ses nombreux sermons sont écrits
en latin; trois seulement ont été traduits en français: la *Confession*, la *Passion* et le
Sermon de Bruges. Nous n'avons pas pu retrouver cette citation chez Maillard.

On n'entend plus en chaire un cordelier Menot criant, *Deux crosses, deux mîtres, et adhuc non sunt contenti.*[35] *Entre vous, mesdames, qui faites à monsieur l'évêque le plaisir que savez, et puis dites, oh oh! il fera du bien à mon fils, ce sera un des mieux pourvus en l'Eglise, isti protonotarii qui habent illas dispensas ad tria, immo in quindecim beneficia, et sunt simoniaci et sacrilegi: et non cessant arripere beneficia, incompatibilia: idem est eis. Si vacet episcopatus, pro eo habendo dabitur unus grossus fasciculus aliorum beneficiorum. Primo accumulabantur archidiaconatus, abbatiae, duo prioratus, quatuor aut quinque praebendae, et dabuntur haec omnia pro recompensatione.*[36]

Si ces protonotaires qui ont des dispenses pour trois, ou même quinze bénéfices, sont simoniaques et sacrilèges, et si on ne cesse d'accrocher des bénéfices incompatibles, c'est même chose pour eux. Il vaque un bénéfice; pour l'avoir on vous donnera une poignée d'autres bénéfices, un archidiaconat, des abbayes, deux prieurés, quatre ou cinq prébendes, et tout cela pour faire la compensation.

190

195

200

205

191-92   w68: *savez, oh*
198-200   k84, k12: *pro compensatione.*¶Si

[35] 'Et ils ne sont pas encore contents'. Michel Menot (v.1440-1518), cordelier, fut l'un des plus grands prédicateurs du quinzième siècle. Ses sermons consistaient en un mélange burlesque de français et de latin. L'un de ses sermons les plus célèbres est celui sur Marie-Madeleine, auquel Voltaire fait allusion dans l'article 'Marie Magdeleine' des *QE* et à deux reprises dans ses *Carnets* (*OCV*, t.81, p.354, et t.82, p.522). Nous n'avons pourtant pas pu retrouver cette citation ni la suivante chez Menot. Voltaire a lu les *Sermons*, comme en témoigne *Des allégories* (*M*, t.17, p.120).

[36] 'Ces secrétaires qui ont des dispenses pour trois, ou plutôt pour quinze bénéfices, sont à la fois simoniaques et sacrilèges: et ils ne cessent d'arracher des bénéfices, incompatibles: l'un vaut l'autre pour eux. Si un évêché vient à manquer, on donnera à sa place un unique gros paquet d'autres bénéfices. On accumulera d'abord un archidiaconat, des abbayes, deux prieurés, quatre ou cinq prébendes et tous ces biens seront donnés en compensation'. Les temps verbaux du texte latin sont incohérents. Sans doute faut-il lire 'accumulabuntur' pour 'accumulabantur'. Si Voltaire a vraiment choisi la seconde forme (quoiqu'il traduise par un futur), il s'agit en revanche d'un imparfait: 'on accumulait'.

Le même prédicateur dans un autre endroit s'exprime ainsi: 'Dans quatre plaideurs qu'on rencontre au palais, il y a toujours un moine; et si on leur demande ce qu'ils font là, un cléricus répondra, Notre chapitre est bandé contre le doyen, contre l'évêque et contre 210 les autres officiers, et je vais après les queues de ces messieurs pour cette affaire. Et toi, maître moine, que fais-tu ici? Je plaide une abbaye de huit cents livres de rente pour mon maître. Et toi, moine blanc? Je plaide un petit prieuré pour moi. Et vous, mendiants, qui n'avez terre, ni sillon, que battez-vous ici le pavé? Le roi nous a 215 octroyé du sel, du bois et autres choses: mais ses officiers les nous dénient. Ou bien, un tel curé par son avarice et envie nous veut empêcher la sépulture et la dernière volonté d'un qui est mort ces jours passés, tellement qu'il nous est force d'en venir à la cour.' [37]

Il est vrai que ce dernier abus, dont retentissent tous les 220 tribunaux de l'Eglise catholique romaine, n'est point déraciné.

Il en est un plus funeste encore, c'est celui d'avoir permis aux bénédictins, aux bernardins, aux chartreux même, d'avoir des mainmortables, des esclaves. On distingue sous leur domination dans plusieurs provinces de France et en Allemagne, [38] 225

> Esclavage de la personne,
> Esclavage des biens,
> Esclavage de la personne et des biens.

L'esclavage de la personne consiste dans l'incapacité de disposer de ses biens en faveur de ses enfants, s'ils n'ont pas toujours vécu 230 avec leur père dans la même maison et à la même table. Alors tout appartient aux moines. Le bien d'un habitant du mont Jura mis

---

216-17   K84, K12: officiers nous les dénient

[37] Traduction par Voltaire d'un passage du 'Second carême de Paris', *Sermons choisis de Michel Menot*, éd. Joseph Neve (Paris, 1924), p.390.

[38] Les lignes 226-56 figurent aussi dans *Au roi en son conseil pour les sujets du roi qui réclament la liberté pour la France* (*M*, t.28, p.355-56) et seront annotées par Robert Granderoute (*OCV*, t.72). La requête a été diffusée à partir de mai 1770 (voir D16137); des exemplaires sont vendus à Genève en juin (D16433, 19 juin 1770).

entre les mains d'un notaire de Paris, devient dans Paris même la proie de ceux qui originairement avaient embrassé la pauvreté évangélique au mont Jura. Le fils demande l'aumône à la porte de la maison que son père a bâtie; et les moines, bien loin de lui donner cette aumône, s'arrogent jusqu'au droit de ne point payer les créanciers du père, et de regarder comme nulles les dettes hypothéquées sur la maison dont ils s'emparent. La veuve se jette en vain à leurs pieds pour obtenir une partie de sa dot. Cette dot, ces créances, ce bien paternel, tout appartient de droit divin aux moines. Les créanciers, la veuve, les enfants, tout meurt dans la mendicité.

L'esclavage réel est celui qui est affecté à une habitation. Quiconque vient occuper une maison dans l'empire de ces moines, et y demeure un an et un jour, devient leur serf pour jamais. Il est arrivé quelquefois qu'un négociant français, père de famille, attiré par ses affaires dans ce pays barbare, y ayant pris une maison à loyer pendant une année, et étant mort ensuite dans sa patrie, dans une autre province de France, sa veuve, ses enfants ont été tout étonnés de voir des huissiers venir s'emparer de leurs meubles, avec des paréatis,[39] les vendre au nom de saint Claude, et chasser une famille entière de la maison de son père.

L'esclavage mixte est celui qui étant composé des deux, est ce que la rapacité a jamais inventé de plus exécrable, et ce que les brigands n'oseraient pas même imaginer.

Il y a donc des peuples chrétiens gémissant dans un triple esclavage sous des moines qui ont fait vœu d'humilité et de pauvreté! chacun demande comment les gouvernements souffrent ces fatales contradictions? C'est que les moines sont riches; et leurs esclaves sont pauvres. C'est que les moines, pour conserver leur droit d'*attila*, font des présents aux commis, aux maîtresses de ceux

[235]
[240]
[245]
[250]
[255]
[260]

---

[39] D'après le *Dictionnaire de l'Académie* (2 vol., Paris, 1762), ce mot latin passé dans le français 'se dit de certaines lettres qu'on obtient en chancellerie, soit du grand sceau, pour pouvoir mettre à exécution dans le ressort d'un parlement un arrêt rendu dans un autre parlement; soit du petit sceau, pour faire exécuter une sentence hors de la juridiction d'un tribunal où elle a été rendue' (t.2, p.297).

qui pourraient interposer leur autorité pour réprimer une telle oppression. Le fort écrase toujours le faible. Mais pourquoi faut-il que les moines soient les plus forts? 265

Quel horrible état que celui d'un moine dont le couvent est riche! la comparaison continuelle qu'il fait de sa servitude et de sa misère avec l'empire et l'opulence de l'abbé, du prieur, du procureur, du secrétaire, du maître des bois etc, lui déchire l'âme – à l'église et au réfectoire. Il maudit le jour où il prononça 270 ses vœux imprudents et absurdes: il se désespère; il voudrait que tous les hommes fussent aussi malheureux que lui. S'il a quelque talent pour contrefaire les écritures, il l'emploie en faisant de fausses chartes pour plaire au sous-prieur; il accable les paysans qui ont le malheur inexprimable d'être vassaux d'un couvent: étant 275 devenu bon faussaire, il parvient aux charges: et comme il est fort ignorant, il meurt dans le doute et dans la rage.

265-77   70, 71N, 71A: forts? //

TOUT EST BIEN

Je vous prie, messieurs, de m'expliquer le *tout est bien*, car je ne
l'entends pas.

Cela signifie-t-il, *tout est arrangé*, *tout est ordonné*, suivant la
théorie des forces mouvantes?[1] je comprends et je l'avoue.

Entendez-vous que chacun se porte bien, qu'il a de quoi vivre, et   5
que personne ne souffre? vous savez combien cela est faux.

Votre idée est-elle que les calamités lamentables qui affligent la
terre sont *bien* par rapport à Dieu et le réjouissent? Je ne crois point
cette horreur, ni vous non plus.

De grâce, expliquez-moi le *tout est bien*. Platon le raisonneur   10
daigna laisser à Dieu la liberté de faire cinq mondes, par la raison,
dit-il, qu'il n'y a que cinq corps solides réguliers en géométrie, le
tétraèdre, le cube, l'hexaèdre, le dodécaèdre, l'icosaèdre.[2] Mais
pourquoi resserrer ainsi la puissance divine? pourquoi ne lui pas
permettre la sphère, qui est encore plus régulière, et même le cône,   15
la pyramide à plusieurs faces, le cylindre? etc.

Dieu choisit, selon lui, nécessairement le meilleur des mondes

a   K84, K12: Bien, tout est bien

* Cet article diffère de celui du même titre dans le *DP*, notamment en sa première
section (lignes 1-35) qui traite cependant le même sujet que le début de l'article du
DP (lignes 1-20), c'est-à-dire la philosophie de l'optimisme de Leibniz et sa dette
envers Platon. Le corps de l'article est repris du *DP* avec quelques petites différences
(lignes 38 et 165). Il présente également une dernière partie (lignes 200-346) absente
du *DP*, dans laquelle Voltaire cite la fin du *Poème sur le désastre de Lisbonne*, avec ses
propres notes. En prenant pour sujet la célèbre formule de Pangloss (voir en
particulier les lignes 20-21, où il change 'globe' en 'monde'), cet article ne tient pas
compte de l'article 'Bien' de l'*Encyclopédie*, dans lequel l'abbé Yvon traite 'le bien'
comme terme moral. Il est envoyé à Cramer au cours de l'été 1770 (voir D16514,
D16572, D16573) et paraît en novembre/décembre 1770 (70, t.3).

[1] Descartes ne parle jamais, semble-t-il, de 'forces mouvantes', mais bien de forces
motrices.

[2] Voir l'article 'Tout est bien' du *DP*, *OCV*, t.35, p.420, n.4.

possibles; ce système a été embrassé par plusieurs philosophes chrétiens, quoiqu'il semble répugner au dogme du péché originel. Car notre globe, après cette transgression, n'est plus le meilleur des globes; il l'était auparavant: il pourrait donc l'être encore; et bien des gens croient qu'il est le pire des globes, au lieu d'être le meilleur.

Leibnitz, dans sa *Théodicée*, prit le parti de Platon. [3] Plus d'un lecteur s'est plaint de n'entendre pas plus l'un que l'autre; pour nous, après les avoir lus tous deux plus d'une fois, nous avouons notre ignorance, selon notre coutume: et puisque l'Evangile ne nous a rien révélé sur cette question, nous demeurons sans remords dans nos ténèbres.

Leibnitz qui parle de tout, a parlé du péché originel aussi; et comme tout homme à système fait entrer dans son plan tout ce qui peut le contredire, il imagina que la désobéissance envers Dieu, et les malheurs épouvantables qui l'ont suivie, étaient des parties intégrantes du meilleur des mondes, des ingrédients nécessaires de toute la félicité possible. *Calla calla señor don Carlos: todo che se haҙe e por su ben.* [4]

Quoi! être chassé d'un lieu de délices, où l'on aurait vécu à jamais, si on n'avait pas mangé une pomme? [5] Quoi! faire dans la misère, des enfants misérables et criminels qui souffriront tout, qui feront tout souffrir aux autres? Quoi! éprouver toutes les maladies, sentir tous les chagrins, mourir dans la douleur, et pour rafraîchissement être brûlé dans l'éternité des siècles; ce partage est-il

---

[3] Voir l'article 'Tout est bien' du *DP* (*OCV*, t.35, p.419, n.2 et p.420, n.5).

[4] Cette phrase se trouve dans une lettre de 1659 de Saint-Evremond au maréchal de Créqui au sujet du cardinal Mazarin et du traité de paix si généreux qu'il avait conclu avec une Espagne vaincue et militairement humiliée: '[Mazarin] souvenait à son Eminence du beau mot de ce Castillan qui venait étrangler Don Carlos par l'ordre de Philippe II: "Calla, calla, Señor Don Carlos, todo lo que se haze es por su ben" [Du calme, seigneur don Carlos, tout ce qui se fait est pour votre bien]' (Charles de Marguetel de Saint-Denis de Saint-Evremond, *Œuvres*, 10 vol., Paris, 1740, t.1, p.40, BV3061). La phrase du geôlier de don Carlos est également citée, en français cette fois, dans le chapitre 26, 'Du meilleur des mondes', du *Philosophe ignorant* (*OCV*, t.62, p.68).

[5] Lignes 36-200: texte repris de l'article 'Tout est bien' du *DP*. Pour l'annotation de ce texte, voir *OCV*, t.35, p.419-28.

bien ce qu'il y avait de meilleur? Cela n'est pas trop *bon* pour nous; et en quoi cela peut-il être bon pour Dieu?

Leibnitz sentait qu'il n'y avait rien à répondre; aussi fit-il de gros livres dans lesquels il ne s'entendait pas.   45

Nier qu'il y ait du mal, cela peut être dit en riant par un Lucullus qui se porte bien et qui fait un bon dîner avec ses amis et sa maîtresse dans le salon d'Apollon; mais, qu'il mette la tête à la fenêtre, il verra des malheureux; qu'il ait la fièvre, il le sera lui-même.

Je n'aime point à citer; c'est d'ordinaire une besogne épineuse;   50
on néglige ce qui précède et ce qui suit l'endroit qu'on cite, et on s'expose à mille querelles. Il faut pourtant que je cite Lactance, Père de l'Eglise, qui dans son chap. XIII de *la Colère de Dieu*, fait parler ainsi Epicure: 'Ou Dieu veut ôter le mal de ce monde, et ne le peut: ou il le peut, et ne le veut pas; ou il ne le peut, ni ne le veut; ou enfin   55
il le veut et le peut. S'il le veut et ne le peut pas, c'est impuissance, ce qui est contraire à la nature de Dieu; s'il le peut et ne le veut pas, c'est méchanceté, et cela est non moins contraire à sa nature; s'il ne le veut ni ne le peut, c'est à la fois méchanceté et impuissance; s'il le veut et le peut (ce qui seul de ces parties convient à Dieu), d'où   60
vient donc le mal sur la terre?'

L'argument est pressant, aussi Lactance y répond fort mal, en disant que Dieu veut le mal, mais qu'il nous a donné la sagesse avec laquelle on acquiert le bien. Il faut avouer que cette réponse est bien faible en comparaison de l'objection; car elle suppose que Dieu ne   65
pouvait donner la sagesse qu'en produisant le mal; et puis, nous avons une plaisante sagesse!

L'origine du mal a toujours été un abîme dont personne n'a pu voir le fond. C'est ce qui réduisit tant d'anciens philosophes et des législateurs à recourir à deux principes, l'un bon, l'autre mauvais.   70
Typhon était le mauvais principe chez les Egyptiens, [6] Arimane chez les Perses. Les manichéens adoptèrent, comme on sait, cette

---

69-70   K84, K12: et de législateurs

[6] Voltaire aurait pu apprendre cela chez Plutarque, *De Isis et d'Osiris*, dans les *Œuvres morales et mêlées*, trad. Amyot (Paris, 1575, BV2771; *CN*, t.7, p.108-16).

théologie; mais comme ces gens-là n'avaient jamais parlé ni au bon, ni au mauvais principe, il ne faut pas les en croire sur leur parole.

Parmi les absurdités dont ce monde regorge, et qu'on peut mettre au nombre de nos maux, ce n'est pas une absurdité légère, que d'avoir supposé deux êtres tout-puissants, se battant à qui des deux mettrait plus du sien dans ce monde, et faisant un traité comme les deux médecins de Molière: Passez-moi l'émétique, et je vous passerai la saignée.

Basilide, après les platoniciens, prétendit, dès le premier siècle de l'Eglise, que Dieu avait donné notre monde à faire à ses derniers anges; et que ceux-ci n'étant pas habiles, firent les choses telles que nous les voyons. Cette fable théologique tombe en poussière par l'objection terrible, qu'il n'est pas dans la nature d'un Dieu tout-puissant et tout sage, de faire bâtir un monde par des architectes qui n'y entendent rien.

Simon qui a senti l'objection, la prévient en disant, que l'ange qui présidait à l'atelier est damné pour avoir si mal fait son ouvrage; mais la brûlure de cet ange ne nous guérit pas.

L'aventure de Pandore chez les Grecs, ne répond pas mieux à l'objection. La boîte où se trouvent tous les maux, et au fond de laquelle reste l'espérance, est à la vérité une allégorie charmante; mais cette Pandore ne fut faite par Vulcain que pour se venger de Prométhée, qui avait fait un homme avec de la boue.

Les Indiens n'ont pas mieux rencontré; Dieu ayant créé l'homme, il lui donna une drogue qui lui assurait une santé permanente; l'homme chargea son âne de la drogue, l'âne eut soif, le serpent lui enseigna une fontaine, et pendant que l'âne buvait, le serpent prit la drogue pour lui.

Les Syriens imaginèrent que l'homme et la femme ayant été créés dans le quatrième ciel, ils s'avisèrent de manger d'une galette, au lieu de l'ambroisie qui était leur mets naturel. L'ambroisie s'exhalait par les pores, mais après avoir mangé de la galette, il fallait aller à la selle. L'homme et la femme prièrent un ange de leur enseigner où était la garde-robe. Voyez-vous, leur dit l'ange, cette petite planète, grande comme rien, qui est à quelque soixante millions de lieues d'ici, c'est là le privé de l'univers, allez-y au plus vite: ils y allèrent, on les y laissa; et c'est depuis ce temps que notre monde fut ce qu'il est.   110

On demandera toujours aux Syriens, pourquoi Dieu permit que l'homme mangeât la galette, et qu'il nous en arrivât une foule de maux si épouvantables?

Je passe vite de ce quatrième ciel à milord Bolingbroke, pour ne pas m'ennuyer. Cet homme, qui avait sans doute un grand génie,   115 donna au célèbre Pope son plan du *tout est bien*, qu'on retrouve en effet mot pour mot dans les œuvres posthumes de milord Bolingbroke, et que milord Shaftsbury avait auparavant inséré dans ses *Caractéristiques*. Lisez dans Shaftsbury le chapitre *des moralistes*, vous y verrez ces paroles: 120

'On a beaucoup à répondre à ces plaintes des défauts de la nature. Comment est-elle sortie si impuissante et si défectueuse des mains d'un être parfait? mais je nie qu'elle soit défectueuse... sa beauté résulte des contrariétés, et la concorde universelle naît d'un combat perpétuel... Il faut que chaque être soit immolé à d'autres;   125 les végétaux aux animaux, les animaux à la terre... et les lois du pouvoir central et de la gravitation, qui donnent aux corps célestes leur poids et leur mouvement, ne seront point dérangées pour l'amour d'un chétif animal, qui tout protégé qu'il est par ces mêmes lois, sera bientôt par elles réduit en poussière.'   130

Bolingbroke, Shaftsbury, et Pope leur metteur en œuvre, ne résolvent pas mieux la question que les autres: leur *tout est bien*, ne veut dire autre chose, sinon que le tout est dirigé par des lois immuables; qui ne le sait pas? vous ne nous apprenez rien quand vous remarquez après tous les petits enfants, que les mouches sont   135 nées pour être mangées par des araignées, les araignées par les hirondelles, les hirondelles par les pies-grièches, les pies-grièches par les aigles, les aigles pour être tués par les hommes, les hommes

136-137   K12: par des hirondelles,

386

pour se tuer les uns les autres, et pour être mangés par les vers, et
ensuite par les diables, au moins mille sur un.   140

Voilà un ordre net et constant parmi les animaux de toute
espèce; il y a de l'ordre partout. Quand une pierre se forme dans ma
vessie, c'est une mécanique admirable, des sucs pierreux passent
petit à petit dans mon sang, ils se filtrent dans les reins, passent par
les urètres, se déposent dans ma vessie, s'y assemblent par une   145
excellente attraction newtonienne; le caillou se forme, se grossit, je
souffre des maux mille fois pires que la mort, par le plus bel
arrangement du monde; un chirurgien ayant perfectionné l'art
inventé par Tubal-Caïn, vient m'enfoncer un fer aigu et tranchant
dans le périnée, saisit ma pierre avec ses pincettes, elle se brise sous   150
ses efforts par un mécanisme nécessaire; et par le même mécanisme
je meurs dans des tourments affreux; *tout cela est bien*, tout cela est
la suite évidente des principes physiques inaltérables, j'en tombe
d'accord, et je le savais comme vous.

Si nous étions insensibles, il n'y aurait rien à dire à cette   155
physique. Mais ce n'est pas cela dont il s'agit; nous vous
demandons s'il n'y a point de maux sensibles, et d'où ils viennent?
Il n'y a point de maux, dit Pope dans sa quatrième épître sur le tout
est bien; *s'il y a des maux particuliers, ils composent le bien général*.

Voilà un singulier bien général, composé de la pierre, de la   160
goutte, de tous les crimes, de toutes les souffrances, de la mort, et
de la damnation.

La chute de l'homme est l'emplâtre que nous mettons à toutes ces
maladies particulières du corps et de l'âme, que vous appelez *santé
générale*; mais Shaftsbury et Bolingbroke ont osé attaquer le péché   165
originel; Pope n'en parle point; il est clair que leur système sape la
religion chrétienne par ses fondements, et n'explique rien du tout.

Cependant, ce système a été approuvé depuis peu par plusieurs
théologiens, qui admettent volontiers les contraires; à la bonne
heure, il ne faut envier à personne la consolation de raisonner   170
comme il peut sur le déluge de maux qui nous inonde. Il est juste
d'accorder aux malades désespérés, de manger de ce qu'ils veulent.
On a été jusqu'à prétendre que ce système est consolant. *Dieu*, dit

387

Pope, *voit d'un même œil périr le héros et le moineau, un atome, ou mille planètes précipitées dans la ruine, une boule de savon, ou un monde se former.*   175

Voilà, je vous l'avoue, une plaisante consolation; ne trouvez-vous pas un grand lénitif dans l'ordonnance de milord Shaftsbury, qui dit que Dieu n'ira pas déranger ses lois éternelles pour un animal aussi chétif que l'homme? Il faut avouer du moins que ce   180 chétif animal a droit de crier humblement, et de chercher à comprendre en criant, pourquoi ces lois éternelles ne sont pas faites pour le bien-être de chaque individu?

Ce système du *tout est bien*, ne représente l'auteur de toute la nature, que comme un roi puissant et malfaisant, qui ne s'embar-   185 rasse pas qu'il en coûte la vie à quatre ou cinq cent mille hommes, et que les autres traînent leurs jours dans la disette et dans les larmes, pourvu qu'il vienne à bout de ses desseins.

Loin donc que l'opinion du meilleur des mondes possibles console, elle est désespérante pour les philosophes qui l'embrassent.   190 La question du bien et du mal, demeure un chaos indébrouillable pour ceux qui cherchent de bonne foi; c'est un jeu d'esprit pour ceux qui disputent; ils sont des forçats qui jouent avec leurs chaînes. Pour le peuple non pensant, il ressemble assez à des poissons qu'on a transportés d'une rivière dans un réservoir; ils ne se doutent pas   195 qu'ils sont là pour être mangés le carême; aussi ne savons-nous rien du tout par nous-mêmes des causes de notre destinée.

Mettons à la fin de presque tous les chapitres de métaphysique les deux lettres des juges romains quand ils n'entendaient pas une cause, *N. L. non liquet*, cela n'est pas clair[7]. Imposons surtout   200 silence aux scélérats, qui étant accablés comme nous du poids des calamités humaines, y ajoutent la fureur de la calomnie. Confondons leurs exécrables impostures, en recourant à la foi et à la

---

[7] Fin de l'article dans le *DP*. Les quelques lignes contre les calomniateurs qui suivent sont une allusion aux remous causés par le *Poème sur le désastre de Lisbonne* dont il reproduit une partie.

Providence. Copions la fin de l'épître en vers sur le désastre de
Lisbonne:[8] (a)   205

> Mon malheur, dites-vous, est le bien d'un autre être.
> De mon corps tout sanglant mille insectes vont naître:
> Quand la mort met le comble aux maux que j'ai soufferts,
> Le beau soulagement d'être mangé des vers!
> Tristes calculateurs des misères humaines,   210
> Ne me consolez point; vous aigrissez mes peines:
> Et je ne vois en vous que l'effort impuissant
> D'un fier infortuné qui feint d'être content.
>   Je ne suis du grand *Tout* qu'une faible partie:
> Oui; mais les animaux condamnés à la vie,   215
> Tous les êtres sentants nés sous la même loi,
> Vivent dans la douleur, et meurent comme moi.
>   Le vautour acharné sur sa timide proie,
> De ses membres sanglants se repaît avec joie:
> Tout semble *bien* pour lui, mais bientôt à son tour   220
> Une aigle au bec tranchant dévore le vautour.
> L'homme d'un plomb mortel atteint cette aigle altière;
> Et l'homme aux champs de Mars couché sur la poussière,
> Sanglant, percé de coups, sur un tas de mourants,
> Sert d'aliment affreux aux oiseaux dévorants.   225
> Ainsi du monde entier tous les membres gémissent;
> Nés tous pour les tourments, l'un par l'autre ils périssent:
> Et vous composerez, dans ce chaos fatal,
> Des malheurs de chaque être un bonheur général?
> Quel bonheur! ô mortel, superbe et misérable!   230
> Vous criez, *Tout est bien*, d'une voix lamentable.

(a) Une partie de cet article se trouve ailleurs, mais moins étendue; de
plus il est bon d'inculquer ces vérités au lecteur dans plus d'un ouvrage.

204-344 K84, K12: Providence. [*avec note*: Voyez le poème sur le *désastre de
Lisbonne*; volume de *Poèmes*, 'Mon malheur, dites-vous, est le bien d'un autre être'
etc.] ¶Des
n.*a* 70, 71N, 71A: [*note absente*]

[8] Titre approximatif. Pour l'annotation de cette auto-citation, voir *OCV*, t.45A.

L'univers vous dément, et votre propre cœur
Cent fois de votre esprit a réfuté l'erreur.
    Eléments, animaux, humains, tout est en guerre.
Il le faut avouer, le *mal* est sur la terre: 235
Son principe secret ne nous est point connu.
De l'auteur de tout bien le mal est-il venu?
Est-ce le noir Typhon (*b*), le barbare Arimane (*c*),
Dont la loi tyrannique à souffrir nous condamne?
Mon esprit n'admet point ces monstres odieux,   240
Dont le monde en tremblant fit autrefois des dieux.
Mais comment concevoir un Dieu, la bonté même,
Qui prodigua ses biens à ses enfants qu'il aime,
Et qui versa sur eux les maux à pleines mains?
Quel œil peut pénétrer dans ses profonds desseins?   245
De l'Etre tout-parfait le mal ne pouvait naître:
Il ne vient point d'autrui (*d*), puisque Dieu seul est maître.
Il existe pourtant. O tristes vérités!
O mélange étonnant de contrariétés!
Un Dieu vint consoler notre race affligée;   250
Il visita la terre, et ne l'a point changée; (*e*)
Un sophiste arrogant nous dit qu'il ne l'a pu;
Il le pouvait, dit l'autre, et ne l'a point voulu;
Il le voudra sans doute. Et tandis qu'on raisonne,
Des foudres souterrains engloutissent Lisbonne,   255
Et de trente cités dispersent les débris,
Des bords sanglants du Tage à la mer de Cadis.
    Ou l'homme est né coupable, et Dieu punit sa race.

(*b*) Principe du mal chez les Egyptiens.
(*c*) Principe du mal chez les Perses.
(*d*) C'est-à-dire d'un autre principe.
(*e*) Un philosophe anglais a prétendu que le monde physique avait dû être changé au premier avènement, comme le monde moral. C'est apparemment le philosophe anglais de Rabelais.[9]

n.*e*, 2-3   70, 71N, 71A: moral.//

[9] Dans *Pantagruel*, ch.18-20, Thaumaste vient d'Angleterre pour deviser sur des sujets ésotériques avec Pantagruel.

Ou ce maître absolu de l'être et de l'espace,
Sans courroux, sans pitié, tranquille, indifférent,   260
De ses premiers décrets suit l'éternel torrent:
Ou la matière informe à son maître rebelle,
Porte en soi des défauts *nécessaires* comme elle;
Ou bien Dieu nous éprouve; et ce séjour mortel (*f*)
N'est qu'un passage étroit vers un monde éternel.   265
Nous essuyons ici des douleurs passagères.
Le trépas est un bien qui finit nos misères.
Mais quand nous sortirons de ce passage affreux,
Qui de nous prétendra mériter d'être heureux?
    Quelque parti qu'on prenne, on doit frémir sans doute.   270
Il n'est rien qu'on connaisse, et rien qu'on ne redoute.
La nature est muette, on l'interroge en vain.
On a besoin d'un Dieu, qui parle au genre humain.
Il n'appartient qu'à lui d'expliquer son ouvrage,
De consoler le faible, et d'éclairer le sage.   275
L'homme au doute, à l'erreur, abandonné sans lui,
Cherche en vain des roseaux qui lui servent d'appui.
Leibnitz ne m'apprend point, par quels nœuds invisibles
Dans le mieux ordonné des univers possibles,
Un désordre éternel, un chaos de malheurs,   280
Mêle à nos vains plaisirs de réelles douleurs;
Ni pourquoi l'innocent, ainsi que le coupable,

(*f*) Voilà avec l'opinion des deux principes toutes les solutions qui se présentent à l'esprit humain dans cette grande difficulté; et la Révélation seule peut enseigner ce que l'esprit humain ne saurait comprendre. Mais qu'il est affreux d'avoir encore à disputer tous les jours sur la Révélation, de voir la société chrétienne insociable, divisée en cent sectes sur la   5
Révélation, de se calomnier, de se persécuter, de se détruire pour la Révélation, de faire des Saint Barthélemi pour la Révélation, d'assassiner Henri III et Henri IV pour la Révélation? de faire couper la tête au roi Charles Ier pour la Révélation, de traîner un roi de Pologne tout sanglant pour la Révélation! O Dieu révélez-nous donc qu'il faut être humain et   10
tolérant!

n.*f*, 3-11   70, 71N, 71A: comprendre.//

Subit également ce mal inévitable;
Je ne conçois pas plus comment tout serait *bien*:
Je suis comme un docteur, hélas! je ne sais rien.   285
    Platon dit qu'autrefois l'homme avait eu des ailes,
Un corps impénétrable aux atteintes mortelles;
La douleur, le trépas, n'approchaient point de lui.
De cet état brillant qu'il diffère aujourd'hui!
Il rampe, il souffre, il meurt, tout ce qui naît expire;   290
De la destruction la nature est l'empire.
Un faible composé de nerfs et d'ossements
Ne peut être insensible au choc des éléments;
Ce mélange de sang, de liqueurs, et de poudre,
Puisqu'il fut assemblé, fut fait pour se dissoudre.   295
Et le sentiment prompt de ces nerfs délicats
Fut soumis aux douleurs ministres du trépas.
C'est là ce que m'apprend la voix de la nature.
J'abandonne Platon, je rejette Epicure.
Bayle en sait plus qu'eux tous: je vais le consulter: 300
La balance à la main, Bayle enseigne à douter. (*g*)
Assez sage, assez grand, pour être sans système,
Il les a tous détruits, et se combat lui-même:
Semblable à cet aveugle en butte aux Philistins,
Qui tomba sous les murs abattus par ses mains.   305
    Que peut donc de l'esprit la plus vaste étendue?
Rien: le livre du sort se ferme à notre vue.
L'homme étranger à soi, de l'homme est ignoré.
Que suis-je? où suis-je? où vais-je? et d'où suis-je tiré? (*h*)
Atomes tourmentés sur cet amas de boue,   310
Que la mort engloutit, et dont le sort se joue,
Mais atomes pensants, atomes dont les yeux
Guidés par la pensée ont mesuré les cieux;
Au sein de l'infini nous élançons notre être,
Sans pouvoir un moment nous voir et nous connaître.   315
    Ce monde, ce théâtre, et d'orgueil et d'erreur,

(*g*) Voyez les notes à la fin du poème.
(*h*) Voyez les notes à la fin du poème.

392

Est plein d'infortunés qui parlent de bonheur.
Tout se plaint, tout gémit en cherchant le bien-être;
Nul ne voudrait mourir; nul ne voudrait renaître. (*i*)
Quelquefois dans nos jours consacrés aux douleurs,   320
Par la main du plaisir nous essuyons nos pleurs.
Mais le plaisir s'envole, et passe comme une ombre,
Nos chagrins, nos regrets, nos pertes sont sans nombre.
Le passé n'est pour nous qu'un triste souvenir;
Le présent est affreux, s'il n'est point d'avenir,   325
Si la nuit du tombeau détruit l'être qui pense.
    Un jour tout sera bien, voilà notre espérance;
Tout est bien aujourd'hui, voilà l'illusion.
Les sages me trompaient, et Dieu seul a raison.
Humble dans mes soupirs, soumis dans ma souffrance,   330
Je ne m'élève point contre la Providence.
Sur un ton moins lugubre on me vit autrefois,
Chanter des doux plaisirs les séduisantes lois.
D'autres temps, d'autres mœurs: instruit par la vieillesse,
Des humains égarés partageant la faiblesse,   335
Dans une épaisse nuit cherchant à m'éclairer,
Je ne sais que souffrir, et non pas murmurer.
    Un calife autrefois à son heure dernière,
Au Dieu qu'il adorait dit pour toute prière:
Je t'apporte, ô seul roi, seul Etre illimité,   340
Tout ce que tu n'as point dans ton immensité,
Les défauts, les regrets, les maux et l'ignorance.
Mais il pouvait encore ajouter l'*espérance*. [10]

Des raisonneurs ont prétendu qu'il n'est pas dans la nature de l'Etre
des êtres que les choses soient autrement qu'elles sont. C'est un   345
rude système, je n'en sais pas assez pour oser seulement l'examiner.

(*i*) On trouve difficilement une personne qui voulût recommencer la
même carrière qu'elle a courue, et repasser par les mêmes événements.

[10] Ces 138 vers sont la fin du *Poème sur le désastre de Lisbonne* (*M*, t.9, p.473-78), à
partir du vers 97. Les principales variantes sont 'Mon malheur' pour 'Ce malheur'
dans le premier vers cité (ligne 206), et 'superbe' pour 'et faible' à la ligne 230.

BLASPHÈME

C'est un mot grec qui signifie, *atteinte à la réputation*. *Blasphemia* se trouve dans Démosthène.[1] De là vient, dit Ménage, le mot de *blâmer*.[2] *Blasphème* ne fut employé dans l'Eglise grecque que pour

* Alors qu'il existe un court article 'Blasphème' assez sommaire dans l'*Encyclopédie*, cet article a pu être inspiré en partie par l'incident suivant: le 18 août 1768 le pasteur Allamand informe Voltaire 'qu'un misérable qui a calomnié Jésus-Christ et sa mère [...] a reçu le fouet dans les carrefours, et on l'a transporté de l'autre côté du lac, pour devenir ce qu'il pourra, pourvu qu'il ne reste plus en Suisse' (D15181). Voltaire répond: 'Peut être a-t-on bien fait [...] de punir votre ivrogne. Il n'appartient pas à un pareil gueux d'avoir raison. Il faut peut-être que la canaille respecte ce qui n'est fait uniquement que pour la canaille. Le tort de ce pauvre diable est, ce me semble, d'avoir dit publiquement en 1768 ce qu'il ne sera permis de dire qu'en 1778' (D15185). L'article 'Blasphème', qui fait aussi allusion à l'affaire 'Bélisaire' et à celle du chevalier de La Barre et qui reprend une anecdote du chapitre 129 de l'*Essai sur les mœurs*, a donc vraisemblablement été rédigé en 1768 ou 1769. La version donnée par Voltaire de l'imposture des dominicains de Berne et du martyre bâclé de Jetzer est moins forte que celle de ses sources principales, l'*Histoire de la réformation de la Suisse* d'Abraham Ruchat et le *Voyage de Suisse, d'Italie, et de quelques endroits d'Allemagne et de France* de Gilbert Burnet. On assiste à la construction 'd'une sorte de conte retraçant, à partir de la question du blasphème, ces grandes guerres qui ont jadis opposé les franciscains et les dominicains' (Olivier Ferret, 'Quand les "Amateurs" copient "L'auteur de l'*Essai sur les mœurs et l'esprit des nations*": de quelques reprises de l'*Essai sur les mœurs* dans les *Questions sur l'Encyclopédie*', dans *Copier/coller: écriture et réécriture chez Voltaire*, éd. Olivier Ferret, Gianluigi Goggi et Catherine Volpilhac-Auger, Pise, 2007, p.183). Ce rappel de la Réforme et des reproches protestants à l'Eglise pourrait très bien constituer un plaidoyer feutré en faveur des protestants français contemporains, au sujet desquels le patriarche était intervenu plusieurs fois en 1768 (voir D14140, D14185, D14530, etc., et G. Gargett, *Voltaire and Protestantism*, *SVEC* 188, 1980, p.333-53). Le présent article est envoyé à Cramer au cours de l'été 1770 (voir D16514, D16572, D16573) et paraît en novembre/décembre 1770 (70, t.3).

[1] Dans *Pour Phormion* on trouve 'blasphemias' dans le sens de 'calomnies' ou d''animosités' (livre 1, ch.61, livre 2, ch.11), et dans le deuxième *Contre Boeotos* 'blasphemein' dans le sens de 'médire de' (ch.45).

[2] Voltaire s'inspire de deux articles du *Dictionnaire étymologique, ou origines de la langue française* de Gilles Ménage (Paris, 1694, BV2416): 'Blamer, Blâme' ('Ces mots viennent de *blasphemare* et *blasphemia*', Paris, 1750, p.200), et 'Blasphémer'

signifier *injure faite à Dieu*. Les Romains n'employèrent jamais cette expression, ne croyant pas apparemment qu'on pût jamais offenser l'honneur de Dieu comme on offense celui des hommes.

Il n'y a presque point de synonyme. *Blasphème* n'emporte pas tout à fait l'idée de *sacrilège*. On dira d'un homme qui aura pris le nom de Dieu en vain, qui dans l'emportement de la colère aura ce qu'on appelle *juré le nom de Dieu*, c'est un blasphémateur; mais on ne dira pas, c'est un sacrilège. L'homme sacrilège est celui qui se parjure sur l'Evangile; qui étend sa rapacité sur les choses consacrées, qui détruit les autels, qui trempe sa main dans le sang des prêtres.

Les grands sacrilèges ont toujours été punis de mort chez toutes les nations, et surtout les sacrilèges avec effusion de sang.

L'auteur des *Instituts au droit criminel*, compte parmi les crimes de lèse-majesté divine au second chef, l'inobservation des fêtes et des dimanches.[3] Il devait ajouter l'inobservation accompagnée d'un mépris marqué; car la simple négligence est un péché, mais non pas un sacrilège, comme il le dit. Il est absurde de mettre dans le même rang, comme fait cet auteur, la simonie, l'enlèvement d'une religieuse, et l'oubli d'aller à vêpres un jour de fête.[4] C'est un grand exemple des erreurs où tombent les jurisconsultes, qui

12-13   K84, K12: choses sacrées, qui

('Ce mot signifie proprement dire des paroles outrageantes, parler mal de quelqu'un, le calomnier; et ensuite, dans un sens plus particulier, parler contre Dieu et la religion', p.202).

[3] Pierre-François Muyart de Vouglans, *Institutes au droit criminel, ou principes généraux sur ces matières, suivant le droit civil, canonique, et la jurisprudence du royaume; avec un traité particulier des crimes* (Paris, 1757, p.442, BV2541). Voltaire a annoté ce passage 'détestable fat' (*CN*, t.5, p.804). Il possédait aussi l'*Instruction criminelle suivant les lois et ordonnances du royaume* [...] *suite aux Institutes au droit criminel* (Paris, 1762, BV2542) et la réponse de Vouglans à Beccaria, *Réfutation des principes hasardés dans le 'Traité des délits et peines'* (Paris, 1767, BV2543).

[4] Dans les *Institutes*, cette classification se trouve justifiée. Il s'agit de trois sacrilèges: l'un d'achat ou de vente d'un bien spirituel, l'autre d'une femme dévouée au service de Dieu, le troisième à l'égard des commandements de l'Eglise (p.443 et 451).

n'ayant pas été appelés à faire des lois, se mêlent d'interpréter celles 25
de l'Etat.

Les blasphèmes prononcés dans l'ivresse, dans la colère, dans l'excès de la débauche, dans la chaleur d'une conversation indiscrète, ont été soumis par les législateurs à des peines beaucoup plus légères. Par exemple, l'avocat que nous avons déjà cité, dit que 30
les lois de France condamnent les simples blasphémateurs à une amende pour la première fois, double pour la seconde, triple pour la troisième, quadruple pour la quatrième. Le coupable est mis au carcan pour la cinquième récidive, au carcan encore pour la sixième, et la lèvre supérieure est coupée avec un fer chaud; et 35
pour la septième fois on lui coupe la langue. Il fallait ajouter que c'est l'ordonnance de 1666.[5]

Les peines sont presque toujours arbitraires; c'est un grand défaut dans la jurisprudence. Mais aussi ce défaut ouvre une porte à la clémence, à la compassion; et cette compassion est d'une justice 40
étroite: car il serait horrible de punir un emportement de jeunesse, comme on punit des empoisonneurs et des parricides. Une sentence de mort pour un délit qui ne mérite qu'une correction, n'est qu'un assassinat commis avec le glaive de justice.[6]

N'est-il pas à propos de remarquer ici que ce qui fut blasphème 45
dans un pays, fut souvent piété dans un autre?

Un marchand de Tyr abordé au port de Canope, aura pu être scandalisé de voir porter en cérémonie un oignon, un chat, un bouc; il aura pu parler indécemment d'Isheth, d'Oshireth, et d'Horeth; il aura peut-être détourné la tête, et ne se sera point 50
mis à genoux en voyant passer en procession les parties génitales du genre humain plus grandes que nature. Il en aura dit son sentiment à souper, il aura même chanté une chanson dans laquelle les

44   K84, K12: de la justice.

[5] Voltaire suit d'assez près le texte de Vouglans, quoique celui-ci parle de huit fois plutôt que de sept: 'pour la huitième fois, on lui coupera la langue' (*Institutes*, p.438-39).
[6] Allusion à La Barre, suivie d'une transposition romancée de cette affaire.

matelots tyriens se moquaient des absurdités égyptiaques. Une servante de cabaret l'aura entendu; sa conscience ne lui permet pas de cacher ce crime énorme. Elle court dénoncer le coupable au premier shoen qui porte l'image de la vérité sur la poitrine; et on sait comment l'image de la vérité est faite. Le tribunal des shoen ou shotim condamne le blasphémateur tyrien à une mort affreuse et confisque son vaisseau. Ce marchand était regardé à Tyr comme un des plus pieux personnages de la Phénicie.

Numa voit que sa petite horde de Romains est un ramas de flibustiers latins qui volent à droite et à gauche tout ce qu'ils trouvent, bœufs, moutons, volailles, filles. Il leur dit qu'il a parlé à la nymphe Egérie dans une caverne, et que la nymphe lui a donné des lois de la part de Jupiter. Les sénateurs le traitent d'abord de blasphémateur, et le menacent de le jeter de la roche tarpéienne la tête en bas. Numa se fait un parti puissant. Il gagne des sénateurs qui vont avec lui dans la grotte d'Egérie. Elle leur parle; elle les convertit. Ils convertissent le sénat et le peuple. Bientôt ce n'est plus Numa qui est un blasphémateur. Ce nom n'est plus donné qu'à ceux qui doutent de l'existence de la nymphe.

Il est triste parmi nous que ce qui est blasphème à Rome, à Notre-Dame de Lorette, dans l'enceinte des chanoines de San Gennaro, soit piété dans Londres, dans Amsterdam, dans Stockholm, dans Berlin, dans Copenhague, dans Berne, dans Bâle, dans Hambourg. Il est encore plus triste que dans le même pays, dans la même ville, dans la même rue, on se traite réciproquement de blasphémateur.

Que dis-je, des dix mille Juifs qui sont à Rome, il n'y en a pas un seul qui ne regarde le pape comme le chef de ceux qui blasphèment; et réciproquement les cent mille chrétiens qui habitent Rome à la place des deux millions de joviens (a) qui la remplissaient du temps de Trajan, croient fermement que les Juifs s'assemblent les samedis dans leurs synagogues pour blasphémer.

Un cordelier accorde sans difficulté le titre de blasphémateur au

(a) Joviens, adorateurs de Jupiter.

dominicain, qui dit que la Sainte Vierge est née dans le péché
originel, quoique les dominicains aient une bulle du pape qui leur
permet d'enseigner dans leurs couvents la conception maculée; et
qu'outre cette bulle ils aient pour eux la déclaration expresse de   90
saint Thomas d'Aquin. [7]

La première origine de la scission, faite dans les trois quarts de la
Suisse et dans une partie de la Basse-Allemagne, fut une querelle
dans l'église cathédrale de Francfort entre un cordelier dont
j'ignore le nom et un dominicain nommé Vigand. [8]   95

Tous deux étaient ivres, selon l'usage de ce temps-là. L'ivrogne
cordelier qui prêchait, remercia Dieu dans son sermon de ce qu'il
n'était pas jacobin, jurant qu'il fallait exterminer les jacobins
blasphémateurs qui croyaient la Sainte Vierge née en péché
mortel et délivrée du péché par les seuls mérites de son fils: 100
l'ivrogne jacobin lui dit tout haut, Vous en avez menti, blasphémateur vous-même. Le cordelier descend de chaire un grand
crucifix de fer à la main, en donne cent coups à son adversaire et
le laisse presque mort sur la place. [9]

Ce fut pour venger cet outrage que les dominicains firent   105
beaucoup de miracles en Allemagne, et en Suisse. [10] Ils prétendaient

[7] 'Il arriva qu'ils [les dominicains] eurent quelque avantage [sur les franciscains] à
l'occasion d'une question qui fut mise sur le tapis, et qui devint la question à la mode:
savoir si la Vierge était conçue en péché ou non. Car les dominicains qui sont attachés
à Thomas d'Aquin et qui suivent ses sentiments, furent obligés par là, de soutenir
qu'elle était conçue en péché' (Gilbert Burnet, *Voyage de Suisse, d'Italie, et de
quelques endroits d'Allemagne et de France*, Rotterdam, 1688, p.55-56). Bien que
Voltaire cite l'ouvrage de Burnet, il ne semble pas en avoir possédé un exemplaire
dans sa bibliothèque. La question de savoir si Marie naquit soumise au péché originel
fut discutée par le concile de Trente (*Essai sur les mœurs*, t.2, p.501-502).

[8] En effet, le nom du franciscain n'est pas donné dans les deux sources principales
de Voltaire. Selon Burnet, 'au commencement du quinzième siècle, un franciscain
prêchant à Francfort, un nommé Wegand dominicain l'alla entendre' (*Voyage*, p.56).

[9] 'Il [Wegand] ne fut pas plutôt entré dans l'église, que le cordelier l'apercevant, se
mit à faire de grandes exclamations, et à remercier Dieu de ce qu'il n'était pas d'un
ordre où l'on diffamait la Sainte Vierge, et où l'on empoisonnait les princes en leur
distribuant le Saint Sacrement' (Burnet, *Voyage*, p.56). Les autres détails manquent
dans Burnet et Ruchat. Voir l'*Essai sur les mœurs*, t.2, p.227-28.

[10] D'après Ruchat, les dominicains décidèrent 'que comme les cordeliers avaient

prouver leur foi par ces miracles. Enfin ils trouvèrent le moyen de faire imprimer dans Berne les stigmates de notre Seigneur Jésus-Christ à un de leurs frères laïcs nommé Jetzer;[11] ce fut la Sainte Vierge elle-même qui lui fit cette opération; mais elle emprunta la main du sous-prieur qui avait pris un habit de femme, et entouré sa tête d'une auréole.[12] Le malheureux petit frère laïc exposé tout en sang sur l'autel des dominicains de Berne à la vénération du peuple, cria enfin au meurtre, au sacrilège: les moines, pour l'apaiser, le communièrent au plus vite avec une hostie saupoudrée de sublimé corrosif; l'excès de l'acrimonie lui fit rejeter l'hostie.[13] (b)

Les moines alors l'accusèrent devant l'évêque de Lausanne d'un sacrilège horrible. Les Bernois indignés accusèrent eux-mêmes les

(b) Voyez les *Voyages de Burnet* évêque de Salisbury, l'*Histoire des dominicains de Berne* par Abraham Ruchat professeur à Lausanne, le *Procès verbal de la condamnation des dominicains*, et l'*Original du procès* conservé dans la bibliothèque de Berne. Le même fait est rapporté dans l'*Histoire générale de l'esprit et des mœurs des nations*. Puisse-t-elle être partout: personne ne la connaissait en France il y a vingt ans.

n.*b*, 4-6   K84, K12: dans l'*Essai sur les mœurs et l'esprit des nations*. Puisse-t-il être partout: personne ne le connaissait
n.*b*, 5-6   70, 71N, 71A: *nations. //*

mis leur opinion en crédit, en supposant de faux miracles, il était nécessaire d'en faire autant de leur côté, c'est-à-dire, de feindre des visions et des apparitions célestes, et d'autres merveilles de cette nature' (*Histoire de la réformation de la Suisse, où l'on voit tout ce qui s'est passé de plus remarquable, depuis l'an 1516, dans les églises des treize cantons, et des Etats confédérés, qui composent avec eux le l[ouable] corps helvétique*, 6 vol., Genève, 1727-28, t.6, p.568, BV3051). Voir aussi Burnet, *Voyage*, p.57-58.

[11] D'après Burnet, 'un nommé Jetser qui venait de prendre l'habit de leur ordre en qualité de frère lai [...] était tout à fait simple', et avait un tempérament entièrement tourné 'du côté de la mortification' (*Voyage*, p.58). Pour Ruchat également, Jetzer était un 'jeune homme simple et crédule' (*Histoire de la réformation en Suisse*, p.569).

[12] Voir Ruchat, p.581 et suiv., et Burnet, p.58-72. Voltaire suit toujours fidèlement ses sources.

[13] D'après Ruchat, les moines versèrent aussi 'du plomb fondu dans sa bouche' (p.622).

moines, quatre d'entre eux furent brûlés à Berne le 31 mai 1509 à la
porte de Marsilly. [14]

120

C'est ainsi que finit cette abominable histoire qui détermina
enfin les Bernois à choisir une religion (mauvaise à la vérité à nos
yeux catholiques,) mais dans laquelle ils seraient délivrés des
cordeliers et des jacobins.

La foule de semblables sacrilèges est incroyable. C'est à quoi
l'esprit de parti conduit.

125

Les jésuites ont soutenu pendant cent ans que les jansénistes
étaient des blasphémateurs, et l'ont prouvé par mille lettres de
cachet. Les jansénistes ont répondu par plus de quatre mille
volumes, que c'était les jésuites qui blasphémaient. L'écrivain
des *gazettes ecclésiastiques* prétend que toutes les honnêtes gens
blasphèment contre lui; et il blasphème du haut de son grenier
contre tous les honnêtes gens du royaume. [15] Le libraire du gazetier
blasphème contre lui et se plaint de mourir de faim. Il vaudrait
mieux être poli et honnête.

130

135

Une chose aussi remarquable que consolante, c'est que jamais en
aucun pays de la terre chez les idolâtres les plus fous, aucun homme
n'a été regardé comme un blasphémateur pour avoir reconnu un
Dieu suprême, éternel et tout-puissant. Ce n'est pas sans doute

131   K84, K12: que tous les
133   71N: contre toutes les

[14] Chez Ruchat, 'par la porte de Marsilli' (p.630). La version de l'*Essai sur les
mœurs* est moins explicite: 'quatre dominicains furent brûlés à la porte de Berne' (t.2,
p.229), ce qui pourrait signifier que Voltaire avait relu les récits de Ruchat et de
Burnet et ne se contentait pas simplement de réviser son récit initial.

[15] Plutôt que des *Mémoires de Trévoux*, organe extrêmement influent des jésuites
pendant les années 1701-1767 (continué de 1768 à 1773 sous le titre *Journal des beaux-
arts et des sciences*) ou des *Nouvelles ecclésiastiques* (1728-1803) des jansénistes, il
pourrait bien s'agir ici du *Journal ecclésiastique* (1760-1792). Le fondateur de celui-ci,
et son rédacteur jusqu'à sa mort en 1786, était l'abbé Joseph-Antoine-Toussaint
Dinouart, qui avait préalablement collaboré (avec les abbés Joannet et Trublet) au
Journal chrétien, attaqué à plusieurs reprises par Voltaire. Le *Journal ecclésiastique* eut
du succès, atteignant un public assez large. Voir *Dictionnaire des journaux*, 2 vol., éd.
Jean Sgard (Paris, 1991), t.2, p.664-68, 805-16, 951-53.

pour avoir reconnu cette vérité qu'on fit boire la ciguë à Socrate, 140
puisque le dogme d'un Dieu suprême était annoncé dans tous les
mystères de la Grèce. Ce fut une faction qui perdit Socrate. On
l'accusa au hasard de ne pas reconnaître les dieux secondaires; ce
fut sur cet article qu'on le traita de blasphémateur.

On accusa de blasphème les premiers chrétiens par la même 145
raison; mais les partisans de l'ancienne religion de l'empire, les
joviens, qui reprochaient le blasphème aux premiers chrétiens,
furent enfin condamnés eux-mêmes comme blasphémateurs sous
Théodose II. Driden a dit:

> *This side to day and the other to morrow burn's* 150
> *And they are all god's al mithy in their turn's.*

> Tel est chaque parti, dans sa rage obstiné,
> Aujourd'hui condamnant et demain condamné. [16]

[16] Voltaire avait recopié ce passage d'*Aureng Zebe* dans ses *Carnets* (*OCV*, t.81,
p.239), notes qui datent vraisemblablement de la période entre 1735 et 1750 (p.29).
Sous la rubrique 'Dryden in a tragedy', on trouve (entre autres) les lignes: 'This side
today, and the other to morrow burns, / So all are god almighty in their turns.' Les
deux vers paraissent aussi dans *The Medal*: 'This side today, and that tomorrow
burns; / So all are God a'mighties in their turns' (*The Poetical Works of Dryden*, éd.
George R. Noyes, Cambridge, 1950, p.129, vers 109-10).

BLED OU BLÉ

Section première

Origine du mot, et de la chose

Il faut être pyrrhonien outré pour douter que *pain* vienne de *panis*. Mais pour faire du pain il faut du blé. Les Gaulois avaient du blé du temps de César; où avaient-ils pris ce mot de *blé* ? On prétend que c'est de *bladum*, mot employé dans la latinité barbare du Moyen Age, par le chancelier Desvignes, *de Vineis*, à qui l'empereur 5 Frédéric II fit, dit-on, crever les yeux. [1]

---

* En janvier 1770, Voltaire a lu les *Dialogues sur le commerce des blés* de Ferdinando Galiani (voir D16088, D16091, D16108, D16137), ce qui donne un repère pour fixer la composition de cet article, où l'ouvrage se trouve mentionné. L'inspiration de Voltaire s'inscrit dans un contexte économique dominé par des problèmes de ravitaillement. Depuis 1764 où la récolte a été mauvaise, la crise frumentaire est réelle et des émeutes liées à cette pénurie se produisent en 1768 et 1770 (voir le chapitre sur Voltaire dans V. S. Lublinski, *La Guerre des farines: contribution à l'histoire de la lutte des classes en France, à la veille de la Révolution*, trad. F. Adiba et J. Radiguet, Grenoble, 1979, p.49-68). Le pain valait quatre sous la livre en 1767, son prix a doublé en 1770 et Voltaire fait venir à grands frais du blé de Sicile (voir C. Mervaud, *Voltaire à table*, Paris, 1998, p.140-45). En 1771, la disette décimera le pays de Gex et Voltaire fera fabriquer un pain de pommes de terre. Les questions économiques, abordées dans *L'Homme aux quarante écus*, sont d'une brûlante actualité. L'*Encyclopédie* a publié un article sur le même sujet, par Daubenton, qui comporte de nombreux renvois et comprend un aperçu historique sur la culture du blé et des remarques sur sa conservation. Voltaire, qui présente à son tour un large tour d'horizon sur la culture du blé dans la section 1, ajoute une seconde section, sous-titrée 'Grammaire morale' où, commentant le proverbe: 'Ne nous remets pas au gland quand nous avons du blé', il propose un petit catéchisme philosophique. Cet article est envoyé à Cramer au cours de l'été 1770 (voir D16514, D16572, D16573) et paraît en novembre/décembre 1770 (70, t.3).

[1] Chancelier de l'empereur Frédéric II, Pierre Desvignes fut taxé d'hérésie, accusé d'avoir composé le livre *Des trois imposteurs* (voir l'*Essai sur les mœurs*, t.1, p.547). Il mourut en 1246 et, dans les *Annales de l'Empire*, Voltaire rapporte plusieurs conjectures sur les causes de la cruauté de Frédéric II à son égard (*M*, t.13, p.356).

Mais les mots latins de ces siècles barbares n'étaient que d'anciens mots celtes ou tudesques latinisés. *Bladum* venait donc de notre *blead*; et non pas notre *blead* de *bladum*. Les Italiens disaient *biada*; et les pays, où l'ancienne langue romance s'est conservée, disent encore *blia*.[2]

Cette science n'est pas infiniment utile: mais on serait curieux de savoir où les Gaulois et les Teutons avaient trouvé du blé pour le semer? On vous répond que les Tyriens en avaient apporté en Espagne, les Espagnols en Gaule, et les Gaulois en Germanie. Et où les Tyriens avaient-ils pris ce blé? Chez les Grecs probablement, dont ils l'avaient reçu en échange de leur alphabet.[3]

Qui avait fait ce présent aux Grecs? C'était autrefois Cérès sans doute; et quand on a remonté à Cérès, on ne peut guère aller plus haut. Il faut que Cérès soit descendue exprès du ciel pour nous donner du froment, du seigle, de l'orge, etc.[4]

Mais comme le crédit de Cérès qui donna le blé aux Grecs, et celui d'Ishet ou Isis qui en gratifia l'Egypte, est fort déchu aujourd'hui, nous restons dans l'incertitude sur l'origine du blé.

Sanchoniaton assure que Dagon ou Dagan, l'un des petits-fils de Thaut, avait en Phénicie l'intendance du blé.[5] Or son Thaut est à

[2] Voltaire consacre quelques lignes à l'étymologie du mot, concession au cadre traditionnel de l'article. Il partage la perspective de Gilles Ménage qui, dans son *Dictionnaire étymologique* (Paris, 1694, BV2416), fait remonter le mot au latin 'bladus ou bladum'. Ménage cite l'étymologie de Vossius, qui invoque le saxon 'blad' et son équivalent néerlandais, conservé au sens de feuille (*De vitiis sermonis et glossematis latino-barbaris*, Amsterdam, 1645, livre 2, ch.3, p.183 et ch.24, p.338).

[3] Voltaire répète à plusieurs reprises que les Phéniciens ont transmis l'alphabet aux Grecs, notamment dans l'article 'ABC, ou alphabet' des *QE* (*OCV*, t.38, p.24; voir aussi *La Philosophie de l'histoire*, *OCV*, t.59, p.133; *La Défense de mon oncle*, *OCV*, t.64, p.250; l'*A. B. C.*, *M*, t.27, p.391).

[4] La mention humoristique de Cérès traduit le scepticisme de Voltaire devant la généalogie de certaines connaissances. Voir l'article 'Histoire' de l'*Encyclopédie* (*OCV*, t.33, p.179), repris dans les *QE* (*M*, t.19, p.348-49).

[5] Sanchoniathon fut un historien phénicien du troisième ou deuxième siècle avant J.-C. Pour l'utilisation tendancieuse que fait Voltaire de Sanchoniathon, voir *La Défense de mon oncle* (*OCV*, t.64, p.402-404). Voltaire connaît l'ouvrage de Richard Cumberland, *Sanchoniatho's Phenician history* (Londres, 1720, BV921).

peu près du temps de notre Jared. Il résulte de là que le blé est fort ancien, et qu'il est de la même antiquité que l'herbe. Peut-être que ce Dagon fut le premier qui fit du pain, mais cela n'est pas démontré.[6]

Chose étrange! nous savons positivement que nous avons l'obligation du vin à Noé,[7] et nous ne savons pas à qui nous devons le pain. Et, chose encore plus étrange, nous sommes si ingrats envers Noé, que nous avons plus de deux mille chansons en l'honneur de Bacchus, et qu'à peine en chantons-nous une seule en l'honneur de Noé, notre bienfaiteur.

Un Juif m'a assuré que le blé venait de lui-même en Mésopotamie, comme les pommes, les poires sauvages, les châtaignes, les nèfles dans l'Occident. Je le veux croire jusqu'à ce que je sois sûr du contraire; car enfin il faut bien que le blé croisse quelque part. Il est devenu la nourriture ordinaire et indispensable dans les plus beaux climats et dans tout le Nord.

De grands philosophes dont nous estimons les talents, et dont nous ne suivons point les systèmes, ont prétendu, dans l'*Histoire naturelle du chien*, (page 95) que les hommes ont fait le blé;[8] que nos pères à force de semer de l'ivraie et du gramen, les ont changés en froment. Comme ces philosophes ne sont pas de notre avis sur les coquilles, ils nous permettront de n'être pas du leur sur le blé. Nous ne pensons pas qu'avec du jasmin on ait jamais fait venir des tulipes. Nous trouvons que le germe du blé est tout différent de

---

[6] Thaut ou Thot, Taoutos, dieu égyptien, équivalent de Mercure chez les dieux grecs, mentionné plusieurs fois dans l'œuvre de Sanchoniathon (voir *OCV*, t.64, p.407-408). Dagon est une des nombreuses divinités nationales des Philistins. La tradition veut que les Philistins l'aient honoré comme l'inventeur du blé, et que Dagon fût ainsi appelé de l'hébreu 'dagan', qui signifie blé, froment, mais il s'agit d'une fausse étymologie, reprise par Eusèbe (*Praeparatio evangelica*, livre 1, ch. 10, Paris, 1628, BV1251). Dans la cour infernale, des démonologues lui font remplir les fonctions de grand panetier. Jaret est de la race de Seth (Genèse 5:18-20).

[7] Noé passe pour avoir inventé la culture de la vigne (Genèse 9:20-21).

[8] Référence juste au tome 5 de l'*Histoire naturelle* de Buffon, largement annotée par Voltaire (6 vol., Paris, 1750-1770, BV572; *CN*, t.1, p.559-612).

celui de l'ivraie, et nous ne croyons à aucune transmutation. Quand on nous en montrera nous nous rétracterons.[9]

Nous avons vu à l'article 'Arbre-à-pain',[10] qu'on ne mange point de pain dans les trois quarts de la terre. On prétend que les Ethiopiens se moquaient des Egyptiens qui vivaient de pain. Mais enfin, puisque c'est notre nourriture principale, le blé est devenu un des plus grands objets du commerce et de la politique. On a tant écrit sur cette matière, que si un laboureur semait autant de blé pesant que nous avons de volumes sur cette denrée, il pourrait espérer la plus ample récolte, et devenir plus riche que ceux qui dans leurs salons vernis et dorés ignorent l'excès de sa peine et de sa misère.[11]

Section seconde

Richesse du blé

Dès qu'on commence à balbutier en économie politique, on fait comme font dans notre rue tous les voisins et les voisines qui demandent: Combien a-t-il de rentes, comment vit-il, combien sa fille aura-t-elle en mariage, etc.? On demande en Europe: L'Allemagne a-t-elle plus de blés que la France? L'Angleterre

[9] Voltaire s'est toujours opposé à l'hypothèse transformiste. La polémique sur les coquilles, amorcée dès la *Dissertation sur les changements arrivés dans notre globe* (*OCV*, t.30c, p.3-5) parue en 1746, est particulièrement soutenue dans *Les Colimaçons du révérend père l'Escarbotier* (*M*, t.27, p.221-22) et dans les *Singularités de la nature* (*M*, t.27, p.144-54). Elle revient dans l'article 'Inondation' du *DP* (*OCV*, t.36, p.230) et sera le sujet d'une entrée à part entière dans l'article 'Coquilles' des *QE*.

[10] *OCV*, t.38, p.565-68.

[11] Effectivement, les écrits agronomiques sont passés de 96 pour la période comprise entre 1700 et 1749 à 1105 pour les années 1750-1799. Voir V.-D. Musset-Pathay, *Bibliographie agronomique* (Paris, 1810). La bibliothèque de Voltaire est bien fournie en matière agronomique (voir C. Mervaud, *Voltaire à table*, Paris, 1998, p.37-38). Propriétaire terrien, Voltaire a consacré un article des *QE* à l'agriculture (*OCV*, t.38, p.133-47).

recueille-t-elle (et non pas récolte-t-elle) de plus belles moissons que l'Espagne? Le blé de Pologne produit-il autant de farine que celui de Sicile? La grande question est de savoir si un pays 70 purement agricole est plus riche qu'un pays purement commer-çant? [12]

La supériorité du pays de blé est démontrée par le livre aussi petit que plein de M. Melon, [13] le premier homme qui ait raisonné en France, par la voie de l'imprimerie, immédiatement après la 75 déraison universelle du système de Lass. [14] Melon a pu tomber dans quelques erreurs relevées par d'autres écrivains instruits, dont les erreurs ont été relevées à leur tour. [15] En attendant qu'on relève les miennes, voici le fait.

L'Egypte devint la meilleure terre à froment de l'univers, 80 lorsqu'après plusieurs siècles qu'il est difficile de compter au juste, les habitants eurent trouvé le secret de faire servir à la fécondité du sol un fleuve destructeur, qui avait toujours inondé le pays, et qui n'était utile qu'aux rats d'Egypte, aux insectes, aux reptiles et aux crocodiles. Son eau même mêlée d'une bourbe noire 85

---

76   κ84, κ12: Lass. M. Melon

[12] La question, d'une importance économique capitale, reçoit une réponse tranchée de la part des physiocrates qui privilégient sans aucune ambiguïté le développement de l'agriculture pour assurer la prospérité d'un pays. Voltaire partage cet avis, avec quelques réserves cependant.

[13] Jean-François Melon, *Essai politique sur le commerce* (Paris, 1734, BV2386); cet auteur est mentionné pour la première fois par Voltaire le 26 janvier 1735 dans une lettre à Formont (D837); voir aussi D1181, D1442, D1505, D1636, D19566. Dans son exemplaire, Voltaire a souligné un passage qui démontre cette supériorité du blé (*CN*, t.5, p.555-56).

[14] Dans le *Précis du siècle de Louis XV*, Voltaire expose le système de John Law, son succès prodigieux, puis la ruine de tout cet édifice financier (*OH*, p.1307-11). Voir aussi l'Introduction de M. Raaphorst à *Sur Messieurs Jean Law, Melon, et Dutot* (*OCV*, t.18A, p.220-21).

[15] Voltaire avait adressé quelques critiques à Melon. Voir *Sur Messieurs Jean Law, Melon et Dutot* (*OCV*, t.18A, p.219-57). Voltaire a pris connaissance du livre de Dutot, qu'il juge supérieur (*Réflexions politiques sur les finances et le commerce* (La Haye, 1738, BV195) à la fin du mois de mai ou au début de juin 1738 (D1505).

ne pouvait désaltérer ni laver les habitants. Il fallut des travaux immenses, et un temps prodigieux pour dompter le fleuve, le partager en canaux, fonder des villes dans un terrain autrefois mouvant, et changer les cavernes des rochers en vastes bâtiments.[16]

Tout cela est plus étonnant que des pyramides;[17] tout cela fait, 90 voilà un peuple sûr de sa nourriture avec le meilleur blé du monde, sans même avoir presque besoin de labourer. Le voilà qui élève et qui engraisse de la volaille supérieure à celle de Caux. Il est vêtu du plus beau lin dans le climat le plus tempéré. Il n'a donc aucun besoin réel des autres peuples. 95

Les Arabes ses voisins au contraire ne recueillent pas un setier de blé[18] depuis le désert qui entoure le lac de Sodome et qui va jusqu'à Jérusalem, jusqu'au voisinage de l'Euphrate, à l'Yemen, et à la terre de Gad;[19] ce qui compose un pays quatre fois plus étendu que l'Egypte. Ils disent: Nous avons des voisins qui ont tout le 100 nécessaire; allons dans l'Inde leur chercher du superflu;[20] portons-leur du sucre, des aromates, des épiceries, des curiosités; soyons les pourvoyeurs de leurs fantaisies, et ils nous donneront de la farine. Ils en disent autant des Babyloniens; ils s'établissent courtiers de ces deux nations opulentes, qui regorgent de blé; et en 105 étant toujours leurs serviteurs, ils restent toujours pauvres. Memphis et Babilone jouissent; et les Arabes les servent; la terre à blé demeure toujours la seule riche; le superflu de son froment

---

87 K12: immenses, un

[16] Sur l'importance des travaux d'endiguement et de défrichement pour favoriser le développement d'un pays, voir la section 'Des défrichements' de l'article 'Agriculture' des *QE* (*OCV*, t.38, p.140-43).

[17] Voltaire se montre volontiers critique à l'égard des pyramides: voir le *Traité sur la tolérance* (*OCV*, t.56c, p.174); l'article 'Apis' du *DP* (*OCV*, t.35, p.360); *La Philosophie de l'histoire* (*OCV*, t.59, ch.21, p.165-66).

[18] Ancienne mesure de capacité pour les grains, entre 150 et 300 litres.

[19] Gad, septième fils de Jacob, reçut la région montagneuse de Galaad lors du partage de la Terre promise (Nombres 32:33-36).

[20] Voltaire, dans l'article 'Arabes' des *QE*, fait allusion au commerce qu'ils entretenaient avec les Indes (*OCV*, t.38, p.548).

attire les métaux, les parfums, les ouvrages d'industrie. Le possesseur du blé impose donc toujours la loi à celui qui a besoin de pain. Et Midas aurait donné tout son or à un laboureur de Picardie.

La Hollande paraît de nos jours une exception, et n'en est point une. [21] Les vicissitudes de ce monde ont tellement tout bouleversé, que les habitants d'un marais persécutés par l'océan qui les menaçait de les noyer, et par l'Inquisition qui apportait des fagots pour les brûler, allèrent au bout du monde s'emparer des îles qui produisent des épiceries devenues aussi nécessaires aux riches que le pain l'est aux pauvres. Les Arabes vendaient de la myrrhe, du baume, et des perles à Memphis et à Babilone: les Hollandais vendent de tout à l'Europe et à l'Asie, et mettent le prix à tout.

Ils n'ont point de blé, dites-vous; ils en ont plus que l'Angleterre et la France. Qui est réellement possesseur du blé? C'est le marchand qui l'achète du laboureur. Ce n'était pas le simple agriculteur de Chaldée ou d'Egypte qui profitait beaucoup de son froment. C'était le marchand chaldéen ou l'Egyptien adroit qui en faisait des amas, et les vendait aux Arabes; il en retirait des aromates, des perles, des rubis, qu'il vendait chèrement aux riches. Tel est le Hollandais; il achète partout et revend partout; il n'y a point pour lui de mauvaise récolte; il est toujours prêt à secourir pour de l'argent ceux qui manquent de farine.

Que trois ou quatre négociants entendus, libres, sobres, à l'abri de toute vexation, exempts de toute crainte, s'établissent dans un port; que leurs vaisseaux soient bons, que leur équipage sache vivre de gros fromage et de petite bière, qu'ils fassent acheter à bas prix du froment à Dantzick et à Tunis, qu'ils sachent le conserver, qu'ils sachent attendre; et ils feront précisément ce que font les Hollandais.

---

[21] Le premier éloge de l'activité commerciale des Hollandais apparaît dans une lettre de 1722 (D128). Voltaire séjourna à quatre reprises en Hollande. Sa bibliothèque comprend plusieurs ouvrages consacrés à l'histoire de ce pays. Voir J. Vercruysse, *Voltaire et la Hollande*, *SVEC* 46 (1966).

Section troisième

Histoire du blé en France

Dans les anciens gouvernements ou anciennes anarchies barbares, 140
il y eut je ne sais quel seigneur ou roi de Soissons qui mit tant
d'impôts sur les laboureurs, les batteurs en grange, les meuniers,
que tout le monde s'enfuit, et le laissa sans pain régner tout seul à
son aise. (a)

Comment fit-on pour avoir du blé, lorsque les Normands, qui 145
n'en avaient pas chez eux, vinrent ravager la France et l'Angleterre, lorsque les guerres féodales achevèrent de tout détruire;
lorsque ces brigandages féodaux se mêlèrent aux irruptions des
Anglais, quand Edouard III détruisit les moissons de Philippe de
Valois, et Henri V celles de Charles VI; quand les armées de 150
l'empereur Charles-Quint et celles de Henri VIII mangeaient la
Picardie;[22] enfin tandis que les bons catholiques et les bons
réformés coupaient le blé en herbe, et égorgeaient pères, mères
et enfants, pour savoir si on devait se servir de pain fermenté ou de
pain azyme les dimanches? 155

Comment on faisait? Le peuple ne mangeait pas la moitié de son
besoin; on se nourrissait très mal; on périssait de misère; la
population était très médiocre; des cités étaient désertes.

Cependant vous voyez encore de prétendus historiens qui vous

(a) C'était un Chilpéric. La chose arriva l'an 562.[23]

150-51 w68: de Charles-Quint
153 K12: herbe, égorgeaient

[22] Tous ces épisodes de l'histoire de France sont relatés dans l'*Essai sur les mœurs*:
invasion des Normands (t.1, p.386); anarchie féodale (p.444); ravages d'Edouard III
(p.717-18); destructions de Henri V (p.743-44); domination de Henri VIII (t.2,
p.114); de Charles Quint (p.201).
[23] Dans le tome 1 de l'*Histoire de France* de Gabriel Daniel (9 vol., Paris, 1729,
BV938), Voltaire a laissé un signet entre les pages 274-75 où se trouve un portrait de
Chilpéric (*CN*, t.3, p.34).

répètent que la France possédait vingt-neuf millions d'habitants du   160
temps de la Saint-Barthélemi. [24]

C'est apparemment sur ce calcul que l'abbé de Caveirac a fait
l'apologie de la Saint-Barthélemi; [25] il a prétendu que le massacre
de soixante et dix mille hommes, plus ou moins, était une bagatelle
dans un royaume alors florissant, peuplé de vingt-neuf millions   165
d'hommes, qui nageaient dans l'abondance.

Cependant la vérité est que la France avait peu d'hommes et peu
de blé; et qu'elle était excessivement misérable, ainsi que l'Allemagne.

Dans le court espace du règne enfin tranquille de Henri IV,   170
pendant l'administration économe du duc de Sulli, les Français en
1597 eurent une abondante récolte; ce qu'ils n'avaient pas vu depuis
qu'ils étaient nés. Aussitôt ils vendirent tout leur blé aux étrangers,
qui n'avaient pas fait de si heureuses moissons, ne doutant pas que
l'année 1598 ne fût encore meilleure que la précédente. [26] Elle fut   175
très mauvaise; le peuple alors fut dans le cas de Mlle Bernard, qui
avait vendu ses chemises et ses draps pour acheter un collier; elle
fut obligée de vendre son collier à perte pour avoir des draps et des
chemises. [27] Le peuple pâtit davantage. On racheta chèrement le
même blé qu'on avait vendu à un prix médiocre.   180

[24] Voltaire a raison de dénoncer cette exagération: sans donnée précise, les chiffres
pour le seizième siècle évolueraient entre 16 000 000 et 18 000 000 d'habitants, alors
qu'en 1770 la France comptait environ 26 000 000 d'habitants. Voltaire s'oppose à un
courant majoritaire au dix-huitième siècle qui fait preuve de pessimisme dans
l'évaluation de la population. Voir les articles 'Dénombrement' et 'Economie' des *QE*.

[25] Jean Novi de Caveirac, *Apologie de Louis XIV et de son conseil sur la révocation
de l'édit de Nantes* (s.l., 1758, BV2593). Voltaire, dans son exemplaire, s'insurge
contre cet 'ouvrage abominable' et écrit un rageur 'tuez tout' face à la justification
d'édits sévères (*CN*, t.6, p.146-57). Il a souligné d'un trait dans la marge des calculs
qui voulaient diminuer le nombre des morts le jour de la Saint-Barthélemy. De
nombreuses lettres de Voltaire témoignent de son animosité à l'égard de Caveirac:
D7995, D8119, D8129. Voir aussi le *Traité sur la tolérance* (*OCV*, t.56c, p.284-85,
n.10-12).

[26] Les problèmes de l'année 1598 et l'édit de Sully sont évoqués dans la *Défense de
Louis XIV* (*OH*, p.1288) et dans l'article 'Agriculture' des *QE* (*OCV*, t.38, p.139).

[27] Voltaire consacre à Catherine Bernard une courte notice dans le 'Catalogue des

Pour prévenir une telle imprudence et un tel malheur, le ministère défendit l'exportation; et cette loi ne fut point révoquée. Mais sous Henri IV, sous Louis XIII et sous Louis XIV, non seulement la loi fut souvent éludée; mais quand le gouvernement était informé que les greniers étaient bien fournis, il expédiait des   185
permissions particulières sur le compte qu'on lui rendait de l'état des provinces. Ces permissions firent souvent murmurer le peuple; les marchands de blé furent en horreur comme des monopoleurs, qui voulaient affamer une province. Quand il arrivait une disette, elle était toujours suivie de quelque sédition. On accusait le   190
ministère plutôt que la sécheresse ou la pluie.[28]

Cependant année commune, la France avait de quoi se nourrir, et quelquefois de quoi vendre. On se plaignit toujours; (et il faut se plaindre pour qu'on vous suce un peu moins) mais la France depuis 1661 jusqu'au commencement du dix-huitième siècle fut au plus   195
haut point de grandeur. Ce n'était pas la vente de son blé qui la rendait si puissante; c'était son excellent vin de Bourgogne, de Champagne et de Bordeaux, le débit de ses eaux-de-vie dans tout le Nord, de son huile, de ses fruits, de son sel, de ses toiles, de ses draps, des magnifiques étoffes de Lyon et même de Tours, de ses   200
rubans, de ses modes de toute espèce, enfin des progrès de

191-92   K84, K12: pluie. [*avec note*: Mais cela n'est arrivé que par la faute du ministère, qui se mêlant de faire des règlements sur le commerce des blés, donnait droit au peuple de lui inspirer les disettes qu'il éprouvait. Le seul moyen d'empêcher ces disettes est d'encourager par la liberté la plus absolue le commerce et les emmagasinements de blé, de chercher à éclairer le peuple et à détruire le préjugé qui   5
lui fait détester les marchands de blé.] ¶Cependant
201   K12: enfin les progrès

écrivains' du *Siècle de Louis XIV* (*OH*, p.1138). Cette protestante, convertie au catholicisme, amie de Fontenelle, mourut dans la misère. Voir Catherine Plusquellec, *L'Œuvre de Catherine Bernard: roman, théâtre, poésie* (thèse de troisième cycle, Rouen, 1984).
[28] Les révoltes populaires, liées à une crise économique, furent nombreuses sous les rois cités par Voltaire, notamment au dix-septième siècle. Voltaire évoque la famine de 1661 dans *Le Siècle de Louis XIV* (*OH*, p.986).

l'industrie.[29] Le pays est si bon, le peuple si laborieux, que la révocation de l'édit de Nantes ne put faire périr l'Etat.[30] Il n'y a peut-être pas une preuve plus convaincante de sa force.

Le blé resta toujours à vil prix: la main-d'œuvre par conséquent ne fut pas chère; le commerce prospéra; et on cria toujours contre la dureté du temps.   205

La nation ne mourut pas de la disette horrible de 1709; elle fut très malade; mais elle réchappa.[31] Nous ne parlons ici que du blé qui manqua absolument; il fallut que les Français en achetassent de leurs ennemis mêmes; les Hollandais en fournirent seuls autant que   210 les Turcs.

Quelques désastres que la France ait éprouvés; quelques succès qu'elle ait eus; que les vignes aient gelé, ou qu'elles aient produit autant de grappes que dans la Jérusalem céleste, le prix du blé a   215 toujours été assez uniforme; et, année commune, un setier de blé a toujours payé quatre paires de souliers depuis Charlemagne.[32]

Vers l'an 1750 la nation rassasiée de vers, de tragédies, de comé-

217-18   K84, K12: Charlemagne. [*avec note*: Mais il y a eu souvent d'énormes différences d'une année à l'autre, et c'est ce qui cause la misère du peuple parce que les salaires n'augmentent pas à proportion.] ¶Vers

[29] Voltaire a favorisé les manufactures à Ferney: faïencerie, poterie, tuilerie, tannerie, fabriques de bas de soie, montres (voir *Ferney-Voltaire*, Annecy, 1990, p.201-316). Il considère l'industrie comme un facteur essentiel de la prospérité d'un Etat: voir *Le Siècle de Louis XIV* (*OH*, p.995-97), l'*Essai sur les mœurs* (t.2, p811-12), *Le Précis du siècle de Louis XV* (*OH*, p.1566-68).
[30] Voir *Le Siècle de Louis XIV* (*OH*, p.994).
[31] L'hiver 1709 fut très rude et à Paris le gel de la Seine provoqua une interruption du ravitaillement de la ville: on enregistra de 24 000 à 30 000 décès durant le mois de janvier. A Toulouse, la hausse des prix fut de 126 pour cent par rapport à la période de 1704 à 1708. Voltaire évoque le drame provoqué par la rigueur de cet hiver dans *Le Siècle de Louis XIV* (*OH*, p.992) et dans la *Défense de Louis XIV* (*OH*, p.1292). Il a des souvenirs personnels de cet hiver: voir *VST*, t.1, p.31-32.
[32] 'Le prix commun est réservé aux acheteurs qui achètent pour leur subsistance la même quantité de blé chaque année. Le prix est le cinquième de 87 livres, soit 17 livres 8 sous. C'est à peu près le prix commun de la vente du blé à Paris depuis longtemps' (article 'Grains', par Quesnay, *Encyclopédie*, t.7, p.813, n.*c*).

dies, d'opéras, de romans, d'histoires romanesques, de réflexions
morales plus romanesques encore, et de disputes théologiques sur   220
la grâce et sur les convulsions, se mit enfin à raisonner sur les blés.

On oublia même les vignes pour ne parler que de froment et de
seigle. On écrivit des choses utiles sur l'agriculture: tout le monde
les lut, excepté les laboureurs. On supposa, au sortir de l'Opéra
Comique, que la France avait prodigieusement de blé à vendre.   225
Enfin le cri de la nation obtint du gouvernement, en 1764, la liberté
de l'exportation. [33]

Aussitôt on exporta. Il arriva précisément ce qu'on avait
éprouvé du temps de Henri IV; on vendit un peu trop; une
année stérile survint; il fallut pour la seconde fois que Mlle Bernard   230
revendît son collier pour ravoir ses draps et ses chemises. Alors
quelques plaignants passèrent d'une extrémité à l'autre. Ils
éclatèrent contre l'exportation qu'ils avaient demandée: ce qui
fait voir combien il est difficile de contenter tout le monde et son
père.   235

Des gens de beaucoup d'esprit, et d'une bonne volonté sans
intérêt, avaient écrit avec autant de sagacité que de courage en
faveur de la liberté illimitée du commerce des grains. [34] Des gens

---

227-28   K84, K12: l'exportation. [*avec note*: Cette liberté ne fut que limitée [K12:
fut limitée], il ne sortit que très peu de blé et bientôt les mauvaises récoltes rendirent
toute exportation impossible. Il résulterait deux grands biens d'une liberté absolue de
l'exportation, l'encouragement de l'agriculture, et une plus grande constance dans le
prix des grains [K12: du grain].] ¶Aussitôt   5

[33] Depuis l'achat de Ferney, Voltaire lutte contre la défense d'exporter le blé
qu'on a semé (D8762, D10153, D13997). En juillet 1764, le contrôleur général des
finances Laverdy promulgua un édit qui libéra l'exportation des blés. Il avait
remplacé Henri Bertin le 12 décembre 1763 et fut démis de ses fonctions en septembre
1768 par le chancelier Maupeou. Voltaire, à maintes reprises, avait approuvé son
action en faveur de la liberté du commerce (D15232); voir *Le Siècle de Louis XIV*
(*OH*, p.987) et la *Défense de Louis XIV* (*OH*, p.1288).
[34] Les courants économiques au dix-huitième siècle peuvent être répartis en trois
grandes catégories. Les mercantilistes, héritiers de Richelieu, Colbert ou Vauban,
sont représentés par Boisguilbert, Cantillon, Forbonnais: ils prônent la richesse

qui avaient autant d'esprit et des vues aussi pures, écrivirent dans l'idée de limiter cette liberté; et M. l'abbé Gagliani napolitain, réjouit la nation française sur l'exportation des blés; il trouva le secret de faire, même en français, des dialogues aussi amusants que nos meilleurs romans, et aussi instructifs que nos meilleurs livres sérieux.[35] Si cet ouvrage ne fit pas diminuer le prix du pain, il donna beaucoup de plaisir à la nation, ce qui vaut beaucoup mieux pour elle. Les partisans de l'exportation illimitée lui répondirent vertement.[36] Le résultat fut que les lecteurs ne surent plus où ils en étaient: la plupart se mirent à lire des romans en attendant trois ou quatre années abondantes de suite qui les mettraient en état de juger. Les dames ne surent pas distinguer davantage le froment du seigle. Les habitués de paroisse continuèrent de croire que le grain doit mourir et pourrir en terre pour germer.[37]

240

245

250

matérielle, le nationalisme économique et l'interventionnisme étatique. Les physiocrates, dits libéraux, sont conduits par Quesnay et comptent dans leurs rangs Mirabeau père, Baudeau, l'abbé Roubaud, Mercier de La Rivière. Ils proclament la primauté de l'agriculture, la liberté totale des échanges, la garantie de la propriété foncière. De Gournay et Turgot font figure de dissidents dans la mesure où ils font l'éloge de l'épargne, de la productivité de l'artisanat ou du commerce. Enfin, il existe une tendance dite de 'libéraux éclectiques', composée notamment de Galiani, Linguet, Graslin ou Necker, qui n'est pas favorable à la liberté totale des échanges.

[35] Ferdinando Galiani, *Dialogues sur le commerce des blés* (Paris, 1770, BV1426; *CN*, t.4, p.47-48). Les *Dialogues* ne furent publiés qu'en 1770, sous le pseudonyme de chevalier Zanobi. Rappelé à Naples en 1769, Galiani avait laissé son manuscrit à Diderot, qui s'était chargé d'en surveiller l'impression. Pour les réactions approbatrices de Voltaire, voir D16088, D16091, D16108, D16137.

[36] Notamment Dupont de Nemours dans les *Ephémérides* (12 vol., Paris, 1767-1771, BV1223-1224) et l'abbé Morellet (*Réfutation de l'ouvrage qui a pour titre 'Dialogues sur le commerce des blés'*, Amsterdam, 1770).

[37] Leitmotiv voltairien, voir *Les Pourquoi* (*OCV*, t.28B, p.110-11), *Le Dîner du comte de Boulainvilliers* (*OCV*, t.63A, p.348), *La Défense de mon oncle* (*OCV*, t.64, p.239) et l'article 'Génération' des *QE* (*M*, t.19, p.224).

Section quatrième

Des blés d'Angleterre[38]

Les Anglais, jusqu'au dix-septième siècle, furent des peuples chasseurs et pasteurs, plutôt qu'agriculteurs. La moitié de la nation courait le renard en selle rase avec un bridon: l'autre moitié nourrissait des moutons et préparait les laines. Les sièges des pairs ne sont encore que de gros sacs de laine, pour les faire souvenir qu'ils doivent protéger la principale denrée du royaume. Ils commencèrent à s'apercevoir au temps de la restauration qu'ils avaient aussi d'excellentes terres à froment. Ils n'avaient guère jusqu'alors labouré que pour leurs besoins. Les trois quarts de l'Irlande se nourrissaient de pommes de terre appelées alors *potâtôs*, et par les Français *topinambous*,[39] et ensuite *pommes de terre*. La moitié de l'Ecosse ne connaissait point le blé. Il courait une espèce de proverbe en vers anglais assez plaisants, dont voici le sens.

> Si l'époux d'Eve la féconde
> Au pays d'Ecosse était né,
> A demeurer chez lui Dieu l'aurait condamné,
> Et non pas à courir le monde.[40]

L'Angleterre fut le seul des trois royaumes qui défricha quelques champs, mais en petite quantité. Il est vrai que ces insulaires mangent le plus de viande, le plus de légumes et le moins de pain qu'ils peuvent. Le manœuvre auvergnat et limousin

255

260

265

270

266   70, 71N, 71A: Si le mari d'Eve la blonde

[38] Les données de la 'section 4' sont tirées de l'ouvrage de Plumard de Dangeul, *Remarques sur les avantages et les désavantages de la France et de la Grande-Bretagne* (Leyde [Paris], 1754, BV2767; *CN*, t.7, p.58-60).
[39] 'Taupinambour ou pomme de terre [...] qu'on accompagne de beurre, de sel et de vinaigre en carême. (Les taupinambours ne sont pas fort bons.)' (Pierre Richelet, *Dictionnaire français*, Genève, 1680, seconde partie, p.429). L'*Encyclopédie* consacre deux articles à la pomme de terre et un article au topinambour.
[40] Nous n'avons pas pu identifier ce proverbe.

dévore quatre livres de pain qu'il trempe dans l'eau, tandis que le manœuvre anglais en mange à peine une avec du fromage; et boit   275
d'une bière aussi nourrissante que dégoûtante, qui l'engraisse.

On peut encore, sans raillerie, ajouter à ces raisons l'énorme quantité de farine dont les Français ont chargé longtemps leur tête. Ils portaient des perruques volumineuses hautes d'un demi-pied sur le front, et qui descendaient jusqu'aux hanches. Seize onces   280
d'amidon saupoudraient seize onces de cheveux étrangers, qui cachaient dans leur épaisseur le buste d'un petit homme; de sorte que dans une farce, où un maître à chanter du bel air, nommé M. Des Soupirs, secouait sa perruque sur le théâtre, on était inondé pendant un quart d'heure d'un nuage de poudre.[41] Cette mode s'introduisit   285
en Angleterre, mais les Anglais épargnèrent l'amidon.[42]

Pour venir à l'essentiel, il faut savoir qu'en 1689, la première année du règne de Guillaume et de Marie, un acte du parlement accorda une gratification à quiconque exporterait du blé, et même de mauvaises eaux-de-vie de grain sur les vaisseaux de la nation.[43]   290

Voici comme cet acte, favorable à la navigation et à la culture, fut conçu.

Quand une mesure nommée *quarter*, égale à vingt-quatre boisseaux de Paris, n'excédait pas en Angleterre la valeur de deux livres sterling huit shelings au marché, le gouvernement   295
payait à l'exportateur de ce quarter cinq shelings = 6 *l.* de France. à

292-93   K84, K12: conçu. [*avec note*: Cette prime ne pouvait avoir d'autre effet que de tenir le blé en Angleterre au-dessus du taux naturel. En la considérant relativement à la culture, elle a pour objet de faire cultiver plus de terres en blé qu'on n'en cultiverait sans cela, ce qui est une perte réelle parce que on ferait rapporter à ces mêmes terres des productions d'une valeur plus grande. Il n'est juste d'encourager la   5
culture du blé aux dépens d'une autre culture que dans les pays où la récolte ne suffit pas année commune à la subsistance du peuple, parce que ce serait un mal pour une nation de ne pas être indépendante des autres pour la denrée de nécessité première, du moins tant que les préjugés mercantiles subsisteront.] ¶Quand
296   K12: cinq shellings = 5 liv. 10s. de

[41] Florent Carton Dancourt, *L'Eté des coquettes* (1690).
[42] Voir l'article 'Arbre à pain' des *QE* (*OCV*, t.38, p.567).
[43] Plumard de Dangeul, *Remarques*, p.88. Voltaire recopie la note *a* de cette page.

416

l'exportateur du seigle quand il ne valait qu'une livre sterling et douze shelings, on donnait de récompense trois shelings et six sous = 3 *l*. 12 *s*. de France. Le reste dans une proportion assez exacte. [44]

Quand le prix des grains haussait, la gratification n'avait plus lieu; quand ils étaient plus chers, l'exportation n'était plus permise. Ce règlement a éprouvé quelques variations; mais enfin le résultat a été un profit immense. On a vu par un extrait de l'exportation des grains présenté à la Chambre des Communes en 1751, que l'Angleterre en avait vendu aux autres nations en cinq années pour 7 405 786 livres sterling, qui font cent soixante et dix millions trois cent trente-trois mille soixante et dix-huit livres de France. [45] Et sur cette somme que l'Angleterre tira de l'Europe en cinq années, la France en paya environ dix millions et demi.

L'Angleterre devait sa fortune à sa culture qu'elle avait trop longtemps négligée; mais aussi elle la devait à son terrain. Plus sa terre a valu, plus elle s'est encore améliorée. On a eu plus de chevaux, de bœufs et d'engrais. [46] Enfin on prétend qu'une récolte abondante peut nourrir l'Angleterre cinq ans, et qu'une même récolte peut à peine nourrir la France deux années.

Mais aussi la France a presque le double d'habitants; et en ce cas l'Angleterre n'est que d'un cinquième plus riche en blés, pour nourrir la moitié moins d'hommes: ce qui est bien compensé par les autres denrées, et par les manufactures de la France. [47]

300

305

310

315

297-99   70: livre sterl. et huit shell. 25[sh.] et 6[s.]—2[l.] 12[s.] de F. Le reste
299   w68: France. ¶Le
306   71A: font 200 soixante

[44] Nicolas-François Dupré de Saint-Maur, dans son *Essai sur les monnaies* (Paris, 1746, BV1176), se livre à des calculs similaires pour connaître le prix d'un setier de blé en France par rapport au prix d'un *quarter* anglais. Il conclut qu'on divise par deux le chiffre anglais et le multiplie par douze pour obtenir le prix d'un setier à Paris. Voltaire marque 'faux' dans la marge à côté de ce passage (*CN*, t.3, p.321).

[45] Plumard de Dangeul, *Remarques*, p.85, dont Voltaire reproduit les chiffres d'un tableau des années 1746-1750.

[46] Plumard de Dangeul, *Remarques*, p.97.

[47] Dans la partie intitulée 'Avantages de la France', Plumard de Dangeul met

Section cinquième

Mémoire court sur les autres pays

L'Allemagne est comme la France; elle a des provinces fertiles en   320
blé, et d'autres stériles; les pays voisins du Rhin et du Danube, la
Bohême, sont les mieux partagés. Il n'y a guère de grand commerce
de grains que dans l'intérieur.

La Turquie ne manque jamais de blé, et en vend peu. L'Espagne
en manque quelquefois, et n'en vend jamais. Les côtes d'Afrique en   325
ont, et en vendent. La Pologne en est toujours bien fournie et n'en
est pas plus riche.

Les provinces méridionales de la Russie en regorgent; on le
transporte à celles du Nord avec beaucoup de peine; on en peut
faire un grand commerce par Riga.   330

La Suède ne recueille du froment qu'en Scanie; le reste ne
produit que du seigle; les provinces septentrionales rien.

Le Dannemarck peu.

L'Ecosse encore moins.

La Flandre autrichienne est bien partagée.   335

En Italie tous les environs de Rome, depuis Viterbe jusqu'à
Terracine, sont stériles. Le Bolonois, dont les papes se sont
emparés, parce qu'il était à leur bienséance, est presque la seule
province qui leur donne du pain abondamment. [48]

Les Vénitiens en ont à peine de leur crû pour le besoin, et sont   340
souvent obligés d'acheter des *firmans* à Constantinople, c'est-à-
dire, des permissions de manger. C'est leur ennemi et leur
vainqueur qui est leur pourvoyeur.

Le Milanais est la terre promise en supposant que *la terre promise*
avait du froment.   345

La Sicile se souvient toujours de Cérès; mais on prétend qu'on

---

l'accent sur 'l'espèce de manie avec laquelle les autres nations ont adopté les goûts et
façons françaises', ce qui favorise les manufactures (p.11-12).

[48] Sur la production de blé dans tous ces pays, voir l'*Essai sur les mœurs* (t.2, p.138,
142, 417, 719).

n'y cultive pas aussi bien la terre que du temps d'Hiéron qui donnait tant de blé aux Romains. [49] Le royaume de Naples est bien moins fertile que la Sicile, et la disette s'y fait sentir quelquefois, malgré San Gennaro. [50]

350

Le Piémont est un des meilleurs pays.

La Savoye a toujours été pauvre et le sera.

La Suisse n'est guère plus riche; elle a peu de froment; il y a des cantons qui en manquent absolument.

Un marchand de blé peut se régler sur ce petit mémoire; et il sera ruiné, à moins qu'il ne s'informe au juste de la récolte de l'année, et du besoin du moment.

355

Résumé

Suivez le précepte d'Horace: ayez toujours une année de blé par-devers vous; *provisae frugis in annum.* [51]

BLÉ,

Grammaire morale

Section seconde

On dit proverbialement, *manger son blé en herbe*; *être pris comme dans un blé*; [52] *crier famine sur un tas de blé*. Mais de tous les proverbes que cette production de la nature et de nos soins a fournis, il n'en est point qui mérite plus l'attention des législateurs que celui-ci.

360

359a-59c K84, K12: Section 6. / Blé, grammaire, morale

[49] Pendant la seconde guerre punique, Hiéron II, roi de Syracuse, envoie plusieurs fois du blé aux Romains.

[50] La plaisanterie sur la liquéfaction du sang de saint Janvier à Naples est fréquente chez Voltaire: voir l'*Essai sur les mœurs* (t.2, p.702); *Conformez-vous au temps* (*M*, t.25, p.316-17); *Homélies prononcées à Londres* (*OCV*, t.62, p.484-85).

[51] Horace, *Epîtres*, livre 1, épître 18, vers 109.

[52] Proverbe qui signifie 'ne pas pouvoir s'échapper'.

Ne nous remets pas au gland quand nous avons du blé. 365

Cela signifie une infinité de bonnes choses, comme par exemple:

Ne nous gouverne pas dans le dix-huitième siècle comme on gouvernait du tems d'Albouin,[53] de Gondebald,[54] de Clodevik nommé en latin Clodovaeus.[55]

Ne parle plus des lois de Dagobert, quand nous avons 370 les œuvres du chancelier d'Aguesseau,[56] les discours de MM. les gens du roi, Montclar,[57] Servant,[58] Castillon,[59] la

[53] Albouin, ou Alboin, fondateur de la grandeur lombarde au sixième siècle et dont la barbarie est condamnée dans l'*Essai sur les mœurs* (t.1, p.307-308). Daniel rapporte qu'il s'est fait apporter une coupe faite du crâne du roi des Gepides qu'il avait tué de sa propre main; il y boit le premier, puis présente à boire à la reine Rosimonde, fille de ce roi (*Histoire de France*, t.1, p.323).

[54] Gondebald, ou Gondebaud, mort en 516, a promulgué le code dit 'Loi Gombette' et la loi romaine des Burgondes. Son rôle néfaste est évoqué par Voltaire dans le *Commentaire sur L'Esprit des lois* (*M*, t.30, p.453).

[55] Clovis, que Voltaire a toujours condamné, qu'il considère comme un 'despote' (*Essai sur les mœurs*, t.1, p.343) ou comme un 'flibustier' (l'article 'Flibustiers' des QE, *M*, t.19, p.154, et le *Commentaire sur L'Esprit des lois*, *M*, t.30, p.451-54).

[56] Henri-François d'Aguesseau a été procureur général en 1700, chancelier de France en 1717, garde des Sceaux en 1737. Voltaire, dans sa correspondance, mentionne à de nombreuses reprises le nom du magistrat: il ne l'apprécie pas comme écrivain, mais l'estime le 'premier magistrat de Paris'. Voltaire possédait dix volumes de ses *Œuvres* (Yverdon, 1763-1765, BV21; *CN*, t.1, p.69-72).

[57] Jean-Pierre-François de Ripert, marquis de Monclar, procureur général au parlement de Provence. Voltaire défendra sa mémoire en 1773 (D18334, D18353, D18360 et D.app.374, qui dénonce en mai 1773 les intrigues calomnieuses de l'évêque d'Apt gouverné par les jésuites à l'encontre de Monclar).

[58] Michel-Joseph-Antoine Servan, avocat général au parlement de Grenoble. Il est l'auteur d'un *Discours sur l'administration de la justice criminelle* (Genève, 1766, BV3152), d'un *Discours* [...] *dans la cause d'une femme protestante* (Genève, 1767), d'un *Discours sur les mœurs prononcé au parlement de Grenoble* (Lyon, 1770, BV3153) et d'un *Discours sur les progrès des connaissances humaines en général* (Lyon, 1781). Voltaire l'apprécie et le lui écrit (D13291, D14668, D16026, D16052). Voir J. F. Lannier, 'Une amitié à l'occasion des affaires Calas et Sirven: la correspondance entre Voltaire et Michel-Antoine Servan, avocat général au parlement de Grenoble', dans *Voltaire et ses combats*, éd. U. Kölving et C. Mervaud (Oxford, 1997), t.1, p.557-66. Servan est cité avec éloge dans *L'Homme aux quarante écus* (*OCV*, t.66, p.374-76).

[59] Jean-François-André Le Blanc de Castillon, avocat général au parlement d'Aix. Il fait partie de ces avocats généraux du sud de la France dont Voltaire dit

Chalotais, [60] Du Paty, etc. [61]

Ne nous cite plus les miracles de saint Amable, dont les gants et le chapeau furent portés en l'air pendant tout le voyage qu'il fit à pied du fond de l'Auvergne à Rome. [62]   375

Laisse pourrir tous les livres remplis de pareilles inepties, songe dans quel siècle nous vivons.

Si jamais on assassine à coups de pistolet un maréchal d'Ancre; ne fais point brûler sa femme en qualité de sorcière sous prétexte   380
que son médecin italien lui a ordonné de prendre du bouillon fait avec un coq blanc, tué au clair de la lune, pour la guérir de ses vapeurs. [63]

Distingue toujours les honnêtes gens qui pensent, de la populace qui n'est pas faite pour penser.   385

Si l'usage t'oblige à faire une cérémonie ridicule en faveur de cette canaille, et si en chemin tu rencontres quelques gens d'esprit, avertis-les par un signe de tête; par un coup d'œil que tu penses comme eux; mais qu'il ne faut pas rire.

---

le plus grand bien (D12971, D16713, D16743). Voltaire possède l'*Arrêt de la cour du parlement du Dauphiné du 22 mars 1766 qui condamne au feu un extrait du discours de rentrée de Monsieur de Castillon* (Grenoble, 1766, BV116).

[60] Louis-René de Caradeuc de La Chalotais, procureur général au parlement de Bretagne, auteur d'un *Essai d'éducation nationale* (s.l., 1762, BV634) et de nombreux écrits contre les jésuites (par exemple le *Second compte rendu sur l'appel comme d'abus, des constitutions des jésuites*, s.l., 1762, BV635). Voltaire l'évoque souvent dans sa correspondance, surtout après son emprisonnement à Saint-Malo, suivi de son exil en raison de démêlés entre le parlement de Bretagne et le roi (1766). Il suit l'affaire avec grand intérêt (D13257, D13487, D13534, D13720, D16241, D16424).

[61] Charles-Marguerite Mercier Dupaty, avocat général au parlement de Bordeaux. Dès 1769, Voltaire loue l'éloquence et le patriotisme de ce magistrat (D15445). Pour avoir rédigé d'insolentes remontrances au roi le 13 août 1770, Dupaty est enfermé à la prison de Pierre-Encise de Lyon, puis exilé. Voltaire déplore ces mesures (D16713, D17035) et lui mande le 15 décembre 1770 qu'il a fait figurer son nom à côté de celui du chancelier d'Aguesseau dans l'article 'Blé' (D16824).

[62] Saint Amable est le patron de Riom; Voltaire avait cité cette anecdote dès 1742 dans *Sur le théisme* (*OCV*, t.28B, p.20, et n.8).

[63] Sur Concini et sa femme Eleonora Galigaï, accusée de sorcellerie, voir l'*Essai sur les mœurs* (t.2, p.572-74), qui indique les sources de Voltaire, l'article 'Ana, anecdotes' des *QE* (*OCV*, t.38, p.296-98) et ci-dessus, l'article 'Béker' (p.346, n.11).

Affaiblis peu à peu toutes les superstitions anciennes, et n'en 390
introduis aucune nouvelle.

Les lois doivent être pour tout le monde; mais laisse chacun
suivre ou rejeter à son gré ce qui ne peut être fondé que sur un
usage indifférent.

Si la servante de Bayle meurt entre tes bras, ne lui parle point 395
comme à Bayle; ni à Bayle comme à sa servante.

Si les imbéciles veulent encore du gland, laisse-les en manger;
mais trouve bon qu'on leur présente du pain.

En un mot, ce proverbe est excellent en mille occasions.

BŒUF APIS

Il a été agité si le bœuf Apis était révéré à Memphis comme dieu, comme symbole, ou comme bœuf. [1] Il est à croire que les fanatiques voyaient en lui un dieu, les sages un simple symbole, et que le sot peuple adorait le bœuf. Cambyse fit-il bien quand il eut conquis l'Egypte, de tuer ce bœuf de sa main? Pourquoi non? Il faisait voir aux imbéciles qu'on pouvait mettre leur dieu à la broche, sans que la nature s'armât pour venger ce sacrilège. Hérodote ajoute qu'il fit bien fouetter les prêtres; il avait tort, si ces prêtres avaient été de bonnes gens qui se fussent contentés de gagner leur pain dans le culte d'Apis, sans molester les citoyens. Mais s'ils avaient été persécuteurs, s'ils avaient forcé les consciences, s'ils avaient établi une espèce d'inquisition et violé le droit naturel, Cambyse avait un autre tort, c'était celui de ne les pas faire pendre. [2]

a   K84, K12: Bœuf Apis (Prêtres du)
1-7   K84, K12: Hérodote raconte que Cambyse après avoir tué de sa main le dieu-bœuf, fit
13   K84, K12: pendre. [*avec note*: Voyez 'Apis'.] //

* Voltaire reprend ici l'article 'Apis' du *DP* (*OCV*, t.35, p.358-61). Il change le début de la première phrase et apporte quelques modifications aux lignes 14-16, 27-28 et 36. Des ajouts plus substantiels se trouvent aux lignes 7-13 (dont les éditeurs de Kehl ont créé un article à part entière, 'Bœuf Apis, prêtres du', K84, p.325) et à la fin de l'article (lignes 39-40). L'article 'Apis' de l'*Encyclopédie*, signé de l'astérisque qui désignerait Diderot, fait le point sur les informations dont on dispose au dix-huitième siècle sur ce dieu de l'ancienne Egypte. Voltaire n'en a cure. Il préfère de nouveau juger sans aménité la civilisation égyptienne et rapporter une anecdote tirée d'Hérodote. Cet article est envoyé à Cramer au cours de l'été 1770 (voir D16514, D16572, D16573) et paraît en novembre/décembre 1770 (70, t.3).

[1] Lignes 1-6, 14-27, 28-38: texte repris de l'article 'Apis' du *DP*. Pour l'annotation de ce texte, voir *OCV*, t.35, p.358-61.

[2] Pour ce passage sur les prêtres d'Apis, qui est un ajout au texte du *DP*, Voltaire se fonde sur les *Histoires* d'Hérodote, livre 3, chapitre 29, qu'il a pu consulter dans la traduction par Du Ryer (Paris, 1713, BV1631).

On a fort vanté les Egyptiens: il faut pourtant qu'il y ait toujours eu dans leur caractère, et dans leur gouvernement un vice radical, qui en a toujours fait de vils esclaves.   15

Je consens que dans les temps presque inconnus, ils aient conquis la terre; mais dans les temps de l'histoire ils ont été subjugués par tous ceux qui s'en sont voulu donner la peine, par les Assyriens, par les Grecs, par les Romains, par les Arabes, par les   20
Mammelus, par les Turcs, enfin par tout le monde, excepté par nos croisés, attendu que ceux-ci étaient plus mal avisés que les Egyptiens n'étaient lâches. Ce fut la milice des Mammelus qui battit les Français. Il n'y a peut-être que deux choses passables dans cette nation; la première, que ceux qui adoraient un bœuf ne   25
voulurent jamais contraindre ceux qui adoraient un singe, à changer de religion, quoique les bœufs-lâtres et les singes-lâtres se haïssent vivement; [3] la seconde, qu'ils ont fait toujours éclore des poulets dans des fours.

On vante leurs pyramides; mais ce sont des monuments d'un   30
peuple esclave. Il faut bien qu'on y ait fait travailler toute la nation, sans quoi on n'aurait pu venir à bout d'élever ces vilaines masses. A quoi servaient-elles? A conserver dans une petite chambre la momie de quelque prince ou de quelque gouverneur, ou de quelque intendant que son âme devait ranimer au bout de mille   35
ans, on a dit même au bout de trois mille. [4] Mais s'ils espéraient cette résurrection des corps, pourquoi leur ôter la cervelle avant de les

14   70, 71N, 71A: Egyptiens. Peut-être n'y a-t-il point de peuple plus méprisable; il faut qu'il [5]

[3] Rappelons que le culte de la latrie est réservé à Dieu seul, alors que le culte de la dulie est le respect et l'honneur rendus aux anges et aux saints.
[4] Voltaire a pu ajouter 'on a dit même au bout de trois mille' au texte du *DP* après une lecture plus attentive des *Histoires* d'Hérodote (livre 2, ch.123; voir *CN*, t.4, p.381).
[5] Voltaire a commencé par atténuer, dans 70, 71N, et 71A, le jugement défavorable sur les Egyptiens exprimé dans le *DP* ('Je ne connais guère de peuple plus méprisable'), qu'il supprime ensuite dans w75G.

embaumer? Les Egyptiens devaient-ils ressusciter sans cervelle? L'observatoire que fit bâtir Louis XIV, me paraît un plus beau monument que les pyramides, parce qu'il est plus utile.[6]

[6] Cette dernière phrase a été ajoutée au texte du *DP*. L'observatoire de Paris a été édifié en 1667. Voltaire y fait allusion dans *Le Siècle de Louis XIV* (*OH*, p.999).

BOIRE À LA SANTÉ

D'où vient cette coutume? est-ce depuis le temps qu'on boit? Il paraît naturel qu'on boive du vin pour sa propre santé, mais non pas pour la santé d'un autre.

Le *propino* des Grecs, adopté par les Romains, ne signifiait pas, je bois afin que vous vous portiez bien; mais je bois avant vous pour que vous buviez; je vous invite à boire. [1]

Dans la joie d'un festin on buvait pour célébrer sa maîtresse, et non pas pour qu'elle eût une bonne santé. Voyez dans Martial,

> *Naevia sex cyathis, septem Justina bibatur.* [2]

Six coups pour Nevia, sept au moins pour Justine.

Les Anglais qui se sont piqués de renouveler plusieurs coutumes de l'antiquité, boivent à l'honneur des dames; c'est

---

* Cet article présente brièvement l'histoire de la coutume de boire à la santé, coutume que Voltaire considère comme ridicule, mais qu'il observe néanmoins: 'nous avons tous pris la liberté de boire à la santé de sa majesté impériale' (D10730); 'Buvez à ma santé le jour de la noce, vous et Mme de Florian' (D16561). Une lettre sur l'origine de cet usage, par Jean-François Dreux Du Radier, parue dans *La Clef du cabinet* en février 1751, fait allusion aux mêmes vers de Martial et d'Horace que cite ici Voltaire. Dans une lettre écrite vers juillet/août 1770, Voltaire mande à Cramer: 'On ajoute le mot boire, dont la grande Encyclopédie n'a point parlé, ce qui forme un article important pour tous les cabarets du royaume' (D16558). L'*Encyclopédie* contient en fait plusieurs articles 'Boire', dont le plus long traite de questions physiologiques; aucun d'entre eux n'est pourtant comparable au présent article, qui est envoyé à Cramer au cours de l'été 1770 (voir D16514, D16572, D16573) et paraît en novembre/décembre 1770 (70, t.3).

[1] Etymologie et définition exactes.

[2] Martial, *Epigrammes*, livre 1, épigramme 71, vers 2 (*Epigrammata*, Londres, 1716, p.22, BV2341). Un *cyathus* représente 5 centilitres environ; le nombre de *cyathi* qu'on boit pour chacune des cinq maîtresses dans cette épigramme dépend du nombre de lettres qui composent leurs prénoms. Selon Moland, Voltaire 'aurait dû non seulement écrire Naevia (et non Nevia), mais encore ne pas ajouter dans sa traduction les mots *au moins*, qui forment un contresens' (*M*, t.18, p.17, n.4).

426

ce qu'ils appellent *toster*;[3] et c'est parmi eux un grand sujet de dispute si une femme est tostable[4] ou non, si elle est digne qu'on la toste.[5]   15

On buvait à Rome pour les victoires d'Auguste, pour le retour de sa santé. Dion Cassius rapporte qu'après la bataille d'Actium le sénat décréta que dans les repas on lui ferait des libations au second service.[6] C'est un étrange décret. Il est plus vraisemblable que la flatterie avait introduit volontairement cette bassesse. Quoi qu'il en   20
soit, vous lisez dans Horace,

> Hinc ad vina redit laetus, et alteris
> Te mensis adhibet Deum.
> Te multa prece, te prosequitur mero
> Defuso pateris: et laribus tuum   25
> Miscet numen, uti Graecia Castoris,
> Et magni memor Herculis.
> Longas o utinam, dux bone, ferias
> Praestes hesperiae: dicimus integro

---

[3] En anglais: *to toast* (au dix-huitième siècle on écrivait également *tost*).

[4] L'*Oxford English Dictionary* ne cite aucune source textuelle où le mot *toastable* (ou *tostable*) soit employé dans le sens que lui attribue Voltaire. Cela n'exclut pas cependant son usage à l'oral.

[5] Pour une délibération sur la 'tostabilité' d'une femme, voir par exemple Jonathan Swift, *Cadenas and Vanessa* (1713), vers 412-13: 'She's fair and clean, and that's the most; / But why proclaim her for a toast?' (*The Complete Poems*, éd. Pat Rogers, New Haven, CT, 1983, p.140).

[6] Dion Cassius, *Historiae romanae* (Paris, 1592, *Ferney catalogue* n° 888), livre 51, ch.19, section 7. Les opinions des historiens modernes sont partagées sur la question de savoir si ce décret stipulait que le peuple devait faire des libations à Auguste en tant que dieu, ou plutôt au génie d'Auguste. Voir Duncan Fishwick, *The Imperial Cult in the Latin west: studies in the ruler cult of the western provinces of the Roman Empire*, 3 vol. (Leyde, 1987-2005), t.2, p.375. Le détail concernant le 'second service' provient non de Dion Cassius mais de l'ode d'Horace citée ci-dessus, *alteris mensis* (lignes 22 et 23) étant l'équivalent de *mensis secundis* (comme l'indique André Dacier, *Œuvres d'Horace en latin et en français, avec des remarques critiques et historiques*, 4e éd., 10 vol., Amsterdam, 1727, t.4, p.112n, BV1678). Sur Dion Cassius 'flatteur d'Auguste', voir l'article 'Cuissage ou culage' des *QE*.

Sicci mane die, dicimus uvidi,   30
    Quum sol oceano subest. [7]

Sois le dieu des festins, le dieu de l'allégresse,
    Que nos tables soient tes autels.
    Préside à nos jeux solennels
Comme Hercule aux jeux de la Grèce.   35
Seul tu fais les beaux jours; que tes jours soient sans fin.
C'est ce que nous disons en revoyant l'aurore;
Ce qu'en nos douces nuits nous redisons encore
    Entre les bras du dieu du vin. *(a)*

On ne peut, ce me semble, faire entendre plus expressément ce   40
que nous entendons par ces mots, *Nous avons bu à la santé de votre
majesté.*

C'est de là probablement que vint, parmi nos nations barbares,
l'usage de boire à la santé de ses convives; usage absurde, puisque
vous videriez quatre bouteilles sans leur faire le moindre bien. Et   45
que veut dire *boire à la santé du roi*, s'il ne signifie pas ce que nous
venons de voir? [8]

Le Dictionnaire de Trévoux nous avertit qu'on *ne boit pas à la
santé de ses supérieurs en leur présence.* [9] Passe pour la France et pour

(a) Dacier a traduit *sicci* et *uvidi* dans nos prières du soir et du matin. [10]

n.*a*   70, 71N, 71A: [*note absente*]

[7] Horace, *Odes*, livre 4, ode 5, vers 31-40. Si la traduction de Voltaire est libre, elle
suit par endroits celle de Dacier (*Œuvres d'Horace*, t.4, p.99).
[8] C'est sans doute par un trait d'ironie contre Frédéric II que Voltaire fait dire aux
soldats bulgares: 'c'est le plus charmant des rois, et il faut boire à sa santé' (*Candide*,
OCV, t.48, p.123).
[9] *Dictionnaire de Trévoux*, 7 vol. (Paris, 1752), t.6, col.1269, à l'entrée 'Santé': 'on
ne boit point à la santé de ceux qui sont fort au-dessus de soi'. Voir aussi la lettre de
Dreux Du Radier dans *La Clef du cabinet* (février 1751), p.731.
[10] Voltaire attire l'attention sur la traduction un peu mièvre de Dacier: 'c'est ce
que nous disons le matin dans nos prières, et c'est ce que nous disons encore dans nos
actions de grâces après le souper, quand le soleil se cache dans l'onde'. Dacier ajoute
cette note: '*Siccus*, sec, c'est-à-dire *à jeun*, lorsqu'on n'a pas encore bu, et il est opposé
à *uvidus*, humide, qui a bu' (*Œuvres d'Horace*, t.4, p.99, 115n).

l'Allemagne; mais en Angleterre c'est un usage reçu. Il y a moins 50
loin d'un homme à un homme à Londres qu'à Vienne.

On sait de quelle importance il est en Angleterre de boire à la
santé d'un prince qui prétend au trône; c'est se déclarer son
partisan. Il en a coûté cher à plus d'un Eccossais et d'un Irlandais
pour avoir bu à la santé des Stuarts. [11] 55

Tous les whigs buvaient après la mort du roi Guillaume, non pas
à sa santé, mais à sa mémoire. Un tory nommé Brown, évêque de
Cork en Irlande, grand ennemi de Guillaume, dit qu'il mettrait un
bouchon à toutes les bouteilles qu'on vidait à la gloire de ce
monarque, parce que cork en anglais signifie *bouchon*. Il ne s'en tint 60
pas à ce fade jeu de mots; il écrivit en 1702 une brochure (ce sont les
mandements du pays) pour faire voir aux Irlandais que c'est une
impiété atroce de boire à la santé des rois, et surtout à leur
mémoire; [12] que c'est une profanation de ces paroles de Jésus-
Christ, *Buvez-en tous, faites ceci en mémoire de moi*. [13] 65

Ce qui étonnera, c'est que cet évêque n'était pas le premier qui
eût conçu une telle démence. Avant lui, le presbytérien Pryn avait
fait un gros livre contre l'usage impie de boire à la santé des
chrétiens. [14]

Enfin, il y eut un Jean Geré, curé de la paroisse de Sainte-Foi, 70

---

[11] De nombreux jacobites furent poursuivis pour avoir bu à la santé du prince
Jacques Edouard Stuart ou du prince Charles Edouard Stuart – voir *Cobbett's complete
collection of state trials and proceedings for high treason and other crimes and misdemeanours from the earliest period to the present time*, éd. Thomas B. Howell, 34 vol.
(Londres, 1809-1828), t.17-18, *passim*. Un 'Act for the security of her majesty's
person', promulgué pendant le règne de la reine Anne en 1707, proscrivait le fait de
soutenir 'by advised speaking [...] that the pretended prince of Wales, who now styles
himself [...] king of England, by the name of James III, or king of Scotland, by the name
of James VIII, has any right or title to the crown' (t.17, p.2). Voir aussi le *Précis du siècle
de Louis XV*, ch.24 (*OH*, p.1433).

[12] Peter Browne (mort en 1735), dès 1710 évêque de Cork et Ross en Irlande,
publia entre 1713 et 1722 maints pamphlets condamnant la coutume de boire à la
mémoire des morts, tel *Of drinking in remembrance of the dead* (Londres, 1713).

[13] Amalgame de Matthieu 26:27 et de Luc 22:19.

[14] Le puritain William Prynne (1600-1699), avocat, auteur de plus de deux cents
pamphlets, dénonce longuement le théâtre dans son livre de 1006 pages, *Histrio-*

qui publia *la divine potion, pour conserver la santé spirituelle par la cure de la maladie invétérée de boire à la santé, avec des arguments clairs et solides contre cette coutume criminelle, le tout pour la satisfaction du public; à la requête d'un digne membre du parlement, l'an de notre salut 1648.*[15]

Notre révérend père Garasse, notre révérend père Patouillet, et notre révérend père Nonotte n'ont rien de supérieur à ces profondeurs anglaises.[16] Nous avons longtemps lutté, nos voisins et nous, à qui l'emporterait.

---

mastix: the player's scourge, or actor's tragedy, qui contient '*sundry other particulars concerning dancing, dicing, health-drinking, etc.*' (Londres, 1633).

[15] John Geree (1599/1600-1649), ecclésiastique non-conformiste, curé de Tewkesbury, dès 1647 pasteur de l'église de St Faith's under Paul's à Londres, fut l'auteur d'un *Theiopharmakon. A divine potion to preserve spiritual health, by the cure of unnatural health-drinking. Or an exercise wherein the evil of health-drinking is by clear and solid arguments convinced. Written for the satisfaction, and published by the direction of a godly parliament-man* (Londres, 1648).

[16] Trois jésuites dont les écrits étaient, selon Voltaire, à la fois dangereux et ridicules: François Garasse (1584-1630), Louis Patouillet (1699-1779), Claude-François Nonnotte (1711-1793). Voir *Les Honnêtetés littéraires* (*OCV*, t.63B, p.1-174) et les *Lettres à Son Altesse Monseigneur le prince de **** (*OCV*, t.63B, p.410, 436-37).

BORNES DE L'ESPRIT HUMAIN

On demandait un jour à Newton pourquoi il marchait quand il en avait envie? et comment son bras et sa main se remuaient à sa volonté? Il répondit bravement qu'il n'en savait rien. Mais, du moins, lui dit-on, vous qui connaissez si bien la gravitation des planètes, vous me direz par quelle raison elles tournent dans un 5 sens plutôt que dans un autre; et il avoua encore qu'il n'en savait rien. [1]

* Voltaire réécrit ici un article du *DP*, en y ajoutant aussi un long extrait d'un poème. L'article du *DP* s'adressait à un 'pauvre docteur', apostrophe que Voltaire laisse tomber dans le présent article. De l'ancien article il garde un certain nombre d'exemples, tout en les réécrivant: le bras qui se remue, le grain de blé, la pomme et la châtaigne qui poussent, et le 'Que sais-je' de Montaigne; tous les autres exemples sont nouveaux. Cette réécriture lui permet de citer longuement le passage d'un poème qu'il affectionne particulièrement. Le thème de la limite des connaissances humaines est traité dans l'*Encyclopédie* (par exemple par Diderot, dès le premier tome, dans l'article 'Aguaxima'), mais pas dans l'article 'Bornes, termes, limites', qui se limite à une entrée de grammaire sur les synonymes, ni dans les articles 'Borne' et 'Borne de bâtiment'. Les idées du scepticisme et du *philosophe ignorant* sont évidemment primordiales pour Voltaire, qui prétend que 'Bayle [...] n'a fait qu'apprendre à douter' ('Préface' au *Poème sur le désastre de Lisbonne*, *M*, t.9, p.468). Selon V. Le Ru, 'outre Bayle et Locke, Newton est assurément le penseur qui, pour Voltaire, permet de prendre conscience des bornes de l'esprit humain' (*Voltaire newtonien*, Paris, 2005, p.60). Le 15 juillet 1768, Voltaire écrit à Horace Walpole: 'J'ai été persécuté pendant trente ans par une nuée de fanatiques pour avoir dit que Locke est l'Hercule de la métaphysique qui a posé les bornes de l'esprit humain' (D15140). Cet article est envoyé à Cramer au cours de l'été 1770 (voir D16514, D16572, D16573) et paraît en novembre/décembre 1770 (70, t.3).

[1] Voltaire, même s'il semble inventer ces répliques, avait depuis longtemps souligné l'importance du scepticisme chez Newton. Dans les *Eléments de la philosophie de Newton*, il écrit: 'Si l'on veut savoir ce que Neuton pensait sur l'âme, et sur la manière dont elle opère, et lequel de tous ces sentiments il embrassait, je répondrai qu'il n'en suivait aucun. Que savait donc sur cette matière celui qui avait soumis l'infini au calcul, et qui avait découvert les lois de la pesanteur? Il savait douter' (*OCV*, t.15, p.232; voir aussi p.225-26, 256). D'Alembert a peut-être ce passage à l'esprit quand il écrit dans l'article 'Figure de la terre' de l'*Encyclopédie*: 'Quel parti prendre jusqu'à ce que le temps nous procure de nouvelles lumières? savoir attendre et douter' (t.6, p.761).

Ceux qui enseignèrent que l'océan était salé de peur qu'il ne se corrompît, et que les marées étaient faites pour conduire nos vaisseaux dans nos ports, furent un peu honteux quand on leur répliqua que la Méditerranée a des ports et point de reflux.[2] Musshembroek lui-même est tombé dans cette inadvertance.[3]

Quelqu'un a-t-il jamais pu dire précisément, comment une bûche se change dans son foyer en charbon ardent, et par quelle mécanique la chaux s'enflamme avec de l'eau fraîche?[4]

Le premier principe du mouvement du cœur dans les animaux est-il bien connu? sait-on bien nettement comment la génération s'opère? a-t-on deviné ce qui nous donne les sensations, les idées, la mémoire? Nous ne connaissons pas plus l'essence de la matière que les enfants qui en touchent la superficie.

Qui nous apprendra par quelle mécanique ce grain de blé que nous jetons en terre se relève pour produire un tuyau chargé d'un épi, et comment le même sol produit une pomme au haut de cet arbre et une châtaigne à l'arbre voisin? Plusieurs docteurs ont dit: Que ne sais-je pas? Montagne disait: Que sais-je![5]

[2] Abbé Antoine Pluche, *Le Spectacle de la nature, ou entretiens sur les particularités de l'histoire naturelle*, 8 vol. (Paris, Estienne et Desaint, 1732-1750, BV2765-66), entretien 22 (t.3, p.190-92). Voltaire reprendra le même exemple dans l'article 'Calebasse' ci-dessous, p.496. Les annotations de Voltaire dans ses deux exemplaires du *Spectacle de la nature* sont nombreuses et ravageuses (*CN*, t.7, p.28-58).

[3] Petrus van Musschenbroek, *Essai de physique*, 2 vol. (Leyde, Luchtmans, 1739, BV2540), t.1, p.3. Voltaire commente ce passage avec ironie (*CN*, t.5, p.799). Il connaissait ce livre depuis longtemps, mais il semble l'avoir relu après 1758: voir *CN*, t.5, p.903, n.939.

[4] 'De la nature et de la propagation du feu' fut le sujet du concours de l'Académie des sciences pour 1738; Voltaire et Mme Du Châtelet avaient tous les deux concouru, sans que l'un ni l'autre ne remporte de prix. Voir l'*Essai sur la nature du feu, et sur sa propagation* (*OCV*, t.17, p.1-89), et le volume réunissant les textes d'Euler, du R. P. Lozeran de Fiesc, du comte de Créquy, d'Emilie Du Châtelet et de Voltaire, *'De la nature et de la propagation du feu': cinq mémoires couronnés par l'Académie royale des sciences, Paris 1738* (Wassy, 1994).

[5] Montaigne, *Essais*, livre 2, ch.12. Voltaire a déjà cité cette 'devise', par exemple dans son article sur le pyrrhoniste La Mothe Le Vayer, dans le 'Catalogue des écrivains' du *Siècle de Louis XIV* (*OH*, p.1173). Il citera encore l'expression dans deux autres articles des *QE*, 'Imagination' et 'Monstres' (*M*, t.19, p.435, et t.20,

Décideur impitoyable, pédagogue à phrases, raisonneur fourré,
tu cherches les bornes de ton esprit. Elles sont au bout de ton nez. [6]

> Parle: m'apprendras-tu par quels subtils ressorts
> L'éternel artisan fait végéter les corps?
> Pourquoi l'aspic affreux, le tigre, la panthère,   30
> N'ont jamais adouci leur cruel caractère;
> Et que reconnaissant la main qui le nourrit,
> Le chien meurt en léchant le maître qu'il chérit?
> D'où vient qu'avec cent pieds, qui semblent inutiles,
> Cet insecte tremblant traîne ses pas débiles?   35
> Pourquoi ce ver changeant se bâtit un tombeau,
> S'enterre, et ressuscite avec un corps nouveau;
> Et le front couronné, tout brillant d'étincelles,
> S'élance dans les airs en déployant ses ailes?
> Le sage Dufay parmi ses plants divers,   40
> Végétaux rassemblés des bouts de l'univers,
> Me dira-t-il pourquoi la tendre sensitive
> Se flétrit sous nos mains, honteuse et fugitive?
>   Pour découvrir un peu ce qui se passe en moi,
> Je m'en vais consulter le médecin du roi.   45
> Sans doute il en sait plus que ses doctes confrères.

29-85   K84, K12: corps? etc. [*avec note*: Voyez les *Discours en vers sur l'homme*,
volume de *Poèmes*. //

---

p.110). Sur Voltaire et Montaigne, voir M. Dréano, *La Renommée de Montaigne en
France au XVIIIᵉ siècle, 1677-1802* (Angers, 1952), ch.4; et E. Martin Haag, 'Diderot
et Voltaire lecteurs de Montaigne: du jugement suspendu à la raison libre', *Revue de
métaphysique et de morale* (1997), p.365-83.

[6] Ces vers sont tirés du *Discours en vers sur l'homme* (discours 4, lignes 15-70,
OCV, t.17, p.492-96). Les lignes 28 et 60 ici sont légèrement modifiées par rapport à
la version antérieure. Les éditeurs de Kehl indiquent en note qu'il s'agit ici d'une
auto-citation, alors que Voltaire omet de le préciser, préférant laisser planer le doute
chez son lecteur. Il a déjà cité deux fois ce même passage, toujours de façon anonyme,
dans un article paru dans la *Gazette littéraire* du 4 avril 1764 (*M*, t.25, p.154), et au
début de *Des singularités de la nature* (*M*, t.27, p.127): ces réemplois suggèrent que le
passage lui est particulièrement cher.

Je veux savoir de lui par quels secrets mystères
Ce pain, cet aliment dans mon corps digéré,
Se transforme en un lait doucement préparé?
Comment toujours filtré dans ses routes certaines,   50
En longs ruisseaux de pourpre il court enfler mes veines,
A mon corps languissant rend un pouvoir nouveau,
Fait palpiter mon cœur, et penser mon cerveau?
Il lève au ciel les yeux, il s'incline, il s'écrie:
Demandez-le à ce Dieu, qui nous donna la vie.   55
    Courriers de la physique, argonautes nouveaux,
Qui franchissez les monts, qui traversez les eaux,
Ramenez des climats soumis aux trois couronnes,
Vos perches, vos secteurs, et surtout deux Lapones.
Vous avez recherché, dans ces lieux pleins d'ennui,   60
Ce que Newton connut sans sortir de chez lui:
Vous avez arpenté quelque faible partie
Des flancs toujours glacés de la terre aplatie.
Dévoilez ces ressorts, qui font la pesanteur.
Vous connaissez les lois qu'établit son auteur.   65
Parlez, enseignez-moi, comment ses mains fécondes
Font tourner tant de cieux, graviter tant de mondes?
Pourquoi, vers le soleil notre globe entraîné,
Se meut autour de soi sur son axe incliné?
Parcourant en douze ans les célestes demeures,   70
D'où vient que Jupiter a son jour de dix heures?
Vous ne le savez point. Votre savant compas
Mesure l'univers, et ne le connaît pas.
Je vous vois dessiner, par un art infaillible,
Les dehors d'un palais à l'homme inaccessible;   75
Les angles, les côtés sont marqués par vos traits;
Le dedans à vos yeux est fermé pour jamais.
Pourquoi donc m'affliger, si ma débile vue
Ne peut percer la nuit sur mes yeux répandue?
Je n'imiterai point ce malheureux savant,   80
Qui des feux de l'Etna scrutateur imprudent,
Marchant sur des monceaux de bitume et de cendre,
Fut consumé du feu qu'il cherchait à comprendre.

Nos bornes sont donc partout, et avec cela nous sommes orgueilleux comme des *paons* que nous prononçons *pans*.[7]

[7] Voltaire a déjà employé cet exemple de prononciation dans l'article 'A' des *QE* (*OCV*, t.38, p.17), et il y reviendra dans les articles 'Langues' et 'Orthographe' (*M*, t.19, p.567 et t.20, p.157). C'est un exemple qu'il affectionne et qu'il emploie dans des textes de tous les genres: voir, par exemple, *Alzire* (*OCV*, t.14, p.170), les *Commentaires sur Corneille* (*OCV*, t.54, p.59) et *La Princesse de Babylone* (*Romans et contes*, Paris, 1979, p.375). Sur les projets de réforme orthographique de Voltaire, voir l'article 'A' des *QE* (*OCV*, t.38, p.14, n.8).

BOUC

bestialité, sorcellerie

Les honneurs de toute espèce, que l'antiquité a rendus aux boucs, seraient bien étonnants, si quelque chose pouvait étonner ceux qui sont un peu familiarisés avec le monde ancien et moderne. Les Egyptiens et les Juifs désignèrent souvent les rois et les chefs du peuple par le mot de *bouc*. Vous trouvez dans Zacharie: (*a*) *La fureur du Seigneur s'est irritée contre les pasteurs du peuple, contre les boucs; elle les visitera: il a visité son troupeau la maison de Juda, et il en a fait son cheval de bataille.*

(*b*) *Sortez de Babilone*, dit Jérémie aux chefs du peuple; *soyez les boucs à la tête du troupeau.*

Isaïe s'est servi aux chapitres X et XIV du terme de *bouc*, qu'on a traduit par celui de *prince*.[1]

Les Egyptiens firent bien plus que d'appeler leurs rois *boucs*, ils

(*a*) Ch.10, verset 3.
(*b*) Ch.50, verset 8.

b   70, 71N, 71A: [*sous-titre absent*]
5   K84, K12: mot *bouc*.
n.*b* w68: Ch.1, verset

* L'auteur de *La Philosophie de l'histoire* 'savait parfaitement tous les différents degrés par lesquels le sabbat et l'adoration du bouc avaient passé' (*La Défense de mon oncle*, *OCV*, t.64, p.208): cet article fait la synthèse de maintes argumentations déjà développées par Voltaire plutôt que de répondre aux articles 'Boucs (Myth.)', signé de l'astérisque qui désignerait Diderot, 'Bestialité', ou 'Sorcellerie' de l'*Encyclopédie*. Voltaire y fait preuve d'une bonne connaissance des démonologues Bodin, Boguet, Pierre de Lancre et Martín Antonio Delrío. Le présent article est envoyé à Cramer au cours de l'été 1770 (voir D16514, D16572, D16573) et paraît en novembre/décembre 1770 (70, t.3). Dans w75G*, Voltaire ajoute un renvoi à l'article 'Béker'.

[1] Dans la traduction de Lemaître de Sacy (Isaïe, 10:8 et 14:9).

436

consacrèrent un bouc dans Mendès, et l'on dit même qu'ils l'adorèrent.[2] Il se peut très bien que le peuple ait pris en effet un emblème pour une divinité, c'est ce qui ne lui arrive que trop souvent. 15

Il n'est pas vraisemblable que les shoen ou shotim d'Egypte,[3] c'est-à-dire les prêtres, aient à la fois immolé et adoré des boucs.[4] On sait qu'ils avaient leur bouc Hazazel[5] qu'ils précipitaient orné et 20 couronné de fleurs pour l'expiation du peuple, et que les Juifs prirent d'eux cette cérémonie et jusqu'au nom même d'Hazazel, ainsi qu'ils adoptèrent plusieurs autres rites de l'Egypte.

Mais les boucs reçurent encore un honneur plus singulier; il est constant qu'en Egypte plusieurs femmes donnèrent avec les boucs 25 le même exemple que donna Pasiphaé avec son taureau. Hérodote raconte que lorsqu'il était en Egypte, une femme eut publiquement ce commerce abominable dans le nome de Mendès:[6] il dit qu'il en fut très étonné, mais il ne dit point que la femme fut punie.

Ce qui est encore plus étrange, c'est que Plutarque[7] et Pindare 30 qui vivaient dans des siècles si éloignés l'un de l'autre, s'accordent

---

[2] Selon Jaucourt, 'Mendès était le dieu Pan même, que les Egyptiens honoraient sous l'hiéroglyphe du bouc' (*Encyclopédie*, article 'Mendès', t.10, p.330-31). Mendès, la 'maison du bélier', l'actuel Tell el-Rob'a, est une ville du delta oriental du Nil qui honorait un bélier ou un bouc, comme 'moteur de la génération animale' (Pascal Vernus, Jean Yoyotte, *Bestiaire des pharaons*, Paris, 2005, p.471-96).

[3] Sur les *shoen* ou *shotim*, voir l'article 'Blasphème' ci-dessus, p.397.

[4] Diderot assurait que les habitants de Mendès avaient les boucs 'en grande vénération', et que les Egyptiens en général n'en avaient jamais immolé (*Encyclopédie*, article 'Boucs', t.2, p.347).

[5] Azazel est 'l'esprit du désert', gardien du bouc. Sur le bouc émissaire, voir l'article 'Carême' du *DP* (*OCV*, t.35, p.435, n.5). La source de Voltaire sur cet emprunt des Juifs aux Egyptiens est Humphrey Prideaux, *Histoire des Juifs*, 7 vol. (Paris, 1726, BV2811), t.4, p.5, avec note marginale 'bouc' (*CN*, t.7, p.162).

[6] *Histoires*, livre 2, ch.46.

[7] Voir le passage annoté par Voltaire dans 'Que les bêtes brutes usent de la raison', *Œuvres morales et mêlées*, trad. J. Amyot, 2 vol. (Paris, 1575), t.1, f.267v, BV2771; *CN*, t.7, p.482.

437

tous deux à dire, qu'on présentait des femmes au bouc consacré. (c)
Cela fait frémir la nature. Pindare dit, ou bien on lui fait dire:

> Charmantes filles de Mendès,
> Quels amants cueillent sur vos lèvres   35
> Les doux baisers que je prendrais?
> Quoi! ce sont les maris des chèvres![8]

Les Juifs n'imitèrent que trop ces abominations. (d) Jeroboam
institua des prêtres pour le service de ses veaux et de ses boucs. Le
texte hébreu porte expressément *boucs*.[9] Mais ce qui outragea le   40
plus la nature humaine, ce fut le brutal égarement de quelques
Juives qui furent passionnées pour des boucs, et des Juifs qui
s'accouplèrent avec des chèvres. Il fallut une loi expresse pour
réprimer cette horrible turpitude. Cette loi fut donnée dans le
Lévitique, (e) et y est exprimée à plusieurs reprises. D'abord c'est   45
une défense éternelle de sacrifier aux velus avec lesquels on a
forniqué. (f) Ensuite une autre défense aux femmes de se
prostituer aux bêtes, et aux hommes de se souiller du même
crime. Enfin, il est ordonné (g) que quiconque se sera rendu
coupable de cette turpitude, sera mis à mort avec l'animal dont il   50

(c) M. Larcher du collège Mazarin, a fort approfondi cette matière.[10]
(d) Livre 2, Paralip. ch.11, verset 15.
(e) Levit. ch.17, verset 7.
(f) Ch.18, verset 23.
(g) Ch.20, versets 15 et 16.

[8] 'Mendès l'Egyptienne, corne extrême du Nil, près de la rive escarpée de la mer,
où les boucs, époux des chèvres, s'unissent aux femmes' (Pindare, *Œuvres*, 4 vol.,
Paris, 1961-1967, fragment 79, t.4, p.225).

[9] A la référence donnée par Voltaire (n.d), Lemaître de Sacy, d'après la Vulgate,
traduit par 'démons'. Les traductions modernes des Paralipomènes (Chroniques)
rétablissent le mot 'boucs'.

[10] Sur la polémique entre Voltaire et Pierre-Henri Larcher, voir l'édition critique
de *La Défense de mon oncle* par José-Michel Moureaux (*OCV*, t.64) et *CN*, t.5, p.198.

aura abusé. L'animal est réputé aussi criminel que l'homme et la femme; il est dit que leur sang retombera sur eux tous. [11]

C'est principalement des boucs et des chèvres dont il s'agit dans ces lois, devenues malheureusement nécessaires au peuple hébreu. C'est aux boucs et aux chèvres, aux asirim, qu'il est dit que les Juifs se sont prostitués; *asiri*, un bouc et une chèvre; *asirim* des boucs ou des chèvres. Cette fatale dépravation était commune dans plusieurs pays chauds. Les Juifs alors erraient dans un désert où l'on ne peut guère nourrir que des chèvres et des boucs. On ne sait que trop combien cet excès a été commun chez les bergers de la Calabre et dans plusieurs autres contrées de l'Italie. Virgile même en parle dans sa troisième églogue: Le *novimus et qui te transversa tuentibus hircis*, n'est que trop connu. [12]

On ne s'en tint pas à ces abominations. Le culte du bouc fut établi dans l'Egypte et dans les fables d'une partie de la Palestine. On crut opérer des enchantements par le moyen des boucs, des égypans [13] et de quelques autres monstres auxquels on donnait toujours une tête de bouc.

La magie, la sorcellerie passa bientôt de l'Orient dans l'Occident, et s'étendit dans toute la terre. On appelait *sabbatum* chez les Romains l'espèce de sorcellerie qui venait des Juifs, en confondant ainsi leur jour sacré avec leurs secrets infâmes. C'est de là qu'enfin être sorcier et aller au sabbat, fut la même chose chez les nations modernes. [14]

[11] Dans *La Défense de mon oncle*, cette 'expression remarquable', selon Voltaire, prouve que les bêtes passaient pour être capables de bien et de mal (*OCV*, t.64, p.209).

[12] Vers 8: 'Nous en connaissons qui te..., pendant que les boucs te regardaient de travers' (traduction de Théocrite, où figure le verbe qu'évite de prononcer le berger Damète chez Virgile).

[13] Les égypans sont des divinités champêtres, 'de petits hommes velus, cornus, fourchus et ornés d'une queue par derrière', ou, selon Pline, des 'monstres de Libye à museau de chèvre et à queue de poisson' (*Encyclopédie*, t.5, p.418).

[14] Il est peu probable que le mot *sabbatum*, chez les Romains, ait désigné la sorcellerie venant des Juifs. Le mot renvoie au *sabbatum* du latin ecclésiastique. A partir du treizième siècle, les usages des Juifs sont dépréciés par les chrétiens: les

De misérables femmes de village trompées par des fripons, et   75
encore plus par la faiblesse de leur imagination, crurent qu'après
avoir prononcé le mot *abraxa*,[15] et s'être frottées d'un onguent
mêlé de bouse de vache et de poil de chèvre, elles allaient au sabbat
sur un manche à balai pendant leur sommeil,[16] qu'elles y adoraient
un bouc, et qu'il avait leur jouissance.   80

Cette opinion était universelle. Tous les docteurs prétendaient
que c'était le diable qui se métamorphosait en bouc. C'est ce qu'on
peut voir dans les *Disquisitions* de Del Rio,[17] et dans cent autres
auteurs. Le théologien Grillandus,[18] l'un des grands promoteurs de

78   70, 71N, 71A, W68: mêlé de graisse, de bouse

---

prières étant dites à voix haute, le mot *sabbat* prend au quatorzième siècle le double
sens de 'tapage' et d''assemblée nocturne des sorciers'. Dans *La Philosophie de
l'histoire*, Voltaire écrivait plus directement que 'le bouc avec lequel des sorcières
étaient supposées s'accoupler, vient de cet ancien commerce que les Juifs eurent avec
les boucs dans le désert' (*OCV*, t.59, p.209; voir aussi *La Défense de mon oncle*, *OCV*,
t.64, p.208 et 210). Sur la fragilité de cette filiation, voir *OCV*, t.64, p.301, n.4 et
p.304, n.24.

[15] L'article 'Abraxas ou abrasax' de l'*Encyclopédie*, par Mallet, expose les diverses
interprétations suscitées par ce terme en usage chez quelques hérétiques: il pouvait
désigner Mithra ou le soleil des Perses, selon saint Jérôme, ou bien, formé par les
initiales de mots hébreux et grecs, représenter les trois personnes divines, ou bien
encore être un mot d'origine égyptienne, d'où serait dérivé *abracadabra*, etc.

[16] Dom Calmet observe que ces onguents assoupissent les sorcières et leur font
croire qu'elles voyagent (*Traité sur les apparitions des esprits*, Paris, 1751, p.155,
BV618; *CN*, t.2, p.359). La composition, d'ailleurs variable, de cet onguent, se trouve
dans Jean Bodin, *De la démonomanie des sorciers* (Paris, 1580, BV431, préface), dans
Henry Boguet, *Discours des sorciers* (Paris, 1603, p.47), dans Pierre de Lancre,
Tableau de l'inconstance des mauvais anges (Paris, 1612, p.112 et 117), et dans Antonio
Delrío, *Disquisitionum magicarum* (3 vol., Louvain, 1599-1600, p.188, BV2984; avec
note marginale 'tous les théologiens conviennent que les sorciers vont au sabbat sur
un manche à balai', *CN*, t.7, p.383).

[17] Le père Martín Antonio Delrío (1551-1608), jésuite théoricien de la démonologie. Auteur, entre autres, des *Disquisitionum magicarum*, intitulé *Les Controverses et
recherches magiques* dans la traduction d'André Duchesne (Paris, 1611).

[18] Paolo Grillando (Paulus Grillandus), auteur du *Tractatus de hereticis et sortilegis*
(Lyon, 1536). Voir l'article 'Aranda' des *QE* (*OCV*, t.38, p.559).

l'Inquisition, cité par Del Rio, (*h*) dit que les sorcières appellent le   85
bouc Martinet. Il assure qu'une femme qui s'était donnée à
Martinet, montait sur son dos et était transportée en un instant
dans les airs à un endroit nommé *La noix de Bénévent*.[19]

Il y eut des livres où les mystères des sorciers étaient écrits. J'en
ai vu un, à la tête duquel on avait dessiné assez mal un bouc, et une   90
femme à genoux derrière lui.[20] On appelait ces livres *grimoires* en
France, et ailleurs l'*alphabet du diable*.[21] Celui que j'ai vu ne
contenait que quatre feuillets en caractères presque indéchiffrables,
tels à peu près que ceux de l'Almanach du berger.[22]

La raison et une meilleure éducation auraient suffi pour extirper   95
en Europe une telle extravagance; mais au lieu de raison on
employa les supplices. Si les prétendus sorciers eurent leur
grimoire, les juges eurent leur code des sorciers. Le jésuite Del
Rio docteur de Louvain, fit imprimer ses *Disquisitions magiques* en
l'an 1599: il assure que tous les hérétiques sont magiciens;[23] et il   100
recommande souvent qu'on leur donne la question. Il ne doute pas
que le diable ne se transforme en bouc et n'accorde ses faveurs à

(*h*) *Del Rio* p.190.

[19] Delrío, *Disquisitionum magicarum* (Mayence, 1603), p.149; *Les Controverses et
recherches magiques*, p.333.
[20] Le *Compendium maleficarum* (Milan, 1608) du frère Francesco Maria Guaccio,
dans une traduction italienne, *Compendio delle stregonerie* (Milan, 1967), comporte
une gravure semblable au dessin qu'a vu Voltaire (p.99).
[21] Voir l'article 'Grimoire' de Mallet dans l'*Encyclopédie*. Peut-être Voltaire fait-il
allusion aux *alphabets secrets* des magiciens tels que Trithème, Colphotérios, Pietro
d'Abano (voir Claude Lecouteux, *Le Livre des grimoires*, Paris, 2002, p.213-20).
[22] Le *Grand Calendrier et compost des bergers*, imprimé à Troyes en 1497 par
Nicolas Lerouge, a été réédité plusieurs fois au quinzième et au seizième siècles. Il
comporte douze gravures profanes représentant les mois et les signes zodiacaux.
Plusieurs éditions mentionnent la protection qu'il faut assurer au bétail contre les
entreprises des bergers, faux sorciers empoisonneurs 'qui se vengeaient de leurs
mécomptes avec les propriétaires des troupeaux' (Robert Mandrou, *Magistrats et
sorciers en France au dix-septième siècle*, Paris, 1980, p.499-512).
[23] Delrío, *Disquisitionem magicarum*, t.1, p.4, avec note marginale: '1ers héré-
tiq[ues] tous magiciens' (*CN*, t.7, p.381).

441

toutes les femmes qu'on lui présente. (*i*) Il cite plusieurs jurisconsultes qu'on nomme *démonographes*, (*j*) qui prétendent que Luther naquit d'un bouc et d'une femme.[24] Il assure qu'en l'année 1595 une femme accoucha dans Bruxelles d'un enfant que le diable lui avait fait, déguisé en bouc, et qu'elle fut punie; mais il ne dit pas de quel supplice.[25]

Celui qui a le plus approfondi la jurisprudence de la sorcellerie, est un nommé Boguet, grand-juge en dernier ressort d'une abbaye de Saint-Claude en Franche-Comté.[26] Il rend raison de tous les supplices auxquels il a condamné des sorcières et des sorciers: le nombre en est très considérable. Presque toutes ces sorcières sont supposées avoir couché avec le bouc.

On a déjà dit que plus de cent mille prétendus sorciers ont été

105

110

115

(*i*) p.180.
(*j*) p.181.

[24] En fait Delrío ne renvoie, dans *Disquisitionum magicarum* (Mayence, 1603), p.141, qu'à un ouvrage d'un certain K. Fontan, sans doute l'*Histoire catholique de notre temps* (Paris, 1560) du docteur en théologie Simon Fontaine (cité par Jean Wier dans *Histoires, disputes et discours des illusions et impostures des diables, des magiciens infâmes, sorcières et empoisonneurs*, Paris, 1885, t.1, p.420). *Les Controverses et recherches magiques* sont plus explicites que le texte latin: 'il y en a qui content de même que le diable abusait de Marguerite mère de Luther, et que ce grand hérétique est né de leurs embrassements' (p.187). Henry Boguet écrit également: 'l'on conte de même que Luther est né de l'embrassement du diable avec sa mère Marguerite' (*Discours des sorciers, tiré de quelques procès, faits dès deux ans en ça à plusieurs de la même secte, en la terre de Saint-Oyan de Joux, dite de Saint-Claude au Comté de Bourgogne. Avec une instruction pour un juge en fait de sorcellerie*, Lyon, 1603, p.37).
[25] Cette anecdote ne figure pas dans les éditions latines de Delrío de 1600 et 1603, ni dans *Les Controverses et recherches magiques* de 1611.
[26] On le 'mettrait aujourd'hui dans l'hôpital des fous', écrivait Voltaire en 1766 dans l'*Avis au public sur les parricides imputés aux Calas et aux Sirven* (*M*, t.25, p.522). Henry Boguet, en 1629, avait fait trancher la tête à un homme qui, pressé par la faim, avait mangé en carême un morceau de cheval jeté à la voirie (*Commentaire sur le livre Des délits et des peines*, *M*, t.25, p.559; *Requête à tous les magistrats du royaume*, *M*, t.28, p.343).

exécutés à mort en Europe. [27] La seule philosophie a guéri enfin les hommes de cette abominable chimère, et a enseigné aux juges qu'il ne faut pas brûler les imbéciles.

Voyez l'article 'Béker'.

118-19   70, 71N, 71A, W68, W75G: imbéciles. //

[27] Voltaire l'avait dit en 1766 (*Avis au public* et *Commentaire sur le livre Des délits et des peines*, *M*, t.25, p.520 et 554); il le répète dans les articles 'Béker', ci-dessus, p.354, et 'Brahmanes', ci-dessous, p.475, puis en 1777 (*Prix de la justice et de l'humanité*, *M*, t.30, p.552). Les historiens divergent sur ce point. Dans les seuls Etats allemands, selon R. Villeneuve, au moins cent mille sorciers et sorcières seraient montés sur le bûcher; la dernière exécution, celle d'Anna-Maria Schwägel, eut lieu en 1775 (*Dictionnaire du diable*, Paris, 1998, p.31 et 40-41). D'après des données partielles, mais sûres, les exécutions attestées en Europe pour les années 1560-1630 se monteraient à environ 12 000 (Jean Delumeau, *La Peur en Occident*, Paris, 1978, p.456).

BOUFFON, BURLESQUE,

bas comique

Il était bien subtil ce scoliaste qui a dit le premier que l'origine de *bouffon* est due à un petit sacrificateur d'Athènes nommé Bupho, qui lassé de son métier s'enfuit et qu'on ne revit plus. L'Aréopage ne pouvant le punir fit le procès à la hache de ce prêtre. Cette farce, dit-on, qu'on jouait tous les ans dans le temple de Jupiter, s'appela 5 *bouffonnerie*.[1] Cette historiette ne paraît pas d'un grand poids. Bouffon n'était pas un nom propre, *boufonos* signifie *immolateur de bœufs*. Jamais plaisanterie chez les Grecs ne fut appelée *boufonia*. Cette cérémonie, toute frivole qu'elle paraît, peut avoir une origine sage, humaine, digne des vrais Athéniens. 10

Une fois l'année le sacrificateur subalterne, ou plutôt le boucher sacré, prêt d'immoler un bœuf s'enfuyait comme saisi d'horreur, pour faire souvenir les hommes que dans des temps plus sages et plus heureux on ne présentait aux dieux que des fleurs et des fruits, et que la barbarie d'immoler des animaux innocents et utiles, ne 15

12 K12: prêt à immoler

* Voltaire emprunte ici quelques exemples aux articles 'Bouffon' et 'Burlesque' de l'*Encyclopédie*, rédigés par l'abbé Mallet. Mais il profite de l'occasion pour présenter ses idées sur le bon goût en matière de poésie et pour traduire, de manière très libre, quelques poèmes anglais, reprenant, pour l'*Hudibras* de Butler, une adaptation qui figure à partir de 1756 dans les *Lettres philosophiques*. L'article est envoyé à Cramer au cours de l'été 1770 (voir D16514, D16572, D16573) et paraît en novembre/décembre 1770 (70, t.3). Voltaire n'y apporte qu'une correction mineure dans w75G* (lignes 134-35).

[1] Ce rituel est décrit dans les chapitres 24 et 28 du premier livre du *Voyage historique de la Grèce* de Pausanias, trad. N. Gédoyn (2 vol., Paris, 1731, *Ferney catalogue* n° 2274), t.1, p.76, 92; voir aussi D4088. Le 'bien subtil' scoliaste qui en aurait dérivé l'étymologie du mot bouffon est peut-être Ludovico Ricchieri, ou Caelius Rhodiginus, auteur de l'ouvrage encyclopédique *Lectionum antiquarum* (Venise, 1516). Mallet l'évoque dans l'article 'Bouffon' de l'*Encyclopédie*, sans autre commentaire. Voltaire lui emprunte cette historiette.

444

s'introduisit que lorsqu'il y eut des prêtres qui voulurent s'engraisser de ce sang, et vivre aux dépens des peuples. Cette idée n'a rien de bouffon.

Ce mot de *bouffon* est reçu depuis longtemps chez les Italiens et chez les Espagnols; il signifiait *mimus, scurra, joculator*; mime, 20 farceur, jongleur. Ménage après Saumaise le dérive de *bocca infiata*, boursouflé;[2] et en effet on veut dans un bouffon un visage rond et la joue rebondie. Les Italiens disent *bufo magro*, maigre bouffon, pour exprimer un mauvais plaisant qui ne vous fait pas rire.[3]

Bouffon, *bouffonnerie*, appartiennent au bas comique, à la Foire, 25 à Gilles, à tout ce qui peut amuser la populace.[4] C'est par là que les tragédies ont commencé à la honte de l'esprit humain. Thespis fut un bouffon avant que Sophocle fût un grand homme.[5]

Au seizième et dix-septième siècle les tragédies espagnoles et anglaises furent toutes avilies par des bouffonneries dégoûtantes. 30 (Voyez l'article 'Dramatique'.)[6]

Les cours furent encore plus déshonorées par les bouffons que le

[2] Tout comme Mallet, dans l'article 'Bouffon' de l'*Encyclopédie*, Voltaire se réfère ici au *Dictionnaire étymologique, ou origines de la langue française* (Paris, 1694, BV2416; *CN*, t.5, p.598) de Gilles Ménage, et au maître de celui-ci, Claude Saumaise, grand érudit et linguiste.

[3] Dans l'article 'Loi naturelle' des *QE*, Rousseau est présenté comme 'quelque mauvais plaisant *bufo magro* qui ait voulu rire de ce que le monde entier a de plus sérieux' (*M*, t.19, p.605).

[4] De toute évidence, Voltaire n'est pas d'accord avec l'article 'Comique' de l'*Encyclopédie*, selon lequel 'le *comique bas*, ainsi nommé parce qu'il imite les mœurs du bas peuple, peut avoir, comme les tableaux flamands, le mérite du coloris, de la vérité et de la gaieté. Il a aussi sa finesse et ses grâces; et il ne faut pas le confondre avec le comique grossier' (t.3, p.683). Sur le personnage de Gilles, voir l'article 'Art dramatique' ci-dessus, p.59 et n.32.

[5] Sur Thespis, considéré comme le premier acteur dans l'histoire du théâtre, et les origines de la tragédie, voir l'article 'Art dramatique' des *QE*, ainsi que l'*Appel à toutes les nations de l'Europe*: 'Qui croirait que l'art de la tragédie est dû en partie à Minos? Si un juge des enfers est l'inventeur de cette poésie, il n'est pas étonnant qu'elle soit un peu lugubre. On lui donne d'ordinaire une origine plus gaie. Thespis et d'autres ivrognes passent pour avoir introduit ce spectacle chez les Grecs au temps des vendanges' (*M*, t.24, p.211).

[6] C'est-à-dire l'article 'Art dramatique' ci-dessus.

théâtre. La rouille de la barbarie était si forte, que les hommes ne savaient pas goûter des plaisirs honnêtes.

Boileau a dit de Molière: 35

> C'est par là que Molière illustrant ses écrits,
> Peut-être de son art eût emporté le prix,
> Si moins ami du peuple en ses doctes peintures,
> Il n'eût fait quelquefois grimacer ses figures;
> Quitté pour le bouffon l'agréable et le fin, 40
> Et sans honte à Térence allié Tabarin.
> Dans ce sac ridicule où Scapin s'enveloppe,
> Je ne reconnais plus l'auteur du Misanthrope. [7]

Mais il faut considérer que Raphaël a daigné peindre des grotesques. Molière ne serait point descendu si bas s'il n'eût eu 45 pour spectateurs que des Louis XIV, des Condés, des Turenne, des ducs de La Rochefoucault, des Montausier, des Beauvilliers, des dames de Montespan et de Thiange; mais il travaillait aussi pour le peuple de Paris qui n'était pas encore décrassé; le bourgeois aimait la grosse farce, et la payait. [8] Les *Jodelets* de Scaron étaient à la 50 mode. [9] On est obligé de se mettre au niveau de son siècle avant d'être supérieur à son siècle; et après tout, on aime quelquefois à

---

[7] Boileau, *Art poétique*, chant 3, vers 393-400 (mais Boileau écrit 'Il n'eût point fait souvent' au lieu de 'Il n'eût fait quelquefois'). Voltaire cita ces vers (mais fidèlement) dans sa *Vie de Molière* et fait remarquer 'que Molière n'a point allié Térence avec Tabarin dans ses vraies comédies, où il surpasse Térence: que s'il a déféré au goût du peuple, c'est dans ses farces, dont le seul titre annonce du bas comique; et que ce bas comique était nécessaire pour soutenir sa troupe' (*OCV*, t.9, p.454).

[8] Rappel de la *Vie de Molière*, où Voltaire se montre conscient de la distinction entre cour et ville dans sa discussion de la réception de *La Princesse d'Elide*, comédie-ballet qui connut un grand succès à Versailles: 'Rarement les ouvrages faits pour des fêtes réussissent-ils au théâtre de Paris. Ceux à qui la fête est donnée, sont toujours indulgents: mais le public libre est toujours sévère' (*OCV*, t.9, p.428).

[9] Allusion à deux comédies de Paul Scarron, *Jodelet duelliste* et *Jodelet ou le maître-valet*, représentées à l'Hôtel de Bourgogne en 1645. Voltaire possédait une édition des *Œuvres* de Scarron (Amsterdam, 1737, *Ferney catalogue* n° 2658). *Jodelet ou le maître-valet* figure également au tome 4 de l'édition du *Théâtre français* (13 vol., Genève, 1767-1768, BV3269) préparée par Henri Rieu.

rire. Qu'est-ce que la *Batrachomyomachie* attribuée à Homère, sinon une bouffonnerie, un poème burlesque?[10]

Ces ouvrages ne donnent point de réputation, et ils peuvent avilir celle dont on jouit. 55

Le bouffon n'est pas toujours dans le style burlesque. Le *Médecin malgré lui*, les *Fourberies de Scapin* ne sont point dans le style des *Jodelets* de Scaron. Molière ne va pas rechercher des termes d'argot comme Scaron. Ses personnages les plus bas 60 n'affectent point des plaisanteries de Gilles. La bouffonnerie est dans la chose et non dans l'expression. Le style burlesque est celui de *Don Japhet d'Arménie*.[11]

> Du bon père Noé j'ai l'honneur de descendre,
> Noé qui sur les eaux fit flotter sa maison 65
> Quand tout le genre humain but plus que de raison.
> Vous voyez qu'il n'est rien de plus net que ma race,
> Et qu'un cristal auprès paraîtrait plein de crasse.[12]

Pour dire qu'il veut se promener, il dit qu'*il va exercer sa vertu caminante*.[13] Pour faire entendre qu'on ne pourra lui parler, il dit, 70

> Vous aurez avec moi disette de loquelle.[14]

C'est presque partout le jargon des gueux; le langage des halles; et même il est inventeur dans ce langage.

72-73 K84, K12: halles; même

[10] La *Batrachomyomachie* est une épopée parodique, datant probablement du quatrième siècle avant J.-C., qui a pour sujet une guerre entre les grenouilles et les rats. Mallet note dans l'article 'Burlesque' de l'*Encyclopédie*: 'd'autres, qui veulent qu'on trouve dans l'antiquité des traces de tous les genres, même les moins parfaits, font remonter l'origine du *burlesque* jusqu'à Homère, dont la *Batrachomyomachie*, disent-ils, n'est composée que de lambeaux de l'Iliade et de l'Odyssée travestis et tournés en ridicule, par l'application qu'on y fait de ce qu'il a dit des combats des héros à la guerre des rats et des grenouilles' (t.2, p.467).

[11] *Don Japhet d'Arménie* de Scarron figure au tome 7 de l'édition du *Théâtre français* préparée par Henri Rieu.

[12] *Don Japhet d'Arménie*, acte 1, scène 2.

[13] *Don Japhet d'Arménie*, acte 1, scène 3.

[14] *Don Japhet d'Arménie*, acte 1, scène 2.

Tu m'as tout compissé, pisseuse abominable. [15]

Enfin, la grossièreté de sa bassesse est poussée jusqu'à chanter   75
sur le théâtre,

> Amour nabot
> Qui du jabot
> De Dom Japhet
> A fait   80
> Une ardente fournaise:
> Et dans mon pis
> A mis
> Une essence de braise. [16]

Et ce sont ces plates infamies qu'on a jouées pendant plus d'un   85
siècle alternativement avec le *Misanthrope*; ainsi qu'on voit passer
dans une rue indifféremment un magistrat et un chiffonnier.

Le Virgile travesti est à peu près dans ce goût; [17] mais rien n'est
plus abominable que sa *Mazarinade*.

> Notre Jules n'est pas César,   90
> C'est un caprice du hasard,
> Qui naquit garçon et fut garce,
> Qui n'était né que pour la farce.
> Tous ses desseins prennent un rat
> Dans la moindre affaire d'Etat.   95
> Singe du prélat de Sorbonne,
> Ma foi tu nous la bailles bonne.
> Tu n'es à ce cardinal duc
> Comparable qu'en aqueduc.
> Illustre en ta partie honteuse,   100
> Ta seule braguette est fameuse.

[15] *Don Japhet d'Arménie*, acte 4, scène 6. Les termes 'compissé' et 'pisseuse' sont
attestés avant Scarron.

[16] *Don Japhet d'Arménie*, acte 4, scène 3.

[17] Selon Voltaire, *Le Virgile travesti* de Scarron 'n'est pardonnable qu'à un
bouffon' (le 'Catalogue des écrivains' du *Siècle de Louis XIV*, *OH*, p.1208). Mallet
confirme la défaveur dans laquelle *Le Virgile travesti* est tombé à la fin de l'article
'Burlesque' de l'*Encyclopédie*.

....

Va rendre compte au Vatican
De tes meubles mis à l'encan;
D'être cause que tout se perde,   105
De tes caleçons pleins de merde.[18]

Ces saletés font vomir, et le reste est si exécrable qu'on n'ose le copier. Cet homme était digne du temps de la Fronde. Rien n'est peut-être plus extraordinaire que l'espèce de considération qu'il eut pendant sa vie, si ce n'est ce qui arriva dans sa maison après sa   110 mort.[19]

On commença par donner d'abord le nom de *poème burlesque* au Lutrin de Boileau; mais le sujet seul était burlesque; le style fut agréable et fin, quelquefois même héroïque.

Les Italiens avaient une autre sorte de burlesque qui était bien   115 supérieur au nôtre, c'est celui de l'Arétin,[20] de l'archevêque La Caza,[21] du Berni,[22] du Mauro,[23] du Dolce.[24] La décence y est souvent sacrifiée à la plaisanterie; mais les mots déshonnêtes en sont communément bannis. Le *Capitolo del forno* de l'archevêque La Caza roule à la vérité sur un sujet qui fait enfermer à Bissêtre les   120 abbés Desfontaines, et qui mène en Grève les Déchaufours.[25]

[18] Scarron, *Mazarinade*, vers 6-9, 43-50, 191-92, 201-202 (mais Scarron met 'Mais mon' au lieu de 'Notre' au vers 6).

[19] Allusion au mariage de la veuve de Scarron, Mme de Maintenon, et de Louis XIV.

[20] Pietro Aretino (1492-1556), dit l'Arétin, auteur d'ouvrages satiriques et pornographiques, dont les *Ragionamenti*.

[21] Sur Giovanni della Casa, auteur de 'rime bernesche' dans sa jeunesse, dont le *Capitolo del forno*, dont il sera question quelques lignes plus bas, voir l'article 'Baiser' ci-dessus, p.289, n.5.

[22] Francesco Berni (v.1497-1536) adapta au mode burlesque l'*Orlando innamorato* de Boiardo. Une édition de 1725 figure dans la bibliothèque de Voltaire (BV371).

[23] Giovanni Mauro (1490-1536), auteur des *Capitoli faceti*. Voir *CN*, t.3, p.75.

[24] Ludovico Dolce (1508-68), polygraphe et satiriste.

[25] Ce sujet est évidemment l'homosexualité: l'abbé Desfontaines fut emprisonné et Etienne-Benjamin Deschaufours brûlé vif pour cause de sodomie. Voir la note *e* de l'article 'Amour socratique' des *QE* (*OCV*, t.38, p.264-66).

Cependant il n'y a pas un mot qui offense les oreilles chastes; il faut deviner.

Trois ou quatre Anglais ont excellé dans ce genre: Buttler dans son *Hudibras*, qui est la guerre civile excitée par les puritains, tournée en ridicule;[26] le docteur Garth dans la *Querelle des apothicaires et des médecins*;[27] Prior dans son *Histoire de l'âme*, où il se moque fort plaisamment de son sujet;[28] Philippe dans sa pièce du *Brillant Sheling*.[29]

Hudibras est autant au-dessus de Scaron qu'un homme de bonne compagnie est au-dessus d'un chansonnier des cabarets de la Courtille.[30] Le héros d'*Hudibras* était un personnage très réel qui avait été capitaine dans les armées de Fairfax et de Cromwell; il

[26] Il est question de l'*Hudibras* de Butler dans la vingt-deuxième des *Lettres philosophiques*, où Voltaire fait remarquer: 'Il y a surtout un poème anglais que je désespérerais de vous faire connaître; il s'appelle *Hudibras* [...] c'est, de tous les livres que j'ai jamais lus, celui où j'ai trouvé le plus d'esprit; mais c'est aussi le plus intraduisible' (t.2, p.134). Voltaire possédait un exemplaire d'une édition anglaise de 1720 de l'ouvrage de Butler (*Ferney catalogue* n° 507); voir aussi Larissa L. Albina, 'Découverte de nouveaux livres de la bibliothèque de Voltaire', dans *Le Siècle de Voltaire: hommage à René Pomeau*, éd. Christiane Mervaud et Sylvain Menant (Oxford, 1987), t.1, p.1-14 (p.9).

[27] Samuel Garth, *The Dispensary* (1699), poème héroï-comique qui s'inspire du *Lutrin* de Boileau. Voltaire semble avoir possédé deux éditions du poème de Garth, l'une de 1706, l'autre de 1741 (*Ferney catalogue* n° 1253; *CN*, t.4, p.672) et le cite dans ses *Carnets* (*OCV*, t.81, p.239).

[28] Matthew Prior, *Alma, or the progress of the mind* (1718), plaisanterie philosophique en trois chants. Voltaire possédait les *Poems on several occasions* de Prior (Londres, 1721, BV2812), signés par l'auteur. A partir de 1756, la vingt-deuxième des *Lettres philosophiques* commence par une discussion de Prior et de l'*Histoire de l'âme*, que Voltaire présente comme 'la plus naturelle qu'on ait faite jusqu'à présent de cet être si bien senti et si mal connu' (t.2, p.133).

[29] John Philips, *The Splendid Shilling* (1701), poème burlesque, auquel Sidrac fait allusion à la fin du troisième chapitre des *Oreilles du comte de Chesterfield* (*Romans et contes*, éd. Frédéric Deloffre et Jacques Van den Heuvel, Paris, 1979, p.581).

[30] La Courtille était un jardin champêtre dans le voisinage du Temple.

s'appelait le chevalier Samuel Luke.[31] Voici le commencement de
ce poème assez fidèlement traduit.   135

> Quand les profanes et les saints
> Dans l'Angleterre étaient aux prises,
> Qu'on se battait pour des églises,
> Aussi fort que pour des catins;
> Lorsque anglicans et puritains   140
> Faisaient une si rude guerre,
> Et qu'au sortir du cabaret
> Les orateurs de Nazareth
> Allaient battre la caisse en chaire;
> Que partout sans savoir pourquoi,   145
> Au nom du ciel, au nom du roi,
> Les gens d'armes couvraient la terre;
> Alors monsieur le chevalier,
> Longtemps oisif ainsi qu'Achille,
> Tout rempli d'une sainte bile,   150
> Suivi de son grand écuyer,
> S'échappa de son poulailler,
> Avec son sabre et l'Evangile,
> Et s'avisa de guerroyer.
>
> Sire Hudibras, cet homme rare,   155
> Etait, dit-on, rempli d'honneur,
> Avait de l'esprit et du cœur,
> Mais il en était fort avare.
> D'ailleurs par un talent nouveau,
> Il était tout propre au barreau,   160
> Ainsi qu'à la guerre cruelle;
> Grand sur les bancs, grand sur la selle,

134-244 K84, K12: Luke. (Voyez le commentaire de ce poème assez fidèlement
traduit à l'article 'Prior, Butler et Swift'.) ¶Le
134-35 W75G: de son poème

---

[31] Sur l'identité incertaine du héros de *Hudibras*, voir l'édition critique de
l'ouvrage par John Wilders (Oxford, 1967), p.452-54. La variante renvoie à
l'appendice à la lettre 22 des *Lettres philosophiques* (t.2, p.147-52), qui forme un
article à part entière dans le *DP* dans l'édition de Kehl.

451

Dans les camps et dans un bureau;
Semblable à ces rats amphibies,
Qui paraissant avoir deux vies,   165
Sont rats de campagne et rats d'eau.
Mais malgré sa grande éloquence,
Et son mérite et sa prudence,
Il passa chez quelques savants
Pour être un de ces instruments,   170
Dont les fripons avec adresse
Savent user sans dire mot,
Et qu'ils tournent avec souplesse;
Cet instrument s'appelle un *sot*.
Ce n'est pas qu'en théologie,   175
En logique, en astrologie,
Il ne fût un docteur subtil;
En quatre il séparait un fil,
Disputant sans jamais se rendre,
Changeant de thèse tout à coup,   180
Toujours prêt à parler beaucoup
Quand il fallait ne point s'étendre.
    D'Hudibras la religion
Etait tout comme sa raison,
Vide de sens et fort profonde.   185
Le puritanisme divin,
La meilleure secte du monde,
Et qui certes n'a rien d'humain;
La vraie Eglise militante,
Qui prêche un pistolet en main,   190
Pour mieux convertir son prochain,
A grands coups de sabre argumente,
Qui promet les célestes biens
Par le gibet et par la corde,
Et damne sans miséricorde   195
Les péchés des autres chrétiens,
Pour se mieux pardonner les siens;
Secte qui toujours détruisante
Se détruit elle-même enfin:
Tel Samson de sa main puissante   200

Brisa le temple philistin,
Mais il périt par sa vengeance,
Et lui-même il s'ensevelit,
Ecrasé sous la chute immense
De ce temple qu'il démolit.   205
    Au nez du chevalier antique
Deux grandes moustaches pendaient,
A qui les Parques attachaient
Le destin de la république.
Il les garde soigneusement,   210
Et si jamais on les arrache,
C'est la chute du parlement;
L'Etat entier en ce moment
Doit tomber avec sa moustache.
Ainsi Taliacotius,   215
Grand Esculape d'Etrurie,
Répara tous les nez perdus
Par une nouvelle industrie:
Il vous prenait adroitement
Un morceau du cul d'un pauvre homme,   220
L'appliquait au nez proprement;
Enfin il arrivait qu'en somme,
Tout juste à la mort du prêteur
Tombait le nez de l'emprunteur;
Et souvent dans la même bière,   225
Par justice et par bon accord,
On remettait au gré du mort
Le nez auprès de son derrière.
    Notre grand héros d'Albion,
Grimpé dessus sa haridelle,   230
Pour venger la religion,
Avait à l'arçon de sa selle
Deux pistolets et du jambon.
Mais il n'avait qu'un éperon.
C'était de tout temps sa manière,   235
Sachant que si sa talonnière
Pique une moitié du cheval,
L'autre moitié de l'animal

453

> Ne resterait point en arrière.
> Voilà donc Hudibras parti;   240
> Que Dieu bénisse son voyage,
> Ses arguments et son parti,
> Sa barbe rousse et son courage. [32]

Le poème de Garth sur les médecins et les apothicaires, est moins dans le style burlesque que dans celui du Lutrin de Boileau;   245 on y trouve beaucoup plus d'imagination, de variété, de naïveté etc. que dans le Lutrin; et ce qui est étonnant, c'est qu'une profonde érudition y est embellie par la finesse et par les grâces: il commence à peu près ainsi:

> Muse, raconte-moi les débats salutaires,   250
> Des médecins de Londres et des apothicaires.
> Contre le genre humain si longtemps réunis,
> Quel dieu pour nous sauver les rendit ennemis?
> Comment laissèrent-ils respirer leurs malades
> Pour frapper à grands coups sur leurs chers camarades?   255
> Comment changèrent-ils leur coiffure en armet,
> La seringue en canon, la pilule en boulet?
> Ils connurent la gloire; acharnés l'un sur l'autre,
> Ils prodiguaient leur vie et nous laissaient la nôtre. [33]

Prior que nous avons vu plénipotentiaire en France avant la paix   260 d'Utrecht, se fit médiateur entre les philosophes qui disputent sur l'âme. Son poème est dans le style d'*Hudibras* qu'on appelle *Dogrel rimes*, c'est le *stilo Berniesco* des Italiens.

La grande question est d'abord de savoir si l'âme est toute en tout, ou si elle est logée derrière le nez et les deux yeux sans sortir   265 de sa niche. Suivant ce dernier système, Prior la compare au pape

---

[32] Adaptation très libre des 450 premiers vers de l'*Hudibras* de Butler, qui figure, hormis la dernière strophe, à partir de 1756 dans la vingt-deuxième des *Lettres philosophiques* (voir t.2, p.147-52 et la note 6, p.154-55 qui rend compte de la méthode de traduction de Voltaire).

[33] Adaptation encore très libre du début du *Dispensary* de Garth. Quatre autres vers de ce poème figurent en traduction au début de l'article 'Caractère' ci-dessous, p.500.

qui reste toujours à Rome, d'où il envoie ses nonces et ses espions pour savoir ce qui se passe dans la chrétienté. [34]

Prior, après s'être moqué de plusieurs systèmes, propose le sien. Il remarque que l'animal à deux pieds nouveau-né remue les pieds 270
tant qu'il peut quand on a la bêtise de l'emmailloter; et il juge de là que l'âme entre chez lui par les pieds; que vers les quinze ans elle a monté au milieu du corps; qu'elle va ensuite au cœur, puis à la tête, et qu'elle en sort à pieds joints quand l'animal finit sa vie.

A la fin de ce poème singulier, rempli de vers ingénieux et 275
d'idées aussi fines que plaisantes, on voit ce vers charmant de Fontenelle:

Il est des hochets pour tout âge.

Prior prie la fortune de lui donner des hochets pour sa vieillesse.

Give us play things for our old age. 280

Et il est bien certain que Fontenelle n'a pas pris ce vers de Prior, ni Prior de Fontenelle. L'ouvrage de Prior est antérieur de vingt ans, et Fontenelle n'entendait pas l'anglais. [35]

Le poème est terminé par cette conclusion.

Je n'aurai point la fantaisie 285
D'imiter ce pauvre Caton
Qui meurt dans notre tragédie
Pour une page de Platon.
Car, entre nous, Platon m'ennuie.
La tristesse est une folie; 290
Etre gai c'est avoir raison.
Çà qu'on m'ôte mon Cicéron,
D'Aristote la rhapsodie,

[34] Prior, *Alma*, chant 1, vers 84-89.
[35] Le vers de Fontenelle figure dans l'épître qu'il adresse à Voltaire en réponse à sa lettre du 1er juin 1721 (D92). Le texte correct du vers de Prior porte: 'And give us playthings for our age' (*Alma*, chant 3, vers 535). Le poème de Prior, composé entre 1715 et 1717, n'est pas 'antérieur de vingt ans' à celui de Fontenelle.

> De René la philosophie;
> Et qu'on m'apporte mon flacon. [36]   295

Distinguons bien dans tous ces poèmes le plaisant, le léger, le naturel, le familier, du grotesque, du bouffon, du bas, et surtout du forcé. Ces nuances sont démêlées par les connaisseurs, qui seuls à la longue font le destin des ouvrages.

La Fontaine a bien voulu quelquefois descendre au style   300
burlesque.

> Autrefois carpillon fretin,
> Il eut beau faire, il eut beau dire,
> On le mit dans la poêle à frire. [37]

Il appelle les louveteaux, *messieurs les louvats*. [38] Phèdre ne se sert   305
jamais de ce style dans ses fables; mais aussi il n'a pas la grâce et la naïve mollesse de La Fontaine, quoiqu'il ait plus de précision et de pureté.

---

[36] Adaptation libre du chant 3 d'*Alma*, vers 600-13.
[37] La Fontaine, 'Le loup et le chien maigre', *Fables*, livre 9, fable 10, vers 1-3 (mais au deuxième vers, La Fontaine met 'Eut beau prêcher, il eut beau dire').
[38] La Fontaine, 'Les loups et les brebis', *Fables*, livre 3, fable 13, vers 13.

BOULEVARD, OU BOULEVART

Boulevard, fortification, rempart. Belgrade est le boulevard de l'Empire ottoman du côté de la Hongrie. Qui croirait que ce mot ne signifie dans son origine qu'un jeu de boule?[1] Le peuple de Paris jouait à la boule sur le gazon du rempart; ce gazon s'appelait le *verd*, de même que le marché aux herbes. *On boulait sur le verd.*[2] De là   5
vient que les Anglais, dont la langue est une copie de la nôtre presque dans tous ses mots qui ne sont pas saxons, ont appelé leur jeu de boule *boulin-green*,[3] le verd du jeu de boule. Nous avons

a   K84: Bouleverd, ou
    K12: Boulevert, ou

* Cette notice lexicale répond aux questions de langue que se pose Voltaire. Les *Carnets* montrent que Voltaire s'est déjà interrogé sur le mot 'boulevard' à l'intérieur d'une série ici reprise en partie: 'bouleverd, boulevard; boulingréen, boulingrin; ridingcoat, redingotte' (*OCV*, t.81, p.578). L'étymologie qu'il défend est reprise dans *Un Chrétien contre six Juifs*. Un court article 'Boulevard' dans l'*Encyclopédie* (t.1, p.364) renvoie à 'Bastion'. Le présent article est envoyé à Cramer au cours de l'été 1770 (voir D16514, D16572, D16573) et paraît en novembre/décembre 1770 (70, t.3).

[1] L'étymologie voltairienne est fausse. Le mot est attesté dès le quatorzième ou quinzième siècle dans des textes d'origine wallone et picarde, emprunté au néerlandais 'bolwerc' (mot composé de 'planche' et 'ouvrage'); il est adapté en français sous la forme 'bolvers', puis 'bolvert' et par assimilation de la finale à un suffixe français, 'boulevart' ('boulevard' est attesté dès le seizième siècle). Le terme signifie 'ouvrage de défense fait de terre et de madriers'. Voir le *Dictionnaire historique de la langue française*, éd. Alain Rey (Paris, 1994), p.260. *Le Dictionnaire de Trévoux*, parmi d'autres étymologies possibles, rappelle que pour Turnèbe, boulevard vient de 'boules vertes' (7 vol., Paris, 1752, t.1, col.1777).

[2] Voltaire reprend l'étymologie 'bouler sur le vert' dans *Un Chrétien contre six Juifs*, vingt-et-unième niaiserie: 'De *boulevard*, jeu de boule sur le vert gazon, nous avons fait boulevard, qui signifie en général fortifications: toutes les langues sont pleines de dérivés qui n'ont plus rien de leur racine' (*M*, t.29, p.567).

[3] Sur le rapport avec 'boulin-green', voir les carnets Piccini-Clarke (*Carnets*, *OCV*, t.81, p.578). Voir aussi l'article 'Franc on Franq, France, François, Français' des *QE*, section 'Langue française': 'C'est un défaut trop commun d'employer

repris d'eux ce que nous leur avions prêté. Nous avons appelé
d'après eux *boulingrins*, sans savoir la force du mot, les parterres de   10
gazon que nous avons introduits dans nos jardins.

J'ai entendu autrefois de bonnes bourgeoises qui s'allaient
promener sur le *bouleverd*, et non pas sur le *boulevard*. On se
moquait d'elles et on avait tort. Mais en tout genre l'usage
l'emporte; et tous ceux qui ont raison contre l'usage sont sifflés   15
ou condamnés.

13   κ84: le bouleverd, et non pas sur le boulevart
     κ12: le boulevert, et non pas sur le boulevart

des termes étrangers pour exprimer ce qu'ils ne signifient pas [...]. De bowling-green,
gazon où l'on joue à la boule, on a fait boulingrin' (*M*, t.19, p.192).

BOURGES

Nos questions ne roulent guère sur la géographie; [1] mais qu'on nous permette de marquer en deux mots notre étonnement sur la ville de Bourges. Le Dictionnaire de Trévoux prétend que *c'est une des plus anciennes de l'Europe, qu'elle était le siège de l'empire des Gaules, et donnait des rois aux Celtes.* [2]

Je ne veux combattre l'ancienneté d'aucune ville, ni d'aucune famille. Mais, y a-t-il jamais eu un empire des Gaules? [3] Les Celtes avaient-ils des rois? [4] Cette fureur d'antiquité est une maladie dont on ne guérira pas sitôt. [5] Les Gaules, la Germanie, le Nord n'ont

---

* En marge du *Dictionnaire de Trévoux*, Voltaire compose ce court article où il fait part, une fois de plus, de ses doutes sur l'antiquité de la Gaule. L'entrée 'Bourges' de l'*Encyclopédie*, réduite à trois lignes, n'était pas susceptible de lui inspirer quelque réflexion. Le présent article fait partie d'un envoi à Cramer en juillet/août 1770 avec les articles 'Brahmanes' et 'Bulle' (D16557) et paraît en novembre/décembre 1770 (70, t.3).

[1] Quelques entrées des *QE* paraissent consacrées à la géographie (noms de villes, de pays, une entrée sur les fleuves, une autre sur les montagnes), mais leur contenu est souvent orienté vers d'autres disciplines. Pourtant Voltaire s'intéresse à la géographie comme en témoigne le long article qu'il lui consacre, en déplorant que cette science n'en soit encore qu'à ses débuts.

[2] Article 'Bourges' (7 vol., Paris, 1752, t.1, col.1796). La citation est exacte.

[3] Voltaire n'a jamais cru que les Gaules formaient un empire: 'Les Gaules, tantôt s'étendirent jusqu'au Rhin, tantôt furent plus resserrées; mais qui jamais imagina de placer un vaste empire entre le Rhin et les Gaules?' (*La Philosophie de l'histoire*, *OCV*, t.59, p.130). Il prétend dans l'*Essai sur les mœurs* que 'les Gaulois avaient été heureux d'être vaincus par les Romains', car leurs mœurs étaient barbares (t.1, p.199 et 338).

[4] Voltaire ne cesse d'exprimer ses doutes sur les hypothèses proposées au sujet des origines des Bretons (*Essai sur les mœurs*, Introduction, p.199-200; voir l'article 'Celtes' ci-dessous). Il disposait dans sa bibliothèque du livre de Simon Pelloutier, *Histoire des Celtes et particulièrement des Gaulois et des Germains* (La Haye, 1740, BV2683; *CN*, t.6, p.300).

[5] Reprise d'un thème déjà développé, par exemple dans l'article 'Antiquité' des *QE* (*OCV*, t.38, p.400-405).

rien d'antique que le sol, les arbres et les animaux. Si vous voulez   10
des antiquités, allez vers l'Asie; [6] et encore c'est fort peu de chose.
Les hommes sont anciens et les monuments nouveaux; c'est ce que
nous avons en vue dans plus d'un article.

Si c'était un bien réel d'être né dans une enceinte de pierre ou de
bois plus ancienne qu'une autre, il serait très raisonnable de faire   15
remonter la fondation de sa ville au temps de la guerre des géants. [7]
Mais puisqu'il n'y a pas le moindre avantage dans cette vanité, il
faut s'en détacher. C'est tout ce que j'avais à dire sur Bourges.

[6] Voltaire estime que c'est en Asie que sont apparus les premiers hommes. Il
attribue cette donnée à la douceur du climat. L'Inde lui paraît fournir le cadre le plus
favorable au développement des hommes (*La Philosophie de l'histoire*, p.145-46).
Mais Voltaire pense aussi à la Chine dont les annales permettent de mettre en doute la
chronologie biblique.

[7] Les géants assiégèrent Zeus et, afin d'escalader le ciel, entassèrent montagne sur
montagne. Selon la légende, les pierres lancées en direction du ciel furent, dans leur
chute, à la base de la formation des montagnes et des îles. Héraclès vainquit les
géants, qui furent soit précipités au fond du Tartare, soit enterrés vivants sous des
montagnes ou des volcans. Voltaire se moque volontiers de cette légende (article
'Ararat' des *QE*, *OCV*, t.38, p.564) qu'il prend bien soin de distinguer de la révolte
des anges (*Le Philosophe ignorant*, *OCV*, t.62, p.97).

BOURREAU

Il semble que ce mot n'aurait point dû souiller un dictionnaire des arts et des sciences; cependant il tient à la jurisprudence et à l'histoire. Nos grands poètes n'ont pas dédaigné de se servir fort souvent de ce mot dans les tragédies; Clitemnestre dans *Iphigénie* dit à Agamemnon:

> Bourreau de votre fille, il ne vous reste enfin
> Que d'en faire à sa mère un horrible festin. [1]

On emploie gaiement ce mot en comédie: Mercure dit dans l'*Amphitrion*:

> Comment! bourreau, tu fais des cris? [2]

Le joueur dit:

> Que je chante, bourreau. [3]

---

* Cet article renvoie explicitement à l'entrée 'Exécuteur de la haute justice' de l'*Encyclopédie*, par Boucher d'Argis, beaucoup plus développée que les quelques lignes consacrées à 'Bourreau'. Le présent article sera doublé dans les *QE* par 'Supplices', où le bourreau est pris pour objet d'une véritable réflexion sur le système judiciaire et la tolérance. Sur un mode moins tragique, cet article a une visée essentiellement polémique: il prend pour cible Jean-Jacques Rousseau, pourtant jamais nommé, à travers 'l'inconvenance' des propositions sociales et politiques de l'*Emile*, de *La Nouvelle Héloïse* et du *Contrat social*, ramenées à quelques expressions devenues déjà des leitmotive des attaques voltairiennes. La réduction de l'*Emile* à la fille du bourreau et de *La Nouvelle Héloïse* au 'baiser âcre' prend ainsi sa source dans un certain nombre de textes antérieurs; notamment dans *Pierre le Grand et Jean-Jacques Rousseau* des *Nouveaux mélanges* (1765). La dénonciation ici d'une 'inconvenance' rousseauiste semble surtout acharnée à détruire l'image publique du citoyen de Genève, au moment où celui-ci est de retour à Paris. Cet article paraît dans les *QE* en novembre/décembre 1770 (70, t.3, p.176-78).

[1] Racine, *Iphigénie*, acte 4, scène 4.
[2] Molière, *Amphitryon*, acte 1, scène 2.
[3] Regnard, *Le Joueur*, acte 4, scène 13.

Et les Romains se permettaient de dire:

Quorsum vadis, carnifex?[4]

Le *Dictionnaire encyclopédique*, au mot *Exécuteur*, détaille tous   15
les privilèges du bourreau de Paris;[5] mais un auteur nouveau a été
plus loin. Dans un roman d'éducation, (*a*)[6] qui n'est ni celui de
Xénophon,[7] ni celui de *Télémaque*, il prétend que le monarque doit
donner sans balancer la fille du bourreau en mariage à l'héritier
présomptif de la couronne, si cette fille est bien élevée, et si elle a   20
beaucoup de convenance avec le jeune prince.[8] C'est dommage qu'il
n'ait pas stipulé la dot qu'on devait donner à la fille; et les honneurs
qu'on devait rendre au père le jour des noces.

Par convenance on ne pouvait guère pousser plus loin la morale
approfondie,[9] les règles nouvelles de l'honnêteté publique, les   25

(*a*) Roman intitulé *Emile*, t.4, p.177 et 178.

n.*a*   71A: [*note absente*]

[4] 'Où vas-tu, bourreau?'

[5] L'article 'Exécuteur de la haute justice' de l'*Encyclopédie* indique que le bourreau
avait des droits sur les denrées des marchés à Paris.

[6] Voir *Emile*, livre 5 (*Œuvres complètes*, 5 vol., Paris, 1959-1995, t.4, p.765).

[7] Voltaire a lu et annoté *La Cyropaedie ou l'histoire de Cyrus* de Xénophon, traduite
du grec par M. Charpentier (2 vol., Paris, 1749, BV3853). Il présente ce texte dans *La
Philosophie de l'histoire* (*OCV*, t.59, p.126) et dans l'article 'Cyrus' des *QE* comme un
roman 'moral'.

[8] Voir l'*Emile*, livre 5 (*Œuvres complètes*, t.4, p.765): 'Je ne dis pas que les rapports
conventionnels soient indifférents dans le mariage; mais je dis que l'influence des
rapports naturels l'emporte tellement sur la leur, [...] qu'il y a telle convenance de
goût, d'humeur, de sentiment, de caractère, qui devrait engager un père sage, fût-il
prince, fût-il monarque, à donner sans balancer à son fils la fille avec laquelle il aurait
toutes ces convenances, fût-elle née dans une famille déshonnête, fût-elle la fille du
bourreau'. Voltaire revient ailleurs sur cette expression de l'*Emile*, voir par exemple
les *Notes sur la lettre de Monsieur de Voltaire à Monsieur Hume par Monsieur L.*
(*M*, t.26, p.43).

[9] Les baisers âcres de *La Nouvelle Héloïse* surgiront plus loin sans autre raison que
de transformer Rousseau en auteur libertin. Voltaire ajoutait dans ses *Notes sur
la lettre* [...] *à Monsieur Hume*: 'il est assez étrange qu'un homme qui s'avoue

beaux paradoxes, les maximes divines dont cet auteur a régalé notre siècle. Il aurait été sans doute par convenance un des garçons... de la noce. Il aurait fait l'épithalame de la princesse, et n'aurait pas manqué de célébrer les hautes œuvres de son père. C'est pour lors que la nouvelle mariée aurait donné des baisers âcres;[10] car le même écrivain introduit dans un autre roman, intitulé *Héloïse*, un jeune Suisse qui a gagné dans Paris une de ces maladies qu'on ne nomme pas;[11] et qui dit à sa Suissesse, *Garde tes baisers, ils sont trop âcres.*[12]

   On ne croira pas un jour que de tels ouvrages aient eu une espèce de vogue. Elle ne ferait pas honneur à notre siècle si elle avait duré. Les pères de famille ont conclu bientôt qu'il n'était pas honnête de

---

36   71A: vogue. [*avec note*: L'auteur quel qu'il soit se ferait plus d'honneur de laisser cet auteur estimable tranquille que de l'insulter à tout propos ce qui dénote une basse jalousie etc.] Elle

---

publiquement un corrupteur ait voulu faire ensuite le législateur; mais il instruit les hommes comme il dirige les filles' (*M*, t.26, p.43). C'est ainsi Voltaire qui isole chez Rousseau les 'maximes' qui ont 'régalé notre siècle', et qui conclut qu'il ne convient pas de faire passer cet inconvenant à la postérité. La note ajoutée dans 71A peut alors être interprétée soit comme une ironie voltairienne supplémentaire (mais la note n'est reprise dans aucune autre édition), soit comme une interpolation de l'éditeur consistant en une défense anti-voltairienne de Rousseau (voir aussi la note liminaire à l'article 'Assassinat' des *QE* ci-dessus, p.134).

[10] La juxtaposition des références à la 'fille du bourreau' et aux 'baisers âcres' de Julie avait déjà été opérée auparavant par Voltaire dans *Pierre le Grand et Jean-Jacques Rousseau*: 'Tout pauvre diable [...] peut dans un roman recevoir un baiser âcre de sa Julie, et conseiller à un prince d'épouser la fille d'un bourreau' (*M*, t.20, p.220). Dès la parution de *La Nouvelle Héloïse*, Voltaire s'en était pris au baiser âcre: voir les *Lettres à Monsieur de Voltaire sur La Nouvelle Héloïse*, lettre 1 (*M*, t.24, p.167).

[11] *La Nouvelle Héloïse*, 2e partie, lettre 26: Saint-Preux y fait l'aveu d'avoir fini une nuit 'dans les bras d'une de ces créatures' parisiennes (*Œuvres complètes*, t.2, p.294-97). Voltaire entretient délibérément une confusion entre un Saint-Preux virtuellement débauché et une Julie qui contamine; entre la vérole (maladie honteuse que Saint Preux n'a pas rapportée de Paris, malgré ses fréquentations douteuses) et la petite vérole qui fait de la scène fameuse du baiser de Julie celle de l'"inoculation de l'amour'.

[12] *La Nouvelle Héloïse*, première partie, lettre 14 (*Œuvres complètes*, t.2, p.65).

marier leurs fils aînés à des filles de bourreau, quelque *convenance* qu'on pût apercevoir entre le poursuivant et la poursuivie.

> *Est modus in rebus sunt certi denique fines*   40
> *Quos ultra citraque nequit consistere rectum.* [13]

[13] Horace, *Satires*, livre I, satire I, vers 106-107: 'En toutes choses il y a des bornes fixées, au delà et en deçà desquelles ne peut résider le vrai'.

BRAHMANES, BRAMES

Ami lecteur, observez d'abord que le père Thomassin, l'un des plus savants hommes de notre Europe, dérive les brahmanes d'un mot juif *barac* par un C, supposé que les Juifs eussent un C.[1] Ce *barac* signifiait, dit-il, *s'enfuir*, et les brahmanes s'enfuyaient des villes; supposé qu'alors il y eût des villes.

Ou, si vous l'aimez mieux, brahmanes vient de *barak* par un K, qui veut dire *bénir* ou bien *prier*.[2] Mais pourquoi les Biscayens

5

---

* L'article 'Brahmanes' de l'*Encyclopédie*, signé de l'astérisque qui désignerait Diderot, rapporte, d'après 'les anciens', les 'extravagances tout à fait incroyables' des gymnosophistes, donne un 'abrégé de leur morale' et évoque leur physique, 'un autre amas informe de préjugés' (t.2, p.391). L'article 'Bramines', également signé d'un astérisque, poursuit l''exposition des extravagances de la philosophie et de la religion' de ces philosophes indiens qui 'sont à la tête de la religion' et 'en expliquent les rêveries aux idiots' qu'ils 'dominent ainsi' (t.2, p.294). L'article se conclut par une référence à la 'Lettre d'un Turc sur les bramines' (*Bababec et les fakirs*, 1750) de Voltaire, qui s'inscrit dans la même tonalité ironique. Tout en consacrant un développement à l''horrible coutume' de 'se brûler', le présent article des *QE* opère toutefois une nette inversion des polarités qui reflète l'évolution, décrite par D. S. Hawley ('L'Inde de Voltaire', *SVEC* 120, 1974, p.139-78), consécutive à la découverte d'abord de l'*Ezour-Védam* en 1761, puis surtout du *Shasta* dans *Interesting historical events, relative to the provinces of Bengal, and the Empire of Indostan* (2 vol., Londres, 1766-1767, BV1666). L'ouvrage de John Zephaniah Holwell est ainsi la principale source de cet article qui vise à relativiser, en l'historicisant, l'importance d'une religion judéo-chrétienne présentée comme une imitation de la sagesse indienne. Les brahmanes devenant les 'premiers législateurs', 'premiers philosophes' et 'premiers théologiens', Voltaire confirme la trajectoire marquée par les remaniements successifs des chapitres 3 et 4 de l'*Essai sur les mœurs* qui tend à faire de l'Inde le berceau de la civilisation. L'article est envoyé à Cramer en juillet/août 1770 (voir D16557) et paraît en novembre/décembre 1770 (70, t.3).

[1] Voltaire orthographie 'brahmanes' avec un 'c': 'bracmanes'.

[2] Le *Dictionnaire de Trévoux* (8 vol., Paris, 1771), donne, d'après Thomassin, les étymologies suivantes: 'l'hébreu *barach*, [...] *fuir, s'enfuir*' et 'un autre mot hébreu, [...] *barac*, [...] *prier, bénir*' (t.2, p.35). La racine du mot signifie bien 'prière, parole, verbe', mais en sanskrit.

n'auraient-ils pas nommé les brames du mot *bran* qui exprimait quelque chose que je ne veux pas dire? ils y avaient autant de droit que les Hébreux. Voilà une étrange érudition. En la rejetant entièrement on saurait moins, et on saurait mieux.

N'est-il pas vraisemblable que les brahmanes sont les premiers législateurs de la terre, les premiers philosophes, les premiers théologiens? [3]

Le peu de monuments qui nous restent de l'ancienne histoire, ne forment-ils pas une grande présomption en leur faveur, puisque les premiers philosophes grecs allèrent apprendre chez eux les mathématiques, et que les curiosités les plus antiques recueillies par les empereurs de la Chine sont toutes indiennes, ainsi que les relations l'attestent dans la collection de Du Halde. [4]

Nous parlerons ailleurs du *Shasta*; [5] c'est le premier livre de théologie des brahmanes, écrit environ quinze cents ans avant leur *Veidam*, et antérieur à tous les autres livres. [6]

Leurs annales ne font mention d'aucune guerre entreprise par eux en aucun temps. Les mots d'*armes*, de *tuer*, de *mutiler* ne se trouvent ni dans les fragments du *Shasta*, que nous avons, ni dans l'*Ezourveidam*, ni dans le *Cormoveidam*. Je puis du moins assurer que je ne les ai point vus dans ces deux derniers recueils: et ce qu'il y a de plus singulier, c'est que le Shasta qui parle d'une conspiration

---

[3] Idée qui sera reprise dans la dixième des *Lettres chinoises* (1775; *M*, t.29, p.488).

[4] Voir Du Halde, *Description de la Chine*, 4 vol. (Paris, 1735, BV1132), t.1, p.2. Voltaire marque ce passage d'un signet annoté: 'où as tu pris que les brames sont à demi barbares? l'Inde a eté polie industrieuse savante, longtemps avant la Chine' (*CN*, t.3, p.256-57).

[5] L'emploi du futur invite à penser à l'article 'Ezour-Veidam' des *QE*, mais des extraits du *Shasta* sont surtout donnés dans l'article 'Ange' (*OCV*, t.38, p.365-77).

[6] Holwell, dans *Interesting historical events*, écrit: 'the *Shastah* of Brama, is as ancient, at least, as any written body of divinity that was ever produced to the world' (t.2, p.5; *CN*, t.4, p.461). 'They [les Gentous] date the birth of the tenets and doctrines of the *Shastah*, from the expulsion of the angelic beings from the heavenly regions; [...] those tenets were reduced into a written body of laws, four thousand eight hundred and sixty-six years ago, and then by God's permission were promulged and preached to the inhabitants of Indostan' (t.2, p.22; avec signet de Voltaire: 'date du Shasta', *CN*, t.4, p.462).

dans le ciel,[7] ne fait mention d'aucune guerre dans la grande   30
presqu'île enfermée entre l'Indus et le Gange.

Les Hébreux qui furent connus si tard, ne nomment jamais les
brahmanes; ils ne connurent l'Inde qu'après les conquêtes d'Alexandre; et leurs établissements dans l'Egypte, de laquelle ils avaient
dit tant de mal.[8] On ne trouve le nom de l'Inde que dans le livre   35
d'Esther,[9] et dans celui de Job qui n'était pas hébreu. (Voyez
'Job'.)[10] On voit un singulier contraste entre les livres sacrés des
Hébreux et ceux des Indiens. Les livres indiens n'annoncent que la
paix et la douceur; ils défendent de tuer les animaux: les livres
hébreux ne parlent que de tuer, de massacrer hommes et bêtes; on y   40
égorge tout au nom du Seigneur; c'est tout un autre ordre de choses.

C'est incontestablement des brahmanes que nous tenons l'idée
de la chute des êtres célestes révoltés contre le souverain de la
nature;[11] et c'est là probablement que les Grecs ont puisé la fable
des titans.[12] C'est aussi là que les Juifs prirent enfin l'idée de la   45
révolte de Lucifer dans le premier siècle de notre ère.[13]

Comment ces Indiens purent-ils supposer une révolte dans le
ciel sans en avoir vu sur la terre? Un tel saut de la nature humaine à
la nature divine ne se conçoit guère. On va d'ordinaire du connu à
l'inconnu.   50

38-40   70, 71N, 71A: Indiens. Les livres hébreux

[7] Voir l'article 'Ange' des *QE* (*OCV*, t.38, p.368-69).
[8] Voir notamment *La Défense de mon oncle*, ch.14, 'Que les Juifs haïssaient toutes
les nations' (*OCV*, t.64, p.224-25).
[9] Esther 1:1.
[10] Voir l'article 'Job' du *DP* (*OCV*, t.36, p.243-53). Voir aussi la section 'De
l'Arabe Job' de l'article 'Arabes' des *QE* (*OCV*, t.38, p.546-50 et p.548, n.30).
[11] Voir Holwell, *Interesting historical events*, 'The Lapse of part of the angelic
bands' (t.2, p.42-43; avec signet de Voltaire: 'chute des anges', *CN*, t.4, p.465).
[12] Cette idée sera reprise dans la neuvième des *Lettres chinoises* (*M*, t.29, p.481).
[13] Voir, à propos d'Isaïe 14:12, Calmet, qui signale que 'le plus grand nombre des
anciens Pères entend ici sous le nom de *Lucifer*, le démon' et conclut qu''on ne peut
disconvenir que tout ce qui est dit ici de Lucifer, ne convienne à cet ange rebelle'
(*Commentaire littéral*, 25 vol., Paris, 1709-1734, BV613, t.13, p.173). Voir l'article
'Ange' du fonds de Kehl (*M*, t.17, p.253).

On n'imagine une guerre de géants qu'après avoir vu quelques hommes plus robustes que les autres tyranniser leurs semblables. Il fallait ou que les premiers brahmanes eussent éprouvé des discordes violentes, ou qu'ils en eussent vu du moins chez leurs voisins pour en imaginer dans le ciel. 55

C'est toujours un très étonnant phénomène qu'une société d'hommes qui n'a jamais fait la guerre, et qui a inventé une espèce de guerre faite dans les espaces imaginaires, ou dans un globe éloigné du nôtre, ou dans ce qu'on appelle le *firmament*, l'*empyrée*. (Voyez 'Ciel matériel'.) [14] Mais il faut bien soigneuse- 60 ment remarquer que dans cette révolte des êtres célestes contre leur souverain, il n'y eut point de coups donnés, point de sang céleste répandu; point de montagnes jetées à la tête, point d'anges coupés en deux ainsi que dans le poème sublime et grotesque de Milton. [15]

Ce n'est, selon le *Shasta*, qu'une désobéissance formelle aux 65 ordres du Très-Haut, une cabale que Dieu punit en reléguant les anges rebelles dans un vaste lieu de ténèbres nommé *Ondéra* pendant le temps d'un mononthour entier. [16] Un mononthour est de quatre cent vingt-six millions de nos années. [17] Mais Dieu daigna pardonner aux coupables au bout de cinq mille ans, et leur Ondéra 70 ne fut qu'un purgatoire. [18]

Il en fit des *Mhurd*, des hommes, et les plaça dans notre globe à

62-63   71A: donnés, point de montagnes

[14] Il est question du firmament dans cet article (*M*, t.18, p.184). L'article 'Le Ciel des anciens' du *DP* évoque aussi cette guerre, l'empyrée et le firmament (*OCV*, t.35, p.590-91, 596).

[15] Holwell effectue le rapprochement avec le *Paradis perdu* de Milton: voir *Interesting historical events*, t.2, p.64 (avec signet de Voltaire: 'Milton diabolical', *CN*, t.4, p.466). Voir aussi l'article 'Epopée' des *QE* ('De Milton', *M*, t.18, p.580-89).

[16] Voir Holwell, *Interesting historical events*, t.2, p.47 (avec une barre de Voltaire en marge, *CN*, t.4, p.465).

[17] Voir Holwell, *Interesting historical events*, t.2, p.119.

[18] Holwell évoque 'their state of their *trial* and *probation*' (*Interesting historical events*, t.2, p.51). Voir aussi t.2, p.102, où Voltaire inscrit une barre en marge (*CN*, t.4, p.469).

condition qu'ils ne mangeraient point d'animaux,[19] et qu'ils ne s'accoupleraient point avec les mâles de leur nouvelle espèce, sous peine de retourner à l'Ondéra.[20]

Ce sont là les principaux articles de la foi des brahmanes, qui a duré sans interruption de temps immémorial jusqu'à nos jours: il nous paraît étrange que ce fût parmi eux un péché aussi grave de manger un poulet que d'exercer la sodomie.

Ce n'est là qu'une petite partie de l'ancienne cosmogonie des brahmanes. Leurs rites, leurs pagodes[21] prouvent que tout était allégorique chez eux;[22] ils représentent encore la vertu sous l'emblème d'une femme qui a dix bras et qui combat dix péchés mortels figurés par des monstres.[23] Nos missionnaires n'ont pas manqué de prendre cette image de la vertu pour celle du diable, et d'assurer que le diable est adoré dans l'Inde.[24] Nous n'avons jamais été chez ces peuples que pour nous y enrichir, et pour les calomnier.

[19] Voir Holwell, *Interesting historical events*, t.2, p.51.

[20] Holwell insiste au contraire sur une exigence endogame: 'they shall unite and propagate each other in their tribe and kind [...]. But whosoever of the delinquent Debtah shall unite with any form out of his own tribe and kind' (*Interesting historical events*, t.2, p.52-53). La traduction, par Voltaire, du mot 'kind' est tendancieuse (voir ligne 74).

[21] Terme qui 'vient des Indes orientales, où il signifie un temple d'idoles' et qui 'se prend aussi pour l'idole qu'on adore dans le temple' (*Dictionnaire de l'Académie*, 2 vol., Paris, 1762, t.2, p.279). Voir la lettre à Chabanon du 7 décembre 1767 (D14575), dans laquelle Voltaire fait référence aux 'excellents mémoires sur l'Inde' d'Holwell: 'Leurs pagodes qu'on a prises pour des représentations de diables sont évidemment les vertus personnifiées'.

[22] Idée récurrente: voir, par exemple, l'*Essai sur les mœurs*, ch.3 (t.1, p.227).

[23] Holwell donne, à la fin du tome 2, une gravure représentant, au centre, *Drugah* (ou la Vertu), dont la signification est expliquée précédemment: voir *Interesting historical events*, t.2, p.139-48, et la gravure n° 2. Cette idée revient dans le *Précis du siècle de Louis XV* (ch.29, *OH*, p.1467), dans *Dieu et les hommes* (ch.6, *OCV*, t.69, p.300) et dans les *Fragments historiques sur l'Inde* (*M*, t.29, p.117).

[24] Voir André-François Boureau-Deslandes, *Histoire critique de la philosophie* (3 vol., Amsterdam, 1737), qui rapporte que saint François-Xavier 'observe dans une de ses lettres' qu'un 'brahmane très habile' lui a 'avoué' que 'les idoles ne sont que des représentations de mauvais génies' (t.1, p.101; avec signet de Voltaire: 'Xavier brahmane', *CN*, t.1, p.505). Voir aussi l'*Essai sur les mœurs*, ch.4 (t.1, p.239).

De la métempsycose des brahmanes

La doctrine de la métempsycose, vient d'une ancienne loi de se nourrir de lait de vaches ainsi que de légumes, de fruits et de riz. Il parut horrible aux brahmanes de tuer et de manger sa nourrice: on eut bientôt le même respect pour les chèvres, les brebis et pour tous les autres animaux; ils les crurent animés par ces anges rebelles qui achevaient de se purifier de leurs fautes dans les corps des bêtes, ainsi que dans ceux des hommes.[25] La nature du climat seconda cette loi, ou plutôt en fut l'origine: une atmosphère brûlante exige une nourriture rafraîchissante, et inspire de l'horreur pour notre coutume d'engloutir des cadavres dans nos entrailles.[26]

L'opinion que les bêtes ont une âme fut générale dans tout l'Orient,[27] et nous en trouvons des vestiges dans les anciens livres sacrés. Dieu, dans la Genèse, (a) défend aux hommes de manger *leur chair avec leur sang et leur âme.*[28] C'est ce que porte le texte hébreu: *Je vengerai*, dit-il, (b) *le sang de vos âmes de la griffe des bêtes et de la main des hommes.* Il dit dans le Lévitique, (c) *l'âme de la chair est dans le sang.*[29] Il fait plus; il fait un pacte solennel avec les hommes et avec tous les animaux, (d) ce qui suppose dans les animaux une intelligence.

(a) Genèse, ch.9, verset 4.
(b) Verset 5.
(c) Lev. ch.17, verset 14.
(d) Genèse, ch.9, verset 10.

n.d w68: ch.4, verset

[25] Holwell évoque les vaches et les veaux, mais ne dit rien des chèvres et des brebis; à la signification religieuse s'ajoute une signification politique: le bétail est 'essentially serviceable in the cultivation of their lands; on which depended their vegetable subsistence' (*Interesting historical events*, t.2, p.73-75).
[26] Voir l'*Essai sur les mœurs*, ch.3 (t.1, p.233).
[27] Voir, par exemple, l'article 'Ane' des *QE* (*OCV*, t.38, p.357-60).
[28] Genèse 9:4, 15-16.
[29] Les références sont exactes, sauf que le texte biblique ne comporte pas le mot 'âme' mais le mot 'vie'.

Dans des temps très postérieurs, l'Ecclésiaste dit formellement: *(e) Dieu fait voir que l'homme est semblable aux bêtes: car
les hommes meurent comme les bêtes, leur condition est égale, comme
l'homme meurt, la bête meurt aussi. Les uns et les autres respirent de*
même: l'homme n'a rien de plus que la bête.

Jonas, quand il va prêcher à Ninive, fait jeûner les hommes et les
bêtes. [30]

Tous les auteurs anciens attribuent de la connaissance aux bêtes,
les livres sacrés comme les profanes; et plusieurs les font parler. Il
n'est donc pas étonnant que les brahmanes, et les pythagoriciens
après eux, [31] aient cru que les âmes passaient successivement dans
les corps des bêtes et des hommes. [32] En conséquence ils se
persuadèrent, ou du moins ils dirent que les âmes des anges
délinquants, pour achever leur purgatoire, appartenaient tantôt à
des bêtes, tantôt à des hommes: c'est une partie du roman du jésuite
Bougeant qui imagina que les diables sont des esprits envoyés dans
le corps des animaux. [33] Ainsi de nos jours, au bord de l'Occident,
un jésuite renouvelle sans le savoir un article de la foi des plus
anciens prêtres orientaux.

(e) Eccles. ch.18, verset 19. [34]

[30] Jonas 3:7.

[31] Holwell écrit: 'That Pythagoras took the doctrine of the metempsychosis, from
the bramins, is not disputed: yet future times erroneously styled it *Pythagorean*; an
egregious mistake, which could proceed only from ignorance of its original'
(*Interesting historical events*, t.2, p.26; avec une barre de Voltaire en marge, *CN*,
t.4, p.463).

[32] Sur la métempsycose, voir Holwell, *Interesting historical events*, t.2, p.65-87.

[33] Allusion à l'*Amusement philosophique sur le langage des bêtes* de G.-H. Bougeant
(Paris, 1739, BV494). Voir l'article 'Ange' des *QE* (*OCV*, t.38, p.369-70 et n.13).

[34] Ecclésiaste 3:18-19.

Des hommes et des femmes qui se brûlent chez les brahmanes

Les brames, ou bramins d'aujourd'hui, qui sont les mêmes que les anciens brahmanes, ont conservé comme on sait, cette horrible coutume. D'où vient que chez un peuple qui ne répandit jamais le sang des hommes, ni celui des animaux, le plus bel acte de dévotion fut-il et est-il encore de se brûler publiquement? La superstition qui   130
allie tous les contraires, est l'unique source de cet affreux sacrifice; coutume beaucoup plus ancienne que les lois d'aucun peuple connu.

Les brames prétendent que Brama leur grand prophète fils de Dieu, descendit parmi eux, et eut plusieurs femmes; qu'étant mort,   135
celle de ses femmes qui l'aimait le plus se brûla sur son bûcher pour le rejoindre dans le ciel.[35] Cette femme se brûla-t-elle en effet, comme on prétend que Porcia femme de Brutus avala des charbons ardents pour rejoindre son mari?[36] ou est-ce une fable inventée par les prêtres? Y eut-il un Brama qui se donna en effet pour un   140
prophète et pour un fils de Dieu? Il est à croire qu'il y eut un Brama, comme dans la suite on vit des Zoroastres, des Bacchus. La fable s'empara de leur histoire; ce qu'elle a toujours continué de faire partout.

Dès que la femme du fils de Dieu se brûle, il faut bien que les   145
dames de moindre condition se brûlent aussi. Mais comment

---

128   K84, K12: ne répandait jamais

[35] Holwell évoque ses femmes en général, sans faire état d'une en particulier: 'his wives, inconsolable for his loss, resolved not to survive him, and offered themselves voluntary victims on his funeral pile' (*Interesting historical events*, t.2, p.90). Voltaire a également noté 'femmes qui se brûlent' dans la marge de l'*Histoire universelle* de Diodore de Sicile (trad. J. Terrasson, 7 vol., Paris, 1758, BV1041; *CN*, t.3, p.144) là où l'auteur explique que la loi voulant que les veuves se brûlent venait du fait que les femmes empoisonnaient souvent leurs maris (t.6, p.72).
[36] Voir Valère Maxime, *Valerii Maximi Dictorum factorumque memorabilium* (Lyon, 1612, BV3387), livre 4, ch.6, p.196.

retrouveront-elles leurs maris qui sont devenus chevaux, éléphants, ou éperviers? Comment démêler précisément la bête que
le défunt anime, comment le reconnaître et être encore sa femme?
Cette difficulté n'embarrasse point des théologiens indous; ils   150
trouvent aisément des distinguo, des solutions, *in sensu composito,
in sensu diviso*.[37] La métempsycose n'est que pour les personnes du
commun, ils ont pour les autres âmes une doctrine plus sublime.
Ces âmes étant celles des anges jadis rebelles vont se purifiant,
celles des femmes qui s'immolent sont béatifiées et retrouvent leurs   155
maris tout purifiés:[38] enfin les prêtres ont raison et les femmes se
brûlent.

Il y a plus de quatre mille ans que ce terrible fanatisme est établi
chez un peuple doux, qui croirait faire un crime de tuer une cigale.
Les prêtres ne peuvent forcer une veuve à se brûler; car la loi   160
invariable est que ce dévouement soit absolument volontaire.
L'honneur est d'abord déféré à la plus ancienne mariée des
femmes du mort: c'est à elle de descendre au bûcher; si elle ne
s'en soucie pas, la seconde se présente; ainsi du reste.[39] On prétend
qu'il y en eut une fois dix-sept qui se brûlèrent à la fois sur le bûcher 165
d'un raya;[40] mais ces sacrifices sont devenus assez rares: la foi

[37] Littéralement, 'selon la composition', 'selon la division'. Distinctions formulées
d'après la terminologie aristotélicienne: voir Norman Kretzmann, '"Sensus compositus, sensus divisus", and propositional attitudes', *Medioevo: Rivista di storia della
filosofia medievale* 7 (1981), p.195-230.

[38] Selon Holwell, 'the bramins [...] pronounced and declared, *that the delinquent
spirits of those heroines, immediately ceased from their transmigrations, and had entered
the first Boboon of purification*' (*Interesting historical events*, t.2, p.90). Il fait état plus
loin du fait que les femmes sont élevées dans cette croyance: 'the celestial spirit is
released from its transmigrations, and evils of a miserable existence, and flies to join
the spirit of their departed husband, in a state of purification' (p.98).

[39] Holwell, *Interesting historical events*, t.2, p.88 (avec signet de Voltaire: 'veuves
se brûlent', *CN*, t.4, p.467).

[40] 'Raya' signifie 'roi'. Voir *Lettres édifiantes et curieuses écrites des missions
étrangères par quelques missionnaires de la compagnie de Jésus*, 34 vol. (Paris, 1707-
1776, BV2104), recueil 13, p.29-30 (avec signet de Voltaire: 'reine qui se brûle, *CN*,
t.5, p.340). Voir aussi l'*Essai sur les mœurs*, ch.157 (t.2, p.407).

s'affaiblit depuis que les mahométans gouvernent une grande partie du pays, et que les Européens négocient dans l'autre.

Cependant il n'y a guère de gouverneur de Madrass et de Pondichéri qui n'ait vu quelque Indienne périr volontairement dans les flammes. M. Holwell rapporte qu'une jeune veuve de dix-neuf ans, d'une beauté singulière, mère de trois enfants, se brûla en présence de Mme Roussel femme de l'amiral, qui était à la rade de Madrass: elle résista aux prières, aux larmes de tous les assistants. Mme Roussel la conjura au nom de ses enfants de ne les pas laisser orphelins: l'Indienne lui répondit, *Dieu qui les a fait naître aura soin d'eux*; ensuite elle arrangea tous les préparatifs elle-même, mit de sa main le feu au bûcher, et consomma son sacrifice avec la sérénité d'une de nos religieuses qui allume des cierges. [41]

M. Shernoc négociant anglais, voyant un jour une de ces étonnantes victimes, jeune et aimable qui descendait dans le bûcher, l'en arracha de force lorsqu'elle allait y mettre le feu; et, secondé de quelques Anglais, l'enleva et l'épousa. Le peuple regarda cette action comme le plus horrible sacrilège. [42]

Pourquoi les maris ne se sont-ils jamais brûlés pour aller retrouver leurs femmes? pourquoi un sexe naturellement faible et timide a-t-il eu toujours cette force frénétique? est-ce parce que la tradition ne dit point qu'un homme ait jamais épousé une fille de Brama, au lieu qu'elle assure qu'une Indienne fut mariée avec le fils de ce Dieu? est-ce parce que les femmes sont plus superstitieuses que les hommes? est-ce parce que leur imagination est plus faible, plus tendre, plus faite pour être dominée?

Les anciens brahmanes se brûlaient quelquefois pour prévenir l'ennui et les maux de la vieillesse, et surtout pour se faire admirer. Calan ou Calanus ne se serait peut-être pas mis sur un bûcher sans

170   71A: vu quelques Indiennes périr

[41] Holwell cite le récit d'un témoin oculaire (*Interesting historical events*, t.2, p.93-97; avec signet de Voltaire: 'made Rouseel self burning', *CN*, t.4, p.468-69).

[42] Holwell, *Interesting historical events*, t.2, p.99-100 (avec signet de Voltaire: 'Charnoc impie épouse une brûlée', *CN*, t.4, p.469).

le plaisir d'être regardé par Alexandre. [43] Le chrétien renégat Pellegrinus se brûla en public [44] par la même raison qu'un fou parmi nous s'habille quelquefois en arménien pour attirer les regards de la populace. [45]

N'entre-t-il pas aussi un malheureux mélange de vanité dans cet épouvantable sacrifice des femmes indiennes? Peut-être, si on portait une loi de ne se brûler qu'en présence d'une seule femme de chambre, cette abominable coutume serait pour jamais détruite. [46]

Ajoutons un mot; une centaine d'Indiennes tout au plus, a donné ce terrible spectacle. Et nos inquisitions, nos fous atroces qui se sont dits juges, ont fait mourir dans les flammes plus de cent mille de nos frères, hommes, femmes, enfants, pour des choses que personne n'entendait. Plaignons et condamnons les brames: mais rentrons en nous-mêmes misérables que nous sommes.

Vraiment nous avons oublié une chose fort essentielle dans ce petit article des brahmanes; c'est que leurs livres sacrés sont remplis de contradictions. Mais le peuple ne les connaît pas. Et les docteurs ont des solutions prêtes, des sens figurés et figurants, des allégories, des types, des déclarations expresses de Birma, de Brama et de Vitsnou, qui fermeraient la bouche à tout raisonneur.

200

205

210

215

211 K84: article de brahmanes

[43] Mentionné dans les articles 'Gymnosophistes' et 'Indiens, philosophie des' de l'*Encyclopédie* (t.7, p.1022; t.8, p.675). Voir aussi l'*Essai sur les mœurs*, ch.3 (t.1, p.234).

[44] Sur 'la mort de Peregrinus', voir Lucien, trad. Perrot d'Ablancourt, 3 vol. (Paris, 1733, BV2222), t.3, p.236-37.

[45] Nouvelle pique, au passage, contre Jean-Jacques Rousseau.

[46] Voir l'épisode du 'bûcher du veuvage' dans *Zadig* (*OCV*, t.30B, p.167-69).

BULGARES, OU BOULGARES

Puisqu'on a parlé des Bulgares dans le Dictionnaire encyclopédique, quelques lecteurs seront peut-être bien aises de savoir qui étaient ces étranges gens qui parurent si méchants, qu'on les traita d'*hérétiques*, et dont ensuite on donna le nom en France aux non-conformistes qui n'ont pas pour les dames toute l'attention qu'ils leur doivent; de sorte qu'aujourd'hui on appelle ces messieurs *Boulgares*, en retranchant *L* et *A*. [1]

Les anciens Boulgares ne s'attendaient pas qu'un jour dans les halles de Paris, le peuple, dans la conversation familière, s'appellerait mutuellement *Boulgare*, en y ajoutant des épithètes qui enrichissent la langue.

7 70, 71N, 71A: et l'*A*.

* Une plaisanterie sur le 'roi des Bulgares' dans *Candide*, quelques rappels historiques dans l'*Essai sur les mœurs*, ont précédé ce texte où Voltaire réagit à l'article 'Bulgares' de l'abbé Mallet dans l'*Encyclopédie*. Sous la rubrique 'Hist. ecclés.', celui-ci est consacré, non à la nation contemporaine soumise alors aux Turcs, mais aux 'hérétiques' du Moyen Age. Dans *Le Grand Dictionnaire historique* (Amsterdam, 1740, BV2523) de Moreri, figurent au contraire deux articles 'Bulgares', l'un sur le peuple, l'autre sur la secte religieuse. Voltaire fait preuve d'érudition sur l'histoire des Bulgares, sans analyser leurs croyances. Il commente, non sans ironie, les différents sens du mot 'bougre': l'hérétique, le sodomite, le brave homme. L'article est envoyé à Cramer au cours de l'été 1770 (voir D16514, D16572, D16573) et paraît en novembre/décembre 1770 (70, t.3).

[1] Le mot *bogre* (du latin médiéval *bulgarus*) apparaît dès 1172 au sens d'hérétique, valeur qu'il gardera jusqu'au seizième siècle (auparavant, vers 1100, le mot *bugre* désigne simplement le peuple). Le sens d'homosexuel n'est attesté que vers 1260 au féminin (*bogresse*), puis vers 1450 au masculin (*bougre*). A l'époque de Voltaire, les 'bougres' désignent encore les sodomites (voir n.26). Ce sens sera considéré comme ancien par l'Académie en 1842.

476

Ces peuples étaient originairement des Huns qui s'étaient établis auprès du Volga;[2] et de *Volgares* on fit aisément *Boulgares*.[3]

Sur la fin du septième siècle, ils firent des irruptions vers le Danube, ainsi que tous les peuples qui habitent la Sarmatie; et ils inondèrent l'empire romain comme les autres. Ils passèrent par la Moldavie, la Valachie, où les Russes leurs anciens compatriotes[4] ont porté leurs armes victorieuses en 1769 sous l'empire de Catherine II.[5]

Ayant franchi le Danube, ils s'établirent dans une partie de la Dacie et de la Moesie, et donnèrent leur nom à ces pays qu'on appelle encore Bulgarie. Leur domination s'étendait jusqu'au mont Hémus,[6] et au Pont-Euxin.

L'empereur Nicéphore successeur d'Irène, du temps de Charlemagne, fut assez imprudent pour marcher contre eux après avoir été vaincu par les Sarrasins; il le fut aussi par les Bulgares.[7] Leur roi nommé Crom,[8] lui coupa la tête, et fit de son crâne une coupe dont il se servait dans ses repas, selon la coutume de ces peuples, et de presque tous les hyperboréens.

[2] Les Bulgares sont en effet d'origine hunnique, et non des Scythes, comme l'avait affirmé Voltaire dans l'*Essai sur les mœurs* (t.1, p.404). Moreri signale qu'ils avaient 'la même origine que les Huns' (*Le Grand Dictionnaire historique*, article 'Bulgarie', Paris, 1759, t.2, p.366). Les Bulgares établis sur la Volga ne sont pas les mêmes que ceux des Balkans.

[3] En fait, le nom des Bulgares est un mot turco-tatar qui signifie '[peuple] mêlé' et qui ne vient pas de 'Volgares', comme l'affirme *Le Grand Dictionnaire géographique et critique* de Bruzen de La Martinière (11 vol., La Haye, 1726-1739), t.2, p.533.

[4] Les Russes n'ont jamais été les 'compatriotes' des Bulgares, mais leurs voisins.

[5] Les premières victoires russes dans la guerre contre la Turquie sont évoquées en 1769 dans la correspondance de Voltaire avec Catherine II, notamment la prise de Choczim sur le Dniestr (D15775, D15817, D15938), la conquête de la Moldavie et la prise de Yassi (D15974), la prise de Galatz et l'occupation de Bucarest (D16057).

[6] Ancien nom du mont Balkan.

[7] Nicéphore Ier, le Logothète, empereur byzantin, et son armée furent massacrés en 811 dans le col de Varbitza.

[8] Georgius Cedrenus (onzième siècle) parle du khan Krum, qui agrandit considérablement les territoires bulgares, dans son *Compendium historiarum* (Paris, 1647), t.2, p.558. L'histoire de la coupe est peut-être une légende.

On conte qu'au neuvième siècle, un Bogoris qui faisait la guerre
à la princesse Théodora, mère et tutrice de l'empereur Michel, fut si
charmé de la noble réponse de cette impératrice à sa déclaration de
guerre, qu'il se fit chrétien.[9]

Les Boulgares qui n'étaient pas si complaisants, se révoltèrent
contre lui; mais Bogoris leur ayant montré une croix, ils se firent
tous baptiser sur-le-champ. C'est ainsi que s'en expliquent les
auteurs grecs du Bas-Empire;[10] et c'est ainsi que le disent après eux
nos compilateurs.

Et voilà justement comme on écrit l'histoire.[11]

Théodora était, disent-ils, une princesse très religieuse, et qui
même passa ses dernières années dans un couvent. Elle eut tant
d'amour pour la religion catholique grecque, qu'elle fit mourir par
divers supplices cent mille hommes qu'on accusait d'être manichéens.[12] (*a*) 'C'était, dit le modeste continuateur d'Echard,[13] la

(*a*) Histoire rom. prétendue traduite de Laurent Echard, t.2, p.242.

[9] Voici la 'noble réponse' de Théodora, impératrice régente de Byzance pendant
la minorité de son fils Michel III: 'Dites à votre maître qu'il me trouvera en personne
à la tête des troupes romaines, pour le punir d'avoir lâchement violé la paix, et attaqué
l'empire lorsqu'il n'a qu'un enfant pour monarque, et une princesse pour régente.
Assurez-le que je suis certaine de la protection du ciel, vengeur inexorable du parjure
et de l'infidélité. Mais quel que puisse être le sort de nos armes, avertissez-le qu'il ne
peut être qu'à sa honte. Si la fortune se déclarait pour lui, comment oserait-il se
glorifier d'avoir vaincu une femme; et si je remporte la victoire, comment pourra-t-il
s'entendre reprocher qu'une femme l'a vaincu?' (Laurent Echard [Claude-Marie
Guyon], *Histoire romaine*, 16 vol., Paris, 1728-1742, t.11, p.238, BV1200-1201; *CN*,
t.3, p.336-59). Boris Ier proclama le christianisme religion d'Etat en 865. Son nom
figure sous la forme Bogoris dans l'*Histoire romaine*, ainsi que dans l'article 'Bulgares'
du *Grand Dictionnaire historique* de Moreri.
[10] G. Cedrenus dit seulement qu'après la réponse de Théodora les Bulgares sont
tous devenus chrétiens (*Compendium historiarum*, t.2, p.539-40).
[11] Vers de Voltaire, *Charlot ou la comtesse de Givry*, acte 1, scène 7.
[12] Erreur de référence de Voltaire. L. Echard [C.-M. Guyon], *Histoire romaine*,
t.11, p.243-44 (*CN*, t.3, p.357). Le massacre des manichéens est rapporté également
dans l'*Histoire ecclésiastique* de Claude Fleury, avec une note marginale de
Voltaire: 'Théodora manichéens' (*CN*, t.3, p.511).
[13] Sur l'animosité de Voltaire à l'égard de l'abbé Claude-Marie Guyon, voir

plus impie, la plus détestable, la plus dangereuse, la plus abomina- 45
ble de toutes les hérésies. Les censures ecclésiastiques étaient des
armes trop faibles contre des hommes qui ne reconnaissaient point
l'Eglise.'[14]

On prétend que les Bulgares voyant qu'on tuait tous les
manichéens, eurent dès ce moment du penchant pour leur religion, 50
et la crurent la meilleure puisqu'elle était persécutée; mais cela est
bien fin pour des Bulgares.

Le grand schisme éclata dans ce temps-là plus que jamais entre
l'Eglise grecque sous le patriarche Photius, et l'Eglise latine sous le
pape Nicolas Ier.[15] Les Bulgares prirent le parti de l'Eglise grecque. 55
Ce fut probablement dès lors qu'on les traita en Occident d'*héré-*
tiques;[16] et qu'on y ajouta la belle épithète dont on les charge encore
aujourd'hui.

L'empereur Basile leur envoya en 871 un prédicateur nommé
Pierre de Sicile pour les préserver de l'hérésie du manichéisme,[17] et 60

47   K12: ne connaissaient point

---

l'article 'Asmodée' ci-dessus, p.118, n.24. Il juge sa suite de l'*Histoire romaine*
d'Echard 'détestable' (*La Pucelle, OCV*, t.7, p.537, n.7; voir aussi *CN*, t.3, p.342-55).

[14] Voltaire a sauté un passage après 'les hérésies', dont les adeptes, selon l'auteur,
'étaient devenus formidables par leur grand nombre', et modifié la phrase où on lit:
'Les censures *et les peines* ecclésiastiques [...] des hommes qui ne reconnaissaient
point *d'Eglise*' (L. Echard [C.-M. Guyon], *Histoire romaine*, t.11, p.242).

[15] Au concile de Rome (863), Nicolas Ier déposa Photius. Mais le patriarche publia
une encyclique, et fit excommunier et déposer le pape au concile de Constantinople
(867). Toutefois, le 'grand schisme' entre l'Orient et l'Occident ne commença
ouvertement qu'en 1054.

[16] Le fait que les Bulgares aient opté pour l'Eglise orthodoxe dès 865, au moment
du schisme de Photius, pouvait les faire apparaître comme hérétiques, au même titre
que les Byzantins. Mais le schisme ne tendra à devenir définitif qu'après 1054. On a vu
que *bogre* n'est attesté au sens d'hérétique qu'à partir de 1172, en liaison avec l'hérésie
bogomile.

[17] Pierre de Sicile, diplomate et écrivain byzantin d'origine italienne, se serait
rendu vers 870 en Arménie, sur l'ordre de Basile Ier, pour négocier un échange de
prisonniers. Rien n'indique que Basile l'ait envoyé en Bulgarie.

on ajoute que dès qu'ils l'eurent écouté ils se firent manichéens. [18] Il se peut très bien que ces Bulgares qui buvaient dans le crâne de leurs ennemis, ne fussent pas d'excellents théologiens, non plus que Pierre de Sicile.

Il est singulier que ces barbares qui ne savaient ni lire ni écrire, [19] aient été regardés comme des hérétiques très déliés, contre lesquels il était très dangereux de disputer. Ils avaient certainement autre chose à faire qu'à parler de controverse, puisqu'ils firent une guerre sanglante aux empereurs de Constantinople pendant quatre siècles de suite, [20] et qu'ils assiégèrent même la capitale de l'empire.

Au commencement du treizième siècle, l'empereur Alexis voulant se faire reconnaître par les Bulgares, leur roi Joannic [21] lui répondit qu'il ne serait jamais son vassal. Le pape Innocent III ne manqua pas de saisir cette occasion pour s'attacher le royaume de Bulgarie. Il envoya au roi Joannic un légat pour le sacrer roi, et prétendit lui avoir conféré le royaume qui ne devait plus relever que du Saint-Siège. [22]

[18] Les hérétiques bogomiles, au dixième siècle, tentaient une conciliation entre le néo-manichéisme et le christianisme. L'abbé Mallet analyse leurs croyances dans les articles 'Bulgares' et 'Bogomiles ou Bougomiles' de l'*Encyclopédie*, en assurant qu'ils ont inspiré les Albigeois et les Vaudois.

[19] On sait au contraire qu'après la conversion des Bulgares au christianisme, l'écriture se répandit largement en Bulgarie sur la base des Evangiles traduits par Cyrille et Méthode. Le règne du fils de Boris Ier, Siméon (893-927), fut le siècle d'or de la littérature bulgare.

[20] Les guerres entre Bulgares et Byzantins durèrent en fait un peu plus de trois siècles. Elles commencèrent dès l'arrivée du khan Asparuch dans les Balkans. L'empereur Constantin IV fut obligé de signer un traité de paix reconnaissant l'Etat bulgare en 681. Krum assiégea Constantinople en 814. En 972, la capitale Preslav fut prise par l'empereur Jean Tzimiscès, le roi Boris II fait prisonnier et emmené à Constantinople. Basile II Bulgaroctone (le 'Tueur de Bulgares') mena ensuite une lutte sans merci contre Samuel (991-1014). On sait qu'en 1014 il fit aveugler quinze mille prisonniers bulgares qu'il renvoya à leur roi. En 1018, Ivan Vladislav tomba au combat. Puis ce fut le joug byzantin (1018-1185).

[21] Le roi Joannic: Ivan (Jean) II Kalojan (1197-1207), frère cadet des fondateurs du deuxième royaume bulgare, Assen Ier et Petar, assassinés par des boïars.

[22] Jean II Kalojan, ayant recherché une alliance avec le pape afin de protéger son indépendance contre l'empereur Alexis, fut couronné en 1199 par le cardinal Léon,

C'était le temps le plus violent des croisades; le Bulgare indigné fit alliance avec les Turcs, déclara la guerre au pape et à ses croisés, prit le prétendu empereur Baudouin[23] prisonnier, lui fit couper les bras, les jambes et la tête;[24] et se fit une coupe de son crâne à la manière de Crom. C'en était bien assez pour que les Boulgares fussent en horreur à toute l'Europe, on n'avait pas besoin de les appeler *manichéens*, nom qu'on donnait alors à tous les hérétiques. Car manichéen, patarin et vaudois, c'était la même chose.[25] On prodiguait ces noms à quiconque ne voulait pas se soumettre à l'Eglise romaine.

Le mot de *boulgare* tel qu'on le prononçait, fut une injure vague et indéterminée, appliquée à quiconque avait des mœurs barbares ou corrompues. C'est pourquoi, sous saint Louis, frère Robert, grand inquisiteur, qui était un scélérat, fut accusé juridiquement d'être un *boulgare* par les communes de Picardie.[26]

80

85

90

92-93   K84, K12: Picardie. Philippe le Bel donna cette épithète à Boniface VIII. [avec note: Voyez 'Bulle'.] ¶Ce

---

légat d'Innocent III. Mais si, par l'union conclue avec le pape en 1204, l'Eglise bulgare reconnaissait la primauté du Saint-Siège, elle gardait son caractère orthodoxe. L'archevêque recevait le titre de primat de l'Eglise bulgare.

[23] Baudoin IX, comte de Flandre, devint, après la prise de Constantinople par les croisés en 1204, empereur de l'Empire latin d'Orient sous le nom de Baudoin Ier.

[24] Georges Acropolite, *Historia byzantina* (Paris, 1651), p.232. La fable sur Baudoin avait été reprise dans l'*Essai sur les mœurs*: vaincu près d'Andrinople par les Bulgares alliés aux Turcs et aux Grecs, 'on lui coupa les bras et les jambes, et il expira en proie aux bêtes féroces' (t.1, p.586). En réalité, Baudoin mourut en prison dans la capitale bulgare, Tirnovo, probablement assassiné.

[25] Les patarins étaient les membres d'une secte dualiste hostile au haut clergé, apparue au milieu du onzième siècle à Milan. La secte vaudoise fut fondée au douzième siècle par le marchand lyonnais Pierre Valdo ou Valdès. Les vaudois n'admettaient comme source de foi que l'Ancien et le Nouveau Testament, rejetaient entre autres la messe, le culte des saints, la confession, le jeûne. Le mouvement gagna les Alpes, la Lombardie, le sud-ouest de la France. L'idée que toutes ces sectes, 'c'était la même chose', était soutenue par Du Cange à l'article 'Bulgari' du *Glossarium* (BV1115; *CN*, t.3, p.210), puis par *Le Grand Dictionnaire historique* de Moreri et par l'*Encyclopédie* (article 'Bulgares').

[26] En fait le surnom de Robert le Bougre n'est pas une injure, mais est dû au fait

Ce terme changea ensuite de signification vers les frontières de France; il devint un terme d'amitié. Rien n'était plus commun en Flandre, il y a quarante ans, que de dire d'un jeune homme bien fait, c'est un joli *boulgare*: un bon homme était un bon *boulgare*.[27] 95

Lorsque Louis XIV alla faire la conquête de la Flandre, les Flamands disaient en le voyant, *Notre gouverneur est un bien plat boulgare en comparaison de celui-ci.*[28]

En voilà assez pour l'étymologie de ce beau nom. 100

---

que l'inquisiteur avait été cathare pendant plusieurs années (Henri Maisonneuve, *L'Inquisition*, Paris, 1989, p.64; voir aussi l'*Essai sur les mœurs*, t.1, p.632-33). Il est mentionné par Du Cange à l'article 'Bulgari' du *Glossarium*.

[27] Le sens moderne de *bougre* ('individu, mauvais drôle' depuis 1579), d'abord péjoratif, s'est banalisé pour ne plus signifier familièrement qu'un brave homme. Malgré cela, au dix-huitième siècle, le mot est encore considéré comme indécent et tabou dans l'écriture (un mot 'très sale', disent Moreri et l'*Encyclopédie* aux articles 'Bulgares'). On le désigne par l'initiale: *Histoire de Dom B., portier des chartreux, écrite par lui-même*, attribuée à Gervaise de la Touche (Rome, v.1750).

[28] Cette anecdote ne figure pas dans le chapitre 8 du *Siècle de Louis XIV*, 'Conquête de la Flandre'.

BULLE

Ce mot désigne la boule ou le sceau d'or, d'argent, de cire ou de plomb, attaché à un instrument, ou charte quelconque. Le plomb pendant aux rescrits expédiés en cour romaine porte d'un côté les têtes de saint Pierre à droite, et de saint Paul à gauche. On lit au revers le nom du pape régnant, et l'an de son pontificat. La bulle est 5
écrite sur parchemin. Dans la salutation le pape ne prend que le titre de *serviteur des serviteurs de Dieu*,[1] suivant cette sainte parole de

---

* Laissant de côté ce qui concerne la *bulla* romaine et la *Bulle d'or* en Allemagne, Voltaire exploite ce qui, dans l'article 'Bulle' de l'*Encyclopédie*, concerne l'histoire ecclésiastique et le droit canonique. Il reprend en particulier les développements que l'abbé Mallet consacre à la bulle *In coena Domini*, également évoquée dans les *Carnets*, *Le Cri des nations* (*M*, t.27, p.567-68), l'*Essai sur les mœurs* (ch.160 et 183), le *Précis du siècle de Louis XV* (ch.39) et dans d'autres articles des *QE*: ce 'monument d'impudence et de folie' (article 'Philosophe', *M*, t.20, p.205) est 'une preuve subsistante des entreprises continuelles du clergé contre l'autorité souveraine et civile' (article 'Droit canonique', *M*, t.18, p.444). Dans l'épître dédicatoire des *Lois de Minos* (1773), il est encore question de cette bulle 'si sagement supprimée' (*OCV*, t.73, p.79): le propos est en prise sur l'actualité, ce que marque la note *b* ajoutée au présent article. Voltaire complète son information avec les ouvrages de Giannone (*Histoire civile du royaume de Naples*, 4 vol., La Haye, P. Gosse et J. Beauregard, 1742, BV1464) et du P. Labat (*Voyages [...] en Espagne et en Italie*, 4 vol., Amsterdam, Compagnie, 1731; 8 vol., Paris, J.-B. Delespine, 1730, BV1790), ce qui élargit la perspective à des questions non traitées dans l'*Encyclopédie*: les bulles de la Croisade (1509) et de la Composition (1518) permettent de soulever le problème de la vente des indulgences. Voltaire revient enfin à des questions de politique intérieure avec l'affaire de la bulle *Unigenitus*: tout en ajoutant un détail, il condense le récit effectué dans *Le Siècle de Louis XIV*. Cet article est envoyé à Cramer en juillet/août 1770 (voir D16557) et paraît en novembre/décembre 1770 (70, t.3). Dans le 'Calendar of Voltaire manuscripts' (*SVEC* 77, 1970), Andrew Brown signale un exemplaire de cette première édition, sur lequel Voltaire aurait corrigé le mot 'malheureux' en 'jésuite' (ligne 265). Nous ignorons ce qu'est devenu cet exemplaire; la correction n'a pas été reproduite dans les éditions ultérieures.

[1] Voir *Encyclopédie*, article 'Bulle' (t.2, p.462).

Jésus à ses disciples: (*a*) *Celui qui voudra être le premier d'entre vous sera votre serviteur.*

Des hérétiques prétendent que par cette formule humble en apparence, les papes expriment une espèce de système féodal, par lequel la chrétienté est soumise à un chef qui est Dieu, dont les grands vassaux, saint Pierre et saint Paul, sont représentés par le pontife leur serviteur; et les arrière-vassaux sont tous les princes séculiers, soit empereurs, rois, ou ducs. 15

Ils se fondent, sans doute, sur la fameuse bulle *in Coena Domini*, qu'un cardinal diacre lit publiquement à Rome chaque année, le jour de la cène, ou le jeudi saint, en présence du pape accompagné des autres cardinaux et des évêques. Après cette lecture, sa sainteté jette un flambeau allumé dans la place publique, pour marque 20 d'anathème. [2]

Cette bulle se trouve page 714, tome I du *Bullaire* imprimé à Lyon en 1673, et page 118 de l'édition de 1727. [3] La plus ancienne est de 1536. Paul III, sans marquer l'origine de cette cérémonie, y dit que c'est une ancienne coutume des souverains pontifes de publier 25 cette excommunication le jeudi saint, pour conserver la pureté de la religion chrétienne, et pour entretenir l'union des fidèles. [4] Elle contient vingt-quatre paragraphes, dans lesquels ce pape excommunie:

1°. Les hérétiques, leurs fauteurs, et ceux qui lisent leurs livres. 30

2°. Les pirates, et surtout ceux qui osent aller en course sur les mers du souverain pontife.

3°. Ceux qui imposent dans leurs terres de nouveaux péages.

(*a*) Matthieu ch.20, verset 27.

[2] Voir *Encyclopédie*, article 'Bulle' (t.2, p.463).
[3] Les citations des lignes 30-66 sont la traduction abrégée du texte intitulé '*Anathematisatio haereticorum, et aliorum contravenientium contentis in hac constitutione, quae bulla in coena Domini appellatur*', *Magnum bullarium Romanum* (5 vol., Lyon, L. Arnaud et P. Borde, 1673), t.1, p.714-17. Le texte ne se trouve pas à la page indiquée dans l'édition de 1727 (Luxembourg, A. Chevalier).
[4] *Encyclopédie*, article 'Bulle' (t.2, p.463).

10°. Ceux qui, en quelque manière que ce puisse être, empêchent l'exécution des lettres apostoliques, soit qu'elles accordent des grâces, ou qu'elles prononcent des peines.

11°. Les juges laïques qui jugent les ecclésiastiques, et les tirent à leur tribunal, soit que ce tribunal s'appelle *audience*, *chancellerie*, *conseil*, ou *parlement*.

12°. Tous ceux qui ont fait ou publié, feront, ou publieront des édits, règlements, pragmatiques,[5] par lesquels la liberté ecclésiastique, les droits du pape et ceux du Saint-Siège seront blessés, ou restreints en la moindre chose, tacitement ou expressément.

14°. Les chanceliers, conseillers ordinaires ou extraordinaires de quelque roi ou prince que ce puisse être, les présidents des chancelleries, conseils ou parlements, comme aussi les procureurs généraux, qui évoquent à eux les causes ecclésiastiques, ou qui empêchent l'exécution des lettres apostoliques; même quand ce serait sous prétexte d'empêcher quelque violence.

Par le même paragraphe le pape se réserve à lui seul d'absoudre lesdits chanceliers, conseillers, procureurs généraux et autres excommuniés, lesquels ne pourront être absous qu'après qu'ils auront publiquement révoqué leurs arrêts, et les auront arrachés des registres.[6]

20°. Enfin le pape excommunie ceux qui auront la présomption de donner l'absolution aux excommuniés ci-dessus; et, afin qu'on n'en puisse prétendre cause d'ignorance,[7] il ordonne

21°. Que cette bulle sera publiée et affichée à la porte de la basilique du prince des apôtres, et à celle de Saint Jean de Latran.

[5] 'En quelques pays, on donne le nom de *pragmatique*, aux actes qui contiennent la disposition que fait le souverain concernant ses Etats et sa famille' (*Dictionnaire de l'Académie*, 2 vol., Paris, 1762, t.2, p.442).

[6] Le passage des lignes 44-54 est également cité dans le chapitre 39 du *Précis du siècle de Louis XV* (*OH*, p.1541).

[7] 'On dit dans le style de pratique, *afin que nul n'en prétende cause d'ignorance*, pour dire, afin que nul ne puisse alléguer son ignorance pour excuse' (*Dictionnaire de l'Académie*, t.1, p.901). Le texte latin porte: 'Ut autem hujusmodi nostri processus as communem omnium notitiam deducantur' (*Magnum bullarium Romanum*, t.1, p.716).

22°. Que tous patriarches, primats, archevêques et évêques, en 60
vertu de la sainte obédience, aient à publier solennellement cette
bulle, au moins une fois l'an.

24°. Il déclare que, si quelqu'un ose aller contre la disposition de
cette bulle, il doit savoir qu'il va encourir l'indignation de Dieu
tout-puissant, et celle des bienheureux apôtres saint Pierre et saint 65
Paul.

Les autres bulles postérieures appelées aussi *in Coena Domini*, ne
sont qu'ampliatives.[8] L'article 21, par exemple, de celle de Pie V,
de l'année 1567, ajoute au paragraphe 3 de celle dont nous venons
de parler, que tous les princes qui mettent dans leurs Etats de 70
nouvelles impositions, de quelque nature qu'elles soient, ou qui
augmentent les anciennes, à moins qu'ils n'en aient obtenu
l'approbation du Saint-Siège, sont excommuniés *ipso facto*.[9]

La troisième bulle *in Coena Domini* de 1610, contient trente
paragraphes, dans lesquels Paul V renouvelle les dispositions des 75
deux précédentes.

La quatrième et dernière bulle *in Coena Domini*, qu'on trouve
dans le *Bullaire*, est du 1er avril 1627. Urbain VIII y annonce qu'à
l'exemple de ses prédécesseurs, pour maintenir inviolablement
l'intégrité de la foi, la justice et la tranquillité publique, il se sert du 80
glaive spirituel de la discipline ecclésiastique pour excommunier en
ce jour qui est l'anniversaire de la cène du Seigneur:

1°. Les hérétiques.

2°. Ceux qui appellent du pape au futur concile;[10] et le reste
comme dans les trois premières. 85

On dit que celle qui se lit à présent est de plus fraîche date, et
qu'on y a fait quelques additions.

[8] L'adjectif signifie 'qui augmente, qui ajoute' et 'ne se dit guère qu'en parlant des
brefs et bulles, et autres lettres apostoliques, qui ajoutent quelque chose aux
précédentes' (*Dictionnaire de l'Académie*, t.1, p.68).
[9] Article cité par Giannone, *Histoire civile du royaume de Naples*, livre 38, ch.4,
'Contestations survenues au sujet de l'acceptation de la bulle *in Coena Domini* de
Pie V', t.4, p.250. Voir aussi les *Carnets* (*OCV*, t.81, p.143).
[10] Voir les *Carnets* (*OCV*, t.82, p.476).

L'*Histoire de Naples* par Giannone, fait voir quels désordres les ecclésiastiques ont causés dans ce royaume, et quelles vexations ils y ont exercées sur tous les sujets du roi, jusqu'à leur refuser 90 l'absolution et les sacrements, pour tâcher d'y faire recevoir cette bulle, [11] laquelle vient enfin d'y être proscrite solennellement, ainsi que dans la Lombardie autrichienne, dans les Etats de l'impératrice reine, dans ceux du duc de Parme et ailleurs. (*b*) [12]

L'an 1580, le clergé de France avait pris le temps des vacances du 95 parlement de Paris pour faire publier la même bulle *in Coena Domini*. [13] Mais le procureur général s'y opposa, et la chambre des vacations, présidée par le célèbre et malheureux Brisson, rendit le 4 octobre un arrêt [14] qui enjoignait à tous les gouverneurs de

(*b*) Le pape Ganganelli informé des résolutions de tous les princes catholiques, et voyant que les peuples à qui ses prédécesseurs avaient crevé les deux yeux commençaient à en ouvrir un, ne publia point cette fameuse bulle le jeudi de l'absoute l'an 1770. [15]

[11] Voir P. Giannone, *Histoire civile du royaume de Naples*, livre 38, ch.4, t.4, p.248-70.

[12] Question récurrente dans la correspondance des années 1768-1770: D'Alembert mentionne 'la grande nouvelle excommunication de l'infant duc de Parme par notre Saint-Père le pape, pour avoir attaqué l'immunité des biens ecclésiastiques' (D14762); Voltaire évoque par la suite à Joseph-Jérôme Le François de La Lande la proscription de la bulle *in coena Domini* 'par la dévote reine de Hongrie' (D15233) et il déclare au prince de Ligne qu''il y aura enfin des philosophes à Vienne, et même à Bruxelles' (D15628). Voir aussi ci-dessous, note 15.

[13] Voir *Encyclopédie*, article 'Bulle' (t.2, p.463), qui renvoie à l'*Histoire de France* de Mézeray.

[14] Voir *Arrêt de la cour, président Barnabé Brisson, contre la bulle, De Coena Domini*, daté du 4 octobre 1580. Sur les circonstances de l'exécution, en 1591, du 'malheureux' Brisson, voir l'*Histoire du parlement de Paris*, ch.32 (*OCV*, t.68, p.324-25).

[15] Vers le 30 avril 1770, Voltaire demande à d'Argental de s'informer 'si on a *fulminé* le jeudi de l'absoute [12 avril] la bulle *in Coena Domini*': 'cela m'est important pour fixer mes idées sur Ganganelli' (D16322). Le 8 mai, il écrit au comte de Schomberg que 'frère Ganganelli' a 'supprimé' cette 'belle bulle': 'cela est d'un homme sage' (D16336). Cette idée sera reprise dans l'*Eloge historique de la raison* (1774), *Romans et contes*, éd. F. Deloffre et J. Van den Heuvel (Paris, 1979), p.569.

s'informer quels étaient les archevêques, évêques, ou les grands 100
vicaires qui avaient reçu ou cette bulle ou une copie sous le titre:
Litterae processus, et quel était celui qui la leur avait envoyée pour la
publier; d'en empêcher la publication si elle n'était pas encore faite;
d'en retirer les exemplaires, et de les envoyer à la chambre; et en cas
qu'elle fût publiée, d'ajourner les archevêques, les évêques ou leurs 105
grands vicaires à comparaître devant la chambre, et à répondre au
réquisitoire du procureur général; et cependant de saisir leur
temporel, et de le mettre sous la main du roi; de faire défense
d'empêcher l'exécution de cet arrêt sous peine d'être puni comme
ennemi de l'Etat et criminel de lèse-majesté, avec ordre d'imprimer 110
cet arrêt et d'ajouter foi aux copies collationnées par des notaires
comme à l'original même.

Le parlement ne faisait en cela qu'imiter faiblement l'exemple de
Philippe le Bel. [16] La bulle *Ausculta Fili* du 5 décembre 1301 lui fut
adressée par Boniface VIII, qui, après avoir exhorté ce roi à 115
l'écouter avec docilité, lui disait: 'Dieu nous a établi sur les rois et
les royaumes pour arracher, détruire, perdre, dissiper, édifier et
planter en son nom et par sa doctrine. Ne vous laissez donc pas
persuader que vous n'ayez point de supérieur, et que vous ne soyez
pas soumis au chef de la hiérarchie ecclésiastique. Qui pense ainsi 120
est insensé; et qui le soutient opiniâtrement est un infidèle séparé du
troupeau du bon pasteur'. [17] Ensuite ce pape entrait dans le plus
grand détail sur le gouvernement de France, jusqu'à faire des
reproches au roi sur le changement de la monnaie.

Philippe le Bel fit brûler à Paris cette bulle, et publier à son de 125
trompe cette exécution par toute la ville le dimanche 11 février
1302. Le pape, dans un concile qu'il tint à Rome la même année, [18]

[16] Voir l'*Essai sur les mœurs*, ch.65 (t.1, p.652-53). Le dénouement de cette affaire
tourne cependant à la 'honte' de Philippe le Bel (t.1, p.656).

[17] Voir *Magnum bullarium Romanum*. Dans le *Dictionnaire portatif des conciles*
(Paris, 1758, p.361, BV53), P.-A. Alletz recopie la deuxième phrase de cette citation
lorsqu'il évoque le concile de Paris de 1302 et la bulle *Ausculta Fili*.

[18] Il s'agit du concile du 30 octobre 1302 dont les Actes ont été détruits. Sur les
démêlés de Philippe le Bel et de la papauté, voir Carl Joseph Hefele, *Histoire des*

fit beaucoup de bruit, et éclata en menaces contre Philippe le Bel, mais sans venir à l'exécution. Seulement on regarde comme l'ouvrage de ce concile la fameuse décrétale *Unam sanctam*[19] dont voici la substance.

'Nous croyons et confessons une Eglise sainte, catholique et apostolique, hors laquelle il n'y a point de salut; nous reconnaissons aussi qu'elle est unique, que c'est un seul corps qui n'a qu'un chef et non pas deux comme un monstre. Ce seul chef est Jésus-Christ et saint Pierre son vicaire et le successeur de saint Pierre. Soit donc les Grecs, soit d'autres qui disent qu'ils ne sont pas soumis à ce successeur, il faut qu'ils avouent qu'ils ne sont pas des ouailles de Jésus-Christ; puisqu'il a dit lui-même, (Jean c.X, v.16) qu'*il n'y a qu'un troupeau et un pasteur.*

'Nous apprenons que dans cette Eglise et sous sa puissance sont deux glaives, le spirituel et le temporel: mais l'un doit être employé par l'Eglise et par la main du pontife, l'autre pour l'Eglise et par la main des rois et des guerriers, suivant l'ordre ou la permission du pontife. Or il faut qu'un glaive soit soumis à l'autre, c'est-à-dire, la puissance temporelle à la spirituelle; autrement elles ne seraient point ordonnées, et elles doivent l'être selon l'apôtre, (Rom. c.XIII, v.1). Suivant le témoignage de la vérité, la puissance spirituelle doit instituer et juger la temporelle, et ainsi se vérifie à l'égard de l'Eglise la prophétie de Jérémie: (c.I, v.10) *Je t'ai établi sur les nations et les royaumes, et le reste.*'[20]

Philippe le Bel de son côté assembla les états généraux; et les communes, dans la requête qu'ils présentèrent à ce monarque, disaient en propres termes: C'est grande abomination d'ouïr que ce Boniface entende malement comme Boulgare (en retranchant *l* et

130

135

140

145

150

155

---

conciles (11 vol., Paris, 1914-1915), t.6, p.394-402. Sur ce concile romain et la bulle *Unam sanctam*, voir p.424-27.

[19] Voir les *Carnets* (*OCV*, t.81, p.124).

[20] Cf. C. Fleury, *Histoire ecclésiastique*, 36 vol. (Paris, Emery, Saugrain, P. Martin, 1722-1738); 35 vol. (Paris, Emery, Saugrain, P. Martin, 1720-1738, BV1350), livre 90, ch.18, t.19, p.34-35. Fleury donne, pour les lignes 148-49: 'la puissance spirituelle doit instruire et juger la temporelle'.

a) cette parole d'esperitualité; (en saint Matthieu c.XVI, v.19) *Ce que tu lieras en terre sera lié au ciel*. Comme si cela signifiait que s'il mettait un homme en prison temporelle, Dieu pour ce le mettrait en prison au ciel. [21]

159-59a   K84, K12: ciel. ¶Clément V, successeur de Boniface VIII, révoqua et annula l'odieuse décision de la bulle *Unam sanctam*, qui étend le pouvoir des papes sur le temporel des rois, et condamne, comme hérétiques, ceux qui ne reconnaissent point cette puissance chimérique. C'est en effet la prétention de Boniface que l'on doit regarder comme une hérésie, d'après ce principe des théologiens: 'On pèche   5
contre la règle de la foi, et on est hérétique, non seulement en niant ce que la foi nous enseigne, mais aussi lorsqu'on établit comme de soi ce qui n'est pas.' (Joan. maj. m. 3, sent. dist. 37, q. 26.) [22] ¶Avant Boniface VIII d'autres papes s'étaient déjà arrogé dans des bulles les droits de propriété sur différents royaumes. On connaît celle où Grégoire VII dit à un roi d'Espagne: *Je veux que vous sachiez que le royaume*   10
d'Espagne, par les anciennes ordonnances ecclésiastiques, a été donné en propriété à saint Pierre et à la sainte Eglise romaine. [23] ¶Le roi d'Angleterre Henri II, ayant aussi demandé au pape Adrien IV la permission d'envahir l'Irlande, ce pontife le lui permit, à condition qu'il imposât à chaque famille d'Irlande une taxe d'un *carolus* pour le Saint-Siège, et qu'il tînt ce royaume comme un chef de l'Eglise romaine: 15
lui écrit-il, *on ne doit point douter que toutes les îles auxquelles Jésus-Christ, le soleil de justice, s'est levé, et qui ont reçu les enseignements de la foi chrétienne, ne soient de droit à saint Pierre, et n'appartiennent à la sacrée et sainte Eglise romaine.* [24] / *Bulles*

[21] Voir l'article 'Pierre' du *DP* (*OCV*, t.36, p.448-49 et n.9).

[22] Passage et citation repris de Dussaussoy, *La Vérité rendue sensible à tout le monde* (2 vol., Utrecht, 1742, BV1190), t.2, p.11 (article 1).

[23] L'idée est exprimée dans une lettre de Grégoire VII au comte de Rouci en Champagne, qui veut passer en Espagne pour faire la guerre aux infidèles (année 1073): voir Fleury, *Histoire ecclésiastique*, 35 vol. (Paris, Emery, Saugrain, P. Martin, 1720-1738), livre 62, ch.2, t.13, p.255-56. Il en est aussi question plus loin, à propos des 'prétentions du pape sur tous les royaumes' (livre 63, ch.11, t.13, p.416-17). Situation également évoquée dans l'*Essai sur les mœurs*, ch.149 (t.2, p.363).

[24] Voir Fleury, *Histoire ecclésiastique*, livre 70, ch.16 (année 1156): il s'agit de 'faire payer à saint Pierre un denier par an de chaque maison' (t.15, p.30). La citation qui suit se trouve textuellement, à l'exception du passage central, depuis 'auxquelles' jusqu'à 's'est levé, et' (t.15, p.29-30).

Bulles de la croisade et de la composition

Si on disait à un Africain ou à un Asiatique sensé que dans la partie   160
de notre Europe où des hommes ont défendu à d'autres hommes de
manger de la chair le samedi, le pape donne la permission d'en
manger par une bulle, moyennant deux réales de plate, et qu'une
autre bulle permet de garder l'argent qu'on a volé, que diraient cet
Asiatique et cet Africain? Ils conviendraient du moins que chaque   165
pays a ses usages; et que dans ce monde, de quelque nom qu'on
appelle les choses, et quelque déguisement qu'on y apporte, tout se
fait pour de l'argent comptant. [25]

Il y a deux bulles sous le nom de la *Cruẓada*, la croisade, l'une du
temps d'Isabelle et de Ferdinand, l'autre de Philippe V. [26] La   170
première vend la permission de manger les samedis, ce qu'on
appelle la *grossura*, les *issues*, [27] les *foies*, les *rognons*, les *animelles*, [28]
les *gésiers*, les *ris de veau*, le *mou*, les *fressures*, [29] les *fraises*, les *têtes*,
les *cous*, les *hauts d'ailes*, les *pieds*. [30]

---

160   K84, K12: Si l'on disait

[25] Le contenu des bulles mentionnées ci-dessous est évoqué dans l'*Essai sur les mœurs*, ch.102 (t.2, p.59).

[26] La première, promulguée par Jules II en 1509; la seconde, par Urbain VIII en 1718. L'article 'Cruzada ou crusade' de l'*Encyclopédie* précise que cette 'monnaie d'argent de Portugal' a été 'frappée sous Alphonse V vers l'an 1457, lorsque le pape Calixte envoya dans ce royaume sa bulle pour la croisade contre les infidèles' (t.4, p.522). Voir aussi l'*Essai sur les mœurs*, ch.102. Dans une lettre à l'armateur Jean-Gabriel Montaudoin du 2 juin 1768, Voltaire évoque la prise par les Anglais, au cours de la guerre de 1741, d'un 'vaisseau espagnol tout chargé de bulles de la Cruzade, d'indulgences et d'*agnus dei*' (D15055).

[27] 'On appelle *issues*, les extrémités et les entrailles de quelques animaux, comme les pieds, la tête et la queue, le cœur, le foie, le poumon, la rate, etc.' (*Dictionnaire de l'Académie*, t.1, p.954).

[28] 'Autrefois, testicules du bélier, mets très recherché au temps de Louis XV' (*Grand Dictionnaire universel du dix-neuvième siècle*, 17 vol., Paris, s.d., t.1, p.395).

[29] Le terme, qui est un substantif féminin collectif, 'se dit de plusieurs parties intérieures de quelques animaux prises ensemble, comme sont le foie, le cœur, la rate et le poumon' (*Dictionnaire de l'Académie*, t.1, p.783).

[30] Voir J.-B. Labat, *Voyages*, t.1, p.266-67.

La seconde bulle accordée par le pape Urbain VIII, donne la   175
permission de manger gras pendant tout le carême, et absout de
tout crime, excepté celui d'hérésie. [31]

Non seulement on vend ces bulles, mais il est ordonné de les
acheter, et elles coûtent plus cher, comme de raison, au Pérou et au
Mexique qu'en Espagne. On les y vend une piastre. [32] Il est juste que   180
les pays qui produisent l'or et l'argent paient plus que les autres. [33]

Le prétexte de ces bulles est de faire la guerre aux Maures. Les
esprits difficiles ne voient pas quel est le rapport entre des fressures
et une guerre contre les Africains; et ils ajoutent que Jésus-Christ
n'a jamais ordonné qu'on fît la guerre aux mahométans sous peine   185
d'excommunication.

La bulle qui permet de garder le bien d'autrui est appelée la *bulle
de la composition*. Elle est affermée et a rendu longtemps des
sommes honnêtes dans toute l'Espagne, dans le Milanais, en Sicile
et à Naples. Les adjudicataires chargent les moines les plus   190
éloquents de prêcher cette bulle. Les pécheurs qui ont volé le
roi, ou l'Etat, ou les particuliers, vont trouver ces prédicateurs, se
confessent à eux, leur exposent combien il serait triste de restituer
le tout. Ils offrent cinq, six et quelquefois sept pour cent aux moines
pour garder le reste en sûreté de conscience; et la composition faite,   195
ils reçoivent l'absolution. [34]

[31] Le P. Labat reproduit, à la fin du tome 1 de ses *Voyages*, la *Bulle de la croisade de
Urbain VIII* du 28 mars 1718, qui 'accorde à toutes les personnes qui prendront cette
bulle, pendant le temps de cette prédication, qu'ils puissent avec l'avis de deux
médecins spirituel et temporel, manger de la viande pendant le carême, et autres
temps de jeûnes et jours défendus, et manger gras pendant tout ledit temps' (p.293-
95). Le 'crime de l'hérésie' ne donne pas lieu à absolution (p.297 et 299).

[32] La piastre est une 'monnaie d'argent, qui vaut un écu ou environ, et qui se
fabrique en Espagne et dans les Indes occidentales' (*Dictionnaire de l'Académie*, t.2,
p.366).

[33] Voir J.-B. Labat, *Voyages*: 'la taxe ordinaire en Europe, est de deux réales de
plate, ou d'argent, qui font quinze sous de notre monnaie'; en Amérique, 'le moins
que l'on puisse donner est une piastre pour le commun, et dix piastres au plus pour les
plus grands seigneurs' (t.1, p.266 et 267-68).

[34] Voir J.-B. Labat, *Voyages*, t.5, p.208-10. Passage marqué d'un signet portant
'bulle de la crusade bulle des biens mal acquis' (*CN*, t.5, p.22-23).

Le frère prêcheur auteur du *Voyage d'Espagne et d'Italie*, imprimé à Paris avec privilège, chez Jean-Batiste de l'Epine, s'exprime ainsi sur cette bulle. (*c*) *N'est-il pas bien gracieux d'en être quitte à un prix si raisonnable, sauf à en voler davantage quand on aura besoin d'une plus grosse somme?*[35] 200

Bulle Unigenitus

La bulle *in Coena Domini*, indigna tous les souverains catholiques qui l'ont enfin proscrite dans leurs Etats; mais la bulle *Unigénitus* n'a troublé que la France. [36] On attaquait dans la première les droits des princes et des magistrats de l'Europe; ils les soutinrent. On ne 205 proscrivait dans l'autre que quelques maximes de morale et de piété. Personne ne s'en soucia hors les parties intéressées dans cette affaire passagère; mais bientôt ces parties intéressées remplirent la France entière. Ce fut d'abord une querelle des jésuites tout-puissants et des restes de Port-Royal écrasé. 210

Le prêtre de l'Oratoire Quesnel, réfugié en Hollande, avait dédié un commentaire sur le Nouveau Testament, au cardinal de Noailles, alors évêque de Châlons-sur-Marne. Cet évêque l'approuva, et l'ouvrage eut le suffrage de tous ceux qui lisent ces sortes de livres. 215

Un nommé le Tellier, jésuite, confesseur de Louis XIV, ennemi du cardinal de Noailles, voulut le mortifier en faisant condamner à Rome ce livre qui lui était dédié, et dont il faisait un très grand cas.

Ce jésuite fils d'un procureur de Vire en basse Normandie, avait dans l'esprit toutes les ressources de la profession de son père. Ce 220 n'était pas assez de commettre le cardinal de Noailles avec le pape, il voulut le faire disgracier par le roi son maître. Pour réussir dans

(*c*) T.5, p.210.

[35] La citation est exacte à quelques mots près. Voir J.-B. Labat, *Voyages*, t.5, p.210.
[36] Voir *Le Siècle de Louis XIV*, ch.37 (*OH*, p.1075-85). Dans l'article '*Unigenitus* constitution' de l'*Encyclopédie*, Jaucourt retrace l'histoire de cette bulle 'd'après l'historien du siècle de Louis XIV' (t.17, p.381).

ce dessein, il fit composer par ses émissaires des mandements contre lui, qu'il fit signer par quatre évêques. Il minuta encore des lettres au roi qu'il leur fit signer.

Ces manœuvres, qui auraient été punies dans tous les tribunaux, réussirent à la cour; le roi s'aigrit contre le cardinal, Mme de Maintenon l'abandonna.

Ce fut une suite d'intrigues dont tout le monde voulut se mêler d'un bout du royaume à l'autre; et plus la France était malheureuse alors dans une guerre funeste, plus les esprits s'échauffaient pour une querelle de théologie.

Pendant ces mouvements, le Tellier fit demander à Rome par Louis XIV lui-même, la condamnation du livre de Quesnel, dont ce monarque n'avait jamais lu une page. Le Tellier et deux autres jésuites nommés Doucin et l'Allemand,[37] extrairent cent trois propositions que le pape Clément XI devait condamner; la cour de Rome en retrancha deux pour avoir du moins l'honneur de paraître juger par elle-même.

Le cardinal Fabroni chargé de cette affaire, et livré aux jésuites, fit dresser la bulle par un cordelier nommé frère Palerne, Elie capucin, le barnabite Terrovi, le servite Castelli, et même un jésuite nommé Alfaro.[38]

Le pape Clément XI les laissa faire; il voulait seulement plaire au roi de France qu'il avait longtemps indisposé en reconnaissant l'archiduc Charles depuis empereur, pour roi d'Espagne.[39] Il ne lui

[37] Ces deux jésuites, dont les noms n'apparaissent pas dans Le Siècle de Louis XIV, sont mentionnés, le premier dans le Traité sur la tolérance, ch.5 (OCV, t.56c, p.156), les deux dans la Balance égale (M, t.24, p.338) et dans le Mandement du révérendissime père en dieu Alexis (M, t.25, p.350). Sur Louis Doucin (1652-1726) et Jacques-Philippe Lallemant (1660-1748), voir C. Sommervogel, Bibliothèque de la Compagnie de Jésus (11 vol., Paris, 1890-1932), t.3, col.159-63, et t.4, col.1387-1400.

[38] Les noms de ces auteurs et les détails les concernant, qui ne se trouvent nulle part ailleurs chez Voltaire, sont donnés par J.-F. Bourgoing de Villefore, Anecdotes ou mémoires secrets sur la constitution Unigenitus (3 vol., Utrecht et Trévoux, 1730-1733), t.1, p.63-64. 'Les Servites sont un ordre de religieux suivant la règle de saint Augustin, et qui s'attachent au service de la Vierge' (Encyclopédie, t.15, p.123).

[39] Voir Le Siècle de Louis XIV, ch.37 (OH, p.1078).

en coûtait pour satisfaire le roi qu'un morceau de parchemin scellé en plomb, sur une affaire qu'il méprisait lui-même.

Clément XI ne se fit pas prier, il envoya la bulle, et fut tout étonné d'apprendre qu'elle était reçue presque dans toute la France avec des sifflets et des huées. *Comment donc*, disait-il au cardinal Carpegne, [40] *on me demande instamment cette bulle, je la donne de bon cœur, tout le monde s'en moque!*

Tout le monde fut surpris en effet de voir un pape qui, au nom de Jésus-Christ, condamnait comme hérétique, sentant l'hérésie, malsonnante, et offensant les oreilles pieuses, cette proposition, *Il est bon de lire des livres de piété le dimanche, surtout la sainte Ecriture*. Et cette autre, *La crainte d'une excommunication injuste ne doit pas nous empêcher de faire notre devoir*. [41]

Les partisans des jésuites étaient alarmés eux-mêmes de cette censure, mais ils n'osaient parler. Les hommes sages et désintéressés criaient au scandale, et le reste de la nation au ridicule.

Le Tellier n'en triompha pas moins jusqu'à la mort de Louis XIV; il était en horreur, mais il gouvernait. Il n'est rien que ce malheureux ne tentât pour faire déposer le cardinal de Noailles; mais ce boutefeu fut exilé après la mort de son pénitent. Le duc d'Orléans, dans sa régence, apaisa ces querelles en s'en moquant. Elles jetèrent depuis quelques étincelles, [42] mais enfin elles sont oubliées et probablement pour jamais. C'est bien assez qu'elles aient duré plus d'un demi-siècle. Heureux encore les hommes s'ils n'étaient divisés que pour des sottises qui ne font point verser le sang humain!

[40] Sur ce personnage, voir les *Carnets* (*OCV*, t.81, p.400).

[41] Ces deux passages sont également cités, par exemple, dans le chapitre 58 de l'*Histoire du parlement de Paris* (*OCV*, t.68, p.462).

[42] Allusion à l'affaire des convulsionnaires, évoquée dans la suite du chapitre 37 du *Siècle de Louis XIV* (*OH*, p.1086-87).

CALEBASSE

Ce fruit, gros comme nos citrouilles, croît en Amérique aux branches d'un arbre aussi haut que les plus grands chênes. [1]

Ainsi Matthieu Garo [2] (a) qui croit avoir eu tort en Europe de trouver mauvais que les citrouilles rampent à terre, et ne soient pas pendues au haut des arbres, [3] aurait eu raison au Mexique. Il aurait   5

(a) Voyez la fable de Matthieu Garo dans La Fontaine.

* Voltaire critique à maintes reprises l'abus qu'on fait du principe des causes finales dans les débats scientifiques, et l'anthropocentrisme qui en résulte. Ici il répond sur un ton enjoué à Garo, personnage d'une fable de La Fontaine, qui, ayant été blessé par un gland tombé d'un chêne, réfléchit: 'que serait-ce donc / S'il fût tombé de l'arbre une masse plus lourde, / Et que le gland eût été gourde? / Dieu ne l'a pas voulu: sans doute il eut raison; / J'en vois bien à présent la cause' ('Le gland et la citrouille', 1671, *Fables*, livre 9, fable 4, vers 27-31). Voltaire examine plus longuement ce principe dans les articles 'Fin, causes finales' du *DP* et 'Bornes de l'esprit humain', 'Causes finales' et 'Dieu, dieux' des *QE*; mais il en avait déjà discuté pendant les années 1730 dans le *Traité de métaphysique*, les *Eléments de la philosophie de Newton* et les *Discours en vers sur l'homme* (où il mentionne Garo pour la première fois). Dans l'*Encyclopédie*, il y a un court article anonyme d'ordre botanique 'Calebasse' et un long article 'Calebassier' de Jaucourt qui décrit l'apparence de l'arbre, sa culture et les usages qu'on fait de son fruit. Le présent article paraît en novembre/décembre 1770 (70, t.3).

[1] Cf. l'article 'Calebassier' de l'*Encyclopédie*: 'cet arbre s'élève à une grande hauteur dans les pays chauds de l'Amérique' et produit un fruit 'semblable [...] au potiron' (t.2, p.548).

[2] Dans 'Le gland et la citrouille', La Fontaine désigne ce personnage par le seul nom de 'Garo', nom emprunté, semble-t-il, au *Pédant joué* (1654) de Cyrano de Bergerac, où figure 'Matthieu Gareau, paysan' (voir La Fontaine, *Fables, contes et nouvelles*, éd. E. Pilon, R. Groos et J. Schiffrin, Paris, 1954, p.758, n.3). Voltaire fit allusion au Garo de La Fontaine dans les *Discours en vers sur l'homme*, discours 6 (1739), 'De la nature de l'homme': 'Il [Matthieu Garo] loua Dieu de tout'. Dans une édition des *Discours* parue en 1771, Voltaire annote ces vers comme suit: 'on a répondu à Matthieu Garo, dans les *Questions sur l'Encyclopédie*' (voir *OCV*, t.17, p.519, variante).

[3] Les questions que se pose Garo dans la fable poussent Voltaire à le considérer comme le type du philosophe naïf ('tout le monde est comme Matthieu Garo qui

eu encore raison dans l'Inde où les cocos sont fort élevés. Cela prouve qu'il ne faut jamais se hâter de conclure. *Dieu fait bien ce qu'il fait;* [4] sans doute; mais il n'a pas mis les citrouilles à terre dans nos climats, de peur qu'en tombant de haut elles n'écrasent le nez de Matthieu Garo.

La calebasse ne servira ici qu'à faire voir qu'il faut se défier de l'idée que tout a été fait pour l'homme. Il y a des gens qui prétendent que le gazon n'est vert que pour réjouir la vue. [5] Les apparences pourtant seraient que l'herbe est plutôt faite pour les animaux qui la broutent, que pour l'homme à qui le gramen et le trèfle sont assez inutiles. Si la nature a produit les arbres en faveur de quelque espèce, il est difficile de dire à qui elle a donné la préférence: les feuilles, et même l'écorce, nourrissent une multitude prodigieuse d'insectes: les oiseaux mangent leurs fruits, habitent entre leurs branches, y composent l'industrieux artifice de leurs nids, et les troupeaux se reposent sous leurs ombres.

L'auteur du *Spectacle de la nature* prétend que la mer n'a un flux et un reflux que pour faciliter le départ et l'entrée de nos vaisseaux. [6] Il paraît que Matthieu Garo raisonnait encore mieux: la Méditerranée sur laquelle on a tant de vaisseaux, et qui n'a de marée qu'en trois on quatre endroits, détruit l'opinion de ce philosophe.

---

8   71A: pas élevé les citrouilles dans

recherche pourquoi les citrouilles ne viennent pas au haut des chênes', 8 février 1766, D13179; voir aussi D5076).

[4] 'Le gland et la citrouille', vers 1. Peu de temps après le tremblement de terre de Lisbonne, Voltaire évoque Garo dans des termes qui suggèrent une parenté avec le docteur Pangloss: 'Si le pape avait été à Lisbonne aurait-il osé dire, Tout est bien? Matthieu Garo ne le disait que quand il ne lui tombait qu'un gland sur le nez' (28 novembre 1755, D6603; voir aussi D6607).

[5] Voltaire fait allusion, sans le dire, au *Spectacle de la nature* de Pluche (9 vol., Paris, 1755-1764, BV2766, t.4, p.61, avec note marginale ironique: 'tu fais de Dieu un bon teinturier', *CN*, t.7, p.51).

[6] Argument proposé par le Prieur au Chevalier dans 'La mer: vingt-deuxième entretien' du *Spectacle de la nature* de Pluche, t.3, p.190. Voltaire cite le même exemple dans l'article 'Bornes de l'esprit humain' (voir ci-dessus, p.432).

Jouissons de ce que nous avons, et ne croyons pas être la fin et le centre de tout. Voici sur cette maxime quatre petits vers d'un géomètre; il les calcula un jour en ma présence: ils ne sont pas pompeux.

30

> Homme chétif, la vanité te point.
> Tu te fais centre: encor si c'était ligne!
> Mais dans l'espace à grand-peine es-tu *point*.
> Va, sois *zéro*: ta sottise en est digne. [7]

---

[7] Cette épigramme, attribuée à Voltaire, a été publiée dans les *Poésies satiriques du dix-huitième siècle* (Londres, 1788) éditées par Sautreau de Marsy.

CARACTÈRE

Peut-on changer de caractère? Oui, si on change de corps. Il se peut qu'un homme né brouillon, inflexible et violent, étant tombé dans sa vieillesse en apoplexie, devienne un sot enfant pleureur, timide et paisible. Son corps n'est plus le même. Mais tant que ses nerfs, son sang, et sa moelle allongée seront dans le même état, son naturel ne changera pas plus que l'instinct d'un loup et d'une fouine.

L'auteur anglais du *Dispensari*,[1] petit poème très supérieur aux

---

a   K84, K12: Caractère / *Du mot grec impression, gravure. C'est ce que la nature a gravé dans nous.*

---

* Les seules différences notables avec l'article 'Caractère' du *DP* (*OCV*, t.35, p.431-33) sont une entrée en matière plus développée (les lignes 1 à 27 remplacent deux phrases seulement dans le *DP*) et l'inclusion de la traduction par Destouches d'un vers d'Horace (ligne 60). Dans la nouvelle section servant d'introduction, Voltaire présente plusieurs thèses et les démontre par des exemples: il affirme que le caractère d'un homme se lit dans sa physionomie, qu'il est déterminé dès la naissance, et qu'il résiste à toute réforme. La suite de l'article rappelle le chapitre de Locke sur l'identité personnelle, *An Essay concerning human understanding*, livre 2, ch.27 ('Of identity and diversity'), section 11, où le philosophe traite cette identité comme une expression de la conscience et donc de tout ce qui est arrivé à la personne; comme rien de cela n'est susceptible d'être altéré après coup, selon Locke, il en résulte que personne ne peut vraiment changer d'identité. Voltaire possédait le premier tome d'une édition anglaise de l'*Essay* (2 vol., Londres, 1710, BV2149) et la traduction française par Coste (2 vol., Amsterdam, 1758, BV2150; *CN*, t.5, p.427-31). Voltaire ne semble pas se référer ici au court article 'Caractère, en morale', non signé, de l'*Encyclopédie*. Le présent article paraît en novembre/décembre 1770 (70, t.3).

[1] Sir Samuel Garth (1660/1661-1719), médecin, écrivit *The Dispensary* (Londres, 1699), une satire contre sa propre profession modelée sur *Le Lutrin* de Boileau. Les adversaires de Garth l'accusaient d'avoir plagié le poème de Boileau; Garth leur répond dans sa préface (voir *The Dispensary*, 5e éd., Londres, 1703, préface [sans pagination]). Voltaire cite quatre vers de cette satire dans ses *Carnets* (*OCV*, t.81, p.239); il a annoté son exemplaire (6e éd., Londres, 1706; *CN*, t.4, p.672).

capitoli italiens,[2] et peut-être même au Lutrin de Boileau,[3] a très
bien dit, ce me semble,[4]

10

> Un mélange secret de feu, de terre et d'eau
> Fit le cœur de César, et celui de Nassau.[5]
> D'un ressort inconnu, le pouvoir invincible
> Rendit Slone[6] impudent et sa femme sensible.

14-23   70, 71N, 71A: sensible. ¶Voulez-vous

[2] *Capitolo*: type de poème burlesque écrit en *terza rima* pendant les quinzième et
seizième siècles, notamment par Laurent de Médicis (1449-1492), Francesco Berni
(v.1497-1536) et Giovanni della Casa (1503-1556). Voltaire fait allusion au *Capitolo
del forno* de della Casa dans l'article 'Bouffon', ci-dessus (voir p.449, n.21-23 et
l'article 'Baiser', p.289, n.5).

[3] *Le Lutrin, poème héroï-comique*, poème satirique dont les quatre premiers chants
parurent en 1674 et les deux derniers en 1683. Voltaire possédait une version anglaise,
Lutrin: a mock heroic poem, trad. N. Rowe (Londres, 1708; *CN*, t.4, p.672), qui était
reliée avec *The Dispensary*. Il possédait aussi les *Œuvres de M. Boileau Despréaux*
(2 vol., Genève, 1716, BV440).

[4] Voltaire adapte ici les vers suivants du chant 1 (*The Dispensary*, Londres, 1706,
p.3-4):   How the dim speck of entity began
> To work its brittle being up to man.
> To how minute an origin we owe
> Young Ammon, Caesar, and the great Nassau.
> Why paler looks impetuous rage proclaim,
> And why chill virgins redden into flame.
> Why envy oft transforms with wan disguise,
> And why gay mirth sits smiling in the eyes.
> All ice why Lucrece, or Sempronia, fire,
> Why S——— rages to survive desire.
> Whence Milo's vigour at Olympics shown,
> Whence tropes to F———h, or impudence to S———n.

Voltaire a écrit dans la marge de son exemplaire les identifications de 'S———' avec
'Sewdal', 'F———h' avec 'Fench' et 'S———n' avec 'Slonen' (*CN*, t.4, p.672).

[5] Il s'agit de Guillaume III d'Orange-Nassau, roi d'Angleterre, d'Ecosse et
d'Irlande de 1689 à 1702.

[6] Selon *A Complete Key to the seventh edition of The Dispensary* (Londres, 1714),
p.9, il s'agit de 'Sloan, a late lawyer, famous in Westminster Hall for his vociferation
and impudence'.

Le caractère est formé de nos idées et de nos sentiments: or il est 15
très prouvé qu'on ne se donne ni sentiments ni idées; donc notre
caractère ne peut dépendre de nous.

S'il en dépendait, il n'y a personne qui ne fût parfait.

Nous ne pouvons nous donner des goûts, des talents; pourquoi
nous donnerions-nous des qualités? 20

Quand on ne réfléchit pas, on se croit le maître de tout; quand on
y réfléchit, on voit qu'on n'est maître de rien.

Voulez-vous changer absolument le caractère d'un homme;
purgez-le tous les jours avec des délayants jusqu'à ce que vous
l'ayez tué. Charles XII, dans sa fièvre de suppuration sur le chemin 25
de Bender, n'était plus le même homme. On disposait de lui comme
d'un enfant. [7]

Si j'ai un nez de travers, [8] et deux yeux de chat, je peux les cacher
avec un masque. Puis-je davantage sur le caractère que m'a donné
la nature? 30

Un homme né violent, emporté, se présente devant François Ier
roi de France, pour se plaindre d'un passe-droit; le visage du
prince, le maintien respectueux des courtisans, le lieu même où il
est, font une impression puissante sur cet homme; il baisse
machinalement les yeux, sa voix rude s'adoucit, il présente 35
humblement sa requête, on le croirait né aussi doux que le sont
(dans ce moment au moins) les courtisans, au milieu desquels il est
même déconcerté; mais si François Ier se connaît en physionomies,
il découvre aisément dans ses yeux baissés, mais allumés d'un feu
sombre, dans les muscles tendus de son visage, dans ses lèvres 40
serrées l'une contre l'autre, que cet homme n'est pas si doux qu'il
est forcé de paraître. Cet homme le suit à Pavie, est pris avec lui,
mené avec lui en prison à Madrid; la majesté de François Ier ne fait
plus sur lui la même impression; il se familiarise avec l'objet de son

[7] Explication déjà donnée par Voltaire dans l'*Histoire de Charles XII*, livre 4
(*OCV*, t.4, p.359), alors que le roi de Suède, après la défaite de Poltava, va se réfugier
en Turquie.

[8] Pour l'annotation des lignes 28-59 et 61-87, voir l'article 'Caractère' du *DP*
(*OCV*, t.35, p.431-33).

respect. Un jour en tirant les bottes du roi, et les tirant mal, le roi   45
aigri par son malheur se fâche, mon homme envoie promener le
roi, et jette ses bottes par la fenêtre.

Sixte-Quint était né pétulant, opiniâtre, altier, impétueux,
vindicatif, arrogant; ce caractère semble adouci dans les épreuves
de son noviciat. Commence-t-il à jouir de quelque crédit dans son   50
ordre? il s'emporte contre un gardien et l'assomme à coups de
poings: est-il inquisiteur à Venise? il exerce sa charge avec
insolence: le voilà cardinal, il est possédé *da la rabbia papale*:
cette rage l'emporte sur son naturel; il ensevelit dans l'obscurité
sa personne et son caractère; il contrefait l'humble et le moribond;   55
on l'élit pape; ce moment rend au ressort, que la politique avait plié,
toute son élasticité longtemps retenue; il est le plus fier et le plus
despotique des souverains.

> *Naturam expellas furca tamen ipsa redibit.*
> Chassez le naturel, il revient au galop.[9]   60

La religion, la morale, mettent un frein à la force du naturel, elles
ne peuvent le détruire. L'ivrogne dans un cloître, réduit à un demi-
setier de cidre à chaque repas, ne s'enivrera plus, mais il aimera
toujours le vin.

L'âge affaiblit le caractère; c'est un arbre qui ne produit plus que   65
quelques fruits dégénérés, mais ils sont toujours de même nature; il
se couvre de nœuds et de mousse, il devient vermoulu; mais il est
toujours chêne ou poirier. Si on pouvait changer son caractère, on
s'en donnerait un, on serait le maître de la nature. Peut-on se
donner quelque chose? ne recevons-nous pas tout? Essayez   70
d'animer l'indolent d'une activité suivie, de glacer par l'apathie

53 K84, K12: possédé *dalla rabbia*
59 K84, K12: *tamen usque recurret.*

[9] Cette traduction ne figure pas dans l'article 'Caractère' du *DP*. Voltaire
l'emprunte au *Glorieux* de Destouches (Paris, 1732, BV1022), acte 3, scène 5: 'Je
ne vous dirai pas: "Changez de caractère", / Car on n'en change point, je ne le sais
que trop. / Chassez le naturel, il revient au galop'.

l'âme bouillante de l'impétueux, d'inspirer du goût pour la musique
et pour la poésie à celui qui manque de goût et d'oreille; vous n'y
parviendrez pas plus que si vous entrepreniez de donner la vue à un
aveugle-né. Nous perfectionnons, nous adoucissons, nous cachons   75
ce que la nature a mis dans nous, mais nous n'y mettons rien.

On dit à un cultivateur, Vous avez trop de poissons dans ce
vivier, ils ne prospéreront pas; voilà trop de bestiaux dans vos prés,
l'herbe manque, ils maigriront. Il arrive après cette exhortation que
les brochets mangent la moitié des carpes de mon homme, et les   80
loups la moitié de ses moutons, le reste engraisse. S'applaudira-t-il
de son économie? Ce campagnard, c'est toi-même; une de tes
passions a dévoré les autres, et tu crois avoir triomphé de toi. Ne
ressemblons-nous pas presque tous à ce vieux général de quatre-
vingt-dix ans, qui ayant rencontré de jeunes officiers qui faisaient   85
un peu de désordre avec des filles, leur dit tout en colère, Messieurs,
est-ce là l'exemple que je vous donne?

73   70, 71N, 71A: et d'oreilles; vous

CARÊME

Nos questions sur le carême ne regarderont que la police. Il paraît utile qu'il y ait un temps dans l'année où l'on égorge moins de bœufs, de veaux, d'agneaux, de volaille. On n'a point encore de jeunes poulets ni de pigeons en février et en mars, temps auquel le carême arrive. Il est bon de faire cesser le carnage quelques   5
semaines dans les pays où les pâturages ne sont pas aussi gras que ceux de l'Angleterre et de la Hollande.

Les magistrats de la police ont très sagement ordonné que la viande fût un peu plus chère à Paris pendant ce temps, et que le profit en fût donné aux hôpitaux.[1] C'est un tribut presque   10
insensible que paient alors le luxe et la gourmandise à l'indigence:

---

* Cet article est complémentaire de l'article 'Carême' qui paraît dans le *DP* en 1769 (*OCV*, t.35, p.434-37) et qui est sous-titré 'Questions sur le carême': il est plus étroitement encore relié à la première partie de la *Requête à tous les magistrats du royaume* (1769; *M*, t.28, p.342-45). Alors que l'*Encyclopédie* traite de la pénitence religieuse (l'article 'Carême' de l'abbé Mallet renvoie à l'article 'Jeûne' de Jaucourt), Voltaire n'envisage ici que la dimension sociale de cette pratique et pose le problème strictement en termes de police. Se renforce ainsi la laïcisation amorcée dans l'article du *DP* qui réduisait le jeûne à une question d'hygiène alimentaire. Cet article paraît en novembre/décembre 1770 (70, t.3).

[1] Voir N. de La Mare, *Traité de la police* (4 vol., Paris, 1713-1738): un arrêt du Parlement du 2 mars 1575 fixe le débit de la viande pendant le carême 'dans un seul lieu pour toute la ville' de Paris: l'Hôtel-Dieu (t.1, p.346). La Mare cite l'exemple du cabaretier Vitry qui, ayant enfreint le règlement, a été condamné 'en deux cents livres d'amende, et en cent livres d'aumônes au profit de l'hôpital général' (p.359). J.-B. Denisart précise que 'dans les endroits même où il n'y a point d'hôpitaux, il est d'usage de faire profiter les pauvres du droit de vendre de la viande dans le carême': 'Les officiers de police attribuent ce droit, dans chaque lieu, à un boucher, à charge de payer une somme plus ou moins forte pour les pauvres. [...] On permet ordinairement au boucher à qui l'on fait l'attribution, de vendre la viande un sou de plus que durant le temps du charnage' (*Collection de décisions nouvelles et de notions relatives à la jurisprudence actuelle*, 14 vol., Paris, Veuve Desaint et Lamy, 1783-1807, article 'Boucher', section 7, 'Des boucheries de carême', t.1, p.670).

car ce sont les riches qui n'ont pas la force de faire carême; les pauvres jeûnent toute l'année. [2]

Il est très peu de cultivateurs qui mangent de la viande une fois par mois. S'il fallait qu'ils en mangeassent tous les jours, il n'y en aurait pas assez pour le plus florissant royaume. Vingt millions de livres de viande par jour feraient sept milliards trois cents millions de livres par année. [3] Ce calcul est effrayant.

Le petit nombre de riches, financiers, prélats, principaux magistrats, grands seigneurs, grandes dames qui daignent faire servir du maigre (a) à leurs tables, jeûnent pendant six semaines avec des soles, des saumons, des vives, des turbots, des esturgeons.

Un de nos plus fameux financiers [4] avait des courriers qui lui apportaient chaque jour pour cent écus de marée à Paris. Cette dépense faisait vivre les courriers, les maquignons qui avaient vendu les chevaux, les pêcheurs qui fournissaient le poisson, les fabricateurs de filets (qu'on nomme en quelques endroits les *filetiers*), [5] les constructeurs de bateaux etc., les épiciers chez lesquels on prenait toutes les drogues raffinées qui donnent au poisson un goût supérieur à celui de la viande. Lucullus n'aurait pas fait carême plus voluptueusement. [6]

Il faut encore remarquer que la marée en entrant dans Paris, paie à l'Etat un impôt considérable. [7]

(a) Pourquoi donner le nom de *maigre* à des poissons plus gros que les poulardes? et qui donnent de si terribles indigestions?

n.*a*   K84, K12: plus gras que

[2] Voir l'article 'Carême' du *DP* (*OCV*, t.35, p.437 et n.15).

[3] Voir la *Requête à tous les magistrats du royaume* (*M*, t.28, p.342).

[4] Etienne-Michel Bouret: voir la *Requête à tous les magistrats du royaume* (*M*, t.28, p.343 et n.2).

[5] Le terme, qui ne se trouve ni dans les dictionnaires de langue contemporains ni dans l'*Encyclopédie*, est donné par Littré qui cite ce passage de Voltaire.

[6] Sur Lucius Lucinius Lucullus, dont le nom est employé par antonomase dans l'article 'Tout est bien' du *DP*, voir *OCV*, t.35, p.420-21 et n.8.

[7] N. de La Mare évoque les 'droits sur le poisson de mer imposés par Louis XIII':

Le secrétaire des commandements du riche, ses valets de chambre, les demoiselles de madame, le chef d'office etc. mangent la desserte[8] du Crésus, et jeûnent aussi délicieusement que lui.   35

Il n'en est pas de même des pauvres. Non seulement s'ils mangent pour quatre sous d'un mouton coriace, ils commettent un grand péché; mais ils chercheront en vain ce misérable aliment. Que mangeront-ils donc? ils n'ont que leurs châtaignes, leur pain   40 de seigle; les fromages qu'ils ont pressurés du lait de leurs vaches, de leurs chèvres ou de leurs brebis; et quelque peu d'œufs de leurs poules.[9]

Il y a des églises où l'on a pris l'habitude de leur défendre les œufs et le laitage.[10] Que leur resterait-il à manger? rien. Ils   45 consentent à jeûner; mais ils ne consentent pas à mourir. Il est absolument nécessaire qu'ils vivent, quand ce ne serait que pour labourer les terres des gros bénéficiers et des moines.

On demande donc s'il n'appartient pas uniquement aux magistrats de la police du royaume, chargés de veiller à la santé des   50 habitants, de leur donner la permission de manger les fromages que leurs mains ont pétris, et les œufs que leurs poules ont pondus?[11]

Il paraît que le lait, les œufs, le fromage, tout ce qui peut nourrir le cultivateur, sont du ressort de la police, et non pas une cérémonie religieuse.   55

'l'un [...] payé par les mariniers et pêcheurs pour le droit d'entrée, descente et sortie des ports; les deux autres par les marchands, pour le transport d'un lieu à un autre, et pour la consommation, où le débit s'en doit faire; lesquels deux derniers droits furent fixés à treize sous, chaque panier, par arrêts des 7 mars et 29 avril 1654' (*Traité de la police*, t.3, p.73). J.-B. Denisart explique que la 'chambre de la marée', qui est 'une cour souveraine de justice, établie à Paris', 'a la police générale sur le fait de la marchandise de poisson de mer, frais, sec, salé et d'eau douce, dans la ville, faubourgs et banlieue de Paris [...] et des droits attribués sur ces marchandises' (*Collection de décisions nouvelles*, article 'Chambre de la marée', t.4, p.424-25).

[8] 'Les viandes, les mets qu'on a desservis, qu'on a ôtés de dessus la table' (*Dictionnaire de l'Académie*, 2 vol., Paris, 1762, t.1, p.519).

[9] Voir *Requête à tous les magistrats du royaume* (*M*, t.28, p.343).

[10] Voir *Requête à tous les magistrats du royaume* (*M*, t.28, p.343-44) et l'article 'Carême' du *DP* (*OCV*, t.35, p.436, n.11).

[11] Voir *Requête à tous les magistrats du royaume* (*M*, t.28, p.344).

Nous ne voyons pas que Jésus-Christ ait défendu les omelettes à ses apôtres; au contraire, il leur a dit, (*b*) *Mangez ce qu'on vous donnera.*

La sainte Eglise a ordonné le carême; mais en qualité d'Eglise elle ne commande qu'au cœur; elle ne peut infliger que des peines spirituelles; elle ne peut faire brûler aujourd'hui, comme autrefois, un pauvre homme qui n'ayant que du lard rance, aura mis un peu de ce lard sur une tranche de pain noir le lendemain du mardi gras. [12]

Quelquefois dans les provinces, des curés s'emportant au-delà de leurs devoirs, et oubliant les droits de la magistrature, s'ingèrent d'aller chez les aubergistes, chez les traiteurs, voir s'ils n'ont pas quelques onces de viande dans leurs marmites, quelques vieilles poules à leur croc, ou quelques œufs dans une armoire lorsque les œufs sont défendus en carême. Alors ils intimident le pauvre peuple; ils vont jusqu'à la violence envers des malheureux qui ne savent pas que c'est à la seule magistrature qu'il appartient de faire la police. C'est une inquisition odieuse et punissable.

Il n'y a que les magistrats qui puissent être informés au juste des denrées plus ou moins abondantes qui peuvent nourrir le pauvre peuple des provinces. Le clergé a des occupations plus sublimes. Ne serait-ce donc pas aux magistrats qu'il appartiendrait de régler ce que le peuple peut manger en carême? Qui aura l'inspection sur le comestible d'un pays, sinon la police du pays?

(*b*) Saint Luc ch.10, verset 8.

[12] Même expression dans la *Requête à tous les magistrats du royaume* (*M*, t.28, p.342). Voir *Le Dîner du comte de Boulainvilliers* (*OCV*, t.63A, p. 359 et n.7). L'article 'Carême' du *DP* faisait allusion à Claude Guillon, condamné à mort pour 'avoir mangé du cheval en carême' (voir *OCV*, t.35, p.437 et n.12).

CARTÉSIANISME

On a pu voir à l'article 'Aristote' que ce philosophe et ses sectateurs se sont servis de mots qu'on n'entend point, pour signifier des choses qu'on ne conçoit pas.[1] *Entéléchie, formes substantielles, espèces intentionnelles.*[2]

* Le 10 avril 1772, Voltaire recommande à Mme Du Deffand ce 'précis de la philosophie de Descartes' (D17688). L'article s'inspire peu de celui de l'*Encyclopédie*, de l'abbé Pestré et de D'Alembert, auquel il emprunte pourtant son titre. Là où l'*Encyclopédie* donnait un précis, critique mais objectif, du système cartésien, Voltaire entend plutôt livrer une liste de ses erreurs. En dressant un parallèle entre le cartésianisme et l'aristotélisme que Descartes avait pourtant combattu et en traitant celui-ci plus durement qu'Aristote, Voltaire reste fidèle aux options philosophiques de sa jeunesse (voir la lettre 14 des *Lettres philosophiques*). Dans les années 1770, il fait cependant preuve d'une relative aménité à l'égard de Descartes, qu'il réprouve moins que le cartésianisme. Inspiré par l'*Eloge de Descartes* d'Antoine-Léonard Thomas, il finit par rendre justice à la victime des persécutions des théologiens. C'est moins la philosophie de Descartes qui lui vaut l'estime de Voltaire que sa qualité de philosophe en proie à 'l'infâme'. Alors que le chevalier de La Barre venait d'être exécuté, cet article rend un hommage sincère, quoique non dénué de critiques, à ce précurseur des Lumières. Voltaire possède la quasi-totalité des œuvres de Descartes dans sa bibliothèque, qu'il a annotées (*CN*, t.3, p.88-116). Une note marginale, dans les *Méditations métaphysiques* (2 vol., Paris, 1724, BV997), résume sa pensée: '[je] demande pardon à Descartes, mais toutes ses méditations me paraissent des rêveries, ainsi que sa physique me paraît une chimère' *CN*, t.3, p.113). Le présent article paraît en novembre/décembre 1770 (70, t.3).

[1] Aristote et Descartes sont ici associés, mais ce n'a pas toujours été le cas. Au dix-septième siècle, Descartes représentait plutôt une forme d'opposition à la philosophie scolastique héritée d'Aristote. Mais depuis le triomphe de Newton, Descartes incarne désormais la tradition contre la modernité, et Voltaire le range délibérément aux côtés du péripatéticien: 'Descartes était plus dangereux parce qu'il avait l'air plus raisonnable' (*Lettres philosophiques*, t.2, p.19, variante). Voir ci-dessus l'article 'Aristote', p.1-17.

[2] Notions empruntées à la scolastique en général, et à saint Thomas d'Aquin plus particulièrement, alors que le mécanisme cartésien rompt avec les causes finales et la notion même d'entéléchie. En réduisant l'essence des corps à la seule étendue, il fait l'économie des 'formes substantielles' et des 'espèces intentionnelles'.

508

Ces mots après tout ne signifiaient que l'existence des choses dont nous ignorons la nature et la fabrique. Ce qui fait qu'un rosier produit une rose et non pas un abricot, ce qui détermine un chien à courir après un lièvre, ce qui constitue les propriétés de chaque être a été appelé *forme substantielle*; ce qui fait que nous pensons a été nommé *entéléchie*; ce qui nous donne la vue d'un objet a été nommé *espèce intentionnelle*. Nous n'en savons pas plus aujourd'hui sur le fond des choses. Les mots de *force*, d'*âme*, de *gravitation* même ne nous font nullement connaître le principe et la nature de la force, ni de l'âme, ni de la gravitation. Nous en connaissons les propriétés, et probablement nous nous en tiendrons là tant que nous ne serons que des hommes.[3]

L'essentiel est de nous servir avec avantage des instruments que la nature nous a donnés sans pénétrer jamais dans la structure intime du principe de ces instruments. Archimède se servait admirablement du ressort, et ne savait pas ce que c'est que le ressort.

La véritable physique consiste donc à bien déterminer tous les effets. Nous connaîtrons les causes premières quand nous serons des dieux. Il nous est donné de calculer, de peser, de mesurer, d'observer; voilà la philosophie naturelle;[4] presque tout le reste est chimère.

Le malheur de Descartes fut de n'avoir pas, dans son voyage d'Italie, consulté Galilée qui calculait, pesait, mesurait, observait, qui avait inventé le compas de proportion, trouvé la pesanteur de l'atmosphère, découvert les satellites de Jupiter et la rotation du soleil sur son axe.

Ce qui est surtout bien étrange, c'est qu'il n'ait jamais cité Galilée, et qu'au contraire il ait cité le jésuite Skeiner plagiaire et

---

[3] Voltaire épouse le phénoménalisme newtonien: la science doit se contenter de décrire les phénomènes sans en expliquer la cause.

[4] C'est-à-dire la philosophie qui prend pour guide l'expérience. *Topos* de la philosophie des Lumières: la physique moderne, inaugurée par Copernic, Bacon et Galilée, est tout entière fondée sur la démarche expérimentale et met un terme aux spéculations métaphysiques.

ennemi de Galilée, [5] (*a*) qui déféra ce grand homme à l'Inquisition, et qui par là couvrit l'Italie d'opprobre, lorsque Galilée la couvrait 35 de gloire.

Les erreurs de Descartes sont:

1°. D'avoir imaginé trois éléments qui n'étaient nullement évidents, [6] après avoir dit qu'il ne fallait rien croire sans évidence.

2°. D'avoir dit qu'il y a toujours également de mouvement dans 40 la nature, ce qui est démontré faux. [7]

3°. Que la lumière ne vient point du soleil et qu'elle est transmise à nos yeux en un instant, démontré faux par les expériences de Roëmer, de Molineux et de Bradley, et même par la simple expérience du prisme. [8] 45

4°. D'avoir admis le plein, dans lequel il est démontré que tout mouvement serait impossible, et qu'un pied cube d'air pèserait autant qu'un pied cube d'or. [9]

5°. D'avoir supposé un tournoiement imaginaire dans de prétendus globules de lumière pour expliquer l'arc-en-ciel. [10] 50

(*a*) *Principes* de Descartes, 3e partie, p.159.

[5] Galilée avait observé dès 1610 les taches du soleil et leur mouvement. Le jésuite Christoph Scheiner s'appropria sa découverte dans *Tres espitolae de maculis solaribus* (Augsbourg) paru en janvier 1612. En mai 1612, Galilée révéla à son tour le phénomène dans le *Discorso* [...] *intorno alle cose che stanno in sù l'acqua, ò che in quella se muovono* (Florence). Averti du plagiat de Scheiner, il revendiqua vivement la priorité de la découverte dans l'*Istoria et dimostrazioni intorna alle machie solari* (Rome, 1613). Echaudé par la condamnation de Galilée, Descartes le cite rarement et a la faiblesse de louer les observations de Scheiner dans *Les Principes de la philosophie*, troisième partie, article 35. Voltaire l'épingle opportunément: 'cité Skeiner p[our] Galile' (*CN*, t.3, p.115) dans son exemplaire des *Principes de la philosophie* (Paris, 1723, BV999).

[6] Chez Descartes, ces trois éléments sont la matière subtile (le feu), la matière globuleuse (la lumière) et la matière terrestre (la terre); voir *Les Principes de la philosophie*, troisième partie, article 52.

[7] Descartes, *Les Principes de la philosophie*, deuxième partie, article 36.

[8] Descartes, *Le Monde ou traité de la lumière* (Leyde, 1664), ch.14.

[9] Descartes, *Le Monde ou traité de la lumière*, ch.4; *Principia*, deuxième partie, articles 16-18.

[10] Descartes, *Les Météores*, huitième discours.

6°. D'avoir imaginé un prétendu tourbillon de matière subtile qui emporte la terre et la lune parallèlement à l'équateur, et qui fait tomber les corps graves dans une ligne tendante au centre de la terre, tandis qu'il est démontré que dans l'hypothèse de ce tourbillon imaginaire tous les corps tomberaient suivant une ligne perpendiculaire de l'axe de la terre. [11]

7°. D'avoir supposé que des comètes qui se meuvent d'orient en occident et du nord au sud, sont poussées par des tourbillons qui se meuvent d'occident en orient. [12]

8°. D'avoir supposé que dans le mouvement de rotation les corps les plus denses allaient au centre, et les plus subtils à la circonférence, ce qui est contre toutes les lois de la nature. [13]

9°. D'avoir voulu étayer ce roman par des suppositions encore plus chimériques que le roman même, d'avoir supposé contre toutes les lois de la nature que ces tourbillons ne se confondraient pas ensemble, et d'en avoir donné pour preuve cette figure qui n'est pas assurément une figure géométrique. [14]

10°. D'avoir donné cette figure même pour la cause des marées et pour celle des propriétés de l'aimant. [15]

11°. D'avoir supposé que la mer a un cours continu, qui la porte d'orient en occident. [16]

12°. D'avoir imaginé que la matière de son premier élément mêlée avec celle du second, forme le mercure qui, par le moyen de ces deux éléments, est coulant comme l'eau et compact comme la terre. [17]

56 70, 71N, 71A, W68, K84, K12: perpendiculaire à l'axe
66-68 K84, K12: ensemble. ¶10°. D'avoir donné ces tourbillons pour
70 W68: cours inconnu, qui

[11] Descartes, *Principia*, troisième partie, articles 65-69.
[12] Descartes, *Le Monde ou traité de la lumière*, ch.9.
[13] Descartes, *Le Monde ou traité de la lumière*, ch.11.
[14] Descartes, *Principia*, troisième partie, articles 63-65.
[15] Descartes, *Principia*, quatrième partie, articles 49 et 133.
[16] Descartes, *Le Monde ou traité de la lumière*, ch.12.
[17] Descartes, *Principia*, quatrième partie, article 58.

'Figure des tourbillons de Descartes'
('Cartésianisme', w75G, en face de la page 355).

13°. Que la terre est un soleil encroûté.[18]

14°. Qu'il y a de grandes cavités sous toutes les montagnes qui reçoivent l'eau de la mer et qui forment les fontaines.[19]

15°. Que les mines de sel viennent de la mer.[20]

16°. Que les parties de son troisième élément composent des vapeurs qui forment des métaux et des diamants.[21]

17°. Que le feu est produit par un combat du premier et du second élément.[22]

18°. Que les pores de l'aimant sont remplis de la matière cannelée, enfilée par la matière subtile qui vient du pôle boréal.[23]

19°. Que la chaux vive ne s'enflamme lorsqu'on y jette de l'eau, que parce que le premier élément chasse le second élément des pores de la chaux.[24]

20°. Que les viandes digérées dans l'estomac passent par une infinité de trous dans une grande veine qui les porte au foie, ce qui est entièrement contraire à l'anatomie.[25]

21°. Que le chyle, dès qu'il est formé, acquiert dans le foie la forme du sang, ce qui n'est pas moins faux.[26]

22°. Que le sang se dilate dans le cœur par un feu sans lumière.[27]

23°. Que le pouls dépend de onze petites peaux qui ferment et ouvrent les entrées des quatre vaisseaux dans les deux concavités du cœur.[28]

24°. Que quand le foie est pressé par ses nerfs, les plus subtiles parties du sang montent incontinent vers le cœur.[29]

[18] Descartes, *Principia*, quatrième partie, article 2.
[19] Descartes, *Principia*, quatrième partie, articles 64-65.
[20] Descartes, *Principia*, quatrième partie, article 68.
[21] Descartes, *Principia*, quatrième partie, articles 71-72.
[22] Descartes, *Principia*, quatrième partie, articles 80-82.
[23] Descartes, *Principia*, quatrième partie, article 133.
[24] Descartes, *Principia*, quatrième partie, article 93.
[25] Descartes, *Le Monde ou traité de l'homme, Œuvres complètes*, éd. Charles Adam et Paul Tannery, 11 vol. (Paris, 1964-1975), t.11, p.121-22.
[26] Descartes, *Le Monde ou traité de l'homme, Œuvres complètes*, t.11, p.123.
[27] Descartes, *Le Monde ou traité de l'homme, Œuvres complètes*, t.11, p.123.
[28] Descartes, *Le Monde ou traité de l'homme, Œuvres complètes*, t.11, p.124.
[29] Descartes, *Le Monde ou traité de l'homme, Œuvres complètes*, t.11, p.169.

25°. Que l'âme réside dans la glande pinéale du cerveau.[30] Mais comme il n'y a que deux petits filaments nerveux qui aboutissent à cette glande, et qu'on a disséqué des sujets dans qui elle manquait absolument, on la plaça depuis dans les corps cannelés, dans les *nates*, les *testes*, l'*infundibulum*, dans tout le cervelet. Ensuite Lancisi, et après lui La Peyronie, lui donnèrent pour habitation le corps calleux. L'auteur ingénieux et savant qui a donné dans l'Encyclopédie l'excellent paragraphe 'Ame' marqué d'une étoile, dit avec raison qu'on ne sait plus où la mettre.[31]

26°. Que le cœur se forme des parties de la semence qui se dilate, c'est assurément plus que les hommes n'en peuvent savoir; il faudrait avoir vu la semence se dilater et le cœur se former.[32]

27°. Enfin, sans aller plus loin, il suffira de remarquer que son système sur les bêtes n'étant fondé ni sur aucune raison physique, ni sur aucune raison morale, ni sur rien de vraisemblable, a été justement rejeté de tous ceux qui raisonnent et de tous ceux qui n'ont que du sentiment.[33]

Voltaire possède *L'Homme de René Descartes, et la formation du fœtus* (Paris, 1729, BV995). Note marginale: 'erreur sur le foie' (*CN*, t.3, p.98).

[30] Descartes, *Traité des passions*, première partie, articles 31-32. Voltaire a annoté un passage concernant la glande pinéale (*CN*, t.3, p.98).

[31] L'abbé Claude Yvon, premier rédacteur de l'article 'Ame' de l'*Encyclopédie*, a traité le sujet de manière conventionnelle et anodine. Diderot le complète par un développement important sur la question de savoir où, dans le corps, réside l'âme. C'est à ce passage que Voltaire songe en mentionnant l'article de l'*Encyclopédie*, et il fait mine de ne pas savoir qui en est l'auteur, quand les contemporains connaissaient le sens de l'astérisque identifiant les articles de la plume de Diderot. Voltaire a annoté l'article 'Ame' (*CN*, t.3, p.364-65). Diderot évoque les différentes hypothèses sur le siège de l'âme, 'dans les ventricules du cerveau, dans le cœur, dans le sang, dans l'estomac, dans les nerfs', puis il consacre un développement à celle de Descartes qui la place dans la glande pinéale, à celle de Vieussens qui la place dans le corps ovale, à celle de Lancisi et de La Peyronie qui la placent dans le corps calleux (t.1, p.341-42).

[32] Descartes, *La Description du corps humain*, *Œuvres complètes*, t.11, p.254. Voltaire a ajouté en marge sur son exemplaire (*L'Homme de René Descartes, et la formation du fœtus*, Paris, 1729, BV995): 'que le cœur est formé par la dilatation de la semence' (*CN*, t.3, p.98).

[33] La théorie de l'animal-machine, esquissée par Descartes dans les cinquième et

Il faut avouer qu'il n'y eut pas une seule nouveauté dans la physique de Descartes qui ne fût une erreur. Ce n'est pas qu'il n'eût beaucoup de génie; au contraire, c'est parce qu'il ne consulta que ce génie, sans consulter l'expérience et les mathématiques; il était un des plus grands géomètres de l'Europe,[34] et il abandonna sa géométrie pour ne croire que son imagination. Il ne substitua donc qu'un chaos au chaos d'Aristote. Par là il retarda de plus de cinquante ans les progrès de l'esprit humain. Ses erreurs étaient d'autant plus condamnables qu'il avait pour se conduire dans le labyrinthe de la physique, un fil qu'Aristote ne pouvait avoir, celui des expériences; les découvertes de Galilée, de Toricelli, de Guéric etc., et surtout sa propre géométrie.

On a remarqué que plusieurs universités condamnèrent dans sa philosophie les seules choses qui fussent vraies, et qu'elles adoptèrent enfin toutes celles qui étaient fausses.[35] Il ne reste aujourd'hui de tous ces faux systèmes et de toutes les ridicules disputes qui en ont été la suite, qu'un souvenir confus qui s'éteint de jour en jour. L'ignorance préconise encore quelquefois Descartes, et même cette espèce d'amour-propre qu'on appelle *national*

124 K84, K12: humain. [*avec note*: On ne peut nier que malgré ses erreurs Descartes n'ait contribué aux progrès de l'esprit humain. 1°. Par ses découvertes mathématiques qui changèrent la face de ces sciences. 2°. Par ses discours sur la méthode où il donne le précepte et l'exemple. 3°. Parce qu'il apprit à tous les savans à secouer en philosophie le joug de l'autorité, en ne reconnaissant pour maîtres que la raison, le calcul et l'expérience.] Ses

sixième parties du *Discours de la méthode*, est exposée dans la lettre au marquis de Newcastle du 23 novembre 1646 (*Œuvres complètes*, t.4, p.573-76). Depuis les *Lettres philosophiques*, Voltaire n'a jamais cessé de critiquer cette théorie. Pour autant, le sens de sa critique évolue progressivement: 'au temps des *Lettres philosophiques*, l'hypothèse de la matière pensante met en procès le spiritualisme; dans les années 1760-1770, la réfutation de l'animal-machine devient une arme contre le matérialisme athée' (Christiane Mervaud, 'Bestiaires de Voltaire', *SVEC* 2006:06, p.19, n.1).

[34] Même éloge dans les *Lettres philosophiques* (t.2, p.6).

[35] Voltaire fait-il allusion à la condamnation de la philosophie cartésienne dans la plupart des universités après que les œuvres de Descartes furent mises à l'Index en 1663?

s'est efforcé de soutenir sa philosophie.[36] Des gens qui n'avaient jamais lu ni Descartes ni Newton, ont prétendu que Newton lui avait l'obligation de toutes ses découvertes. Mais il est très certain qu'il n'y a pas dans tous les édifices imaginaires de Descartes une seule pierre sur laquelle Newton ait bâti. Il ne l'a jamais ni suivi ni expliqué, ni même réfuté; à peine le connaissait-il. Il voulut un jour en lire un volume, il mit en marge à sept ou huit pages *error*, et ne le relut plus. Ce volume a été longtemps entre les mains du neveu de Newton.

Le cartésianisme a été une mode en France; mais les expériences de Newton sur la lumière et ses principes mathématiques, ne peuvent pas plus être une mode que les démonstrations d'Euclide.

Il faut être vrai; il faut être juste; le philosophe n'est ni Français ni Anglais, ni Florentin, il est de tout pays.[37] Il ne ressemble pas à la duchesse de Marlborough qui, dans une fièvre tierce, ne voulait pas prendre de quinquina, parce qu'on l'appelait en Angleterre *la poudre des jésuites*.[38]

Le philosophe, en rendant hommage au génie de Descartes, foule aux pieds les ruines de ses systèmes.

Le philosophe surtout dévoue à l'exécration publique et au mépris éternel les persécuteurs de Descartes qui osèrent l'accuser d'athéisme,[39] lui qui avait épuisé toute la sagacité de son esprit à

[36] Voltaire avait dénoncé l'amour-propre national des Anglais qui avaient été choqués parce que Fontenelle avait osé comparer Descartes et Newton (*Lettres philosophiques*, t.2, p.3). Même amour-propre en France.

[37] Dans une lettre ouverte à Maupertuis qui sera imprimée dans la *Bibliothèque française*, Voltaire écrivait: 'Je vois les esprits dans une assez ample fermentation en France et les noms de Descartes et de Newton semblent être des mots de ralliement entre deux partis. Ces guerres civiles ne sont point faites pour des philosophes. Il ne s'agit pas de combattre pour un Anglais contre un Français' (D1622, v.1 octobre 1738).

[38] Même allusion à la 'vieille duchesse anglaise' en D6839. L'expression 'poudre des jésuites' est attestée par le *Dictionnaire* de Furetière (1690). Ce sont en effet les jésuites qui ont importé la plante du Pérou vers 1638 (*Encyclopédie*, article 'Quinquina').

[39] Théologien et recteur de l'Académie d'Utrecht, Gysbert Voet avait taxé Descartes d'athéisme, le contraignant à se justifier dans l'*Epistola ad G. Voetium* (voir R. Descartes et M. Schoock, *La Querelle d'Utrecht*, éd. T. Verbeek, Paris,

chercher de nouvelles preuves de l'existence de Dieu. [40] Lisez le
morceau de M. Thomas dans l'éloge de Descartes, [41] où il peint
d'une manière si énergique l'infâme théologien nommé Voëtius   160
qui calomnia Descartes, comme depuis le fanatique Jurieu calomnia Bayle, etc. etc. etc., comme Patouillet et Nonotte ont calomnié
un philosophe, comme le vinaigrier Chaumel et Fréron ont
calomnié l'Encyclopédie, comme on calomnie tous les jours. [42]
Et plût à Dieu qu'on ne pût que calomnier. [43]   165

160   w68: théologien Voëtius
164-65   70, 71N, 71A: jours. Car, Dieu merci, les fanatiques ne peuvent
aujourd'hui que

1988). Sans porter cette accusation dans les *Eléments de la philosophie de Newton*,
Voltaire déclarait dès le premier chapitre qu'il connaissait 'beaucoup de personnes
que le cartésianisme a conduites à n'admettre d'autre Dieu que l'immensité des
choses' et, dans le chapitre 2, que Descartes aurait dû nier l'existence de Dieu en
vertu de sa négation du vide qui implique logiquement la nécessité de la matière
(*OCV*, t.15, p.196, variante, et p.205). L'article 'Cartésianisme' de l'*Encyclopédie*
comporte un long chapitre consacré aux démêlés de Descartes avec Voet, que
Voltaire avait brièvement évoqués dans la quatorzième de ses *Lettres philosophiques*
(t.2, p.4).

[40] Formule reprise de la quatorzième des *Lettres philosophiques*, t.2, p.4, variante.

[41] Remerciant Thomas de l'envoi de l'*Eloge*, Voltaire écrit le 22 septembre 1765:
'Quel morceau que l'histoire de la persécution du nommé Voet contre Descartes.
Vous avez employé et fortifié les crayons de Démosthène, pour peindre un coquin
absurde qui ose poursuivre un grand homme' (D12896). L'article 'Envie' des *QE*
incriminera de même la perfidie de Voet.

[42] Le texte de w75G est plus pessimiste que ceux de 70, 71N et 71A.

[43] Allusion à l'exécution du chevalier de La Barre.

DE CATON, DU SUICIDE,

et du livre de l'abbé de Saint Cyran
qui légitime le suicide

L'ingénieux La Motte s'est exprimé ainsi sur Caton dans une de ses odes plus philosophiques que poétiques:

> Caton d'une âme plus égale,
> Sous l'heureux vainqueur de Pharsale,
> Eût souffert que Rome pliât;
> Mais incapable de se rendre,

5

b-c   70, 71N, 71A: [*sous-titre absent*]

* L'article 'Suicide', non signé, de l'*Encyclopédie* a pour unique but d'établir le caractère irrecevable du geste: 'Pour ce qui regarde la moralité de cette action, il faut dire qu'elle est absolument contre la loi de la nature' (t.15, p.639). Voltaire entendait combattre cette position qu'il jugeait dépassée, révélatrice d'un esprit 'suborné'. Il n'avait pas attendu la parution de l'*Encyclopédie* pour s'interroger sur le caractère de l'homicide de soi-même (comme il l'appelait dans les années 1720), geste qui pouvait traduire soit la fragilité de l'âme humaine, soit sa majestueuse grandeur. Confronté de bonne heure à la fréquence (voire à la banalité) du phénomène chez les Anglais, Voltaire en avait fait un sujet de réflexions nourries dès 1732. Certains développements importants de cet article de 1769 avaient déjà vu le jour dans ses écrits: les lignes 122-214, 254-91 figurent dans *Du suicide, ou de l'homicide de soi-même* dans l'édition de w64G (*OCV*, t.5, p.581-85, 587-89); les lignes 180-84, 187-90 figurent dans l'article 'Suicide, ou homicide de soi-même' du fonds de Kehl (*M*, t.20, p.444-46); l'anecdote concernant Bacon Morris, lignes 215-21, est une version abrégée de celle qui paraît dans le même article du fonds de Kehl; les lignes 317-31 reproduisent intégralement ce que Voltaire avait écrit sur Saint-Cyran dans le *Commentaire sur le livre Des délits et des peines* (*M*, t.25, p.567-69). Dans toute la période 1729-1769, Voltaire ne condamne jamais le suicide, puisqu'il reconnaît les raisons pour lesquelles les gens sont parfois susceptibles de s'y abandonner, parfois même – et voici la modernité de sa réflexion – par une sorte de prédisposition familiale. S'il est capable d'admirer la noblesse ou la nature inévitable du geste dans certains cas, il a tendance à déplorer le phénomène. L'article paraît en novembre/décembre 1770 (70, t.3).

> Il n'eut pas la force d'attendre
> Un pardon qui l'humiliât. [1]

C'est, je crois, parce que l'âme de Caton fut toujours égale, et qu'elle conserva jusqu'au dernier moment le même amour pour les lois et pour la patrie, qu'il aima mieux périr avec elles que de ramper sous un tyran; il finit comme il avait vécu.

Incapable de se rendre! Et à qui? à l'ennemi de Rome, à celui qui avait volé de force le trésor public pour faire la guerre à ses concitoyens, et les asservir avec leur argent même?

Un pardon! il semble que La Motte Houdart parle d'un sujet révolté qui pouvait obtenir sa grâce de sa majesté avec des lettres en chancellerie.

> Malgré sa grandeur usurpée,
> Le fameux vainqueur de Pompée
> Ne put triompher de Caton.
> C'est à ce juge inébranlable
> Que César, cet heureux coupable,
> Aurait dû demander pardon.

Il paraît qu'il y a quelque ridicule à dire que Caton se tua par *faiblesse*. Il faut une âme forte pour surmonter ainsi l'instinct le plus puissant de la nature. Cette force est quelquefois celle d'un frénétique; mais un frénétique n'est pas faible.

Le suicide est défendu chez nous par le droit canon. Mais les décrétales qui font la jurisprudence d'une partie de l'Europe, furent inconnues à Caton, à Brutus, à Cassius, à la sublime Arria, à

---

11   K12: avec elle que

[1] Antoine Houdar de La Motte: sa production littéraire fut constamment à l'ombre de celle de Jean-Baptiste Rousseau, et la seule de ses tragédies à connaître un succès durable fut *Inès de Castro* (1723). Voltaire, qui possédait ses *Œuvres* (9 vol., Paris, 1753-1754, BV1901), l'appréciait (voir le 'Catalogue des écrivains' du *Siècle de Louis XIV*, *OH*, p.1173). Le poème cité ici est *L'Amour-propre, ode à l'évêque de Soissons*, strophe 10 (*Odes*, Paris, 1709, p.225). Caton est ici Caton le jeune (Marcus Porcius Cato), ou Caton d'Utique (95-46 av. J.-C.), arrière-petit-fils de Caton l'Ancien ou Caton le Censeur. Il avait embrassé la parti sénatorial, et, après le

l'empereur Othon, à Marc-Antoine et à cent héros de la véritable Rome, qui préférèrent une mort volontaire à une vie qu'ils croyaient ignominieuse.[2]

Nous nous tuons aussi nous autres; mais c'est quand nous avons perdu notre argent, ou dans l'excès très rare d'une folle passion, pour un objet qui n'en vaut pas la peine. J'ai connu des femmes qui se sont tuées pour les plus sots hommes du monde. On se tue aussi quelquefois parce qu'on est malade; et c'est en cela qu'il y a de la faiblesse.

Le dégoût de son existence, l'ennui de soi-même, est encore une maladie qui cause des suicides. Le remède serait un peu d'exercice, de la musique, la chasse, la comédie, une femme aimable. Tel homme qui dans un accès de mélancolie se tue aujourd'hui, aimerait à vivre s'il attendait huit jours.

J'ai presque vu de mes yeux un suicide qui mérite l'attention de tous les physiciens. Un homme d'une profession sérieuse, d'un âge mûr, d'une conduite régulière, n'ayant point de passions, étant au-dessus de l'indigence, s'est tué le 17 octobre 1769, et a laissé au conseil de la ville où il était né, l'apologie par écrit de sa mort volontaire, laquelle on n'a pas jugé à propos de publier, de peur d'encourager les hommes à quitter une vie dont on dit tant de mal. Jusque-là il n'y a rien de bien extraordinaire; on voit partout de tels exemples. Voici l'étonnant.

Son frère et son père s'étaient tués, chacun au même âge que lui.[3] Quelle disposition secrète d'organes, quelle sympathie, quel

35

40

45

50

55

---

désastre de Thaspe, il préféra se suicider plutôt que d'accepter le pardon que César devait sans doute lui proposer.

[2] Marcus Junius Brutus se suicida après la défaite de Philippes. Caïus Cassius Longinus, allié de Brutus contre le triumvirat, se fit tuer par un de ses affranchis croyant Brutus vaincu. Pour 'la sublime Arria', voir ci-dessous, n.19. Marcus Salvius Othon ne régna que trois mois comme empereur. Il avait la guerre civile en horreur, dit Suétone (*Vies des douze Césars*, livre 8, ch.10), et finit par se suicider. Marcus Antonius, le vaincu de la bataille d'Actium, s'enfuit avec Cléopâtre dans Alexandrie où il se suicida au moment où Octave pénétrait dans la ville.

[3] Voltaire mentionne deux suicides dans une lettre du 1er novembre 1769 à Mme Du Deffand (D15987). Celui dont il s'agit ici (Jean-François Bellamy) est le second

concours de lois physiques fait périr le père et les deux enfants de leur propre main et du même genre de mort, précisément quand ils ont atteint la même année? Est-ce une maladie qui se développe à la longue dans une famille, comme on voit souvent les pères et les enfants mourir de la petite vérole, de la pulmonie ou d'un autre mal? Trois, quatre générations sont devenues sourdes, aveugles ou goutteuses, ou scorbutiques dans un temps préfix. 60

Le physique, ce père du moral, transmet le même caractère de père en fils pendant des siècles. Les Appius furent toujours fiers et inflexibles; les Catons toujours sévères. Toute la lignée des Guises fut audacieuse, téméraire, factieuse, pétrie du plus insolent orgueil et de la politesse la plus séduisante. Depuis François de Guise jusqu'à celui qui seul et sans être attendu alla se mettre à la tête du peuple de Naples, tous furent d'une figure, d'un courage et d'un tour d'esprit au-dessus du commun des hommes. [4] J'ai vu les portraits en pied de François de Guise, du Balafré et de son fils; leur taille est de six pieds; mêmes traits, même courage, même audace sur le front, dans les yeux et dans l'attitude. [5] 65

70

Cette continuité, cette série d'êtres semblables est bien plus remarquable encore dans les animaux; et si l'on avait la même attention à perpétuer les belles races d'hommes que plusieurs 75

---

mentionné. Sa mort fut déclarée un accident (Genève, Archives d'Etat, Registre du conseil, AEG R.C. 270, p.499). Voir le commentaire de D15987.

[4] François de Lorraine, duc de Guise et prince de Joinville, le plus grand des Guise, fut assassiné par Poltrot de Méré. C'est Henri II de Lorraine, duc de Guise, qui se rendit à Naples en 1647 après l'insurrection de Masaniello afin de disputer la couronne aux Espagnols. Nommé généralissime par les Napolitains, il fut emprisonné en 1648, et passa quatre ans en captivité en Espagne. Libéré, il revint en France en 1652, et fit une nouvelle tentative sur Naples en 1654. Voir l'*Essai sur les mœurs*, ch.163.

[5] Le Balafré est Henri de Lorraine, duc de Guise et prince de Joinville. Il fut assassiné, en compagnie de son frère, Louis II de Guise, cardinal de Guise, par des gentilshommes de la garde rapprochée de Henri III pour lequel il représentait un danger réel. Son fils, Charles de Lorraine, duc de Guise, n'a guère laissé de traces en dehors du rôle qu'il joua à la fin de la Ligue, alors qu'il n'était qu'un pion aux mains des Espagnols. Sur le Balafré, voir l'*Essai sur les mœurs*, ch.173.

nations ont encore à ne pas mêler celles de leurs chevaux et de leurs chiens de chasse, les généalogies seraient écrites sur les visages, et se manifesteraient dans les mœurs.

Il y a eu des races de bossus, de six-digitaires, comme nous en voyons de rousseaux, de lippus, de longs nez et de nez plats.

Mais que la nature dispose tellement les organes de toute une race, qu'à un certain âge tous ceux de cette famille auront la passion de se tuer, c'est un problème que toute la sagacité des anatomistes les plus attentifs ne peut résoudre. L'effet est certainement tout physique; mais c'est de la physique occulte. Eh quel est le secret principe qui ne soit pas occulte?

On ne nous dit point, et il n'est pas vraisemblable que du temps de Jules-César et des empereurs, les habitants de la Grande-Bretagne se tuassent aussi délibérément qu'ils le font aujourd'hui quand ils ont des vapeurs qu'ils appellent le *spleen*, et que nous prononçons le *spline*. [6]

Au contraire, les Romains qui n'avaient point le spline, ne faisaient aucune difficulté de se donner la mort. C'est qu'ils raisonnaient; ils étaient philosophes, et les sauvages de l'île *Britain* ne l'étaient pas. Aujourd'hui les citoyens anglais sont philosophes, et les citoyens romains ne sont rien. Aussi les Anglais quittent la vie fièrement quand il leur en prend fantaisie. Mais il faut à un citoyen romain une *indulgentia in articulo mortis*; ils ne savent ni vivre ni mourir.

Le chevalier Temple dit, qu'il faut partir quand il n'y a plus d'espérance de rester agréablement. [7] C'est ainsi que mourut Atticus.

[6] Le mot anglais 'spleen' signifie la rate, là où selon la vieille hypothèse médicale, qui plaçait les humeurs dans différents organes du corps, la mélancolie fut logée. L'usage métaphorique en était venu à signifier chez les Anglais un malaise consistant en un ennui invincible qui pouvait aller jusqu'au dégoût de la vie.

[7] Le chevalier Temple figure aussi dans *Le Siècle de Louis XIV* (*OH*, p.676, 703, 1025) et dans l'article 'Anciens et modernes' des *QE* (*OCV*, t.38, p.338-40). Il s'agit de Sir William Temple (1628-1699), homme d'Etat et diplomate, partisan du suicide. Son fils, John Temple, se noya dans la Tamise. Titus Pomponius Atticus, ami de Cicéron, atteint d'une maladie incurable, se suicida.

Les jeunes filles qui se noient et qui se pendent par amour, ont 105
donc tort; elles devraient écouter l'espérance du changement qui
est aussi commun en amour qu'en affaires.

Un moyen presque sûr de ne pas céder à l'envie de vous tuer,
c'est d'avoir toujours quelque chose à faire. Crech, le commentateur de Lucrèce, mit sur son manuscrit. NB. *Qu'il faudra que je me* 110
pende quand j'aurai fini mon commentaire. Il se tint parole pour avoir
le plaisir de finir comme son auteur.[8] S'il avait entrepris un
commentaire sur Ovide, il aurait vécu plus longtemps.

Pourquoi avons-nous moins de suicides dans les campagnes que
dans les villes? C'est que dans les champs il n'y a que le corps qui 115
souffre; à la ville c'est l'esprit. Le laboureur n'a pas le temps d'être
mélancolique. Ce sont les oisifs qui se tuent; ce sont ces gens si
heureux aux yeux du peuple.

Je résumerai ici quelques suicides arrivés de mon temps, et dont
quelques-uns ont déjà été publiés dans d'autres volumes. Les morts 120
peuvent être utiles aux vivants.

Précis de quelques suicides singuliers[9]

Philippe Mordant, cousin germain de ce fameux comte de
Peterboroug, si connu dans toutes les cours de l'Europe, et qui

120   κ84, κ12: d'autres ouvrages. Les

[8] Thomas Creech acquit une brillante renommée par des traductions en vers de
Lucrèce (1682), d'Horace (1684), de Théocrite (1684), et par des traductions en prose
de diverses *Vies* de Plutarque. Il vécut dans la misère et se pendit. Son suicide fut
attribué à sa manie d'imiter le poète Lucrèce. Dans l'article du fonds de Kehl 'Suicide,
ou homicide de soi-même' (*M*, t.20, p.445), Voltaire écrit; 'je n'examinerai point si
feu M. Creech eut raison d'écrire à la marge de son Lucrèce: "*Nota bene* que, quand
j'aurai fini mon livre sur Lucrèce, il faut que je me tue", et s'il a bien fait d'exécuter
cette résolution'. En réalité, sa mort serait attribuable à un chagrin d'amour et à des
difficultés d'ordre pécuniaire (voir *Oxford Dictionary of national biography*, éd.
H. C. G. Matthew et Brian Harrison, 61 vol., Oxford, 2004, t.5, p.65).

[9] Les lignes 122-214 parurent pour la première fois sous le titre: *Du suicide, ou de
l'homicide de soi-même.* Voir *OCV*, t.5, p.581-83 et se reporter à l'annotation de ces
pages.

se vantait d'être l'homme de l'univers qui a vu le plus de postillons
et le plus de rois; Philippe Mordant, dis-je, était un jeune homme de   125
vingt-sept ans, beau, bien fait, riche, né d'un sang illustre, pouvant
prétendre à tout; et ce qui vaut encore mieux, passionnément aimé
de sa maîtresse. Il prit à ce Mordant un dégoût de la vie; il paya ses
dettes, écrivit à ses amis pour leur dire adieu, et même fit des vers
dont voici les derniers traits en français: 130

> L'opium peut aider le sage;
> Mais, selon mon opinion,
> Il lui faut au lieu d'opion
> Un pistolet et du courage.

Il se conduisit selon ses principes, et se dépêcha d'un coup de   135
pistolet, sans en avoir donné d'autre raison, sinon que son âme était
lasse de son corps, et que quand on est mécontent de sa maison, il
faut en sortir. Il semblait qu'il eût voulu mourir, parce qu'il était
dégoûté de son bonheur.

Richard Smith en 1726[10] donna un étrange spectacle au monde   140
pour une cause fort différente. Richard Smith était dégoûté d'être
réellement malheureux: il avait été riche, et il était pauvre; il avait
eu de la santé, et il était infirme. Il avait une femme à laquelle il ne
pouvait faire partager que sa misère: un enfant au berceau était le
seul bien qui lui restât. Richard Smith et Bridget Smith, d'un   145
commun consentement, après s'être tendrement embrassés, et
avoir donné le dernier baiser à leur enfant, ont commencé par
tuer cette pauvre créature, et ensuite se sont pendus aux colonnes
de leur lit. Je ne connais nulle part aucune horreur de sang-froid qui
soit de cette force; mais la lettre que ces infortunés ont écrite à   150
M. Brindley leur cousin, avant leur mort, est aussi singulière que
leur mort même. 'Nous croyons, disent-ils, que Dieu nous
pardonnera, etc. Nous avons quitté la vie, parce que nous étions
malheureux sans ressource: et nous avons rendu à notre fils unique

---

130   K84, K12: derniers traduits en

[10] Date ajoutée dans cet article.

le service de le tuer, de peur qu'il ne devînt aussi malheureux que   155
nous, etc.' Il est à remarquer, que ces gens, après avoir tué leur fils
par tendresse paternelle, ont écrit à un ami pour lui recommander
leur chat et leur chien. Ils ont cru, apparemment, qu'il était plus aisé
de faire le bonheur d'un chat et d'un chien dans le monde, que celui
d'un enfant, et ils ne voulaient pas être à charge à leur ami.   160

Milord Scarbourou en 1727 a quitté la vie depuis peu avec le
même sang-froid qu'il avait quitté sa place de grand-écuyer. [11] On
lui reprochait dans la chambre des pairs, qu'il prenait le parti du roi,
parce qu'il avait une belle charge à la cour. 'Messieurs, dit-il, pour
vous prouver que mon opinion ne dépend pas de ma place, je m'en   165
démets dans l'instant.' Il se trouva depuis embarrassé entre une
maîtresse qu'il aimait, mais à qui il n'avait rien promis, et une
femme qu'il estimait, mais à qui il avait fait une promesse de
mariage. Il se tua pour se tirer d'embarras.

Toutes ces histoires tragiques, dont les gazettes anglaises   170
fourmillent, ont fait penser à l'Europe qu'on se tue plus volontiers
en Angleterre qu'ailleurs. [12] Je ne sais pourtant, si à Paris il n'y a pas
autant de fous ou de héros qu'à Londres; peut-être que si nos
gazettes tenaient un registre exact de ceux qui ont eu la démence de
vouloir se tuer, et le triste courage de le faire, nous pourrions sur ce   175
point avoir le malheur de tenir tête aux Anglais. Mais nos gazettes
sont plus discrètes: les aventures des particuliers ne sont jamais

155   K84, K12: ne devienne aussi
161   K84, K12: Milord Scarbourough quitta la vie en 1727, avec

[11] L'identité de la personne que Voltaire a en vue, et surtout la date de sa mort,
sont problématiques. S'il s'agit d'une coquille (1727 pour 1721), il serait question de
Richard Lumley, 1er comte de Scarborough, mort en 1721. Or il ne se suicida pas, à ce
que l'on sache. Son successeur en tant que Lord Scarborough – son deuxième fils,
également nommé Richard Lumley – ne crée pas moins de problèmes car il est mort
de sa belle mort le 29 janvier 1740. On trouve une version différente de cette anecdote
dans les Carnets (OCV, t.81, p.368).
[12] Pour les lignes 170-84, voir les notes dans Du suicide (OCV, t.5, p.583-84).
Quant à la croyance de Voltaire qu'on exagérait le taux de suicide en Angleterre, voir
aussi l'Essai sur les mœurs, ch.142 (t.2, p.314-15).

exposées à la médisance publique dans ces journaux avoués par le gouvernement.

Tout ce que j'ose dire avec assurance, c'est qu'il ne sera jamais à 180 craindre, que cette folie de se tuer devienne une maladie épidémique: la nature y a trop bien pourvu; l'espérance, la crainte, sont les ressorts puissants dont elle se sert pour arrêter très souvent la main du malheureux prêt à se frapper.

On entendit un jour le cardinal Dubois se dire à lui-même, Tue- 185 toi donc! tu n'oserais. [13]

On dit qu'il y a eu des pays où un conseil était établi pour permettre aux citoyens de se tuer, quand ils en avaient des raisons valables. [14] Je réponds, ou que cela n'est pas, ou que ces magistrats n'avaient pas une grande occupation. 190

Ce qui pourrait nous étonner, et ce qui mérite, je crois, un sérieux examen, c'est que les anciens héros romains se tuaient presque tous, quand ils avaient perdu une bataille dans les guerres civiles: et je ne vois point que ni du temps de la Ligue, ni de celui de la Fronde, ni dans les troubles d'Italie, ni dans ceux d'Angleterre, aucun chef ait 195 pris le parti de mourir de sa propre main. Il est vrai que ces chefs étaient chrétiens, et qu'il y a bien de la différence entre les principes d'un guerrier chrétien et ceux d'un héros païen; cependant pourquoi ces hommes, que le christianisme retenait quand ils voulaient se procurer la mort, n'ont-ils été retenus par rien, 200 quand ils ont voulu empoisonner, assassiner, ou faire mourir leurs ennemis vaincus sur des échafauds, etc.? La religion chrétienne ne défend-elle pas ces homicides-là, encore plus que l'homicide de soi-même, dont le Nouveau Testament n'a jamais parlé? 205

186   K84, K12: donc! lâche, tu

[13] Anecdote ajoutée dans cet article. Voltaire a évoqué la carrière du cardinal Dubois dans ses ouvrages historiques. Il l'a rencontré à la cour, lui a offert ses services comme agent secret (voir *VST*, t.1, p.113).

[14] Dans l'article 'Suicide, ou homicide de soi-même' du fonds de Kehl, on trouve la même phrase avec quelques menues variantes (*M*, t.20, p.445), mais rien autrement dans les œuvres ou la correspondance n'éclaire cette suggestion.

Les apôtres du suicide nous disent, qu'il est très permis de quitter sa maison quand on en est las. D'accord; mais la plupart des hommes aiment mieux coucher dans une vilaine maison que de dormir à la belle étoile.

Je reçus un jour d'un Anglais une lettre circulaire, par laquelle il proposait un prix à celui qui prouverait le mieux qu'il faut se tuer dans l'occasion. Je ne lui répondis point: je n'avais rien à lui prouver: il n'avait qu'à examiner, s'il aimait mieux la mort que la vie.[15]

Un autre Anglais nommé M. Bacon Moris vint me trouver à Paris en 1724; il était malade, et me promit qu'il se tuerait s'il n'était pas guéri au 20 juillet. En conséquence il me donna son épitaphe conçue en ces mots: *Qui mare et terra pacem quaesivit, hic invenit*. Il me chargea aussi de vingt-cinq louis d'or pour lui dresser un petit monument au bout du faubourg Saint Martin. Je lui rendis son argent le 20 juillet, et je gardai son épitaphe.[16]

De mon temps, le dernier prince de la maison de Courtenai, très vieux, et le dernier prince de la branche de Lorraine-Harcourt, très jeune, se sont donné la mort sans qu'on en ait presque parlé.[17] Ces aventures font un fracas terrible le premier jour, et quand les biens du mort sont partagés on n'en parle plus.

215   K84, K12: nommé Bacon
218   K84, K12: mots: *Valete, curae*; adieu les soucis. Il

[15] Il n'existe aucune trace de cette bizarre initiative, ni dans les œuvres ni dans la correspondance.

[16] Le fonds de Kehl propose une version légèrement différente, laquelle aura sans doute influencé les éditeurs de Kehl dans le présent article (voir la variante). Voltaire y écrit: 'Il me la [l'épitaphe] fit lire, il n'y avait que ces deux mots de Pétrone: "*Valete curae*, adieu les soins"' (*M*, t.20, p.444).

[17] Voltaire mentionne parmi les suicidés illustres de France un prince de Courtenay (*Carnets*, *OCV*, t.82, p.540, 655). L'index des *Carnets* propose de l'identifier comme étant Charles Royer (1671-1730). Les Harcourt de Lorraine, issus de la branche des ducs d'Elbeuf, sont connus, mais il n'y a nulle trace du dernier prince.

Voici le plus fort de tous les suicides. Il vient de s'exécuter à Lyon au mois de juin 1770.[18]

Un jeune homme très connu, beau, bien fait, aimable, plein de talents, est amoureux d'une jeune fille, que les parents ne veulent point lui donner. Jusqu'ici ce n'est que la première scène d'une comédie, mais l'étonnante tragédie va suivre.

L'amant se rompt une veine par un effort. Les chirurgiens lui disent qu'il n'y a point de remède; sa maîtresse lui donne un rendez-vous avec deux pistolets et deux poignards, afin que si les pistolets manquent leur coup les deux poignards servent à leur percer le cœur en même temps. Il s'embrassent pour la dernière fois; les détentes des pistolets étaient attachées à des rubans couleur de rose; l'amant tient le ruban du pistolet de sa maîtresse, elle tient le ruban du pistolet de son amant. Tous deux tirent à un signal donné, tous deux tombent au même instant.

La ville entière de Lyon en est témoin. Arrie et Petus, vous en aviez donné l'exemple; mais vous étiez condamnés par un tyran; et l'amour seul a immolé ces deux victimes.[19] On leur a fait cette épitaphe:

> A votre sang mêlons nos pleurs:
> Attendrissons-nous d'âge en âge

[18] Il s'agit de Marie-Thérèse Lortet et de son amant Faldoni, un maître d'armes de Lyon, qui se suicidèrent à Irigny (Rhône) parce que, disait-on, les parents de Marie-Thérèse s'étaient opposés à leur mariage étant donné que Faldoni, blessé par un coup de fleuret à la gorge, avait été condamné, par toute la Faculté, à ne pouvoir vivre au-delà d'un mois. C'est en réalité Faldoni qui imagina le double suicide. Ce fait divers (rapporté dans le *Journal encyclopédique*, 15 juin 1770, t.2, p.453-55) se trouve brièvement mentionné dans une lettre de Voltaire à Tabareau, le 6 juin (D16392). Voir aussi Jean-Jacques Rousseau, *Œuvres* (5 vol., Paris, 1961), t.2, p.1157, pour l'*Epitaphe de deux amants* qu'il composa en leur honneur, et t.2, p.1903, pour l'explication des circonstances. Voir aussi Bachaumont, *Mémoires secrets* (36 vol., Londres, 1780-1789), t.5, p.138, en date du 20 juillet 1770.

[19] Arria était la femme de Caecina Paetus qui se trouva engagé dans la révolte de Scribonius contre l'empereur Claude (42 ap. J.-C.). N'ayant aucun espoir de le sauver, elle lui conseilla de se tuer. Devant son hésitation, elle s'enfonça un poignard dans le sein, puis, le retirant, le présenta à son mari en lui disant: *Paete, non dolet* (Paetus, cela ne fait pas mal).

Sur vos amours et vos malheurs.
Mais admirons votre courage. [20]

Des lois contre le suicide

Y a-t-il une loi civile ou religieuse qui ait prononcé défense de se   250
tuer sous peine d'être pendu après sa mort, ou sous peine d'être
damné?
Il est vrai que Virgile a dit: [21]

> Proxima deinde tenent moesti loca, qui sibi lethum
> Insontes peperere manu, lucemque perosi   255
> Projecere animas; quam vellent aethere in alto
> Nunc et pauperiem et duros perferre labores!
> Fata obstant, tristique Palus innabilis unda
> Adligat, et novies Styx intersusa coërcet.
>   Virg., Aeneid. Lib. 6, v. 434. et seqq.   260

Là sont ces insensés, qui d'un bras téméraire,
Ont cherché dans la mort un secours volontaire,
Qui n'ont pu supporter, faibles et furieux,
Le fardeau de la vie imposé par les dieux.
Hélas! ils voudraient tous se rendre à la lumière,   265
Recommencer cent fois leur pénible carrière:
Ils regrettent la vie, ils pleurent; et le sort,
Le sort, pour les punir, les retient dans la mort;
L'abîme du Cocyte et l'Acheron terrible,
Met entr'eux et la vie un obstacle invincible.   270

Telle était la religion de quelques païens; et malgré l'ennui qu'on
allait chercher dans l'autre monde, c'était un honneur de quitter

---

[20] Beuchot note ici: 'Une note manuscrite m'apprend que ces vers sont de
Vasselier [...]. Je ne les ai pas trouvés dans l'édition de ses œuvres, faite en 1800,
3 vol. in-18'. Il n'est pas exclu que Voltaire ait reçu cette épitaphe directement, car il
s'agit de Joseph Vasselier, un de ses correspondants assidus, premier commis de la
direction des postes à Lyon, qui lui rendait d'inestimables services en facilitant la
circulation de ses écrits.
[21] Pour les lignes 254-91, voir les notes dans *Du suicide* (*OCV*, t.5, p.587-89).

celui-ci et de se tuer; tant les mœurs des hommes sont contradictoires. Parmi nous le duel n'est-il pas encore malheureusement
honorable, quoique défendu par la raison, par la religion et par   275
toutes les lois?[22] Si Caton et César, Antoine et Auguste ne se sont
pas battus en duel, ce n'est pas qu'ils ne fussent aussi braves que nos
Français. Si le duc de Montmorency, le maréchal de Marillac, de
Thou, Cinq-Mars et tant d'autres, ont mieux aimé être traînés au
dernier supplice dans une charrette, comme des voleurs de grand   280
chemin, que de se tuer comme Caton et Brutus; ce n'est pas qu'ils
n'eussent autant de courage que ces Romains, et qu'ils n'eussent
autant de ce qu'on appelle *honneur*. La véritable raison c'est, que la
mode n'était pas alors à Paris de se tuer en pareil cas, et cette mode
était établie à Rome.   285

Les femmes de la côte de Malabar se jettent toutes vives sur le
bûcher de leurs maris:[23] ont-elles plus de courage que Cornélie?[24]
Non; mais la coutume est dans ce pays-là, que les femmes se
brûlent.

> Coutume, opinion, reines de notre sort,   290
> Vous réglez des mortels et la vie et la mort.

Au Japon, la coutume est que quand un homme d'honneur a été
outragé par un homme d'honneur, il s'ouvre le ventre en présence
de son ennemi, et lui dit, Fais-en autant si tu as du cœur.

[22] Le duel était un crime de lèse-majesté (ordonnance du mois d'avril 1602; édit du
mois de septembre 1652, article 13; édit du mois d'août 1679, article 13) pour lequel on
ne pouvait obtenir 'aucunes lettres d'abolition' (*Ordonnance criminelle du mois d'avril
1670*, titre 16, article 4). Voir à ce propos Pierre-François Muyart de Vouglans,
Institutes au droit criminel (Paris, 1757, p.543-51). Jamais Voltaire ne cache ni son
mépris ni son exaspération devant ce fléau aussi barbare que ridicule; voir, par
exemple, l'*Essai sur les mœurs*, ch.100, 'Des duels'.

[23] Voir *Du suicide* (*OCV*, t.5, p.588, n.16). Voir aussi les articles des *QE*
'Brahmanes' (ci-dessus, p.472 et n.35) et 'Certain, certitude' (ci-dessous, p.573,
n.11), ainsi que l'*Essai sur les mœurs* (t.1, p.234-35 et t.2, p.406-407).

[24] Cornélie ou Cornelia, fille de Scipion l'Africain et femme de Tiberius
Sempronius Gracchus, fut laissée veuve, vers l'an 153, avec onze enfants à charge,
dont les célèbres Gracques. Elle refusa toutefois la couronne d'Egypte que lui offrait
Ptolémée VII et se consacra entièrement à ses enfants.

L'agresseur est déshonoré à jamais s'il ne se plonge pas incontinent   295
un grand couteau dans le ventre.[25]

La seule religion dans laquelle le suicide soit défendu par une loi
claire et positive, est le mahométisme. Il est dit, dans le sura IV, *Ne*
vous tuez pas vous-même, car Dieu est miséricordieux envers vous; et
quiconque se tue par malice et méchamment, sera certainement rôti au   300
feu d'enfer.[26]

Nous traduisons mot à mot. Le texte semble n'avoir pas le sens
commun, ce qui n'est pas rare dans les textes. Que veut dire, *ne vous*
tuez point vous-même, car Dieu est miséricordieux? Peut-être faut-il
entendre, ne succombez pas à vos malheurs que Dieu peut adoucir;   305
ne soyez pas assez fou pour vous donner la mort aujourd'hui,
pouvant être heureux demain.

Et quiconque se tue par malice et méchamment? Cela est plus
difficile à expliquer. Il n'est peut-être jamais arrivé dans l'antiquité
qu'à la Phèdre d'Euripide, de se pendre exprès pour faire accroire à   310
Thésée qu'Hippolite l'avait violée.[27] De nos jours, un homme s'est
tiré un coup de pistolet dans la tête, ayant tout arrangé pour faire
jeter le soupçon sur un autre.

Dans la comédie de *George Dandin*, la coquine de femme qu'il a
épousée, le menace de se tuer pour le faire pendre.[28] Ces cas sont   315
rares. Si Mahomet les a prévus, on peut dire qu'il voyait de loin.

Le fameux Duverger de Hauranne abbé de Saint-Cyran,
regardé comme le fondateur de Port-Royal, écrivit vers l'an

300   K84, K12: *et par méchanceté, sera*

[25] Voir l'*Essai sur les mœurs*, t.2, p.314.

[26] Sourate 4, verset 29. Ce passage peut être traduit: 'Ne vous entre-tuez pas', ou:
'Ne vous tuez pas les uns les autres', ou bien: 'Ne vous tuez pas vous-même'. Mais le
texte n'est pas clair et peut être aussi traduit: 'Ne tuez pas vos âmes'.

[27] Dans l'*Hippolyte* d'Euripide, Phèdre, avant de se pendre, attache à son poignet
une lettre où elle accuse Hippolyte de l'avoir violée. L'ayant découverte, Thésée
invoque l'une des trois promesses de Poséidon, assurant par là la mort de son fils.
Chez Sénèque (*Phèdre*, lignes 725-29), c'est la nourrice qui calomnie Hippolyte,
alors que Phèdre elle-même corrobore la calomnie par d'habiles réticences.

[28] Molière, *George Dandin*, acte 3, scène 8, lignes 1140-46.

1608 un traité sur le suicide (*a*), qui est devenu un des livres les plus rares de l'Europe.[29] 320

'Le Décalogue, dit-il, ordonne de ne point tuer. L'homicide de soi-même ne semble pas moins compris dans ce précepte que le meurtre du prochain. Or s'il est des cas où il est permis de tuer son prochain, il est aussi des cas où il est permis de se tuer soi-même.

'On ne doit attenter sur sa vie qu'après avoir consulté la raison. 325 L'autorité publique qui tient la place de Dieu peut disposer de notre vie. La raison de l'homme peut aussi tenir lieu de la raison de Dieu, c'est un rayon de la lumière éternelle.'[30]

Saint-Cyran étend beaucoup cet argument, qu'on peut prendre pour un pur sophisme. Mais quand il vient à l'explication et aux 330

(*a*) Il fut imprimé in-12 à Paris chez Toussaints du Brai en 1609, avec privilège du roi: il doit être dans la bibliothèque de S. M.

[29] Jean Duvergier de Hauranne, abbé de Saint-Cyran, intime de Jansénius. L'explication de la célèbre thèse de la *Question royale* remonte à Henri IV: ayant demandé à des seigneurs de sa cour ce qu'ils auraient fait si, pendant la bataille d'Arques, il eût été obligé de s'enfuir et de s'embarquer sur la mer, et que, dénué de provisions et de vivres, la tempête l'eût jeté bien loin, un de ces seigneurs lui répondit: 'Je me serais ôté la vie pour me donner à manger au roi, plutôt que de le laisser mourir de faim.' Le roi, ayant demandé si cela était permis, le comte de Cramail proposa la question à Duvergier de Hauranne.

[30] Beuchot donne le texte de Saint-Cyran: 'Au commandement que Dieu a donné de ne tuer point, n'est pas moins compris le meurtre de soi-même que celui du prochain. C'est pourquoi il a été couché en ces mots généraux sans aucune modification, pour y comprendre toute sorte d'homicide. Or est-il que, nonobstant cette défense et sans y contrevenir, il arrive des circonstances qui donnent droit et pouvoir à l'homme de tuer son prochain. Il en pourra donc arriver d'autres qui lui donnent pouvoir de se tuer soi-même, sans enfreindre le même commandement [...]. Ce n'est donc pas de nous-mêmes, ni de propre autorité, que nous agirons contre nous-mêmes; et puisque cela se doit faire honnêtement et avec une action de vertu, ce sera par l'aveu et comme par l'entérinement de la raison. Et tout ainsi que la chose publique tient la place de Dieu quand elle dispose de notre vie, la raison de l'homme en cet endroit tiendra le lieu de la raison de Dieu quand elle dispose de notre vie; et comme l'homme n'a l'être qu'en vertu de l'être de Dieu, elle aura le pouvoir de ce faire, pour ce que Dieu le lui aura donné; et Dieu le lui aura donné, pour ce qu'il lui a déjà donné un rayon de la lumière éternelle afin de juger de l'état de ses actions' (*Question royale et sa décision*, Paris, Toussaint Dubray, 1609, p.8, 9, 16 et 17).

détails, il est plus difficile de lui répondre. 'On peut, dit-il, se tuer pour le bien de son prince, pour celui de sa patrie, pour celui de ses parents.' [31]

Nous ne voyons pas en effet qu'on puisse condamner les Codrus et les Curtius. [32] Il n'y a point de souverain qui osât punir la famille d'un homme qui se serait dévoué pour lui; que dis-je? il n'en est point qui osât ne la pas récompenser. Saint Thomas avant Saint-Cyran avait dit la même chose. [33] Mais on n'a besoin ni de Thomas, ni de Bonaventure, ni de Verger de Hauranne, pour savoir qu'un homme qui meurt pour sa patrie est digne de nos éloges.

L'abbé de Saint-Cyran conclut qu'il est permis de faire pour soi-même ce qu'il est beau de faire pour un autre. On sait assez tout ce qui est allégué dans Plutarque, dans Sénèque, dans Montagne et dans cent autres philosophes en faveur du suicide. [34] C'est un lieu

335

340

337   71N: ne le pas

[31] Beuchot donne le texte de Saint-Cyran: 'Je dis que l'homme y sera obligé pour le bien du prince et de la chose publique, pour divertir par sa mort les maux qu'il prévoit assurément devoir fondre sur elle s'il continuait de vivre [...]. Mais, pour montrer encore, outre ce que j'en ai déjà dit, l'obligation du père envers les enfants, comme à l'opposite de celle des enfants envers les pères, je crois que, sous les empereurs Néron et Tibère, ils étaient obligés de se tuer pour le bien de leur famille et de leurs enfants, etc.' (*Question royale*, p.18, 19, 29, 30).

[32] Codros, figure de la mythologie grecque, fils de Mélanthos et dernier roi d'Athènes, eut à repousser l'invasion dorienne de l'Attique (onzième siècle av. J.-C.) et se sacrifia pour sauver son peuple. Marcus Curtius, figure légendaire de Rome, aurait vers 393 avant J.-C. sacrifié sa vie quand un gouffre s'ouvrit dans le sol du Forum. Les prêtres, ayant déclaré que ce gouffre ne se comblerait que si on y précipitait ce qui faisait la force de la cité, Curtius, jugeant que la force de Rome était dans les armes et la valeur, s'y jeta à cheval et magnifiquement armé. Le gouffre se referma aussitôt.

[33] Saint Thomas d'Aquin a-t-il vraiment exprimé cette pensée? Elle serait plutôt étonnante de sa part. Voir la *Somme théologique*, deuxième partie, second volume, question 64, article 5.

[34] Les Grecs et les Romains étaient ouvertement favorables au suicide, mais le jugeaient au cas par cas, estimant que tout dépendait de la motivation. Plutarque semble l'exception. Lorsqu'il évoque la mort de Caton le jeune, de Cassius, de Brutus, ou de Marc-Antoine, il se borne à décrire l'acte sans ajouter de commentaire

commun épuisé. Je ne prétends point ici faire l'apologie d'une 345
action que les lois condamnent; mais ni l'Ancien Testament, ni le
Nouveau n'ont jamais défendu à l'homme de sortir de la vie quand
il ne peut plus la supporter. [35] Aucune loi romaine n'a condamné le
meurtre de soi-même. Au contraire, voici la loi de l'empereur
Marc-Antonin qui ne fut jamais révoquée. 350

(*b*) 'Si votre père ou votre frère, n'étant prévenu d'aucun crime,
se tue ou pour se soustraire aux douleurs ou par ennui de la vie ou
par désespoir ou par démence, que son testament soit valable, ou
que ses héritiers succèdent par intestat.' [36]

Malgré cette loi humaine de nos maîtres, nous traînons encore 355
sur la claie, nous traversons d'un pieu le cadavre d'un homme qui
est mort volontairement, nous rendons sa mémoire infâme autant
qu'on le peut. [37] Nous déshonorons sa famille autant qu'il est en

(*b*) Ier Cod. *De bonis eorum qui sibi mortem. leg. 3. ff. eod.*

---

moral. Or il semble parfois avoir considéré le suicide comme la seule issue possible
pour celui qui succombait devant un tyran. Sénèque était partisan du suicide car
stoïcien; voir l'épître 77, et surtout l'épître 70, consacrée entièrement au problème du
suicide. Montaigne raconte plusieurs anecdotes sur des cas de suicide, et fait appuyer
son propos par des citations puisées chez des auteurs latins. Pour lui le suicide est une
affaire de jugement ou de conscience individuelle; voir *Du suicide* (*OCV*, t.5, p.589,
n.17) et Eva Marcu, *Répertoire des idées de Montaigne* (Genève, 1965), p.979-1007.

[35] Le Décalogue ordonne de ne pas tuer (Exode 20:13; Deutéronome 5:17).

[36] Voltaire possède le *Corpus juris civilis Romani* (2 vol., Bâle, 1756, BV872). En
marge du titre 21, 'De bonis eorum, qui ante sententiam mortem sibi consciverunt', il
écrit: 'suicide' (*CN*, t.2, p.760).

[37] Ici il faut, tout comme l'*Ordonnance criminelle* et les juristes, distinguer entre
l'homicide de soi-même commis en connaissance de cause ou en état de folie. Dans ce
dernier cas, 'on ne doit point prononcer de condamnation contre le cadavre, mais au
contraire on doit ordonner qu'il sera enterré en terre sainte' ([Daniel Jousse],
Nouveau Commentaire sur l'Ordonnance criminelle, Paris, 1757, p.348; même définition
chez Muyart de Vouglans, *Institutes au droit criminel*, Paris, 1757, p.536, BV2541). En
pratique, étant donné la fréquence du doute, on avait tendance à pencher pour la folie
comme explication. Quant à la peine ordinaire prononcée contre le cadavre d'une
personne reconnue coupable de suicide par préméditation, la pratique voulait en effet
qu'on traîne le cadavre sur une claie, la face contre terre, qu'on le pende à une

nous. Nous punissons le fils d'avoir perdu son père, et la veuve
d'être privée de son mari. On confisque même le bien du mort; ce   360
qui est en effet ravir le patrimoine des vivants auxquels il
appartient.[38] Cette coutume, comme plusieurs autres, est dérivée
de notre droit canon, qui prive de la sépulture ceux qui meurent
d'une mort volontaire. On conclut de là qu'on ne peut hériter d'un
homme qui est censé n'avoir point d'héritage au ciel. Le droit   365
canon, au titre *de poenitentia*, assure que Judas commit un plus
grand péché en s'étranglant qu'en vendant notre Seigneur Jésus-
Christ.[39]

367-368   K12: Jésus-Christ. [*avec note*: Voyez l'article 'Suicide'.] //

---

potence et qu'on l'enterre à la voirie. Nulle mention, toutefois, dans la législation
française, du supplice du pieu. Il s'agit là d'une pratique religieuse de l'Europe
centrale, que l'on rencontre aussi parfois dans l'Angleterre du dix-septième siècle.

[38] Voltaire invoque ici la lettre de la loi. Dans les cas de suicide prémédité, on
prononçait la confiscation des biens, même si vraisemblablement elle n'avait pas lieu
en pratique (voir Muyart de Vouglans, *Institutes*, p.537).

[39] Pour les commentateurs chrétiens, la faute suprême de Judas est d'avoir
désespéré de la divine miséricorde. Voltaire possède le *Corpus juris canonici
academicum* (2 vol., Bâle, 1757, BV871; *CN*, t.2, p.756-58).

CAUSES FINALES

Virgile dit:

Mens agitat molem et magno se corpore miscet. [1]

L'esprit régit le monde; il s'y mêle, il l'anime.

---

* L'article 'Causes finales' de l'*Encyclopédie*, par D'Alembert, se donne pour but de 'démontrer combien l'usage des causes finales est dangereux' (t.2, p.789). Prenant pour exemples Fermat, Leibniz et le père Taquet, le mathématicien les accuse d'avoir proféré, sur la réflexion et la réfraction de la *lumière*, des conclusions absurdes. Dans ce domaine, Voltaire n'avait sans doute qu'à se louer de la désapprobation affichée par D'Alembert. Il en allait autrement de la position qu'il adopte vis-à-vis des causes finales comme preuves de l'existence de Dieu. D'Alembert, en louant les réflexions 'très judicieuses et très philosophiques' de Maupertuis, avait partagé avec ce dernier l'opinion qu'on avait jusqu'alors mal exploité le principe. La fin de son article devait conforter Voltaire dans son insatisfaction: 'Ce qui appartient à la sagesse du Créateur, dit M. de Fontenelle, semble être encore plus au-dessus de notre faible portée que ce qui appartient à sa puissance'. Voltaire estimait que la *conjoncture* actuelle (où les matérialistes s'en prenaient aux causes finales comme argument de l'existence de Dieu) exigeait plus de transparence et surtout de *fermeté*, qualités que D'Alembert n'affichait pas (D16545), à la différence de Frédéric II (D16503, D16562, D16592). Préoccupé depuis des années déjà par le problème des causes finales et de la liberté humaine (voir par exemple le *Traité de métaphysique* de 1734-1738, *OCV*, t.14, p.511-12, et les *Eléments de la philosophie de Newton*, *OCV*, t.15, p.195-232), Voltaire avait été horrifié par la parution en mai 1770 du *Système de la nature*, véritable bréviaire des athées (D16335, D16388, D16523, D16548, D16549, D16739). Et de réagir violemment, dès le mois de juin, dans *Dieu: réponse au Système de la nature* (D16388, D16394, D16399, D16514, D16548, D16585, D16605). L'article 'Causes finales', qui pourrait dater du mois de juillet au plus tard (D16483, D16514, D16518, D16579, D16652, etc.), vient délibérément renforcer cette riposte, d'abord en citant un long passage du texte de d'Holbach annoté par Voltaire. Sont réutilisés ici un chapitre de *Des singularités de la nature* dans la section 1, et l'article 'Fin, causes finales' du *DP* dans la section 2. Cet article paraît en novembre/décembre 1770 (70, t.3).

[1] Virgile, *Enéide*, livre 6, vers 727.

Virgile a bien dit; et Benoît Spinosa[2] (*a*) qui n'a pas la clarté de Virgile et qui ne le vaut pas, est forcé de reconnaître une intelligence qui préside à tout. S'il me l'avait niée, je lui aurais dit Benoît, tu es fou; tu as une intelligence et tu la nies, et à qui la nies-tu?

Il vient en 1770 un homme très supérieur à Spinosa à quelques égards, aussi éloquent que le Juif hollandais est sec; moins méthodique; mais cent fois plus clair; peut-être aussi géomètre sans affecter la marche ridicule de la géométrie dans un sujet métaphysique et moral: c'est l'auteur du *Système de la nature*: il a pris le nom de Mirabeau secrétaire de l'Académie française.[3] Hélas! notre bon Mirabeau n'était pas capable d'écrire une page du livre de notre redoutable adversaire.[4] Vous tous, qui voulez vous servir de

(*a*) Ou plutôt Baruch; car il s'appelait Baruch comme on le dit ailleurs. Il signait B. Spinosa. Quelques chrétiens fort mal instruits et qui ne savaient pas que Spinosa avait quitté le judaïsme sans embrasser le christianisme, prirent ce B. pour la première lettre de *Benedictus, Benoît*.

9-11   70, 71N, 71A: Spinosa, aussi éloquent que le Juif hollandais est sec; non moins méthodique; cent fois plus clair, aussi
n.*a*   70, 71N, 71A: [*note absente*]

[2] L'erreur de Voltaire est due au fait qu'il possédait les *Réflexions curieuses d'un esprit désintéressé sur les matières les plus importantes au salut, tant public que particulier* (Amsterdam, 1678, BV3202), attribuées par son traducteur Gabriel de Saint-Glen à 'Benedictus' Spinosa. En 1771, dans l'article 'Dieu, dieux' des *QE*, Voltaire ajoutera cette note: 'Il s'appelait Baruc et non Benoît, car il ne fut jamais baptisé'; en 1774, il ajoutera au présent article la note *a*.

[3] Jean-Baptiste de Mirabaud (1675-1760) servit d'abord dans l'armée, puis entra dans la congrégation de l'Oratoire. Il devint secrétaire des commandements de la duchesse d'Orléans. Membre de l'Académie française en 1726, puis en 1742, à la mort de l'abbé Houtteville, secrétaire perpétuel.

[4] Dans une lettre au maréchal de Richelieu du 1er novembre 1770, Voltaire est encore plus brutal sur les limites intellectuelles de Mirabaud, qui selon lui 'était incapable d'écrire une page de philosophie' (D16736). Voltaire était conscient de l'existence du *Système de la nature* d'Holbach (2 vol., Londres, 1770, BV1660) dès le 7 mai 1770 (D16335) et avait déjà formulé un jugement hostile à son endroit vers le début du mois de juin (D16374). Cette hostilité s'explique non seulement sur le plan

votre raison et vous instruire, lisez cet éloquent et dangereux passage du *Système de la nature*, chapitre 5, page 153 et suivantes. [5]

'On prétend que les animaux nous fournissent une preuve convaincante d'une cause puissante de leur existence; on nous dit que l'accord admirable de leurs parties, que l'on voit se prêter des secours mutuels afin de remplir leurs fonctions et de maintenir leur ensemble, nous annoncent un ouvrier qui réunit la puissance à la sagesse. Nous ne pouvons douter de la puissance de la nature; elle produit tous les animaux à l'aide des combinaisons[6] de la matière qui est dans une action continuelle; l'accord des parties de ces mêmes animaux est une suite des lois nécessaires de leur nature et de leur combinaison; dès que cet accord cesse, l'animal se détruit nécessairement. Que deviennent alors la sagesse, l'intelligence (*b*) ou la bonté de la cause prétendue à qui l'on faisait honneur d'un accord si vanté? ces animaux si merveilleux que l'on dit être les ouvrages d'un Dieu immuable, ne s'altèrent-ils point sans cesse et

(*b*) Y a-t-il moins d'intelligence parce que les générations se succèdent?

18   K12: *nature*, IIe part. chapitre

---

personnel (le divorce entre lui et les naturalistes, qui se prépare depuis au moins cinq ans, est près de se consommer) mais aussi sur le plan politique car, comme le dit René Pomeau, 'Voltaire craint que le *Système de la nature* ne ruine l'alliance avec le pouvoir qu'il ne cesse de préconiser' (*VST*, t.2, p.363). C'est à cette époque-là qu'il prie Cramer d'imprimer sur-le-champ sa première réponse publique, intitulée *Dieu: réponse au Système de la nature* (*M*, t.19, p.161-68; t.18, p.376-81). Cette petite brochure parut vers le 10 août 1770 (voir D16388, D16399). Les deux écrits furent condamnés à être brûlés par le parlement de Paris, le 18 août.

[5] Il s'agit de la seconde partie du *Système de la nature*, ch.5, intitulé 'Examen des preuves de l'existence de Dieu, données par Descartes, Malebranche, Newton, etc.', dont Voltaire cite un passage sans reproduire les notes de d'Holbach, mais en leur substituant les siennes. Voltaire a mis un signet entre les p.154-55 du t.2 de son exemplaire de 1770 et annoté ce chapitre (*CN*, t.4, p.446-47). Il annotera aussi son second exemplaire (2 vol., Londres [Amsterdam], 1771, BV1661; *CN*, t.4, p.451-54). Il répond ici de nouveau à d'Holbach par des notes en guise de commentaire.

[6] D'Holbach écrit en fait: 'tous les animaux que nous voyons à l'aide des combinaisons' (*Le Système de la nature*, t.2, p.154).

ne finissent-ils pas toujours par se détruire? [7] Où est la sagesse, la bonté, la prévoyance, l'immutabilité (c) d'un ouvrier qui ne paraît occupé qu'à déranger et briser les ressorts des machines qu'on nous annonce comme les chefs-d'œuvre de sa puissance et de son habileté? si ce Dieu ne peut faire autrement, (d) il n'est ni libre, ni tout-puissant. S'il change de volonté, il n'est point immuable. S'il permet que des machines qu'il a rendues sensibles éprouvent de la douleur, il manque de bonté. (e) S'il n'a pu rendre ses ouvrages plus solides, c'est qu'il a manqué d'habileté. En voyant que les animaux, ainsi que tous les autres ouvrages de la Divinité, se détruisent, nous ne pouvons nous empêcher d'en conclure ou que tout ce que la nature fait est nécessaire et n'est qu'une suite de ses lois, ou que l'ouvrier qui la fait agir est dépourvu de plan, de puissance, de constance, d'habilité, de bonté.

'L'homme, qui se regarde lui-même comme le chef-d'œuvre de la Divinité, nous fournirait plus que toute autre production la preuve de l'incapacité ou de la malice (ƒ) de son auteur prétendu. Dans cet être sensible, intelligent, pensant, qui se croit l'objet

(c) Il y a immutabilité de dessein quand vous voyez immutabilité d'effets. Voyez 'Dieu'.

(d) Etre libre, c'est faire sa volonté. S'il l'opère, il est libre. [8]

(e) Voyez la réponse dans les articles 'Dieu'.

(ƒ) S'il est malin, il n'est pas incapable; et s'il est capable, ce qui comprend pouvoir et sagesse, il n'est pas malin.

n.e   K12:   articles 'Athéisme' et 'Dieu'.
n.ƒ   K84, K12:   n'est point capable; et

[7] Voir aussi ci-dessus, note b. Voltaire retrouve sous la plume de d'Holbach les hypothèses jadis esquissées par deux philosophes qui étaient trop hardis pour lui: d'une part, on les remarque chez Diderot (Lettre sur les aveugles, Londres [Paris], 1749, BV1035, où tout un important développement de la 'profession de foi' de Nicolas Saunderson traitant de la disparition des espèces semble avoir retenu l'attention de Voltaire; voir CN, t.3, p.134-35) et, d'autre part, chez La Mettrie (voir Essai de cosmologie dans les Œuvres philosophiques, 2 vol., Amsterdam, 1753, t.2, p.7, BV1893), qui estimait que seuls survivaient à travers les âges les espèces où se trouvaient l'ordre et la convenance. Diderot est, à cette époque précise, en train de perfectionner son raisonnement sur ce point dans Le Rêve de D'Alembert.
[8] Voir l'article 'De la liberté' du DP (OCV, t.36, p.290).

constant de la prédilection divine, et qui fait son dieu d'après son propre modèle, nous ne voyons qu'une machine plus mobile, plus frêle, plus sujette à se déranger par sa grande complication que celle des êtres les plus grossiers. Les bêtes dépourvues de nos connaissances, les plantes qui végètent, les pierres privées de sentiment, 55 sont à bien des égards des êtres plus favorisés que l'homme; ils sont au moins exempts des peines d'esprit, des tourments de la pensée, des chagrins dévorants, dont celui-ci est si souvent la proie. Qui est-ce qui ne voudrait point être un animal ou une pierre toutes les fois qu'il se rappelle la perte irréparable d'un objet aimé? (*g*) Ne 60 vaudrait-il pas mieux être une masse inanimée qu'un superstitieux inquiet qui ne fait que trembler ici-bas sous le joug de son Dieu, et qui prévoit encore des tourments infinis dans une vie future? Les êtres privés de sentiment, de vie, de mémoire et de pensée ne sont point affligés par l'idée du passé, du présent et de l'avenir; ils ne se 65 croient pas en danger de devenir éternellement malheureux pour avoir mal raisonné, comme tant d'êtres favorisés, qui prétendent que c'est pour eux que l'architecte du monde a construit l'univers. [9]

'Que l'on ne nous dise point que nous ne pouvons avoir l'idée d'un ouvrage, sans avoir celle d'un ouvrier distingué de son 70 ouvrage. La nature n'est point un ouvrage: [10] elle a toujours existé par elle-même, (*h*) c'est dans son sein que tout se fait; elle

(*g*) L'auteur tombe ici dans une inadvertance à laquelle nous sommes tous sujets. Nous disons souvent, j'aimerais mieux être oiseau, quadrupède, que d'être homme, avec les chagrins que j'essuie. Mais quand on tient ce discours on ne songe pas qu'on souhaite d'être anéanti; car si vous êtes autre que vous-même, vous n'avez plus rien de vous-même. 5

(*h*) Vous supposez ce qui est en question, et cela n'est que trop ordinaire à ceux qui font des systèmes.

n.*g*   70, 71N, 71A: [*note absente*]
n.*h*   70, 71N, 71A: question. //

[9] Dans son exemplaire de 1770, Voltaire a souligné fortement la note de d'Holbach qui commente ce passage (*CN*, t.4, p.447).
[10] D'Holbach met cette phrase en italiques: '*La nature n'est point un ouvrage*'. L'usage de l'italique indique qu'il s'agit d'une citation.

est un atelier immense pourvu de matériaux, et qui fait les
instruments dont elle se sert pour agir: tous ses ouvrages sont
des effets de son énergie et des agents ou causes qu'elle fait, qu'elle   75
renferme, qu'elle met en action. Des éléments éternels, incréés,
indestructibles, toujours en mouvement, en se combinant diverse-
ment, font éclore tous les êtres, et les phénomènes que nous
voyons, tous les effets bons ou mauvais que nous sentons, l'ordre
ou le désordre, que nous ne distinguons jamais que par les   80
différentes façons dont nous sommes affectés, en un mot toutes
les merveilles sur lesquelles nous méditons et raisonnons. Ces
éléments n'ont besoin pour cela que de leurs propriétés, soit
particulières, soit réunies, et du mouvement qui leur est essentiel,
sans qu'il soit nécessaire de recourir à un ouvrier inconnu pour les   85
arranger, les façonner, les combiner, les conserver et les dissoudre.

'Mais en supposant pour un instant qu'il soit impossible de
concevoir l'univers sans un ouvrier qui l'ait formé et qui veille à
son ouvrage, où placerons-nous cet ouvrier? (*i*) sera-t-il dedans ou
hors de l'univers? est-il matière ou mouvement? ou bien n'est-il   90
que l'espace, le néant ou le vide? Dans tous ces cas, ou il ne serait
rien, ou il serait contenu dans la nature et soumis à ses lois. S'il est
dans la nature, je n'y pense voir [11] que de la matière en mouvement,
et je dois en conclure que l'agent qui la meut est corporel et
matériel, et que par conséquent il est sujet à se dissoudre. Si cet   95
agent est hors de la nature je n'ai plus aucune idée (*j*) du lieu qu'il
occupe, ni d'un être immatériel, ni de la façon dont un esprit sans

(*i*) Est-ce à nous à lui trouver sa place? C'est à lui de nous donner la
nôtre. Voyez la *réponse*.

(*j*) Etes-vous fait pour avoir des idées de tout, et ne voyez-vous pas
dans cette nature une intelligence admirable? [12]

n.*j*   70, 71N, 71A: de tout? //

[11] D'Holbach écrit en fait: 'je n'y peux voir'.
[12] Argument que Voltaire répète sans cesse (voir *CN*, t.4, p.446, où il commente la
p.114 de d'Holbach).

étendue peut agir sur la matière dont il est séparé. Ces espaces ignorés, que l'imagination a placés au-delà du monde visible, n'existent point pour un être qui voit à peine à ses pieds (*k*): la puissance idéale qui les habite, ne peut se peindre à mon esprit que lorsque mon imagination combinera au hasard les couleurs fantastiques qu'elle est toujours forcée de prendre dans le monde où je suis; dans ce cas je ne ferai que reproduire en idée ce que mes sens auront réellement aperçu; et ce Dieu, que je m'efforce de distinguer de la nature et de placer hors de son enceinte, y rentrera toujours nécessairement et malgré moi.

'L'on insistera, et l'on dira que si l'on portait une statue ou une montre à un sauvage qui n'en aurait jamais vu, il ne pourrait s'empêcher de reconnaître que ces choses sont des ouvrages de quelque agent intelligent, plus habile et plus industrieux que lui-même; [13] l'on conclura de là que nous sommes pareillement forcés de reconnaître que la machine de l'univers, que l'homme, que les phénomènes de la nature sont des ouvrages d'un agent dont l'intelligence et le pouvoir surpassent de beaucoup les nôtres.

'Je réponds en premier lieu, que nous ne pouvons douter que la nature ne soit très puissante et très industrieuse, (*l*) nous admirons son industrie toutes les fois que nous sommes surpris des effets étendus, variés et compliqués que nous trouvons dans ceux de ses ouvrages que nous prenons la peine de méditer: cependant elle n'est ni plus ni moins industrieuse dans l'un de ses ouvrages que dans les autres. Nous ne comprenons pas plus comment elle a pu

(*k*) Ou le monde est infini, ou l'espace est infini. Choisissez.

(*l*) *Puissante et industrieuse.* Je m'en tiens là. Celui qui est assez puissant pour former l'homme et le monde est Dieu. Vous admettez Dieu malgré vous.

100 71A: peine ses
n.*l* 70, 71N, 71A: [*note absente*]

[13] Cet exemple intéressa Voltaire (voir *CN*, t.4, p.447, où il commente la p.158 de d'Holbach).

produire une pierre ou un métal qu'une tête organisée comme celle de Newton: nous appelons *industrieux* un homme qui peut faire des choses que nous ne pouvons pas faire nous-mêmes. La nature peut tout; et dès qu'une chose existe, c'est une preuve qu'elle a pu la faire. Ainsi ce n'est jamais que relativement à nous-mêmes que nous jugeons la nature industrieuse; nous la comparons alors à nous-mêmes; et comme nous jouissons d'une qualité que nous nommons *intelligence*, à l'aide de laquelle nous produisons des ouvrages où nous montrons notre industrie, nous en concluons que les ouvrages de la nature qui nous étonnent le plus, ne lui appartiennent point, mais sont dûs à un ouvrier intelligent comme nous, dont nous proportionnons l'intelligence à l'étonnement que ses œuvres produisent en nous; c'est-à-dire, à notre faiblesse et à notre propre ignorance.' (*m*)

Voyez la réponse à ces arguments aux articles 'Athéisme' et 'Dieu' et à l'article suivant, 'Cause finale', écrit longtemps avant le *Système de la nature*. [14]

Cause finale

Section 1

Si une horloge n'est pas faite pour montrer l'heure, j'avouerai alors

(*m*) Si nous sommes si ignorants, comment oserons-nous affirmer que tout se fait sans Dieu?

138 K84, K12: à la section suivante, écrite longtemps
139-140 K84, K12: *nature.* / Section 2. ¶Si

[14] Les articles 'Athée, athéisme' et 'Dieu' du *DP* (*OCV*, t.35, p.375-92 et t.36, p.20-28) avaient paru en 1764. Voir surtout 'Athée, athéisme', lignes 62-69 et 'Dieu', lignes 38-78. L'important article 'Athéisme' des *QE* paraissait dans les mêmes temps que le présent article, mais dans le tome précédent (70, t.2, voir ci-dessus, p.150). Un article 'Dieu' paraîtra en avril 1771 (70, t.4; *M*, t.18, p.359-83). L'article 'Cause finale' (baptisé ainsi) emprunte les paragraphes 2 à 7 au chapitre 10 de *Des singularités de la nature* (1768; *M*, t.27, p.138-40).

que les causes finales sont des chimères; et je trouverai fort bon
qu'on m'appelle *cause finalier*, c'est-à-dire, un imbécile.[15]

Toutes les pièces de la machine de ce monde semblent pourtant
faites l'une pour l'autre. Quelques philosophes affectent de se
moquer des causes finales rejetées par Epicure et par Lucrèce.[16]   145
C'est plutôt, ce me semble, d'Epicure et de Lucrèce qu'il faudrait se
moquer. Ils vous disent que l'œil n'est point fait pour voir; mais
qu'on s'en est servi pour cet usage, quand on s'est aperçu que les
yeux y pouvaient servir.[17] Selon eux, la bouche n'est point faite
pour parler, pour manger, l'estomac pour digérer, le cœur pour   150
recevoir le sang des veines et l'envoyer dans les artères, les pieds
pour marcher, les oreilles pour entendre. Ces gens-là cependant

[15] C'est Helvétius imitant en ceci l'irritation de la chapelle holbachienne, qui
appelait Voltaire un 'cause finalier', c'est-à-dire un aristotélicien (voir par exemple
La Harpe, *Lycée, ou cours de littérature ancienne et moderne*, 16 vol., Paris, 1821-1822,
t.16, p.43 et aussi D19840).

[16] Non seulement, comme le remarque Voltaire, Epicure et Lucrèce niaient les
causes finales, mais un anti-finalisme avait aussi parcouru les dix-septième et dix-
huitième siècles français. Descartes est peut-être le plus illustre anti-finalier du dix-
septième siècle (voir par exemple ses *Principes de la philosophie*, Paris, 1723, première
partie, section 28, BV999). En ceci il sera suivi jusque dans le siècle suivant par ceux
que Montesquieu appelle les 'cartésiens rigides'. A ceux-ci ajoutons les libertins, et
surtout les médecins comme Guillaume Lamy (qui, depuis le seizième siècle, avaient
réputation de mécréance). Mais il est probable que, dans cet écrit qui témoigne des
hantises de Voltaire, se trouvent visés les anti-finaliers athées d'Holbach, Diderot,
Naigeon (sans toutefois que Voltaire sût précisément à qui il avait affaire en ce qui
concerne le *Système de la nature*).

[17] Lucrèce, *De la nature* (*Les Œuvres de Lucrèce*, Paris, 1692, BV2223; *De la nature
des choses*, 2 vol., Paris, 1768, BV2224), livre 4, vers 823-57. Voltaire se rappelle, ou
vise spécifiquement, les lignes suivantes: 'la claire lumière des yeux n'a pas été créée /
pour que nous voyions au loin [...] toute explication de ce genre est à contresens, /
inversant les rapports dans le raisonnement / puisque rien dans le corps n'est pour
notre usage formé, / mais, lorsqu'un organe s'est formé, il crée l'usage [...] tous les
membres enfin / existaient, à mon sens, avant d'avoir leur fonction, (vers 825-841;
De la nature, trad. José Kany-Turpin, Paris, 1993, p.289). Pour Lucrèce, le vice de la
doctrine des causes finales est de bouleverser le rapport des choses car elle met
partout l'effet avant la cause. Dans *De la nature des dieux*, Cicéron met les mêmes
arguments en faveur des causes finales dans la bouche du stoïcien Balbus (voir ci-
dessous, n.19).

avouaient que les tailleurs leur faisaient des habits pour les vêtir, et les maçons des maisons pour les loger; et ils osaient nier à la nature, au grand Etre, à l'intelligence universelle ce qu'ils accordaient tous à leurs moindres ouvriers.

Il ne faut pas sans doute abuser des causes finales; nous avons remarqué qu'en vain M. le Prieur, dans le *Spectacle de la nature*, prétend que les marées sont données à l'océan pour que les vaisseaux entrent plus aisément dans les ports, et pour empêcher que l'eau de la mer ne se corrompe.[18] En vain dirait-il que les jambes sont faites pour être bottées, et les nez pour porter des lunettes.

Pour qu'on puisse s'assurer de la fin véritable pour laquelle une cause agit, il faut que cet effet soit de tous les temps et de tous les lieux. Il n'y a pas eu des vaisseaux en tout temps et sur toutes les mers; ainsi l'on ne peut pas dire que l'océan ait été fait pour les vaisseaux. On sent combien il serait ridicule de prétendre que la nature eût travaillé de tout temps pour s'ajuster aux inventions de nos arts arbitraires, qui tous ont paru si tard; mais il est bien évident que si les nez n'ont pas été faits pour les bésicles, ils l'ont été pour l'odorat, et qu'il y a des nez depuis qu'il y a des hommes. De même les mains n'ayant pas été données en faveur des gantiers, elles sont visiblement destinées à tous les usages que le métacarpe et les phalanges de nos doigts, et les mouvements du muscle circulaire du poignet nous procurent.

Cicéron qui doutait de tout, ne doutait pas pourtant des causes finales.[19]

Il paraît bien difficile surtout, que les organes de la génération ne

[18] Antoine-Noël Pluche, *Le Spectacle de la nature* (7 vol., Paris, 1732-1746, BV2765; 9 vol., Paris, 1755-1764, BV2766; 8 vol, Paris, 1741-1750), t.3, p.190-95. Pluche s'exprime par l'intermédiaire du prieur de Jonval dans un ouvrage en forme de dialogue. Voir aussi l'article 'Calebasse' ci-dessus (p.497).

[19] Il s'agit ici sans doute d'une référence à l'exposition de la théologie stoïcienne que l'on trouve dans *Entretiens de Cicéron sur la nature des dieux*, livre 2, sections 73-168 (3 vol., Paris, 1721, BV773; 2 vol., Paris, 1732, BV774). Mais c'est ici le personnage Balbus qui parle (réfuté d'ailleurs par Cotta, livre 3, sections 65-93) et pas forcément Cicéron lui-même.

soient pas destinés à perpétuer les espèces. Ce mécanisme est bien 180
admirable, mais la sensation que la nature a jointe à ce mécanisme
est plus admirable encore. Epicure devait avouer que le plaisir est
divin; et que ce plaisir est une cause finale, par laquelle sont
produits sans cesse ces êtres sensibles qui n'ont pu se donner la
sensation.[20] 185

Cet Epicure était un grand homme pour son temps; il vit ce que
Descartes a nié, ce que Gassendi a affirmé, ce que Newton a
démontré, qu'il n'y a point de mouvement sans vide. Il conçut la
nécessité des atomes pour servir de parties constituantes aux
espèces invariables.[21] Ce sont là des idées très philosophiques. 190
Rien n'était surtout plus respectable que la morale des vrais
épicuriens; elle consistait dans l'éloignement des affaires publiques
incompatibles avec la sagesse, et dans l'amitié, sans laquelle la vie
est un fardeau. Mais pour le reste de la physique d'Epicure, elle ne

[20] L'hédonisme éthique d'Epicure (lequel est la partie la plus considérable de son système car c'est à lui qu'il attachait la plus grande importance) considère que notre obligation morale fondamentale, et le but de la vie, sont de minimiser la douleur et de maximiser le plaisir. C'est dans sa *Lettre à Ménécée* qu'il explique la nature du plaisir. Quant à la déclaration de Voltaire, il ne faut pas la prendre au pied de la lettre. Car nous savons qu'Epicure se moquait de ceux qui disaient que les dieux avaient créé toutes choses pour l'homme et l'homme pour eux-mêmes, et qu'ils s'occupaient des affaires de ce monde. Si, par exemple, le 'plaisir est divin' etc., il faudrait se demander si ce ne serait pas plutôt Voltaire qui émettait cette opinion. En 1738, dans une lettre à Frédéric, futur roi de Prusse, il écrivait: 'Je m'étonne que parmi tant de démonstrations alambiquées de l'existence de dieu, on ne se soit pas avisé d'apporter le plaisir en preuve. Car, physiquement parlant, le plaisir est divin' (D1558). Pour Dieu et le plaisir, ou le plaisir comme bien suprême, voir aussi D1165, D10197, D10220, D10283 et le cinquième des *Discours en vers sur l'homme* (*OCV*, t.17, p.504-506).
[21] Sur Gassendi et la physique d'Epicure, voir l'article 'Gassendi' du 'Catalogue des écrivains' du *Siècle de Louis XIV* (*OH*, p.1165). Pierre Gassendi avait exposé la philosophie et la physique d'Epicure dans *De vita et moribus Epicuri* (1647) et *Syntagma philosophicum* (1658). Mais ce sont là de lourds tomes que Voltaire ne possédait pas. Selon toute probabilité, il connaissait ces problèmes essentiellement par l'*Abrégé de la philosophie de Gassendi* par François Bernier (8 vol., Lyon, 1678, BV372). Sur Epicure et le vide, voir les *Eléments de la philosophie de Newton* (*OCV*, t.15, p.205).

paraît pas plus admissible que la matière cannelée de Descartes.[22]   195
C'est, ce me semble, se boucher les yeux et l'entendement que de
prétendre qu'il n'y a aucun dessein dans la nature; et, s'il y a du
dessein, il y a une cause intelligente, il existe un Dieu.

On nous objecte les irrégularités du globe, les volcans, les
plaines de sables mouvants, quelques petites montagnes abîmées et   200
d'autres formées par des tremblements de terre etc. Mais de ce que
les moyeux des roues de votre carrosse auront pris feu, s'ensuit-il
que votre carrosse n'ait pas été fait expressément pour vous porter
d'un lieu à un autre?[23]

Les chaînes des montagnes qui couronnent les deux hémi-   205
sphères, et plus de six cents fleuves qui coulent jusqu'aux mers du
pied de ces rochers, toutes les rivières qui descendent de ces mêmes
réservoirs, et qui grossissent les fleuves après avoir fertilisé les
campagnes; des milliers de fontaines qui partent de la même source,
et qui abreuvent le genre animal et le végétal, tout cela ne paraît pas   210

198   70, 71N, 71A : dessein, il y a un Dieu

[22] Dans la philosophie de Descartes, la matière cannelée ou striée est la forme en
cannelures ou striations que la matière était censée prendre par le mouvement des
tourbillons. C'est à partir de l'époque de son *Eloge historique de Madame la marquise
du Châtelet* (1751) que Voltaire commence à traiter la matière cannelée de notion
'absurde' (*M*, t.23, p.517). Or, pour en souligner le caractère franchement
'grotesque' (c'est le terme qu'utilise Voltaire dans l'article 'Bacon' des *QE*; voir
ci-dessus, p.279), voir la *Défense de mon oncle* (*OCV*, t.64, p.379, n.51). Quant à la
physique d'Epicure (dont Voltaire ne dira également que du mal jusqu'à la fin de sa
vie), il s'y intéressa dès l'époque des *Eléments de la philosophie de Newton* (*OCV*, t.15,
p.205-207, 362). Au milieu des années 1760, il établit un lien entre Epicure et le
renouveau de sa doctrine telle que l'entendaient les naturalistes ou athées réunis
autour du baron d'Holbach, Diderot et Naigeon. Voir par exemple *Le Philosophe
ignorant* (*OCV*, t.62, p.57, 61, 93-94), les *Homélies prononcées à Londres* (*OCV*, t.62,
p.443-47), et *La Défense de mon oncle* (*OCV*, t.64, p. 245, 247, et les notes aux p.396-
98). Voltaire possédait d'ailleurs *Les Vies des plus illustres philosophes de l'antiquité,
avec leurs dogmes, leurs systèmes, leur morale et leurs sentences* de Diogène Laërce
(3 vol., Amsterdam, 1761, BV1042) et y avait marqué d'un signet des passages sur
Epicure (t.2, p.396-97 et 420-21; *CN*, t.3, p.145).

[23] Paragraphe ajouté.

plus l'effet d'un cas fortuit et d'une déclinaison d'atomes, que la
rétine qui reçoit les rayons de la lumière, le cristallin qui les
réfracte, l'enclume, le marteau, l'étrier, le tambour de l'oreille qui
reçoit les sons, les routes du sang dans nos veines, la systole et la
diastole du cœur, ce balancier de la machine qui fait la vie.   215

Section 2[24]

Mais, dit-on, si Dieu a fait visiblement une chose à dessein, il a donc
fait toutes choses à dessein. Il est ridicule d'admettre la providence
dans un cas, et de la nier dans les autres. Tout ce qui est fait a été
prévu, a été arrangé. Nul arrangement sans objet, nul effet sans
cause; donc tout est également le résultat, le produit, d'une cause   220
finale; donc il est aussi vrai de dire que les nez ont été faits pour
porter des lunettes, et les doigts pour être ornés de bagues, qu'il est
vrai de dire que les oreilles ont été formées pour entendre les sons,
et les yeux pour recevoir la lumière.

Il ne résulte de cette objection rien autre, ce me semble, sinon   225
que tout est l'effet prochain ou éloigné d'une cause finale générale;
que tout est la suite des lois éternelles.

215-16 K84, K12: vie. / Section 3 ¶Il paraît qu'il faut être forcené pour nier que
les estomacs soient faits pour digérer, les yeux pour voir, les oreilles pour entendre.
¶D'un autre côté il faut avoir un étrange amour des causes finales pour assurer que la
pierre a été formée pour bâtir des maisons, et que les vers à soie sont nés à la Chine
afin que nous ayons du satin en Europe. ¶Mais   5
225 71N: autre chose, ce
227-28 K84, K12: éternelles. ¶Quand les effets sont invariablement les mêmes,
en tout lieu, et en tout temps; quand ces effets uniformes sont indépendants des êtres
auxquels ils appartiennent, alors il y a visiblement une cause finale. ¶Tous les
animaux ont des yeux, ils voient; tous ont des oreilles, et ils entendent; tous une

[24] Cette section (voir la note liminaire ci-dessus) reprend largement, avec
quelques variantes stylistiques, l'article 'Fin, causes finales' du *DP* (*OCV*, t.36,
p.117-20). La seule différence marquante, c'est que Voltaire supprime certains de ses
exemples antérieurs qui auraient pu prêter à sourire, et juge bon d'introduire une
distinction entre des effets 'immédiats' et des effets 'éloignés'. Voir l'annotation de ce
texte dans *OCV*, t.36.

Les pierres en tout lieu et en tout temps, ne composent pas des bâtiments; tous les nez ne portent pas des lunettes; tous les doigts n'ont pas une bague; toutes les jambes ne sont pas couvertes de bas 230 de soie. Un ver à soie n'est donc pas fait pour couvrir mes jambes, précisément comme votre bouche est faite pour manger, et votre derrière pour aller à la garde-robe. Il y a donc des effets immédiats produits par les causes finales; et des effets en très grand nombre qui sont des produits éloignés de ces causes. 235

Tout ce qui appartient à la nature est uniforme, immuable, est l'ouvrage immédiat du maître; c'est lui qui a créé les lois par lesquelles la lune entre pour les trois quarts dans la cause du flux et du reflux de l'océan, et le soleil pour son quart: c'est lui qui a donné un mouvement de rotation au soleil, par lequel cet astre envoie en 240 sept minutes et demie des rayons de lumière dans les yeux des hommes, des crocodiles et des chats.

Mais, si après bien des siècles nous nous sommes avisés d'inventer des ciseaux et des broches, de tondre avec les uns la laine des moutons, et de les faire cuire avec les autres pour les 245 manger, que peut-on en inférer autre chose, sinon, que Dieu nous a faits de façon qu'un jour nous deviendrions nécessairement industrieux et carnassiers?

Les moutons n'ont pas sans doute été faits absolument pour être cuits et mangés, puisque plusieurs nations s'abstiennent de cette 250 horreur. Les hommes ne sont pas créés essentiellement pour se massacrer, puisque les brames et les respectables primitifs qu'on nomme *quakers* ne tuent personne: mais la pâte dont nous sommes pétris produit souvent des massacres, comme elle produit des

---

bouche par laquelle ils mangent, un estomac, ou quelque chose d'approchant, par 5 lequel ils digèrent; tous un orifice qui expulse les excréments, tous un instrument de la génération: et ces dons de la nature opèrent en eux sans qu'aucun art s'en mêle. Voilà des causes finales clairement établies, et c'est pervertir notre faculté de penser, que de nier une vérité si universelle. ¶Mais les pierres
240-41   70: en cinq minutes
251   K12: sont point créés
252-53   70, 71N, 71A: brames et les *quakers*

calomnies, des vanités, des persécutions et des impertinences. Ce 255
n'est pas que la formation de l'homme soit précisément la cause
finale de nos fureurs et de nos sottises; car une cause finale est
universelle et invariable en tout temps et en tout lieu. Mais les
horreurs et les absurdités de l'espèce humaine n'en sont pas moins
dans l'ordre éternel des choses. Quand nous battons notre blé, le 260
fléau est la cause finale de la séparation du grain. Mais si ce fléau, en
battant mon grain écrase mille insectes, ce n'est pas par ma volonté
déterminée, ce n'est pas non plus par hasard; c'est que ces insectes
se sont trouvés cette fois sous mon fléau, et qu'ils devaient s'y
trouver. 265

C'est une suite de la nature des choses, qu'un homme soit
ambitieux, que cet homme enrégimente quelquefois d'autres
hommes, qu'il soit vainqueur, ou qu'il soit battu; mais jamais on
ne pourra dire; L'homme a été créé de Dieu pour être tué à la
guerre. 270

Les instruments que nous a donnés la nature ne peuvent être
toujours des causes finales en mouvement. Les yeux donnés pour
voir ne sont pas toujours ouverts; chaque sens a ses temps de repos.
Il y a même des sens dont on ne fait jamais d'usage. Par exemple,
une malheureuse imbécile enfermée dans un cloître à quatorze ans, 275
ferme pour jamais chez elle la porte dont devait sortir une
génération nouvelle; mais la cause finale n'en subsiste pas moins;
elle agira dès qu'elle sera libre.

---

262   K84, K12: n'est point par
262-63   71A: insectes, ce n'est pas non plus

CELTES

Parmi ceux qui ont eu assez de loisir, de secours et de courage pour rechercher l'origine des peuples, il s'en est trouvé qui ont cru trouver celle de nos Celtes, ou qui du moins ont voulu faire accroire qu'ils l'avaient rencontrée;[1] cette illusion était le seul prix de leurs travaux immenses: il ne faut pas la leur envier.

Du moins quand vous voulez connaître quelque chose des Huns (quoiqu'ils ne méritent guère d'être connus, puisqu'ils n'ont rendu aucun service au genre humain) vous trouvez quelques faibles notices de ces barbares chez les Chinois, ce peuple le plus ancien des nations connues après les Indiens.[2] Vous apprenez d'eux que les Huns allèrent dans certains temps, comme des loups affamés ravager des pays regardés encore aujourd'hui comme des lieux d'exil et d'horreur. C'est une bien triste et bien misérable science. Il vaut mieux sans doute cultiver un art utile à Paris, à Lyon et à

5

10

2   K12: il y en a eu qui

* L'article 'Celtes' est sans doute l'un de ceux que Voltaire a composés en janvier 1772 pour compléter le tome 9 des *QE* de l'édition de 1770 dont il manquait 'un quart' (D17543, D17544). Voltaire, qui a pour source principale l'*Histoire des Celtes* de Simon Pelloutier, en se moquant des hypothèses des compilateurs, jette le discrédit sur les 'Celtes-Welches'. Dans l'*Encyclopédie*, le long article 'Celtes' de l'abbé Claude Yvon n'est pas consacré à leur origine, mais à leur philosophie. L'article 'Celtibériens' est signé de l'astérisque qui désignerait Diderot. L'esprit de dénigrement de Voltaire est patent. 'Nation plus guerrière que savante', écrit l'abbé Yvon: Voltaire la considère à tort comme inculte. De même, l'article de l'*Encyclopédie* consacre de longs développements aux druides. Voltaire se limite à une allusion et à un renvoi. Le présent article paraît en mars 1772 (70, t.9).

[1] Voltaire écrit ailleurs que c'est 'folie' d'avoir voulu faire descendre les Celtes des Hébreux (*Essai sur les mœurs*, 'Avant-propos', t.1, p.199); ce sont des sauvages dont on ne connaît que le nom (article 'Franc' des *QE*, *M*, t.19, p.185). Les Celtes font partie des 'peuples les plus barbares' (article 'Alouette' des *QE*, *OCV*, t.38, p.207).

[2] Voltaire a annoté l'*Histoire générale des Huns, des Turcs, des Mogols* (4 vol., Paris, 1756-1758, BV1573; *CN*, t.4, p.255-57), de Joseph de Guignes, dont le premier tome est consacré à l'histoire des Huns.

Bordeaux que d'étudier sérieusement l'histoire des Huns et des   15
ours; mais enfin on est aidé dans ces recherches par quelques
archives de la Chine.

Pour les Celtes, point d'archives; on ne connaît pas plus leurs
antiquités que celles des Samoyèdes et des terres australes.

Nous n'avons rien appris de nos ancêtres que par le peu de mots   20
que Jules-César leur conquérant a daigné en dire. Il commence ses
commentaires par distinguer toutes les Gaules en Belges, Aqui-
tainiens et Celtes. [3]

De là quelques fiers savants ont conclu que les Celtes étaient les
Scythes; et dans ces Scythes-Celtes [4] ils ont compris toute l'Eu-   25
rope. [5] Mais pourquoi pas toute la terre? pourquoi s'arrêter en si
beau chemin?

On n'a pas manqué de nous dire que Japhet fils de Noé, vint au
plus vite au sortir de l'arche peupler de Celtes toutes ces vastes
contrées, qu'il gouverna merveilleusement bien. Mais des auteurs   30
plus modestes rapportent l'origine de nos Celtes à la tour de Babel,
à la confusion des langues, à Gomer dont jamais personne
n'entendit parler jusqu'au temps très récent, où quelques occidentaux lurent le nom de Gomer dans une mauvaise traduction des
Septante. [6]   35

[3] La première phrase de *La Guerre des Gaules*, livre 1, ch.1.

[4] Selon Nicolas Lenglet Du Fresnoy, le père Pezron est le premier qui ait avancé
l'idée vraisemblable que les Celtes tirent leur origine des Scythes, qui se sont établis
dans les Gaules et dans les contrées voisines (*Méthode pour étudier l'histoire*, 4 vol.,
Paris, 1729, t.2, p.239-40, BV2038). Lenglet Du Fresnoy fait allusion à l'*Antiquité de
la nation et de la langue des Celtes* de Paul Yves Pezron (Paris, 1703). Pour l'abbé
Antoine Banier, des hommes venus du nord, 'sous le nom de Scythes, de Celto-
Scythes et de Celtes, ont peuplé ces vastes contrées qui nous séparent de l'Asie' (*La
Mythologie et les fables expliquées par l'histoire*, 3 vol., Paris, 1738, t.2, p.617, BV257).
'Les Celtes ont été compris anciennement sous le nom général de Scythes', écrit
Simon Pelloutier (*Histoire des Celtes, et particulièrement des Gaulois et des Germains*,
La Haye, 1740, livre 1, p.1, BV2683; *CN*, t.6, p.300). Selon Pelloutier, les 'Celto-
Scythes' (appelés aussi Celtibères, Gaulois, Germains, etc.) sont l'un des deux
peuples (avec les Sarmates) qui occupaient la Scythie, au-delà du Danube.

[5] C'est la thèse de Pelloutier dans *Histoire des Celtes*, livre 1, ch.4, p.25-29, qui suit
en cela Lenglet Du Fresnoy et l'abbé Banier.

[6] Pelloutier écrit qu''un bon nombre d'auteurs modernes prétendent [...] que les

CELTES

Et voilà justement comme on écrit l'histoire. [7]

Bochart dans sa chronologie sacrée (quelle chronologie!) prend un tour fort différent; il fait de ces hordes innombrables des Celtes une colonie égyptienne, conduite habilement et facilement des bords fertiles du Nil par Hercule dans les forêts et dans les marais de la Germanie, où sans doute ces colons portèrent tous les arts, la langue égyptienne et les mystères d'Isis, sans qu'on ait pu jamais en retrouver la moindre trace. [8]

Ceux-là m'ont paru avoir encore mieux rencontré, qui ont dit que les Celtes des montagnes du Dauphiné étaient appelés Cottiens, de leur roi Cottius; [9] les Bérichons de leur roi Betrich, [10] les Welches ou Gaulois de leur roi Wallus, les Belges de Balgen, qui veut dire hargneux. [11]

40

45

Celtes descendent de Gomer fils de Japhet', mais que la Genèse (10:5) n'en fait aucune mention (*Histoire des Celtes*, livre 1, p.131). Il se réfère à Paul-Yves Pezron, qu'il trouve trop crédule pour les anciennes fables (livre 1, p.21). Effectivement, Pezron, s'appuyant notamment sur Flavius Josèphe, écrit que les Galates, ou Gaulois, sont des 'Gomariens', autrement dit des descendants de Gomer (*Antiquité de la nation*, p.12-24).

[7] Voltaire, *Charlot ou la comtesse de Givry*, acte 1, scène 7 (*M*, t.6, p.360).

[8] Selon Bochart, en fait, il y a de nombreuses similitudes entre les Gaulois et les *Phéniciens* (Samuel Bochart, *Geographiae sacrae*, Caen, 1634, 2ᵉ partie, livre 1, ch.42). On sait en effet que l'une des recherches de Bochart porte sur les colonies et la langue des Phéniciens (Bayle, *Dictionnaire*, Rotterdam, 1715, article 'Bochart', p.634. Voir aussi Claudine Poulouin, *Le Temps des origines*, Paris, 1998, p.121-23). Voltaire reprend ici une affirmation de Pelloutier (*Histoire des Celtes*, livre 1, p.132). Il s'inspire ensuite d'un passage où Pelloutier, traduisant Bochart, écrit que Hercule l'Egyptien, 'dit-on, mena une colonie en Germanie' (p.132). Pelloutier estime qu''une colonie, transposée d'Egypte dans le fond de la Germanie, est [...] un paradoxe incroyable', et réfute cette thèse (p.133-35). Il se réfère en note à Bochart et à Christoph Cellarius dans 'De Initiis cultioris Germaniae' (*Dissertationes Academicae*, Leipzig, 1712, p.577).

[9] C'est le 'seul exemple d'un peuple qui portât le nom de son chef', écrit Pelloutier (*Histoire des Celtes*, livre 1, p.143), qui rejette les autres étymologies fondées sur les noms propres.

[10] En fait, Pelloutier rejette l'étymologie de Bituriges [Berrichons] dérivant d'un roi Bitus (Beut-rich) inconnu (*Histoire des Celtes*, livre 1, p.143).

[11] *Balgen* signifie 'des gens féroces, hargneux' (Pelloutier, *Histoire des Celtes*,

553

Une origine encore plus belle, c'est celle des Celtes-Pannoniens, du mot latin *pannus*, drap; attendu, nous dit-on, qu'ils se vêtissaient 50 de vieux morceaux de drap mal cousus, assez ressemblants à l'habit d'Arlequin. [12] Mais la meilleure origine est sans contredit la tour de Babel.

. O braves et généreux compilateurs qui avez tant écrit sur des hordes de sauvages, qui ne savaient ni lire ni écrire, j'admire votre 55 laborieuse opiniâtreté! Et vous, pauvres Celtes-Welches, permet-tez-moi de vous dire aussi bien qu'aux Huns, que des gens qui n'ont pas eu la moindre teinture des arts utiles ou agréables, ne méritent pas plus nos recherches que les porcs et les ânes qui ont habité leur pays. 60

On dit que vous étiez anthropophages; mais qui ne l'a pas été? [13]

On me parle de vos druides qui étaient de très savants prêtres. [14] Allons donc à l'article 'Druide'.

---

livre 1, p.142). Pelloutier ne parle pas d'un roi Wallus. Selon lui, le nom des Gaulois viendrait du tudesque *wallen*, courir, voyager (livre 1, p.150). On sait que le nom de la Gaule, comme celui des Wallons, est issu du francique *Walha, 'les Romans'. Quant aux Welches, leur nom vient du latin *Gallicus*.

[12] Pelloutier, *Histoire des Celtes* (livre 1, p.141).

[13] Opinion longuement combattue par Pelloutier (*Histoire des Celtes*, livre 2, ch.3, p.234-46). Mais Voltaire retient l'accusation de Strabon. En marge de l'*Histoire des Celtes* de Pelloutier, il écrit: 'Irlandais anthropophages' (*CN*, t.6, p.300).

[14] Pelloutier, *Histoire des Celtes* (livre 2, ch.10, p.381-406). Voir l'article 'Celtes' de l'*Encyclopédie* auquel Voltaire fait peut-être allusion: les druides 'joignaient à l'étude de la nature la science de la morale et l'art de gouverner les hommes' (t.1, p.809).

CÉRÉMONIES, TITRES, PRÉÉMINENCE, *etc.*

Toutes ces choses qui seraient inutiles, et même fort impertinentes dans l'état de pure nature, sont fort utiles dans l'état de notre nature corrompue et ridicule.

Les Chinois sont de tous les peuples celui qui a poussé le plus loin l'usage des cérémonies: il est certain qu'elles servent à calmer 5 l'esprit autant qu'à l'ennuyer.[1] Les porte-faix, les charretiers chinois sont obligés au moindre embarras qu'ils causent dans les rues, de se mettre à genoux l'un devant l'autre, et de se demander mutuellement pardon selon la formule prescrite. Cela prévient les injures, les coups, les meurtres; ils ont le temps de s'apaiser, après 10 quoi ils s'aident mutuellement.[2]

* Voltaire envoie cet article à Cramer vers le 10 août 1770 (D16573). Les lignes 37-75 et 89-112 reproduisent dans son intégralité le texte *Des cérémonies*, publié en 1752 (voir *OCV*, t.32A, p.299-301); les lignes 113-245 et 256-84 sont reprises du texte *Des titres*, publié en 1750 (voir *OCV*, t.32A, p.281-87), auquel bon nombre d'articles dans l'*Encyclopédie* semblent d'ailleurs faire écho aussi, dont 'Altesse' et 'Altesse royale' de Mallet, publiés en 1751, et 'Majesté' de Jaucourt, publié en 1765. C'est d'ailleurs en 1752 que Diderot publie dans l'*Encyclopédie* son article 'Cérémonies', dans lequel il présente les cérémonies religieuses et politiques comme 'un assemblage d'extravagances, d'absurdités et de petitesses, sans motif, sans liaison, sans autorité' (t.2, p.839). Voltaire a donc ajouté une introduction (les lignes 1-36), deux nouveaux paragraphes (les lignes 76-88 et 246-55) et une conclusion (les lignes 285-87). Dans l'article qui en résulte, Voltaire s'attaque plus généralement à la vanité humaine (il parle dans l'avant-dernier paragraphe de son 'grand procès de la vanité') et au goût des titres en tant que prétendus signes de reconnaissance. Voltaire jette le discrédit sur les protocoles et étiquettes si caractéristiques d'une civilisation de cour, mais s'intéresse à l'histoire des titres. L'article paraît en novembre/décembre 1770 (70, t.3).

[1] Voir aussi le premier chapitre de l'*Essai sur les mœurs*: 'Les cérémonies continuelles, qui chez les Chinois, gênent la société, et dont l'amitié seule se défait dans l'intérieur des maisons, ont établi dans toute la nation une retenue et une honnêteté qui donne à la fois aux mœurs de la gravité et de la douceur' (t.1, p.217). Sa source est Du Halde (voir la note suivante). Selon l'article 'Titre (*Hist. mod.*)' de l'*Encyclopédie*, 'les Orientaux aiment les *titres* à l'excès' (t.16, p.359).

[2] Voltaire semble généraliser un incident rapporté par le père de Fontaney et

Plus un peuple est libre, moins il a de cérémonies; moins de titres fastueux; moins de démonstrations d'anéantissement devant son supérieur. On disait à Scipion, *Scipion*; et à César, *César*: et dans la suite des temps on dit aux empereurs, *Votre majesté, votre divinité*.   15

Les titres de saint Pierre et de saint Paul étaient *Pierre* et *Paul*. Leurs successeurs se donnèrent réciproquement le titre de *votre sainteté* que l'on ne voit jamais dans les *Actes des apôtres*, ni dans les écrits des disciples. [3]

Nous lisons dans l'*Histoire d'Allemagne* que le dauphin de   20 France qui fut depuis le roi Charles V, alla vers l'empereur Charles IV à Metz, et qu'il passa après le cardinal de Périgord. [4]

Il fut ensuite un temps où les chanceliers eurent la préséance sur les cardinaux, après quoi les cardinaux l'emportèrent sur les chanceliers.   25

Les pairs précédèrent en France les princes du sang, et ils marchèrent tous en ordre de pairie jusqu'au sacre de Henri III.

La dignité de la pairie était avant ce temps si éminente, qu'à la cérémonie du sacre d'Elizabeth épouse de Charles IX, en 1571, décrite par Simon Bouquet échevin de Paris, il est dit que *les dames*   30 *et damoiselles de la reine ayant baillé à la dame d'honneur le pain, le vin et le cierge avec l'argent pour l'offerte pour être présentés à la reine*

---

inclus par le père Jean-Baptiste Du Halde: 'Je me trouvai un jour, dit le père de Fontaney, dans un chemin étroit et profond, où il se fit en peu de temps, un grand embarras de charrettes. Je crus qu'on allait s'emporter, se dire des injures et peut-être se battre, comme on fait souvent en Europe: mais je fus fort surpris de voir des gens qui se saluaient, qui se parlaient avec douceur, comme s'ils se fussent connus et aimés depuis longtemps, et qui s'aidaient mutuellement à se débarrasser' (*Description géographique, historique, chronologique, politique, et physique de l'empire de la Chine et de la Tartarie chinoise*, 4 vol., La Haye, 1736, t.2, p.88, BV1132; *CN*, t.3, p.256-90).

[3] L'article 'Titre' dans l'*Encyclopédie* note que 'le pape porte le *titre de sainteté*' (t.16, p.359), et l'article 'Sainteté' note que '*sainteté* est un titre de vénération que l'on donne au pape, comme celui de *majesté* aux rois' (t.14, p.522).

[4] Joseph Barre rapporte que lorsque le Dauphin vint à Metz en 1356 solliciter l'aide de l'empereur Charles IV pour négocier la rançon du roi Jean, son père, il arriva après le cardinal de Périgord, appelé par l'empereur pour participer aux négociations (*Histoire générale d'Allemagne*, 10 tomes en 11 vol., Paris, 1748, t.6, p.737-38, BV270; *CN*, t.1, p.217-19).

par la dite dame d'honneur; cette dite dame d'honneur, pour ce qu'elle était duchesse, commanda aux dames d'aller porter elles-mêmes l'offerte aux princesses, etc.[5] Cette dame d'honneur était la connétable de Montmorency.

Le fauteuil à bras, la chaise à dos, le tabouret, la main droite, et la main gauche, ont été pendant plusieurs siècles d'importants objets de politique, et d'illustres sujets de querelles. Je crois que l'ancienne étiquette concernant les fauteuils vient de ce que chez nos barbares de grands-pères, il n'y avait qu'un fauteuil tout au plus dans une maison, et ce fauteuil même ne servait que quand on était malade. Il y a encore des provinces d'Allemagne et d'Angleterre, où un fauteuil s'appelle *une chaise de doléance*.[6]

Longtemps après Attila et Dagobert, quand le luxe s'introduisit dans les cours, et que les grands de la terre eurent deux ou trois fauteuils dans leurs donjons, ce fut une belle distinction de s'asseoir sur un de ces trônes; et tel seigneur châtelain prenait acte, comment ayant été à demi-lieue de ses domaines faire sa cour à un comte, il avait été reçu dans un fauteuil à bras.

On voit par les mémoires de Mademoiselle, que cette auguste princesse passa un quart de sa vie dans les angoisses mortelles des disputes pour des chaises à dos.[7] Devait-on s'asseoir dans une certaine chambre sur une chaise ou sur un tabouret, ou même ne point s'asseoir? Voilà ce qui intriguait toute une cour. Aujourd'hui les mœurs sont plus unies; les canapés et les chaises longues sont employées par les dames, sans causer d'embarras dans la société.

Lorsque le cardinal de Richelieu traita du mariage de Henriette de France et de Charles Ier avec les ambassadeurs d'Angleterre, l'affaire fut sur le point d'être rompue, pour deux ou trois pas de plus que les ambassadeurs exigeaient auprès d'une porte; et le

35

40

45

50

55

60

[5] Simon Bouquet, *Bref et Sommaire Recueil de ce qui a été fait et de l'ordre tenu à la joyeuse et triomphante entrée de Charles IX de ce nom, roi de France, en sa bonne ville et cité de Paris* (Paris, 1572), deuxième partie, p.3.

[6] Voir *OCV*, t.32A, p.299, n.1.

[7] Voir *OCV*, t.32A, p.299, n.2. Allusion aux *Mémoires* de la duchesse de Montpensier, (6 vol., Amsterdam, 1730, BV2507; *CN*, t.5, p.773-82). Elles parurent en 1728.

557

cardinal se mit au lit pour trancher toute difficulté. L'histoire a soigneusement conservé cette précieuse circonstance. [8] Je crois que si on avait proposé à Scipion de se mettre nu entre deux draps pour recevoir la visite d'Annibal, il aurait trouvé cette cérémonie fort plaisante. 65

La marche des carrosses, et ce qu'on appelle le *haut du pavé*, ont été encore des témoignages de grandeur, des sources de prétentions, de disputes et de combats pendant un siècle entier. On a regardé comme une signalée victoire de faire passer un carrosse 70 devant un autre carrosse. Il semblait à voir les ambassadeurs se promener dans les rues, qu'ils disputassent le prix dans des cirques; et quand un ministre d'Espagne avait pu faire reculer un cocher portugais, il envoyait un courrier à Madrid informer le roi son maître de ce grand avantage. [9] 75

Nos histoires nous réjouissent par vingt combats à coups de poing pour la préséance, le parlement contre les clercs de l'évêque à la pompe funèbre de Henri IV, la chambre des comptes contre le parlement dans la cathédrale quand Louis XIII donna la France à la Vierge, le duc d'Epernon dans l'église de Saint-Germain contre le 80 garde des sceaux Du Vair. Les présidents des enquêtes gourmèrent dans Notre-Dame le doyen des conseillers de grand'chambre Savare, pour le faire sortir de sa place d'honneur; (tant l'honneur est l'âme des gouvernements monarchiques) [10] et on fut obligé de faire empoigner par quatre archers le président Barillon qui 85 frappait comme un sourd sur ce pauvre doyen. Nous ne voyons point de telles contestations dans l'aréopage ni dans le sénat romain. [11]

A mesure que les pays sont barbares, ou que les cours sont faibles, le cérémonial est plus en vogue. La vraie puissance et la 90 vraie politesse dédaignent la vanité.

[8] Voir *OCV*, t.32A, p.293, n.6 et p.300, n.3.

[9] Voir *OCV*, t.32A, p.293, n.8.

[10] Voltaire semble ironiser ici sur *De l'esprit des lois* de Montesquieu.

[11] Voltaire rappelle dans cet alinéa des anecdotes dont il est déjà question aux chapitres 45, 47, 53 et 54 de l'*Histoire du parlement de Paris* (*OCV*, t.68, p.386-88, 394-98, 425-35).

Il est à croire qu'à la fin on se défera de cette coutume qu'ont encore quelquefois les ambassadeurs, de se ruiner pour aller en procession par les rues avec quelques carrosses de louage rétablis et redorés, précédés de quelques laquais à pied. Cela s'appelle *faire* 95 *son entrée*;[12] et il est assez plaisant de faire son entrée dans une ville sept ou huit mois après qu'on y est arrivé.

Cette importante affaire du *punctilio*, qui constitue la grandeur des Romains modernes; cette science du nombre des pas qu'on doit faire pour reconduire un *Monsignor*, d'ouvrir un rideau à moitié ou 100 tout à fait, de se promener dans une chambre à droite ou à gauche; ce grand art que les Fabius et les Caton n'auraient jamais deviné, commence à baisser: et les caudataires des cardinaux se plaignent que tout annonce la décadence.[13]

Un colonel français était dans Bruxelles un an après la prise de 105 cette ville par le maréchal de Saxe;[14] et ne sachant que faire, il voulut aller à l'assemblée de la ville. Elle se tient chez une princesse, lui dit-on. Soit, répondit l'autre, que m'importe? Mais il n'y a que des princes qui aillent là; êtes-vous prince? Va, va, dit le colonel, ce sont de bons princes; j'en avais l'année passée une 110 douzaine dans mon antichambre, quand nous eûmes pris la ville, et ils étaient tous fort polis.

101-102   K84, K12: gauche, [*avec note*: Ce fut une querelle de ce genre qui brouilla le cardinal de Bouillon avec la fameuse princesse des Ursins son intime amie; et la haine de cette femme aussi vaine que lui, mais plus habile en intrigue, fut une des principales causes de sa perte.] ce

[12] Voir l'article 'Entrée (*Hist. mod.*)' de l'*Encyclopédie*, rédigé par Jaucourt: 'Je ne parle pas ici des cérémonies d'*entrées* de princes étrangers, légats, ambassadeurs, ministres etc. Ce n'est qu'une vaine étiquette de cérémonial dont toutes les cours paraissent lasses, et qui finira quand la principale de l'Europe jugera de son intérêt de montrer l'exemple' (t.5, p.730).

[13] Une observation similaire se trouve dans l'article 'Conciles' du *DP* (*OCV*, t.35, p.623-24, n.29). Le caudataire est, selon l'article de ce titre dans l'*Encyclopédie*, 'un clerc ou aumônier qui porte le bas de la chape du pape ou d'un cardinal' (t.2, p.783).

[14] C'est-à-dire en 1747, la prise de Bruxelles ayant eu lieu en 1746. Ce détail, qui ne figurait pas dans *Des cérémonies*, a été ajouté par Voltaire dans ce texte. Il permet de dater cette anecdote.

En relisant Horace j'ai remarqué ce vers dans une épître à Mécène: *Te dulcis amice revisam.*[15] J'irai vous voir, mon bon ami. Ce Mécène était la seconde personne de l'empire romain, c'est-à-dire, un homme plus considérable et plus puissant que ne l'est aujourd'hui le plus grand monarque de l'Europe.[16]

En relisant Corneille, j'ai remarqué que dans une lettre au grand Scudéri gouverneur de Notre-Dame de la Garde, il s'exprime ainsi au sujet du cardinal de Richelieu, *Monsieur le cardinal votre maître et le mien.*[17] C'est peut-être la première fois qu'on a parlé ainsi d'un ministre, depuis qu'il y a dans le monde des ministres, des rois, et des flatteurs.[18] Le même Pierre Corneille, auteur de *Cinna*, dédie humblement ce *Cinna* au sieur de Montauron trésorier de l'épargne, qu'il compare sans façon à Auguste.[19] Je suis fâché qu'il n'ait pas appelé Montauron monseigneur.

On conte qu'un vieil officier qui savait peu le protocole de la vanité, ayant écrit au marquis de Louvois, *Monsieur*, et n'ayant point eu de réponse, lui écrivit *Monseigneur*, et n'en obtint pas davantage, parce que le ministre avait encore le *Monsieur* sur le cœur. Enfin il lui écrivit, *à mon Dieu, mon Dieu Louvois*; et au commencement de la lettre il mit, *Mon Dieu, mon Créateur.*[20] Tout

---

132 K84, K12: *Créateur* [*avec note*: Le *monseigneur* des ministres est presque tombé en désuétude, depuis que les places de secrétaires d'Etat ont été occupées par des grands, qui se seraient crus humiliés de n'être *monseigneurs* que depuis qu'ils étaient devenus ministres.]. Tout

[15] Voir *OCV*, t.32A, p.281, n.1.

[16] Voir *OCV*, t.32A, p.281, n.2.

[17] Corneille, *Œuvres complètes*, éd. G. Couton, 3 vol. (Paris, 1980-1987), t.1, p.801. Voir aussi *OCV*, t.32A, p.281, n.3.

[18] Dans ses *Commentaires sur Corneille*, Voltaire fait remarquer au sujet de cette lettre: 'Corneille appelle ici le cardinal de Richelieu son maître; il est vrai qu'il en recevait une pension, et on peut le plaindre d'y avoir été réduit; mais on doit le plaindre davantage d'avoir appelé son maître un autre que le roi' (*OCV*, t.54, p.87).

[19] Corneille, *Œuvres complètes*, t.1, p.905-906. Voir *OCV*, t.32A, p.281, n.4. Voir aussi l'article 'Auguste Octave' des *QE*, ci-dessus, et les *Carnets* (*OCV*, t.81, p.399; t.82, p.552).

[20] Sur la petitesse et la vanité de Louvois, voir aussi l'article 'Critique' du *DP* (*OCV*, t.35, p.660-61).

cela ne prouve-t-il pas que les Romains du bon temps étaient grands et modestes, et que nous sommes petits et vains?

Comment vous portez-vous, mon cher ami? disait un duc et pair à un gentilhomme; A votre service, mon cher ami, répondit l'autre; et dès ce moment il eut son *cher ami* pour ennemi implacable. Un grand de Portugal parlait à un grand d'Espagne, et lui disait à tout moment, *Votre excellence*. Le Castillan lui répondait, Votre courtoisie, *Vuestra merced*; c'est le titre que l'on donne aux gens qui n'en ont pas. Le Portugais piqué appela l'Espagnol à son tour, *Votre courtoisie*; l'autre lui donna alors de l'*excellence*. A la fin le Portugais lassé lui dit, Pourquoi me donnez-vous toujours de la courtoisie, quand je vous donne de l'excellence? et pourquoi m'appelez-vous, Votre excellence, quand je vous dis Votre courtoisie? C'est que tous les titres me sont égaux, répondit humblement le Castillan, pourvu qu'il n'y ait rien d'égal entre vous et moi.[21]

La vanité des titres ne s'introduisit dans nos climats septentrionaux de l'Europe que quand les Romains eurent fait connaissance avec la sublimité asiatique. La plupart des rois de l'Asie étaient, et sont encore cousins germains du soleil et de la lune: leurs sujets n'osent jamais prétendre à cette alliance; et tel gouverneur de province qui s'intitule, *Muscade de consolation* et *Rose de plaisir*, serait empalé, s'il se disait parent le moins du monde de la lune et du soleil.

Constantin fut, je pense, le premier empereur romain, qui chargea l'humilité chrétienne d'une page de noms fastueux. Il est vrai qu'avant lui on donnait du *dieu* aux empereurs. Mais ce mot *dieu* ne signifiait rien d'approchant de ce que nous entendons. *Divus Augustus, Divus Trajanus*, voulaient dire, *saint Auguste, saint Trajan*. On croyait qu'il était de la dignité de l'empire romain, que l'âme de son chef allât au ciel après sa mort; et souvent même on accordait le titre de *Saint*, de *Divus*, à l'empereur, en avancement

---

[21] C'est également la vanité que Voltaire reproche aux Espagnols dans son article 'Amour-propre' du *DP* (*OCV*, t.35, p.335).

d'hoirie.[22] C'est à peu près par cette raison, que les premiers   165
patriarches de l'Eglise chrétienne s'appelaient tous, *votre sainteté*.
On les nommait ainsi pour les faire souvenir de ce qu'ils devaient
être.[23]

On se donne quelquefois à soi-même des titres fort humbles,
pourvu qu'on en reçoive de fort honorables. Tel abbé qui s'intitule   170
frère, se fait appeler *monseigneur* par ses moines. Le pape se nomme
serviteur des serviteurs de Dieu.[24] Un bon prêtre du Holstein écrivit
un jour au pape Pie IV: *A Pie IV serviteur des serviteurs de Dieu*. Il
alla ensuite à Rome solliciter son affaire; et l'inquisition le fit mettre
en prison pour lui apprendre à écrire.[25]   175

Il n'y avait autrefois que l'empereur qui eût le titre de *majesté*.
Les autres rois s'appelaient *votre altesse*, *votre sérénité*, *votre grâce*.[26]
Louis XI fut le premier en France qu'on appela communément
majesté, titre non moins convenable en effet à la dignité d'un grand
royaume héréditaire qu'à une principauté élective.[27] Mais on se   180

---

[22] Au sujet de 'Divus Augustus', voir la note que Voltaire ajoute à l'article
'Alexandre' des *QE* (*OCV*, t.38, p.184); voir aussi l'article 'Auguste Octave' des *QE*
ci-dessus (p.213), remarque qu'il reprend de son *Du gouvernement et de la divinité
d'Auguste*, publié en 1766 (*M*, t.25, p.588). Voir aussi *La Canonisation de saint Cucufin*
(*M*, t.27, p.424).

[23] Voir les *Carnets*, sous la rubrique 'Titres' (*OCV*, t.81, p.162).

[24] Voir l'article 'Abus des mots' des *QE*, où Voltaire fait remarquer: 'Le monde
est plein de ces malentendus. Comment un Norvégien en lisant cette formule,
serviteur des serviteurs de Dieu, découvrira-t-il que c'est l'évêque des évêques, et le roi
des rois qui parle?' (*OCV*, t.38, p.69). Voir aussi l'article 'Bulle' des *QE* ci-dessus,
p.483, et l'animosité contre la papauté au chapitre 41 de *Dieu et les hommes* (*OCV*,
t.69, p.474).

[25] Cet alinéa (hormis la deuxième phrase) est cité dans l'article 'Serviteur
(*Théologie*)' de l'*Encyclopédie* (t.15, p.123).

[26] Voir la section que Voltaire consacre à Henri IV dans ses *Annales de l'Empire* en
1753 (*M*, t.13, p.299). Comme le fait remarquer Jaucourt dans son article 'Majesté' de
l'*Encyclopédie*, 'sous la république romaine le titre de *majesté* appartenait à tout le
corps du peuple et au sénat réuni: d'où vient que *majestatem minuere*, diminuer,
blesser la *majesté*, c'était manquer de respect pour l'Etat. La puissance étant passée
dans la main d'un seul, la flatterie transporta le titre de *majesté* à ce seul maître et à la
famille impériale, *majestas augusti, majestas divinoe domus*' (t.9, p.870).

[27] Rappel du chapitre 94 de l'*Essai sur les mœurs* (t.2, p.9) et même remarque sur

servait du terme d'*altesse* avec les rois de France longtemps après lui; et on voit encore des lettres à Henri III, dans lesquelles on lui donne ce titre. Les Etats d'Orléans ne voulurent point que la reine Catherine de Médicis fût appelée *majesté*.[28] Mais peu à peu cette dernière dénomination prévalut. Le nom est indifférent; il n'y a que le pouvoir qui ne le soit pas.

La chancellerie allemande, toujours invariable dans ses nobles usages, a prétendu jusqu'à nos jours ne devoir traiter tous les rois que de *sérénité*.[29] Dans le fameux traité de Vestphalie, où la France et la Suède donnèrent des lois au saint empire romain, jamais les plénipotentiaires de l'empereur ne présentèrent de mémoires latins où sa *sacrée majesté impériale* ne traitât avec les *sérénissimes rois de France et de Suède*; mais de leur côté les Français et les Suédois ne manquaient pas d'assurer que leurs *sacrées majestés de France et de Suède* avaient beaucoup de griefs contre le *sérénissime empereur*.[30] Enfin dans le traité tout fut égal de part et d'autre.[30] Les grands souverains ont depuis ce temps passé dans l'opinion des peuples pour être tous égaux; et celui qui a battu ses voisins a eu la prééminence dans l'opinion publique.

185

190

195

Louis XI dans l'article 'Majesté' de Jaucourt (*Encyclopédie*, t.9, p.870). L'empereur Charles Quint se désigna 'Majesté' dès 1519, et François Ier n'hésita pas à l'imiter, comme le révèle le traité de Crépy: tandis que le traité de Cambrai en 1520 ne présente que l'empereur comme 'Majesté', le traité de Crépy en 1544, en revanche, présente François Ier comme 'Majesté royale' et Charles Quint comme 'Majesté impériale'.

[28] Rappel de la fin du chapitre 170 de l'*Essai sur les mœurs* (t.2, p.484-85), ainsi que du chapitre 23 de l'*Histoire du parlement de Paris* (*OCV*, t.68, p.262). Les lettres que Pierre de Bourdeille, seigneur de Brantôme, adresse au roi Henri III figurent au tome 14 des *Œuvres* de Brantôme (15 vol., La Haye [Rouen], 1740, BV538; *CN*, t.1, p.512).

[29] Sur cet usage, voir la fin du chapitre 19 du *Siècle de Louis XIV* (*OH*, p.835-36). Voir aussi l'article 'Sérénité' de l'*Encyclopédie*: 'Les princes allemands estimaient autrefois plus ce titre [sérénité] que celui d'*altesse*, mais l'usage a enfin prévalu en faveur de ce dernier, et l'on qualifie surtout les électeurs, d'*altesse électorale*' (t.15, p.82).

[30] Voir la section que Voltaire consacre à Ferdinand III dans ses *Annales de l'Empire*, et plus particulièrement au sujet de la paix de Westphalie, signée en 1648 (*M*, t.13, p.591).

Philippe II fut la première *majesté* en Espagne; car la *sérénité* de   200
Charles V ne devint *majesté* qu'à cause de l'empire. Les enfants de
Philippe II furent les premières *altesses*, et ensuite ils furent *altesses
royales*. Le duc d'Orléans frère de Louis XIII, ne prit qu'en 1631 le
titre d'*altesse royale*: alors le prince de Condé prit celui d'*altesse
sérénissime*, que n'osèrent s'arroger les ducs de Vendôme. Le duc   205
de Savoie fut alors *altesse royale*, et devint ensuite *majesté*. Le
grand-duc de Florence en fit autant, à la *majesté* près; et enfin le
tzar, qui n'était connu en Europe que sous le nom de grand-duc,
s'est déclaré *empereur*, et a été reconnu pour tel.[31]

Il n'y avait anciennement que deux marquis d'Allemagne, deux   210
en France, deux en Italie. Le marquis de Brandebourg est devenu
roi, et *grand roi*; mais aujourd'hui nos marquis italiens et français
sont d'une espèce un peu différente.[32]

Qu'un bourgeois italien ait l'honneur de donner à dîner au légat
de sa province, et que le légat en buvant lui dise, *Monsieur le*   215
marquis, à votre santé, le voilà marquis lui et ses enfants à tout
jamais. Qu'un provincial en France, qui possédera pour tout bien
dans son village la quatrième partie d'une petite châtellenie ruinée,
arrive à Paris, qu'il y fasse un peu de fortune, ou qu'il ait l'air de
l'avoir faite, il s'intitule dans ses actes, *Haut et puissant seigneur*,   220

[31] Dans l'article 'Altesse royale' de l'*Encyclopédie* (1751), Mallet semble développer (t.1, p.304) le récit qu'esquisse Voltaire dans *Des titres*, repris ici. Sur le duc
d'Orléans et le prince de Condé, voir aussi l'article 'Altesse' de l'*Encyclopédie*.
Voltaire fait allusion à la carrière du duc de Savoie, qui devint en 1713 roi de Sicile et
en 1720 roi de Sardaigne, comme l'explique également l'article 'Altesse' (t.1, p.304).
Allusion en dernier lieu au czar Pierre Alekseévitch, devenu Pierre le Grand, avec le
titre d'empereur, à la paix de Nystad en 1721 (voir l'*Histoire de l'empire de Russie sous
Pierre le Grand*, *OCV*, t.47, p.911-12 et, sur la reconnaissance de ce titre en Europe,
n.36 et 37).

[32] Allusion à Frédéric Ier, électeur de Brandebourg, que Léopold Ier nomma roi de
Prusse en 1701. Voir aussi l'analyse que Voltaire fait de l'état de l'empire sous
Léopold Ier dans ses *Annales de l'Empire* (*M*, t.13, p.607). A comparer à l'article
'Sérénité' de l'*Encyclopédie*: 'Les plénipotentiaires français, à Munster, le refusèrent à
l'électeur de Brandebourg, sur ce que le mot de *sérénité* n'était pas français, et que le
roi ne l'accordait à personne' (t.15, p.82). Le 'grand roi', dans l'esprit de Voltaire,
désigne sans doute Frédéric II.

marquis et comte; et son fils sera chez son notaire, *Très haut et très puissant seigneur*; et comme cette petite ambition ne nuit en rien au gouvernement ni à la société civile, on n'y prend pas garde. Quelques seigneurs français se vantent d'avoir des *barons* alle- mands dans leurs écuries: quelques seigneurs allemands disent qu'ils ont des *marquis* français dans leurs cuisines: il n'y a pas longtemps, qu'un étranger étant à Naples fit son cocher *duc*. La coutume en cela est plus forte que l'autorité royale. Soyez peu connu à Paris, vous y serez *comte* ou *marquis*, tant qu'il vous plaira; soyez homme de robe ou de finance, et que le roi vous donne un marquisat bien réel, vous ne serez jamais pour cela *monsieur le marquis*.[33] Le célèbre Samuel Bernard était plus *comte* que cinq cents *comtes* que nous voyons qui ne possèdent pas quatre arpents de terre; le roi avait érigé pour lui sa terre de Coubert en bonne comté.[34] S'il se fût fait annoncer dans une visite, *le comte Bernard*, on aurait éclaté de rire. Il en va tout autrement en Angleterre.[35] Si le roi donne à un négociant un titre de *comte* ou de *baron*, il reçoit sans difficulté de toute la nation le nom qui lui est propre. Les gens de la plus haute naissance, le roi lui-même, l'appellent *milord*, monseigneur. Il en est de même en Italie: il y a le protocole des *monsignori*. Le pape lui-même leur donne ce titre. Son médecin est *monsignor*, et personne n'y trouve à redire.

En France le *monseigneur* est une terrible affaire. Un évêque n'était avant le cardinal de Richelieu que *mon révérendissime père en Dieu*.

Avant l'année 1635, non seulement les évêques ne se mon- seigneurisaient pas, mais ils ne donnaient point du *monseigneur* aux

---

234-235 K12: en bon comté

[33] Comme le fait remarquer Jaucourt dans son article 'Marquis' de l'*Encyclopédie*, 'le titre de *marquis* en France est une simple qualification que le souverain confère à qui il veut, sans aucun rapport à sa signification primitive' (t.10, p.143).
[34] Sur Samuel Bernard, voir ci-dessus, p.301, n.* et p.304, n.14. Voir aussi *OCV*, t.32A, p.285, n.6.
[35] Voir *OCV*, t.32A, p.285, n.7.

cardinaux.[36] Ces deux habitudes s'introduisirent par un évêque de Chartres, qui alla en camail et en rochet appeler *monseigneur* le cardinal de Richelieu; sur quoi Louis XIII dit, (si l'on en croit les mémoires de l'archevêque de Toulouse Montchal) *Ce chartrain irait baiser le derrière du cardinal, et pousserait son nez dedans jusqu'à ce que l'autre lui dît, c'est assez.*[37]

Ce n'est que depuis ce temps que les évêques se donnèrent réciproquement du *monseigneur*.

Cette entreprise n'essuya aucune contradiction dans le public. Mais comme c'était un titre nouveau que les rois n'avaient pas donné aux évêques, on continua dans les édits, déclarations, ordonnances, et dans tout ce qui émane de la cour, à ne les appeler que *sieurs*: et messieurs du conseil n'écrivent jamais à un évêque que *monsieur*.[38]

Les ducs et pairs ont eu plus de peine à se mettre en possession du *monseigneur*.[39] La grande noblesse, et ce qu'on appelle la *grande robe*, leur refusent tout net cette distinction. Le comble des succès de l'orgueil humain, est de recevoir des titres d'honneur de ceux qui croient être vos égaux; mais il est bien difficile d'arriver à ce point: on trouve partout l'orgueil qui combat l'orgueil.

250

255

260

265

267-68   K84, K12:   l'orgueil. [*avec note*: Louis XIV a décidé que la noblesse non

[36] Cette satire des évêques anticipe sur l'article 'Quakers' des *QE*: 'Je m'accoutume bientôt à voir un bon Philadelphien me traiter d'ami et de frère; ces mots raniment dans mon cœur la charité, qui se refroidit trop aisément. Mais que deux moines s'appellent, s'écrivent Votre Révérence; qu'ils se fassent baiser la main en Italie et en Espagne: c'est le dernier degré d'un orgueil en démence; c'est le dernier degré de sottise dans ceux qui la baisent; c'est le dernier degré de la surprise et du rire dans ceux qui sont témoins de ces inepties. La simplicité du Philadelphien est la satire continuelle des évêques qui se monseigneurisent' (*M*, t.20, p.311).

[37] Charles de Montchal, *Mémoires*, 2 vol. (Rotterdam [Toulouse], 1718, BV2492; *CN*, t.5, p.705-706), t.2, p.229. L'évêque de Chartres dont il s'agit ici est Léonor d'Estampes de Valençay (1589-1651): fidèle de Richelieu, il joua un rôle important dans les assemblées du clergé de 1621, 1625, 1635 et 1641, et il a présidé celle de 1650.

[38] Voir la variante et n.8 dans *OCV*, t.32A, p.286.

[39] A comparer à l'article 'Monseigneur' de l'*Encyclopédie*: 'On traite les ducs et pairs, les archevêques et évêques, les présidents au mortier de *monseigneur*' (t.10, p.670).

Quand les ducs exigèrent que les pauvres gentilshommes leur écrivissent *monseigneur*, les présidents à mortier en demandèrent autant aux avocats et aux procureurs. On a connu un président, qui ne voulut pas se faire saigner parce que son chirurgien lui avait dit, 'Monsieur, de quel bras voulez-vous que je vous saigne?' Il y eut un vieux conseiller de la grand'chambre qui en usa plus franchement. Un plaideur lui dit, *Monseigneur, monsieur votre secrétaire* ... Le conseiller l'arrêta tout court; Vous avez dit trois sottises en trois paroles: je ne suis point *monseigneur*, mon secrétaire n'est point *monsieur*, c'est mon *clerc*.

Pour terminer ce grand procès de la vanité, il faudra un jour que tout le monde soit *monseigneur* dans la nation; comme toutes les femmes, qui étaient autrefois *mademoiselle*, sont actuellement

270

275

280

---

titrée donnerait le *monseigneur* aux maréchaux de France, et elle s'y est soumise sans beaucoup de peine. Chacun espère devenir monseigneur à son tour. ¶Le même prince a donné des prérogatives particulières à quelques familles. Celles de la maison de Lorraine ont excité peu de réclamations, et maintenant il est assez difficile à l'orgueil d'un gentilhomme de se croire absolument l'égal d'hommes sortis d'une maison incontestablement souveraine depuis sept siècles, qui a donné deux reines à la France, qui enfin est montée sur le trône impérial. ¶Les honneurs des maisons de Bouillon et de Rohan ont souffert plus de difficultés. On ne peut nier qu'elles n'aient existé pendant longtemps sans être distinguées du reste de la noblesse. D'autres familles sont parvenues à posséder de petites souverainetés comme celle de Bouillon. Un grand nombre pourrait également citer de grandes alliances, et si on donnait un rang distingué à tous ceux que les généalogistes font descendre des anciens souverains de nos provinces, il y aurait presque autant d'altesses que de marquis ou de comtes. ¶Louis XIV avait ordonné aux secrétaires d'Etat de donner le *monseigneur* et l'*altesse* aux gentilshommes de ces deux maisons; mais ceux des secrétaires d'Etat qui ont été tirés du corps de la noblesse, se sont crus dispensés de cette loi en qualité de gentilshommes. Louvois s'y soumit et il écrivit un jour au chevalier de Bouillon: ¶*Monseigneur, si votre altesse ne change pas de conduite, je la ferai mettre dans un cachot. Je suis avec respect, etc.* ¶Maintenant ces princes ne répondent point aux lettres où l'on ne leur donne pas le *monseigneur* et l'*altesse*, à moins qu'ils n'aient besoin de vous, et la noblesse leur refuse l'un et l'autre à moins qu'elle n'ait besoin d'eux. Quand un gentilhomme qui a un peu de vanité passe un acte avec eux, il leur laisse prendre tous les titres qu'ils veulent, mais il ne manque pas de protester contre ces titres chez son notaire. La vanité a deux tonneaux comme Jupiter, mais le bon est souvent bien vide.] ¶Quand

5

10

15

20

25

madame.[40] Lorsqu'en Espagne un mendiant rencontre un autre gueux, il lui dit, 'Seigneur, *votre courtoisie* a-t-elle pris son chocolat?' Cette manière polie de s'exprimer élève l'âme et conserve la dignité de l'espèce.

Nous avons dit ailleurs une grande partie de ces choses. Il est bon de les inculquer pour corriger au moins quelques coqs-d'Inde qui passent leur vie à faire la roue.[41]

285

284-85 K12: l'espèce. ¶César et Pompée s'appelaient dans le sénat, César et Pompée. Mais ces gens-là ne savaient pas vivre. Ils finissaient leurs lettres par *vale*, adieu. Nous étions nous autres, il y a soixante ans, *affectionnés serviteurs*; nous sommes devenus depuis *très-humbles* et *très-obéissants*; et actuellement *nous avons l'honneur de l'être.* Je plains notre postérité; elle ne pourra que difficilement ajouter à ces belles formules. Le duc d'Epernon, le premier des Gascons pour la fierté, mais qui n'était pas le premier des hommes d'Etat, écrivit avant de mourir au cardinal de Richelieu, et finit sa lettre par *votre très-humble et très-obéissant*; mais se souvenant que le cardinal ne lui avait donné que du *très-affectionné*, il fit partir un exprès pour rattraper sa lettre qui était déjà partie; la recommença, signa *très-affectionné*, et mourut ainsi au lit d'honneur. ¶Nous

5

10

[40] Dans l'article 'Dame (*Hist. mod.*)' de l'*Encyclopédie*, Jaucourt écrit: 'Titre autrefois très distingué, très honorable parmi nous, et qu'on n'accordait qu'aux personnes du premier rang. Nos rois ne le donnaient dans leurs lettres qu'aux femmes des chevaliers; celles des écuyers les plus qualifiés étaient simplement nommées *mademoiselle*: c'est pourquoi Françoise d'Anjou étant demeurée veuve avant que son mari eût été fait chevalier, n'est appelée que *mademoiselle*. Brantôme ne donnait encore que le titre de *mademoiselle* à la sénéchale de Poitou sa grand-mère. Il parlerait différemment aujourd'hui que la qualification de *madame* est devenue si multipliée, qu'elle n'a plus d'éclat, et s'accorde même à de simples femmes de bourgeois. Tous les mots qui désignent des titres, des dignités, des charges, des prééminences, n'ont d'autre valeur que celle des lieux et des temps, et il n'est pas inutile de se le rappeler dans les lectures historiques' (t.4, p.618).
[41] Renvoi aux textes déjà parus. Voltaire justifie cette reprise.

CERTAIN, CERTITUDE

Je suis certain, j'ai des amis, ma fortune est sûre; mes parents ne m'abandonneront jamais; on me rendra justice; mon ouvrage est bon, il sera bien reçu; on me doit, on me payera; mon amant sera fidèle, il l'a juré; le ministre m'avancera, il l'a promis en passant: toutes paroles qu'un homme qui a un peu vécu raye de son 5
dictionnaire.

Quand les juges condamnèrent Danglade,[1] le Brun,[2] Calas,

---

* Il s'agit d'une version augmentée de l'article 'Certain, certitude' du *DP* que Voltaire fait précéder de développements sur les certitudes d'ordre judiciaire ou religieux qui conduisent 'droit à l'erreur' (lignes 1-88) et qu'il fait suivre de deux lignes finales (149-50). Pour l'annotation des lignes 89-148, on renvoie à *OCV*, t.35, p.510-12. Voltaire détourne les distinctions savantes de l'article 'Certitude' de l'*Encyclopédie*, par l'abbé de Prades, entre trois types de certitude, métaphysique, physique et morale, pour les inscrire dans la brûlante actualité polémique des affaires et pour dénoncer, une fois de plus, des croyances religieuses déjà stigmatisées dans son œuvre. Sa démonstration dans le *DP* s'inspirait des distinctions de Leibniz entre vérités de faits et vérités d'identité et de Locke, *An Essay concerning human understanding*, livre 4, ch.16, sections 1-12. Dans les ajouts des *QE*, ce sont moins les spéculations sur la certitude qui l'intéressent que ses conséquences néfastes. Cet article paraît en novembre/décembre 1770 (70, t.3); un ajout en 1774 fait allusion à la réhabilitation de Monbailli pour laquelle Voltaire avait œuvré dans *La Méprise d'Arras* (1771).

[1] Sur Danglade ou Langlade, en réalité le sieur d'Anglade, voir l'*Essai sur les probabilités en fait de justice* (*OCV*, t.74A, p.306, n.3). Dans *Le Prix de la justice et de l'humanité* (1777), Anglade et Lebrun, tous deux innocents, sont mentionnés comme ayant péri presque la même année (*M*, t.30, p.582). Voltaire cite lui-même sa source: François Gayot de Pitaval, *Causes célèbres et intéressantes, avec les jugements qui les ont décidées* (20 vol., Paris, 1739-1754, BV1442). Voltaire a lu le procès d'Anglade dans le tome 1, p.408-53; il a souligné et annoté quelques passages commentant ce jugement (*CN*, t.4, p.77).

[2] Dans cette liste d'innocents présumés de célébrité inégale, Lebrun est toujours cité avec le sieur d'Anglade, et pour cause. L'intitulé de leurs causes chez Gayot de Pitaval invite au rapprochement: 'Un mari et sa femme accusés injustement, dont l'innocence n'éclata qu'après leur condamnation' (t.1, p.408, affaire Anglade); 'Innocent condamné sur des indices et sa mémoire justifiée' (t.3, p.365, affaire

Sirven, Martin, Montbailli et tant d'autres, reconnus depuis pour innocents, ils étaient certains, ou ils devaient l'être, que tous ces infortunés étaient coupables; cependant ils se trompèrent.   10

Il y a deux manières de se tromper, de mal juger, de s'aveugler; celle d'errer en homme d'esprit, et celle de décider comme un sot.

Les juges se trompèrent en gens d'esprit dans l'affaire de Danglade, ils s'aveuglèrent sur des apparences qui pouvaient éblouir; ils n'examinèrent point assez les apparences contraires,   15 ils se servirent de leur esprit pour se croire certains que Danglade avait commis un vol, qu'il n'avait certainement pas commis: et sur cette pauvre certitude incertaine de l'esprit humain, un gentil-homme fut appliqué à la question ordinaire et extraordinaire. De là replongé sans secours dans un cachot et condamné aux galères où il   20 mourut; sa femme renfermée dans un autre cachot avec sa fille âgée de sept ans, laquelle depuis épousa un conseiller au même parlement qui avait condamné le père aux galères et la mère au bannissement. [3]

Il est clair que les juges n'auraient pas prononcé cet arrêt s'ils   25 n'avaient été *certains*. Cependant, dès le temps même de cet arrêt, plusieurs personnes savaient que le vol avait été commis par un prêtre nommé Gagnat [4] associé avec un voleur de grand chemin: et l'innocence de Danglade ne fut reconnue qu'après sa mort.

Ils étaient de même *certains*, lorsque par une sentence en   30

8   70, 71N, 71A: Martin, et

Lebrun). Gayot de Pitaval compare longuement ces deux affaires (voir *Causes célèbres*, t.3, p.445-56).

[3] Voltaire résume à grands traits, mais de manière exacte, cette affaire: le vol commis chez le comte de Montgomery, la condamnation, le 16 février 1688, par les juges, sur des conjectures équivoques, du sieur d'Anglade qui vit dans le même immeuble, le mariage de sa fille avec un conseiller du parlement. Il se rallie à l'appréciation de Gayot de Pitaval qui ne critique pas les juges trompés par des vraisemblances.

[4] L'aumônier du comte de Montgomery, François Gagnard, et son acolyte, un aventurier, Vincent dit Belestre, furent accusés de ce vol par des lettres anonymes et reconnus coupables, mais après la mort de d'Anglade, qui avait subi la question et avait été condamné aux galères.

première instance, ils condamnèrent à la roue l'innocent le Brun,[5] qui par appel fut brisé dans les tortures, et en mourut.

L'exemple des Calas et des Sirven est assez connu; celui de Martin l'est moins. C'était un bon agriculteur d'auprès de Bar en Lorraine. Un scélérat lui dérobe son habit, et va, sous cet habit, assassiner sur le grand chemin un voyageur qu'il savait chargé d'or, et dont il avait épié la marche. Martin est accusé; son habit dépose contre lui; les juges regardent cet indice comme une certitude. Ni la conduite passée du prisonnier, ni une nombreuse famille qu'il élevait dans la vertu, ni le peu de monnaie trouvé chez lui, probabilité extrême qu'il n'avait point volé le mort; rien ne peut le sauver. Le juge subalterne se fait un mérite de sa rigueur. Il condamne l'innocent à être roué; et, par une fatalité malheureuse, la sentence est confirmée à la Tournelle. Le vieillard Martin est rompu vif en attestant Dieu de son innocence jusqu'au dernier soupir. Sa famille se disperse; son petit bien est confisqué. A peine ses membres rompus sont-ils exposés sur le grand chemin, que l'assassin qui avait commis le meurtre et le vol est mis en prison pour un autre crime; il avoue sur la roue à laquelle il est condamné à son tour, que c'est lui seul qui est coupable du crime pour lequel Martin a souffert la torture et la mort.[6]

32   K84, K12: par arrêt rendu sur son appel
51-57   70, 71N, 71A: mort. ¶Ecartons

[5] Dans le tome 3 des *Causes célèbres* de Gayot de Pitaval, Voltaire a laissé un ruban et des signets dans l'histoire de Lebrun (p.506-507 et p.522-23; *CN*, t.4, p.78). Domestique depuis vingt-neuf ans chez une dame Mazel, jouissant de toute sa confiance, Lebrun, parce qu'il avait un passe-partout, est accusé d'avoir assassiné sa maîtresse que l'on retrouve percée de coups de couteau le 28 novembre 1689. Les juges négligèrent plusieurs indices, l'arrêt fut confirmé en appel; le 23 février 1690, Lebrun subit la question et mourut le 1er mars. Puis on découvrit le coupable, Jean Gerlat dit Berry, un ancien laquais qui prétendit que le meurtre avait été commandité par la bru de la dame Mazel, Mme de La Sablonnière. Avant de mourir, il déclare que Lebrun était innocent. Gayot de Pitaval, pendant des pages, explique comment les héritiers de Mme Mazel s'efforcent de faire obstacle à la demande de dommages et intérêts présentée par la veuve de Lebrun.

[6] Voltaire a entendu parler de cette affaire en août 1769 (voir D15808, D15824,

Montbailli qui dormait avec sa femme est accusé d'avoir de concert avec elle tué sa mère morte évidemment d'apoplexie: le conseil d'Arras condamne Montbailli à expirer sur la roue et sa femme à être brûlée. Leur innocence est reconnue, mais après que Montbailli a été roué. [7]

Ecartons ici la foule de ces aventures funestes qui font gémir sur la condition humaine. Mais gémissons du moins sur la *certitude* prétendue que les juges croient avoir quand ils rendent de pareilles sentences.

Il n'y a nulle certitude, dès qu'il est physiquement et moralement possible que la chose soit autrement. Quoi! il faut une démonstration pour oser assurer que la surface d'une sphère est égale à quatre fois l'aire de son grand cercle, et il n'en faudra pas pour arracher la vie à un citoyen par un supplice affreux?

Si tel est le malheur de l'humanité qu'on soit obligé de se contenter d'extrêmes probabilités, [8] il faut du moins consulter l'âge, le rang, la conduite de l'accusé, l'intérêt qu'il peut avoir eu à commettre le crime, l'intérêt de ses ennemis à le perdre: il faut que chaque juge se dise; La postérité, l'Europe entière ne condamnera-t-elle pas ma sentence! dormirai-je tranquille les mains teintes du sang innocent?

D15828, D15831). Mme Denis et le comte d'Argental lui conseillent de ne point s'en mêler (D15833, D15873). Voltaire fera faire des recherches par l'un de ses neveux dans les archives judiciaires, mais il ne s'engagera pas dans l'affaire (voir D15855). Tout au plus l'évoque-t-il dans ses œuvres (voir également *La Méprise d'Arras*, *OCV*, t.73, p.171-72; *Essai sur les probabilités en fait de justice*, *OCV*, t.74A, p.307-308). Voir Hervé Piant, 'Voltaire et l'étrange affaire Martin: erreur du juge ou erreur du philosophe?', dans *L'Erreur judiciaire, de Jeanne d'Arc à Roland Agret* (Paris, 2004), p.139-52.

[7] Sur Monbailli, qui fut exécuté à Saint-Omer, voir *La Méprise d'Arras* (*OCV*, t.73, p.353-85) et *VST* (t.2, p.373-75).

[8] Le problème des probabilités (présomptions, indices, conjectures) préoccupait les juristes du temps, de Daniel Jousse à Servan et Beccaria. Voltaire, à propos de l'affaire Morangiès, écrira un *Essai sur les probabilités en fait de justice* (*OCV*, t.74A, p.245-384; voir les mises au point de J. Renwick dans l'Introduction), puis les *Nouvelles Probabilités en fait de justice* (*OCV*, t.74A, p.387-414). Les jugements des affaires Anglade et Lebrun, faute de preuves, faisaient état de 'probabilités'.

Passons de cet horrible tableau à d'autres exemples d'une certitude qui conduit droit à l'erreur.

Pourquoi te charges-tu de chaînes, fanatique et malheureux Santon? Pourquoi as-tu mis à ta vilaine verge un gros anneau de fer? [9] C'est que je suis certain d'être placé un jour dans le premier des paradis à côté du grand prophète. Hélas! mon ami, viens avec moi dans ton voisinage au mont Athos, et tu verras trois mille gueux qui sont certains que tu iras dans le gouffre qui est sous le pont aigu, [10] et qu'ils iront tous dans le premier paradis.

Arrête, misérable veuve malabare; ne crois point ce fou qui te persuade que tu seras réunie à ton mari dans les délices d'un autre monde si tu te brûles sur son bûcher. Non, je me brûlerai; je suis certaine de vivre dans les délices avec mon époux; mon brame me l'a dit. [11]

Prenons des certitudes moins affreuses, et qui aient un peu plus de vraisemblance.

[9] La documentation de Voltaire sur les fakirs pourrait venir des *Voyages de François Bernier* (2 vol., Amsterdam, 1709-1720), t.2, p.121-24 dans la 'Lettre de Monsieur Chapelain touchant les superstitions étranges, façons de faire et doctrine des Hindous ou Gentils de l'Hindoustan'. Dans la *Lettre d'un Turc, sur les fakirs et sur son ami Bababec*, publiée en 1750, Voltaire évoquait déjà, d'après le témoignage de Bernier, des fakirs chargés de chaînes (voir *OCV*, t.32A, p.145-58). Selon *La Philosophie de l'histoire*, qui invoque le témoignage de Strabon à propos de brahmanes qui ne portaient pas de vêtements, on voit encore 'aujourd'hui' des pénitents 'avec un anneau de fer attaché à la verge' (*OCV*, t.59, p.239). Ce détail ne vient pas de Bernier.

[10] Voir *De l'Alcoran et de Mahomet* (*OCV*, t.20B, p.336, n.10). Le pont aigu, 'sur lequel les ressuscités passeront, et du haut duquel les réprouvés tomberont en enfer', est emprunté aux mages par l'Islam d'après l'*Essai sur les mœurs* (ch.7, t.1, p.272).

[11] A la suite de Montesquieu dans les *Lettres persanes*, lettre 120 [125], Voltaire a déjà traité le thème du bûcher des veuves; voir *Zadig* (*OCV*, t.30B, p.166-69), ainsi que l'article 'Brahmanes' des *QE* (voir ci-dessus, p.472-74 et n.35). Sa source est peut-être les *Voyages de François Bernier* (t.2, p.106-119), ou encore Diodore de Sicile, *Histoire universelle* (7 vol., trad. J. Terrasson, Paris, 1758, BV1041), où il note en marge 'femmes qui se brûlent' (*CN*, t.3, p.144). Il évoquera cette coutume à maintes reprises comme le remarque G. Ascoli dans son édition critique de *Zadig* (Paris, 1962), t.2, p.90. Il s'agit d'un cliché du dix-huitième siècle, exploité en 1770 par la tragédie de Antoine-Marin Lemierre, *La Veuve du Malabar ou l'empire des coutumes*.

Quel âge a votre ami Christophe? Vingt-huit ans; j'ai vu son contrat de mariage, son extrait baptistaire, je le connais dès son enfance; il a vingt-huit ans, j'en ai la certitude, j'en suis certain. 90

A peine ai-je entendu la réponse de cet homme si sûr de ce qu'il dit, et de vingt autres qui confirment la même chose, que j'apprends qu'on a antidaté par des raisons secrètes, et par un manège singulier, l'extrait baptistaire de Christophe. Ceux à qui j'avais 95 parlé n'en savent encore rien; cependant, ils ont toujours la certitude de ce qui n'est pas.

Si vous aviez demandé à la terre entière avant le temps de Copernic, Le soleil est-il levé? s'est-il couché aujourd'hui? tous les hommes vous auraient répondu, Nous en avons une certitude 100 entière; ils étaient certains, et ils étaient dans l'erreur.

Les sortilèges, les divinations, les obsessions, ont été longtemps la chose du monde la plus certaine aux yeux de tous les peuples. Quelle foule innombrable de gens qui ont vu toutes ces belles choses, qui en ont été certains! aujourd'hui cette certitude est un 105 peu tombée.

Un jeune homme qui commence à étudier la géométrie vient me trouver; il n'en est encore qu'à la définition des triangles: N'êtes-vous pas certain, lui dis-je, que les trois angles d'un triangle sont égaux à deux droits? Il me répond que non seulement il n'en est 110 point certain, mais qu'il n'a pas même d'idée nette de cette proposition; je la lui démontre, il en devient alors très certain, et il le sera pour toute sa vie.

Voilà une certitude bien différente des autres; elles n'étaient que des probabilités; et ces probabilités examinées sont devenues des 115 erreurs; mais la certitude mathématique est immuable et éternelle.

J'existe, je pense, je sens de la douleur, tout cela est-il aussi certain qu'une vérité géométrique? Oui; tout douteur que je suis, je l'avoue. Pourquoi? C'est que ces vérités sont prouvées par le même principe qu'une chose ne peut être, et n'être pas en même temps. Je 120 ne peux en même temps exister et n'exister pas, sentir, et ne sentir

105 K12: qui ont

pas. Un triangle ne peut en même temps avoir cent quatre-vingts degrés, qui sont la somme de deux angles droits, et ne les avoir pas.

La certitude physique de mon existence, de mon sentiment, et la certitude mathématique sont donc de même valeur, quoiqu'elles soient d'un genre différent.

Il n'en est pas de même de la certitude fondée sur les apparences, ou sur les rapports unanimes, que nous font les hommes.

Mais quoi, me dites-vous, n'êtes-vous pas certain que Pékin existe? n'avez-vous pas chez vous des étoffes de Pékin? des gens de différents pays, de différentes opinions, et qui ont écrit violemment les uns contre les autres en prêchant tous la vérité à Pékin, ne vous ont-ils pas assuré de l'existence de cette ville? Je réponds qu'il m'est extrêmement probable qu'il y avait alors une ville de Pékin; mais je ne voudrais pas parier ma vie que cette ville existe; et je parierai quand on voudra ma vie, que les trois angles d'un triangle sont égaux à deux droits.

On a imprimé dans le Dictionnaire encyclopédique une chose fort plaisante; on y soutient qu'un homme devrait être aussi sûr, aussi certain que le maréchal de Saxe est ressuscité, si tout Paris le lui disait, qu'il est sûr que le maréchal de Saxe a gagné la bataille de Fontenoy, quand tout Paris le lui dit. Voyez, je vous prie, combien ce raisonnement est admirable; je crois tout Paris quand il me dit une chose moralement possible; donc je dois croire tout Paris quand il me dit une chose moralement et physiquement impossible.

Apparemment que l'auteur de cet article voulait rire, et que l'autre auteur qui s'extasie à la fin de cet article, et écrit contre lui-même, voulait rire aussi. (a)

Pour nous, qui n'avons entrepris ce petit *Dictionnaire* que pour faire des questions, nous sommes bien loin d'avoir de la *certitude*. [12]

(a) Voyez l'article 'Certitude', Dictionnaire encyclopédique.

[12] Cet alinéa, ajouté à l'article du *DP*, renvoie à l''Introduction' aux *QE* (*OCV*, t.38, p.3).

OUVRAGES CITÉS

Acropolite, Georges, *Historia byzantina* (Paris, 1651).

Albina, Larissa L., 'Découverte de nouveaux livres de la bibliothèque de Voltaire', dans *Le Siècle de Voltaire: hommage à René Pomeau*, éd. Christiane Mervaud et Sylvain Menant (Oxford, 1987).

Algarotti, Francesco, *Il Neutonianismo per le dame*, trad. Duperron de Castera, 2 vol. (Paris, 1738).

Alletz, Pons-Augustin, *Dictionnaire portatif des conciles* (Paris, 1758, BV53).

'*Anathematisatio haereticorum, et aliorum contravenientium contentis in hac constitutione, quae bulla in coena Domini appellatur*', *Magnum bullarium Romanum*, 5 vol. (Lyon, 1673; Luxembourg, 1727).

Arrêt de la cour, président Barnabé Brisson, contre la bulle, De Coena Domini (4 octobre 1580).

Augustin, saint, *Lettres de saint Augustin*, trad. Philippe Dubois-Goibaud, 6 vol. (Paris, 1684, BV219).

Azouvi, François, *Descartes et la France* (Paris, 2002).

Bachaumont, Louis Petit de, *Mémoires secrets de Bachaumont*, 36 vol. (Londres, 1780-1789).

Bacon, Francis, *Novum Organum*, trad. Michel Malherbe et Jean-Marie Pousseur (Paris, 1986).

Badir, Magdy Gabriel, *Voltaire et l'Islam*, *SVEC* 125 (1974).

Baillet, Adrien, *Auteurs déguisés* (Paris, 1690).

Balayé, S., *La Bibliothèque nationale des origines à 1800* (Paris, 1988).

Balcou, Jean, *Fréron contre les philosophes* (Genève, 1975).

Banier, Antoine, *La Mythologie et les fables expliquées par l'histoire*, 3 vol. (Paris, 1738-1740, BV257).

Baraton, *Poésies diverses contenant des contes choisis, bons mots, traits d'histoire et de morale, madrigaux, épigrammes et sonnets* (Paris, 1705).

Barre, Joseph, *Histoire générale d'Allemagne*, 10 t. en 11 vol. (Paris, 1748, BV270).

Basile, saint, *Aux jeunes gens sur la manière de tirer profit des lettres helléniques*, trad. F. Boulenger (Paris, 1952).

Bayle, Pierre, *Continuation des Pensées diverses*, 2 vol. (Rotterdam, 1705).

– *Dictionnaire historique et critique*, 4 vol. (Rotterdam, 1697, BV292); 2 vol. (Rotterdam, 1715); 4 vol. (Amsterdam et Leyde, 1730); 4 vol. (Paris, 1730); 5 vol. (Amsterdam, 1734).

– *Pensées diverses* et *Continuation des Pensées diverses*, dans *Œuvres diverses*, 4 vol. (La Haye [Trévoux], 1737, BV290).

– *Pensées diverses sur la comète*, 2 vol. (Paris, 1984).

Beauchamps, Pierre-François Godard de, *Recherches sur les théâtres de France*, 3 vol. (Paris, 1735, BV296).

Bekker, Balthazar, *Le Monde enchanté, ou examen des communs sentiments touchant les esprits, leur nature, leur pouvoir, leur administration, et leurs opérations, et touchant les effets que les hommes sont capables de produire par leur communication et leur vertu*, 4 vol. (Amsterdam, 1694, BV326).

Bergeret, Roger, et Jean Maurel, *L'Avocat Christin (1741-1799): un collaborateur de Voltaire des Lumières à la Révolution* (Lons-le-Saunier/Saint-Claude, 2002).

Bernier, François, *Abrégé de la philosophie de Gassendi*, 8 vol. (Lyon, 1678, BV372).

– *Voyages*, 2 vol. (Amsterdam, 1699).

– *Voyages de François Bernier*, 2 vol. (Amsterdam, 1709-1710).

Bochart, Samuel, *Geographiae sacrae* (Caen, 1634).

Bodin, Jean, *De la démonomanie des sorciers* (Paris, 1580; Paris, 1582, BV431).

Boguet, Henry, *Discours des sorciers, tiré de quelques procès, faits dès deux ans en ça à plusieurs de la même secte, en la terre de Saint-Oyan de Joux, dite de Saint-Claude au comté de Bourgogne. Avec une instruction pour un juge en fait de sorcellerie* (Lyon, 1603).

Boileau, Jacques, *Histoire des flagellants, où l'on fait voir le bon et le mauvais usage des flagellations parmi les chrétiens, par des preuves tirées de l'Ecriture sainte, des pères de l'Eglise, des papes, des conciles, et des auteurs profanes* (Amsterdam, 1701, BV438).

Boileau, Nicolas, *Epîtres* (Paris, 1937).

– *Œuvres complètes*, éd. F. Escal (Paris, 1966).

– *Œuvres de M. Boileau Despréaux. Avec des éclaircissements historiques, donnés par lui-même*, 2 vol. (Genève, 1716, BV440).

Bonnefons, J.-C. [attribué à], *Voyage au Canada dans le nord de l'Amérique sepentrionale fait depuis l'an 1751 à 1761* (s.l.n.d.; rééd., Québec, 1887).

Bost, Hubert, *Pierre Bayle* (Paris, 2006).

Bougeant, Guillaume-Hyacinthe, *Amusement philosophique sur le langage des bêtes* (Paris, 1739; Amsterdam, 1750, BV494).

Bouquet, Simon, *Bref et Sommaire Recueil de ce qui a été fait et de l'ordre tenu à la joyeuse et triomphante entrée de Charles IX de ce nom, roi de France, en sa bonne ville et cité de Paris* (Paris, 1572).

Boureau-Deslandes, André-François, *Histoire critique de la philosophie*, 3 vol. (Amsterdam, 1737, BV517).

Bourgoing de Villefore, J.-F., *Anecdotes ou mémoires secrets sur la constitution Unigenitus*, 3 vol. (Utrecht et Trévoux, 1730-1733).

Broc, Numa, *La Géographie des philosophes: géographes et voyageurs français au dix-huitième siècle* (Paris, 1975).

Brown, Andrew, 'Calendar of Voltaire manuscripts', *SVEC* 77 (1970).

Brumfitt, J. H., 'Voltaire and Warburton', *SVEC* 18 (1961), p.35-56.

Brumoy, Pierre, *Le Théâtre des Grecs*, 3 vol. (Paris, 1730, BV556).

Bruzen de La Martinière, Antoine-Augustin, *Le Grand Dictionnaire géographique et critique*, 11 vol. (La Haye, 1726-1739, BV564).

Burnet, Gilbert, *Voyage de Suisse, d'Italie, et de quelques endroits d'Allemagne et de France* (Rotterdam, 1688).

Butler, Samuel, *Hudibras*, éd. John Wilders (Oxford, 1967).

Buxtorf père, Johann, *De la synagogue judaïque* (Bâle, 1661).

Calderón de la Barca, Pedro, *Autos sacramentales*, éd. Angel Valbuena Prat, 2 vol. (Madrid, 1926-1927).

– *La Devoción de la misa*, dans *Autos sacramentales alegoricos, y historiales* (Madrid, 1677).

Calmet, Augustin, *Commentaire littéral sur tous les livres de l'Ancien et du Nouveau Testament*, 23 t. en 22 vol. (Paris, 1707-1716); 25 vol. (Paris, 1709-1734, BV613); 8 t. en 9 vol. (Paris, 1724-1726).

– *Dictionnaire historique, critique, chronologique, géographique et littéral de la Bible*, 4 vol. (Paris, 1722-1728); nouv. éd., 4 vol. (Paris, 1730, BV615).

– *Traité sur les apparitions des esprits, et sur les vampires ou les revenants de Hongrie, de Moravie etc.*, nouv. éd., 2 vol. (Paris, 1751, BV618).

Cedrenus, Georgius, *Compendium historiarum*, 2 vol. (Paris, 1647).

Cellarius, Christoph, *Dissertationes Academicae* (Leipzig, 1712).

Charpenne, Pierre, *Histoire des réunions temporaires d'Avignon et du comtat Venaissin à la France* (Paris, 1886).

Chartularium universitatis parisiensis, éd. Henri Denifle et Emile Chatelain (Paris, 1889-1897).

Chastenet, Jacques-François de, marquis de Puységur, *Art de la guerre par principes et par règles*, 2 vol. (Paris, 1748).

Chauffepié, Jacques-Georges, *Nouveau Dictionnaire historique et critique, pour servir de supplément ou de continuation au Dictionnaire historique et critique de M. Pierre Bayle*, 4 vol. (Amsterdam et La Haye, 1750-1756, BV731).

Cicéron, *De la divination de Cicéron*, trad. François-Séraphin Regnier-Desmarais (Amsterdam, 1741, BV772).

– *Entretiens de Cicéron sur la nature des dieux*, trad. J. Thoulier d'Olivet, 3 vol. (Paris, 1721); 2 vol. (Paris, 1732, BV774).

La Clef du cabinet (février 1751).

Cobbett's complete collection of state trials and proceedings for high treason and other crimes and misdemeanours from the earliest period to the present time, éd. Thomas B. Howell (Londres, 1813).

Codex Theodosianus, trad. J. Rougé (Paris, 2005).

Commelin, P., *Mythologie grecque et romaine* (Paris, 1956).

Confucius, *Sinarum philosophus, sive scientia sinensis latine exposita* (Paris, 1687, BV845).

Corneille, Pierre, *Œuvres complètes*, éd. G. Couton, 3 vol. (Paris, 1980-1987).

Corpus iuris civilis, éd. R. Schöll et G. Kroll, 3 vol. (Berlin, 1954).

Corpus juris civilis Romani, 2 vol. (Bâle, 1756, BV872).

Cotoni, Marie-Hélène, 'Fluctuations de Voltaire sur quelques figures de la littérature philosophique clandestine', *La Lettre clandestine* 16 (2008), p.117-35.

Cronk, Nicholas, *The Classical sublime: French neoclassicism and the language of literature* (Charlottesville, VA, 2003).

– 'The Epicurean Spirit: champagne and the defence of poetry in Voltaire's *Le Mondain*', *SVEC* 371 (1999), p.53-80.

– 'L'*Iphigénie* de Saint-Foix et l'esthétique du tableau: réécrire Racine en 1768', *SVEC* 2005:08, p.133-44.

– 'Voltaire and authorship', dans *The*

Cambridge Companion to Voltaire, éd. N. Cronk (Cambridge, 2008), p.31-46.

– 'Voltaire au pays des folliculaires: une carrière littéraire entre deux siècles', dans *Le Pauvre Diable: destins de l'homme de lettres au XVIIIe siècle*, éd. Henri Duranton (Saint-Etienne, 2006).

– 'Voltaire, La Fontaine et les ambivalences du "siècle de Louis XIV" ', dans *Voltaire et le Grand Siècle*, éd. J. Dagen et A.-S. Barrovecchio, *SVEC* 2006:10.

Curtis, Judith, *'Divine Thalie': the career of Jeanne Quinault, SVEC* 2007:08.

Curtis, Judith, et David Trott (éd.), *Histoire et recueil des lazzis, SVEC* 338 (1996).

Daniel, Gabriel, *Histoire de France*, 9 vol. (Paris, 1729, BV938).

– *Histoire de la milice française et des changements qui s'y sont faits depuis l'établissement de la monarchie dans les Gaules jusqu'à la fin du règne de Louis le Grand*, 2 vol. (Paris, 1728, BV939).

Dantine, Maur, *L'Art de vérifier les dates des faits historiques* (Paris, 1750, Ferney catalogue n° 797).

Darnton, Robert, *Bohème littéraire et révolution: le monde des livres au dix-huitième siècle* (Paris, 1983).

– 'The facts of literary life in eighteenth-century France', dans *The Political Culture of the Old Regime*, éd. K. M. Baker (Oxford, 1987).

'De la nature et de la propagation du feu': cinq mémoires couronnés par l'Académie royale des sciences, Paris 1738 (Wassy, 1994).

Delfino, Giovanni, *Le Tragedie di Giovanni Delfino senatore veneziano poi patriarca di Aquileia, e cardinale di Santa Chiesa, cioè la Cleopatra, la Lucrezia, il Creso, il Medoro. Ora per la prima volta alla sua vera lezione ridotte, e illustrate col dialogo Apologetico dell'Autore non più stampato* (Padoue, 1733).

Della Casa, Giovanni, *Capitolo del bacio*, dans *Le Terze Rime piacevoli di M. Giovanni Della Casa con una scelta delle migliori rime burlesche del Berni, Mauro, Dolce, ed altri autori incerti* (Bénévent, 1727).

Delrío, Martín Antonio, *Disquisitionum magicarum*, 3 vol. (Louvain, 1599-1600, BV2984; Mayence, 1603); trad. André Duchesne, *Les Controverses et recherches magiques* (Paris, 1611).

Delumeau, Jean, *La Peur en Occident* (Paris, 1978).

Denisart, Jean-Baptiste, *Collection de décisions nouvelles et de notions relatives à la jurisprudence actuelle*, 14 vol. (Paris, 1783-1807).

Dennis, John, *An Essay on the genius and the writings of Shakespeare with some letters of criticism to the spectator* (Londres, 1712).

Descartes, René, *La Description du corps humain*, dans *Œuvres complètes*, éd. Charles Adam et Paul Tannery, 11 vol. (Paris, 1964-1975).

– *Discours de la méthode*, dans *Œuvres complètes*, éd. Charles Adam et Paul Tannery, 11 vol. (Paris, 1964-1975).

– *Méditations métaphysiques*, 2 vol. (Paris, 1724, BV997).

– *Le Monde ou traité de la lumière* (Leyde, 1664).

– *Le Monde ou traité de l'homme*, dans *Œuvres complètes*, éd. Charles Adam et Paul Tannery, 11 vol. (Paris, 1964-1975).

– *La Naissance de la paix*, dans *Œuvres philosophiques*, éd. F. Alquié, 3 vol. (Paris, 1973).

– *Les Principes de la philosophie* (Paris, 1723, BV999).

Descartes, René, et M. Schoock, *La Querelle d'Utrecht*, éd. T. Verbeek (Paris, 1988).

Dictionnaire de l'Académie française, 2 vol. (Paris, 1762, BV1028).

Dictionnaire de la musique en France aux XVIIe et XVIIIe siècles, éd. Marcelle Benoit (Paris, 1992).

Dictionnaire de théologie catholique, 15 vol. (Paris, 1899-1950).

Dictionnaire des journaux, éd. Jean Sgard, 2 vol. (Paris, 1991).

Dictionnaire général de Voltaire, éd. R. Trousson et J. Vercruysse (Paris, 2003).

Dictionnaire historique de la langue française, éd. Alain Rey (Paris, 1993; Paris, 1994).

Dictionnaire universel français et latin, vulgairement appelé Dictionnaire de Trévoux, 6 vol. (Paris, 1743, BV1029); 7 vol. (Paris, 1752); 8 vol. (Paris, 1771).

Diderot, Denis, *Lettre sur les aveugles* (Londres [Paris], 1749, BV1035).

– *Pensées philosophiques* (La Haye [Paris], 1746, BV1037; Londres [Amsterdam], 1777, BV1038).

– *Salon de 1767*, dans *Œuvres complètes de Diderot* (Paris, 1975-).

– *Suite de l'apologie de Monsieur l'abbé de Prades*, dans *Œuvres complètes*, éd. R. Lewinter, 15 vol. (Paris, 1969).

Diodore de Sicile, *Histoire universelle de Diodore de Sicile*, trad. Jean Terrasson, 7 vol. (Paris, 1758, BV1041).

Dion Cassius, *Historiae romanae* (Paris, 1592, *Ferney catalogue* n° 889).

Dovizi da Bibbiena, Bernardo, *Calandra*, éd. Giorgio Padoan (Padoue, 1985).

Dréano, M., *La Renommée de Montaigne en France au XVIIIe siècle, 1677-1802* (Angers, 1952).

Dryden, John, *The Poetical Works of Dryden*, éd. George R. Noyes (Cambridge, 1950).

Du Cange, Charles Du Fresne, sieur, *Glossarium ad scriptores mediae et infimae latinitatis*, 6 vol. (Paris, 1733-1736, BV1115).

Duclos, Charles Pinot, *Histoire de Louis XI*, 3 vol. (Paris, 1745, BV1124).

Dufresny, Charles, seigneur de La Rivière, *Amusements sérieux et comiques* (Paris, 1699).

Du Halde, Jean-Baptiste, *Description géographique, historique, chronologique, politique et physique de l'empire de la Chine et de la Tartarie chinoise*, 4 vol. (Paris, 1735; La Haye, 1736, BV1132).

Dupin, Louis Ellies, *Nouvelle Bibliothèque des auteurs ecclésiastiques*, 4 vol. (Paris, 1690-1730, BV1167).

Dupont, Paul, *Un Poète-Philosophe au commencement du dix-huitième siècle, Houdar de la Motte, 1672-1731* (Paris, 1898).

Dupré de Saint-Maur, Nicolas-François, *Essai sur les monnaies* (Paris, 1746, BV1176).

Dussaussoy, abbé, *La Vérité rendue sensible à tout le monde*, 2 vol. (Utrecht, 1742, BV1190).

Duvergier de Hauranne, Jean, *Question royale et sa décision* (Paris, 1609).

Echard, Laurent, *Histoire romaine*, trad. Larroque et Guyot Desfontaines,

6 vol. (Paris, 1728, BV1200); nouv. éd., 6 vol. (Paris, 1737-1742); 16 vol. (Paris, 1728-1742).

Encyclopédie, ou dictionnaire raisonné des sciences, des arts et des métiers, par une société de gens de lettres, éd. J. Le Rond D'Alembert et D. Diderot, 35 vol. (Paris, 1751-1780).

Euripide, *La Passion du Christ, tragédie*, trad. André Tuilier (Paris, 1969).

Eusèbe de Césarée, *Histoire de l'Eglise*, trad. Louis Cousin (Paris, 1675, BV1250).

– *Praeparatio evangelica* (Paris, 1628, BV1251).

Ferney-Voltaire, pages d'histoire (Annecy, 1990).

Ferret, Olivier, *La Fureur de nuire: échanges pamphlétaires entre philosophes et antiphilosophes (1750-1770)*, *SVEC* 2007:03.

– 'Quand les "Amateurs" copient "L'auteur de l'*Essai sur les mœurs et l'esprit des nations*": de quelques reprises de l'*Essai sur les moeurs* dans les *Questions sur l'Encyclopédie*', dans *Copier/coller: écriture et réécriture chez Voltaire*, éd. Olivier Ferret, Gianluigi Goggi et Catherine Volpilhac-Auger (Pise, 2007).

– 'Voltaire et Boileau', dans *Voltaire et le Grand Siècle*, éd. J. Dagen et A.-S. Barrovecchio, *SVEC* 2006:10.

– 'Voltaire, lecteur de l'*Encyclopédie*', *Revue Voltaire* 3 (2003), p.79-99.

Fishwick, Duncan, *The Imperial Cult in the Latin west: studies in the ruler cult of the western provinces of the Roman empire*, 3 vol. (Leyde, 1987-2005).

Flavius Josèphe, *Histoire des Juifs écrite par Flavius Joseph sous le titre de Antiquitez judaïques*, trad. R. Arnaud

d'Andilly, 2 vol. (Paris, 1700); nouv. éd., 5 vol. (Paris, 1735-1736, BV1743).

Fleury, Claude, *Histoire ecclésiastique*, 35 vol. (Paris, 1720-1738, BV1350); 36 vol. (Paris, 1722-1738).

– *Institution au droit ecclésiastique* [...] *nouvelle édition*, 2 vol. (Paris, 1762, BV1352).

Florida, R. E., *Voltaire and the socinians*, *SVEC* 122 (1974).

Folard, Jean-Charles, *Histoire de Polybe, nouvellement traduite du grec* [...]. *Avec un commentaire ou un corps de science militaire enrichi de notes critiques et historiques, par M. de Folard*, 6 vol. (Paris, 1727-1730, BV2787).

– *Histoire de Scipion l'Africain, pour servir de suite aux hommes illustres de Plutarque* [par l'abbé Séran de La Tour]. *Avec les observations de M. le chevalier de Folard sur la bataille de Zama* (Paris, 1738, BV3146).

Folena, Gianfranco, 'Divagazioni sull'italiano di Voltaire', dans *L'Italiano in Europa: esperienze linguistiche del Settecento* (Turin, 1983).

Fontenelle, Bernard Le Bovier de, *Histoire de l'Académie royale des sciences* (Paris, 1718).

Frédéric II, *L'Esprit du chevalier de Folard* [...] *pour l'usage d'un officier, de main de maître* (Leipzig, 1761).

– *Œuvres historiques de Frédéric le Grand*, 4 vol. (Leipzig et Paris, 1830).

– *Œuvres posthumes* (Potsdam, 1805).

Furetière, Antoine, *Dictionnaire universel contenant généralement tous les mots français tant vieux que modernes de toutes les sciences et des arts*, 3 vol. (La Haye et Rotterdam, 1690).

Gagnier, Jean, *La Vie de Mahomet, traduite et compilée de l'Alcoran, des traditions authentiques de la Sonna et des meilleurs auteurs arabes*, 2 vol. (Amsterdam, 1732, BV1411).

Galiani, Ferdinando, *Dialogues sur le commerce des blés* (Paris, 1770, BV1426).

Gargett, G., 'Some reflections on Voltaire's *L'Ingénu* and a hitherto neglected source: the *Questions sur les miracles*', dans *The Secular City: studies in the Enlightenment presented to Haydn Mason*, éd. T. D. Hemmin, E. Freeman, et D. Meakin (Exeter, 1994).

Garth, Samuel, *The Dispensary*, 5ᵉ éd. (Londres, 1703); (Londres, 1706; *CN*, t.4, p.672).

– *A Complete key to the seventh edition of The Dispensary* (Londres, 1714).

Gayot de Pitaval, François, *Causes célèbres et intéressantes, avec les jugements qui les ont décidées*, 20 vol. (Paris, 1739-1754, BV1442).

Gérard, André-Marie, *Dictionnaire de la Bible* (Paris, 1989).

Giannone, Pietro, *Histoire civile du royaume de Naples*, 4 vol. (La Haye, 1742, BV1464).

Girdlestone, Cuthbert, *Jean-Philippe Rameau: his life and works* (Londres, 1957).

Gouhier, H., *Rousseau et Voltaire, portraits dans deux miroirs* (Paris, 1983).

Goulbourne, Russell, *Voltaire comic dramatist*, *SVEC* 2006:03.

Grand Dictionnaire universel du dix-neuvième siècle, 17 vol. (Paris, s.d.).

Grimarest, Jean-Léonor de, *Traité du récitatif: dans la lecture, dans l'action publique, dans la déclamation, et dans le chant: avec un traité des accents, de la quantité, et de la ponctuation* (Paris, 1707).

Gros, Etienne, *Philippe Quinault: sa vie et son œuvre* (Paris, 1926).

Grotius, Hugo, *Traité de la vérité de la religion chrétienne*, trad. P. Le Jeune (Amsterdam, 1728, BV1555).

Guaccio, Francesco Maria, *Compendium maleficarum* (Milan, 1608); trad. italienne, *Compendio delle stregonerie* (Milan, 1967).

Haag, E. Martin, 'Diderot et Voltaire lecteurs de Montaigne: du jugement suspendu à la raison libre', *Revue de métaphysique et de morale* (1997), p.365-83.

Hadidi, Djavâd, *Voltaire et l'Islam* (Paris, 1974).

Havens, George R., *Voltaire's marginalia on the pages of Rousseau* (Columbus, OH, 1933).

Hawley, D. S., 'L'Inde de Voltaire', *SVEC* 120 (1974), p.139-78.

Hefele, Carl Joseph, *Histoire des conciles*, 11 vol. (Paris, 1914-1915).

Herbelot, Barthélemy D', *Bibliothèque orientale, ou dictionnaire universel contenant généralement tout ce qui regarde la connaissance des peuples de l'Orient* (Paris, 1697, BV1626).

Hérodote, *Les Histoires d'Hérodote*, trad. P. Du Ryer, 3 vol. (Paris, 1713, BV1631).

Holbach, Paul-Henri Thiry, baron d', *Système de la nature*, 2 vol. (Londres, 1770, BV1660; Londres [Amsterdam], 1771, BV1661).

Holwell, John Zephaniah, *Interesting historical events, relative to the provinces of Bengal, and the empire of Indostan*, 2 vol. (Londres, 1766-1767, BV1666).

Homes, Henry, Lord Kames, *Elements of Criticism*, 3 vol. (Edimbourg, 1762,

Ferney catalogue nº 1542); éd. Peter Jones, 2 vol. (Indianapolis, IN, 2005).

Horace, *Art poétique*, trad. F. Villeneuve (Paris, 2002).

– *Œuvres d'Horace en latin et en français*, trad. André Dacier, 4ᵉ éd., 10 vol. (Amsterdam, 1727, BV1678).

– *Satires*, trad. F. Villeneuve (Paris, 2002).

Huet, Pierre-Daniel, *Demonstratio evangelica* (Paris, 1679; Paris, 1690, BV1690).

Jacques-Lefèvre, Nicole, ' "Le monstre subsiste encore": d'un usage philosophique de la sorcellerie chez Voltaire', *Cahiers Voltaire* 3 (2004), p.71-97.

Jardillier, Armand, *La Vie originale de Monsieur de Sourdéac* (Paris, 1961).

Johnson, Samuel, *A Dictionary of the English language*, 2 vol. (Londres, 1755-1756).

Joinville, Jean de, *Histoire de saint Louis* (Paris, 1668).

Jourdain, Charles, *Histoire de l'Université de Paris au dix-septième et au dix-huitième siècles*, 2 vol. (Paris, 1888).

Journal encyclopédique (15 juin 1770).

[Jousse, Daniel], *Nouveau Commentaire sur l'Ordonnance criminelle* (Paris, 1757).

Kafker, F. A. et S. L. Kafker, *The Encyclopedists as individuals: a biographical dictionary of the authors of the Encyclopédie*, *SVEC* 257 (1988).

Kennicott, Benjamin, *Remarques critiques sur I Samuel, ch.VI, ver.19*. (Londres, 1768, BV1781).

The Koran, commonly called the Alcoran of Mohammed, translated into English immediately from the original Arabic; with explanatory notes, taken from the most approved commentators. To which is prefixed a preliminary discourse, trad. George Sale (Londres, 1734, BV1786).

Kretzmann, Norman, ' "Sensus compositus, sensus divisus", and propositional attitudes', *Medioevo: rivista di storia della filosofia medievale* 7 (1981), p.195-230.

Labat, Jean-Baptiste, *Voyages [...] en Espagne et en Italie*, 4 vol. (Amsterdam, 1731); 8 vol. (Paris, 1730, BV1790).

La Bruyère, Jean de, *Les Caractères*, éd. Emmanuel Bury (Paris, 1995).

La Calprenède, Gautier de Costes, sieur de, et Pierre Ortigue de Vaumorière, *Faramond ou l'histoire de France*, 12 vol. (Paris, 1661-1670).

Lafitau, Joseph-François, *Mœurs des sauvages américains comparées aux mœurs des premiers temps* (Paris, 1724, BV1852).

La Fontaine, Jean de, *Fables, contes et nouvelles*, éd. E. Pilon, R. Groos et J. Schiffrin (Paris, 1954).

– *Féronde ou le Purgatoire*, dans *Œuvres* (Paris, 1991).

La Gorce, Jérôme de, *Carlo Vigarani intendant des plaisirs de Louis XIV* (Paris, 2005).

– *Lully* (Paris, 2002).

La Harpe, Jean-François de, 'De la poésie lyrique ou de l'ode chez les anciens et les modernes', *Mercure de France* (1ᵉʳ avril 1772), p.101-50.

– *Lycée, ou cours de littérature ancienne et moderne*, 16 vol. (Paris, 1821-1822).

La Jousselinière, René Boudier de, *Le Porte-feuille trouvé*, 2 vol. (Genève, 1757, BV3719).

La Laurencie, Lionel de, *Les Créateurs de l'opéra français* (Paris, 1930).

La Mare, Nicolas de, *Traité de la police*, 4 vol. (Paris, 1713-1738).

La Menardaye, Jean-Baptiste de, *Examen et discussion critique de l'Histoire des diables de Loudun, de la possession des religieuses ursulines et de la condamnation d'Urbain Grandier* (Liège [Paris], 1749, BV1890).

La Mettrie, Julien Offray de, *Essai de cosmologie* dans *Œuvres philosophiques*, 2 vol. (Amsterdam, 1753, BV1893).

La Mothe Le Vayer, François de, *De la vertu des païens* (Paris, 1647).

La Motte, Antoine Houdar de, 'L'Amour-propre, ode à l'évêque de Soissons', dans *Odes* (Paris, 1709).

– 'La libre éloquence, ode en prose. A S. E. Monseigneur le cardinal de Fleury', dans *Œuvres*, 11 vol. (Paris, 1754).

– 'Quatrième discours à l'occasion de la tragédie d'*Œdipe*', dans *Œuvres*, 11 vol. (Paris, 1754).

– 'Suite des réflexions sur la tragédie où l'on répond à M. de Voltaire', dans *Œuvres*, 11 vol. (Paris, 1754).

Lancaster, H. C., *A History of French dramatic literature in the seventeenth century*, 9 vol. (Baltimore, MD, 1932).

Lancre, Pierre de, *Tableau de l'inconstance des mauvais anges et démons où il est amplement traité des sorciers et de la sorcellerie* (Paris, 1612).

Lannier, J.-F., 'Une amitié à l'occasion des affaires Calas et Sirven: la correspondance entre Voltaire et Michel-Antoine Servan, avocat général au parlement de Grenoble', dans *Voltaire et ses combats*, éd. U. Kölving et C. Mervaud (Oxford, 1997).

Lanson, Gustave, *Nivelle de la Chaussée et la comédie larmoyante* (Paris, 1903).

Larcher, Pierre-Henri, *Supplément à la Philosophie de l'histoire de feu M. l'abbé Bazin* (Amsterdam, 1767, BV1923).

Laurière, E. de, *Glossaire du droit français* (Paris, 1701).

La Viéville, Laurent Lecerf de, *Comparaison de la musique italienne et de la musique française* (Bruxelles, 1705-1706).

La Ville, J.-C., *Continuation des causes célèbres et intéressantes, avec les jugements qui les ont décidées, par M. J.-C. de La Ville, avocat au parlement de Paris* (Paris et Amsterdam, 1769-1770, BV1955).

Lecouteux, Claude, *Le Livre des grimoires* (Paris, 2002).

Ledieu, François, *Journal, Les Dernières années de Bossuet*, éd. Ch. Urbain et E. Lévesque, 2 vol. (Bruges et Paris, 1928).

Lenglet Du Fresnoy, Nicolas, *Méthode pour étudier l'histoire*, 4 vol. (Paris, 1729, BV2038).

Le Ru, Véronique, *Voltaire newtonien* (Paris, 2005).

Lettieri, Michael, et Michael Ukas, *Trissino's Sophonisba and Aretino's Horatia: two Italian Renaissance tragedies* (Lewiston, NY, 1997).

Lettres édifiantes et curieuses, écrites des missions étrangères, éd. Charles Le Gobien et autres, 34 vol. (Paris, 1707-1776, BV2104).

Lilti, Antoine, *Le Monde des salons: sociabilité et mondanité à Paris au XVIIIe siècle* (Paris, 2005).

Littré, Emile, *Dictionnaire de la langue française*, 4 vol. (Paris, 1873-1874).

Locke, John, *An Essay concerning human understanding*, 2 vol. (Londres, 1710, BV2149).

London Gazette (20-24 juin 1727).

Lope de Vega, *Arte nuevo de hacer comedias* (Madrid, 1967).

Lublinski, V. S., *La Guerre des farines: contribution à l'histoire de la lutte des classes en France, à la veille de la Révolution*, trad. F. Adiba et J. Radiguet (Grenoble, 1979).

Lucas, Paul, *Voyage du sieur Lucas au Levant*, 2 vol. (La Haye, 1709); 2 vol. (Paris, 1714, BV2216).

‒ *Voyage du sieur Paul Lucas, fait en 1714 par ordre de Louis XIV dans la Turquie, l'Asie, Sourie, Palestine, Haute et Basse Egypte, etc.*, 3 vol. (Rouen, 1728, BV2217).

Lucien de Samosate, *Lucien*, trad. Nicolas Perrot d'Ablancourt, 3 vol. (Paris, 1733, BV2222).

Lucrèce, *De la nature*, trad. José Kany-Turpin (Paris, 1993).

‒ *De la nature des choses. Traduction nouvelle, avec des notes, par M. L*** G****, trad. La Grange, 2 vol. (Paris, 1768, BV2224).

‒ *De rerum natura* dans *Les Œuvres de Lucrèce* (Paris, 1692, BV2223).

Luneau de Boisjermain, Pierre-Joseph-François, *Commentaire sur les œuvres de Jean Racine*, 3 vol. (Paris, 1768).

Machiavel, Nicolas, *Opere di Nic. Machiavelli*, 4 vol. (La Haye, 1726, BV2242).

‒ *Opere di Niccolò Macchiavelli, coll'aggiunta delle inedite*, 8 vol. (Londres [Paris], 1768).

Maillet, Benoît de, *Telliamed*, 2 vol. (La Haye, 1755).

Maimbourg, L., *Histoire des croisades*, 4 vol. (Paris, 1684-1685, BV2262); dans *Les Histoires du sieur Maimbourg*, 12 vol. (Paris, 1686).

Malebranche, Nicolas de, *De la recherche de la vérité*, 3 vol. (Paris, 1962-1964).

Malherbe, François, 'Consolation à M. du Périer', dans *Recueil des plus beaux vers de Messieurs de Malherbe, Racan, Maynard* (Paris, 1638, BV2906).

Mandrou, Robert, *Magistrats et sorciers en France au dix-septième siècle* (Paris, 1980).

Marchand, J.-H., *Voltairomania*, éd. A.-S. Barrovecchio (Saint-Etienne, 2004).

Marcu, Eva, *Répertoire des idées de Montaigne* (Genève, 1965).

Marescot, Michel, *Discours véritable sur le fait de Marthe Brossier de Romorantin, prétendue démoniaque* (Paris, 1599).

Martial, *Epigrammata* (Londres, 1716, BV2341); *Epigrammes*, trad. P. Richard (Paris, 1931).

Matthieu, Pierre, *Théâtre complet*, éd. Louis Lobbes (Paris, 2007).

Maupertuis, Pierre-Louis Moreau de, *Essai de cosmologie*, dans *Œuvres* (Paris, 1984).

‒ *La Vénus physique*, dans *Œuvres de M. de Maupertuis* (Dresde, 1752).

Maupoint, *Bibliothèque des théâtres* (Paris, 1733, BV2370).

McGowan, Margaret, *L'Art du ballet de cour en France, 1581-1643* (Paris, 1963).

Mélèse, Pierre, *Répertoire analytique des documents contemporains d'information et de critique concernant le théâtre à Paris sous Louis XIV, 1659-1715* (Paris, 1934).

Melon, Jean-François, *Essai politique sur le commerce* (Paris, 1734; Paris, 1736, BV2386).

Ménage, Gilles, *Dictionnaire étymologique, ou origines de la langue française* (Paris, 1694, BV2416).

– *Menagiana*, 2ᵉ éd. (Paris, 1694); 4 vol. (Amsterdam, 1716); 4 vol (Paris, 1729, BV2417).

Menant, Sylvain, *La Chute d'Icare: la crise de la poésie française, 1700-1750* (Genève, 1981).

Menot, Michel, *Sermons choisis de Michel Menot*, éd. Joseph Neve (Paris, 1924).

Le Mercure de France (avril 1732).

Mervaud, Christiane, 'Bestiaires de Voltaire', *SVEC* 2006:06.

– 'Du *Siècle de Louis XIV* aux *Questions sur l'Encyclopédie*: Voltaire et l'abbé Jacques Boileau', dans *The Enterprise of Enlightenment*, éd. Terry Pratt et David McCallam (Berne, 2004).

– *Voltaire à table* (Paris, 1998).

– *Voltaire et Frédéric II: une dramaturgie des lumières 1736-1778*, *SVEC* 234 (1985).

Mervaud, M., et J.-C. Roberti, *Une infinie brutalité: l'image de la Russie dans la France des seizième et dix-septième siècles* (Paris, 1991).

Metastasio, Pietro, *Poesie*, 10 vol. (Paris, 1755-1769).

Mézeray, François Eudes de, *Abrégé chronologique de l'histoire de France*, 7 vol. (Amsterdam, 1712); 6 vol. (Amsterdam, 1673-1674, BV2443); (Amsterdam, 1755).

Middleton, Conyers, *A Free Inquiry into the miraculous powers which are supposed to have subsisted in the Christian church* (Londres, 1749).

– *Lettre écrite de Rome*, trad. de l'anglais (Amsterdam, 1744, BV2448).

– *The Miscellaneous Works*, 2ᵉ éd., 5 vol. (Londres, 1755, BV2447).

Montaigne, Michel de, *Essais*, dans *Œuvres complètes* (Paris, 1962).

Montchal, Charles de, *Mémoires*, 2 vol. (Rotterdam [Toulouse], 1718, BV2492).

Montesquieu, Charles de Secondat, baron de, *De l'esprit des lois* dans *Œuvres complètes*, 2 vol. (Paris, 1951).

– *Lettres persanes*, dans *Œuvres complètes de Montesquieu* (Oxford, 2002-).

Moreau, Célestin, *Bibliographie des mazarinades*, 3 vol. (Paris, 1850).

Moreau, Jacob Nicolas, *Lettres historiques sur le comtat Venaissin et sur la seigneurie d'Avignon* (Amsterdam, 1768, BV2509).

Moreri, Louis, *Le Grand Dictionnaire historique, ou le mélange curieux de l'histoire sacrée et profane*, 7 vol. (Amsterdam, 1740, BV2523); nouv. éd., 10 vol. (Paris, 1759).

Mouhy, Charles de, *Tablettes dramatiques* (Paris, 1752).

Moureau, F., *De Gherardi à Watteau: présence d'Arlequin sous Louis XIV* (Paris, 1992).

– 'De La Motte à Landois: le vers tragique en jugement au dix-huitième siècle', *Revue d'histoire du théâtre* 45, nᵒ 2-3 (1993), p.35-48.

– 'Les poètes de Rameau', dans *Jean-Philippe Rameau*, éd. Jérôme de La Gorce (Paris et Genève, 1987).

– 'Watteau dans son temps', dans *Watteau 1684-1721*, éd. Margaret Morgan Grasselli et Pierre Rosenberg (Paris, 1984).

Moureaux, J.-M., 'La place de Diderot dans la correspondance de Voltaire: une présence d'absence', *SVEC* 242 (1986), p.169-217.

– 'Race et altérité dans l'anthropologie voltairienne', dans *L'Idée de 'race' dans les sciences humaines et la littéra-*

ture *(XVIIIᵉ et XIXᵉ siècles)*, éd. Sarga Moussa (Paris, 2003).

Die Musik in Geschichte und Gegenwart. Personenteile, 21 vol. (Cassel, 2004).

Musset-Pathay, V.-D., *Bibliographie agronomique, ou Dictionnaire raisonné des ouvrages sur l'économie rurale et domestique et sur l'art vétérinaire* (Paris, 1810).

Muyart de Vouglans, Pierre-François, *Institutes au droit criminel, ou principes généraux sur ces matières, suivant le droit civil, canonique, et la jurisprudence du royaume* (Paris, 1757, BV2541).

Naves, Raymond, *Voltaire et l'Encyclopédie* (Paris, 1938).

Nérée, Richard Jean de, *Le Triomphe de la Ligue, tragédie nouvelle* (Leyde, 1607).

The New Grove Dictionary of music and musicians, 2ᵉ éd., 29 vol. (Londres, 1998).

Newton, sir Isaac, *Optique*, trad. P. Coste (Amsterdam, 1722).

Niceron, Jean-Pierre, *Mémoires pour servir à l'histoire des hommes illustres dans la république des lettres avec un catalogue raisonné de leurs ouvrages*, 44 vol. (Paris, 1728-1745, BV2568).

Nicole, Pierre, *Les Visionnaires, seconde partie des Lettres sur l'hérésie imaginaire*, 2 vol. (Liège, 1667).

Novi de Caveirac, Jean, *Apologie de Louis XIV et de son conseil sur la révocation de l'édit de Nantes* (s.l., 1758, BV2593).

Olearius, Adam, *Voyages très curieux et très renommés faits en Moscovie, Tartarie et Perse*, 2 vol. (Amsterdam, 1727, BV2606).

Origène, *Traité d'Origène contre Celse, ou défense de la religion chrétienne contre les accusations des païens*, trad. E. Bouhéreau (Amsterdam, 1700, BV2618).

Ovide, *Les Fastes*, trad. R. Schilling, 2 vol. (Paris, 1992).

– *Métamorphoses*, dans *Ovidii Nasonis Opera omnia*, 3 vol. (Leyde, 1662, BV2628).

– *Métamorphoses*, éd. G. Lafaye (Paris, 1928).

– *Les Remèdes de l'amour*, éd. H. Bornecque (Paris, 1930).

The Oxford Dictionary of national biography, éd. H. C. G. Matthew et Brian Harrison, 61 vol. (Oxford, 2004).

Pascal, Blaise, *Lettres provinciales*, dans *Œuvres complètes* (Paris, 1954).

– *Pensées*, éd. Ph. Sellier (Paris, 1991).

– *Pensées de Pascal sur la religion et sur quelques autres sujets* (Amsterdam, 1684; Paris, 1748, BV2654).

– *Pensées et opuscules*, éd., Léon Brunschvicg (Paris, 1897).

Pausanias, *Voyage historique de la Grèce*, trad. N. Gédoyn (Paris, 1731, *Ferney catalogue* nº 2274).

Pelloutier, Simon, *Histoire des Celtes, et particulièrement des Gaulois et des Germains, depuis les temps fabuleux, jusqu'à la prise de Rome par les Gaulois* (La Haye, 1740, BV2683).

Perrault, Charles, *Les Hommes illustres qui ont paru en France pendant ce siècle* (Paris, 1696); 2 vol. (La Haye, 1736, BV2693).

Perry, Norma, 'La chute d'une famille séfardie: les Mendes da Costa de Londres', *Dix-huitième Siècle* 13 (1981), p.11-25.

Pezron, Paul-Yves, *Antiquité de la nation*

et de la langue des Celtes, autrement appelés Gaulois (Paris, 1703).

Piant, Hervé, 'Voltaire et l'étrange affaire Martin: erreur du juge ou erreur du philosophe?', dans L'Erreur judiciaire, de Jeanne d'Arc à Roland Agret (Paris, 2004).

Pindare, Œuvres, 4 vol. (Paris, 1961-1967).

Pithois, Claude, L'Apocalypse de Méliton (Saint-Léger, 1662, Ferney catalogue n° 2355).

Pitou, Spire, The Paris Opéra: an encyclopedia of operas, ballets, composers and performers (Westport et Londres, 1983).

Platon, Œuvres de Platon, trad. Dacier, 2 vol. (Amsterdam, 1700, BV2750).

– Platonis opera omnia, Marsilio Ficino interprete (Leyde, 1567).

Plazza, Benedetto, Dissertatio anagogica, theologica, paroenetica de paradiso, Opus posthumum tripartitum P. Benedicti Plazza, theologi Societatis Jesu, Syracusani (Palerme, 1762, BV2758).

Pluche, Noël-Antoine, Histoire du ciel considéré selon les idées des poètes, des philosophes et de Moïse, 2 vol. (Paris, 1739, BV2763).

– Le Spectacle de la nature, ou entretiens sur les particularités de l'histoire naturelle, 7 vol. (Paris, 1732-1746, BV2765); 8 vol. (Paris, 1732-1750; Paris, 1741-1750); 9 vol. (Paris, 1755-1764, BV2766).

Plumard de Dangeul, Louis-Joseph, Remarques sur les avantages et les désavantages de la France et de la Grande-Bretagne (Leyde [Paris], 1754, BV2767).

Plusquellec, Catherine, 'L'œuvre de Catherine Bernard: roman, théâtre,

poésie', thèse de troisième cycle (Rouen, 1984).

Plutarque, Les Œuvres morales et mêlées de Plutarque, trad. Jacques Amyot, 2 vol. (Paris, 1575, BV2771; Paris, 1607).

– Les Vies des hommes illustres, trad. Jacques Amyot, 2 vol. (Paris, 1951).

Pomeau, René, La Religion de Voltaire (Paris, 1969).

Pomeau, René, et autres, Voltaire en son temps, 2e éd., 2 vol. (Oxford, 1995).

Pouloin, Claudine, Le Temps des origines (Paris, 1998).

Prévost, Antoine François, Le Pour et contre, 20 vol. (Paris, 1733-1740).

Prideaux, Humphrey, Histoire des Juifs, 7 vol. (Paris, 1726, BV2811).

Procès criminel de la dernière sorcière brûlée à Genève le 6 avril 1652, publié d'après des documents inédits et originaux conservés aux Archives de Genève, éd. Paul-Louis Ladame (Paris, 1888).

Prunières, Henry, Le Ballet de cour en France avant Benserade et Lully (Paris, 1914).

Pufendorf, Samuel von, Le Droit de la nature et des gens, ou système général des principes les plus importants de la morale, de la jurisprudence, et de la politique, trad. Jean Barbeyrac, 2 vol. (Amsterdam, 1712, BV2827).

Quinault, Philippe, Les Fêtes de l'Amour et de Bacchus (Paris, 1672).

Rabelais, François, Gargantua, éd. Jean Plattard (Paris, 1955); dans Œuvres complètes (Paris, 1941).

– Pantagruel, dans Œuvres complètes (Paris, 1951).

Racan, Honorat de Bueil, 'A Monsieur le comte de Bussy de Bourgogne', dans *Recueil des plus beaux vers de Messieurs de Malherbe, Racan, Maynard* (Paris, 1638, BV2906).

Racine, Louis, *Œuvres complètes*, 6 vol. (Paris, 1808).

– *La Religion, poème* (Paris, 1742).

– 'Traité sur la poésie dramatique ancienne et moderne', complément aux *Remarques sur les tragédies de Jean Racine*, 3 vol. (Amsterdam et Paris, 1752, BV2859).

Racle, Bruno, 'Voltaire et ses montriers', *Ferney-Voltaire: pages d'histoire* (Annecy, 1984).

Recueil général des opéras représentés à l'Académie royale de musique depuis son établissement, 3 vol. (Paris, 1703).

Reeland, Adrianus, *La Religion des mahométans* (La Haye, 1721).

Regnier-Desmarais, François-Séraphin, *Histoire des démêlés de la cour de France avec la cour de Rome au sujet de l'affaire des Corses* (Paris, 1707).

Rétat, Pierre, *Le Dictionnaire de Bayle et la lutte philosophique au XVIIIe siècle* (Paris, 1971).

Richelet, Pierre, *Dictionnaire français* (Genève, 1680).

Rohault, Jacques, *Traité de physique*, nouv. éd., 2 vol. (Paris, 1705, BV3006).

Rougemont, Martine de, *La Vie théâtrale en France au dix-huitième siècle* (Paris et Genève, 1988).

Rousseau, Jean-Baptiste, *Correspondance de J.-B. Rousseau et de Brossette*, 2 vol. (Paris, 1910-1911).

– *Œuvres*, 2 vol. (Londres, 1748).

– *Œuvres diverses* (Amsterdam, 1726; Amsterdam, 1729, BV3024).

Rousseau, Jean-Jacques, *Dictionnaire de musique*, dans *Œuvres complètes*, 5 vol. (Paris, 1959-1995).

– *Emile*, dans *Œuvres complètes*, 5 vol. (Paris, 1959-1995).

– *Epitaphe de deux amants*, dans *Œuvres complètes*, 5 vol. (Paris, 1959-1995).

– *La Nouvelle Héloïse*, dans *Œuvres complètes*, 5 vol. (Paris, 1959-1995).

– *Rousseau juge de Jean-Jacques*, dans *Œuvres complètes*, 5 vol. (Paris, 1959-1995).

Rousset de Missy, Jean, *Intérêts présents et prétentions des puissances de l'Europe*, 2 vol. (La Haye, 1741).

Ruchat, Abraham, *Histoire de la réformation de la Suisse, où l'on voit tout ce qui s'est passé de plus remarquable, depuis l'an 1516, jusqu'en l'an 1556, dans les églises des treize cantons, et des Etats confédérés, qui composent avec eux le l[ouable] corps helvétique*, 6 vol. (Genève, 1727-1728, BV3051).

Rummenhöller, Peter, 'Friedrich II, die Musik und das Musikleben am preussischen Hof', *Panorama der Fridericianischen Zeit: Friedrich der Grosse und seine Epoche* (Brême, 1985).

Saint-Evremond, Charles de Marguetel de Saint-Denis, seigneur de, *Œuvres*, 10 vol. (Paris, 1740, BV3061).

Sale, George, *Observations historiques et critiques sur le mahométisme, ou traduction du discours préliminaire mis à la tête de la version anglaise de l'Alcoran, publiée par George Sale* (Genève, 1751, BV3076).

Salvien de Marseille, *De gubernatione Dei*, éd. G. Lagarrigue (Paris, 1975).

Sandrier, Alain, *Le Style philosophique du baron d'Holbach* (Paris, 2004).

Savary, Jacques, *Le Parfait Négociant, ou instruction générale pour ce qui regarde le commerce des marchandises de France et des pays étrangers* (Paris, 1675; Lyon, 1701, BV3109).

Savary des Bruslons, Jacques, *Dictionnaire universel du commerce*, 3 vol. (Paris, 1741).

Schneider, Herbert, 'Rameau et la tradition lulliste', dans *Jean-Philippe Rameau*, éd. Jérôme de La Gorce (Paris et Genève, 1987).

Scudéry, Madeleine de, *Artamène ou le grand Cyrus*, 10 vol. (Paris, 1649-1653).

Seguin, Maria Susana, 'Ecriture/réécriture des sources scientifiques des *Questions sur l'Encyclopédie*', *Copier/coller: écriture et réécriture chez Voltaire*, éd. O. Ferret, G. Goggi et C. Volpilhac-Auger (Pise, 2007).

Seth, Catriona, *Les Rois aussi en mouraient. Les Lumières en lutte contre la petite vérole* (Paris, 2008).

Shakespeare, William, *The Plays of William Shakespeare*, 8 vol. (Londres, 1765).

Sidoine Apollinaire, *Poèmes* (Paris 1960).

Smith, David W., *Helvétius, a study in persecution* (Oxford, 1965).

Soldan, Wilhelm Gottlieb, et Heinrich Heppe, *Geschichte der Hexenprozesse, neu bearbeitet und herausgegeben von Max Bauer*, 2 vol. (Munich, 1912; réimpression Darmstadt, 1976).

Suétone, *Vies des douze Césars*, 2 vol. (Leyde, 1662; Paris, 1770, BV3219); 4 vol. (Paris, 1771); trad. H. Ailloud, 3 vol. (Paris, 1954-1957); trad. Pierre Klossowski (Paris, 1990).

Swift, Jonathan, *Cadenas and Vanessa* (1713), dans *The Complete Poems*, éd. Pat Rogers (New Haven, 1983).

Tableau de la vie et du gouvernement de Messieurs les cardinaux de Richelieu et Mazarin et de Monsieur Colbert (Cologne [Hollande], 1693).

Tessier, André, 'Robert Cambert à Londres', *La Revue musicale* 10, n° 2 (1er décembre 1927), p.101-22.

Thibault, John C., *The Mystery of Ovid's exile* (Berkeley et Los Angeles CA, 1964).

Thiers, Jean-Baptiste, *Critique de l'histoire des flagellants et justification de l'usage des disciplines volontaires* (Paris, 1703).

Torrey, Norman, *Voltaire and the English deists* (North Haven, CT, 1967).

Traité des trois imposteurs, éd. P. Rétat (Saint-Etienne, 1973).

Le 'Traité des trois imposteurs' et 'L'Esprit de Spinoza': philosophie clandestine entre 1678 et 1768, éd. Françoise Charles-Daubert (Oxford, 1999).

Valbuena Prat, Angel, 'Los autos sacramentales de Calderón: clasificación y análisis', *Revue hispanique* 61 (1924), p.1-302.

Valère Maxime, *Valerii Maximi Dictorum factorumque memorabilium* (Lyon, 1612, BV3387).

Van Meteren, Emanuel, *Historia Belgica* (Amsterdam, 1570).

Van Musschenbroek, Petrus, *Essai de physique*, 2 vol. (Leyde, 1739, BV2540).

Vello d'Oro, comte Gian Giorgio Trissino dal, *Italia liberata* (Rome et Venise, 1547-1548).

Velly P.-F., *Histoire de France depuis l'établissement de la monarchie jusqu'au règne de Louis XIV*, 24 vol. (Paris, 1755-1774, BV3409); 17 vol. (Paris, 1770-1786).

Vercruysse, Jeroom, *Voltaire et la Hollande*, *SVEC* 46 (1966).

Vernière, Paul, *Spinoza et la pensée française avant la Révolution* (Paris, 1954).

Vernus, Pascal et Jean Yoyotte, *Bestiaire des pharaons* (Paris, 2005).

Vies des saints et bienheureux [...] *par les RR. PP. bénédictins de Paris*, 13 vol. (Paris, 1935-1959).

Vigouroux, Fulcran, *Dictionnaire de la Bible, contenant tous les noms de personnes, de lieux, de plantes, d'animaux mentionnés dans les Saintes Ecritures, les questions théologiques, archéologiques, scientifiques, critiques, relatives à l'Ancien et au Nouveau Testament*, 6 vol. (Paris, 1895-1912).

Villeneuve, Roland, *Dictionnaire du diable* (Paris, 1998).

Viret, Louis, *Réponse à la Philosophie de l'histoire. Lettres à M. le marquis de C**** (Lyon, 1767, BV3452).

Virgile, *Les Géorgiques de Virgile*, trad. J. Delille (Paris, 1770, BV3420).

Voltaire, *L'A.B.C.*, M, t.27.

– *Les Adorateurs*, M, t.28.

– *A monseigneur le chancelier. Requête au roi en son conseil*, OCV, t.56B.

– *Anecdotes sur le czar Pierre le Grand*, OCV, t.46.

– *Annales de l'Empire*, M, t.13.

– *Appel à toutes les nations de l'Europe*, M, t.24.

– *Articles du fonds de Kehl*, M, t.17-20.

– Articles extraits de la *Gazette littéraire de l'Europe*, M, t.25.

– *Articles pour l'Encyclopédie*, OCV, t.33.

– *Au roi en son conseil, pour les sujets du roi qui réclament la liberté de la France contre des moines bénédictins devenus chanoines de Saint-Claude, en Franche-Comté*, M, t.28.

– *Avis au public sur les parricides imputés aux Calas et aux Sirven*, M, t.25.

– *Balance égale*, M, t.24.

– *La Bégueule*, OCV, t.74A.

– *La Bible enfin expliquée*, M, t.30.

– *Candide, ou l'optimisme*, OCV, t.48.

– *La Canonisation de saint Cucufin*, M, t.27.

– *Carnets* [*Notebooks*], OCV, t.81-82.

– *Catéchisme de l'honnête homme*, M, t.24.

– *Charlot ou la comtesse de Givry*, M, t.6.

– *Un chrétien contre six Juifs*, M, t.29.

– *Les Colimaçons du révérend père l'Escarbotier*, M, t.27.

– *Commentaires sur Corneille*, OCV, t.54-55.

– *Commentaire sur L'Esprit des lois*, M, t.30.

– *Commentaire sur le livre Des délits et des peines*, M, t.25.

– *Conformez-vous au temps*, M, t.25.

– *Conseils à Monsieur Racine sur son poème de La Religion par un amateur des belles-lettres*, M, t.23.

– *Conseils à un journaliste*, OCV, t.20A.

– *Corpus des notes marginales de Voltaire* (Berlin et Oxford, 1979-).

– *Le Cri des nations*, M, t.27.

– *Défense de Louis XIV*, dans *Œuvres historiques*, éd. R. Pomeau (Paris, 1957).

– *La Défense de mon oncle*, OCV, t.64.

– *De l'Alcoran et de Mahomet*, OCV, t.20B.

– *De la magie*, M, t.20.

– *De la paix perpétuelle par le docteur Goodheart*, M, t.28.

– *Des allégories*, M, t.17.

– *Des cérémonies*, OCV, t.32A.

– *Des conspirations contre les peuples ou des proscriptions*, M, t.26.

– *Des singularités de la nature*, M, t.27.

– *Des titres*, OCV, t.32A.

– *Dialogue entre Marc-Aurèle et un récollet*, *OCV*, t.32A.
– *Dialogues d'Evhémère* (Londres [Amsterdam], 1777); *M*, t.30.
– *Dialogues entre Lucrèce et Posidonius*, *M*, t.24.
– *Dictionnaire philosophique*, *OCV*, t.35-36.
– *Dieu et les hommes*, *OCV*, t.69.
– *Le Dîner du comte de Boulainvilliers*, *OCV*, t.63A.
– *Discours aux Welches*, *M*, t.25.
– *Discours en vers sur l'homme*, *OCV*, t.17.
– *Dissertation sur les changements arrivés dans notre globe*, *OCV*, t.30C.
– *Doutes sur quelques points de l'histoire de l'Empire*, *M*, t.24.
– *Du gouvernement et de la divinité d'Auguste*, *M*, t.25.
– *Du suicide, ou de l'homicide de soi-même*, *OCV*, t.5.
– *Eléments de la philosophie de Newton*, *OCV*, t.15.
– *Eloge historique de la raison*, dans *Romans et contes*, éd. F. Deloffre et J. Van den Heuvel (Paris, 1979).
– *Eloge historique de Madame la marquise Du Châtelet*, *M*, t.23.
– *Epître à Horace*, *OCV*, t.74B.
– *Epître à l'auteur du livre des Trois Imposteurs*, *M*, t.10.
– *Epître à Madame Denis, sur l'agriculture*, *M*, t.10.
– *Epître sur la calomnie*, *OCV*, t.9.
– *Essai sur la nature du feu, et sur sa propagation*, *OCV*, t.17.
– *Essai sur les mœurs*, éd. R. Pomeau, 2 vol. (Paris, 1990).
– *Essai sur les probabilités en fait de justice*, *OCV*, t.74A.
– *An essay on epic poetry / Essai sur la poésie épique*, t.3B.
– *L'Examen important de Milord Bolingbroke*, *OCV*, t.62.
– '*Extrait' de la Bibliothèque raisonnée*, *OCV*, t.32B.
– *La Fête de Bélesbat*, *OCV*, t.3A.
– *Les Finances*, *M*, t.10.
– *Fragment sur l'histoire générale*, *M*, t.29.
– *Fragments historiques sur l'Inde*, *M*, t.29.
– *Les Guèbres, ou la tolérance*, *OCV*, t.66.
– *La Guerre civile de Genève*, *OCV*, t.63A.
– *La Henriade*, *OCV*, t.2.
– *Histoire de Charles XII*, *OCV*, t.4.
– *Histoire d'Elisabeth Canning et de Jean Calas*, *OCV*, t.56B.
– *Histoire de l'empire de Russie sous Pierre le Grand*, *OCV*, t.46.
– *Histoire de l'établissement du christianisme*, *M*, t.31.
– *Histoire de Jenni*, *M*, t.21.
– *Histoire du docteur Akakia* (Paris, 1967).
– *Histoire du parlement de Paris*, *OCV*, t.68.
– *Homélies prononcées à Londres*, *OCV*, t.62.
– *L'Homme aux quarante écus*, *OCV*, t.66.
– *Les Honnêtetés littéraires*, *OCV*, t.63B.
– *Il faut prendre un parti*, *M*, t.28.
– *L'Ingénu*, *OCV*, t.63C.
– *Lettre à M. D***, *M*, t.22.
– *Lettre à un premier commis*, *OCV*, t.9.
– *Lettre civile et honnête à l'auteur malhonnête de la critique de l'histoire universelle de M. de Voltaire qui n'a jamais fait d'histoire universelle, le tout au sujet de Mahomet*, *M*, t.24.
– *Lettre de Monsieur de Voltaire à Monsieur Elie de Beaumont*, *OCV*, t.63B.

– *Lettre de Monsieur Formey*, M, t.24.
– *Lettre d'un Turc, sur les fakirs et sur son ami Bababec*, OCV, t.32A.
– *Lettre pastorale à Monsieur l'archevêque d'Auch*, M, t.25.
– *Lettre sur Roger Bacon*, M, t.17.
– *Lettres à Monsieur de Voltaire sur la 'Nouvelle Héloïse'*, M, t.24.
– *Lettres à Son Altesse Monseigneur le prince de* ***. Sur Rabelais, et sur d'autres auteurs accusés d'avoir mal parlé de la religion chrétienne*, OCV, t.63B.
– *Lettres d'Amabed*, M, t.21.
– *Lettres chinoises, indiennes et tartares*, M, t.29.
– *Lettres de Memmius à Cicéron*, M, t.28.
– *Lettres philosophiques*, éd. G. Lanson, rév. André M. Rousseau, 2 vol. (Paris, 1964).
– *Les Lois de Minos*, OCV, t.73.
– *Mandement du révérendissime père en dieu Alexis*, M, t.25.
– *Mémoire de Donat Calas pour son père, sa mère, et son frère*, OCV, t.56B.
– *La Méprise d'Arras*, OCV, t.73.
– *Le Mondain*, OCV, t.16.
– *La Mort de César*, OCV, t.8.
– *Notes sur la lettre de Monsieur de Voltaire à Monsieur Hume par Monsieur L.*, M, t.26.
– *Nouvelles Probabilités en fait de justice*, OCV, t.74A.
– *Octave et le jeune Pompée, ou le Triumvirat*, M, t.6.
– *Ode au roi de Prusse, sur son avènement au trône*, OCV, t.20A.
– *Ode sur le passé et le présent*, M, t.8.
– *Les Oreilles du comte de Chesterfield*, dans *Romans et contes*, éd. Frédéric Deloffre et Jacques Van den Heuvel (Paris, 1979).

– *Les Originaux*, OCV, t.18A.
– *Le Pauvre Diable*, M, t.10.
– *Le Père Nicodème et Jeannot*, M, t.10.
– *Le Philosophe ignorant*, OCV, t.62.
– *La Philosophie de l'histoire*, OCV, t.59.
– *Pièces originales concernant la mort des sieurs Calas et le jugement rendu à Toulouse*, OCV, t.56B.
– *Pierre le Grand et Jean-Jacques Rousseau*, M, t.20.
– *Poème sur la loi naturelle*, OCV, t.32B.
– *Poème sur le désastre de Lisbonne*, M, t.9.
– *Les Pourquoi*, OCV, t.28B.
– *Précis du siècle de Louis XV*, dans *Œuvres historiques*, éd. R. Pomeau (Paris, 1957).
– *La Princesse de Babylone*, OCV, t.66.
– *Prix de la justice et de l'humanité*, M, t.30.
– *La Pucelle*, OCV, t.7.
– *Le Pyrrhonisme de l'histoire*, OCV, t.67.
– *Les Quand*, M, t.24.
– *Les Questions de Zapata*, OCV, t.62.
– *Questions sur l'Encyclopédie*, OCV, t.38; M, t.17-20.
– *Questions sur les miracles*, M, t.25.
– *Réflexions pour les sots*, M, t.24.
– *Réponse de Monsieur de Voltaire à Monsieur Racine sur son poème de La Grâce*, OCV, t.1B.
– *Requête à tous les magistrats du monde*, M, t.28.
– *Seconde Anecdote sur Bélisaire*, OCV, t.63A.
– *Sermon du papa Nicolas Charisteski*, OCV, t.73.
– *Le Siècle de Louis XIV*, dans *Œuvres historiques*, éd. R. Pomeau (Paris, 1957).

– *Sophonisbe*, *OCV*, t.71B.
– *Sophronime et Adélos*, *M*, t.25.
– *Sur le théisme*, *OCV*, t.28B.
– *Sur Messieurs Jean Law, Melon et Dutot*, *OCV*, t.18A.
– *Les Systèmes*, *OCV*, t.74B.
– *Le Taureau blanc*, *OCV*, t.74A.
– *Le Temple du goût*, *OCV*, t.9.
– *Traité de métaphysique*, *OCV*, t.14.
– *Traité sur la tolérance*, *OCV*, t.56C.
– *Le Triumvirat*, *M*, t.6.
– *La Vie de Molière*, *OCV*, t.9.
– *Vie de Monsieur Jean-Baptiste Rousseau*, *OCV*, t.18A.
– *Voltaire's commentary on Frederick's poem 'L'Art de la guerre'*, *OCV*, t.32B.
– *Zadig*, éd. G. Ascoli (Paris, 1962).
– *Zadig*, *OCV*, t.30B.

Vossius, Gerardus Joannes, *De theologia gentili*, 2 vol. (Amsterdam, 1641).
– *De vitiis sermonis glossematis latino-barbaris* (Amsterdam, 1645).

Wade, I. O., 'Documentation: Voltaire and the bibliothèque Royale', dans *The Search for a new Voltaire, Transactions of the American philosophical society* 48 (1958), p.64-70.

Warburton, William, *The Divine Legation of Moses*, 4e éd., 2 vol. (Londres, 1755, BV3826).

Wier, Jean, *Histoires, disputes et discours des illusions et impostures des diables, des magiciens infâmes, sorcières et empoisonneurs* (Paris, 1885).

INDEX

Abano, Pietro d', 441n
Abbadie, Jacques, 192-93
Abel, 265, 276
Abgare, roi d'Edesse, 32
Abraham, 65, 122, 263, 276, 358
Absalom, 20
Abu-Bakr, 31, 192
Abu-Horaira, 32
Abu-L Fadl, 30
Achab, roi d'Israël, 267
Achille, 108, 451
Acropolite, Georges, 481n
Actéon, 182
Adam, 265, 276, 351-52
Addison, Joseph, 61-62, 103n, 225, 353n
Adonis, 272
Adriatem, Corneille, 238
Adrien IV, pape, 490
Agricola (Cnaeus Julius Agricola), 289
Agrippa (Marcus Vipsanius Agrippa), 212
Aguesseau, Henri François d', 370, 420, 421n
Ailly, Pierre d', 148
Albert de Strasbourg, 238n
Albert le Grand, saint, 148
Alboin, roi des Lombards, 420
Alcibiade, 177
Alcuin de York, 374
Alembert, Jean Le Rond D', 27n, 134n, 137n, 140n, 145, 166n-167n, 233n, 245n, 258n, 431n, 487n, 508n, 536n
Alexandre III, pape (Rolando Bandinelli), 237n
Alexandre VI, pape (Rodrigo Borgia), 194, 209, 327
Alexandre VII, pape, 231

Alexandre VIII, pape, 232n
Alexandre le Grand, 1, 6, 10, 20, 53, 108n, 264, 276, 467
Alexis Ier Comnène, empereur de Trébizonde, 480
Alfaro, jésuite, 494
Algarotti, Francesco, 12n, 283
Alia, mère d'Auguste, 214n
Allamand, François Louis, 394
Alletz, Pons-Augustin, 488n
Alphonse, comte de Poitiers et de Toulouse, fils de Louis VIII, 230
Alphonse V l'Africain, roi du Portugal, 491
Alphonse XI, roi de León, 328n
Amable, saint, 421
Amasa, capitaine de David, 290
Ambroise, saint, 226n, 308
Amnon, fils de David, 20
Amos, prophète, 377n
Amphion, fils de Zeus et d'Antiope, 272
Amyot, Jacques, 289n, 351n
Ananie, époux de Saphire, 368
Anastase Ier le Silenciaire, empereur d'Orient, 369-70
Anaxagore, 176
Ancre, maréchal d', *voir* Concini, Concino
Ancre, maréchale d', *voir* Galigaï
Andilly, Arnauld d', 276
André de Hongrie, 230n
Anglade, sieur d', 569-70, 572n
Anjou, Françoise d', 568n
L'Année littéraire, 175n, 245
Anne Stuart, reine d'Angleterre, d'Ecosse et d'Irlande, 61, 429
Antoine, *voir* Marc-Antoine

Ediste (Oreste), saint, 353
Edith, femme de Loth, 119n, 124-26
Edouard III, roi d'Angleterre, 409
Effiat, Antoine Coëffier de Ruzé, marquis d', 146n
Egérie, nymphe, 156n, 397
Elias, rabbin, 113n
Elie, capucin, 494
Elie de Beaumont, Jean Baptiste Jacques, 43
Elisabeth d'Autriche, reine de France, 556n
Empédocle, 200, 225
Encyclopédie, 27n, 39n, 119n, 145, 150n, 256n-257n, 260, 278n, 286n, 323, 505n, 517, 518, 575; Abbé, 375n; Abraxas ou abrasax, 440n; Action, 44n; Agnus-Castus, 116n; Aguaxima, 431n; Alcoran, 27n, 28; Altesse, 555n, 564n; Altesse royale, 555n, 564n; Ame, 514; Apis, 423n; Aristotélisme, 1n; Armée, 18n; Armes, 18n; Arot et Marot, 27n; Art, 102n, 108n; Asmodai ou Asmodée, 113n; Asphalte, 119n; Asphaltide, 119n; Assassin, 128n, 134n; Assassinat, 134n; Assemblée, 137n-138n; Athées, 151n-152n, 157n; Atomes, 196n; Atomisme, 196n; Augures, 205n; *Augurium*, 205n, 207n; Augustin, 223n; Autel, 240n; Auteur, 245n, 249n; Autorité, 255n; Avarice, 203n; Avignon, 227n; Axe, 258n; Babel, 261n, 263n-264n; Bacchantes, 271n; Bacchus, 271n; Baconisme ou philosophie de Bacon, 278n; Baise-main, 289n-290n; Bannissement, 299n; Banqueroute, 301n; Banqueroutier, 301n-303n; Baptême, 305n, 307n, 309n; Barbe, 318n; Bastion, 457n; Bataillon,

323n; Bâtard, 297n-298n, 328; Bâton, 208n; Baume, 120n; Bdellium, 334n; Beau, 336n, 338n; Bestialité, 436n; Bibliothèque, 360n-361n, 364n; Bien, 382n; Blasphème, 394n; Blé, 402n; Bogomiles ou Bougomiles, 480n; Boire, 426n; Borne, 431n; Borne de bâtiment, 431n; Bornes, termes, limites, 431n; Boucs, 436n-437n; Bouffon, 444n-445n; Boulevard, 457n; Bourges, 459n; Bourreau, 461n; Brahmanes, 465n; Bulgares, 476n, 480n-482n; Bulle, 483n-484n, 487n; Burlesque, 444n, 447n-448n; Calebasse, 496n; Calebassier, 496n; Caractère, 44n, 499n; Carême, 504n; Cartésianisme, 508n; Caudataire, 559n; Causes finales, 536n; Celtes, 551n, 554n; Celtibériens, 551n; Cérémonies, 555n; Certitude, 569n, 575n; Char, 314n, 316n; Christianisme, 517n; Coin, la tête de porc ou l'embolon, 323n; Comédie, 44n; Comique, 445n; Cosmologie, 166n-167n; Cruzada ou crusade, 491n; Cuivre, 202n; Dame, 568n; Déconfiture, 301n; Dramatique, 44n; Drame, 44n; Egipans, 439n; Eglise, 240n, 367n-368n, 370n; Encyclopédie, 102; Enfer, 27n; Entrée, 559n; Epicuréisme ou épicurisme, 196n, 199n; Exécuteur de la haute justice, 461n, 462; Expression, 44n, 98-99; Fable, 44n; Faillite, 304n; Feu grégeois, 119n; Figure de la terre, 431n; File, 324n; Flagellants, 233n; Gendarme, 22n; Grains, 412n; Grimoire, 441n; Gymnosophistes, 475n; Homicide, 134n; Indiens, philosophie des, 475n; Jeûne,